教育部人文社会科学重点研究基地

北京大学中国古文献研究中心集刊

第二十九辑

北京大学中国古文献研究中心 ◎编

北京大学出版社
PEKING UNIVERSITY PRESS

图书在版编目(CIP)数据

北京大学中国古文献研究中心集刊. 第二十九辑 / 北京大学中国古文献研究中心编. -- 北京：北京大学出版社，2024.11. -- ISBN 978-7-301-35779-8

Ⅰ.G256.1-55

中国国家版本馆CIP数据核字第2024C39D21号

书　　　名	北京大学中国古文献研究中心集刊　第二十九辑 BEIJING DAXUE ZHONGGUO GUWENXIAN YANJIU ZHONGXIN JIKAN DI-ERSHIJIU JI
著作责任者	北京大学中国古文献研究中心　编
责任编辑	王　应
标准书号	ISBN 978-7-301-35779-8
出版发行	北京大学出版社
地　　　址	北京市海淀区成府路205号　100871
网　　　址	http://www.pup.cn　　新浪微博：@北京大学出版社
电子邮箱	编辑部 dj@pup.cn　　总编室 zpup@pup.cn
电　　　话	邮购部 010-62752015　发行部 010-62750672　编辑部 010-62756449
印　刷　者	北京虎彩文化传播有限公司
经　销　者	新华书店
	787毫米×1092毫米　16开本　26.5印张　480千字 2024年11月第1版　2024年11月第1次印刷
定　　　价	98.00元

未经许可，不得以任何方式复制或抄袭本书之部分或全部内容。
版权所有，侵权必究
举报电话：010-62752024　电子邮箱：fd@pup.cn
图书如有印装质量问题，请与出版部联系，电话：010-62756370

北京大学中国古文献研究中心集刊

第二十九辑

北京大学中国古文献研究中心 编

编委会（以姓氏笔画为序）
王　岚　　刘玉才　　安平秋
李宗焜　　杨　忠　　杨海峥
吴国武　　漆永祥　　廖可斌

北京大学出版社
PEKING UNIVERSITY PRESS

目 录

经学文献与经学史

《毛诗·邶风》"不瑕有害"解 …………………………………… 陈鸿森（3）
由安大简、武威简论《诗经·采蘋》的文本面貌及相关经学问题 …… 贾海生（16）
日本东方文化研究所《毛诗正义》日译稿初探 ………………… 张宝三（24）
制造天子礼：汉晋时期皇帝冠礼的塑造 ………………………… 王忠铂（43）
北宋徽宗朝的明堂制度与仪式运作 ……………………………… 顾思程（61）
《左传》服虔注辑补 ………………………………………………… 郭　帅（80）
《春秋公羊传解诂》"所见异辞"句传文误补、解诂错简献疑 …… 王泽春（85）
蜀石经用字特征管窥 ……………………………………………… 王天然（97）
郭忠孝《中庸说》考论 ……………………………………………… 徐志超（107）
遂宁杨甲非《六经图》作者考 ……………………………………… 孟　荣（116）

集部文献与文学史

《文选集注》校理考正 ……………………………………………… 袁　涛（129）
汲古阁本《酒边词》底本来源考
　　——兼谈明抄诸本之关系 …………………………………… 张　蒙（147）
《宋诗话全编·戴复古诗话》校正 ………………………………… 张继定（162）
《全元诗》《全元文》失收赵汸诗文辑考
　　——兼及赵氏诗文集版本叙略 …………………… 王亚文　鲁小俊（170）
元杂剧家赵天锡、金仁杰身世考实 ……………………………… 都刘平（182）
元人钱惟善试赋史料辨析
　　——由《明史·文苑传》的一处错误说起 …………………… 张相逢（191）
南词：孤本说唱词话《云门传》文献性质考论
　　——从文人化用韵说起 ……………………………………… 倪博洋（204）
龙膺年谱 …………………………………………………………… 王　波（221）
《列朝诗集》天一阁稿本再探
　　——兼及《列朝诗集》编纂相关问题再思考 ……………… 都轶伦（261）
《今乐考证》订误八则 ……………………………………………… 张　丹（273）

桐城派《左传》评点的卒章
　　——吴闿生《左传微》义法探赜 …………………………… 潘　登(280)

文史新探

早期典籍所见轮牙两端加工与对接技术诠解 ………………… 刘昕曜(299)
石刻文献所见南燕、北燕职官辑考 …………………………… 魏军刚(316)
任昉《述异记》真伪再考辨 …………………………………… 罗韫哲(327)
《天地瑞祥志》文本结构与体例来源研究 ……………………… 刘　祎(349)
上博所藏巾箱本《西山读书记》考论 ………………………… 王传龙(381)
王泽泩《试帖百篇最豁解》考述 ……………………………… 李刚刚(392)
《元史艺文志辑本》"释家类"著录及引书辨正 ………………… 赵　暾(409)

征稿启事 ………………………………………………………………… (416)

经学文献与经学史

《毛诗·邶风》"不瑕有害"解

陈鸿森[*]

【内容提要】《毛诗》中"不瑕有害"一语凡两见,皆见于《邶风》:一见于《泉水》,一见于《二子乘舟》。此语毛《传》、郑《笺》已各异解,所解复与诗中情境枘凿不相合,盖此语确诂汉代经师已失其传,致又牵附春秋史事,纷挐益复难解,迄今说《诗》者莫衷一是。其实此语"害"字系一假借字,历来解者未得其本字,多依"祸害"义作解,不免诘诎难通。本文考证此语"害"字应读为"愒",为"止息"之意,"不瑕有害"即"莫或遑息""不稍止息"也。

【关键词】《诗经》 不瑕有害 《泉水》《二子乘舟》 安大简

一

"不瑕有害"一语,《毛诗》凡两见,均见于《邶风》:一为《泉水》三章,"遄臻于卫,不瑕有害";[①]一则《二子乘舟》结句,"愿言思子,不瑕有害"。[②]此语字义并不艰涩,然自毛《传》以下,说诗者颇滋异说,惟核其实,所解率与诗中情境枘凿不合。毛《传》、郑《笺》解此,已各异义;《正义》引王肃之说,复与郑异。而毛、郑、王三家所解,义皆纡曲,显非原诗本义,盖此语汉魏诸儒已失其解。宋代朱熹《诗集传》解"不瑕"为"何不",以疑词解之,后世治《诗》者颇多依用其说;然平心绎之,朱解于诗意仍未符契。今考此文"害"字实一假借字,历来解者未得其本字,如其所借之字读之,自不免文理诘诎。管见所及,此二诗"不瑕有害"一语,迄今尚未见有明畅可据之训解足祛群疑者。本文拟先检讨历来较具代表性诸家诠解之得失,次则试伸一得之愚,明其假借,以就正于时彦说诗之达者。

二

《邶风·泉水》三章云:

---

[*] 本文作者为"中央研究院"历史语言研究所兼任研究员。
① 《毛诗注疏》,清嘉庆二十年江西南昌府学刊本,卷二之三,页8。
② 《毛诗注疏》,卷二之三,页17。

> 出宿于干,饮饯于言。载脂载舝,还车言迈。遄臻于卫,不瑕有害。

毛《传》解末二句云:"遄,疾;臻,至;瑕,远也。"郑《笺》未依其说,另释之曰:

> 瑕,犹过也。害,何也。我还车疾至于卫而返,于行无过差,有何不可而止我。①

毛、郑两家所解,截然异义。《释文》分析两家训解之别,云:

> 瑕,音遐,毛"远也";郑"过也"。害,毛如字;郑音"曷",何也。②

《释文》谓毛《传》"瑕"字读"遐",故训为"远";③"害"如字,《二子乘舟》此语,毛以"不远害"解之,此当同义。郑玄则"瑕"如字,故训"过",解为"行无过差";而"害"字,郑读作"曷",解为"何"。

今绎毛、郑两家之说,其解"遄臻于卫"句,为还车急至于卫,二者并无异解。惟毛解"不瑕有害"为"不远害",既云"不远",则是"近于害"矣。以情理度之,是必道途多险阻,须迂回绕道以"远害",如此势难"遄臻"还卫矣,否则岂非急于赴难?盖依此解,上下文理终觉扞格。而毛所以作此解者,盖本《诗序》。此《序》云:"《泉水》,卫女思归也。嫁于诸侯,父母终,思归宁而不得,故作是诗以自见也。"按《诗序》臆揣此诗为卫女远嫁异国,父母卒,思归而不得,因"作是诗以自见"。然据礼家所考,所谓女子嫁者,父母在则归宁,殁则否,此惟国君夫人为然;大夫以下之妻,虽父母殁,固得归宁。④此诗卫女《诗序》虽言"嫁于诸侯",然当是侄娣为媵者,非君夫人也。春秋时,诸侯娶妻,嫡长有以侄娣从者。此诗二章云"问我诸姑",则为侄也;又言"遂及伯姊",则是娣矣。卫女既非国君夫人,则无父母卒不得归宁之禁也。此其一。其次,此章首言"出宿于干,饮

---

① 《毛诗注疏》,卷二之三,页8。
② 〔唐〕陆德明《经典释文》,清乾隆五十六年卢氏抱经堂校刻本,卷五,页14。
③ 〔清〕陈奂《诗毛氏传疏》云:"瑕,读为'遐',此假借字也。《二子乘舟》'不瑕有害',《传》言'二子之不远害',亦假'瑕'为'遐',训同而义异。"(清道光二十七年陈氏扫叶山庄刊本,卷三,页39)
④ 〔清〕黄以周《礼说》"妇人归宁"条云:"旧说:女子之适人者,不归宁其兄弟,故父母在则归宁,殁则否。是说依据《诗序》,以周窃疑其不近情。……《诗序》三言'归宁不得',并以'嫁诸侯''适异国'为文,此固举诸侯言之耳。诸侯娶于异国,其往返之为途远,为时久,为礼繁,故父母殁不归宁也。若大夫以下不外娶(《公羊》义),则归宁其兄弟者有之矣。郑笺《序》曰:'国君夫人,父母在则归宁,没则使大夫宁于兄弟。'郑据国君夫人礼立说,甚得《序》意。(原注略)《礼经·丧服》不杖期章曰:'女子子适人者,为其昆弟之为父后者。'《传》曰:'妇人虽在外,必有归宗。'郑《注》曰:'父母卒,犹自归宗。'贾《疏》曰:'知义然者,父母在,嫁女归宁父母,何须归宗乎?《传》言妇人虽在外必归宗,明是据父母卒者。'又考之《丧服》经、传通例,凡女行于大夫以上曰嫁,行于士庶人曰适人。此云'女子子适人'者,是据大夫以下言,则大夫以下之妻,虽父母殁,而有归宁者审矣,特非国君夫人之礼也。"(清光绪二十年南菁讲舍刻《儆季杂著》本,卷五,页4—5)按孔颖达《诗疏》亦言:"卿大夫之妻,父母虽没,犹得归宁。……夫人、王后则不然也。天子、诸侯位高,恐其专恣淫乱,故父母既没,禁其归宁。大夫以下位卑畏威,故许之耳。"(《毛诗注疏》,卷一之二,页6)

饯于言",《传》云:"干、言,所适国郊也。"陈奂《疏》"侯伯之国,近郊十五里,远郊三十里。出宿在近郊,饮饯则在远郊";干、言"其地名俱未闻"。① 陈氏所云近郊、远郊里数似过拘,盖既"出宿"于外,则非十五里近地矣。然干、言尚在所适国境内,并未逾境。下"载脂载舝,还车言迈",毛《传》云:"脂、舝其车,以还我行也。"孔颖达《疏》云:

> 古者车不驾,则脱其舝。……今将行,既脂其车,又设其舝,故云"脂舝其车"。云"还"者,本乘来,今欲乘以还,故《笺》云:"言'还车'者,嫁时乘来,今思乘以归。"②

孔释"还车"之义甚明。《说文》云:"迈,远行也。"③ 还车远行,则应已驰行逾境矣,故下承之曰"遄臻于卫",即还车已急行返抵卫国。今《诗序》乃言"思归宁而不得",则谓卫女其实未逾境,"遄臻"两句便成卫女"设想之词",成虚拟之境矣。此其二。依《诗序》之说,卫女虽思归情切,原思还车急行返卫,今自揣道途"不远害",则竟不归矣。果尔,其"出宿""饮饯"之举,劳车动众,既已"载脂载舝,还车言迈"矣,乃中途方思"不远害"而止,其行岂非过为鲁莽?此其三。

盖毛《传》"不远害"之说,义未可通,郑玄因别立新解。惟《笺》将"不瑕有害"四字分释两义,解"不瑕"为"行无过差";释"有害"为"有何不可而止我"。盖郑亦本《诗序》"思归宁而不得"之说,言我还车本将"遄臻于卫",今乃被劝阻而不得归。然作此解,则须增加"不可而止我"诸字以足其义,增文解经,乃训诂家所忌。即以诗意言之,卫女既还车远行矣,诗中但见其思归情切,并未见有若何外力"不可而拒止"之情事;且味诗意,"遄臻于卫"应是已然之事实,即卫女显然已急行返抵卫国,更无"不可而止我"之意。郑玄将"不瑕有害"解为被劝止竟不得归,应非诗人原意。

毛、郑而外,《正义》引王肃申述毛义云:

> 《传》以"瑕"为"远",王肃云:"言愿疾至于卫,不远礼义之害。"是也。④

王氏加一"愿"字,将"遄臻于卫"转为未然语态,另本毛《传》"不远害"之说,解"害"字为"礼义之害"。然"不远礼义之害",语义殊觉含混;卫女思归情切,将还车急行返卫矣,乃忽悟此行"不远礼义之害",即违礼害义,遂尔不归。然如上文所论,侄娣从嫁者,并无父母卒不得归宁之禁,则有何违礼之害而不得归?此亦不得其解,望文生义耳。

---

① 〔清〕陈奂《诗毛氏传疏》,卷三,页38—39。
② 《毛诗注疏》,卷二之三,页8。
③ 〔清〕段玉裁《说文解字注》,清嘉庆二十年经韵楼刊本,二篇下,页2。
④ 《毛诗注疏》,卷二之三,页8。

朱熹《诗集传》解"遄臻"二句云：

> 遄，疾；臻，至也。瑕、何古音相近通用。言如是则其至卫疾矣，然岂不害于义理乎？疑之而不敢遂之辞也。①

朱熹解"不瑕"为"何不"，以为疑词，解"不瑕有害"为"岂不害于义理乎"，与王肃义略近。清人马瑞辰《毛诗传笺通释》亦以此句为疑词，惟持说则异：

> 按"瑕""遐"古通用（《隰桑》诗"遐不谓矣"，《礼记·表记》引《诗》作"瑕不谓矣"），"遐"之言"胡"也。"胡""无"一声之转，故"胡宁"又转为"无宁"。凡《诗》言"遐不眉寿""遐不黄耇""遐不谓矣""遐不作人"，"遐不"犹云"胡不"，信之之词也。易其词则曰"不瑕"，凡《诗》言"不瑕有害""不瑕有愆"，"不瑕"犹云"不无"，疑之之词也。《传》训"瑕"为"远"，《笺》训"遐"为"过"，皆不免缘词生训矣。②

朱氏解为"何不"者，三百篇中实作"遐不"，其例甚多。如马瑞辰所指出者，"遐不"之用例与此"不瑕"之例，语感、语义显然有别。朱熹将"不瑕"二字解为"何不"，与三百篇通例其实不合。此其一。其次，"何不有害"与上句"遄臻于卫"语义并不连属，故朱氏增"义理"二字以足其义；而"何不有害于义理"义亦纡曲，故又将"何不"转为"岂不"。然三百篇中如"岂不尔思""岂不夙夜""岂不怀归"之类，"岂不"之用例屡见，此何偏用"不瑕"？其义反而晦涩。此其二。朱熹所云"疑之而不敢遂之辞也"，盖解"遄臻"二句，言卫女本将疾归返卫，因疑其"害于义理"，终"不敢遂"，卒未归也。然如上文既言者，此章"出宿""饮饯""载脂载舝""还车言迈"皆已然之事实，"遄臻"句显然还车已急行抵卫矣，不得斯时乃自讼"岂不害于义理乎"遂止其行，此其三。要之，朱《传》解"不瑕有害"句，义极转折，应非此诗确诂。

与朱熹同时，吕祖谦《吕氏家塾读诗记》则言：

> 不瑕有害，谓归卫不为过差有害，自恕之辞也。③

此训"瑕"为"过差"，盖本郑玄；惟"有害"二字则如字读，不从郑义。吕氏将"不瑕有害"解为归卫"自恕之辞"；依其说，则诗当云"不瑕无害"，于理乃顺，不当更自责"有害"也。吕祖谦另引张氏别义云：

> 张氏曰："瑕"与"遐"字同，言不大有害。④

---

① 〔宋〕朱熹《诗集传》，上海：中华书局点校本，1958年，第24页。
② 〔清〕马瑞辰《毛诗传笺通释》，北京：中华书局点校本，1989年，第162—163页。
③ 〔宋〕吕祖谦《吕氏家塾读诗记》，《四部丛刊续编》景宋本，卷四，页33。
④ 同上。

此所引"张氏",盖即张载之说。①清代陈启源《毛诗稽古编》极称其说:

> "瑕"字,毛训"远",言至卫亦非远而有害也。(原注:王肃述之,以为"不远礼义",稍迂。)郑训"过",言"非有过差"也。张氏释之,以为"不大有害",则"远""过"二义俱可通,而文义亦明顺。《集传》训为"何",则当云"不何有害",经文为不词矣。②

"瑕"字毛《传》训"远",张载复由"远"之义引申为"大"。陈启源谓此可兼毛、郑"远""过"二义,实则如此引申,训诂颇有疑义;即由诗意言之,卫女还车,急行抵卫,"不大有害",上下语义并不连属,如此结句,亦觉蛇足。

清代学者解"不瑕有害"句,大抵皆就前人之说稍变之,如刘淇《助字辨略》云:"毛《传》训'瑕'为远,与诗义全无干涉,朱《传》义长也。'不瑕有害',犹云'得无有害'。盖《泉水》以卫女义不得归,故疑归而有害。"③此本朱《传》"疑词"之说,以"遐""瑕"为疑问语助词,解"不瑕"为"得无"。胡承珙《毛诗后笺》云:"此言'遄臻于卫',不至远而有害。"④此本毛《传》。马瑞辰亦以"不瑕有害"为疑词,惟言"'不瑕'犹云'不无',疑之之词也",然"不无有害"则诚"有害"矣,岂复为"疑之之词"? 推其原意,当与刘淇为近,惟马瑞辰不若刘氏对助词研究之深,意会而莫能言其详耳。顾广誉《学诗详说》云:"诗言归卫岂不愿?惜乎不远有礼义之害耳。"⑤此则本毛《传》、王肃义也。诸家旧义皆以"有害""不得归"作解,其说皆不免迂曲,故陈奂《疏》申述毛义,改云:

> 凡妇人始适异国,尚未成妇,送嫁之者留车。至三月庙见成妇,则有宁问之礼,又有反马之礼。此卫女追念大夫还反故国时,欲与同归,亦不远害于礼也,亦是设想之词。⑥

陈奂将《泉水》此章情境想定为"卫女追念大夫还反故国时,欲与同归",则诗中归卫者乃送嫁之大夫,而非卫女,则"出宿""饮饯"者乃卫女在所适国饮饯返国之大夫;而"遄臻于卫,不瑕有害"二句则成卫女"设想之词",非其身所历也。

陈奂虽巧为弥缝,然其说仍不近情理。盖卫女"成妇"未久,送嫁之大夫将"还反故国",卫女即思"欲与同归",此成何体统? 此其一。送嫁之大夫将归,自有傧礼者饯送,何劳新妇"出宿""饮饯"亲至远郊送之? 此其二。"遄臻"二

---

① 《宋史·艺文志》著录张载《诗说》一卷;《吕氏家塾读诗记》卷一《纲领》引张载《诗说》二则,故此所引当为张载也。
② 〔清〕陈启源《毛诗稽古编》,收于《皇清经解》卷六十二,页22。
③ 〔清〕刘淇《助字辨略》,《续修四库全书》本,卷二,页22。
④ 〔清〕胡承珙《毛诗后笺》,《续修四库全书》本,卷三,页73。
⑤ 〔清〕顾广誉《学诗详说》,《续修四库全书》本,卷三,页25。
⑥ 〔清〕陈奂《诗毛氏传疏》,卷三,页39。

句,即如陈奂所解,然送行者仅有设想大夫归途一路平顺,焉有欲其"不远(近)害"者?此其三。

综前所论,历来诸家解《泉水篇》"不瑕有害"一句,因不知"害"字为假借,依文解义,虽苦费心思,曲为之说,终觉诘诎难通,未餍人意者。

三

本节再就《二子乘舟》一诗论之,此诗仅二章:

> 二子乘舟,泛泛其景。愿言思子,中心养养。
> 二子乘舟,泛泛其逝。愿言思子,不瑕有害。

味此诗之意,盖其友二人乘舟远行,诗人思念情切,怅然赋此怀之。惟《诗序》、毛《传》则比附史事,断言诗中"二子",系指春秋时代卫宣公之子伋与寿也。《诗序》云:

> 《二子乘舟》,思伋、寿也。卫宣公之二子,争相为死,国人伤而思之,作是诗也。

毛氏本之,引春秋史事以实之,《传》解首章"二子乘舟"句,云:

> 二子,伋、寿也。宣公为伋娶于齐女而美,公夺之,生寿及朔。朔与其母愬伋于公,公令伋之齐,使贼先待于隘而杀之。寿知之以告伋,使去之。伋曰:"君命也,不可以逃。"寿窃其节而先往,贼杀之。伋至,曰:"君命杀我,寿有何罪?"贼又杀之。国人伤其涉危遂往,如乘舟而无所薄。①

按《左传》桓公十六年载其事,云:

> 初,卫宣公烝于夷姜,生急子(按即伋)。……为之娶于齐而美。公取之(按即宣姜),生寿及朔。……宣姜与公子朔构急子。公使诸齐,使盗待诸莘,将杀之。寿子告之,使行,不可,曰:"弃父之命,恶用子矣?有无父之国则可也。"及行,饮以酒。寿子载其旌以先,盗杀之。急子至,曰:"我之求也,此何罪?请杀我乎!"又杀之。②

《史记·卫世家》亦载:"宣公自以其夺太子妻也,心恶太子,欲废之。及闻其恶,大怒,乃使太子伋于齐,而令盗遮界上杀之。与太子白旄,而告界盗,见持白旄者杀之。"③寿因此窃其旄先往,为埋伏道途之贼所杀害;后伋至,亦被杀。

---

① 《毛诗注疏》,卷二之三,页16。
② 《左传注疏》,清嘉庆二十年江西南昌府学刊本,卷七,页22。
③ 《史记》,北京:中华书局点校本,1959年,第1593页。

依《左传》《史记》所载,伋与寿并非死于舟中,而系死于卫、齐边界曰"莘"之地,其地狭隘,故毛《传》云"先待于隘"。毛氏亦知伋、寿二人非死舟中,故言诗人以"舟"借喻,二子死后,"国人伤其涉危遂往",如乘舟而无所止泊也。

平心绎之,以舟借喻之说,显然是后来说诗者附会,崔述《读风偶识》尝辨之:

> 寿死于盗,伋始至莘,《诗》何以称"二子乘舟"?自卫至齐,皆遵陆而行,特济水时偶一乘舟耳。既非于河上遇盗,何不言其乘车,而独于其乘舟咏之思?细玩二诗之词,①与〔左〕传所载伋、寿之事了不相涉,其非此事明矣。②

且《左传》载二子死难事,宋人洪迈《容斋五笔》曾由伋、寿诸人年岁推算,疑其事未必果为史实:

> 案宣公以鲁隐四年十二月立,至桓十二年十一月卒,凡十有九年。姑以即位之始便成烝乱,而伋子即以次年生,势须十五岁然后娶。既娶而夺之,又生寿、朔。朔已能同母谮兄,寿又能代为使者以越境,非十岁以下儿所能办也。然则十九年之间如何消破?此最为难晓也。③

崔述承其说,论之云:

> 宣公在位仅十有九年,急之娶,少亦当十四五岁,早亦当在宣公十六七年之时,则宣公卒时,寿、朔皆尚在襁褓,寿安能盗旌而先?即朔亦不能构急(伋)也。此乃必无之事,昔人固有辨之者矣(原注:偶忘为何书、何人之说)。盖缘《左传》一书采摘太广,但有所得即缀于篇,而不暇辨其是非虚实。况此事乃后日所追述,非若朝聘、侵伐,史臣按月而书者比,固未可尽执为实也。嗟夫!《左传》犹不能以无误,况于《诗序》,乌在其可以尽信乎?④

崔述论证《左传》此说未可尽信。胡承珙则本顾镇《虞东学诗》之说,按《史记》,卫庄公死后,子桓公继位,桓被弑后,迎其弟于邢而立之,是为宣公。宣公嗣为君时,去父亡已十六年,其烝夷姜而生伋自当在其兄桓公之世。⑤胡氏认为:

---

① 按此指《新台》《二子乘舟》两诗。《诗序》曰:"《新台》,刺卫宣公也。纳伋之妻,作新台于河上而要之。国人恶之而作是诗也。"(《毛诗注疏》,卷二之三,页14)
② 〔清〕崔述《读风偶识》,清道光四年《崔东壁遗书》本,卷二,页26—27。
③ 〔宋〕洪迈《容斋五笔》,《四部丛刊续编》景宋刻本配明弘治间活字本,卷十,页2。
④ 〔清〕崔述《读风偶识》,卷二,页27。
⑤ 〔清〕顾镇《虞东学诗》,清乾隆间刻道光间修补本,卷二,页14—15。

"《左传》于此事原委分明,无不可信,诸儒皆疑其所不必疑者也。"① 两者皆自由心证,各是所是。今姑不论《左传》所记二子争赴死难事是否确为史实,然以"二子乘舟"为咏其事,终觉牵附。

《新序》卷七《节士篇》另记一传说,与毛《传》所述情节略异:

> 卫宣公之子,伋也、寿也、朔也。伋,前母子也;寿与朔,后母子也。寿之母与朔谋欲杀太子伋而立寿也,使人与伋乘舟于河中,将沉而杀之。寿知不能止也,因与之同舟,舟人不得杀。伋方乘舟时,伋傅母恐其死也,闵而作诗,《二子乘舟》之诗是也。其诗(略)。于是寿闵其兄之且见害,作忧思之诗,《黍离》之诗是也。其诗(略)。又使伋之齐,将使盗见载旌要而杀之。寿止伋,伋曰:"弃父之命,非子道也,不可。"寿又与之偕行。寿之母知不能止也,因戒之曰:"寿无为前也。"寿又为前,窃伋旌以先行。几及齐矣,盗见而杀之。伋至,见寿之死,痛其代己死,涕泣悲哀,遂载其尸还,至境而自杀,兄弟俱死。故君子义此二人,而伤宣公之听谗也。②

此径以《二子乘舟》一诗为伋之傅母所作;并谓《王风·黍离》亦寿闵其兄将被害而作。盖此类传说佚闻,皆先秦、汉初说《诗》者摭拾史事附会为之。清代学者多以《新序》所述为汉代三家《诗》说,较毛《传》为可据。范家相《三家诗拾遗》云:

> 《新序》之胜于毛《传》者有三:以伋为前妻所生之子,则知伋于宣公为世子时所生,非烝于夷姜而生者。及其即位,年已长大,故可立为太子,一也。姜与朔共谋杀伋,其事秘,国人何由知而赋诗?若傅母在内,又知而不敢言也,是以闵而作诗,二也。姜欲寿为太子,爱之也。寿之先与伋共舟,所以阻其没舟之谋,尚非代死,代死在窃旌耳。其后寿死于盗,伋虽至,不敢再杀,乃载尸还境,痛弟之代己以自戕,情事宛然,三也。三家虽多杂出,而传之有自,学者亦信其所可信而已。③

魏源《诗古微》亦言:

> 诗有"乘舟"之文,则非待隘之役。曰"汎汎其逝""不瑕有害",则非既死之词。诗作于事前,不能害诸水,而后改谋害诸陆,《新序》胜矣。④

马瑞辰则言:

---

① 〔清〕胡承珙《毛诗后笺》,卷三,页92。
② 《新序》,《四部丛刊》景明嘉靖翻宋刊本,卷七,页4—5。
③ 〔清〕范家相《三家诗拾遗》,清道光二十四年钱氏《守山阁丛书》本,卷四,页7。
④ 〔清〕魏源《诗古微》,长沙:岳麓书社,1989年,第469页。

《新序》之说是也。首章"中心养养",二章"不瑕有害",皆二子未死以前恐其被害之词,非既死后追悼之词。且二子如未乘舟,不得直言"乘舟"也。①

诸家皆执毛《传》之说与《诗》意不谐,反证《新序》之说为可据。范家相、魏源更以沉舟未成,乃有寿窃旌代死事。然《新序》所述,笃信毛《传》者,如胡承珙则反驳曰"安知其不即因是诗而附会为此说邪?"②况《新序》又以《王风·黍离》为寿闵兄之作,附会甚矣,焉见此说即可信?抑如前引崔述所言者:"自卫而齐,皆遵陆而行,特济水时偶一乘舟耳。既非于河上遇盗,何不言其乘车,而独于乘舟咏之思?"要之,无论毛《传》或《新序》,皆据诗中"二子""不瑕有害"之语影响猜度,不足援为确据。

今仍由《二子乘舟》本诗文字推求之。首章"泛泛其景"句,《广雅·释训》:"泛泛,浮也。"③毛《传》云:"泛泛然迅疾而不碍也。"毛以"迅然不止"释"景"字;④余意此当从王氏《经义述闻》,"景"字读"憬",训"远行貌",与下章"泛泛其逝"意正相承。⑤

首章"愿言思子,中心养养"两句,毛《传》:"愿,每也。养养然忧不知所定。"二章"愿言思子,不瑕有害",毛《传》解云:"言二子之不远害。"陈奂《疏》述毛氏之意云:

《传》训"愿"为"每",《皇皇者华》传训"每"为"虽"。"愿言思子,中心养养",虽曰思子,徒忧其心养养然也。"愿言思子,不瑕有害",虽曰思子,不能远于害也。犹《常棣》云"每有良朋,兄也永叹",言虽有善朋,徒滋长叹而已。⑥

毛因附会此诗为国人伤伋、寿争死事而作,以二子乘舟而往,将致不测,故解"不瑕有害"为"二子之不远害"也。

郑玄首章解云:"愿,念也。"二章释云:"瑕,犹过也。我思念此二子之事,

---

① 〔清〕马瑞辰《毛诗传笺通释》,第162页。
② 〔清〕胡承珙《毛诗后笺》,卷三,页93。
③ 〔清〕王念孙《广雅疏证》,《续修四库全书》本,卷六上,页17。
④ 孔颖达《疏》述毛意云:"观之泛泛然见其影之去,往而不碍。"又言:"其影,谓舟影,观其去而见其影。义取其遂往不还,故卒章云'其逝'。"(《毛诗注疏》,卷二之三,页16—17)胡承珙《后笺》非之,云:"毛以'迅疾不碍'释'景'字,碍者,止也,并不以为'景响'之景。《释文》乃云:'景,或音影。'《正义》则云:'见其影之去,往而不碍。'是直以'景'为'影','碍'为'挂碍'之义,皆误。"(《毛诗后笺》,卷三,页93—94)
⑤ 《经义述闻》"泛泛其景"条云:"案'景'读如'憬',《鲁颂·泮水篇》'憬彼淮夷',毛《传》曰:'憬,远行貌。'下章言'泛泛其逝',正与此同意也。《士昏礼》'姆加景',今文'景'作'憬',是憬、景古字通。"(王氏《经义述闻》,《续修四库全书》本,卷五,页20)
⑥ 〔清〕陈奂《诗毛氏传疏》,卷三,页49。

于行无过差,有何不可而不去也?"郑氏训"愿"为"思念",训"言"为"我",①故解"愿言思子"为"我思念此二子之事"。其解"不瑕有害"与《泉水》同,将此四字分为两义,释"不瑕"为"于行无有过差";解"有害"为"有何",另增"不可而不去"五字以足其义。然诗中二子已然乘舟远逝,并未有受阻而"不去"之情事;岂为此诗者亦思与二子偕往,因受阻而不得行?然此诗既为伋、寿死后国人伤之而作,则何有"不可而不去"之阻力乎?郑氏所解显与诗意不合。

朱熹《诗集传》解此诗"二子乘舟"句,云:"二子,谓伋、寿也。乘舟,渡河如齐也。"是朱氏亦以此诗咏伋、寿二子之事也。其解"不瑕有害"句云:

不瑕,疑词,义见《泉水》。此则见其不归而疑之也。②

朱解谓:诗人见二子往而未归,疑其"何不有害",盖想二子此行恐已见害矣。③

毛、郑、朱三家解此诗"不瑕有害"句,皆比附卫宣公伋、寿二子死难事。而汉代以来说诗者所以附会其事,厥由"不瑕有害"一语启之。《邶风》两诗此语当同一训义,不应有异。上节尝论诸家解《泉水篇》"不瑕有害"句,"害"作"祸害"解,义不可通,则此诗"害"字亦当另作别解。其实此二诗"害"字乃一假借字,苟考得其本字,疑义自涣然而释,前后情境怡然而理顺,则毛《传》、《新序》纷挐之说,即可息讼矣。

四

近、当代学者解释《泉水》《二子乘舟》两诗"不瑕有害"一语,大抵皆沿袭前人旧说,或略作引申,并未见有若何创解新义。兹聊举数家以见其概:

1. 林义光《诗经通解·泉水》云:"瑕,读为'胡'(原注:瑕、胡古同音)。……'不瑕有害'者,胡有害也。(不、语助词,无意义,见《匏有苦叶篇》。)言虽归宁,亦无害于义也。"④

又《二子乘舟》:"不瑕有害,胡有害也。(说详《泉水》)二子皆被杀而言无害者,虽伤于生,无害于义,犹《易》言'过涉灭顶,凶,无咎'也。"⑤

2. 高亨《诗经今注·泉水》云:"瑕,通'胡',何也。很快就到卫国,没

---

① 《周南·葛覃》"言告师氏",毛《传》:"言,我也。"(《毛诗注疏》,卷一之二,页4)郑玄本此。
② 〔宋〕朱熹《诗集传》,第27页。
③ 〔清〕刘淇《助字辨略》解"不瑕有害"句,云:"国人既伤二子见害,乃故为'唯恐见害'之言以哀之也。"(卷二,页22)说颇迂曲。
④ 林义光《诗经通解》,上海:中华书局,册一,1930年,第33页。按王氏《经义述闻》卷末"语词误解以实义"条,谓"不,发声也","不瑕,瑕也"。(卷三十二,页25)盖解"不瑕有害"为"胡有害",林义光此说盖本王氏。
⑤ 林义光《诗经通解》,册一,第36页。

有什么害处,何必把我追回呢?"①

又《二子乘舟》:"瑕,通'胡',何也。此言二子不会有什么灾害吧。"②

3. 程俊英、蒋见元《诗经注析·泉水》云:"瑕,无。不瑕,犹今云'没有什么'。……马瑞辰《通释》:'瑕、遐古通用。……不瑕犹云不无,疑之之词也。'这句意为:这没有什么害处吧?"③

又《二子乘舟》:"不瑕有害,见《泉水注》。王先谦《集疏》:'不瑕有害,言此行恐不无有害,疑虑之词。'"④

4. 黄焯《毛诗郑笺平议·泉水》云:"'有'为助词,非为实义,'不远害'即'不恤人言'之意。盖卫女思归不得,作诗自见,故为此愤激之辞耳。王肃述毛,谓为'不远礼义之害',是也。"⑤

黄氏《诗疏平议·泉水》亦言:"'有'为助词,非为实义。'不远害',远读'于万反','不远害'犹云'不避礼义之害',即'不恤人言'之意。卫女以父母终,思归宁而义不得,作诗自见,故为此愤激之辞,与《载驰》云'既不我嘉',意盖有相似者。《疏》未达经、《传》之意,强增字以释之,虽引王肃语释《传》,实亦未达王意也。"⑥

今观诸家之说,其解《泉水》《二子乘舟》两诗"害"字俱如字读,致与上句"遄臻于卫""愿言思子"语义不相承接,故须增文以足其义,前已论之,今不复一一致驳。至黄焯将《泉水》"不瑕有害"一语解为"不恤人言"愤激之辞,不知《二子乘舟》此语又将更作何引申?

余意此二诗"不瑕有害"句,"害"为假借字,应读为"愒",息也。《周南·葛覃》"害澣害否",毛《传》:"害,何也。"⑦段玉裁《诗经小学》云:"古'害'读如'曷',同在第十五部。……《葛覃》借'害'为'曷'。《长发》'则莫我敢曷',《传》:'曷,害也。'是又借'曷'为'害'。"⑧"害""曷"二字古同音,同匣母月部字也。《召南·何彼襛矣》"曷不肃雝",安徽大学藏竹简本《诗经》,"曷"字作"害",⑨亦其一例。"愒"字从"曷"得声,与"害"同月部字,古音相近,故得通假。《召南·甘棠》二章"召伯所憩","憩"即"愒"字,《说文》心部:"愒,息也。"段

---

① 高亨《诗经今注》,上海:上海古籍出版社,1980年,第57页。
② 同上书,第63页。
③ 程俊英、蒋见元《诗经注析》,北京:中华书局,1991年,第108—109页。
④ 同上书,第121页。
⑤ 黄焯《毛诗郑笺平议》,上海:上海古籍出版社,1985年,第47页。
⑥ 黄焯《诗疏平议》,上海:上海古籍出版社,1985年,第67页。
⑦ 《毛诗注疏》,卷一之二,页4。
⑧ 〔清〕段玉裁《诗经小学》,清道光五年抱经堂刊本,卷一,页4。
⑨ 安徽大学汉字发展与应用研究中心编《安徽大学藏战国竹简(一)》,上海:中西书局,2019年,第96页。

《注》云：

> 此"休息"之息。……《释诂》及《甘棠·传》皆曰："憩，息也。"憩者，"愒"之俗体。《民劳》传又曰："愒，息也。"非有二字也。①

是"憩"乃"愒"字俗体，《甘棠》"召伯所憩"，安徽大学藏竹简本《诗经》，此句作"[邵]白所害"，②此"害""愒"两字通假之确证也。

"不瑕有害"，瑕字读"暇"，"不瑕"即"不暇""不遑"也。"有"字训"或"，义见王氏《经传释词》。③"不瑕有害"即"不暇稍息"也。晚近学者多以"不暇""不遑"一类"暇""遑"字为助动词，即由实词逐渐转为虚词化。④此外，西周金文屡见"不叚""弗叚"等用例，论者谓此与《诗经》"不瑕"同例，禹鼎："肆武公亦弗叚（遐）望（忘）朕圣且（祖）考幽大弔（叔）、懿弔（叔）"，马承源主编《商周青铜器铭文选》注云："叚，通遐。弗叚，周人常语，师寰簋铭'今余弗叚组'。弗遐忘即未尝忘。"⑤依其说，金文"弗叚"为"未尝"之意，盖亦"叚"字虚词化也，则"不瑕有害"即"未尝稍息"。《殷其雷》"莫或遑息"，义与此同，毛《传》："息，止也。"⑥是"息"兼有休息、止息二义。《泉水》"遄臻于卫，不瑕有害"，言卫女思归情切，急行返卫，"不暇"稍息，即途中未稍止息也。《二子乘舟》"愿言思子，不瑕有害"者，言二子乘舟而逝，为此诗者怀念远人，莫或遑息，即思念之情不稍止息也。此诗首章"愿言思子，中心养养"，《尔雅·释训》云："悠悠、洋洋，思也。"邢《疏》引《诗》"中心养养"为证，⑦则"中心养养"即"悠悠我思"之意；二章言思子之情，不稍止息，即《泉水》首章"靡日不思"之意也，前后两章义正相承。

本文论证《泉水》《二子乘舟》两诗"不瑕有害"句，即"莫或遑息""不稍止息"之意，与两诗上下语境正相符契，较毛、郑以来旧解，似更切合诗旨。历来旧说因误解"不瑕有害"一语，致附会《泉水》篇为许穆夫人作，⑧以《二子乘舟》

---

① 〔清〕段玉裁《说文解字注》，十篇下，页35。
② 《安徽大学藏战国竹简（一）》，第87页。
③ 〔清〕王引之《经传释词》，《续修四库全书》本，卷三，页6—7；又9—11。
④ 杨树达《词诠》云："暇，助动词。'暇日'之义，本为名词，流变成助动词用法。"（上海：商务印书馆，卷四，1928年，第59—60页）又："遑，助动词，暇也。"引《诗·邶风·谷风》"我躬不阅，遑恤我后"，《小雅·采薇》"不遑启居，狁之故"，《小弁》"心之忧矣，不遑假寐"（同上书，卷三，第52—53页）诸文为例，谓"遑""暇"二字渐由实词转为虚词化。依此，则"不暇稍息"即"不稍息"也。
⑤ 马承源主编《商周青铜器铭文选》（三），北京：文物出版社，1988年，第282页。
⑥ 今本《召南·殷其雷》二章"莫敢遑息"，安大竹简本"敢"字作"或"，与三章"莫或遑处"（《毛诗注疏》，卷一之四，页18），文正一例。
⑦ 《尔雅注疏》，清嘉庆二十年江西南昌府学刊本，卷四，页2。
⑧ 〔明〕何楷《诗经世本古义》，明崇祯十四年刻本，卷二十三，《泉水》页1；又〔清〕魏源《诗古微》，页463—465。

为咏彶、寿争相死难事,此类影响牵附之说,盖可息矣。

二〇二四年四月十五日

附记:本文稿成后,四月二十日持以就正于史语所友人颜世铉教授,有所教示,书此志感。颜兄并检示裘锡圭先生《戎生编钟铭文考释》及沈培先生《再谈西周金文"叚"表示情态的用法》两文。裘先生文中论及"'不叚'、'弗叚'大体上相当于现代汉语的'没'",其涵义除马承源先生所指出的"未尝""未曾"之意外,另亦有"不会"之意。① 沈文归纳诸说,分析典籍及出土文献诸文例,论证"'叚'是一个表示'可能性'情态的助动词"。② 二者皆专家绝诣,可补拙文讨论"暇"字之阙略也。廿二日近晚,竹翁附识。

---

① 裘锡圭《戎生编钟铭文考释》,收于《裘锡圭学术文集》,上海:复旦大学出版社,2012年,册三,第112—113页。
② 沈培《再谈西周金文"叚"表示情态的用法》,收于《中国古代青铜器国际研讨会论文集》,上海博物馆、香港中文大学文物馆,2010年,第193—228页。

由安大简、武威简论《诗经·采蘋》的文本面貌及相关经学问题*

贾海生**

【内容提要】《毛诗》中的《采蘋》呈现了《诗经》古文系统中的文本面貌,以安大简所抄《采蘋》、武威简所见不同于《毛诗》的篇名相校,可知历史上还曾流传过文本面貌不同于今文本、古文本的《诗经》。安大简不同于《毛诗》的异文体现了西部方言的语音特点,武威简所见不同于《毛诗》的篇名暗示了首章的语序有别于《毛诗》。毛传、毛序阐释《采蘋》所记仪式典礼,或借诗之本事推行诗教,或以空泛的说教释诗之主旨。汉代传诗形成的经学观念与释诗方法影响深远,后世释诗即使力图摆脱空洞的说教而有意揭示诗之本事,仍然或明或暗地体现了经学的特点。

【关键词】 安大简 武威简 采蘋 经学

《诗经·采蘋》在口耳相传的状态中都是以本字之音读诵之、咏之、歌之、舞之,①最初书于竹简时呈现了怎样的文本面貌已无从考知,在不断辗转传抄的过程中文本面貌又经历了怎样的变化也难以验证。秦代焚诗书、坑术士,以往传习的诗书或存于儒生的记忆之中,或藏于屋壁山岩之间。汉代经学昌盛,《诗经》重见天日。毛氏传授古文系统的《诗经》,其中《采蘋》一诗的文本面貌如下:

> 于以采蘋?南涧之滨。于以采藻?于彼行潦。(一章)
> 于以盛之?维筐及筥。于以湘之?维锜及釜。(二章)
> 于以奠之?宗室牖下。谁其尸之?有齐季女。(三章)

汉代齐、鲁、韩三家传习的今文文本与毛氏所传古文文本,在文字、章次等各个

---

* 本文为国家社科基金冷门绝学专项研究项目"出土文献与礼乐文明研究"(22VJXG008)的阶段性成果。
** 本文作者为浙江大学古籍研究所暨马一浮书院教授、山东大学兼职特聘教授。
① 贾海生《由简本〈诗经〉的超音节特点论诗在先秦的传习方式》,《经学文献研究集刊》第二十六辑,上海:上海书店出版社,2021年,第14—55页。

方面都有明显的差异,因三家今文文本渐次亡失,不能得见《采蘋》一诗的全貌,根据文献典籍的引用,仍能窥其一斑。如《汉书·郊祀志》云"皆尝鬺亨上帝鬼神",颜师古注云"鬺、亨一也。鬺亨,煮而祀也。《韩诗·采蘋》曰'于以鬺之?唯锜及釜',亨音普庚反",以此知《毛诗》的"于以湘之"在《韩诗》中作"于以鬺之"。再如《玉篇·女部》云"齌,阻皆切,有齌季女",王先谦认为《玉篇》所引出自《韩诗》,①于此又见《毛诗》的"有齐季女"在《韩诗》中作"有齌季女"。今古文文本所用之字不同,必然会传达不同的诗义。《广雅·释诂》云"鬺,任也",又云"齌,好也",毛传训湘为亨、训齐为敬,可见依据不同的文本便有不同的说解,门派家法之不同显而易见。

实际上,无论是古文文本,还是今文文本,都不是一成不变的定本,而是始终处在变化不定的动态之中。如《说文》云:"藻,水艸也。从艸从水巢声。《诗》曰:于以采藻。薻,藻或从澡。子皓切。"许慎在其《说文后叙》中自言"其偁《易》孟氏、《书》孔氏、《诗》毛氏",则其所引"于以采藻"当出自毛氏所传古文文本,然而此句在前引毛氏所传古文文本中作"于以采藻",可见古文文本始终未定于一尊,或许正是因为当时流传的各种古文文本有藻、薻之不同,所以许慎虽宗毛氏也不得不折中诸本断藻或作薻。再如《说文》有薲无蘋、有濒无滨,训薲为大萍、训濒为水厓,皆与毛传训蘋为大萍、训滨为涯的释义相同。王先谦据以指出,蘋、滨皆是俗字而薲、濒则是正字,同时还根据郑笺的阐释与《宋书·何尚之传》的记载,推断郑玄所见古文文本蘋作薲、滨作濒。②若其说不误,则《毛诗》中的"于以采蘋?南涧之滨"在郑玄传习的文本中作"于以采薲?南涧之濒"。改薲为蘋、改濒为滨,或是《毛诗》出现之后在流传过程中产生的情况,亦可证《毛诗》的文本在汉代尚未定于一尊。

根据文献的记载及前人的研究,不仅能观察、体悟到《采蘋》一诗的文本在早期的流传过程中不仅有今古文的不同,而且今古文始终都处在变化不定的动态中。新见战国、西汉竹简更加证实了《采蘋》的文本始终不定的状况。

安大简《诗经》是战国时代从中原地区抄入楚国的一种《诗经》文本,虽然体现了楚国文字的书写特点,因其所据底本是曾经在中原地区广泛流传的文本,不免渗透了中原地区的文字特点,甚至可能完全保存了底本的文字,只不过是以楚地的书写风格抄录而已。其中抄录《采蘋》的竹简残泐过甚,二章仅存二字,三章仅存三句,录之如下以见其文本面貌:

……。(一章)

及釜。(二章)

---

① 〔清〕王先谦《诗三家义集疏》,北京:中华书局,1987年,第79—83页。
② 〔清〕王先谦《诗三家义集疏》,第78页。

……于以奠之？宗室枊下。篃亓屍……。（三章）

以简本《采蘋》与前引《毛诗》的《采蘋》相校，文字的差异显而易见。整理者指出：枊字从木中声，此字不见于《说文》，中属端纽冬部，牖属喻纽幽部，依曾运乾"喻四归定"之说而言，中与牖双声而韵部阴阳对转，枊字可能是牖之异体；篃属端纽觉部，埶属禅纽觉部，二字古音相近可通；屍字从示尸声，尸之繁体。① 断简本的篃字通埶、屍字为尸之繁体，或是可以信从的论断。关于枊字，既以传统音韵学的理论说明枊与牖在声韵上的特点，其意在于表明二字有通假关系，同时又断二字有正体与异体之别，论断模棱两可。因此，最值得关注的是简本的"宗室枊下"对应《毛诗》的"宗室牖下"，不仅仅是诗句所用之字不同，而且还涉及更加复杂的语言现象。

就枊字的构形而言，其字从木中声当无疑问，则其字的音义可据所从之中在中古汉语、现代方言以及与牖字相互对应的现象作出判断。《说文》云："牖，穿壁以木为交窗也。从片户甫。谭长以为甫上日也，非户也，牖所以见日。"段注本于甫下补声字，以为是用合韵为声。② 既然枊对应牖，则就枊字的构形而言，其本义或是穿壁为孔以通明而中置纵横之木为交窗，构形表明了取义于木、中而又以中明其音读。《毛诗》将《采蘋》列在《召南》，则其产生之地可据文以明之。《释文》云："召亦地名也，在岐山之阳，扶风雍县南有召亭。案，周、召皆周之旧土，文王受命以后赐二公为菜地。二《南》之《风》，皆文王未受命之诗也。《周南》十一篇是先王之所以教圣人之深迹，故系之公旦；《召南》十四篇是先王之教化文王所行之浅迹，故系之君奭。"以此而言，《采蘋》既列在《召南》，当是产生于周之旧土的民歌，则枊字当是周人据其方言所造与牖字同义的方音字。

许多音韵学家都认为牖字在上古汉语中的声纽是边音 *l-，可以合乎规则地演变为中古汉语的喻四，白一平、沙加尔将牖字的上古音拟作 *[l]uʔ,③ 郑张尚芳拟作 *luʔ。④ 枊字从木中声，中在《广韵》中有二切，一是陟弓切，二是陟仲切，二切同为一音而仅有平去之分。根据陆志韦的研究，中字的中古音可拟作 ţĭuŋ,⑤ 白一平、沙加尔用标准的 ASCII 字符转写陟弓、陟仲二切的结果分别

---

① 安徽大学汉字发展与应用研究中心编，黄德宽、徐在国主编《安徽大学藏战国竹简（一）》，上海：中西书局，2019 年，第 87 页。
② 〔清〕段玉裁《说文解字注》，上海：上海古籍出版社，1981 年，第 318 页。
③ BaxterSagart OC 2015-10-13, 4331, http://ocbaxtersagart.lsait.lsa.umich.edu, 2024 年 9 月 2 日。
④ 郑张尚芳《上古音系（第二版）》，上海：上海教育出版社，2019 年，第 554 页。
⑤ 陆志韦《陆志韦语言学著作集（一）》，北京：中华书局，1985 年，第 12、54 页。

是 trjuwng、trjuwngH。① 当代中外语言学家构拟上古音,除了关注传统的韵书、韵图外,往往还以方言资料与汉语借词为证,尤其重视闽语方言提供的证据,因为闽语方言存在许多《切韵》系统无法解释的现象,直接反映了上古汉语的语音特点。② 中在现代闽北方言的表现如下:

建阳 teŋ1/teŋ5,石陂 tueiŋ1/tueiŋ5,镇前 teuŋ1/ teuŋ5,迪口 tœyŋ1/tœyŋ5,观前 tō1/tō5,崇安 təŋ1/təŋ5。

建阳语料来自罗杰瑞所编同音字汇,③石陂、镇前、迪口、观前语料来自秋谷裕幸所编同音字汇,④崇安语料来自李如龙所编同音字汇。⑤ 需要说明的是,崇安 təŋ5 原标第 4 调,对应阴去,为求统一,改为第 5 调。

就中字在闽北方言中清声与阴调的组合关系而言,可以断定中字在原始闽语中的声纽当也是 *t-。瓦乡话与中古汉语的语音对应关系十分复杂,被认为保存了中古以前的语音,中在瓦乡话中读 ţə55。⑥ 因此,牪从中声,中在原始闽语、瓦乡话和中古音的表现,暗示了牪的上古音声纽包含清塞音 *t-和卷舌成分 *-r-,再联系牪在《毛诗》中作臅而臅在上古音系统中的声纽是 *l-,则牪的上古音当拟作 *t-l<r>uŋ。为牪字构拟带中缀 *<r>的上古音,犹如白一平、沙加尔为窗字构拟的上古音 *s-l̥<r>oŋ 亦带中缀 *<r>一样,中缀 *<r>在于表明房屋的通明之孔多种多样(The *<r> infix indicates a multiplicity of openings in a house)。⑦ 中缀 *<r>在牪的上古音中,不仅有功能意义,而且是产生中古音卷舌塞音声纽(retroflex stop initial)的条件。因此,若牪字不曾被废弃而仍保留在文字系统中,着眼于其字所从中声,只有为牪字构拟 *t-l<r>uŋ 的上古音,才能同时满足上古时以臅通牪、中古时演变为ţuŋ 或 trjuwng(H)、瓦乡话中声纽演变为 ţ-、闽语中保留清塞音 *t-的语音条件。上古音中的 *t-l<r>uŋ 演变为瓦乡话的 ţə55,元音 *-u-在锐音声首(acute onset)后前化为 *-ə-而失去韵尾 *-ŋ,并非不合规则的例外演变。

---

① *BaxterSagart OC* 2015-10-13,4771,4786,http://ocbaxtersagart.lsait.lsa.umich.edu,2024 年 9 月 2 日。
② [日]秋谷裕幸《闽语中早于中古音的音韵特点及其历时含义》,《辞书研究》2020 年第 5 期,第 71—83 页。
③ NORMAN. Jerry Lee, *THE KIENYANG DIALECT OF FUKIEN*, University of California, Berkeley, Ph. D., 1969, p. 149.
④ [日]秋谷裕幸《闽北区三县市方言研究》,"中央研究院"语言学研究所,2008 年,第 119、167、214 页;秋谷裕幸《福建浦城观前方言同音字汇》,《方言》2021 年第 1 期,第 116 页。
⑤ 李如龙《福建县市方言志 12 种》,福州:福建教育出版社,2001 年,第 479 页。
⑥ 王辅世《湖南泸溪瓦乡话语音》,《语言研究》1982 年第 1 期,第 135—147 页。
⑦ William H. Baxter and Laurent Sagart, *Old Chinese:A New Reconstruction*, Oxford University Press, 2014, p. 150.

真实的历史情况或许是《采蘋》被书于竹简后,得以在社会上广泛流传,不断传抄的过程中,遂以另一方言或通语中的蓏字代替了柊字。蓏之所以可代柊,除了字义相同外,语音上都以边音 *l-为主要音节的声纽而韵部又存在对转关系,同时也暗示了《采蘋》中体现方言特点的字最终都可能被通语中的字所替代。因此,就柊与蓏的上古音而言,二字不仅仅是阴阳对转,还涉及二字的声纽皆是边音以及方言与通语的关系。陆志韦曾指出,在西周时代的西部方言中,传统音韵学中冬部的韵尾 *-ŋ 皆读作 *-m。① 白一平、沙加尔也根据《诗经·小戎》的押韵情况及《颜氏家训·勉学》中有关蜀地"呼粒为逼"而其字作"皀"的记载,断定上古汉语的韵尾 *-p、*-m 无条件地变为 *-k、*-ŋ,皆是西部方言的显著特点。② 前文已指出,《采蘋》是产生于召伯采地的民歌,其地恰在西部方言区域内,若依陆志韦及白一平、沙加尔的论断,柊的上古音亦可拟作 *t-l\<r\>um,演变的轨迹是 *t-l\<r\>um＞ *t-l\<r\>uŋ＞ ṭuŋ / trjuwng (H)。

在先秦时代,各个阶层践行礼仪活动,往往以《诗经》中的《采蘋》等诗歌合乐娱宾,如《仪礼·燕礼》云:"遂歌乡乐,《周南》:《关雎》《葛覃》《卷耳》;《召南》:《鹊巢》《采蘩》《采蘋》。"然而武威出土的西汉简本《燕礼》云:

> 遂歌芗乐,乐《周南》:《关雎》《葛胜》《縉耳》;《召南》:《䧳蕉》《采苤》《采雕》。(三十一)

陈梦家校记云:"芗,今本作乡。乐字下有重文号,今本不重。葛胜,今本作葛覃。縉耳,今本作卷耳。䧳蕉,今本作鹊巢。采苤,今本作采蘩。最后一篇名据今本应是采蘋,简作采雕,《说文》藻之正文作薻。案简所称《周南》、《召南》篇名不与《毛诗》及今本同,应是齐《诗》,后仓传齐《诗》也。"③ 沈文倬认为,后仓传《齐诗》并传今文《礼》,《礼》所述篇名据《齐诗》,当无可疑,然而简本所记篇名中的胜、縉、蕉、苤、雕五字皆非《齐诗》异文。④ 实际上,以传本《燕礼》与简本《燕礼》相校,最引人关注的焦点是传本《燕礼》所言《采蘋》在简本《燕礼》中作《采雕》,不仅仅是文字的不同,还涉及其诗首句的语序。顾颉刚曾指出:新近发现的汉简本《礼经》,抄写时代早于郑玄所注之本;郑本"遂歌乡乐"一节所述《诗经》的篇名与《毛诗》的篇名一致,在汉简本中却有多处异文,其中简本的

---

① 陆志韦《陆志韦语言学著作集(一)》,第 187—194 页。
② William H. Baxter and Laurent Sagart, *Old Chinese: A New Reconstruction*, pp. 306—307.
③ 甘肃省博物馆、中国科学院考古研究所编著《武威汉简》,北京:文物出版社,1964 年,第 118、179 页。
④ 沈文倬《〈礼〉汉简异文释》,《菿闇文存——宗周礼乐文明与中国文化考论》(上),北京:商务印书馆,2006 年,第 224—225 页。

"雖"字在传本中作"藻",表明《毛诗》的"于以采蘋？南涧之滨。于以采藻？于彼行潦"在别一文本中前后两句互倒,所以才有篇题是《采藻》的异文;简本的发现,呈现了《诗经》不同文本的面貌,又表明即使在经学极盛的汉代,经书的篇次和文字仍然动荡不定,原因或是抄写的人态度不严肃,抄后没有认真校对,或是因经学上分门别户的需要,故意弄出的玄虚花样。①

关于《诗经》篇题的命名体例,邹汉勋曾作过全面的归纳与总结,其中摘首句语词以为篇名在其所列七项条例之中位居第一,就《诗经》的305篇诗歌而言,共有288首诗以见于首句的语词为篇名。② 依此而推,当时各家传习《诗经》,为便于称举,摘首句语词以为篇名当是普遍采用的方法。简本《燕礼》以《采藻》称呼《毛诗》以《采蘋》为篇题的诗,若亦是遵循了摘首句语词以为篇名的规则,透露了其诗的首句本是"于以采藻？于彼行潦"而非"于以采蘋？南涧之滨",明确地表明了历史上还曾经流行过一种文本面貌迥然不同于《毛诗》的《诗经》,其中篇题为《采雖》而首章作"于以采藻？于彼行潦。于以采蘋？南涧之滨"的诗,对应《毛诗》篇题为《采蘋》而首章作"于以采蘋？南涧之滨。于以采藻？于彼行潦"之诗。

据前引简本《燕礼》之文而言,所歌乡乐以《周南》中的《关雎》《葛覃》《卷耳》为一组、以《召南》中的《鹊巢》《采蘩》《采蘋》为一组,但在今本《毛诗》中,《采蘩》与《采蘋》之间尚有《草虫》一诗,则讨论《采蘋》的文本面貌,还涉及《采蘋》在《召南》中的先后次第。王应麟《诗考》引曹粹中《诗说》云:"齐诗先《采蘋》而后《草虫》。"③陈乔枞从曹氏之说而又有如下论断:"今据《仪礼》,合乐歌《周南》,则《关雎》《葛覃》《卷耳》三篇同奏;歌《召南》,则《鹊巢》《采蘩》《采蘋》三篇同奏。是知古诗篇次原以《采蘋》在《草虫》之前,三家次第容与毛异,曹氏之说非无据也。"④王先谦据王、陈之说进一步指出:"曹氏即本《仪礼》为说,三家皆同,不独齐也。"⑤

安大简《召南》始于第二十一简,简末有"廿一"二字,第二十二简简末有"廿二"二字,则二简相连,断无疑问,第二十三至二十七简或失或残,残简简末皆不见序号标识,至第二十八简简末方有"廿八"二字。整理者将抄写"我心则敓。陟皮南山,言采亓薇。未见君子,我心伤悲。亦既见"二十三字的一支残简标为第二十五简,所抄诗句见于《草虫》的第二章、第三章;又将抄写前引"及

---

① 顾颉刚《尚书的版本源流与校勘》,《中国典籍与文化论丛》第五辑,北京:中华书局,1999年,第7—8页。
② 〔清〕邹汉勋《读书偶识》,王先谦编《清经解续编》第五册,上海:上海书店,1988年,第786页。
③ 王应麟《诗考》,影印文渊阁《四库全书》本。
④ 〔清〕陈乔枞《三家诗遗说考》,王先谦编《清经解续编》第四册,第1286页。
⑤ 〔清〕王先谦《诗三家义集疏》,第78页。

釜。于以奠之？宗室牖下。簹亓层"十三字的一支残简标为第二十七简，所抄诗句见于《采蘋》。如此标识排列残简，实际是按《毛诗》的次第作出的判断，未必是安大简《诗经》原来的次第，因为第二十三、二十四、二十六简皆亡失不存，无从取证判断《草虫》《采蘋》在安大简中的前后次第。仅就武威汉简所抄《燕礼》的文句而言，似可断定西汉流传的一种《诗经》文本，是《采蘋》居于《草虫》之前。

无论先秦至汉代各家所传《采蘋》一诗的文本面貌及其与《草虫》的先后次第如何不同，就其文本的字面意思而言，可以断定诗歌记载了一场仪式典礼的过程。全诗的大意是说，心怀虔敬的少女，在行潦采藻，在南涧采蘋，以筐筥盛之，以锜釜烹之，用为铏羹之菜，奠于宗室牖下以祭祀神明。

汉代传习今文、古文《诗经》的各家，对《采蘋》所咏本事的解读，大都立足于经学立场，逐渐赋予了体现经学旨趣的阐释。如毛传在第三章下云："古之将嫁女者，必先礼之于宗室，牲用鱼，芼之以蘋藻。"此说意在揭示《采蘋》所咏仪式典礼的性质，实际是据《仪礼·士昏礼》附经之记所言"女子许嫁，笄而醴之，称字。祖庙未毁，教于公宫三月。若祖庙已毁，则教于宗室"为说。虽然毛传本于经学原典《士昏礼》为说已略见其经学立场，却仍然是对诗歌所咏本事的探索。因为就《采蘋》的内容而言，所咏之事或许确实就是妇人嫁前在公宫或宗室受教后采蘋藻祭祀宗庙的仪式典礼。《礼记·昏义》对此仪式典礼则有稍详的说明："古者妇人，先嫁三月，祖庙未毁，教于公宫，祖庙既毁，教于宗室。教以妇德、妇言、妇容、妇功。教成祭之，牲用鱼，芼之以蘋藻，所以成妇顺也。"古时妇人嫁前受教于公宫或宗室后祭其所出之祖以成妇顺的仪式典礼，不仅是整个婚礼必不可少的环节，也是当时各个阶层共同遵循的行为准则，因为铜器铭文也记载了妇人嫁前受教于宗庙后祭其所出之祖的事实。如西周中期的叔友簋铭文云：

> 唯正月初吉丁亥，弔友追孝于烈考釐伯、釐姬，作旂姜幾母宝塍簋，子子孙孙其万年永宝用。

笔者对叔友簋铭文反映的历史事实作过详细的考辨，认为铭文与《采蘋》《士昏礼》《昏义》所见仪式典礼可以相提并论，都记载了妇人嫁前在宗庙接受为妇之道后祭祀所出之祖的仪式典礼，只不过详略不同而各有侧重而已。① 既然诗歌、礼书、铭文的记载可以相互发明、相互印证，则依据铭文、礼书的记载，可以断定毛传对《采蘋》本事的说明，虽然据礼经为论，间接表明了经学立场，却在无意之中揭示了诗歌所咏仪式典礼的性质，反映了真实的历史面貌。毛传释

---

① 贾海生《文献与铭文所见妇人嫁前所行仪式典礼》，待刊。

诗的方法在于揭示诗歌所咏本事以取信于人，目的仍然是在经学观念下以诗之本事推行诗教。

真正对《采蘋》进行经学阐释的论说见于汉代的毛序，充分体现了当时的经学观念与释诗方法。其说云："《采蘋》，大夫妻能循法度也。能循法度则可承先祖，共祭祀矣。"此说完全立足于经学立场，视《采蘋》为经而非诗，透露了浓重的经学趣味。纯粹的经学阐释，往往不顾诗之本事，以空泛的说教释诗，不免牵强附会之说，甚至故意曲解诗旨，因而后世大多不信毛序而别立新说以成一家之言。如朱熹释《采蘋》的本事云："大夫妻能奉祭祀而其家人叙其事以美之也。"①此说虽然突破了汉代形成的经学藩篱，就诗之所咏论诗之本事，较之毛序固可信从，然而扬弃了毛传对诗之本事的说明，似又不免矫枉过正之嫌。然而值得注意的现象是，汉代形成的经学观念与释经方法，随着经典的不断传习，潜移默化地发挥着深远的影响，后世释诗即使力图摆脱空泛的经学说教而有意揭示诗之本事，因受经学观念与释经方法的熏陶，仍然时见牵强附会之说。如何楷云："《采蘋》，美邑姜也。古者妇人将嫁，教于宗庙，教成有蘋藻之祭。武王元妃邑姜教成，能修此礼，诗人美之。"②此说仅以诗中"有齐季女"一语联系文献中的传说为论，表面看起来是释诗之本事，因无可信的记载以为有力的证据，实际上体现了经学有时任意附会的释诗方法。

---

① 〔宋〕朱熹《诗集传》，上海：上海古籍出版社，1980年，第9页。
② 〔清〕何楷《诗经世本古义》卷八，影印文渊阁《四库全书》本。

日本东方文化研究所《毛诗正义》日译稿初探*

张宝三**

【内容提要】 日本东方文化研究所于1941年4月开始进行"《毛诗注疏》校定"共同研究,至1947年6月中辍,所校仅至《郑风》止,未竟其业,其成果之稿本今存于京都大学人文科学研究所中。《毛诗正义》日译稿为此项共同研究成果之一,因系稿本未刊,迄今尚鲜见专文探讨。本文从撰作始末与人员、相关内容、所存在之问题、学术价值等四方面加以探究,以期对此日译稿有较清楚之认识,并期盼其能早日刊行,以供世人参考利用。

【关键词】 《毛诗正义》日译稿 日本 东方文化研究所 京都大学人文科学研究所

位于日本京都之东方文化研究所,①继"《尚书注疏》校定"之后,曾于昭和十六年(1941)四月开始进行"《毛诗注疏》校定"共同研究。② 此项研究后因故于昭和二十二年(1947)六月中辍,未竟其业,所校仅至《郑风》止。《毛诗正义》日译稿为此项研究成果之一。吉川幸次郎(1904—1980)曾撰有《东方文化研

---

* 本文系国家社会科学基金项目"近代日本京都中国学派经学研究文献之整理与探论"(20BZW154)之阶段性成果。

** 本文作者为陕西师范大学人文科学高等研究院特聘教授。

① 东方文化研究所之前身为东方文化学院京都研究所。日本东方文化学院于昭和四年(1929)四月成立,分设东京、京都两研究所。昭和十三年(1938)四月,两研究所分离各自独立改组,东京研究所仍称"东方文化学院",京都研究所改称"东方文化研究所"。东方文化研究所后于昭和二十四年(1949)与"西洋文化研究所"、京都大学旧有之"人文科学研究所"合并,成为今京都大学"人文科学研究所"。参见京都大学人文科学研究所编《人文科学研究所五十年》,京都:京都大学人文科学研究所,1979年,第2—79页。

② 此二项共同研究,吉川幸次郎在行文中虽或称"《尚书正义》校定""《毛诗正义》校定",然正式名称当为"《尚书注疏》校定""《毛诗注疏》校定"。考东方文化学院京都研究所发行之《东方学报 京都》第六册《汇报·研究员助手嘱托员的新研究题目决定》中有"《尚书注疏》校定"一项(1936年2月,第375页)。又《东方学报 京都》第十二册第二分《汇报·研究室近况》中云:"经学文学研究室:前昭和十年开始之'《尚书注疏》校定'事业,尔来六历星霜,已于本年三月完了。……接续第二回之事业,本年四月'《毛诗注疏》校定'由吉川、平冈两研究员,仓石、西田嘱托员,安田副研究员,藤枝、小尾助手合力之下,开始进行。"(东方文化研究所,1941年9月,第137页。原为日文)。

究所经学文学研究室毛诗正义校定资料解说》一文，①论述校定所据资料。另又于《吉川幸次郎全集》第十卷《唐篇Ⅲ自跋》中云：

> （前略）又采用《毛诗正义校定资料解说》中所述之资料，与同僚共同在东方文化研究所所为至《郑风》为止之定本、校勘记及（日文）翻译之粗稿，今日被承接保存于京都大学人文科学研究所中。②

《吉川幸次郎全集》中极少谈及有关"《毛诗注疏》校定"之事，《全集》中亦未收录相关研究成果，以上二文为少数可见之相关文献。

《毛诗正义》日译稿因所译未及《诗经》全帙，且未尝刊行，故罕受学者关注，迄今尚鲜见专文探讨。③ 本文拟针对《毛诗正义》日译稿撰作之始末与人员、相关内容、所存在之问题，以及日译稿之学术价值等方面加以探究，以期对此项资料有较清楚之认识，并期盼此项资料能早日整理、出版，以供世人参考利用。

一、《毛诗正义》日译稿之撰作始末与人员

《毛诗正义》日译稿为"《毛诗注疏》校定"共同研究成果之一。吉川幸次郎于《东方文化研究所经学文学研究室毛诗正义校定资料解说》中云：

> 在吾经学文学研究室，先前自昭和十年四月至十六年三月，前后六历星霜，包括研究员、副研究员、助手、嘱托员等全体室员前后计十余人之共同协力，更有研究室以外或研究所以外笃志之士之助力，以此而从事校定唐国子祭酒孔颖达等奉太宗敕令撰进《五经正义》之一的《尚书正义》。于是有本所研究报告第十四册《尚书正义定本》二十卷以飨学界。同时，作为其附带成果，有《读〈尚书注疏〉记》于《东方学报》连载，又有吉川研究员《尚书正义》全文之日译，由岩波书店刊行。进而，自昭和十六年四月起，乃继续从事《五经正义》中另一书《毛诗正义》之校定，依然为全室人员共同之研究。④

---

① 原刊《东方学报 京都》第十三册第二分，1943年1月，原题作《毛诗正义校定资料解说》，作者署"经学文学研究室"，文末云："吉川幸次郎记。"后收入《吉川幸次郎全集》第十卷，标题增"东方文化研究所经学文学研究室"十四字。见《吉川幸次郎全集》第十卷，东京：筑摩书房，1998年，第446—463页。
② 见吉川幸次郎《吉川幸次郎全集》第十卷，第479—480页。本文原为日文，中文为笔者所译。
③ 今所见有拙著《唐代经学及日本近代京都学派中国学研究论集》（台北：里仁书局，1998年）及王晓平《日本诗经学史》（北京：学苑出版社，2009年）二书曾约略论及。另拙作《吉川幸次郎之〈诗经〉研究方法》（收入《东亚〈诗经〉学研究》，北京：中华书局，2019年）一文中亦尝简略述及。
④ 见吉川幸次郎《吉川幸次郎全集》第十卷，第446页。原文为日文，中文为笔者所译。另此文有王孙涵之之中译文，刊《国际汉学研究通讯》第17期，北京：北京大学出版社，2019年，可参。

据此知"《毛诗注疏》校定"乃东方文化研究所经学文学研究室继"《尚书注疏》校定"之后，所进行之共同研究。主其事者主要为吉川幸次郎。①

"《毛诗注疏》校定"共同研究，自昭和十六年（1941）四月起始，至二十二年（1947）六月吉川幸次郎转任京都大学文学部教授止，②前后共进行六年。然校定工作仅至《郑风》止，未竟其业。③有关此校定工作停止之原因，平冈武夫（1909－1995）在《谈论先学——吉川幸次郎博士》（《先学を语る——吉川幸次郎博士》）中云：

> 吉川先生之《尚书正义》费时十年始完成，④其次乃进行《毛诗正义》，由吉川、仓石先生及相同之成员为之。然其后吉川先生乃转任文学部教授，命我继其事。然而如《毛诗正义》如此庞大之内容，为之需费时几年，实难预知。校完《尚书正义》，又校《毛诗正义》，我说我不能一生仅用力于《正义》，因而加以拒绝。仓石、吉川两先生虽和我促膝谈判，强制我同意，然我亦强硬拒绝。我说，本来若吉川、仓石先生来做，我可帮忙，或者先生百年之后，我可继其事，然现在先生们康健，由我为之，实不适当。因此方向乃改变……⑤

由平冈氏所述，知此共同研究之主其事者吉川幸次郎由东方文化研究所研究员转任京都大学文学部教授，乃此项共同研究停止之主要原因。考平冈武夫之主要研究兴趣在于《尚书》，《毛诗正义》之校定进行六年，仅至《郑风》，全书完成所需耗费之时日与精力，实难预估，故平冈氏未答应继任其事，此共同研究遂告中止。此后平冈氏则继续进行有关《尚书》之研究，取得丰硕之成果。⑥

此项共同研究之成果，计有《〈毛诗传笺〉校勘表》《〈毛诗正义〉校勘表》

---

① 《东方学报　京都》第六册《汇报·研究员助手嘱托员的新题目决定》中所列"《尚书注疏》校定"之成员有"〔研究员〕仓石武四郎、〔研究员〕吉川幸次郎，嘱托平冈武夫，嘱托佐藤匡立（案：'立'疑是'玄'之讹），嘱托小仓弘毅"等五人（第375页），可见此项共同研究由仓石氏与吉川氏共同主持。至《东方学报　京都》第十二册第一分《汇报·所员异动》中所列"《毛诗注疏》校定"之成员则为"研究员吉川幸次郎、研究员平冈武夫，〔嘱托〕仓石武四郎，副研究员安田二郎"等四人（《东方文化研究所，1941年6月，第169页）。盖自1939年4月起，仓石武四郎转任京都大学文学部教授，故进行"《毛诗注疏》校定"时，仓石氏在研究所之职称已改为"嘱托"，知主其事者主要为吉川幸次郎，另平冈武夫则辅助之。

② 吉川幸次郎于昭和二十二年（1947）六月由东方文化研究所研究员转任京都大学文学部教授，参见兴膳宏编《善之吉川幸次郎先生年谱》，东京：筑摩书房，1982年。案：昭和二十二年时，东方文化研究所仍为外务省所辖之独立研究机构，至二十四年（1949）始与"西洋文化研究所"、京都大学旧有之"人文科学研究所"合并，成为今京都大学"人文科学研究所"，隶属文部省。

③ 《毛诗正义》日译稿则至《唐风·采苓》止。参下文所论。

④ 实际工作时间乃六年，此处平冈氏言"十年"，恐系记忆之误或口误。

⑤ 见《东方学》第74辑，1987年7月，第152－153页。

⑥ 平冈武夫有关《尚书》之研究成果，参见其所著《经书の传统》（东京：岩波书店，1951年）、《经书の成立》（东京：创文社，1983年）二书。

《〈毛诗正义〉校勘记》《〈毛诗正义〉日译》《读〈毛诗注疏〉记》等,皆为稿本未刊。原稿存于京都大学人文科学研究所,京都大学文学部图书馆存有都留春雄(1926—?)捐赠之影印本及吉川幸次郎"遗赠"之批改本。①

《毛诗正义》日译稿,于每篇之末多载有译者之姓,②加以统计,并对照相关文献,知参与者计有吉川幸次郎、仓石武四郎(1897—1975)、平冈武夫、入矢义高(1910—1976)、高桥峻、安田二郎(1911—1955)、小尾郊一(1913—2004)、西田太一郎(1910—1982)、藤枝了英、③新美宽(1905—1945)、田中谦二(1912—2002)、岛田虔次(1917—2000)、市原亨吉(1911—?)、伊地智继安、小西氏、④今井清(1919—?)、赖惟勤(1922—1999)、近藤光男(1921—2019)、增田清秀、布目潮沨(1919—2001)等人。⑤

二、《毛诗正义》日译稿之相关内容

因东方文化研究所之"《毛诗注疏》校定"乃延续"《尚书注疏》校定"而来,故《毛诗正义》日译稿与《尚书正义》日译本在极多方面有类似之处。⑥ 今就《毛诗正义》日译稿之相关内容略作析论。

(一) 日译仅及于《正义》,未及经、《序》、《传》、《笺》

《毛诗正义》日译稿为对唐代孔颖达等奉敕修撰之《毛诗正义》进行日译,故其所译仅及于《正义》之文而未及《毛诗》经、《序》与毛《传》、郑《笺》。考《新唐书·儒学上·孔颖达传》云:

> 初,颖达与颜师古、司马才章、王恭、王琰受诏撰五经义训凡百余篇,

---

① 详细之内容,参见吉川幸次郎著,王孙涵之译《东方文化研究所经学文学研究室〈毛诗正义〉校定资料解说》"译者后记"所述,《国际汉学研究通讯》第17期,第114页。
② 例如《周南·关雎》,《序》文以后之部分,分由两人担任日译,前半末载"(以上小尾译)",后半末载"(仓石译)"。
③ 藤枝了英,生平不详。《东方学报 京都》第十二册第一分《汇报·所员异动》中载:"魏敷训、小尾郊一、藤枝了英;至昭和十七年三月三十一日止,被任命为本所助手,于经学文学研究室工作。"(1941年6月,第169页。原日文。)考藤枝了英与小尾郊一皆曾参与《毛诗正义》日译稿之翻译,篇末各载"(藤枝译)""(小尾译)"等。
④ 《郑风·有女同车》篇末载"(小西译)",惟小西氏之名,虽经多方询考,仍未能知之,志之以俟知者。
⑤ 参与人员中有东方文化研究所以外之学者,如赖惟勤、近藤光男、布目潮沨等人。
⑥ 例如《尚书正义》日译与《毛诗正义》日译稿皆仅翻译《正义》之文,而不及经、注。惟《尚书正义》日译,后收入《吉川幸次郎全集》第八、九、十卷,译文下栏添增小南一郎(1942—)所补经、《序》、《传》之训读译文,此乃岩波书店原版所无,今之所论,据岩波书店原版。参见《吉川幸次郎全集》第八卷《唐篇Ⅰ·自跋》,东京:筑摩书房,1998年,第504页。

号《义赞》,诏改为《正义》云。①

又《唐会要》卷七十七"论经义"条云:

> 贞观十二年。国子祭酒孔颖达撰五经义疏一百七十卷,名曰《义赞》,有诏改为《五经正义》。②

由此二项资料,可知唐代孔颖达等人奉敕修撰之五经义疏,初名为《义赞》,后唐太宗诏改为《正义》。然则《五经正义》之各经《正义》内容仅有义疏,并不包含经文及注文,故其疏解经文及注文必须标起止,③此即后人所称之"单疏本"。④《毛诗正义》日译稿所译仅及《正义》之文,原标起止之文字仍予保留,惟标起止后之"正义曰"省去"曰"字,仅称"正义"。此外,《毛诗正义》日译稿多数篇中不附经、《序》及《传》、《笺》之文,然少数则附载,此为体例不一之现象,见下文所论。

(二)翻译所据底本当为宋刊十行本

《毛诗正义》日译稿及相关文献中,未见关于其日译所据底本之版本说明,今加推考,其所据当为宋刊十行本。

《周南·关雎·序》:"乱世之音,怨以怒,其政乖。"《正义》疏《序》云:"乱世谓兵革不息。"⑤《毛诗正义》日译稿译云:

> 「乱世」とは戦争(原注:原文の华は革の误)の絶え間のないことを指し(下略)。⑥

此部分为安田二郎所译,据此所述,安田氏所据之《正义》底本文字当作"兵华不息",安田氏认为底本"华"乃"革"之误,故予标示,并且依"兵革不息"之文进行日译。今考同为"《毛诗注疏》校定"成果之《毛诗正义校勘记》稿卷二载:

---

① 见〔宋〕欧阳修、宋祁等《新唐书》卷一百九十八《孔颖达传》,北京:中华书局,2008年,第5644页。

② 见〔宋〕王溥《唐会要》卷七十七,台北:世界书局,影印本,1982年,第1045页。

③ "标起止"即取所欲疏解之经文或注文之首二字(亦有不止二字者)及末二字,标示之,而不列其全文。参后文所论。

④ 有关十三经单疏本之情况,参见〔日〕长濑诚《五经正义单疏本に就いて》(《关于五经正义单疏本》),东京:《拓殖大学论集》第35号,1964年;张国风《十三经单疏本概述》,《中华文史论丛》第51辑,上海:上海古籍出版社,1993年。

⑤ 见〔汉〕毛公传、〔汉〕郑玄笺、〔唐〕孔颖达等正义《毛诗注疏》卷一之一,叶7,台北:艺文印书馆,影印清嘉庆二十年江西南昌府学刻本,1955年。以下所引《毛诗注疏》之文,皆据此本,径标卷数及页数,不再出注。

⑥ 见东方文化研究所《毛诗正义》日译稿影印本,第69页,以下引同书,皆径标页数,不再出注。

> 乱世谓兵革不息：革，十行本误作华。①

此所指十行本作"华"，正同于安田二郎所述"原文の华は革の误（原文之华为革之误）"。考阮元清嘉庆二十年江西南昌府学刻本（以下简称"阮刻本"）此处作"兵革不息"，阮元《毛诗注疏校勘记》无说，盖闽、监、毛诸本皆无异文。吉川幸次郎《东方文化研究所经学研究室〈毛诗正义〉校定资料解说》"经注疏附释音本"中列有"宋刊十行本"一种，称：

> 再者，以《十三经注疏》之名汇刻诸经之疏，以此本为最早。此本并非罕见，今采用吾国足利学校遗迹图书馆藏本。②

由此可推，《校勘记》稿所言"十行本"，即日本足利学校所藏宋刊十行本，而安田二郎所据以日译之底本，亦即此本。

又如《周南·桃夭》首章："桃之夭夭，灼灼其华。"毛《传》云："兴也。"郑《笺》云："兴者，逾③时妇人皆得以年盛时行也。"（卷一之二，页十五）《毛诗正义》日译稿所附《笺》文"逾"作"喻"，译者注云：

> 原文の逾の字は误り。（页百六十二）

此篇由藤枝了英所译，藤枝氏谓原文"喻"误作"逾"，知其所据底本字作"逾"。考东方文化研究所《毛诗正义校勘记》稿卷三云：

> 喻时妇人皆得以年盛时行也：喻，十行本误作逾。（页五）

案：此处《校勘记》稿云"喻，十行本误作逾。"与藤枝了英所言同，足证藤枝了英日译所据底本当即十行本也。

以上由安田二郎、藤枝了英二氏日译部分，推考《毛诗正义》日译稿所据底本当为日本足利学校所藏"宋刊十行本"。日译稿中尚有其他类似之例，兹不具举。

（三）日译采日本语体而不采汉文训读法

吉川幸次郎于《尚书正义》日译第一册《译者の序》中述及其《尚书正义》日译不采传统之"汉文训读法"，而采用日本语体为之，谓此乃一种新尝试，吉川氏云：

---

① 见东方文化研究所《毛诗正义校勘记》稿卷二，影印本，第2页。此《校勘记》以汉文书写。以下引同书，皆径标页数，不再出注。
② 见《吉川幸次郎全集》第十卷，第453页，原为日文。
③ 阮元《毛诗注疏校勘记》云："兴者逾时妇人：闽本、明监本、毛本同。小字本、相台本逾作喻，考文古同。案：喻字是也。"见〔清〕阮元辑《皇清经解》卷八百四十，叶13，台北：汉京文化公司影印清道光九年学海堂刻咸丰十年补刻本，1979年。

另欲再谈谈有关(本书之)翻译。此翻译乃我等企图对中国文献新翻译法之展现者也。我等对旧来之"汉文训读法"持有不满,认为其虽为吾人祖先历来努力之集积,然现在吾人想必无执着之必要。①

《尚书正义》采用日本语体翻译,在当时仍是一种尝试,故吉川氏自称于《尚书正义》第一册日译出版时,仍持有危惧。《尚书正义》第四册《译者の序》中,吉川氏云:

最初,此翻译之第一册公诸于世之际,实有不少危惧。第一项危惧乃是如此烦琐之书物可否为世间所接受?……第二项危惧,乃关乎我自身之能力。(此工作)乃将如此烦琐之分析,转为日语,以日语为媒介,对原文重新加以分析者也。然而我等所企图采用之翻译法,乃避开旧来之训读法,用完全之日语将原文移转。……训读法乃对汉语原文尽量不加以分析而完成之方法,其结果即使成为背离日语本来语法之日语也罢、成为意义不明晰之日语也罢,皆无所谓。然而我等所采用之方法则非如此。我等首先将原文之含义充分加以分析。……将此分析结果,在此翻译中,用最适当之译语使其确定。所谓适当译语,即使用不比原文过多或过少之言语,无说明之语,与原文有着一对一之关系,然而得以洞察原文含义之言语。亦即不采用极端直译之训读法,然而实际乃在树立新的直译。然而要使用完整之日语乃是一种理想,其必非易事,对于力弱如我者而言,实非容易。……然而此第二项危惧,实为杞忧,在此,第四册虽历经曲折,终得问世。②

此处,吉川氏对于《尚书正义》日译不采用旧来之训读,而采用日本语体,有详细之分析,可据以了解其采用日本语体翻译之用心。

《毛诗正义》日译接续于《尚书正义》日译之后,亦继续使用此种语体。吉川氏在《尚书正义》日译第四册《译者の序》末段云:

留存此等各色各样记忆,此翻译已告终。然而我等并不以此为满足,赋予我等者乃极大之事业,此不过为其初步。现在延续此一翻译,《毛诗正义》之校定及翻译正在进行中(下略)。③

此文末署"昭和十七年十月二十七日,撰于京都东方文化研究所经学文学研究室"(原为日文)。考"《毛诗注疏》校定"共同研究起始于昭和十六年四月,吉川氏撰写此文时,此项工作正在进行,吉川氏将其视为"《尚书注疏》校定"之延

---

① 见《吉川幸次郎全集》第八卷,第18页。原文为日文,中文为笔者所译。以下日文中译同。
② 见《吉川幸次郎全集》第十卷,第82—84页。
③ 见《吉川幸次郎全集》第十卷,第85页。

续,仍充满期望,日后此工作之停顿,盖始料未及。

(四)日译始于《诗谱序》,终于《唐风·采苓》

吉川幸次郎在《吉川幸次郎全集》第十卷《自跋》中虽言:"又采用《毛诗正义校定资料解说》中所述之资料,与同僚共同在东方文化研究所所为至《郑风》为止之定本、校勘记及(日文)翻译之粗稿,今日被承接保存于京都大学人文科学研究所中。"然观《毛诗正义》日译稿之内容,实至《唐风·采苓》止,多出《齐风》《魏风》《唐风》三《风》,不仅止于《郑风》。考"《毛诗正义》校定"另一成果《毛诗正义校勘记》稿之内容为卷一至卷七,卷七之末为《王风·丘中有麻》,即《王风》之末篇。《王风》在《郑风》之前。或《毛诗正义》文本之校定进行至《郑风》,未完而止,而《郑风》之《校勘记》稿亦未及完成。然日译稿之撰作则或最初已作任务安排,工作分配后各自进行撰作,故日译稿遂不仅止于《郑风》也。

《毛诗正义》日译稿自郑玄《诗谱序》始,不载书首〔唐〕孔颖达《毛诗正义序》,此同于《尚书正义》日译本之作法,①然未译此《毛诗正义序》,实不能无憾也。

三、《毛诗正义》日译稿存在之问题

《毛诗正义》日译稿原稿至今存于京都大学人文科学研究所中,从未正式出版。此批资料因系未定稿,尚未经最后整理,故存在不少问题,今略举数项,以供未来整理者之参考。

(一)体例不尽一致

《毛诗正义》日译稿之翻译工作,由多人分别担任,尚未作最后统整,故出现有部分体例不一之现象,例如:

1. 附载经、注原文与否,体例不一

《毛诗正义》日译稿多数不附载经、《序》、毛《传》、郑《笺》原文,以单疏本之面貌呈现,此与已出版之《尚书正义》日译本体例不同。② 然《毛诗正义》日译稿部分诗篇中仍出现附载经、注之现象。③ 例如由西田太一郎翻译之《周南·螽

---

① 《尚书正义》日译本未收〔唐〕孔颖达《尚书正义序》。
② 《尚书正义》日译本岩波书店版载有经、《序》及《传》文,然未加以翻译,后收入《吉川幸次郎全集》第八、九、十卷,始补列小南一郎所撰之训读文,见前文所述。
③ 《毛诗序》亦属注文之性质,故亦归入注中。又此部分诗篇中虽附载经、注之文,对经、注仍未加以翻译。

斯》,载有经文如下:

> 螽斯羽诜诜兮。₁　宜尔子孙振振兮。₂(页百五十五)

其后又载《笺》文云:

> 1(笺)云:凡物有阴阳情欲者,无不妒忌,维蚣蝑不耳,各得受气而生子,故能诜诜然众多。后妃之德能如是,则宜然。(页百五十六)

其后又载《传》文云:

> 2(传)振振,仁厚也。(页百五十六)

篇中所载经、《传》、《笺》文之后,各接《正义》疏解经、《笺》、《传》文之日译文,且皆标起止。此种于经文中标示注文之编号,其下又列标有编号之注文,乃《尚书正义》日译本采用之体例,西田氏仍沿袭之,故与他篇不同。

又如《周南》共有《关雎》《葛覃》《卷耳》《樛木》《螽斯》《桃夭》《兔罝》《芣苢》《汉广》《汝坟》《麟之趾》等十一篇。其中《汉广》由吉川幸次郎日译,未载经、《序》、《传》、《笺》;《螽斯》附载经、《序》、《传》、《笺》之情况已如上述。其余九篇则皆载经、《序》及《传》、《笺》,然经文下不标数字,《传》、《笺》之起始亦不标数字,又有异也。

自《召南》起,《日译稿》多不载经、《序》及《传》、《笺》,体例已有调整,然仍见少数附载经、《序》、《传》、《笺》之现象。①

2. 附载校勘语与否,体例不一

《毛诗正义》日译稿中,或有附载译者校勘之语,多数则未见,体例亦不统一。其中尤以吉川幸次郎、安田二郎、小尾郊一、田中谦二、藤枝了英、岛田虔次等人所译之篇出现校语最为常见。然如小尾郊一所译多篇,其中则或有校语,②或无校语,③亦未见一致。校语之例,已见前文所举,兹不具列。

另日译稿中或见有译者加注之语,以明《正义》引文出处或《正义》所引与原书相异之处。然仍以不加注语为多,体例亦不一致也。

3. 日译用语或体例不一

《毛诗正义》中有各篇经常出现之语词,在日译时宜加以统一,然《毛诗正义》日译稿某些用语翻译却未能一致。如《周南·关雎》首章,《正义》疏《传》,标起止云:"《传》'关关'至'王化成'",日译稿译云:

---

① 如《召南·采蘩》为小尾郊一所译,篇中仍附载经、《序》及《传》、《笺》之文。
② 如《鄘风·定之方中》《卫风·淇奥》《卫风·芄兰》等篇皆有校语。
③ 《召南·江有汜》《召南·野有死麇》等篇皆无校语。

（传）「关关」から「王化成」まで。（页百九）

另《周南·汉广》首章，《正义》疏"《传》'思辞'至'思者'"，日译稿译云：

传の「思辞」から「思者」まで。（页百七十六）

案：同样翻译《正义》标起止，一无"の"，一有"の"，宜加以统一。类似之例颇多，兹不具举。

此外，《正义》疏《传》、《笺》，每常指出其训诂之所据，称"'某，某也。'某某文"，日译稿对此类语词之翻译亦颇见分歧。如《周南·关雎》第二章："参差荇菜，左右流之。"郑《笺》云："左右，助也。"《正义》疏《笺》云："'左右，助也。'《释诂》文。"《毛诗正义》日译稿翻译如下：

「左右とは助けゐことだ」といふのは释诂①の文である。（页百十五）

又《周南·葛覃》第二章："是刈是濩，为絺为绤，服之无斁。"毛《传》："斁，厌也。"《正义》疏《传》云："'斁，厌。'《释诂》文。"《毛诗正义》日译稿翻译如下：

「斁は厌」とは、释诂の文句である。（页百三十一）

又同篇末章："言告师氏，言告言归。"毛《传》云："言，我也。"《正义》疏《传》云："'言，我。'《释诂》文。"《毛诗正义》日译稿翻译云：

「言は我である」とは释诂の文章である。（页百三十四）

案：同一"《释诂》文"，或译为"释诂の文"，或译为"释诂の文句"，或译为"释诂の文章"，盖因译者非一，②故有此分歧也。

（二）引文起讫断句或有错误

《正义》疏经、《序》、《传》、《笺》，时引他书以释之。《毛诗正义》日译稿于翻译之际，对《正义》引文之起讫，断句偶见有错误者，如《周南·关雎》末章"参差荇菜，左右芼之。窈窕淑女，钟鼓乐之。"毛《传》云："芼，择也。"《正义》疏《传》云：

《释言》云："芼，搴也。"孙炎曰："皆择菜也。"某氏曰："搴犹拔也。"郭璞曰："拔取菜也。"以搴是拔之义，《史记》云"斩将搴旗"，谓拔取敌人之旗也。（卷一之一，页二十四）

---

① "诂"，原稿误书作"话"，今改正。
② 以上三例，前二例分别由小尾郊一、吉川幸次郎所译，第三例未标示译者。

《毛诗正义》日译稿此篇为仓石武四郎所译,译文云:

> 释言に「芼は搴である」とあり、孙炎は「みな菜を择ぶこと」と述①
> べ、ある人は「搴は拔といふやうなもの」と述べ、郭璞は「菜を拔きとる
> こと、搴は拔といふ意味であるから、史记に「斩将搴旗」②といふのは、敌
> の旗を拔きとることである」と述べてゐる。(页百二十一)

案:《正义》此处引郭璞之说,仅"拔取菜也。"一句,"以搴是拔之义"以下则为《正义》申述之语,《尔雅》郭璞《注》可资对照。仓石氏所译,将郭璞说引文断至"谓拔取敌人之旗也"止,实有误也。

以上略举一例,以见《毛诗正义》日译稿中有引文断句错误之现象。此若取《正义》引文之原书加以比对,当可避免错误也。

(三)汉字书写或有错误

《毛诗正义》日译稿中,由于誊抄或笔误等种种因素,出现有汉字书写错误之现象。如全稿起始《诗谱序》,"序"字误书为"亭"。又如《周南·关雎·序》:"治世之音,安以乐,其政和。乱世之音,怨以怒,其政乖。亡国之音,哀以思,其民困。"《正义》疏《序》云:

> 《苕之华》云:"知我如此,不如无生。"哀之甚也。《大东》云:"眷言顾之,潸焉出涕。"思之笃也。(卷一之一,页七)

日译稿云:

> 苕之华(原注:小雅)に「わが王がこんなだと分つてゐたら、死んだ
> 方がよしだつた」とあるのは甚だしい哀みである。 大车(原注:小雅)
> に「睠みて言顾みるに、潸然と泪くだる」③とあるのは笃き思である。
> (页六十八至六十九)

案:译文中"大车"为"大东"之误。

又如《周南·关雎》:"窈窕淑女,琴瑟友之。"毛《传》云:"宜以琴瑟友乐之。"《正义》疏《传》云:

> 下《传》曰:"德盛者宜有钟鼓之乐。"与此章互言也。

日译稿云:

---

① "述",原稿误书作"迹",今改正。下二"述"字同。
② 此处所标单引号,原文如此。实宜作双引号。
③ 此段文字中,"睠"字旁加有"かへり","言"字旁加有"われ","潸然"旁加有"さめざめ"等训读字。又原稿"潸"字误书为"潛",今改正。

　　　　次の伝に、「德の盛なものは鐘鼓のやうな音乐があるべきだ」とあ
　　　るのは、この章と互ひちがひに述べたのである。（页百十九）

案：译文中"迷"字为"述"字之误。此"述"字误为"迷"之现象，在日译稿中
屡见。

（四）日译或有可商

《毛诗正义》日译稿中，见有其译文可再商榷者，举例如下：

1.《周南·关雎》篇末"《关雎》五章，章四句。故言三章，一章四句，①二章
章八句"。《正义》疏云：

　　　《左氏》曰"臣之业在《扬之水》卒章之四言"，谓第四句"不敢告人"也。
　　　及赵简子称"子大叔遗我以九言"，皆以一句为一言也。（卷一之一，页二
　　　十四）

日译稿云：

　　　　左传に「臣の业は②扬之水の最后の章の四言に尽きます」といふ
　　　のは、第四句の「不敢告人」のことである。また、赵简子が「子大叔が自分
　　　に九言を言ひ残した」といふのも、すべて一句をば一言としたのであ
　　　る。（页百二十二）

案：《正义》此处云"赵简子称'子大叔遗我以九言'"，典出《左传》定公四年，《左
传》原文云：

　　　反自召陵，郑子大叔未至而卒。晋赵简子为之临，甚哀，曰："黄父之
　　　会，夫子语我九言，曰：'无始乱，无怙富，无恃宠，无违同，无敖礼，无骄能，
　　　无复怒，无谋非德，无犯非礼。'"③

《左传》原文作"夫子语我九言"，《正义》引述作"子大叔遗我以九言"，当系古人
引书不甚严谨之故。考察《左传》原书之语境，《正义》此处所言，"遗"字当解为
"赠送"之义。谓"子大叔赠我以九言"。然日译稿译为"子大叔が自分に九言
を言ひ残した"，盖将"遗"字解为"遗留"之义，恐未符《正义》原文之意也。

---

　　① "一章四句"，阮元刻本原作"一章章四句"，阮刻本《毛诗注疏》所附校勘记载清卢宣旬之补校
云："一章章四句：（补）案：'一章'下例不重'章'字，次'章'字误衍。"（卷一之一，叶32），今据删。
　　② 此处译文，"臣"字之旁加有"やつがれ"，"业"字之旁，加有"わざ"之训读字。
　　③ 见〔晋〕杜预注，〔唐〕孔颖达等正义《春秋左传注疏》卷五十四，叶21－22，台北：艺文印书馆影
印清嘉庆二十年江西南昌府学刻本，1965年。

(五)日译或有漏译

《毛诗正义》日译稿中,见有漏译原文之现象,举例如下:

《周南·关雎》篇末"《关雎》五章,章四句。故言三章,一章章四句,二章章八句"。《正义》云:

> 或篇有数章,章句众寡不等。章有数句,句字多少不同。皆由各言其情,故体无恒式也。《东山·序》云一章、二章、三章、四章,不谓末章为卒章。及《左传》曰"《七月》之卒章",又"《扬之水》卒章"者,《东山》分别章意,从一而终于四,故不言卒章也。(卷一之一,页二十五)

日译稿云:

> あるひは篇の中に数句あつて、句の文字の多少が同じくないのは、すべてそれぞれ自分の心もちを述①べるため、形にきまつた型がないからである。东山の序に一章二章三章四章といつて、末の章のことを卒章といはないのは、东山は章の心もちを区別して、一から四までにしてゐるから、卒章と云はないのである。(页百二十四至百二十五)

案:此段《正义》中,有两处漏译,一为"或篇有数章,章句众寡不等。章有数句,句字多少不同",日译稿译作"あるひは篇の中に数句あつて、句の文字の多少が同じくないのは",漏译"数章,章句众寡不等。章有"等十字。又"《东山·序》云一章、二章、三章、四章,不谓末章为卒章。及《左传》曰'《七月》之卒章',又'《扬之水》卒章'者,《东山》分别章意,从一而终于四,故不言卒章也",日译稿译为"东山の序に一章二章三章四章といつて、末の章のことを卒章といはないのは、东山は章の心もちを区別して、一から四までにしてゐるから、卒章と云はないのである",此处漏译"及《左传》曰:'《七月》之卒章',又'《扬之水》卒章'者"等十六字。

四、《毛诗正义》日译稿之学术价值

《毛诗正义》日译稿虽所译仅至《唐风·采苓》,未完成《诗经》全帙,且系为稿本,存在上节所述各种问题,然此批资料,仍具有珍贵之学术价值,析论如下:

---

① "述",原稿误书作"迷",今改正。

(一)于汉籍经典日译史研究,具有价值

东方文化研究所"《毛诗注疏》校定"接续于"《尚书注疏》校定"之后,于昭和十六年四月发轫,已如前述。《尚书正义》日译第一册于昭和十五年(1940)二月由东京岩波书店出版,第四册于昭和十八年(1943)二月由岩波书店出版,至此全书刊毕。《尚书正义》日译全书刊毕之际,"《毛诗注疏》校定"正在进行。吉川幸次郎于《尚书正义》日译第一册书首《译者の序》之末署:"昭和十四年七月四日于东方文化研究所,吉川幸次郎记(昭和十四年七月四日东方文化研究所经学文学研究室において 吉川幸次郎しるす)。"①吉川氏于《尚书正义・译者の序》中阐述其采日本语体翻译《尚书正义》,而不采用旧来"汉文训读法"之理由及意义,已见本文前第二节所述。《毛诗正义》日译接续于《尚书正义》日译之后,承接其以日本语体翻译之作法,对于《毛诗正义》之日译,亦具有创始之意义。

东方文化研究所《毛诗正义》日译稿撰作之后,今所见有两种有关《毛诗正义》之日译,然亦皆未完成《诗经》全帙。一为福岛吉彦《毛诗关雎序正义译稿(上份)》,发表于《山口大学文学会志》第三十三卷,昭和五十七年(1982)十二月出版。② 此文翻译《周南・关雎・序・正义》,自"《关雎》,后妃之德也"始,至"故正得失、动天地、感鬼神,莫近于诗"止,文末注明"未完",然日后未见下份发表。福岛氏此译文亦采用日本语体翻译,如起首《正义》"诸序皆一篇之义,但《诗》理深广,此为篇端,故以《诗》之大纲并举于此",福岛氏译云:

> 一般の序(〈关雎〉以外の篇の序)はいずれもその一篇のみについての解说である。しかし诗の理法は深く広いので、この序は全篇の冒头であるため、それで诗の(理法の)大纲をもここで示した。③

可见其采口语体翻译,然与《毛诗正义》日译稿相较,则福岛氏译文中以小括号添加较多说明文字。福岛氏文中未提及东方文化研究所《毛诗正义》日译稿,是否曾参考,不得而知。

另一《毛诗正义》日译资料为冈村繁(1922—2014)《毛诗正义译注》第一册,于昭和六十一年(1986)十月由福冈中国书店出版。④ 此书译注之《正义》,起于孔颖达《毛诗正义序》,迄于《周南・关雎》篇末。此书《正义》之外,亦附有

---

① 见吉川幸次郎译《尚书正义》第一册,东京:岩波书店,1940年,第23页。
② 此译稿仅发表上份,下份未见刊行。
③ 见福岛吉彦《毛诗关雎序正义译稿(上份)》,《山口大学文学会志》第三十三卷,1982年12月,第1页。
④ 此书出版之后,冈村繁未续出第二册。

经、《序》、《传》、《笺》文，皆有日文之译注。经、《序》、《传》、《笺》之翻译采训读法，《正义》之翻译则采口语体。如《关雎·序》起始云："《关雎》，后妃之德也。"冈村氏译云：

> 「关雎」は、后妃の德なり。①

其下译《正义》"诸序皆一篇之义，但《诗》理深广"至"故以《诗》之大纲并举于此"云：

> 一般の诗篇の序は、いずれもその一篇だけについての趣旨说明である。しかし、「诗」の原理は深く广く、かつこの「关雎」序は全篇の发端に当たる。それで、「诗」の基本的理念をばここに合わせ示したのだ。②

冈村氏于《关雎·序》起始"注（1）"中注云：

> 《关雎·序》之《正义》，国译③有自"《关雎》，后妃之德"至"莫近于诗"之开头部分，皆出于福岛吉彦《毛诗关雎序正义译稿（上份）》(《山口大学文学会志》第三十三卷，一九八二年)。我于起草本译注之际，蒙受此劳译极多教示。④

案：冈村氏明白提及曾参考福岛吉彦之译文，然于东方文化研究所之《毛诗正义》日译稿则全未提及。

考《毛诗正义》日译稿，于《关雎·序》之起始《正义》译云：

> どの序も皆一篇の意义であるが、诗の道理は深广であり、ここが全篇の发端なので、诗の大纲をここに列举⑤したのである。（页五十六）

比较《毛诗正义》日译稿与福岛吉彦、冈村繁之译文，约略也可见三者风格之异同。

《毛诗正义》日译稿因未完成《诗经》全帙，且未正式出版，故未能对学界产生明显之影响，然其乃以日本语体翻译《毛诗正义》之创始，显示一种时代风潮之兴起，仍具有其历史意义。

（二）于《毛诗正义》之文献整理，具有参考价值

《毛诗正义》日译稿所译虽非《诗经》全帙，对于《毛诗正义》之文献整理，仍

---

① 见冈村繁译注《毛诗正义译注》第一册，福冈：中国书店，1986年，第109页。
② 见《毛诗正义译注》第一册，第109页。
③ 此所称"国译"，乃指日译。
④ 见《毛诗正义译注》第一册，第110页。原为日文。
⑤ 此处"列举"二字之旁，有吉川幸次郎之批改语。

有参考价值,举例如下:

1.《毛诗正义》翻译之参考价值

无论中文现代语译或外文翻译,中外至今皆尚未见《毛诗正义》全帙完成,亟待努力。《毛诗正义》日译稿所译虽非《诗经》全帙,其完成部分佳处屡见,可作为未来有志于从事《毛诗正义》全帙日译者之参考。例如:

《毛诗正义》卷一"周南关雎诂训传第一"标题下,《正义》疏云:

> 郑以《序》下无《传》,不须辨嫌,故注《序》不言"笺"。(卷一之一,页一)

冈村繁《毛诗正义译注》第一册译云:

> 鄭玄は、詩序の下に「伝」がなかったら、(その「伝」についての)疑義を解明する必要もないから、それで詩序に(自分だけの)「注」を施して「笺」とは言わなかったのである。①

冈村繁于此段译文之末,注云:

> "注"与"笺"之别,下文《正义》疏"郑氏笺"云:"郑于诸经,皆谓之'注',此言'笺'者,……郑以毛学审备,遵畅厥旨,所以表明毛意,记识其事,故特称为'笺'。余经无所遵奉,故谓之'注'。"亦即"笺"乃为发扬毛《传》之意见,"注"则为自身单独之解说。②

案:冈村繁对《正义》"郑以《序》下无《传》,不须辨嫌,故注《序》不言'笺'"此说之意,当有误解。冈村繁对《正义》之日译文,今试将其意译成中文如下:

> 郑玄以《诗序》下无《传》,有关《传》之疑义无解明之必要,故于《诗序》仅施以自身之"注",而不称为"笺"。

此将《正义》"不须辨嫌"理解为"有关《传》之疑义无解明之必要",实不符《正义》之原意。考陆德明《经典释文·毛诗音义上》于"关雎","后妃之德也"下释云:

> 《序》并是郑注,所以无"笺云"者,以无所疑乱故也。③

结合《正义》与《经典释文》之说,二者之意乃谓《诗经》诗篇本文中之郑《笺》,为与毛《传》区分,故于《传》文之后标"笺云"二字以区别之。然因毛公不注《序》,《序》下无《传》,《笺》文无与《传》混淆之疑虑(亦即不须辨嫌),故不须标"笺云"二字。此即《序》下之注与诗篇本文之《笺》皆是郑玄注,而《序》下之注未标示

---

① 见《毛诗正义译注》第一册,第95页。
② 见《毛诗正义译注》第一册,第96页。原日文。
③ 见〔唐〕陆德明《经典释文》,台北:鼎文书局影印《通志堂经解》本,1972年,《毛诗音义上》,叶1。

"笺云"字样之由也。① 考《毛诗正义》日译稿译此段《正义》云：

> 郑玄は序には传がなく、まぎれを避ける必要もないから、序に注释したところでは、「笺」と言はなかつた(页二十八)

日译稿所译《正义》之意，极为准确，足为日后再从事《毛诗正义》日译者之参考。

2.《毛诗正义》标点之参考价值

《毛诗正义》之日译，必须能准确掌握句读，始能作出适当之译文，因此《毛诗正义》日译稿可提供从事《毛诗正义》标点者之参考，以达到正确标点之目的。如《周南·螽斯》首章："螽斯羽，诜诜兮。"毛《传》云："螽斯，蚣蝑也。诜诜，众多也。"《正义》疏《传》，其未施标点之面貌云：

> 此实兴也传不言兴者郑志答张逸云若此无人事实兴也文义自解故不言之凡说不解者耳众篇皆然是由其可解故传不言兴也(卷一之二，页十三)

李学勤主编《十三经注疏》标点本中之《毛诗正义》，此段文字标点如下：

> 此实兴也。传不言兴者，《郑志》答张逸云："若此无人事，实兴也，文义自解，故不言之。"凡说不解者耳，众篇皆然，是由其可解，故传不言兴也。②

《毛诗正义》日译稿对此段文字之译文如下：

> こゝは实は兴であるが传に兴と言はないのは、郑志に张逸に答へて、「こゝの场合は人に关する事柄はないが实は兴である。 文义がそれだけでわかつてゐるから、述べていない。 一般にわからぬところだけ说明するので、どの篇も皆同じである」といふ。つまりわかるから、传は兴と言はなかつたのだ。(页百五十五至百五十六)

考《正义》此段文字，所引《郑志》之文，当自"若此无人事"起至"众篇皆然"止，"是由其可解，故传不言兴也"二句乃《正义》归结之言。《正义》每于引文之后，接"是……也"以结之，此为其行文惯用词语之一。③ 对照标点本之标点与日译

---

① 至于冈村繁注解中所引《正义》疏"郑氏笺"标题之文云："郑以毛学审备，遵畅厥旨，所以表明毛义，记识其事，故特称为'笺'。余经无所遵奉，故谓之'注'。"此处《正义》乃旨在说明郑玄解《诗》特称"笺"而解他经则称"注"之由，与《序》下不称"笺"之原因无关，冈村繁牵合之，亦有未妥也。

② 见李学勤主编《十三经注疏》标点本(简体版)《毛诗正义》，北京：北京大学出版社，1999年，第44页。

③ 有关《正义》此项体例，参见拙著《五经正义研究》第四章《五经正义之体式与内涵特性》，上海：华东师范大学出版社，2010年，第106—107页。

稿之译文,日译稿对《正义》之理解较为正确,而标点本对《郑志》起讫之标点则有误也。

皮锡瑞(1850—1908)《郑志疏证》所辑《郑志》遗文,亦至"众篇皆然"止,皮氏疏证云:

> 《正义》曰:"此实兴也。《传》不言兴者,"引《郑志》云云,曰:"是由其可解,故传不言兴也。"①

案:皮氏之说,亦主张《郑志》之文至"众篇皆然"止,可作为旁证也。

由所举此例,可见《毛诗正义》日译稿在《毛诗正义》之标点上,有其参考价值。

(三)于探讨京都中国学派之《诗经》学研究,具有文献价值

日本近代京都中国学派之经学研究,具有极丰盛之成果,对于日本中国学史研究而言,为不可忽略之部分。京都中国学派之《诗经》研究极具特色,"《毛诗注疏》校定"为其中重要之一环,《毛诗正义》日译稿作为其成果之一,可提供探讨京都中国学派《诗经》学研究之重要文献。

王晓平先生著有《日本诗经学史》,其中第七章《近现代〈诗经〉研究的诸问题》第五节《京都学派的〈诗经〉研究》第二项为"吉川幸次郎的《毛诗正义》校订和《国风译注》"。文中尝云:

> 吉川等人将《尚书正义》以日本口语译出,乃是中国典籍翻译史上一件具有里程碑意思的事情,而对《毛诗正义》的日语现代口语翻译的工作,至今尚未见到成果问世,也不能不说是一件憾事。②

王晓平先生为《毛诗正义》日译稿之未能问世感到遗憾,亦可见其对此项成果之重视。王先生此文所论尚简,仍有待续作探讨。

《毛诗正义》日译稿由不同参与者分别撰写初稿,其中有吉川幸次郎、仓石武四郎、平冈武夫、入矢义高、岛田虔次等京都中国学派之重要学者参与撰稿,由此等日译稿中,亦可反映出诸位学者当时《诗经》研究之水平,故可作为探讨京都中国学派《诗经》研究之宝贵资料。

《毛诗正义》日译稿之佳处,前文论之已多,不再赘述。今试举一例以论其优劣。《周南·关雎》篇末"《关雎》五章,章四句,故言三章,一章章四句,二章章八句",《正义》云:

---

① 见〔清〕皮锡瑞《郑志疏证》,台北:世界书局,影印清光绪二十五年刻本,1963年,卷3,叶5。
② 见王晓平《日本诗经学史》,第341—342页。

章者明也。总义包体,所以明情者也。篇者遍也,言出情铺,事明而遍者也。然字之所用,或全取以制义,"关关雎鸠"之类也。或假辞以为助者,"乎而""只且"之类也。(卷一之一,页二十四)

此篇为仓石武四郎所译,译文云:

章とは明といふこと、义を总べ体を兼ねて、情を明にするものである。 篇とは徧といふこと、ことばが出て情が述べられ、事が明で徧きことである。 ところで、字の用ひかたは、あるばあひには全部意味を示すやうに取ることもあつて、それは关关雎鸠などである。 あるばあひには辞を假りて助とすることもあつて、それは者乎而只且などである。(页百二十二)

考察仓石氏之译文,其对"言出情铺,事明而徧者也"之翻译颇贴合《正义》原意,显示其优秀之读解能力。然对"或假辞以为助者,'乎而''只且'之类也"之翻译,则误读为"或假辞以为助,者、乎、而、只、且之类也"。此盖因其对《诗经》中有"乎而""只且"之例不熟悉,故有此误尔。考《齐风·著》云:"俟我于著乎而,充耳以素乎而,尚之以琼华乎而。 俟我于庭乎而,充耳以青乎而,尚之以琼莹乎而。 俟我于堂乎而,充耳以黄乎而,尚之以琼英乎而。"①此乃《诗经》中以"乎而"作为助词之例也。又《王风·君子阳阳》:"君子阳阳,左执簧,右招我由房,其乐只且。 君子陶陶,左执翿,右招我由敖,其乐只且。"②此《诗经》中以"只且"作为助词之例也。仓石氏彼时盖尚未熟读此类篇章也。

五、结　语

东方文化研究所《毛诗正义》日译稿为现代首次以日本语体翻译《毛诗正义》之作,所译仅至《唐风·采苓》为止,并非《毛诗正义》全帙,且因其尚未经统整,存在不少问题。然《毛诗正义》日译稿在汉籍经典日译史、《毛诗正义》文献整理、京都中国学派之《诗经》学研究等方面,仍具有极大之学术价值。《毛诗正义》日译稿今存于日本京都大学人文科学研究所,因系稿本,未经刊布,故其后福岛吉彦、冈村繁进行《毛诗正义》相关日译时,皆未提及尝参考此项资料,殊为可惜。未来若能参考已刊行《尚书正义》日译本之体例,将此项资料加以整理、出版,当可使世人对其有更清楚认识,并能更方便于世人之参考利用。

---

① 见《毛诗注疏》卷五之一,叶8—10。
② 见《毛诗注疏》卷四之一,叶7—8。

制造天子礼：汉晋时期皇帝冠礼的塑造

王忠铂*

【内容提要】 汉晋时期的皇帝冠礼关乎皇帝权力与政治身份的凸显与塑造，在皇帝礼仪中占据举足轻重的地位。礼经中缺少对皇帝冠礼仪节的完整描述，故汉代皇帝冠礼采用了"推士礼以及天子"的构建路径，以经典本身的权威性作为依据，通过加数自上而下的降杀及所加之冠的精心择取来凸显皇帝身份，经过数次变迁，顺帝时变革曹褒《新礼》四加玄冕之制，最终形成《续汉书》所载四加之制。由于礼家对"《士礼》喻志之文"的反对，曹魏皇帝冠礼偏离礼经，从以多加为尊转向以少为尊，采用一加之制，以此作为皇帝"尊极德备"的礼仪性表达。西晋荀𫖮《新礼》继承魏制，仍为一加，引来诸多反对意见。博士孙毓撰《五礼驳》以批评《新礼》，从其佚文可窥见当时对皇帝冠礼的争论。东晋在延续前代之制的同时，选用了不违背经典原则的一加衮冕之制。塑造天子至尊身份的需要超越了礼经之约束，由此，一加衮冕之制取代了多加之制，成为皇帝冠礼的最终形态。

【关键词】 汉晋时期　皇帝冠礼　加数　皇帝礼仪

一、绪言

"冠者，礼之始也，嘉事之重者也。"① 冠礼，亦称"元服礼"，作为华夏成年礼，标志男子在身心方面已经成熟，可以担负社会、家庭的各种任务，是古人生命历程中的重要节点。② 在帝制时代，汉晋时期是冠礼的鼎盛期，③而皇帝冠

---

* 本文作者为中国人民大学历史学院硕士研究生。

① 〔唐〕孔颖达《礼记正义》卷六一《冠义》，《十三经注疏》，北京：中华书局，1980年影印嘉庆二十年南昌府学本，第1680页。

② 参见钱玄《三礼通论》，南京：南京师范大学出版社，1996年，第557页。

③ 两汉时期，《士礼》在礼学中居于主导地位，《士冠礼》乃《士礼》十七篇之首，故冠礼颇为人重视。西晋挚虞论及"诸吉礼"仍以"冠婚祭会"为序（《晋书》卷一九《礼志上》，北京：中华书局，1974年，第581页）。直到南朝齐、梁时期五礼制度最终成熟，冠礼随之由士礼体系中的"礼之始"，被纳入处于五礼边缘的嘉礼之中，这也预示冠礼的衰落。史料所见，汉晋时期皇帝冠礼共举行十一次，而南北朝以降仅四次。

礼有特殊的政治意义，最为引人注目。《荀子·大略》云"冠而听治"，①皇帝冠礼被视为少帝亲政的时间节点，②与皇帝政治身份的最终确立密切相关。礼仪是"权力的自我展示"，③汉晋时期，以缜密的仪式设计凸显皇帝权力、塑造其政治身份是皇帝礼仪的重要面向。皇帝冠礼在皇帝礼仪中占据举足轻重的地位，是思考皇帝礼仪如何塑造皇帝身份的有益维度。

但较为可惜的是，既往皇帝冠礼的研究对此层面关注不多。④ 相关成果呈现出两种路径，一是从政治史的角度分析皇帝加冠的年龄（时机）与政治斗争之间的关系，以阐释皇帝冠礼对于皇帝亲政的意义，梁满仓对魏晋南北朝皇帝冠礼的研究为此类代表。⑤ 二是从礼制史的角度对皇帝冠礼的仪节、加冠地点等进行分析。陈戍国《中国礼制史》之《秦汉卷》《魏晋南北朝卷》分述汉魏六朝诸帝加冠之史实，多以《仪礼·士冠礼》为基准分析相关仪节。⑥ 梁满仓的研究亦提及魏晋时期的一加之制与冠礼地点自宗庙到宫殿的转变。⑦ 台湾学者李隆献将汉魏六朝视为冠礼的演变期，总结了这一时期皇室冠礼演变的五个要点：加冠次数屡变；典礼行诸朝廷；君父之权弥尊；祝词新修，仪乐增繁；嘉赐臣民，朝野佥庆。⑧ 加冠的环节在冠礼中最具象征意义，因此，在冠礼仪节的研究上，学者皆关注到了汉晋时期加冠次数的变化，梳理出了汉代四加之制到魏晋一加之制的冠礼演变主线。⑨

学者认为"皇帝冠礼之所以受到如此重视，是因为它本身具有重要的政治

---

① 〔清〕王先谦《荀子集解》卷一九《大略》，北京：中华书局，1988年，第512页。
② 除先秦文献外，汉晋时人亦将冠礼视为皇帝亲政之时机，如王莽令太皇太后所下诏文称"皇帝幼年，朕且统政，比加元服""比皇帝加元服，委政而授焉"，群臣亦奏称"成王加元服，周公则致政"（《汉书》卷九九上《王莽传上》，北京：中华书局，1962年，第4049—4050、4080页）。《晋书》中事例更多，卷七八《孔愉传附孔坦传》载："（成）帝既加元服，犹委政王导，坦每发愤，以国事为己忧，尝从容言于帝曰：'陛下春秋以长，圣敬日跻，宜博纳朝臣，谘诹善道。'"（第2058页）卷三二《后妃下·康献褚皇后传》载："帝既冠，太后诏曰：'……帝加元服，礼成德备，当阳亲览，临御万国。今归事反政，一依旧典。'"（第976页）卷九《孝武帝纪》载："太元元年春正月壬寅朔，帝加元服，见于太庙。皇太后归政。"（第227页）
③ 阎步克《服周之冕——〈周礼〉六冕礼制的兴衰变异》，北京：中华书局，2009年，第11页。
④ 李隆献认为"汉魏六朝皇室冠礼的仪节时有变迁，要皆显示政治力的介入，强调帝王的身份与恩泽"。但文中似未对"强调帝王的身份"与冠礼仪节变迁进行具体分析，见李隆献《历代成年礼的特色与沿革——兼论成年礼衰微的原因》，原载《台大中文学报》第18期，2003年，第85—138页，后收入叶国良、李隆献、彭美玲《汉族成年礼及其相关问题研究》，台北：大安出版社，2004年，第15—98页。
⑤ 梁满仓《魏晋南北朝五礼制度考论》，北京：社会科学文献出版社，2009年，第311—317页。
⑥ 陈戍国《中国礼制史·秦汉卷》，长沙：湖南教育出版社，1993年，第260—263、390—392页；《中国礼制史·魏晋南北朝卷》，长沙：湖南教育出版社，1995年，第69—70、206—207页。
⑦ 梁满仓《魏晋南北朝五礼制度考论》，第311—312、317—319页。
⑧ 李隆献《历代成年礼的特色与沿革——兼论成年礼衰微的原因》，叶国良等《汉族成年礼及其相关问题研究》，第50—64页。
⑨ 本文所谓"多加之制"即皇帝在冠礼过程中，需加数种（次）冠冕，"一加之制"即仅加一种（次）冠冕。

意义"。① 皇帝冠礼由其成人礼本质而衍生出天子亲政的政治意义,为人重视。但这一象征意义并非其固有,相当程度上是通过仪式设计与展演被制造出来的。冠礼仪式中对少主皇帝身份的塑造,无疑是使皇帝权威被认可和幼主实现身份转换的重要途径,值得重视。若关注皇帝冠礼的仪式设计,前贤虽已揭示汉晋皇帝冠礼的演变主线,但此转变并非线性的过程,仍有更为复杂的历史层面需要钩沉。更为关键的是,汉晋间皇帝冠礼创制和变革的动因在于塑造皇帝身份的需要,而学者对此措意较少,致使对冠礼仪节的叙述略显零散,缺乏贯通的逻辑。

本文探讨汉晋间的皇帝冠礼,首先以加数及所加之冠为中心,必要时辅以其他方面,在前贤研究基础上进一步发掘与细读史料,关注冠仪的仪节、制定者及所依托的礼经与礼说等内容,尝试更为全面地复原皇帝冠礼演变的脉络。在考订如上史实的基础上,观察不同时代皇帝冠礼设计思路的差异,分析皇帝冠礼的仪式设计与凸显皇帝身份之现实需要的关联,以期从皇帝冠礼的角度深化对中古时期皇帝礼仪塑造皇帝身份作用的认识。

二、汉代皇帝冠礼的多加之制

汉代皇帝冠礼,学者多据《续汉书·礼仪志》(以下或称"《续汉志》")所载四加之制立论,存在诸多问题。② 正如《宋书·礼志》所言,"《周礼》虽有服冕之数,而无天子冠文",③汉代皇帝冠礼缺乏明确的制度参照,经历了较为复杂的变动。探讨汉代皇帝冠礼的首要任务,即在于尽可能地厘清皇帝冠礼自出现至《续汉书》所载四加之制成立的过程。

---

① 梁满仓《魏晋南北朝五礼制度考论》,第312页。
② 主要有三点:其一,对《续汉志》内容的关注隐没了两汉皇帝冠礼演变的过程。其二,《续汉志》所载四加之制的成立时间,学者多以其为东汉通制(李隆献《历代成年礼的特色与沿革——兼论成年礼衰微的原因》,叶国良等《汉族成年礼及其相关问题研究》,第50—51页;顾涛《汉唐礼制因革谱》,上海:上海书店出版社,2018年,第208页)。陈成国指出该制产生于顺帝之时,虽其说可从,然其据惠栋《后汉书补注》引《开元礼义鉴》所载"汉顺帝冠,用曹褒新礼,四加:初加缁布进贤,次爵弁,武弁,次通天,皆如高祖庙,以礼谒见世祖庙"立论,不妥。惠氏引文出自宋《政和御制冠礼》卷一"议加数"引《开元礼义鉴》,其源当为《晋书》,《晋书》相关记载又显有删改《宋书》之迹(《宋书》《晋书》相关内容详见下文)。《晋书》变易《宋书》叙述,造成顺帝冠礼仪即为四加之制的表象。虽恰与史实相合,但今不可据《晋书》径得结论,仍需论证。其三,《续汉志》所载四加之制与曹褒《新礼》的关系,学者据上述"汉顺帝冠,用曹褒新礼"之文,认为《续汉志》所载四加之制"实取曹褒说"(陈成国《中国礼制史·秦汉卷》,第391页),诚非允惬。
③ 《宋书》卷一六《礼志一》,北京:中华书局,2018年,第362页。

(一) 西汉皇帝冠礼略论

限于史料，西汉皇帝冠礼的详细情况只得付之阙如，但仍可推知其若干侧面。汉代以前，幼冲时即位的君主达到一定年龄后加冠，并不乏其例。见诸记载最早者为周成王，周公为之加冠。① 在诸侯中，秦国国君加冠之例最多，《史记·秦本纪》载惠文王、昭襄王即位三年而"王冠"。② 嬴政即位九年除嫪毐前亦曾加冠，"(四月)己酉，王冠，带剑"。③

汉惠帝年十七即位，至四年"三月甲子，皇帝冠，大赦天下"。④ 自秦始皇创立皇帝号，惠帝为第一位以皇帝身份加冠者。此时君主身份由秦统一前的"王"升格为"皇帝"，冠礼是否随之发生相应变化，由于冠礼仪式几不可知，⑤暂无确切证据。不过，《史记》《汉书》所载秦君主及汉惠帝加冠皆记为"冠"，与汉昭帝及此后皇帝加冠被记为"加元服"不同。⑥ 惠帝即位后，以叔孙通为奉常，完善汉家仪法，惠帝四年举行的皇帝冠礼很有可能由叔孙通设计，而其制礼或有"采古礼与秦仪杂就之"的倾向。⑦ 据此而言，惠帝冠礼当继承了春秋战国以来的君主冠礼传统。⑧

---

① 相关记载参见方向东《大戴礼记汇校集解》卷一三《公冠》，北京：中华书局，2008年，第1271—1272页。

② 《史记》卷五《秦本纪》，北京：中华书局，1982年，第205、210页。春秋战国诸侯之冠礼参见杨宽《"冠礼"新探》，氏著《古史新探》，上海：上海人民出版社，2016年，第241—242页。

③ 《史记》卷六《秦始皇本纪》，第227页。

④ 《汉书》卷二《惠帝纪》，第90页。

⑤ 《晋书》卷二五《舆服志》载："武冠，一名武弁，一名大冠，……汉幸臣闳孺为侍中，皆服大冠。天子元服亦先加大冠，左右侍臣及诸将军武官通服之。"（第767—768页）"汉幸臣闳孺为侍中，皆服大冠。天子元服亦先加大冠"一语值得注意，下文关于东汉皇帝冠礼的研究并不支持其存在"先加大冠"的仪节，而魏晋以降，皇帝冠礼仅一加，不能称"先加某冠"，似可将其系于西汉（杜佑即将之系于汉代，但不知何据，见《通典》卷五七《嘉礼二·君臣冠冕巾帻等制度》"赵惠文冠"条，北京：中华书局，2016年，第1597页）。闳孺为惠帝之宠臣（《汉书》卷九三《佞幸传》，第3721页），暗示了"天子元服亦先加大冠"或为惠帝冠礼仪节，但难以确证。此"大冠"指代为何，是与小冠相对的标准制式进贤冠（参阎步克《分类分等视角中的汉唐冠服体制变迁》，氏著《秩级与服等》，西安：陕西人民出版社，2021年，第150、156页），还是武弁、武冠（[唐]欧阳询《艺文类聚》卷七六《衣冠部·衣冠》引《东观汉记》，上海：上海古籍出版社，1982年，第1184页；《续汉书·舆服志下》，《后汉书》，北京：中华书局，1965年，第3668页），亦不无疑问。

⑥ 《汉书》卷七《昭帝纪》载："(元凤)四年春正月丁亥，帝加元服。"（第229页）。

⑦ 叔孙通制礼之事见《史记》卷九九《叔孙通传》，第2722—2726页。其制朝仪自称"愿颇采古礼与秦仪杂就之"，或可视为其制礼之通则。

⑧ 若以昭帝冠礼之设计推演自《仪礼》为参照，尽管惠帝冠礼亦当有"古礼"成分，但此应理解为传统的惯性，性质与昭帝冠礼不同。

武帝时期"置五经博士",①《士礼》十七篇立于学官并随后对皇帝冠礼仪式产生了影响。《续汉书·礼仪志》刘昭注引张华《博物记》载《孝昭帝冠辞》曰:

> 陛下摛显先帝之光耀,以承皇天之嘉禄,钦奉仲春之吉辰,普尊大道之郊域,秉率百福之休灵,始加昭明之元服。推远冲孺之幼志,蕴积文武之就德,肃勤高祖之清庙,六合之内,靡不蒙德,永永与天无极。②

此为推测昭帝冠礼仪式设计思路的关键线索。比对《士冠礼》始加之祝词,该冠辞显然气魄更足,但"钦奉仲春之吉辰""始加昭明之元服""推远冲孺之幼志,蕴积文武之就德"等语不难看出《仪礼·士冠礼》祝词的影子,且两者含义相通。③ 班固评价《礼古经》称:"多天子、诸侯、卿、大夫之制,虽不能备,犹愈仓等推士礼而致于天子之说。"④"推士礼而致于天子"当可反映昭宣时期建构天子礼的思路,昭帝所行冠礼仪式很可能推演自《仪礼·士冠礼》,或即采三加之制而有所变革。

(二) 东汉皇帝冠礼的两次重构

相较于西汉,东汉皇帝冠礼演变的脉络更为清晰。光武帝时,张纯正定"郊庙婚冠丧纪礼仪",或已涉及冠礼。⑤ 但其内容不可考,故本节关于东汉皇帝冠礼的讨论从曹褒制定《新礼》开始。

1. 曹褒《新礼》对皇帝冠礼的构建

光武帝于建武三十二年(56)举行封禅礼后,朝野逐渐出现"太平乃制礼"的呼声。在这一背景下,章帝"欲制定礼乐",故章和元年(87)正月召见曹褒,"令小黄门持班固所上叔孙通《汉仪》十二篇,敕褒曰:'此制散略,多不合经,今宜依礼条正,使可施行。于南宫、东观尽心集作。'"曹褒受命之后,"次序礼事,依准旧典,杂以五经谶记之文,撰次天子至于庶人冠昏吉凶终始制度,以为百五十篇。……其年十二月奏上"。由于众论难一,章帝虽接纳了曹褒制礼的成

---

① 武帝时期博士制度的变化,参见程苏东《从六艺到十三经——以经目演变为中心》,北京:北京大学出版社,2018 年,第 127—158 页。《汉书》卷六《武帝纪》(第 159 页)系"置五经博士"于建元五年(前 136),亦有学者质疑此记载的可靠性,见佐竹靖彦主编《殷周秦汉史学的基本问题》,北京:中华书局,2008 年,第 279—285 页。
② 《续汉书·礼仪志上》,《后汉书》,第 3105 页。
③ 参见陈戍国《中国礼制史·秦汉卷》,第 261 页。
④ 《汉书》卷三〇《艺文志》,第 1710 页。
⑤ 《后汉书》卷三五《张纯传》,第 1193—1194 页。

果,但也"不复令有司平奏"。①

旋即章帝崩、和帝即位,曹褒为《新礼》作章句,"帝遂以《新礼》二篇冠"。②《后汉纪·和帝纪》记此事曰:"(永元)三年春正月甲子,皇帝加元服,仪用《新礼》。"③

时任尚书郎的黄香作《天子冠颂》,直接记述了此次皇帝冠礼:

> 惟永元之盛代,圣皇德之茂纯,躬烝烝之至孝,崇敬顺以奉天。以三载之孟春,建寅月之上旬,皇帝将加玄冕,简甲子之元辰。皇舆幸夫金根,六玄虬之连蜷,建螭龙以为旂,鸣节路之和銮。既臻庙以成礼,乃回轸而反宫,正朝服以享燕,撞太蔟之庭钟。祚蕃屏与鼎辅,暨夷蛮之君王,咸进爵于金罍,献万寿之玉觞。④

永元三年(91)正月甲子为中旬十九日。⑤"简甲子之元辰"意味着正月上旬时,和帝与朝臣就举行冠礼的时间进行过讨论,最终选择了甲子日。由此,不妨推想这次会议还确定了冠礼仪节用曹褒《新礼》。

既然和帝加冠用曹褒《新礼》,"皇帝将加玄冕"便应描述了曹褒所定冠礼的某一环节。此制颇为怪异,汉明帝所定"永平冕制"仅用衮冕,若据曹褒《新礼》引入玄冕,必定会带来冕制乃至舆服制度复杂的变动与争论。⑥ 更为重要的是,两汉皇帝常服之冠为通天冠。⑦ 更始帝刘玄即皇帝位的仪式值得注意:"诸将军起,与圣公至于坛所,奉通天冠进圣公。于是圣公乃拜,冠,南面而立,改元为更始元年。"⑧从中不难窥见通天冠与皇帝身份之密切关联。在《周礼》冕制中,玄冕用于"群小祀",⑨地位最低,并不能体现皇帝身份。

----

① 《后汉书》卷三五《曹褒传》,第1201—1203页。曹褒制礼始末参见甘怀真《皇权、礼仪与经典诠释:中国古代政治史研究(增订版)》,台北:台湾大学出版中心,2002年,第91—98页;王尔《"汉当自制礼"——东汉前期"制汉礼"的逻辑理路及失败原因》,《中国文化研究》2021年秋之卷,第70页。

② 《后汉书》卷三五《曹褒传》,第1203页。

③ 〔晋〕袁宏《后汉纪》卷一三《和帝纪》,北京:中华书局,2002年,第256页。

④ 《通典》卷五六《嘉礼一·天子加元服》,第1559页。《初学记》《太平御览》有其节文,见《初学记》卷一四《礼部下·冠》,北京:中华书局,2004年,第353页;《太平御览》卷五四〇《礼仪部一九·冠》,北京:中华书局,1960年影印本,第434页。"皇帝将加玄冕"之"将",《通典》作"时"。永元三年正月甲子日不在上旬,故从《初学记》及《太平御览》作"将"。

⑤ 陈垣《二十史朔闰表》,北京:古籍出版社,1956年,第31页。

⑥ "秦除六冕"以后,至东汉明帝复古礼制,确立"永平冕制",但仅用衮冕而已,郊祀天地、祭祀宗庙祖先时服用,见阎步克《服周之冕——〈周礼〉六冕礼制的兴衰变异》,第159—190页。不过,阎先生在论述东汉冕制时,似未注意到"皇帝将加玄冕"的记载。

⑦ 《续汉书·舆服志下》,《后汉书》,第3665—3666页;阎步克《服周之冕——〈周礼〉六冕礼制的兴衰变异》,第166—167页。

⑧ 《太平御览》卷九〇《帝王部十五·更始》引《东观汉记》,第434页。

⑨ 〔唐〕贾公彦《周礼注疏》卷二一《司服》,《十三经注疏》,第781页。

既与现实相悖,"加玄冕"的冠礼设计则当另有所据。章帝批评叔孙通《汉仪》"多不合经",要求曹褒"宜依礼条正",有礼经之依据当是曹褒撰定各礼仪环节的基本原则。从《新礼》内容来看,"冠昏吉凶终始制度"显然受到了《礼经》篇目排序的影响。加玄冕之制,很可能是由于曹褒所见《大戴礼记》有"公冠四加玄冕……天子拟焉"之语,从而引据经典所定。① 曹充、曹褒父子皆治庆氏礼,曹褒"又传《礼记》四十九篇",通晓小戴《礼记》。② 可见曹褒经学知识之杂糅,其对《大戴礼记》想必也有了解。在礼经中天子冠礼鲜有记载的情况下,《大戴礼记》当是他撰定皇帝冠礼的重要依据。若以上推论成立,曹褒所定皇帝冠礼当大体同于《大戴礼记》所载公冠礼,为四加之制,依次加缁布冠、皮弁、爵弁、玄冕。③

袁宏称"褒之所撰,多案古式,建用失宜,异于损益之道"。④ 虽不知袁宏是否亲见曹褒《新礼》,但从"皇帝将加玄冕"透露的信息看,其所述无疑切中要害。曹褒拘泥于《大戴礼记》"天子拟焉"之说,比拟分封制下的公侯来设计皇帝礼仪,恐难令时人接受。《新礼》仅在和帝冠礼上试用,而后不复施行,⑤其中原因,从其冠礼设计已可见一斑。

2.《续汉志》所载四加之制的确立

《续汉书·礼仪志上》记载了一种四加之制:

> 正月甲子若丙子为吉日,可加元服,仪从冠礼。乘舆初〔加〕缁布进贤,次爵弁,次武弁,次通天。(以据)〔冠讫〕,皆于高祖庙如礼谒。⑥

---

① 《大戴礼记·公冠》云:"公冠四加玄冕。飨之以三献之礼,无介,无乐,皆玄端。其酬币朱锦采,四马,其庆也同。天子拟焉。太子与庶子,其冠皆自为主,其礼与士同,其飨宾也皆同。"其中,"天子拟焉"引发争议。今可考之《大戴礼记》传本,宋韩元吉建安郡斋刻本最早,元、明传本多为宋本的覆刻或重刻本,皆作"天子拟焉"。戴震据卢辩注改"天子"为"太子",得到部分清代学者支持。但王聘珍、俞樾等仍以"天子"不误,并解释其合理性,现代学者黄怀信、方向东亦支持不改。各家观点参见黄怀信《大戴礼记汇校集注》卷一三,西安:三秦出版社,2005年,第1347—1354页;方向东《大戴礼记汇校集解》卷一三,第1259—1271页。今案:在抄本时代,"天""太"极易混杂。海昏竹书《保傅》中有两处"天子"在传世文献中即作"太子",参见朱凤瀚主编《海昏简牍初论》,北京:北京大学出版社,2021年,第113—115页。笔者以为,卢辩所见未必同于曹褒所见。如卢注所言"重言太子,误也","太子拟焉"意即太子冠礼拟公冠礼,而下句又云"其礼与士同"(此说同于《仪礼·士冠礼》记"天子之元子,犹士也"之说)。士冠礼与公冠礼在加数和其他礼仪环节上有诸多不同,若作"太子拟焉",经文前后两句即有抵牾,不合常理,"天子拟焉"无此问题。曹褒"加玄冕"之制使皇帝与公侯同礼,当有所依据,由此推测曹褒所见文本为"天子拟焉"当不为过。

② 《后汉书》卷三五《曹褒传》,第1201—1205页。

③ 或在此基础上略有调整,如可能由于汉时已无缁布冠,而用被视为"古缁布冠"的进贤冠替换之,但整体面貌当与《大戴礼记》所载公冠四加玄冕之制相同。

④ 〔晋〕袁宏《后汉纪》卷一三《和帝纪》,第257页。

⑤ 《后汉书》卷三五《曹褒传》,第1203页。

⑥ 《续汉书·礼仪志上》,《后汉书》,第3105页。

引文出自中华书局点校本《后汉书》，据校勘记，"以据"二字为宋本原文，点校者据惠栋《后汉书补注》及卢文弨《群书拾补》改为"冠讫"。① 《续汉志》所载四加之制，亦见于《宋书》《晋书》等，比勘相关文字，知此说非为允惬。

《宋书·礼志一》云：

> 然汉氏以来，天子诸侯颇采其议。《志》曰"仪从冠礼"是也。汉顺帝冠，又兼用曹襃新礼。襃新礼今不存。《礼仪志》又云："乘舆初加缁布进贤，次爵弁、武弁，次通天，皆于高庙。王公以下，初加进贤而已。"按此文始冠缁布，从古制也，冠于宗庙是也。②

《晋书·礼志下》云：

> 然汉代以来，天子诸侯颇采其仪。正月甲子若丙子为吉日，可加元服，仪从冠礼是也。汉顺帝冠，又兼用曹襃新礼，乘舆初加缁布进贤，次爵弁、武弁，次通天，皆于高庙，以礼谒见世祖庙。王公已下，初加进贤而已。案此文，始冠缁布，从古制也，冠于宗庙是也。③

《宋书·礼志》所载已不同于《续汉志》。《晋书·礼志》所记较《宋书》更详，且同于《通典》本注"《续汉书》云：'加元服，乘舆皆于高祖庙。谒见按世祖庙'"之记载。④ 施之勉《后汉书集解补》据此立说，"天子行冠礼于高庙，冠讫以礼谒见世祖庙也"。⑤ 今从之。⑥ 《续汉志》"冠讫，皆于高祖庙如礼谒"的描述有误，当从《晋书》及《通典》本注，如此才符合高祖庙与世祖庙并立的时代背景。⑦ 若将《续汉志》与《宋书》《晋书》《通典》相关记载比对，还会发现其缺失一条关键信

---

① 点校说明见《后汉书》第3—5页；校勘记见《后汉书》第3113页。惠、卢二氏观点见〔清〕惠栋《后汉书补注》卷二一，北京：中华书局，1985年，第1055页；〔清〕卢文弨《群书拾补》，北京：中华书局，1985年，第217页。

② 《宋书》卷一四《礼志一》，第362—363页。

③ 《晋书》卷二一《礼志下》，第663页。

④ 《通典》卷五六《嘉礼一·天子加元服》，第1559页。据校勘记，"按"字当为衍文，见《通典》第1578页。

⑤ 施之勉《后汉书集解补》，台北：中国文化大学出版部，1982年，第1484页。曹金华亦同此说，见氏著《后汉书稽疑》，北京：中华书局，2014年，第1322页。

⑥ 《通典》卷五六《嘉礼一·天子加元服》载："乘舆初加缁布进贤，次爵弁、次武弁，次通天，冠讫，皆于高庙如礼谒见。"（第1559页）此为卢氏改"以据"为"冠讫"之依据。然如前所引，该条下即注云"《续汉书》云'加元服，乘舆皆于高祖庙。谒见按世祖庙'"与正文矛盾，则正文或非出自《续汉志》而另有所依，故不从。

⑦ 高祖庙标志东汉对西汉法统的继承，而世祖庙体现了东汉之"再受命"，参见王尔《光武"受命"与永平制礼》，《历史研究》2022年第3期，第65—70页。两庙都具有特殊的意义，皆需在皇帝冠礼中获得位置，与之类似，和帝以降，诸帝即位多先谒高庙，后谒世祖庙，参见金子修一《古代中国与皇帝祭祀》，肖圣中等译，上海：复旦大学出版社，2017年，第154—155页。关于东汉宗庙制度，详见郭善兵《中国古代帝王宗庙礼制研究》，北京：人民出版社，2007年，第170—198页。

息,即"汉顺帝冠,又兼用曹褒新礼"。考虑到《续汉志》当是《宋书》等文献的重要史源,此亦当因传世本之脱漏。

既然《续汉志》本当有"加元服,乘舆皆于高祖庙,谒见世祖庙"之类的记载,其所述冠礼便只能制定于明帝以后。《续汉志》所记又与"天子将加玄冕"不合,则不源于曹褒《新礼》。章帝之后,汉廷虽未有系统性的礼仪变革,但"汉顺帝冠,兼用曹褒新礼"的记载为推测四加之制的确立时间提供了线索。

"兼用"表明顺帝冠礼采用了曹褒《新礼》的某些仪节,而非全盘接纳,即顺帝加冠前对曹褒所定皇帝冠礼进行了重构。曹褒《新礼》采四加玄冕之制,那么,顺帝从其四加之制,对所加冠进行调整,尤其是将玄冕改为更能凸显皇帝身份的通天冠,便很有可能。如此推论,恰与《续汉志》所载仪节相类。①

今虽不能将汉代诸帝冠礼仪节与《续汉志》所载比对以证成此说,但《续汉志》尚有冠日的信息可为旁证。历数两汉诸帝加冠时间,西汉惠帝冠于三月甲子、昭帝于正月丁亥,东汉和帝冠于正月甲子、安帝于正月庚子。② 至此,冠日大多不同于《续汉志》所载。但顺帝冠于正月丙子,桓、灵、献三帝皆冠于正月甲子,③合于《续汉志》"正月甲子若丙子为吉日,可加元服"之语。这种转折从侧面表明,汉顺帝时对曹褒所定冠礼进行了改造,而为后代沿用,《续汉志》所载四加之制很可能是此次皇帝冠礼变革后的结果。

三、魏晋皇帝冠礼的一加之制

两汉以多加为尊的皇帝冠礼在魏晋时期发生了巨大的变化,突出"天子至尊"的现实需要超越了礼经之约束,转向一加之制,并奠定了后世皇帝冠礼的基本框架。本节尝试对此转变发生与确立的过程及其意蕴进行讨论。

(一)曹魏一加之制的确立

史料所见曹魏天子加冠者仅有曹芳,《三国志·魏书·三少帝纪》载:"(正始)四年春正月,帝加元服,赐群臣各有差。"④

《宋书·礼志一》载:"魏天子冠一加,其说曰:士礼三加,加有成也。至于

---

① 比对两种四加之制,除四加之玄冕与通天冠不同,曹褒《新礼》二加、三加之皮弁、爵弁虽不同于《续汉志》所载之爵弁、武弁,但相差不远,详见结语部分之分析。
② 《汉书》卷二《惠帝纪》,第90页;《汉书》卷七《昭帝纪》,第229页;《后汉书》卷四《和帝纪》,第171页;《后汉书》卷五《安帝纪》,第212页。
③ 《后汉书》卷六《顺帝纪》,第256页;《后汉书》卷七《桓帝纪》,第292页;《后汉书》卷八《灵帝纪》,第332页;《后汉书》卷九《献帝纪》,第375页。
④ 《三国志》卷四《魏书·三少帝纪》,北京:中华书局,1982年,第120页。

天子诸侯，无加数之文者，将以践阼临民，尊极德备，岂得复与士同？"①西晋博士孙毓亦称："魏氏天子一加，三加嫌同诸侯。……今嫌《士礼》喻志之文，因从魏氏一加之制。"②这表明曹魏皇帝冠礼采用一加之制。

即使排除《大戴礼记》"天子拟焉"之说，皇帝冠礼仪式仍可基于经学逻辑推得大概。公冠四加，较士礼三加为多，而公又尊于士，这种对应关系反映了经典暗含以多加为尊之意。郑玄注《礼记·玉藻》"始冠缁布冠，自诸侯下达，冠而敝之可也。玄冠朱组缨，天子之冠也。缁布冠缋緌，诸侯之冠也"云："皆始冠之冠也。"③郑玄认为，既然缁布冠为诸侯以下始冠之冠，经文中与缁布冠对举的玄冠则当为天子始冠之冠，而"始冠"之语指向多加之制。《续汉志》所载四加之制，作为曹魏的前代故事，亦不违以多加为尊的原则。

曹魏礼家在设计皇帝冠礼时必定对上述三点有所了解。但其既不从经、注之意，又不采前代之制，以天子一加，"太子再加，皇子、王公世子乃三加"，④以少加为尊，实现了加数的转向。从礼学角度言，如《宋书》所载，这出于曹魏礼家对《仪礼·士冠礼》三加之制的不同理解，而这种理解之所以出现乃至转化为现实，则是凸显皇帝"尊极德备"的需要。

据《仪礼》，士冠礼先加缁布冠，次加皮弁，再加爵弁，"三加弥尊，谕其志也"。⑤ 士所加之冠，一次比一次尊贵，"三加弥尊"的仪式是要教谕冠者树立远大的志向，也象征着冠者逐步取得成人的各项权利，实现身份的转变。《礼记·冠义》"三加弥尊，加有成也"大抵也是相同的含义。⑥ 这是多加之制得以成立的合理性所在。但曹魏礼家认为，三加冠是士所用之礼，天子地位尊贵，其礼不可同于臣下，既然天子已"尊极德备"，便不须通过三加冠之礼来"谕其志"。这否定了多加之制的合理性，曹魏皇帝冠礼便只能是一加。

提出此说的礼家史籍无载，但应非王肃。《孔子家语·冠颂》载孟懿子问冠礼于孔子，而孔子答语及王肃注表现出天子冠礼的两种可能。其一，《家语》载："懿子曰：'天子未冠即位，长亦冠也？'孔子曰：'古者王世子虽幼，其即位则尊为人君。人君，治成人之事者，何冠之有？'孟懿子曰：'然则诸侯之冠异天子与？'孔子曰：'君薨而世子主丧，是亦冠也已。人君无所殊。'"此下王肃注云："诸侯亦人君，与天子无异。"⑦孔子认为王之世子虽年幼，一旦即位，作为人君

---

① 《宋书》卷一四《礼志一》，第363页。
② 《通典》卷五六《嘉礼一·天子加元服》引孙毓《五礼驳》，第1560页。
③ 〔唐〕孔颖达《礼记正义》卷二九《玉藻》，《十三经注疏》，第1476页。
④ 《宋书》卷一四《礼志一》，第363页。
⑤ 〔唐〕贾公彦《仪礼注疏》卷二《士冠礼》，《十三经注疏》，第952页；《仪礼注疏》卷三《士冠礼》，《十三经注疏》，第958页。
⑥ 〔唐〕孔颖达《礼记正义》卷六一《冠义》，《十三经注疏》，第1679页。
⑦ 高尚举等《孔子家语校注》卷八《冠颂》，北京：中华书局，2021年，第440页。

便拥有了成人的权责,不再需要加冠,王肃注表明其对此说并无异议。据此,可推出皇帝冠礼"不加说"。其二,孔子虽称"何冠之有",但仍需承认周成王之天子冠礼乃"周公之制",①自有其合理性,如此,皇帝冠礼便具有第二种可能性。《家语》中,孔子认为"公冠四加玄冕祭",而王肃注云:"公四加冠。"②公冠礼四加高于士冠礼三加,是以多加为尊,则皇帝冠礼不得少于四加。

以上两种可能皆与一加说无涉。王肃既服膺《孔子家语》,《冠颂》篇之注又皆从孔子观点,亦未表现出曹魏礼家"嫌《士礼》喻志之文"的倾向,③其应不支持一加说。正始四年曹芳加冠前,王肃或任太常,④掌礼仪,而其观点并未行用,其中原因值得揣测。⑤

(二)孙毓《五礼驳》与西晋时皇帝冠礼的争论

讨论西晋皇帝冠礼,最核心的史料为《通典·嘉礼一·天子加元服》注引孙毓《五礼驳》,兹引述如下:

> 魏氏天子一加,三加嫌同诸侯。毓按,《玉藻》记曰:"玄冠朱组缨,天子之冠也。缁布冠缋緌,诸侯之冠也。"其说谓皆始冠,则是有次加之辞。此二冠皆卑服质古,势不一加,必重加朝祭之服,以崇弥尊。圣人制礼,所以一时历加众服者,今始成人,卜择令日而遍加之,所以重始也。若冠日有不加者,后必不择吉而服,非重始也。又《礼器》有以少为贵者,冠不在焉。记有弥尊喻志之言,盖以服从卑始,象德日新,不可先服尊服,转而即卑。今嫌《士礼》喻志之文,因从魏氏一加之制,考之《玉藻》,似非古典。今三加者,先冠皮弁,次冠长冠,后冠进贤冠,以为弥尊,于意又疑。裴頠《答治礼问》:"天子礼玄冠者,形之成也。为君未必成人,故君位虽定,不可孩抱而服冕弁。"挚虞以为"天子即位之日,即为成君,冕服以备,不宜有加"。诸侯即位为成君,位岂不定?诸侯成君,不拘盛典而可以冠,天子成

---

① 高尚举等《孔子家语校注》卷八《冠颂》,北京:中华书局,2021年,第440页。
② 高尚举等《孔子家语校注》卷八《冠颂》,第442—443页。
③ 王肃在孔子"三加弥尊,导喻其志"下注云"喻其志,使加弥尊",可为旁证,见高尚举等《孔子家语校注》卷八《冠颂》,第438—439页。
④ 《三国志》卷一三《魏书·王肃传》载:"正始元年,出为广平太守。公事征还,拜议郎。顷之,为侍中,迁太常。"(第418页)王肃久在朝廷,任太守当不会长久。
⑤ 限于史料,解释空间较大。或是冠礼制度在更早期已确立;或是王肃之观点并非曹魏礼家主流;更可提出一臆解:学者通过考察牛车、白纱帽和进贤冠的使用,指出魏晋以降皇帝礼制中越来越多地掺入来自臣民的元素,这是皇帝崇尚文化、仰慕清白之风,进而学习、模仿士人生活的结果(孙正军《制造士人皇帝——牛车、白纱帽与进贤冠》,《田余庆先生九十华诞颂寿论文集》,北京:中华书局,2014年,第264—283页)。《续汉志》载"王公已下,初加进贤而已",则士人冠礼为一加。皇帝冠礼一加之制的形成或与孙正军所述类似,皇帝以一加之制简约便行而决定采用之,而《宋志》等文献所载礼家观点不过是从凸显皇帝身份的角度对此制的再诠释,而非产生此制的动因。此说全凭悬想,姑妄言之而已。

君,独有火龙黼衣便不可乎?意为宜冠有加。①

上引文字可窥见当时对于皇帝冠礼之争讼纷纭,且有明确的层次与逻辑,今试析如下。

1. 孙毓《五礼驳》所谓"五礼"即荀顗《新礼》

孙毓生卒年不详,晋武帝时曾任博士,后出任长沙太守、汝南太守、豫州刺史等官,撰有《毛诗异同评》《春秋左氏传贾服异同略》等经学著作。②《通典》所引孙毓《五礼驳》不见于《隋书·经籍志》著录,亦罕有它书转引。

《五礼驳》所驳之"五礼"作何解?清代学者王谟辑《五礼驳》一卷,其云:"以三礼言则《周礼》《仪礼》《礼记》是也,以五礼言则吉、凶、军、宾、嘉是也。顾自汉魏以来,说经之书未有及五礼者,故《隋书·经籍志》无五礼篇目,惟《通典》于'太子加元服'下注引孙毓《五礼驳》一条。"③王氏关于"三礼""五礼"的解释甚是,但至西晋,虽未有针对五礼的"说经之书",却有首部以五礼作为框架的国家礼典,即泰始年间荀顗等人撰定的《新礼》,而此礼典亦被时人称为"故太尉顗所撰《五礼》"。④

《五礼驳》特殊的书名暗示了其与荀顗《新礼》的关系。那么,其是否与挚虞讨论《新礼》类似,亦是针对《新礼》中的疏漏而撰?今存《五礼驳》佚文不多,但恰有一条可进而确证两者关系:

表一

《通典·凶礼一·大丧初崩及山陵制》	《晋书·礼志中》
按礼,天子七月葬。《新议》曰:"礼无吉驾象生之饰,四海遏密八音,岂有释其缞绖以服玄黼黻哉!虽于神明,哀素之心已不称矣。辄除鼓吹吉驾卤簿。"	汉魏故事,将葬,设吉凶卤簿,皆以鼓吹。《新礼》以礼无吉驾导从之文,臣子不宜释其衰麻以服玄黄,除吉驾卤簿。又,凶事无乐,遏密八音,除凶服之鼓吹。
孙毓驳:"《尚书·顾命》,成王新崩,传遗命,文物权用吉礼。又礼,卜家占宅朝服。推此无不吉服也。又巾车饰遣车,及葬,执盖从,方相玄衣朱裳,此卤簿所依出也。今之	挚虞以为:"葬有祥车旷左,则今之容车也。既葬,日中反虞,逆神而还。《春秋传》,郑大夫公孙虿卒,天子追赐大路,使以行。《士丧礼》,葬有稿车乘车,以载

---

① 《通典》卷五六《嘉礼一·天子加元服》引孙毓《五礼驳》,第1560页。
② 孙毓生平参见余嘉锡《晋辟雍碑考证》"博士东莞孙毓休郎"条,载《余嘉锡论学杂著》,北京:中华书局,2007年,第159—160页。另外,《通典》卷七九《凶礼一·大丧初崩及山陵制》中有魏尚书孙毓(第2133、2143页),其首次出现时,杜佑于其名前冠一"魏"字,意欲与此前所见之晋孙毓相区别,两者当不为一人。此问题亦可参考余嘉锡的考证。
③ 〔清〕王谟《汉魏遗书钞·五礼驳》,《续修四库全书》第一一九九册,上海:上海古籍出版社,2002年,第609页。
④ 《晋书》卷一九《礼志上》,第580页。

《通典·凶礼一·大丧初崩及山陵制》	《晋书·礼志中》
吉驾，亦象生之义，凶服可除。鼓吹吉服，可设而不作。" 挚虞曰："按汉魏故事，将葬，设吉凶卤簿，皆有鼓吹。《新礼》无吉驾导从之文。虞按礼，葬有祥车旷左，则今之容车也。《春秋》郑大夫公孙虿卒，天子追赐大辂，使以行礼。又《士丧礼》，有道车、乘车，以象生存。此兼有吉驾明文。既有吉驾，则宜有导从。宜定新礼设吉服导从，其凶服鼓吹宜除。"①	生之服。此皆不唯载柩，兼有吉驾之明文也。既设吉驾，则宜有导从，以象平生之容，明不致死之义。臣子衰麻不得为身而释，以为君父则无不可。《顾命》之篇足以明之。宜定新礼设吉服导从如旧，其凶服鼓吹宜除。"诏从之。②

表一中，《通典》引用了"《新议》"，此书名颇难索解，③今疑"议"为"礼"之讹。《晋书·礼志中》引有荀顗《新礼》关于吉驾卤簿与凶服鼓吹的规定，将其与"《新议》"文字比对，虽间有不同，但核心内容一致，文本细节亦有不少相合之处，两者当出同一文献。《通典》所谓"《新议》"，实为《新礼》。

由此，表中两段《新礼》之差异可以得到解释。"孙毓驳"之文当出自《五礼驳》，驳语正与《通典》首段匹配，构成对其内容的反驳，这表明《通典》首段摘自孙毓《五礼驳》所引《新礼》。而"挚虞以为"的内容是针对《晋书》所引《新礼》而发，实际上，《晋书·礼志中》所引《新礼》即为唐朝史臣自挚虞《新礼议》中拆出。④ 由于孙毓与挚虞反驳的重点有别，故两段文字有所不同。

据此可知，《五礼驳》所谓"五礼"与驳难的对象为荀顗《新礼》。《五礼驳》中关于冠礼的讨论亦可佐证。孙毓针对"今嫌《士礼》喻志之文，因从魏氏一加之制"展开批评，但西晋四帝并无以皇帝身份加冠者，"从魏氏一加之制"便只能是从制度层面而言。西晋官方制礼，"荀顗制之于前，挚虞删之于末"。⑤ 挚虞本人不支持一加之制（详后），且其"所陈惟明堂五帝、二社六宗及吉凶王公

---

① 《通典》卷七九《凶礼一·大丧初崩及山陵制》，第2126页。
② 《晋书》卷二〇《礼志中》，第626页。
③ 《三国志》卷五三《吴书·薛综传附薛莹传》（第1256页）载西晋平吴后，薛莹入晋为散骑常侍，"答问处当，皆有条理。太康三年卒。著书八篇，名曰《新议》"。此书或重在政论，恐与《通典》所引无关。
④ 此涉及《晋书·礼志》史源与材料编排的问题，需另作专文讨论。但对比《晋书》卷一九《礼志上》所载"祀皋陶"之礼（第600页）与《艺文类聚》卷四九《职官部五》"廷尉"条引挚虞《新礼议》（第884页）便可基本明了此点，并可参照《晋书·礼志》所载"挚虞以为"的内容。表中《通典》引"挚虞曰"也直接表明《晋书·礼志》首段源自挚虞所言。
⑤ 语出南梁徐勉《修五礼表》，《梁书》卷二五《徐勉传》，北京：中华书局，2020年，第420页。

制度"，①似不涉及冠礼。如此，孙毓所批评的一加之制，则当出自荀𫖮《新礼》。②

2.《五礼驳》中所见西晋皇帝冠礼的争论

上文基本明确了《五礼驳》与荀𫖮《新礼》的关系，并推知《新礼》延续魏制，确立了一加之制的皇帝冠礼。在此基础上，便可对《五礼驳》涉及的人物及观点进行剖析。

（1）孙毓支持多加之制。针对《新礼》的一加之制，孙毓据《礼记·玉藻》及郑注、《礼记·礼器》反对之。孙毓认为既有"始冠之冠"，则当有次加乃至三加之冠。初加之玄冠地位卑下，后仍需加朝服、祭服所对应的冠，"以崇弥尊"。另一方面，曹魏"嫌《士礼》喻志之文"，皇帝冠礼用一加，是以少为贵。《礼记·礼器》中虽"有以少为贵"，③但"冠不在焉"。孙毓从两个方面否定了《新礼》一加之制。针对曹魏冠礼加数，"孙毓以为一加、再加皆非也"。④ 孙毓支持皇帝冠礼多加之制。

《五礼驳》中还记载了一种当时的三加之制，"先冠皮弁，次冠长冠，后冠进贤冠"。宋代《政和御制冠礼》引《开元礼义鉴》以为曹魏皇子、王公子之制如此。⑤ 但先加皮弁，后加作为"古缁布冠遗像"的进贤冠，不符《仪礼·士冠礼》加冠次序及冠服之尊卑关系。由于"不可先服尊服，转而即卑"，故孙毓认为此制不合理。

（2）挚虞的"不加说"与裴頠的反驳。按古制，加冠前不可以冠作为首服。许慎《五经异义》云："王与大夫尽弁，以开金縢之书，时成王年十四。言弁，明知已冠矣。"⑥服弁即意味着已经举行过了冠礼。换言之，行冠礼的功能之一便是取得服冠、弁、冕的权利。挚虞正是以此主张"不加说"。他认为太子即使年幼，一旦即位便已成为君主，冕服已经完备，不需要再举行冠礼了。对此，孙毓反对之，"意为宜冠有加"。值得注意的是，挚虞之说与曹魏礼家皇帝即位后"尊极德备"说颇为相近，且含有《孔子家语》"何冠之有"之意，或许也受到了《孔子家语》的影响。

裴頠的观点与挚虞显然不同。裴頠乃裴秀之子，本人亦为惠帝朝重臣，他

---

① 《晋书》卷一九《礼志上》，第582页。
② 《晋书》卷一九《礼志上》（第581页）载"文帝又命荀𫖮因魏代前事，撰为《新礼》，参考今古，更其节文"。荀𫖮《新礼》的修撰并非全然复古，"魏代前事"是其重要依托，其皇帝冠礼因循魏制恰可与此相互印证。
③ 〔唐〕孔颖达《礼记正义》卷二三《礼器》，《十三经注疏》，第1432页。
④ 《宋书》卷一四《礼志一》，第363页。
⑤ 《政和御制冠礼》卷一《冠议》，《景印文渊阁四库全书》第六四七册，台北：台湾商务印书馆，1986年，第42页。
⑥ 〔唐〕徐彦《春秋公羊传注疏》卷一"隐公元年"疏引《五经异义》，《十三经注疏》，第2197页。

对冠礼当有所研究。《魏书·礼志四》载,孝文帝冠太子元恂,穆亮等人据《仪礼·士冠礼》使太子行三加冠之礼,但孝文帝以《续汉志》《孔子家语》四加之制驳之,以为三加非礼。面对穆亮等人的引咎,孝文帝云:"昔裴頠作《冠仪》,不知有四,裴頠尚不知,卿等复何愧。"①从中可知,裴頠撰有《冠仪》。揣摩孝文帝之言语,还可推绎裴頠所定太子冠礼为三加,这体现出裴頠《冠仪》不从曹魏、晋初冠礼制度的倾向。

回到《五礼驳》所见裴頠的观点,裴頠《答治礼问》认为,天子即位虽已成君,但不意味成人,故不能在幼时服冕、弁。此实为对"不加说"的反驳。"天子礼玄冠者,形之成也"暗示了裴頠受到《礼记·玉藻》《礼记·冠义》的影响。"为君未必成人,故君位虽定,不可孩抱而服冕弁",这显然与天子即位便"尊极德备"之说不同。由此,裴頠支持天子须待加冠而成人后方能获得其全部权力的观点,在此基础上,他当认可《士冠礼》"三加弥尊"的观点,支持多加而否定一加之制。

皇帝冠礼由汉代的多加之制转向魏晋以降的一加之制,并非一蹴而就。在荀𫖮《新礼》"从魏氏一加之制"后,仍有孙毓、裴頠等礼家据经典反驳之,支持多加之制。这种观点在西晋时或许转化为了具体的礼制设计。《晋书·舆服志》载:"进贤冠,古缁布遗象也,斯盖文儒者之服。……有五梁、三梁、二梁、一梁。人主元服,始加缁布,则冠五梁进贤。"②用"始加缁布"来指代初加,显示了《仪礼·士冠礼》的影响,也表明其完整的仪式不止一加。但无论是多加之制还是挚虞的不加说,很可能皆未被采纳,形成定论并推翻荀𫖮《新礼》,东晋皇帝冠礼仍为一加即是其明证。

(三)东晋皇帝冠礼一加衮冕

东晋建立之初,刁协与荀崧"补缉旧文",制定礼仪。③ 但应未涉及冠礼。《晋书·华恒传》载:"及帝加元服,又将纳后。寇难之后,典籍靡遗,婚冠之礼,无所依据。恒推寻旧典,撰定礼仪,并郊庙辟雍朝廷轨则,事并施用。"④成帝生于太兴四年(321),5岁即位,加元服在咸康元年(335)正月,时当在十三四岁,

---

① 《魏书》卷一〇八之四《礼志四》,北京:中华书局,2017年,第3062—3063页。
② 《晋书》卷二五《舆服志》,第767页。将此条与《续汉书·舆服志下》《宋书·礼志五》《隋书·礼仪志七》"进贤冠"条及《太平御览》卷六八五《服章部二·进贤冠》引董巴《汉舆服志》等对比,首尾或有重复,但自"人主元服"至"并冠一梁"所载的官职及其与进贤冠等级的对应关系,众史记载皆不相同。《晋书》提及"开国郡公",此乃西晋始置,位列第一品,南朝因之(《通典》卷一九《职官一·要略》,第488页;《通典》卷三七《职官十九·秩品二》,第997页)。"始加"又与东晋南朝的一加之制矛盾,故其为西晋时的说法当无疑义。
③ 《晋书》卷一九《礼志上》,第582页。
④ 《晋书》卷四四《华表传附华恒传》,第1263页。

次年二月立皇后杜氏。① 可以想见,咸和末,成帝即将达到可加元服的年龄,加元服后便可纳后,但此时冠婚之礼却仍"无所依据",面临颇为尴尬的窘境。此时,太常华恒"推寻旧典,撰定礼仪",东晋皇帝冠礼由此而成。《宋书·礼志一》载:

> 江左诸帝将冠,金石宿设,百僚陪位。又豫于殿上铺大床。……太尉加帻,太保加冕。将加冕,太尉跪读祝文曰:"令月吉日,始加元服。皇帝穆穆,思弘衮职。钦若昊天,六合是式。率遵祖考,永永无极。眉寿惟期,介兹景福。"加冕讫,侍中系玄紞。侍中脱绛纱服,加衮服。冠事毕,太保率群臣奉觞上寿,王公以下三称万岁,乃退。②

东晋皇帝冠礼采一加之制,所加为衮冕。③ 正如南梁徐勉《修五礼表》所云:"至乎晋初,爰定《新礼》,荀顗制之于前,挚虞删之于末。……江左草创,因循而已。"④荀顗《新礼》及挚虞讨论新礼的成果应是华恒所据"旧典"的重要渊源。既然东晋皇帝采用一加之制,其源自荀顗《新礼》便很有可能了。

冠礼用衮冕并非偶然。由于加冠时"不可先服尊服,转而即卑",一加衮冕,便无冠可为次加之冠。⑤ 这既避开了《士礼》喻志之文,不违背加冠需"加弥尊"之原则,又可凸显天子至尊的身份,对魏晋礼家而言,确为理想选择。皇帝冠礼的一加之制自曹魏、荀顗《新礼》传至东晋,一脉相承,或可推想曹魏、西晋的一加之制正是加衮冕。

四、结语

本文以汉晋时期皇帝冠礼加数及所加之冠为主线,考察了皇帝冠礼在这一时期的演变。不难发现,经典、旧制与塑造皇帝身份的现实需要是影响这一时期皇帝冠礼形态的主要因素。两汉时期,经典、旧制服务于现实需要,三者具有一致性,而魏晋时期,皇帝冠礼的设计抛弃了经典与汉代旧制,表现出更迫切的现实需要。

---

① 《晋书》卷七《成帝纪》,第169、179—180、183页。
② 《宋书》卷一四《礼志一》,第363—364页。
③ 《宋书》所称"江左诸帝"当包含东晋皇帝,"江左"在《宋书·礼志一》中多次出现,用以指代晋室南渡之后的南方政权,如"江左则荀崧、刁协缉理乖紊""魏及晋初,祭仪虽不具存,江左则备矣""江左元、哀二帝"等。
④ 《梁书》卷二五《徐勉传》,第420页。
⑤ 曹魏、两晋并未对东汉天子冕制进行改动,衮冕十二章最尊,详见阎步克《服周之冕——〈周礼〉六冕礼制的兴衰变异》,第159—251页。

两汉是皇帝冠礼的初创期。其建构大抵以经典为本位,"推士礼以及天子",①自《仪礼》《大戴礼记》所载士冠礼、公冠礼推演天子冠礼,以经典本身的权威性作为构建皇帝冠礼的依据,通过加数自上而下的降杀及所加之冠的精心择取来塑造皇帝身份。这体现在以下几点:(一)《孝昭帝冠辞》颇与今《仪礼·士冠礼》所载祝词相近,却更有威仪之感。(二)章帝令曹褒"依礼条正"叔孙通《汉仪》,曹褒所定"加玄冕"之礼很有可能受到《大戴礼记》的影响,但因不符皇帝身份而废。(三)《续汉志》所载皇帝冠礼,遵从了《仪礼·士冠礼》以吉日加冠与加冠于庙的传统,认可《大戴礼记》"公冠四加"以多加为尊之意,并将之改造为天子四加之制。在所加之冠的选择上,初加之进贤冠乃"古缁布冠遗像",以此作为首冠之冠,便是在昭告参礼者,皇帝之冠礼遵从了礼经。二加、三加之爵弁、武弁,有混杂经典、旧制与东汉现实之倾向,②赋予皇帝祭祀、掌兵事之权,当是"国之大事,在祀与戎"观念的体现。③ 最终,皇帝身份随着四加通天冠得到再次确认。

　　魏晋皇帝冠礼虽不可能完全摆脱礼经的影响,也有调和经典与现实需要的一面。但基于塑造皇帝身份的现实需要,曹魏礼家对"《士礼》喻志之文"作出新的经典诠释,认为皇帝即位便"尊极德备"不需多次加冠以谕其志,从而使皇帝冠礼背离了经文本身与汉代故事"多加为尊"的逻辑,采用一加之制,转向以少为尊。西晋荀顗《新礼》继承魏制,引来了诸多反对意见。挚虞的观点与曹魏礼家颇为相近,且欲在实际上将其进一步推进,主张"不加说"。孙毓、裴頠延续汉代思路与经典主义,支持"弥尊喻志之言",反驳了"今嫌《士礼》喻志之文,因从魏氏一加之制"及挚虞的观点,主张多加,但挚虞、孙毓等人未能影响东晋一加衮冕之制的选择。在东晋冠礼仪式的展演中,加冕前由太尉"跪读祝文",通过太尉礼仪性的臣服为少帝实现身份升格奠定基调。而后,所加之衮冕是象征皇帝至尊身份的礼仪符号,一加衮冕向群臣传达皇帝"尊极德备"之意,由此,"皇帝穆穆"的形象为群臣所认识。这些环节对于确认少帝的皇帝

---

　　① 《汉书》卷二二《礼乐志》,第1035页。这里的"士礼"需作广义理解,不仅是《礼经》本身,也包括大、小戴《礼记》在内的释经之书。

　　② 曹褒《新礼》或从士冠礼、公冠礼二加皮弁、三加爵弁。加皮弁原本意味"从此要参与兵役,有参与保护贵族权利的责任"(杨宽《"冠礼"新探》,第253—256页)。东汉皮弁为大射礼执事者之服(《续汉书·舆服志下》,《后汉书》,第3665页),仍保留了部分古意。东汉皇帝冠礼不用皮弁而直接用武官所服之武弁,或许是为了更加明显地突出旧礼中加皮弁的象征意义(何休云:"皮弁,武冠。"〔唐〕徐彦《春秋公羊传注疏》卷一五"宣公元年",《十三经注疏》,第2277页)。其原因不可确知,但东汉皇帝冠礼中的武弁替代的是《仪礼·士冠礼》中的皮弁,应当可以成立。爵弁本为祭祀之服,颇为尊贵,但此时已沦为云翘舞乐人所服之冠(《续汉书·舆服志下》,《后汉书》,第3665页),地位与古时已不可同日而语。由于冠礼要"加弥尊",故东汉礼家只能将爵弁调至二加的位置,置于武弁之前。

　　③ 〔唐〕孔颖达《春秋左传正义》卷二七"成公十三年",《十三经注疏》,第4149页。

身份、塑造天子的威严具有极强的象征意义。褚太后在晋穆帝冠后称其"礼成德备",而"当阳亲览,临御万国",①显然与冠礼仪式设计密不可分。

一旦接受了曹魏礼家的思考方式,将一加之制视为皇权至尊的唯一礼仪性表达,即使多加之制同样具有塑造皇帝身份的作用,但其使皇帝与士、公侯共享一套相似的仪式,也变得不可接受了。一加之制最终能够取代多加之制,为后世继承,当与此点密切相关。

附记:本文投稿过程中承匿名评审专家及赵永磊老师、王傲、王红等教正,特此感谢!唯一切文责自负。

---

① 《晋书》卷三二《后妃下·褚皇后传》,第976页。

北宋徽宗朝的明堂制度与仪式运作

顾思程*

【内容提要】 北宋初,明堂礼久废不讲。皇祐二年仁宗在大庆殿举行明堂亲飨,逐步建立起有事于明堂则不行南郊礼的制度。徽宗政和七年,伴随独立的明堂建筑落成,季秋亲飨的礼仪空间发生转移,大庆殿不再作为祭祀场所。同时,明堂仪式的内容也趋于丰富,实现从"宗祀之所"到"布政之宫"的职能转变。大观以来,议礼局、制礼局相继主导徽宗朝礼乐文化的动向,其间又穿插《政和五礼新仪》的颁行,这些因素共同形塑了政和七年以后明堂礼仪的具体形态。

【关键词】 明堂　北宋　宋徽宗　礼仪

"古制中之聚讼不绝者,未有如明堂之甚也。"① 历来争论者不外两事:一曰明堂之制,一曰明堂之用。② 若承认历史实情与经学构拟之不谐,在具体历史情境中,作为政治景观的明堂不再是礼书文本的单纯复制,汉武明堂、新莽明堂、武周明堂,均属其例。北宋初期,明堂之礼久废不讲,直至皇祐二年(1050)季秋,仁宗在大庆殿内举行明堂亲飨仪式,逐步建立起有事于明堂则不行南郊礼的制度。徽宗政和七年(1117),伴随独立的明堂建筑落成,季秋亲飨的礼仪空间发生转移,大庆殿不再作为祭祀场所。同时,明堂仪式的内容也趋于丰富,开始实现从"宗祀之所"到"布政之宫"的职能转变。

学界对于宋代明堂制度的研究已有一定积累,其关注重心可归纳为三点:一、礼制史视角下的明堂制度与国家祭祀,山内弘一、③小岛毅④将明堂作为郊祀制度的变体,探究其政治职能。朱溢将北宋明堂仪制置于唐代礼制的延长

---

* 本文作者为北京大学中文系博士研究生。
① 王国维《观堂集林·明堂庙寝通考》,北京:中华书局,1959年,第125页。
② 钱玄《三礼通论》,南京:南京师范大学出版社,1996年,第183页。
③ [日]山内弘一《北宋时代の郊祀》,《史学杂志》第92编第1号,第40—66页。
④ [日]小岛毅《郊祀制度の变迁》,《东洋文化研究所纪要》第109册,1989年,第123—219页;[日]小岛毅《宋代の国家祭祀——〈政和五礼新仪〉の特征》,载池田温编《中国礼法と日本律令制》,东京:东方书店,1992年,第463—484页。

线下审视,关注宋制之于唐制的承与不承。① 二、君主个人意志与皇祐明堂礼事。刘子健对宋代君主移郊祀之礼用于明堂的现象予以关注,指出明堂仪式的确立是对原来郊坛祭天威严的侵夺。② 冯茜尝试发掘仁宗在明堂礼颁布过程中恢复"祖宗之法"的深意。③ 三、明堂营造与徽宗朝的政治特征。久保田和男探究徽宗时代开封城内的布局重构,涉及明堂工程的推进,揭示蔡京的个人权威在都城项目规划中的作用。④ 伊沛霞(Patricia Buckley Ebrey)将明堂这一大型工程的经营视作徽宗追求不朽的表现,对于徽宗明堂在筹备阶段的人事变动、停废波折讨论尤多。⑤ 方诚峰将徽宗朝的明堂营造置于彼时的政治文化氛围中讨论,指出东京城内一系列耗资巨大的建筑工程、礼乐制作是徽宗呈现"盛世"景观的重要组成部分。⑥

在礼制史的研究框架下,徽宗朝的明堂制度不具发凡起例之功,是以学界对其关注不及皇祐初行明堂礼集中。研究者虽对徽宗颁朔于明堂的现象有所留意,但颁朔布政如何进行、仪程如何确定、相关机构如何配合、其思想资源来自何处,尚有诸多剩义可供发覆。明堂作为徽宗朝的政治符号之一,其象征意义已得到充分阐发。相对而言,徽宗明堂现实职能的演变、仪式运作的实际形态,仍有待分疏。本文以北宋徽宗朝的明堂制度与礼仪实践为研究对象,分三个层次展开:(一)通过梳理徽宗之前的宋代明堂祭祀制度,分析哪些因素为徽宗朝所承袭,而徽宗朝明堂祭祀礼仪相较于前代,其新变体现在何处。(二)探究徽宗朝官修礼书与礼仪机构如何介入明堂祭祀仪式,关注礼仪制度的动态形成。(三)以政和七年以后的明堂颁朔布政活动为切入点,探究明堂职能由宗祀之所向布政之宫的转变过程。

一、"皇祐以来,始讲明堂之礼":仁宗至哲宗朝明堂礼仪的演进

宋初,季秋明堂大享皆有司摄行,寓于当年南郊之祀。⑦ 史籍对明堂有司

---

① 朱溢《事邦国之神祇:唐至北宋吉礼变迁研究》,上海:上海古籍出版社,2014年,第101—121页。
② 刘子健《两宋史研究汇编·封禅文化与宋代明堂祭天》,台北:联经出版事业公司,1987年,第3—9页。
③ 冯茜《唐宋之际礼学思想的转型》,北京:生活·读书·新知三联书店,2020年,第159—161页。
④ 久保田和男《宋代开封的研究》,东京:汲古书院,2007年,第212—248页。
⑤ Patricia Buckley Ebrey, *Emperor Hui zong*, Harvard University Press, 2014, pp. 212—227.
⑥ 方诚峰《北宋晚期的政治体制与政治文化》,北京:北京大学出版社,2015年,第190—204页。
⑦ 〔宋〕李焘撰,上海师范大学古籍整理研究所、华东师范大学古籍整理研究所点校《续资治通鉴长编》卷四,太祖乾德元年八月庚辰,北京:中华书局,2004年,第100页。

摄事情形记载鲜少,仅知其神位安排一从唐《开元礼》,并祀昊天上帝及五方帝。① 仁宗皇祐二年,始行亲飨明堂之礼。其中,大庆殿行礼、覃恩推赏如南郊例,是政和七年之前不替之旧规。明堂所祭神祇是讨论明堂制度难以回避的问题,而皇祐二年遍祭群神的做法引起批驳尤多。神宗元丰三年(1080)礼制改革触及明堂制度之处,也多与明堂祭祀神祇相关。下文主要从皇祐所定明堂仪式、元丰新制对皇祐制度的更革两方面,叙述徽宗朝之前明堂宗祀之礼的制定与演变。

(一)明堂内外:皇祐所制定明堂礼仪

仁宗皇祐二年,正值三年一祀之期,宋庠以当年冬至迫近晦日,请用建隆故事,"宜有所避,因请季秋大飨于明堂"。② 郊祀避晦日,太祖朝已有先例。乾德元年(963)冬至近晦,有司提议将郊祀时间提前,故当年十一月十六日即行郊祀礼。③ 仁宗之前的宋代君主,如遇当年冬至不便行南郊礼的情况,亦会选择他礼代替郊祭,如"开宝中,艺祖幸西京,以四月庚子有事南郊,行大雩之礼。淳化四年、至道二年,太宗皆以正月上幸躬行祈谷之祝,悉如圜丘之礼,惟季秋大飨阙而未举"。④ 因前代君主未遑行季秋大享明堂,故臣僚企望仁宗启用此旧废不讲之礼,以代当年南郊之祀。仁宗从之,并于当年三月一日内降御札:"缅稽先宪,祗见昊穹,而祈谷以春,祭雩以夏,追升裡于景至,尝亲展于国容。惟明堂布政之方,尊严父配天之礼,虽崇精飨,未即躬行。……朕取今年九月内择日有事于明堂,其今年冬至亲祠南郊即宜辍罢。"⑤明堂亲飨势在必行,仪式流程尚未敲定,故臣僚献策迭起,"判太常礼院宋祁上《明堂通议》二篇、阁门祗侯刘舜臣上《明堂议》并图一卷,资政殿学士范仲淹上建昌军草泽李觏《明堂图议》,授太学博士,福州草泽郑叔豹上《宗祀书》三卷"。⑥ 刘子健指出,儒臣议论在此次明堂礼议定过程中所起作用极为有限。皇祐二年亲飨遍祀群神,明显不合明堂应有仪制,虽系逾制之举,然手诏一出,再无转圜余地。⑦ 现将皇祐二年四月九日手诏内容摘录如下:

> 明堂之礼,前代并用郑康成、王肃两家义说,兼祭昊天上帝,已为变

---

① 〔宋〕宋祁《景文集》卷四二《上帝五帝议》,北京:中华书局,1985年,第931页。
② 《续资治通鉴长编》卷一六八,仁宗皇祐二年,第4034页。
③ 《续资治通鉴长编》卷四,太祖乾德元年八月庚辰,第100页。
④ 〔清〕徐松辑,刘琳、刁忠民、舒大刚等校点《宋会要辑稿·礼》二四之一,仁宗皇祐二年二月十八日,上海:上海古籍出版社,2014年,第1139页。
⑤ 《宋会要辑稿·礼》二四之二,仁宗皇祐二年三月一日,第1139—1140页。
⑥ 《宋会要辑稿·礼》二四之五,仁宗皇祐二年三月十九日,第1141页。
⑦ 刘子健《两宋史研究汇编》,第7页。

礼。国朝自祖宗已来，三岁一亲郊，即遍祭天地，而百神靡不从祀。故太祖皇帝雩祀，太宗皇帝、真宗皇帝祈谷二礼，本无地祇位，当时皆合祭天地，以祖宗并配，而百神从祀。今祀明堂，正当三岁亲郊之期，而礼官所定止祭昊天五帝，不及地祇。又配座不及祖宗，未合三朝之制。况比年以来，水旱地震，稼穑不登。今移郊为大飨，盖亦为民祈福。若祭天而不祭地，又祖宗不得遍配，于礼未安。其将来新祠明堂，宜合祭皇地祇，奉太祖、太宗、真宗并配，而五帝、神州地祇亦亲献之。日月河海诸神，悉如圜丘从祀之数，以称朕恭事天地祖宗神灵之意。①

诏书规定当年明堂亲飨，天地合祭，太祖、太宗、真宗配侑，日月河海诸神并从祀。现有研究对于皇祐二年明堂神位之设几同南郊例多有论列，认为"仁宗并非想要恢复祖宗所不行的明堂礼，而是晦日不宜南郊，故采纳宋庠建议，换一种方式举行南郊，因此，在仁宗的观念里，明堂礼必须遵照祖宗南郊的模式进行"。② 明堂、郊祀本是两种不同礼制，但在仁宗看来，此时所举明堂礼实与祖宗南郊无异，故不满礼官设计的明堂礼改变祖宗以来三年大祭的基本模式。

需要指出，四月九日手诏传达的意旨并非仁宗最初所持观念。此前，三月十六日诏仅言明堂祭祀昊天上帝、五天帝，以真宗配座，远不及日后的庞大规模。而"比年以来，水旱地震，稼穑不登。今移郊为大飨，盖亦为民祈福"一语，揭示出彼时灾害频仍的不靖时局促使仁宗转变意见，期望以遍祀群神的方式取得祈福成效。③ 仁宗欲在明堂中合祭天地、遍祀群神，既有维系祖宗郊祀之法的考虑，又受到求福禳灾的心理驱使，故"自我作古"，对"礼官习拘儒之旧传，舍三朝之成法"④深致不满。

鉴于彼时并无专供季秋大飨的明堂建筑，行礼场所只能借用他处。王洙请以大庆殿为季秋亲飨之所，⑤仁宗从之，诏以大庆殿为明堂。太常礼院随即依据郑玄"堂上有五室，象五行"之说，奏请在大庆殿中设五室。祭祀所用玉圭、奏乐、舆服、法驾、卤簿等规格多由太常礼院据旧典裁夺。《开宝通礼》为现成礼典，可备咨询，礼官多半在《开宝通礼》基础上斟酌损益。

明堂五使之设亦是皇祐二年首创。"国朝亲祭祀，举大礼，沿唐制置五使。以宰臣为大礼使，太常卿为礼仪使，御史中丞为仪仗使，兵部尚书为卤簿使，知

---

① 《宋会要辑稿·礼》二四之七，仁宗皇祐二年四月九日，第1142页。
② 冯茜《唐宋之际礼学思想的转型》，第160页。
③ 《续资治通鉴长编》卷一六六，仁宗皇祐二年二月辛未，第3985页。
④ 《宋会要辑稿·礼》二四之二，仁宗皇祐二年四月九日，第1142页。
⑤ 《宋会要辑稿·礼》二四之二，仁宗皇祐二年三月十二日，第1140页。

开封府为桥道顿递使。"①五使专为郊祀而置,皇祐明堂礼亦袭用郊祀五使之制,宰臣文彦博为大礼使,宋庠为礼仪使,枢密使王贻永为仪仗使,枢密副使庞籍为卤簿使,参知政事高若讷为桥道顿递使。人选标准则与南郊例不尽相合。

明堂亲飨实由一套复杂繁琐的仪程构成。大庆殿行礼固然是最重要的环节,亲飨当日前后,致斋、受贺、宣制肆赦、大宴百官仍是季秋大飨不可或缺的组成部分。现有研究多从神位设置角度,解说皇祐二年明堂礼对祖宗南郊模式的遵循,对明堂之外践履的仪式关注不多。笔者拟以《宋会要辑稿》以及《太常因革礼》所引《皇祐大享明堂记》②为主要资料,梳理季秋大飨之全过程,分析皇祐明堂礼在何种程度上因袭了南郊制度。距离皇祐二年最近的一次皇帝亲祀,系庆历七年(1047)南郊。鉴于现存史料对此次郊祀着墨不多,故适当参酌《太常因革礼》所记皇祐之前的南郊祭祀之例(表1):

表1 皇祐二年季秋明堂礼的构成及取资

环节	皇祐二年季秋明堂礼	《太常因革礼》所引祭祀旧例
大飨前三日	皇帝于文德殿致斋。	《礼阁新编》云:是岁(建隆四年)南郊礼仪使奏,皇帝致斋三日。一日于崇元殿,一日于太庙,一日于郊坛。诏可。(卷二九吉礼一·冬至祀昊天上帝于圜丘)
大飨前两日	帝服通天冠、绛纱袍,乘玉辂,称警跸,不鸣鼓吹,赴景灵宫,即斋殿服衮执珪,诣天兴殿行荐飨之礼。毕,诣太庙宿斋。是夕五鼓,初行朝飨之礼。	南郊前二日酌荐于景灵宫。(卷三一吉礼三·冬至祀昊天上帝于圜丘)
大飨前一日	还文德殿宿斋。	前一日朝享太庙。(卷三一吉礼三·冬至祀昊天上帝于圜丘)

---

① 《宋会要辑稿·礼》二四之六,仁宗皇祐二年三月十六日,第1141页。
② 皇祐二年明堂秋飨仪式被编纂成《皇祐大享明堂记》《皇祐大享明堂纪要》,俱不传。仁宗嘉祐间所修《太常因革礼》对此有所引述。见〔宋〕欧阳修等《太常因革礼》卷三六《吉礼·大享明堂》,清广雅书局丛书本。

续表

环节	皇祐二年季秋明堂礼	《太常因革礼》所引祭祀旧例
大飨当天	十七日未明三刻，帝服靴袍，乘小舆，殿中伞扇，侍卫至大次，服衮冕执圭，入自明堂中门。至版位，乐舞作，沃盥，自大阶升，诣昊天上帝、皇地祇、五天帝、神州地祇、太祖、太宗、真宗座前，奠玉币，降级以俟。有司既进熟，帝再升，历诣六天、二祇、三圣尊坫所酌泛齐，进诣神座前奠爵，皆中书侍郎读文。帝再拜，饮福受胙，降级还位。亚献、三献以次升，奠献如仪。	《通礼》，祀日未明一刻，侍中版奏，外办皇帝服衮冕。乘舆出行宫，升辂驾至大次门外，降辂入次，改服大裘而冕。是岁(指乾德六年十一月二十四日)仪注，皇帝服靴袍，乘舆出行宫，伞扇华盖，侍卫如常仪，至大次，改服衮冕以祭。(卷二九吉礼一·冬至祀昊天上帝于圜丘)
	明堂礼成后，皇帝御紫宸殿受贺。	(景德二年)，是岁仪注，南郊礼仪使奏，自乾德六年以来，行宫称贺，横行再拜，遂奏圣躬万福，于礼未备。今欲横行再拜，搢笏舞蹈，又再拜。而后圣躬万福，又再拜。余称贺如旧，诏可。(卷三〇吉礼·冬至祀昊天上帝于圜丘)
	常服御宣德门肆赦宣制，还宫后降诏。	《太祖实录》：建隆四年南郊礼毕，上御明德门楼降制，左右金吾诸军仗卫陈列，填街如式。自后，皇帝亲祀，皆御楼肆赦，有司遂具仪。(卷一六总例·宣赦书)
大飨之后	十月三日，开放景灵宫诸宫观三日，许臣僚、命妇、士女烧香游观。 十一月十二日，宴百官于集英殿。	/

皇祐明堂祭祀按照大飨前三日宿斋文德殿——前两日诣景灵宫、天兴殿、太庙——前一日还文德殿——大庆殿行亲飨礼、礼成御紫宸殿受贺、登宣德楼宣赦——十月集英殿宴百官这一套流程展开。其与南郊仪制大致相合，微有不同，差异主要集中于大飨前三日的致斋场所。其中，大飨第二日献酌景灵宫则严格遵照南郊旧例。此后，嘉祐七年(1062)季秋大飨，"置使、宿斋、荐飨景灵宫、朝飨

太庙,并用皇祐仪制";①熙宁四年(1071)大享明堂,"置使、宿斋、行礼,并用皇祐旧仪",②表明皇祐二年初定仪程为日后明堂礼仪的行用提供大致框架。

(二)从皇祐旧制到元丰新制:明堂礼仪的变动与因循

嘉祐七年(1062),仁宗再次亲飨明堂。当年七月,太常礼院奏请更革皇祐遍祭群神之制:

> 皇祐参用南郊百神之位,不应祀法,宜如隋、唐旧制,设昊天上帝、五方帝位,以真宗配,而五人帝、五官神从祀,余皆罢。③

在礼官看来,季秋明堂亲飨虽可替代南郊礼,但两者地位仍有轩轾,这种差别需要通过祭祀神位的严格划分来体现。仁宗遵从太常礼院所请,祭昊天上帝、五方上帝,以真宗配侑,罢天地合祭之举,在某种程度上与唐制接轨。

英宗在位期间的亲祀仅治平二年(1065)南郊祭飨一次,围绕明堂展开的争议却未曾消歇,争讼焦点在于明堂宗祀是祭始祖还是祭皇帝先父,最终的折中意见是以仁宗配飨明堂。诚然,英宗朝未有皇帝亲祀明堂之举,但议礼活动对于《孝经》"严父配天"之说的遵奉,④尤在神宗元丰年间的礼制改革中发挥作用。

修订郊祀仪制是元丰礼制改革的重要组成部分。元丰元年(1078)正月,神宗派遣陈襄、黄履等人详定郊庙奉祭礼文,⑤嗣后促成详定礼文所的设立。按,元丰三年官制改革之前,礼部及太常寺不领礼仪事务,"凡礼仪之事,悉归于太常礼院"。⑥ 详定礼文所成立后,部分接管太常礼院制定仪注的职能,对既有郊祀制度重新检讨。朱溢指出,《周礼》是元丰郊祀制度改革的重要依据,神宗罢前代南郊天地合祭故事,不再支持通过南郊置皇地祇神位代替北郊祭祀礼制,进而改变了北宋长期以来不重视皇地祇祭祀之旧规。⑦ 具体到明堂礼制,则可以明显看出天地分祭理念与《孝经》"严父配天"思想的双重影响。

元丰三年,神宗欲用事于明堂,七月七日下诏,罢从祀群神,并对明堂亲飨所设神位作出明确规定:

> 朕惟先王制行以起礼,孝莫大于严父,严父莫大于配天,一也。而属

---

① 《宋会要辑稿·礼》二四之三三,仁宗嘉祐七年九月七日,第1157页。
② 《宋会要辑稿·礼》二四之四三,神宗熙宁四年九月十日,第1162页。
③ 《宋会要辑稿·礼》二四之三四,仁宗嘉祐七年七月七日,第1156页。
④ 卞伶俐《北宋明堂礼仪制度研究》,北京大学历史学系硕士学位论文,2007年,第23—26页。
⑤ 《续资治通鉴长编》卷二八七,元丰元年正月戊午,第7012页。
⑥ 〔元〕马端临《文献通考》卷五二《职官考六》,北京:中华书局,2011年,第1522页。
⑦ 朱溢《事邦国之神祇:唐至北宋吉礼变迁研究》,第103—110页。

有尊亲之殊,礼有隆杀之别,故远而尊者祖,则祀于郊之圜丘而配天;迩而亲者祢,则祀于国之明堂而配上帝。天足以及上帝,而上帝未足以尽天,故圜丘祀天,则对越诸神,明堂则上帝而已,故其所配如此,然后足以适尊亲远近之义。……其将来祀英宗皇帝于明堂,惟以配上帝,余从祀群神悉罢。①

此道诏书虽未明确指出明堂所祀"上帝"究竟是昊天上帝还是五方上帝,但根据文中对郑玄"六天之说"流露不满,则可推断诏书所言"上帝"实指昊天上帝。尽管王安礼上札辩解《周礼》所言上帝兼指昊天上帝及五帝,②详定礼文所请"祀英宗皇帝于明堂,以配昊天上帝及五帝",③但均未见神宗采纳。

神宗元丰三年明堂亲飨成为北宋明堂制度演变过程中的转折点,在后人的言说中,哲宗朝之前的明堂亲飨化约为"皇祐故事"与"元丰三年定制"两种模式,后者意味着仅设昊天上帝神位,严父配飨,摒弃从祀制度。元祐元年(1086)行明堂礼,苏辙曾奏采用皇祐典礼,太常寺则以"明堂礼当从元丰三年定制,不取皇祐故事"④为由予以否决,终哲宗一朝再无变更。

二、官署·礼书·制度:徽宗朝明堂仪制的新变

徽宗朝明堂亲飨凡十次。⑤ 自政和七年起,明堂礼一年一行。纵使当年仍预郊祀,亦不废明堂礼。此举不仅与之前君主三年一亲郊之惯例不侔,亦表明亲飨明堂不再作为郊祀礼不便举行时的权宜之计。徽宗朝亲飨明堂严格遵循元丰三年以来专祀昊天上帝、严父配飨之旧规,即仅设昊天上帝神位,神宗配侑。可以说,徽宗朝明堂礼制的新变并不体现在祭祀神祇的更革上。

蔡绦记大观、政和之间,"朝野无事,日惟讲礼乐、庆祥瑞,可谓升平极盛之际"。⑥ 此前,大晟乐、崇宁九鼎、八宝等制作相继完成,礼乐肇作余波未息,明堂遂成为徽宗朝又一重要文化工程。徽宗时期的明堂礼仪活动相较前代,有两点变动颇值得注意:一是自政和七年起,废止有司摄事,"岁皆亲祀明堂";⑦

---

① 《宋会要辑稿·礼》二四之四六,神宗元丰三年七月七日,第1163页。
② 〔宋〕王安礼《论明堂配帝第一札子》,载〔明〕黄淮、〔明〕杨士奇编《历代名臣奏议》卷二〇《郊庙》,上海:上海古籍出版社,1989年,第263页。
③ 《宋会要辑稿·礼》二四之四七,神宗元丰三年八月四日,第1163页。
④ 《宋会要辑稿·礼》二四之五二,哲宗元祐元年六月十五日,第1167页。
⑤ 分别为大观元年(1107)、政和七年(1117)、重和元年(1118)、宣和元年(1119)至七年每年一行。
⑥ 〔宋〕蔡绦撰,冯惠民、沈锡麟点校《铁围山丛谈》卷二,北京:中华书局,1983年,第28页。
⑦ 〔元〕脱脱《宋史》卷一〇一《礼志四》,北京:中华书局,1985年,第2478页。

二是除季秋亲飨之外,皇帝亦在明堂内颁朔布政、举行朝会。政和七年真正具备独立的明堂建制,无疑是这些新变得以酝酿的客观条件。伴随祭祀场所的空间转移,季秋亲飨的整体仪程经历怎样的变化?相较于前代,围绕明堂展开的仪式在哪些层面体现出徽宗朝的创新?大观以来,议礼局、制礼局相继主导徽宗朝礼乐文化的动向,其间又穿插《政和五礼新仪》的颁行,这些因素如何作用于徽宗明堂礼仪的具体形态?此类问题值得进一步追索。

(一) 政和七年之前的明堂营修筹备

《宋史·蔡京传》对蔡京任相期间开封城的建制营修有如是概括:

> 京每为帝言,今泉币所积赢五千万,和足以广乐,富足以备礼,于是铸九鼎,建明堂,修方泽,立道观,作大晟乐,制定命宝。任孟昌龄为都水使者,凿大伾三山,创天成、圣功二桥,大兴工役,无虑四十万。两河之民,愁困不聊生,而京僴然自以为稷、契、周、召也。①

兴修明堂之议不仅由蔡京提出,此后监造事宜亦以蔡京、蔡攸介入为多。明堂动工在兴起、停罢之间反复,实则受到蔡京个人去就的左右。

肇建明堂之事始于崇宁四年(1105)蔡京进呈姚舜仁所绘明堂图,徽宗见此,即欲赓续神宗朝未竟之业,于当年八月颁布御笔手诏,议修明堂,意在"革元祐权宜之设,定崇宁不刊之规",随后带来监司进羡余、诸路采买物料等实质举措。动工期间,星变现象引起徽宗怖惧,②明堂营修也随蔡京罢免而搁置。政和五年(1115)七月,徽宗下重修明堂诏书,两年后明堂落成,位于皇城东隅,③左掖门里。④

明堂营修经过在《宋通鉴长编纪事本末》卷一二五"明堂"、⑤《宋会要》等文献中有集中记述,《宋大诏令集》收多篇相关手诏、御笔手诏。现以上述三种材料为主,参酌宋人笔记,对议修明堂到明堂告竣期间内的人事变动、君主意旨作出梳理(表 2):

---

① 《宋史》卷四七二《奸臣二》,第 13726 页。
② 〔宋〕陈均编,许沛藻、金圆、顾吉辰、孙菊园点校《皇朝编年纲目备要》卷二七,崇宁五年二月,北京:中华书局,2006 年,第 688 页。
③ 〔宋〕程俱撰,张富祥校证《麟台故事校证》卷一,北京:中华书局,2000 年,第 34 页。
④ 〔宋〕孟元老撰,伊永文笺注《东京梦华录笺注》卷一,北京:中华书局,2007 年,第 40 页。
⑤ 〔宋〕杨仲良《宋通鉴长编纪事本末》,清宛委别藏本。

表 2　徽宗朝明堂营建始末

时间	明堂营建	史料来源
崇宁四年七月二十七日	宰相蔡京等进呈库部员外郎姚舜仁请,即国丙己之地建明堂,绘图以献。姚舜仁绘有二图,一图斋宫悉南向,一图随四时方向。徽宗择定后者,命将作监李诫同预明堂图绘制。	《宋通鉴长编纪事本末》卷一二五
崇宁四年七月	发运使梁子美、胡师文进羡余。	《皇朝编年备要》卷二七,崇宁四年七月
崇宁四年八月十六日	李诫、姚舜仁同进明堂图。徽宗下御笔手诏:"明堂之礼废已久,汉唐卑陋不足法,宜尽用三代之制,必取巨材,务要坚完,以为万世之法。"	《宋通鉴长编纪事本末》
崇宁四年八月二十四日	颁布御笔手诏:"姚受仁等所奏明堂图议,可依所定营建,唯不得科率劳民,仰并从官给。"	《宋大诏令集》卷一二四《明堂图御笔手诏》①
崇宁四年十月二日	蔡京等进呈修营明堂之请。	《宋会要辑稿·礼》二四之七二
崇宁四年十月十八日	颁布诏书:"明堂功力浩大,须宽立期限,营建俟过来年丙戌妨碍外,取旨兴功,仍令胡师文、梁子美各于本部出材。本处据合用造成熟材般辇上京,其见役工可权罢。"	《宋通鉴长编纪事本末》
崇宁五年正月十二日	颁布诏书:"近以肇建明堂,下诸路和买材植物料。"	《宋会要辑稿·礼》二四之
政和五年	采石荥阳,石有"明"字,制文石旗。	《宋会要辑稿·瑞异》一之二一
政和五年五月十一日	颁御笔手诏:"可令一物以上,并从官给,勿取于民,般挈运载,优给其直。"	《宋大诏令集》卷一二四《建明堂一物以上并从官给御笔手诏》
政和五年七月十日	颁御笔手诏,正式重启明堂建置。	《宋会要辑稿·礼》二四之八九;《宋大诏令集》卷一二四《修建明堂御笔手诏》

---

①　佚名编《宋大诏令集》,北京:中华书局,1962年。

续表

时间	明堂营建	史料来源
政和五年七月	降手诏,谓营造明堂事体重大:"有司官属自当竭力奉上,以成大功,如是修制衣所抽人匠取索材料材植,如敢占吝隐讳,不即发遣,应副者监官不以宜高低并行除名,勒停送广南远恶州军编管。"	《宋通鉴长编纪事本末》
政和五年八月六日	颁布诏令:"修建明堂,布告大廷,奏告天地、宗庙、社稷、宫观、诸陵及五岳四渎等。"	《宋会要辑稿·礼》二四之六八
政和五年八月十二日	诏以秘书省地为明堂,迁秘书省于宣德门东。	《宋会要辑稿·礼》二四之七〇;蔡绦《铁围山丛谈》卷一;程俱《麟台故事》卷一
政和五年八月十五日	颁御笔手诏,事关明堂制度:"取夏后氏益五室之度,兼商人四阿重屋之制,从周人度以九尺之筵。上圆象天,下方法地。四户以合四序,八窗以应八节,五室以象五行。十二堂以应十二朔,九阶四阿。每室四户,夹以八窗。兼三代之制,黜诸儒之臆说,飨帝、严父、听朔、布政于一堂之上,于古皆合。其制大备,宜令明堂使司遵图建立,以称朕意。"	《宋会要辑稿·礼》二四之六八、七〇;《宋大诏令集》卷一二四《明堂制度御笔手诏》
政和七年四月十九日	上梁,御制文。	《宋会要辑稿·礼》二四之七六
政和七年四月二十三日	颁御笔手诏:"将来明堂专以配帝严父,余悉移于大庆文德殿,以伸昭事孝思之心。布告中外,咸使闻知。"	《宋大诏令集》卷一二四《明堂专以配帝严父御笔手诏》;《宋会要辑稿·礼》二四之七六
政和七年六月六日	颁布明堂修成推赏诏。	《宋会要辑稿·礼》二四之七七
政和七年八月十八日	颁御笔手诏,以明堂五室不可虚设,亲祀五帝于五室。	《宋大诏令集》卷一二四《明堂五室御笔手诏》
政和七年九月十二日	祀上帝于明堂,以神宗皇帝配飨。	《宋通鉴长编纪事本末》

关于明堂形制之决断、筹备营修之推进，徽宗多以御笔手诏出之，呈现出强烈的个人意愿与不可违抗性。在筹议明堂过程中，礼官的声音极为微弱。明堂最终呈现出的样式综合了先秦典籍所记三代明堂之制：

> 取夏后氏益世室之度，兼商人四阿重屋之制，从周人度以九尺之筵，上圆象天，下方象地，四户以合四序，八窗以应八节，五室以聚五行，十二堂以听十二朔，九阶、四阿，每室四户，夹以八窗。兼三代之制，黜诸儒之臆说，享帝、严父、听朔、布政于一堂之上，于古皆合，其制大备。①

徽宗颇得意于新修明堂兼备"享帝、严父、听朔、布政"之功用。需要追问的是，实体性明堂的出现，究竟在礼仪行用层面带来哪些变化？

（二）政和七年亲飨明堂仪式

政和七年八月二十六日诏书谓"明堂行礼，并依《五礼新仪》外，其礼制局议定所降指挥并礼例有合添入新仪者，令太常寺修定"，②知《政和五礼新仪》所定章程以及礼制局进一步的修订完善，共同构成政和七年明堂礼的实行依据。

临时礼仪机构的设置对于徽宗朝礼制革新所作推进，意义尤著。"神宗熙宁以来，天子锐意稽古礼文之事，招延群英，折衷异同，尽屏汉、唐沿袭之陋，与先儒诡舛之说。元丰有详定礼文所，大观有议礼局，政和有礼制局。"③神宗时设立详定礼文所考究王朝礼仪之古今沿革，徽宗朝则相继有议礼局、礼制局主导礼乐制作。因此，探究徽宗朝明堂礼仪的变动，不应忽略议礼局、礼制局等新设礼仪机构以及官修礼书《政和五礼新仪》的潜在影响。

方诚峰将徽宗朝礼乐制度的重心归纳为两点，一是五礼仪注的修订，二是自始至终对礼乐器物的关注。④ 政和以降的新制礼器多数出自礼制局制造所。⑤ 其中，簠、豆、牺尊均系政和五年专为明堂打造的器用。⑥

议礼局的设立与徽宗亟欲恢复神宗元丰间未竟的礼制改革密切相关。崇宁二年（1103）九月，徽宗颁布手诏，"令讲议司官详求历代礼乐沿革，酌今之宜修，为典训以贻永世"。⑦ 大观元年（1107）正月，诏于尚书省设议礼局，并设详

---

① 《文献通考》卷七四《郊社七·明堂》，第2295页。
② 《宋会要辑稿·礼》二四之六七，徽宗政和七年八月十六日，第1176页。
③ 《文献通考》卷一一八《王礼考》，第3627页。
④ 方诚峰《北宋晚期的政治体制与政治文化》，第201页。
⑤ 容庚根据《籀史》《忠惠集》梳理徽宗朝礼制局新铸礼器的种类，参看氏著《商周彝器通考》，上海：上海人民出版社，2008年，第183—188页。
⑥ 〔宋〕翟汝文《忠惠集》卷一〇，文渊阁四库全书本。
⑦ 《宋会要辑稿·职官》五之七八，第3130页。

议官、检讨官考订礼制沿革，由宰执掌管。① 同年二月，御笔命议礼局检讨五礼，"将裁成损益，亲制法令，施之天下，以成一代之典"，②频频传达出汉唐不足法，应追述三代之意的制作理念。"一代之典"的完成，以《政和五礼新仪》在政和三年（1113）四月正式颁行为标志。这部礼典一经问世，议礼局的使命也宣告终止。

《政和五礼新仪》初名"五礼仪注"，政和三年二月进呈后更改原称。③《政和五礼新仪》由知枢密院郑居中领衔奏进，白时中、慕容彦达、强渊明等同列撰修。书中有关明堂制度的文字，当在大观四年（1110）二月进呈《大观新编礼书》吉礼部分之际，已形成初稿。④

《政和五礼新仪》卷三〇至卷三三吉礼之皇帝宗祀上帝仪，详述亲飨明堂流程。现撮取其要，列表如下（表3）：

表3 《政和五礼新仪》所记明堂礼仪程

时间	《政和五礼新仪》所记明堂礼仪程⑤
数月之前	前期降御札，以今年季秋宗祀于明堂，太常寺帖，太史局择日，报太常寺参酌，讫申奏具时日散告。
前祀十日	质明，有司摄行事，及陪祠文武官员各就其位读誓文："今年九月某日，皇帝宗祀于明堂。前两日朝献景灵宫，前一日朝飨太庙。各扬其职，或不恭，国有常刑。"
前祀三日	斋于文德殿。
前祀二日	皇帝于太庙奏告神宗皇帝室，如常告之仪，御景灵宫。
前祀一日	皇帝于太庙朝飨毕，既还大次，礼部郎中奏解严。皇帝常服乘舆还赴文德殿。所司转仗卫卤簿，陪祠文武官先赴宣德门外。
祭祀当天	帝服靴袍，乘小辇，殿中伞扇，侍卫至大次，服衮冕执圭，入自明堂中门。至版位，乐舞作，沃盥，自大阶升，诣昊天上帝、神宗座前，奠玉币，降级以俟。有司既进熟，帝再升，酌泛齐，诣神座前莫爵，皆中书侍郎读文。帝再拜，饮福受胙，降级还位。亚献、三献以次升，莫献如仪。
	紫宸殿受贺
	宣德门肆赦

---

① 《宋史》卷一六一《职官志一》，第3793页。
② 《宋会要辑稿·职官》五之三四，第3131页。
③ 同上。
④ 《宋会要辑稿·职官》五之三六，第3132页。
⑤ 〔宋〕郑居中等《政和五礼新仪》卷三〇至卷三三，文渊阁四库全书本。

是书所定皇帝亲飨明堂仪式，基本沿袭皇祐以来制度。此典一经颁行，议礼局旋即罢止，此后凡涉明堂礼仪之修订，悉由礼制局负责。礼制局初设于政和三年七月二十一日，宣和二年（1120）罢，侧重制订郊庙祭祀器用的规格。① 徽宗有感于三代礼器，如鼎彝、簠簋、盘匜、爵豆之类，"与今荐天地飨宗庙之器无一有合，去古既远，礼失其传矣"，因诏有司"悉从改造宫室、车服、冠冕之度，昏冠、丧葬之节，多寡之数，等衰之别"，"革千古之陋，以成一代之典"，②廓清秦汉以降对三代古礼的遮蔽不彰。

政和七年四月，新修明堂行将落成，当年季秋亲飨不必蹈足大庆殿。在祭祀场所有变的情况下，《政和五礼新仪》的相关规定已不具针对性，旧有制度尚待调整，礼制局进而接管当年明堂亲飨礼仪之更定，在祭祀器具、用乐、致斋之所、行进路线、仪仗警严等方面作出大幅度修改。这些变动在《宋通鉴长编纪事本末》卷一三四"制礼局"条有集中记述，主要包括：

其一，纠正前代明堂神位所设席具之误，取《礼记》"莞簟之安"之意，更改元丰中明堂配帝神席只用莞而不设簟之旧规。

其二，按周制，初献用近代器、亚献取异代器，以近者为尊，故请明堂"以泰尊寔泛齐，山尊寔醴齐，著尊寔盎齐，牺尊寔缇齐，象尊寔沉齐，壶尊寔三酒，皆为不酌之尊。又以牺尊寔醴齐，为初献；象尊寔盎齐，为亚献，并陈阶阼之下，皆为酌尊"。前文已言及，"牺尊"乃政和五年新制之器。礼制局主张初献持牺尊荐酌，凸显当代制作的崇重地位。

其三，"郊祀以远人而尊，故尊祖以配天；明堂以近人而亲，故严父以配帝，所以求天神而礼之，其义一也"，主张明堂亲飨奏乐与郊祀规格一致，采礼天神六变之乐。

其四，变更亲飨前致斋、亲飨礼毕后受贺的场所。皇祐以来，以大庆殿为明堂，致斋于文德殿，礼成受贺于紫宸殿。"今明堂始建，当于大庆殿奏请致斋，礼成于文德殿受贺。"

其五，皇祐以降，三年一亲祀习用明堂礼代替当年南郊仪，故大飨之前诣太庙、景灵宫行礼，陈法驾卤簿回宿文德殿，效仿南郊例。自政和三年起，皇帝亲郊的时间间隔从三年缩减为一年，每年均行大祭。礼制局以"今明堂郊享后，次年行礼"为由，认为不必严格按照郊祀例诣太庙、景灵宫，"车驾不出皇城，惟列仗于宣德门外，所有卤簿仪仗更不排设"。明堂亲飨的所有步骤俱在皇城内完成。

礼制局在筹议明堂礼事的过程中，所关注者不仅为舆服、器用、宫室之度，

---

① 《宋史》卷九八《礼志一》，第 2423 页。
② 〔宋〕杨仲良《宋通鉴长编纪事本末》卷一三四"礼制局"，清宛委别藏本。

礼仪施行之节亦为其商讨重点。经此议定,季秋明堂亲飨的空间范围发生明显变化。皇祐二年以来,皇帝季秋亲飨依次按照"文德殿—景灵宫、太庙—文德殿—大庆殿(明堂)—紫宸殿—宣德楼"这组轨迹展开,而政和七年则呈现为"大庆殿—明堂—文德殿—宣德楼"这一模式。致斋三日减省诣景灵宫、太庙祭拜环节,所有流程皆在禁中完成。

三、授时与布政:徽宗明堂职能的转变过程

政和七年独立的明堂落成,除为季秋亲飨之礼的施行提供专门场所,亦构成皇帝颁布时令、朝见百官的神圣空间。对于明堂祭祀之外的礼仪活动,其具体仪程由礼制局制定,是为"明堂七议",①包括皇帝视朝听朔前告庙,以示不敢自专;视朝时御南向之位;依《礼记·月令》之例,每月皇帝驾临明堂内相应宫室颁当月时令;以十月为岁首,每年十月颁布下一年新历。对于蕃国朝觐明堂所持仪节亦有论列。此外,礼制局礼官认为,御札手诏、部分赦书交付尚书省之前先于明堂中宣读,更能凸显明堂"布政之宫"的特点。

《宋会要》所录礼制局有关徽宗朝明堂仪节之奏议甚为详赡,②简言之,除季秋大飨之外,徽宗御明堂的时间节点有:每年十月颁发来年新历,即颁朔;每月朔视朝,颁当月时令,布当月之政;元正、冬至、仲夏朔大朝会。

明堂布政与授时仪式的展开关联密切。授时包括颁朔与颁月令两项举措。颁朔与读时令的发布周期互有不同。颁朔以年为周期,一年一行,而颁布月令则每月为之。徽宗朝明堂颁朔、读时令从政和七年十月始行,至宣和四年(1122)罢废。鉴于颁朔及读时令礼是徽宗朝新增的明堂仪式,故下文主要以明堂授时活动为切入点,分析其具体运作及实行方式。

(一)徽宗明堂授时仪式的展开

颁朔,亦作"班朔",指颁布王朝统一规定的历朔。中国古代通行干支纪日,若确定一年中每月朔日干支,则可完整谱出全年历日。故颁朔即等同于颁布全年历日。③除了令治下臣民奉行王朝历朔安排,颁朔仪式更是古代王朝政权实现的重要象征。

明堂颁朔及颁月令虽于典有征,但自唐代以来鲜少落实。武则天曾在圣历元年(698)至长安三年(703)之间行告朔及读时令礼于明堂,不过这一授时

---

① 《文献通考》卷七四《郊社七》,第2296页。
② 《宋会要辑稿·礼》二四之七九至八一,第1184—1185页。
③ 陈侃理《秦汉的颁朔与改正朔》,载余欣主编《中古时代的礼仪、宗教与制度》,上海:上海古籍出版社,2012年,第448—469页。

仪式是在武后取消明堂亲祭之后才予以践行的。金子修一指出，武后告朔于明堂发生在中宗立为太子的特殊情形下。鉴于不宜亲掌明堂祭飨，武后藉助告朔这一礼仪形式彰显其政治权威。①对于徽宗而言，明堂亲飨与告朔并不存在交错行用的必要。需要指出，在政和七年之前，有明堂亲飨但无颁朔及颁月令礼事。独立明堂建制的出现，对于明堂礼仪内容的丰富有其特殊意义。

政和七年四月，明堂修成，徽宗下诏申言："末予冲人，负扆南面以听天下，其敢遑处？将来明堂专以配帝严父，余悉移于大庆、文德殿，以伸昭事孝思之心。"②表达仅欲在明堂中行宗祀之礼的意愿，不欲涉及其他。以蔡京为首的臣僚五次上表，恭请皇帝御明堂颁常视朔，南向听朝，徽宗始从之。遂于当年十月一日，举行第一次明堂颁朔仪式。"皇帝御明堂，平朔，左个，以是月天运政治及八年戊戌岁运历数布于天下。自是，每月朔御明堂，布是月之政。每岁十月，以来岁运数布于天下。宣和二年始，用正月朔布。"③引文主要说明两事：一是一年一行的明堂颁朔。在宣和二年之前，均在十月颁布来年新历。宣和二年后改为正月颁朔。这一变动源于宣和元年蔡京上奏，声称十月颁朔系祖述秦制，与周制不合。④二是每月朔日皇帝御明堂颁读当月时令。

《文献通考》对明堂授时礼仪的场景有如下记载：

> 皇帝御明堂平朔左个，颁天运政治，及八年戊戌岁运历数于天下。百官常服立明堂下。乘舆自内殿出，负扆坐于明堂，大晟乐作，百官朝于堂下。大臣升阶进呈所颁布时令，左右丞一员跪请付外施行，宰相承制可之，左右丞乃下授颁政官，颁政官受而读之，讫，出阁门奏礼毕，皇帝降御座，百官乃退。自是以为常。⑤

"平朔"指每月初一。上文描述的是政和七年十月一日在明堂中举行的颁朔与读时令礼。先是，皇帝御明堂左偏房，颁来年新历，后自内殿出而临朝。大臣进时令，得宰相批准后，由颁政官宣读。宣读月令的具体方式为，"颁政官当殿依降麻仪搢笏宣读，舍人二员对展"。⑥可以推知，非颁朔月，则当月初一仅行读时令礼，仪式如旧。

庙堂之外，颁朔布政诏书尤以峻急之势榜示民间、下达诸路。⑦诏书付尚

---

① [日]金子修一著，肖圣中、吴思思、王曹杰译《古代中国与皇帝祭祀》，上海：复旦大学出版社，2017年，第204—210页。
② 《宋会要辑稿·礼》二四之七八，第1183页。
③ 《宋会要辑稿·礼》二四之八二，第1185页。
④ 《宋史》卷一一七《礼志七〇》，第2773页。
⑤ 《文献通考》七四《郊社考七》，第2297页。
⑥ 《宋会要辑稿·礼》二四之八二，第1186页。
⑦ 《宋会要辑稿·礼》二四之八三，第1186页。

书省后,需在一日之内下达诸路监司,再及诸县,晓谕施行。颁朔布政诏书应当对应的是《宋大诏令集》所收徽宗朝月令,因其时效短暂,必须火速下行。而京城内外,颁朔布政诏书榜示于颁诏所,"印给黄榜,遍行晓谕",诸路州县更是集中百姓进行宣读。这一举措明显是对《周礼》治教行政之法垂于象魏、昭万民观瞻的理想制度的追摹。

(二)明堂颁朔布政府与明堂告朔、读月令的实行

明堂颁朔布政府是伴随明堂落成而衍生的又一机构。明堂颁朔布政府的实际位置仅见《东京梦华录》记载,然书中所言前后不一。是书卷一"内诸司"谓明堂颁朔布政府在禁中,[①]卷二"宣德楼前省府宫宇"则作"宣德楼前,左南廊对左掖门,为明堂颁朔布政府;秘书省,右南廊对右掖门",[②]指出明堂颁朔布政府与秘书省均在大内之外,相对而立。秘书省因明堂之建而移出大内,宣和二年新省修成。[③] 此处"秘书省"当指宣和二年建成的秘书省新省。孔庆赞、徐伯勇试图通过辨析"宣德楼前省府宫宇"条首句"左南廊"的含义,进而弥合这一记述参差,认为明堂颁朔布政府即是明堂,位于禁中。[④] 视明堂颁朔布政府与明堂同为一物,恐于义未安。在此,笔者不拟辨析明堂颁朔布政府的具体位置,而是梳理其设官分职与运作情况,探究颁朔布政府如何与明堂颁朔及颁月令礼建立起关联。

政和七年七月二十九日,礼制局就明堂颁朔布政事宜,奏请设置相关官属:

> 臣谨按:古者掌明堂之事,载于经史可考者,若《周官》大史掌"正岁年以叙事,颁之于官府及都鄙,颁告朔于邦国。闰月,诏王居门终月",盖明堂听朔、颁朔之事也。自三代以后,典礼废缺。《汉志》明堂月令四人,各主一时之事,明言所职以和阴阳。宋及齐梁置明堂令、丞,掌祀五帝之事。隋唐始以郊社令丞兼掌明堂之位,扫除内外及设燎坛,虽专置令丞,殊非古制。今肇建明堂,统和天人,凡宗祀、听朔、布政、朝会,远法成周之制。欲乞置明堂颁政一员为长,颁事二员为贰,颁朔每方二员各掌远方之事,以备太平盛典焉。其提举、管勾官,亦令随事置员。[⑤]

---

① 《东京梦华录笺注》卷一,第60页。
② 《东京梦华录笺注》卷二,第81页。
③ 《宋会要辑稿·职官》十八之十八、十八之二一,第3490、3491页。
④ 孔庆赞《重读〈东京梦华录·宣德楼前省府宫宇〉条札记二则》,《开封教育学院学报》1992年第1期;徐伯勇《北宋东京宣德楼及御街建置布局考说》,载《中国古都研究(第五、第六合辑)》,北京:北京古籍出版社,1993年,第106—114页。
⑤ 《宋会要辑稿·礼》二四之八二,第1185页。

此项奏请被徽宗采纳。在礼制局的设计中，掌管明堂颁朔布政的官员分颁政、颁事、颁朔三个层级。以颁政为长，设员一人；颁事设二员；颁朔设四员。此外亦随事置提举、管勾人员。上文并未明言这些新设官职隶属"明堂颁朔布政府"，表示此时颁朔布政府尚未建府。事实上，这一机构直到政和八年以后才成立，随之带来一系列机构的归属变动。据《宋会要辑稿》职官三一引政和八年六月二十九日《起居注》："李弥逊奏：'太史局、天文院、崇文台、浑仪所隶秘书省，今后颁朔布政既建府设官，则太史局等处虑合拨定明堂颁朔布政府，庶几体统相成，治以类举。'从之。"①原隶秘书省的太史局等机构，在颁朔布政府建府后，悉归颁朔布政府管理，不再从属秘书省。按，太史局原名"司天监"，元丰官制行，改称"太史局"。《宋会要》引《神宗正史职官志》述其设官及执掌，谓："太史局掌占天文及风云气候，凡祭祀、冠婚、丧葬则择所用日。其官有令，有正，有春官、夏官、中官、秋官、冬官正，有丞，有直长，有灵台郎，有保章正，而选五官正以上业优考深者二人为判及同判局。"②在颁朔布政府成立之前，"太史局每年以十月朔就崇政殿进呈来岁历日"，③具体执掌与颁朔布政府有明显重合。

在宣和二年八月诏罢明堂颁朔布政府详定官之前，颁朔布政府常设官七人。再加上拨归颁朔布政府的太史局等机构员属，实际在职人员当远超此数。可推知，在颁朔布政府详定官罢废后，月令、历书等文献的纂修当复归太史局官员负责。

宣和四年，太宰王黼清点颁朔布政府所编文献，共计"政和七年十月止宣和三年十月颁朔布政诏书，及建府以来条例，并气令应验，《目录》一册、《编类》三册、《岁令》四册、《朔令》五十一册、《应听录》四册，总六十三册"。④结合《宋会要》记载以及《宋大诏令集》所收月令，可进一步明确"《岁令》四册、《朔令》五十一册"之具体所指。"《岁令》四册"，当系政和七年十月、政和八年十月、宣和元年十月、宣和二年十二月所颁布的来年新历。而《宋大诏令集》收录政和七年至宣和三年月令五十三道，⑤剔除政和八年闰九月、宣和三年闰五月时令，余下五十一道月令当与"《朔令》五十一册"相合。明堂颁读月令礼的顺利实行仰赖颁朔布政府详定时令。颁朔布政事先修订好月令，再由专员于每月初一进呈于明堂，"宰相承制可之"，即由颁政当堂宣读。读时令礼毕，再付尚书省施行，下达州郡。

---

① 《宋会要辑稿·礼》二四之八五，第 1186 页。
② 《宋会要辑稿·职官》十八之九四，第 3529 页。
③ 《宋会要辑稿·礼》二四之八〇，第 1184 页。
④ 《宋会要辑稿·礼》二四之八四，第 1186 页。
⑤ 佚名编《宋大诏令集》卷一二六至卷一三三，第 435—470 页。

结　论

徽宗政和七年，独立的明堂建筑落成，不惟季秋亲飨的礼仪空间发生转移，明堂仪式的内容也得以扩充，实现从"宗祀之所"到"布政之宫"的职能转变。以政和七年作为北宋明堂制度的转折点，前后变化体现在：

一，自政和七年起，明堂礼一年一行。纵使当年仍预郊祀，亦不废明堂礼，一改此前君主三年一亲郊之惯例。不同于神宗朝详定礼文所着眼于郊庙制度中天地合祭或分祭之大事关节，徽宗朝所设礼制局与制礼局则表现出对祭祀礼器本身的持续关注。

二，以大庆殿为宗祀场所的权宜之计因独立明堂的出现不复继续，伴随祭祀场所的空间转移，季秋亲飨的整体仪程，不再遵循皇祐二年以来季秋亲飨依次按照"文德殿—景灵宫、太庙—文德殿—大庆殿（明堂）—紫宸殿—宣德楼"这组轨迹展开，而是简化为"大庆殿—明堂—文德殿—宣德楼"这一模式。致斋三日减省诣景灵宫、太庙祭拜环节，所有流程皆在禁中完成。

三，独立明堂的出现除了为季秋亲飨的施行提供专门场所，亦构成皇帝颁布时令、朝见百官的神圣空间。明堂颁朔布政府是伴随明堂落成而衍生的又一机构。伴随颁朔和读时令的加入，徽宗明堂在日常仪式层面完成了对先秦典籍中"月令明堂"的还原。

《左传》服虔注辑补*

郭 帅**

【内容提要】 自清季以降，学者对服虔《春秋左氏传解谊》的辑佚、研究取得了丰硕成果，搜辑工作基本完备。本文从日本宫内厅书陵部藏的卷子本《春秋经传集解》旁注中辑得服虔注佚文9条，未见前人辑录，按《左传》文本次序进行考释，以补充前人的辑佚成果。

【关键词】 《左传》 服虔 辑佚

服虔是东汉时期著名的经学家，尤以《左传》见长。《后汉书·儒林传》载："（服虔）少以清苦建志，入太学受业。有雅才，善著文论，作《春秋左氏传解》，行之至今。"[1]晋时，《左传》服虔注与杜预注并立学官。南北朝时，河洛流行服虔注，江左流行杜预注。至隋时，杜预注盛行，服虔注浸微。唐孔颖达作《春秋左传正义》定杜预注为一尊，服虔注渐趋亡佚。清代学者对《左传》服虔注的辑佚取得了丰硕成果，如余萧客《古经解钩沈》、王谟《汉魏遗书钞》、严蔚《春秋内传古注辑存》、马国翰《玉函山房辑佚书》、黄奭《汉学堂经解》、沈豫《春秋左传服注存》、李贻德《春秋左氏传贾服注辑述》、王仁俊《春秋左氏传服氏注》等。近现代以来，学者对服虔注的辑佚、研究继续深入，如日本学者重泽俊郎《左传贾服注捃逸》、伍妈喜《春秋左氏传古注辑考》、程南洲《东汉时代之春秋左氏学》、方韬《吐鲁番残卷〈左传〉服虔注研究》等。前人辑佚服注的主要来源是古注疏及唐宋类书的征引，如《十三经注疏》《北堂书钞》《初学记》《白孔六帖》等，其中类书征引的服注大多不足10条。[2] 在众多辑佚著作中，日本学者重泽俊郎的《左传贾服注捃逸》为后起之秀。该书最大的贡献是作者从中土已亡佚的《玉烛宝典》中辑得贾、服注20条（贾注2条，服注18条），这是重泽俊郎辑本

---

* 本文得到2023年度国家社科基金冷门绝学研究专项（学者个人项目）"日本散藏'前四史'古写本残卷整理研究"（23VJXG060）资助。感谢匿名评审专家的审稿意见，感谢李国帅博士生同意附录其新发现成果。

** 本文作者为黑龙江大学文学院副教授。

[1] 《后汉书》卷七十九《儒林列传》，北京：中华书局，1965年，第2583页。
[2] 参方韬《〈左传〉服虔注体例臆解》，《中国典籍与文化论丛》2018年第20辑，第162页。

的重要价值。① 近年来，不少海内外珍贵古籍或影印出版，或经数字化后公布，为辑佚工作提供了便利条件和更多资料。日本宫内厅书陵部藏的卷子本《春秋经传集解》（原藏金泽文库，下简称金泽本）抄写于镰仓中后期（相当于我国宋元之际），其祖本当为我国唐抄卷子本，弥足珍贵。② 本文从金泽本卷旁辑得前人未收录的服虔注佚文 9 条，与一部唐宋类书征引的数量相当，依《左传》文本次序考释如下：

1. 隐公元年《左传》"食而舍宍"，"舍"字旁注："六（音字）捨，服云：置也。"（金泽本第 1 轴第 18 页）③

按：服注是，杜预此处未注。襄公二十五年《左传》"舍之得民"、昭公四年《左传》"使杜泄舍路"，以上两处杜预均注"舍，置也"。④《尔雅·释诂》："废、税、赦、舍也。"郭璞注："舍，放置。"⑤《广雅》："废、舍，置也。"⑥"舍"训"置"在古书内常见。

2. 成公十六年《左传》"以君之灵，间蒙甲胄"，卷天头注："服云：灵，威也。"（金泽本第 13 轴第 37 页）

按：此句服虔训"灵"作"威"不确，杜预未注。哀公二十四年《左传》"愿乞灵于臧氏"，杜预注："以臧氏世胜齐，故欲乞其威灵。"⑦杜预训"灵"作"威灵"，或因袭自服注。"以某之灵"是《左传》中常见的外交辞令，"灵"当训"福"义。《广雅》："灵，福也。"⑧王引之《经义述闻》"宠灵"条云："凡《传》称'以君之灵'、'以大夫之灵'者，灵皆谓福也。（昭公）三十二年《传》曰：'今我欲徼福假灵于成王。'哀二十四年《传》曰：'寡君欲徼福于周公，愿乞灵于臧氏。'灵，亦福也。"⑨王引之说是。昭公七年《左传》："宠灵楚国。"竹添光鸿《左氏会笺》曰："《广雅》曰：灵，福也。此宠灵连用，当训福。言宠楚国而赐之以福也。……盖蒙人之恩宠，犹如得神灵之佑，故谓人祐己为灵耳。"⑩

3. 成公十六年《左传》"初陨师徒者，而亦闻之矣"，"而"字旁注："服云：汝

---

① 此据日本学者池田秀三统计。参〔日〕重泽俊郎《左传贾服注捃逸》附池田秀三《解题》，武汉：崇文书局，2018 年，第 16 页。
② 该卷电子本图像网址：https://db2.sido.keio.ac.jp/kanseki/T_bib_frame.php?id=006680，2024 年 9 月 2 日。
③ 此页码按日本宫内厅书陵部网站公布的该卷图片顺序为次，下皆仿此。
④ 参《春秋》左丘明撰，〔晋〕杜预集解《左传》，上海：上海古籍出版社，2015 年，第 611、733 页。
⑤ 〔清〕郝懿行撰，王其和、吴庆峰、张金霞等点校《尔雅义疏》，北京：中华书局，2017 年，第 222 页。
⑥ 〔清〕王念孙著，张其昀点校《广雅疏证》，北京：中华书局，2019 年，第 272 页。
⑦ 《春秋》左丘明撰，〔晋〕杜预集解《左传》，第 1060 页。
⑧ 〔清〕王念孙著，张其昀点校《广雅疏证》，第 356 页。
⑨ 〔清〕王引之《经义述闻》，上海：上海古籍出版社，2016 年，第 1103 页。
⑩ 〔日〕竹添光鸿《左氏会笺》，成都：巴蜀书社，2008 年，第 1747 页。

也。"（金泽本第13轴第40页）

　　按：服注是，杜预未注。"而""汝"两字常被假借表人称代词，属于"本无其字"的假借。襄公十四年《左传》"栾黡谓士匄曰：'余弟不欲往，而子召之。余弟死，而子来，是而子杀余之弟也。弗逐，余亦将杀之。'"昭公二十年《左传》"公遽见之，执其手曰：'余知而无罪也，入复而所。'"定公七年《左传》"处父曰：'虎不图祸，而必死。'"以上三处杜预均注："而，女也。"①

　　4.成公十六年《左传》"戊午，郑子罕宵军之"，卷地脚注："服云：夜军，言夜往击其军。"（金泽本第13轴第43页）

　　按：服本"宵军"当作"夜军"。《说文》："宵，夜也。"②"宵"训"夜"，《左传》混用无别。如宣公十二年《左传》："宵济，亦终夜有声。"③襄公二十六年《左传》："析公曰：'楚师轻窕，易震荡也。若多鼓钧声，以夜军之，楚师必遁。'晋人从之，楚师宵溃。"④赵生群师云："'军'为'营垒'之义，攻其营垒亦可言'军'，犹攻其城门为'门'。'宵军之'谓夜袭其营垒，以区别于列阵作战。"⑤据《左传》文意，此处"军"当训攻击义，服注是，杜预未注。

　　5.成公十六年《左传》"以鲁之密迩仇雠"，卷地脚注："服云：密，比也；迩，近也。"（金泽本第13轴第44页）

　　按：服注是，杜预未注。文公十七年《左传》"以陈、蔡之密迩于楚而不敢贰焉"，杜预注："密迩，比近也。"⑥《说文》："比，密也。"⑦《说文》："迩，近也。"⑧"密迩"为同义连词，《左传》内常见。如襄公三年《左传》："以敝邑介在东表，密迩仇雠。"⑨定公四年《左传》："以随之辟小而密迩于楚。"⑩

　　6.成公十七年《左传》"敌多怨有庸"，"庸"字下注："服云：庸，功反。"（金泽本第13轴第52页）

　　按：金泽本卷旁多引《释文》，"反"当为"也"字之讹。杜预此句注作"讨多怨者，易有功，"⑪与服注义同。"庸"有"功劳""功勋"义。《周礼·夏官·司勋》："民功曰庸。"⑫《后汉书·朱景王杜马刘傅坚马列传·马武》"庸功是存"，

---

① 〔春秋〕左丘明撰，〔晋〕杜预集解《左传》，第545、845、950页。
② 〔汉〕许慎《说文解字》，北京：中华书局，2015年，第148页。
③ 〔春秋〕左丘明撰，〔晋〕杜预集解《左传》，第364页。
④ 〔春秋〕左丘明撰，〔晋〕杜预集解《左传》，第629页。
⑤ 赵生群《左传疑义新证》，北京：人民文学出版社，2013年，第216页。
⑥ 〔春秋〕左丘明撰，〔晋〕杜预集解《左传》，第318页。
⑦ 〔汉〕许慎《说文解字》，第166页。
⑧ 〔汉〕许慎《说文解字》，第35页。
⑨ 〔春秋〕左丘明撰，〔晋〕杜预集解《左传》，第487页。
⑩ 〔春秋〕左丘明撰，〔晋〕杜预集解《左传》，第939页。
⑪ 〔春秋〕左丘明撰，〔晋〕杜预集解《左传》，第471页。
⑫ 〔唐〕贾公彦《周礼注疏》，中华书局影印清嘉庆刊《十三经注疏》本，2009年，第1817页。

唐李贤注：“庸，勋也。”①僖公二十七年《左传》“车服以庸”，昭公十三年《左传》“虽齐不许，君庸多矣”，昭公三十二年《左传》“而伯父有荣施，先王庸之”，以上三处杜预均注：“庸，功也。”②

7. 成公十七年《左传》“我之有罪，吾死后矣”，卷天头注："服云：后，晚也。"（金泽本第13轴第52页）

按：服注是，杜预未注。《说文》："后，迟也。"③《广雅》："迟、后，晚也。"④定公八年《左传》“臣闻命后”，杜预注："后，犹晚也。"⑤

8. 成公十七年《左传》“待命而已”，卷地脚注："服云：命，死命也。"（金泽本第13轴第52页）

按：此句服训"命"为"死命"不确。成公十七年《左传》云："我之有罪，吾死后矣！若杀不辜，将失其民，欲安得乎？待命而已！受君之禄，是以聚党。有党而争命，罪孰大焉！"⑥据《左传》文意，杀之与否，尚待君命。若直言待死命，则上文不需正反两用假设句，故此处"命"释作"君命"为宜。杜预未注此句，但于"有党而争命"下注云"争死命"。⑦清刘文淇批评杜预注云："此'命'亦谓君命。'争命'，犹拒命也。杜以'命'为'死命'，非。"⑧"争"为抗拒之义，"争命"之"命"释作"君命""死命"均可，杜预注"争死命"不误。杜注或因袭自服虔注，但注释的位置显然比服虔合理。

9. 襄公二十八年《左传》“王人来告丧。问崩日，以甲寅告，故书之，以征过也”，卷天头注："《正》：征，明；服云：惩，艾也。"（金泽本第18轴第55页）

按：服本"征"当作"惩"。服虔与杜预所据《左传》文本存在差异，因而相关注释也不同。此句服训"惩"为"惩戒"义。杜预注："征，审也。此缓告非有事宜，直臣子怠慢，故以此发例。"⑨陆德明《经典释文》云："审也。本或作'征'，误。"⑩竹添光鸿笺云："'征''惩'通，此当读为'惩'。周王以十一月癸巳崩，而以十二月甲寅告，臣子怠慢莫大焉，故从其赴而书之，所以惩其过，而戒将来也。文十四年'凡崩、薨，不赴则不书；祸、福不告，亦不书，惩不敬也'；其九年

---

① 《后汉书》卷二十二《朱景王杜马刘傅坚马列传》，第791页。
② 〔春秋〕左丘明撰，〔晋〕杜预集解《左传》，第229、803、922页。
③ 〔汉〕许慎《说文解字》，第37页。
④ 〔清〕王念孙著，张其昀点校《广雅疏证》，第215页。
⑤ 〔春秋〕左丘明撰，〔晋〕杜预集解《左传》，第958页。
⑥ 〔春秋〕左丘明撰，〔晋〕杜预集解《左传》，第470页。
⑦ 〔春秋〕左丘明撰，〔晋〕杜预集解《左传》，第471页。
⑧ 〔清〕刘文淇等《春秋左氏传旧注疏证》，北京：科学出版社，1959年，第960页。
⑨ 〔春秋〕左丘明撰，〔晋〕杜预集解《左传》，第655页。
⑩ 〔唐〕陆德明《经典释文》，上海：上海古籍出版社，2013年，第1053页。

'卿不书,缓也,以惩不恪',用文皆同。"①其实此句读"征"或"惩"皆可通,史官书之以明其过,即惩其过。"惩艾"亦作"惩乂""惩忎",意思是被惩创而知戒惧,如《史记·乐书》"成王作《颂》,推己惩艾"②。

金泽本所录服注为卷旁小字,极易忽略。从本文辑佚的情况来看,杜注有不少因袭服注之处,但杜预所见《左传》版本与服虔所见版本存在差异,故注释亦有不同,服虔的个别注释亦可商榷。③ 在经学史方面,服虔注作为《左传》早期的权威注解行世数百余年,在中国经学史上有过重要影响,也波及周边国家。据日本元正天皇养老二年(718)颁行的《养老令》载,"凡教授正业,……《左传》,服虔、杜预注""凡《礼记》《左传》各为大经"。④《养老令》定《左传》为大经,兼用服虔注和杜预注。日本现存最早的汉籍书目录《日本国见在书目录》"春秋家"类首列服虔《春秋左氏传解谊》,次列杜预《春秋经传集解》。可见,日本早期的《左传》学是服注与杜注并重。学界推测服虔《春秋左氏传解谊》的亡佚时间大约在唐宋之际,⑤这是中土情况。从金泽本保留的服注情况来看,该书在宋代应该还存于日本,但金泽本卷旁所录服注犹如对《经典释文》《春秋左传正义》引服注的增补,说明此时服注在日本也已式微。

附记:山东大学文学院李国帅博士生又从金泽本卷旁辑得前人未收录的服虔注佚文2条,至此,新发现的服虔注佚文达11条。为方便学者利用,经李国帅博士生同意,附于文末:

1. 成公十七年《左传》"楚公子成、公子寅戍郑","戍"字左旁注:"服云:守也。"(金泽本第13轴第47页)

2. 昭公二十年《左传》"若不获扞外役,是不有寡君也","扞"字左旁注:"乃旦反,服云:当也。"(金泽本第24轴第23页)

---

① [日]竹添光鸿《左氏会笺》,第1516页。
② 《史记》卷二十四《乐书》,北京:中华书局,2014年,第1397页。
③ 金泽本卷旁还发现有其他新见服本异文,但无关服虔注释,如僖公二十七年《左传》"秋入杞,责无礼也",卷天头注"'责礼也'本或作'责无礼'者,非。服氏又无之"(金泽本第7轴第4页);成公十四年《左传》"安民而宥宗卿","安"字下标墨圈,卷天头注"服本有'定国'二字"(金泽本第13轴第20页)。
④ [日]惟宗直本《令集解》卷十五,山城屋佐兵卫等明治五年(1872)印本,第5页。
⑤ 日本学者池田秀三云:"《新》《旧唐志》仍见著录,则贾、服注至唐末仍有传本,当无疑问。又《太平御览》并引贾、服注,则赵宋初期恐仍有其本。"参《左传贾服注捃逸》附池田秀三《解题》,第7页。

《春秋公羊传解诂》"所见异辞"句传文误补、解诂错简献疑

王泽春**

【内容提要】《春秋公羊传》是《春秋》三传之一,解释《春秋》经文。《公羊传》中有三处"所见异辞,所闻异辞,所传闻异辞"解释《春秋》把鲁国十二公分为"三世",以及使用不同的文辞("异辞")的原因。但是,哀公十四年的"所见异辞"句与经文、传文的上下文并无关系;可能是何休之后,义疏、音义之前,通行本的传抄者根据石经本《公羊传》哀公十四年有"所见异辞"句给何休本补上了"所见异辞"句。隐公元年、桓公二年的"所见异辞"句的解诂,哀公十四年、文公十八年解诂的错简就更加严重了。在此基础上,本文重新排列传文、解诂。

【关键词】《公羊传》《解诂》 误补 错简

公羊家认为《春秋》是孔子根据鲁国旧史修订的,但是《春秋》经文非常简略,在公羊家看来,孔子修订的《春秋》每一个字都蕴含着大义,要想通过"微言"了解"大义",就必须了解孔子作《春秋》的书法。"三世异辞"是公羊家提出的孔子作《春秋》的书法之一,《春秋公羊传》(以下简称为《公羊传》)中的"所见异辞,所闻异辞,所传闻异辞"(以下简称为"所见异辞"句)就是根据与孔子时间的远近把从鲁隐公到鲁哀公的十二公分为"三世",并根据时间远近,使用不同的文辞("异辞")叙述"三世"。

《公羊传》中的三处"所见异辞"句经常被用来说明《春秋》的书法,分别在隐公元年、桓公二年、哀公十四年。通过分析《公羊传》哀公十四年传文,发现"所见异辞"句与上下文没有关系,由此怀疑哀公十四年"所见异辞"句原本可能不是《公羊传》的传文。黄开国认为"隐公、桓公两条'三世异辞'说都以时间距离远,来解释公孙益师卒不书日,及其记叙鲁桓公罪恶的直言不讳,哀公一

---

* 本文受到"西南政法大学2019年校级科研项目"(2019XZQN—13)的资助。
** 本文作者为西南政法大学哲学系讲师。

条对为什么《春秋》开始于隐公,也是从隐公是祖父辈所闻的最早时间来说的",①虽然认识到"所见异辞"句在《公羊传》哀公十四年与隐公元年、桓公二年的作用不同,但是也没有怀疑哀公十四年"所见异辞"句的真伪。其实,不仅"今存《公羊传》并非完本,尚有佚文",②而且,通行本《公羊传》还有误把解诂当作传文的情况。③ 不仅《公羊传》的传文存在误补的情况,何休的《解诂》也可能有错简,但这些问题基本没有引起学界的讨论。

本文试图通过对通行本《春秋公羊传注疏》哀公十四年经文、传文的上下文、解诂、义疏、音义,以及石经本、颜氏本《公羊传》的分析,论证"所见异辞"句可能存在的问题;通过对通行本《春秋公羊传解诂》隐公元年、桓公二年、哀公十四年、文公十八年的经文、传文、解诂的分析,论证"所见异辞"句解诂可能存在的问题;在此基础上,重新排列传文、解诂。

一、《公羊传》哀公十四年"所见异辞"句本非传文

(一)基于经文、传文的分析

通行本《公羊传》中有三处"所见异辞"句,分别在《公羊传》隐公元年、桓公二年、哀公十四年。

[经]公子益师卒。
[传]何以不日?远也。所见异辞,所闻异辞,所传闻异辞。④
[经]三月,公会齐侯、陈侯、郑伯于稷,以成宋乱。
[传]内大恶讳,此其目言之何?⑤ 远也。所见异辞,所闻异辞,所传闻异辞。隐亦远矣,曷为为隐讳?隐贤而桓贱也。⑥
[经]十有四年春,西狩获麟。
[传]……《春秋》何以始乎隐?祖之所逮闻也。所见异辞,所闻异辞,所传闻异辞。何以终乎哀十四年?曰,备矣。……⑦

---

① 黄开国《公羊学发展史》,北京:人民出版社,2013年,第76页。
② 黄开国《公羊学发展史》,第64页。
③ 见笔者《〈公羊传〉昭公元年"君亲无将"句本非传文》,将刊于《中国典籍与文化》2025年第1期。
④ 〔汉〕何休解诂,〔唐〕徐彦疏,刁小龙整理《春秋公羊传注疏》卷第一,上海:上海古籍出版社,2014年,第38页。
⑤ "此其目言之何"原本应该为"此其言见之何",笔者《〈春秋公羊〉桓公二年"此其目言之何"辨误》有专门考证,《中国经学》第三十五辑,桂林:广西师范大学出版社,2024年,第102页。
⑥ 〔汉〕何休解诂,〔唐〕徐彦疏,刁小龙整理《春秋公羊传注疏》卷第四,第124—126页。
⑦ 〔汉〕何休解诂,〔唐〕徐彦疏,刁小龙整理《春秋公羊传注疏》卷第二十八,第1187—1198页。

学界一般认为这三处"所见异辞"句原本都是《公羊传》的传文,分别说明《春秋》经文的书法。

《公羊传》隐公元年的传文解释时间久远("远也")是不记载公子益师去世具体日期("不日")的原因。紧接着的"所见异辞"句就是讲述《春秋》记载的一般原则,由于时代久远,恩情淡薄,所以不记载公子益师去世的具体日期。

《公羊传》桓公二年的传文解释时间久远("远也")是明白记录、不避讳("见之")鲁桓公"以成宋乱"的原因。紧接着的"所见异辞"句就是讲述《春秋》记载的一般原则,由于时代久远,恩情淡薄,所以,明白记录、不避讳鲁桓公"以成宋乱"。下句又问同样时间久远,恩情淡薄,为什么为鲁隐公避讳而不为鲁桓公避讳?

《公羊传》哀公十四年的经文是"十有四年春,西狩获麟",并没有"异辞",所以,传文"所见异辞"句并没有具体所指,显得突兀,似乎没有存在的必要;形成鲜明对比的是,《公羊传》隐公元年的传文"所见异辞"句是为了解释经文"公子益师卒"没有记载具体日期,《公羊传》桓公二年的传文"所见异辞"句是为了解释经文"以成宋乱"没有为鲁桓公隐讳。

《公羊传》哀公十四年的传文是说明《春秋》始于鲁隐公,终于鲁哀公十四年的原因;始于鲁隐公,是因为"祖之所逮闻也";终于鲁哀公十四年,是因为"备矣"。上句是"始",下句是"终",如果没有"所见异辞"句,上下文贯通一气;有"所见异辞"句,反而把上下文隔断了。所以,通行本《公羊传》哀公十四年的传文"所见异辞"句原本可能不是《公羊传》的传文。

(二)基于石经本、颜氏本的分析

但是,与何休《春秋公羊传解诂》大体同时的熹平石经(以下简称为"石经本")《公羊传》哀公十四年就有"所见异辞"句,似乎在何休的时代,《公羊传》哀公十四年就有"所见异辞"句,与笔者的观点冲突。以下分析这个问题。

《汉书·艺文志》记载:

> 《公羊传》十一卷。
> 《公羊外传》五十篇。
> 《公羊章句》三十八篇。
> 《公羊杂记》八十三篇。
> 《公羊颜氏记》十一篇。[①]

由此确定,西汉刘向等人校书的时候,《公羊传》至少有五个不同的传本。儒家

---

① 〔汉〕班固撰,〔唐〕颜师古注《汉书》卷三十《艺文志》,北京:中华书局,1962年,第1713页。

的大部分经书有很多传本,石经的校记充分说明了这一点;因此,东汉灵帝才下令参校诸本,刊刻石经。

《隋书·经籍志》记载:

《一字石经公羊传》九卷。①

"一字石经"就是熹平石经,九卷本《公羊传》不同于《汉书·艺文志》记载的所有传本,由此可以确定,石经本《公羊传》不同于《汉书·艺文志》中的所有传本。《石经公羊残碑》校记中的"颜氏"应该就是《汉书·艺文志》记载的《公羊颜氏记》。所以,到熹平年间刊刻石经的时候,《公羊传》至少存在过六个不同的传本。

通行本《春秋公羊传注疏》(附《音义》)由三个部分组成,分别是《春秋公羊传解诂》、《义疏》、《经典释文》中的《公羊音义》,通行本《公羊传》就来自何休本《公羊传》,但是,通行本未必与何休本完全相同,可以借助何休的解诂推断何休本《公羊传》的原貌。

《石经公羊残碑》保存了四条校记,有"颜氏有""颜氏言""颜氏无",②由此可以确定,《公羊传》石经本与颜氏本不同,不仅有文字上的差异,还有句子上的不同。分析四条校记可以管窥刊刻石经时《公羊传》不同传本的情况。以下按照校记顺序分析。

校记"有《传》桓公二年,颜氏有'所见异辞,所闻异'(下缺)",③"所见异辞"句虽然在通行本《公羊传》中共出现三次,分别在《公羊传》隐公元年、桓公二年、哀公十四年;但是,根据"有《传》桓公二年",这条校记应该是说明《公羊传》桓公二年的异文;根据"颜氏有'所见异辞,所闻异'",可以推断石经本《公羊传》桓公二年没有"所见异辞"句;根据《解诂》,可以确定何休本《公羊传》桓公二年原本有"所见异辞"句。总之,《公羊传》桓公二年"所见异辞"句,颜氏本、何休本、通行本有,石经本没有。

校记"何以书,记灾也",④"何以书,记灾也"在通行本《公羊传》中共出现过十六次,由于"何以书,记灾也"处于"有《传》桓公二年,颜氏有'所见异辞,所闻异'"之后,"世年颜氏言'君出则已入'"之前,所以,"何以书,记灾也"应该是《公羊传》桓公五年之后,僖公二十一年之前的传文,共出现七次。"何以书,记灾也"之前缺字,无法确定到底石经本有还是没有这六个字,也无法确定异文的比照对象是否为颜氏本,但至少可以确定石经本与其他本有异文。

---

① 〔唐〕魏征、令狐德棻《隋书》卷三十二《经籍志》,北京:中华书局,1973年,第946页。
② 〔宋〕洪适《隶释·隶续》卷第十四,北京:中华书局,1986年,第152—153页。
③ 〔宋〕洪适《隶释·隶续》卷第十四,第153页。
④ 〔宋〕洪适《隶释·隶续》卷第十四,第153页。

校记"世年颜氏言'君出则已入'(下缺)",①"君出则已入"应该对应通行本《公羊传》僖公三十年的"君出则己入",颜氏本与通行本有异文,通行本作"己",颜氏本作"已";既然是说明颜氏本与石经本的差异,故推断石经本作"己",跟通行本一样;"君出则□入"的解诂是"晋人执卫侯归之于京师,元咺自晋复归于卫,恃晋力以归是也",②"晋人执卫侯归之于京师"就是"君出","元咺自晋复归于卫"就是"己入"。所以,何休本的"君出则□入"中"□"应该是"己"。校记"世年"中的"世"应该是"卅"字的讹字,而"卅"就是三十,"卅年"就是三十年,即通行本《公羊传》的僖公三十年,只不过"卅年"之前缺了"僖公"二字。总之,《公羊传》僖公三十年"君出则□入",石经本、何休本、通行本作"己",颜氏本作"已"。

校记"颜氏无'伐而不言围者,非取邑之辞也'十(下缺)",③"伐而不言围者,非取邑之辞也"见于通行本《公羊传》襄公十二年;根据"颜氏无"三字,可以推断石经本有"伐而不言围者,非取邑之辞也";根据《解诂》,可以推断何休本原本没有"伐而不言围者,非取邑之辞也"。总之,《公羊传》襄公十二年"伐而不言围者,非取邑之辞也",石经本、通行本有,颜氏本、何休本没有。列表如下(表1):

表 1

	"所见异辞"句	何以书,记灾也	君出则□入	伐而不言围者,非取邑之辞也	"所见异辞"句
石经本	无		己	有	有
颜氏本	有		已	无	?
何休本	有		己	无	?
通行本	桓公二年	隐公五年至僖公二十一年,共七次	己,僖公三十年	襄公十二年	哀公十四年

根据上述分析,东汉熹平年间刊刻石经时,《公羊传》至少还留存三个不同的传本,分别是石经本、颜氏本、何休本,三个传本之间不仅有个别文字上的差异,还有句子有无方面的不同。

有些句子在石经本、颜氏本、何休本中或有或无,但是,只要一个句子在任一传本中有,通行本中就有。《公羊传》桓公二年"所见异辞"句,石经本没有,

---

① 〔宋〕洪适《隶释·隶续》卷第十四,第153页。
② 〔汉〕何休解诂,〔唐〕徐彦疏,刁小龙整理《春秋公羊传注疏》卷第十二,第490页。
③ 〔宋〕洪适《隶释·隶续》卷第十四,第153页。

而颜氏本、何休本有，通行本就有；《公羊传》襄公十二年"伐而不言围者，非取邑之辞也"，石经本有，而颜氏本、何休本没有，通行本也有。故虽然通行本《公羊传》来自何休本《公羊传》，但是，通过上述分析可以看出，通行本与何休本并不完全相同，即使何休本没有的句子，只要其他任一传本有，通行本就会增补。何休本《公羊传》哀公十四年应该没有"所见异辞"句，通行本的传抄者根据石经本给何休本增补了"所见异辞"句。

石经本《公羊传》哀公十四年有"所见异辞"句，宋代出土的石经残缺非常严重，无法确认原本《石经公羊残碑》校记有说明《公羊传》哀公十四年"所见异辞"句异文存在与否的文字；所以，不能仅仅根据石经本《公羊传》哀公十四年有"所见异辞"句就认为《公羊传》原本应该有"所见异辞"句。

虽然为了解决经书的纠纷而刊刻石经，但是就《公羊传》来说，只是选择了一个传本，以校记的形式说明与其他传本存在的异文等。比如，《公羊传》桓公二年应该有"所见异辞"句说明经文的异文，颜氏本、何休本有，但是石经本没有；《公羊传》襄公十二年不应该有"伐而不言围者，非取邑之辞也"，颜氏本、何休本没有，但是石经本有。所以，石经本并不是善本，并不能因为石经本有或没有某句话，就得出《公羊传》原本应该有或没有某句话。

（三）基于解诂、义疏、音义的分析

《春秋公羊传解诂》桓公二年与哀公十四年"所见异辞"句后都有解诂：

> [解诂]所以复发传者，益师以臣见恩，此以君见恩，嫌义异也。所见之世，臣子恩其君父尤厚，故多微辞是也。所闻之世，恩王父少杀，故立炀宫不日，武宫日是也。所传闻之世，恩高祖、曾祖又少杀，故子赤卒不日，子般卒日是也。①

> [解诂]所以复发传者，益师以臣见恩，此以君见恩，嫌义异。于所见之世，臣子恩其君父尤厚，故多微辞也。所闻之世，恩王父少杀，故"立炀宫"不日，"武宫"日是也。所传闻之世，恩高祖、曾祖又杀，故"子赤卒"不日，"子般卒"日是也。②

除个别虚词"也""于"稍有差异外，《春秋公羊传解诂》哀公十四年"所见异辞"句的解诂与桓公二年"所见异辞"句的解诂完全相同。

《春秋公羊传解诂》桓公二年的解诂解释了时间久远（"远也"）是明白记录、不避讳（"见之"）鲁桓公"以成宋乱"的原因，与经文、传文的内容及传文的

---

① 〔汉〕何休解诂，〔唐〕徐彦疏，刁小龙整理《春秋公羊传注疏》卷第四，第124—125页。
② 〔汉〕何休解诂，〔唐〕徐彦疏，刁小龙整理《春秋公羊传注疏》卷第二十八，第1196页。

上下文紧密相关。"所以复发传者"即追问为什么在《公羊传》隐公元年已经有"所见异辞"句,桓公二年再次出现。"益师以臣见恩,此以君见恩,嫌义异也"中的"益师"即指《春秋》隐公元年经文"公子益师卒","此"即指《春秋》桓公二年经文"以成宋乱"。当然,"所见之世"后的内容是错简,下文将详细论证。

但是,《春秋公羊传解诂》哀公十四年"所见异辞"句的解诂与经文、传文都没有关系。与《春秋公羊传解诂》桓公二年的解诂相同,"益师以臣见恩,此以君见恩,嫌义异也"中的"益师"是指《春秋》隐公元年经文"公子益师卒";由于是《公羊传》哀公十四年的解诂,所以,"此"就是指《春秋》哀公十四年经文"西狩获麟"。"西狩获麟"只是说明为什么《春秋》止于哀公十四年,与"以君见恩"并没有关系。并且,《春秋公羊传解诂》哀公十四年"所见异辞"句之后的解诂也是解释"卒""书日"与"不书日",与经文、传文的内容都没有关系。当然,与《公羊传》桓公二年一样,"所见之世"后的内容也是错简,下文将详细论证。

一种可能就是通行本的传抄者根据石经本《公羊传》哀公十四年的"所见异辞"句给何休本《公羊传》哀公十四年补上了"所见异辞"句;然后把桓公二年传文"所见异辞"句的解诂抄录在哀公十四年传文"所见异辞"句后;不过,在抄录的时候有个别虚词的增减。

《春秋公羊传注疏》的义疏基本分段解释解诂,格式为"注'所以复发传者'"①或"注'益师'至'尤厚'"②等,比如,《春秋公羊传注疏》隐公元年"所见异辞"句的义疏分为二十一段解释解诂,桓公二年"所见异辞"句的义疏分为五段解释解诂。根据内容分析,哀公十四年的义疏分为六个部分解释解诂;但是形式上却只以"注'所以复发'至'异义'"③开头解释解诂,混为一段;从文字来说,通行本《春秋公羊传注疏》对何休解诂的义疏都以"注……"开头,但是哀公十四年传文"所见异辞"句后对何休解诂的义疏除了开头为"注'所以复发'至'异义'",其他的五段义疏都是以"云……"④开头,与《春秋公羊传注疏》的标注格式不同。哀公十四年的六段义疏基本是对桓公二年五段义疏的摘抄、拼凑,有的句子还前后错乱。由于是对解诂的解释,解诂本身与经文、传文没有关系,所以,哀公十四年的六段义疏与经文、传文就更没有关系了。但是,由此可以确定义疏之前,《公羊传》哀公十四年就已经有"所见异辞"句了。

除个别字词稍有差异外,哀公十四年的《音义》与桓公二年的《音义》完全相同,哀公十四年的《音义》就是照录桓公二年的《音义》;并且,《经典释文·公羊音义》就有哀公十四年的《音义》,这就说明《音义》之前,《公羊传》哀公十四

---

① 〔汉〕何休解诂,〔唐〕徐彦疏,刁小龙整理《春秋公羊传注疏》卷第四,第125页。
② 〔汉〕何休解诂,〔唐〕徐彦疏,刁小龙整理《春秋公羊传注疏》卷第四,第125页。
③ 〔汉〕何休解诂,〔唐〕徐彦疏,刁小龙整理《春秋公羊传注疏》卷第二十八,第1197页。
④ 〔汉〕何休解诂,〔唐〕徐彦疏,刁小龙整理《春秋公羊传注疏》卷第二十八,第1197页。

年就已经有"所见异辞"句了。

　　综上,根据对通行本《春秋公羊传注疏》哀公十四年经文、传文、解诂、义疏、音义,以及石经本、颜氏本《公羊传》的分析,基本可以确定通行本《公羊传》哀公十四年"所见异辞"句原本不是《公羊传》的传文,而是何休之后,义疏、音义之前,通行本的传抄者根据石经本《公羊传》哀公十四年有"所见异辞"句给何休本补上了"所见异辞"句,并且把《春秋公羊传解诂》桓公二年"所见异辞"句的解诂抄录在哀公十四年"所见异辞"句后,不过在抄录的时候有个别虚词的增减。所以,《公羊传》哀公十四年的传文应该为:"……《春秋》何以始乎隐?祖之所逮闻也。何以终乎哀十四年?曰,备矣。……"

二、《春秋公羊传解诂》"所见异辞"句解诂错简

　　不仅《公羊传》哀公十四年的传文"所见异辞"句原本可能不是《公羊传》的传文,《春秋公羊传解诂》中的多处"所见异辞"句的解诂也可能存在错简。

(一) 隐公元年解诂分析

隐公元年"所见异辞"句的解诂:

　　A"所见"者,谓昭、定、哀,己与父时事也。"所闻"者,谓文、宣、成、襄,王父时事也。"所传闻"者,谓隐、桓、庄、闵、僖,高祖、曾祖时事也。"异辞"者,见恩有厚薄,义有深浅。时恩衰义缺,将以理人伦序人类,因制治乱之法。B 故于所见之世,恩己与父之臣尤深,大夫卒,有罪、无罪皆日录之。"丙申,季孙隐如卒"是也。于所闻之世,王父之臣恩少杀,大夫卒,无罪者日录,有罪者不日,略之,"叔孙得臣卒"是也。于所传闻之世,高祖、曾祖之臣恩浅,大夫卒,有罪、无罪皆不日,略之也。"公子益师、无骇卒"是也。C 于所传闻之世,见治起于衰乱之中,用心尚麁觕。故内其国而外诸夏,先详内而后治外,录大略小,内小恶书,外小恶不书,大国有大夫,小国略称人,内离会书,外离会不书是也。于所闻之世,见治升平,内诸夏而外夷狄,书外离会,小国有大夫,宣十一年"秋晋侯会狄于攒函",襄二十三年"邾娄劓我来奔"是也。至所见之世,著治大平,夷狄进至于爵,天下远近、小大若一,用心尤深而详。故崇仁义、讥二名,晋魏曼多、仲孙何忌是也。D 所以三世者,礼为父母三年,为祖父母期,为曾祖父母齐衰三月。立爱自亲始,故《春秋》据哀录隐,上治祖祢。所以二百四十二年者,取法十二公,天数备足,著治法式。又因周道始坏,绝于惠隐之际。E 王所以卒大夫者,明君当隐痛之也。君敬臣,则臣自重,君爱臣,则臣自尽。公子

者,氏也。"益师"者,名也。诸侯之子称公子,公子之子称公孙。①

隐公元年的解诂可以分为五段,段落 A 是解释传文"所见异辞"句,分别解释了"所见""所闻""所传闻""异辞"。段落 B 是分别举例说明所见之世、所闻之世、所传闻之世大夫去世书日、不书日,段落 B 的结尾提到"'公子益师、无骇卒'是也",就是回应经文"公子益师卒",特别是对传文"何以不日"的解释。

但是段落 C、段落 D 则与经文、传文没有关系。段落 C 是分别解释并举例说明所传闻之世、所闻之世、所见之世内外离会书、不书的不同书法,与隐公元年的经文、传文都没有关系。段落 D 解释为什么《春秋》始于鲁隐公,终于鲁哀公;为什么录十二公、二百四十二年,也与隐公元年的经文、传文都没有关系。可能是错简。

段落 E 解释为什么王卒大夫,也就是为什么记载公子益师去世,并且解释了"公子""益师",即对经文"公子益师卒"的解释。段落 B 的结尾是"'公子益师、无骇卒'是也",解释了"公子益师卒""不日"的原因,但还是记载了"公子益师卒"这件事;段落 E 的开头则是"王所以卒大夫者",追问为什么记载大夫去世,就是对段落 B 的追问,紧密相连。隐公元年传文"所见异辞"句的解诂,如果没有段落 C、D,段落 A、B、E 不仅与经文、传文密切相关,而且段落 A、B、E 之间紧密相连;有段落 C、D 反而把段落 A、B 与 E 隔断了。所以,段落 C、D 原本可能不是隐公元年传文"所见异辞"句的解诂,而是错简。

(二)桓公二年解诂分析

桓公二年传文"所见异辞"句的解诂:

> F 所以复发传者,益师以臣见恩,此以君见恩,嫌义异也。G 所见之世,臣子恩其君父尤厚,故多微辞是也。所闻之世,恩王父少杀,故立炀宫不日,武宫日是也。所传闻之世,恩高祖、曾祖又少杀,故子赤卒不日,子般卒日是也。②

桓公二年的解诂段落 G 与经文、传文的内容没有关系。段落 G 是讲《春秋》"三世"书日、不书日的原则,桓公二年的经文是讲鲁桓公"会齐侯、陈侯、郑伯于稷,以成宋乱",传文是解释虽然内大恶讳,但是因为时代久远,恩浅义缺,所以《春秋》经文没有给鲁桓公隐讳,与书日、不书日没有关系。所以,段落 G 与经文、传文都没有关系,段落 G 原本可能不是桓公二年传文"所见异辞"句的解诂。

---

① 〔汉〕何休解诂,〔唐〕徐彦疏,刁小龙整理《春秋公羊传注疏》卷第一,第 38 页。
② 〔汉〕何休解诂,〔唐〕徐彦疏,刁小龙整理《春秋公羊传注疏》卷第四,第 124—125 页。

而隐公元年的解诂段落 C,应该与桓公二年的经文、传文有关。记载鲁桓公"以成宋乱"即"详内",亦即"录大";根据一般原则,"内小恶书",但是"以成宋乱"是大恶,为什么书,还是因为"远"也;"内离会书"就是解释经文"公会齐侯、陈侯、郑伯于稷"。所以,段落 C 原本应该是桓公二年传文"所见异辞"句的解诂。

(三) 哀公十四年传文、解诂、义疏分析

哀公十四年传文"所见异辞"句的上文"祖之所逮闻也"、解诂、义疏:

[传]祖之所逮闻也。

[解诂]H 托记高祖以来事,可及问闻知者。犹曰我但记先人所闻,辟制作之害。

[疏]"祖之所逮闻也"解云:何氏以为公取十二则天之数。故隐元年"益师卒"之下注云"所以二百四十二年者,取法十二公,天数备足"是也。今此传云"祖之所逮闻"者,谓兼有天数之义,亦托问闻而知,亦取制服三等之义。故隐元年注云"所以三世者,礼,为父母斩衰三年,为祖父母期,为曾祖、高祖父母齐衰三月"是也。①

这段义疏不是解释解诂的,而是解释传文的;但是传文的内容与义疏并没有关系,传文"祖之所逮闻也"只是解释《春秋》开始于鲁隐公的原因,而义疏的内容是讲为什么《春秋》是十二公、二百四十二年。哀公十四年的传文、义疏的内容反而与隐公元年的段落 D 的内容相关。

因为哀公十四年是《春秋》的结尾,所以,传、解诂应该解释为什么《春秋》把十二公分为三世;为什么始于鲁隐公,终于鲁哀公;为什么是十二公、二百四十二年?而段落 D 正是回答这些问题。

虽然段落 D 在隐公元年,但是义疏的作者还是在哀公十四年传文"祖之所逮闻也"下解释了《春秋》为什么是十二公,为什么分三世,这就说明在义疏的作者看来,即使解诂段落 D 被误抄到隐公元年,哀公十四年还是不得不解释这些问题。只不过义疏的作者在解释的时候提到"故隐元年'益师卒'之下注云'所以二百四十二年者,取法十二公,天数备足'是也""故隐元年注云'所以三世者,礼为父母斩衰三年,为祖父母期,为曾祖、高祖父母齐衰三月'是也",这就说明义疏的作者看到的传本,解诂段落 D 已经被传抄在隐公元年了。所以,解诂段落 D 原本可能是哀公十四年的解诂。

---

① 〔汉〕何休解诂,〔唐〕徐彦疏,刁小龙整理《春秋公羊传注疏》卷第二十八,第 1196 页。

(四)文公十八年经文、传文分析

段落 G 原本可能是文公十八年的解诂,《文公》十八年的经文、传文分别为:

[经]冬,十月,子卒。

[传]子卒者孰谓?谓子赤也。何以不日?隐之也。何隐尔?弑也。弑则何以不日?不忍言也。①

文公十八年的传文解释为什么子赤被弑不书日;而解诂段落 G 是讲《春秋》"三世"书日、不书日的原则,并且解诂段落 G 的结尾就是"故子赤卒不日,子般卒日是也",呼应经文、传文的内容。通行本《春秋公羊传解诂》文公十八年传文"何以不日""弑则何以不日"的解诂都是"据子般卒日",显然有问题。解诂段落 G 原本应该是文公十八年传文"弑则何以不日"的解诂。

三、可能的传文、解诂原貌

根据上述分析,现将可能的错简复归原处。隐公元年传文"所见异辞"句的解诂:

[解诂]A "所见"者,谓昭、定、哀,己与父时事也。"所闻"者,谓文、宣、成、襄,王父时事也。"所传闻"者,谓隐、桓、庄、闵、僖,高祖、曾祖时事也。"异辞"者,见恩有厚薄,义有深浅。时恩衰义缺,将以理人伦序人类,因制治乱之法。B 故于所见之世,恩己与父之臣尤深,大夫卒,有罪、无罪皆日录之。"丙申,季孙隐如卒"是也。于所闻之世,王父之臣恩少杀,大夫卒,无罪者日录,有罪者不日,略之,"叔孙得臣卒"是也。于所传闻之世,高祖、曾祖之臣恩浅,大夫卒,有罪、无罪皆不日,略之也。"公子益师、无骇卒"是也。E 王所以卒大夫者,明君当隐痛之也。君敬臣,则臣自重,君爱臣,则臣自尽。公子者,氏也。"益师"者,名也。诸侯之子称公子,公子之子称公孙。

桓公二年传文"所见异辞"句的解诂:

[解诂]F 所以复发传者,益师以臣见恩,此以君见恩,嫌义异也。C 于所传闻之世,见治起于衰乱之中,用心尚麤觕。故内其国而外诸夏,先详内而后治外,录大略小,内小恶书,外小恶不书,大国有大夫,小国略称人,

---

① 〔汉〕何休解诂,〔唐〕徐彦疏,刁小龙整理《春秋公羊传注疏》卷第十四,第592页。

内离会书,外离会不书是也。于所闻之世,见治升平,内诸夏而外夷狄,书外离会,小国有大夫,宣十一年"秋晋侯会狄于欑函",襄二十三年"邾娄劓我来奔"是也。至所见之世,著治大平,夷狄进至于爵,天下远近、小大若一,用心尤深而详。故崇仁义,讥二名,晋魏曼多、仲孙何忌是也。

哀公十四年传文"所见异辞"句前后的传文、解诂:

[传]《春秋》何以始乎隐?祖之所逮闻也。

[解诂]D 所以三世者,礼为父母三年,为祖父母期,为曾祖父母齐衰三月。立爱自亲始,故《春秋》据哀录隐,上治祖祢。所以二百四十二年者,取法十二公,天数备足,著治法式。又因周道始坏,绝于惠隐之际。H 托记高祖以来事,可及问闻知者。犹曰我但记先人所闻,辟制作之害。

[传]何以终乎哀十四年?曰,备矣。

文公十八年的传文及解诂:

[传]……弑则何以不日?

[解诂]G 所见之世,臣子恩其君父尤厚,故多微辞是也。所闻之世,恩王父少杀,故立炀宫不日,武宫日是也。所传闻之世,恩高祖、曾祖又少杀,故子赤卒不日,子般卒日是也。

四、小结

除了《石经公羊残碑》中保留的少数文字、校记,上述对《春秋公羊传解诂》哀公十四年"所见异辞"句传文误补,隐公元年、桓公二年、文公十八年、哀公十四年解诂错简的分析并没有其他版本依据,都是基于理校,但通过上述分析可以看出,通行本传文、解诂确有难以解释之处。至于为什么会出现如此多的错简,由于文献不足,不敢揣测。草此小作,就教方家。

蜀石经用字特征管窥*

王天然**

【内容提要】 文章考察蜀石经用字情况,把握蜀石经用字特征,得出以下认识:孟蜀石经经文主体当以唐石经及《五经文字》为依据,在用字规范方面颇有要求,注文方面以存字较多的《毛诗》《周礼》《左传》相较,前二者不规范用字较多,《左传》则略少;宋蜀石经《公羊》《穀梁》大字经传、小字注文用字有与孟蜀石经明显不同者,透露出鲜明的时代差异。文章还揭示出把握蜀石经用字特征,可为判定孟蜀石经文本性质另辟蹊径,可为残石、残拓的辨伪与断代提供线索。

【关键词】 蜀石经 用字 文本性质 辨伪断代

追问蜀石经的用字,缘于对其文本性质的思考,即在校勘文本异同以探求文本来源之外,是否还有其他方法来帮助我们接近问题的答案?故通过编制字形表,调查现存蜀石经用字情况,分孟蜀、宋蜀石经两部分,略陈用字特征如下。

一、孟蜀石经的用字特征

孟蜀石经经文方面,《周易》《毛诗》《尚书》《仪礼》《周礼》《左传》用字皆有遵循唐石经的现象,为避繁冗,今在字形表基础上列表 1 加以说明。①

表 1 唐石经、孟蜀石经经文用字简表

序号	唐石经用字	孟蜀石经经文用字					
		周易	毛诗	尚书	仪礼	周礼	左传
1	犮茇拔		茇			犮	拔

---

* 本文系国家社科基金后期资助项目"蜀石经遗文考"(18FZS027)阶段性成果。
** 本文作者为中国社会科学院古代史研究所、"古文字与中华文明传承发展工程"协同攻关创新平台副研究员。
① 表1中孟蜀石经与唐石经用字不同者加下划线标示。唐石经据日本京都大学人文科学研究所藏整拓影像,详见书格:https://www.shuge.org/view/kai_cheng_shi_jing_ta_pian,最后访问时间2024年9月2日;蜀石经据王天然编著《蜀石经集存》影印本,收入虞万里主编《石经文献集成》,上海:上海古籍出版社,2023年。

续表

序号	唐石经用字	孟蜀石经经文用字					
		周易	毛诗	尚书	仪礼	周礼	左传
2	賔 濱 擯 嬪		濱			賔 擯 嬪	賔
3	備		備			備	備
4	步 涉 陟		涉 陟			步 步 涉	
5	漕		漕 漕				
6	刺 棘		刺 棘			刺 棘	棘
7	苔		苔		苔	苔	
8	犯					犯	犯
9	服 朝 朕		朝	服		服	朕
10	高 橐 膏 享 亨 敦 淳	亨	敦			橐 膏 享 亨	高 享 淳
11	瓜 狐 孤 弧 觚		狐			孤 弧 觚	瓜 狐 孤
12	穀					穀	穀
13	将 斄 蒋		将			将	将 斄 蒋
14	角 觸 觳					觳	角 觸
15	具					具	具
16	軍 鄆		軍			軍 軍	軍 鄆
17	寇					寇	寇
18	賚		賚				
19	兩		兩		兩	兩	兩
20	每 海 悔 誨 侮 梅 敏 繁		悔 侮 梅 繁	海		每 海	海 悔 誨 侮 敏
21	冥					寞	
22	沒						沒
23	穆						穆
24	泥		泥				
25	彎		彎 彎				彎
26	掎 鎬 寄		鎬			掎	掎 寄
27	起		起	起		起	起
28	慇		慇				

续表

序号	唐石经用字	孟蜀石经经文用字					
		周易	毛诗	尚书	仪礼	周礼	左传
29	卿					卿	卿
30	靑清請情靜靖		靜			靑清請情	靑請靖
31	肉					肉	
32	善膳		善			善膳	善
33	搔		搔				
34	舍舒		舒			舍	舍舒
35	升					升	
36	乘		乘			乘	乘
37	棻誺埰弃		棻弃			誺	埰棻弃
38	市					市	市
39	歲					歲	歲
40	彖琢啄	彖(残形)				琢啄	
41	往	往	往			往	往
42	衛	衛	衛			衛	衛
43	母					母	母
44	笑		笑				笑
45	亘		亘			亘	亘
46	盈		盈				盈
47	願	願					
48	贊					贊	
49	姊泲		姊泲				姊
50	旨脂稽		旨脂			脂稽	旨稽

  由表1可见，孟蜀石经大多数用字严格遵循唐石经用字，如"犮"及从"犮"之字、"毎"及从"毎"之字、"青"及从"青"之字等。需要注意的是，"軍"及从"軍"之字孟蜀石经《毛诗》《周礼》《左传》皆有写作"軍"者，当据张参《五经文字》卷上"古者以车战，故'軍'字从冂、下车，后相承逐便作'軍'，'軍'字从冖，义无所取"之说，与此对照唐石经反而写作逐便之形。又，《五经文字》卷下以"泲"字

讹,然孟蜀石经《毛诗》未据此说而依唐石经用字。① 总之,孟蜀石经经文主体当以唐石经及《五经文字》为依据,在用字规范方面颇有要求。此外,孟蜀石经用字也有与唐石经不同者,如《毛诗》之"渍""賫""辔""盈",②《周礼》之"歨""步""涉""寘",《左传》之"市",③但属于个别现象。

注文方面,因张参《五经文字》、唐玄度《新加九经字样》是针对经籍用字而作,故以二书中的正字为规范字参照。同时也列出颜元孙《干禄字书》所收字样,作为唐前期社会用字状况的一种反映。则《周易》《毛诗》《尚书》《周礼》《左传》注用字皆有不规范现象,而以存字较多的《毛诗》《周礼》《左传》三经相较,前二者不规范用字较多,《左传》则略少,详见表2。④

表2 唐字样、孟蜀石经注文用字对比表

序号	唐字样		孟蜀石经注文用字		
	干禄字书	五经文字　九经字样	毛诗	周礼	左传
1	抾(干·入声·俗)拔(正)	拔(五·卷上) 軷(五·卷下)	軝	拯	
2	暴(干·去声·俗)暴(正)	暴(五·卷下)	暴		
3	愽(干·入声·通)博(正)	博(五·卷中)	愽		
4	厘(干·平声·通)廛(正)	廛(五·卷中)厘(讹)		厘	

---

① 《五经文字》为唐中期规范经籍用字之作,唐石经在实际书写时与之略有出入。吴丽君先生已指出字样书中所认之讹字,唐石经还有使用,主要因为《五经文字》正字标准乃理想化之标准,实际中并非皆如此用字。详见吴丽君《〈唐开成石经〉研究》,北京师范大学硕士学位论文,2004年,第22—23页。

② 《五经文字》卷下收"辔曹隶",并云:"上《说文》。"中经典相承隶省,凡字从'曹'者皆放此;下石经。"《干禄字书》平声收"曹曺",并云:"上通下正。"则"曺"乃唐前期通行字,唐中期张参规范经籍用字时以石经为标准(张参《五经文字》所引石经以熹平石经为主,但此处之"曺"当据正始石经,是此书间采魏石经之例。说详顾永新《〈五经文字〉引石经辑考——兼论汉魏石经在唐代的接受》,《岭南学报》复刊第15辑《早期中国的经典与语言》,上海:上海古籍出版社,2021年,第112—113页),"曺"也被纳入正字范围。又,《五经文字》卷下以"盈"为正字,而《干禄字书》平声以"盈"为正,则反映了二者对该字正体的不同认识。"父"作"父"在隋唐碑志中常见(说详齐元涛《隋唐五代碑志楷书构形系统研究》,上海:上海教育出版社,2007年,第49页),《干禄字书》以"盈"为正体,更贴近当时社会用字的实际状况。

③ 孟蜀石经"歨""步""涉""市"诸形与唐石经之"步""涉""市"差异甚小。

④ 此处的"字样"是一个文字规范概念,"指通行的、合理的字形,既包括正体,也包括通、俗体"(施安昌《唐代正字学考》,《故宫博物院院刊》1982年第3期,第81页),表2以"唐字样"代称《干禄字书》《五经文字》《新加九经字样》所收字形;孟蜀石经注文用字与《五经文字》《新加九经字样》规范字形不符者加下划线标示。《五经文字》据中国国家图书馆藏清初席氏酿华艹堂影宋抄影印本(收入中华书局编《国家图书馆藏稀见字书四种》,北京:中华书局,2015年)、日本京都大学人文科学研究所藏唐石经整拓影像,简称"五";《新加九经字样》据日本京都大学人文科学研究所藏唐石经整拓影像,简称"九";《干禄字书》据国家图书馆藏宋拓影印本(中国国家画院书法篆刻院主编《传世经典书法碑帖·干禄字书》,石家庄:河北教育出版社,2020年,简称"干",需要注意的是此影印本已改原拓行款且无说明,然字形尚可参考,其中字形不清晰处同时参看故宫博物院藏明拓影印本(施安昌编《颜真卿书〈干禄字书〉》,北京:紫禁城出版社,1990年)。

续表

序号	唐字样			孟蜀石经注文用字		
	干禄字书	五经文字	九经字样	毛诗	周礼	左传
5	齿(干·上声·俗) 齒(正)	齒(九)		齒		
6	爇(干·去声·通) 爇(正)	爇(五·卷下) 爇(俗)		爇		
7	彫(干·平声·正)	彫(五·卷中)			彫	
8	棄(干·入声·俗) 弃(正)	弃(五·卷中)		弃	棄	弃
9		疊(五·卷中)		疊		
10		犯(五·卷中)		犯	犯犯	犯犯
11	冠(干·平声·俗) 冠(正)	冠(五·卷上)			冠	
12	鹹(干·入声·通) 鹹(正)	鹹(五·卷中·"鹹"下引经典释文)				鹹
13	劲(干·去声·通) 劲(正)	劲(五·卷中)			劲	
14		戟(五·卷中·说文)	戟(经典相承隶省)		戟 戟	
15		罻(五·卷上)			罻	
16	减(干·上声·俗) 減(正)	減(五·卷下) 減(讹)		減	減	減
17	劫(干·入声·通) 刧(正)	劫(五·卷中·今经典并从力) 刧(或体)		刧	劫	
18		窬(五·卷上)			窬	
19	京(干·平声·通) 京(正)	京(九·就字从之) 京(讹)		就	就就	就
20		軍(五·卷上)	軍(从一义无所取)	軍軍煇	軍	軍軍鄆
21	老(干·上声·俗) 老(正)	老(五·卷下)		老老		老
22	畱(干·平声·俗) 留(正)	畱(九·说文) 留(隶省)		畱畱留留	留	
23	滿(干·上声·正)	滿(五·卷下) 滿(讹)		滿滿	滿	滿
24		冒(五·卷上)		冒	冒冒	冒
25	皃(干·去声·俗) 皃(通) 貌(正)	皃(五·卷下·说文) 貌(籀文,今经典用下字)		貌	貌	
26		羹(五·卷中)			羹	
27	冥(干·平声·通) 冥(正)	冥(五·卷上)			冥	
28		没(五·卷下·说文) 没(经典相承隶省) 没(于字书无据,但行之已久,所异者微)		没	没没	没
29	泥(干·平声·通) 泥(正) 泥(干·平声·俗) 坭(正)	泥(五·卷下) 泥(讹)		泥	泥泥	

续表

序号	唐字样		孟蜀石经注文用字		
	干禄字书	五经文字　九经字样	毛诗	周礼	左传
30		淏(五·卷下)		淏	
31		虎(五·卷下·说文) 虐(石经)		虐	
32		起(五·卷上)	起	起 起	起 起
33	竊(干·入声·通)竊(正)	竊(五·卷上) 竊(讹)	竊	竊	
34		卿(五·卷中·说文) 卿(石经)	卿	卿	
35		靑(五·卷上·说文) 靑(石经)	請 精	請 請 精	請
36		裘(五·卷中)	裘 裘	裘	裘
37	駈(干·平声·通)驅(正)	驅(五·卷中) 駈(讹)		驅	駈
38	嫡(干·入声·俗)嫡(正)	適(五·卷上)	適 適	適	適
39	黍(干·上声·俗)黍(正)	黍(五·卷下) 黍(讹)	黍	黍	
40	帥(干·去声·通)帥(正)	帥(五·卷中) 帥(讹)		帥	
41	絲(干·平声·通)絲(正)	絲(五·卷下) 絲(讹)	絲 絲	絲	
42		嚏(五·卷下)	嚏 嚏		
43	聽(干·去声·通)聽(正)	聽(五·卷中)	聽 聽	聽	
44		荼(五·卷中)	荼	荼	
45	玉(干·上声·通)土(正)	土(五·卷中)	土	土 玉	
46		徍(九·说文) 往(隶省)	往 徍	往	往
47	脉(干·入声·俗)膝(正)	黎(五·卷中)	膝		
48	獻(干·去声·通)獻(正)	獻(五·卷下)		讞	
49	休(干·平声·通)休(正)	休(五·卷上) 休(非)	伕	休	休
50		薛(五·卷中·说文) 薛(石经)		薛	薛
51		尋(九·说文) 尋(隶省) 尋(讹)	尋 尋 尋	尋	
52	鴈(干·去声·通)鴈(正)	鴈(五·卷中) 鴈(讹)	鴈	鴈	
53	逸(干·入声·通)逸(正)	逸(九)	逸		逸 逸
54	瘞(干·去声·俗)瘞(正)	瘞(五·卷中)	瘞		
55	迎(干·平声·通)迎(正)	迎(五·卷上)	迎 迎	迎 迎	
56	盈(干·平声·通)盈(正)	盈(五·卷下)	盈		盈
57	减(干·平声·俗)减(通)臧(正)	臧(五·卷上) 减(讹)		贓	

续表

序号	唐字样		孟蜀石经注文用字		
	干禄字书	五经文字　九经字样	毛诗	周礼	左传
58		仄(五·卷中)		庂	
59		築(五·卷上·说文) 築(石经)		築	築
60		族(五·卷下) 挨(ル)	族	族	族

由表 2 可见，孟蜀石经《毛诗》《周礼》注文用字与经文相较，不规范现象明显增多。如从"龙"之字，经文严格作"龙"，而《毛诗》《周礼》注文中均出现不规范字。又如"卿"字，经文严格作"卿"，而《毛诗》注文有不规范用字。再如从"青"之字，经文严格作"青"，而《周礼》注文有不规范用字。此外，《左传》注文用字与经文相较，不规范用字亦有所增多。如"犯"字，经文严格作"犯"，而注文有不规范用字，但与《毛诗》《周礼》相比数量略少。

此外，还有一类同段经注用字不同的现象。如《尚书·君奭》经文用"海"，注文用"海"。又如《周礼·秋官》经文用"冥"，注文用"冥"；经文用"赦"，注文用"赦"；经文用"土"，注文用"圡"；《考工记》经文用"仄"，注文用"庂"。再如《左传·襄公》经文用"詷"，注文用"詷"；经文用"託"，注文用"託"。

二、宋蜀石经的用字特征

蜀石经《公羊》《榖梁》拓本存世较少，我们对宋蜀石经的用字所知有限。但还是可以发现《公》《榖》大字经传、小字注文用字有与孟蜀石经明显不同者，透露出鲜明的时代差异。又以《五经文字》《九经字样》为规范字依据，《公》《榖》经传、注文中皆有不规范用字。详见表 3。

表 3　宋蜀石经《公羊》《榖梁》用字简表

序号	大字经传用字		小字注文用字	
	公羊	榖梁	公羊	榖梁
1		服	服 朝 廟	
2		解	角 解	
3		具	具 具	
4	鄭	鄭	鄭	鄭
5	善		善 繕	
6	用		用	

续表

序号	大字经传用字		小字注文用字	
	公羊	穀梁	公羊	穀梁
7			覆	
8		棘		棘
9	巳(己)紀紀	巳(己)	妃紀紀	
10		巳(巳)	巳(巳)	巳(巳)
11	巳(巳)		祀起起起	
12	遼		遼	
13	繋		繋	
14			㧑	
15			叚	
16			卿	
17			旋	
18			迎	迎
19			俏俏俏僃	
20	乎乎			

由表3首先可见，《公羊》《穀梁》"服""朝""廟"等字所从之"舟"皆作"月"形，与孟蜀石经作"舟"明显有别；"角"及从"角"之字与孟蜀石经作"角"明显有别；"具"字与孟蜀石经作"具"明显有别；"鄭"字与孟蜀石经作"鄭"明显有别。《公羊》"善"及从"善"之字与孟蜀石经作"善"明显有别；"用"字与孟蜀石经作"用"明显有别；"覆"字与孟蜀石经作"覆"明显有别。《穀梁》从"束"之字与孟蜀石经作"束"明显有别。其次，《公》《穀》经传、注文混用"己""已""巳"，三字及从"己""巳"之字书写较为随意，而孟蜀石经至少是经文部分较少混用。① 其三，《公羊》经传、注文中皆有不规范用字，如"遼""繋""㧑""叚""卿""旋""迎"等字。其四，《公羊》经传、注文中皆有一字多形现象，如"具""紀""起""俏""乎"等字。

---

① 孟蜀石经经文"巳"有写作"巳"者，盖因唐石经如此，而唐石经遵《说文》"已""巳"为一字作"巳"。

三、把握蜀石经用字特征的意义

考察蜀石经用字情况,进而把握蜀石经用字特征,这项工作除了丰富断代汉字史研究的意义之外,本文关注的是以下两点。

其一,把握蜀石经用字特征,可为判定孟蜀石经文本性质另辟蹊径。以往讨论孟蜀石经性质,本人主要着眼于文本异同,认为孟蜀石经大字部分以唐石经为底本而有微异,小字部分除《左传》外当源自唐五代写本,《左传》则很可能利用了五代国子监刊本。[①] 其后在全面校勘、初步考察用字的基础上,又进一步得出以下结论:目前残拓、残石皆无存世之《孝经》《论语》《尔雅》,可先存而不论;[②]现存《周易》《毛诗》《尚书》《仪礼》《礼记》《周礼》《左传》七经,经传大字当以唐石经为主要来源,其中与唐石经不合者或为有意改动,或为一时讹误,似不能因关注少数异文而忽视占绝大多数的相同文本,进而否定经文依照唐石经的传统观点;注文小字方面,《周易》《毛诗》《尚书》《仪礼》《周礼》存在写本时代文本参差的特征,保留了刻本时代来临前夜的一些独特注文,《左传》注文性质则较为特殊,相对于写本更接近监本系统。[③]

而在深入调查用字情况后,我们已知孟蜀石经经文主体当以唐石经及《五经文字》为依据,在用字规范方面颇有要求,注文方面以存字较多的《毛诗》《周礼》《左传》相较,前二者不规范用字较多,《左传》则略少。这些用字特征,再次印证了此前的文本性质判断。而孟蜀石经中同段经注用字不同的现象,也提示我们经注分用底本之可能。

其二,把握蜀石经用字特征,可为残石、残拓的辨伪与断代提供线索。关于辨伪,本人曾见到三件未经著录的蜀石经残拓,在真伪判定过程中,主要使用了考察残拓行款、字迹、文本特征的方法。[④] 如今又掌握了用字特征,亦可用于辨伪。如《御删定礼记月令》残拓"朝"字残形作"▨",据右旁残笔判断当为

[①] 详见王天然《孟蜀石经性质初理》,《中国典籍与文化》2015年第2期,第65—70页。
[②] 孟蜀石经此三种确实较为特殊,毋昭裔在校刻《孝经》《论语》时可能以唐石经为校本,说详王天然《蜀石经集存·概述》,第23页。而通过分析各经书写者,可以发现广政七年《孝经》《论语》《尔雅》的书写者与广政十四年后书经者之间存在明显身份差异。广政七年书经者张德钊为简州平泉令,乃一地县令且可能已卸任,盖因善书而被宰相毋昭裔临时派遣了抄写石经的差事。而广政十四年后书经者大体为国子学官、秘书省秘书郎或校书郎等职掌典籍收藏校雠之官,唯《左传》书者失名。综合以上信息,孟蜀石经的刊刻又可细分为三个阶段:广政七年刊刻篇幅较小的《孝经》《论语》《尔雅》或许为毋昭裔的试验,此后因故停顿;广政十四年重启计划,并得到"国家"层面的支持;篇幅最大的《左传》大概最晚动工,虽在孟蜀时书并镌至十七卷,但最终完成已入宋,而书者名前之衔势必不合时宜,因此未刻。
[③] 详见王天然《蜀石经集存·概述》,第22—24页。
[④] 详见王天然《三件未著录蜀石经残拓考略》,《出土文献研究》第21辑,上海:中西书局,2022年,第348—353页。

"冃"而非"月",与孟蜀石经用字特征一致,这也就验证了此片残拓确属孟蜀石经《礼记》。关于断代,上文已述,宋蜀石经《公羊》《穀梁》用字与孟蜀石经有明显不同,如服、朝、廟、角、解、具、鄭、善、繡、用、覆、棘等字。若隐去经名及文本内容,仅关注用字,这些用字特征可以帮助我们区分孟蜀、宋蜀石经。日后若继续有蜀石经残石、残拓发现,辨伪与断代也可从用字角度切入,这一视角与方法对残损严重者或可发挥意想不到的效果。

附记:本文修改过程中,得到刘玉才先生、冯先思学友的帮助与指教,谨此致以衷心感谢。

郭忠孝《中庸说》考论

徐志超*

【内容提要】 郭忠孝是程颐弟子,也是兼山学派的开创者,在宋元理学史上有一定的地位。郭氏曾撰《中庸说》一卷,久佚,其传人黎立武称郭氏《中庸说》代表了程颐晚年的观点,但朱熹对郭氏之学并不认同,并有"可骇"之论。《中庸说》原书虽佚,但一些文献中保留了不少引文。通过对《中庸说》佚文的搜集、比较、分析,可以看出郭忠孝与程颐学术观点保持了较高的一致性。如将《易》与《中庸》相会通的思想及对《中庸》里某些语句的解读,都源于程颐,这在一定程度上印证了黎立武的说法。

【关键词】《中庸说》 程颐 郭忠孝 兼山学派

《中庸》是儒家经典中的重要著作,传为孔子之孙子思所作,汉人将其编入《小戴礼记》。宋代二程推崇此书并进行诠释,《宋史》载:"仁宗明道初年,程颢及弟颐寔生,及长,受业周氏,已乃扩大其所闻,表章《大学》《中庸》二篇,与《语》《孟》并行。"[①]程氏门人吕大临、游酢、杨时、尹焞、郭忠孝等亦各推衍其义。[②] 其中,郭忠孝再传弟子黎立武云:"兼山(即郭氏)继登程门,终始中庸之道,体用之说,实得于心传面命者也。程子尝为《中庸》作注,至是焚稿而嘱兼山以书传之,乃知游氏、杨氏所得于师者初年之论也……求中庸之道于伊洛,微兼山,吾谁与归。"[③]黎立武对程子早晚之说进行了划分,力求确立"兼山之学"在程门中的正统地位。但南宋石憝集录周敦颐、二程、张载、吕大临、游酢、杨时、谢良佐、侯仲良、尹焞十家之说成《中庸集解》,未采郭氏之说;朱熹对郭氏之学亦颇有微词,《朱子语类》载:"问:'游杨诸公,早见程子,后来《语》《孟》《中庸说》,先生犹或以为疏略,何也?'曰:'游杨诸公皆才高,又博洽,略去二程处参较所疑及病败处,各能自去求。虽其说有疏略处,然皆通明,不似兼山辈

---

* 本文作者为北京大学中国古文献研究中心、北京大学中文系助理研究员。
① 〔元〕脱脱等《宋史》卷四二七《道学传》,北京:中华书局,1985年,第12710页。
② 关于程氏门人的《中庸》学传承及发展的整体情况,可参考王晓薇《宋代〈中庸〉学研究》,河北大学博士学位论文,2005年;郑熊《宋儒〈中庸〉学研究》,西安:陕西人民出版社,2011年,等等。
③ 〔宋〕黎立武《中庸指归》,《景印文渊阁四库全书》第200册,台北:台湾商务印书馆,1986年,第719页。

立论可骇也。'"① 朱熹著《中庸章句》,又据石氏《集解》删为《辑略》,别著《或问》以明去取之意,其学渐定于一尊;而郭氏《中庸说》则亡佚不传,黎立武之说一直未能得到印证。

由于郭氏《中庸说》原书久佚,且缺乏相关材料,因此较少引起学者关注。目前有关《中庸说》的研究,仅见孙劲松《兼山学派考》②一文,但该文也只是根据黎立武《中庸指归》中的有关记载,对《中庸说》的主旨进行了概述。而有关《中庸说》的成书情况、具体内容等细节目前尚缺乏深入的研究,其价值如何更无从知晓。故本文以郭氏《中庸说》为对象,考察其作者、文本、学术观点等问题。

一、《中庸说》作者考

郭忠孝(？—1128),字立之,号兼山,河南洛阳人。其父郭逵为北宋名将,封秦国公,谥"忠穆",《宋史》卷二九〇有传。郭忠孝年少时以父荫入仕,初为右班殿直,进士后改文职,靖康初年为军器少监,后为永兴路提点刑狱。力主抗金,反对议和,曾条疏上呈抗敌之策,但因主和派干预,未能施行。高宗建炎二年(1128),金人犯永兴,郭忠孝与唐重分城而守。终因寡不敌众,城陷身死,朝廷赠大中大夫。事迹具《宋史》卷四四七《忠义传》。

郭忠孝撰《中庸说》并无疑义,但《宋史·艺文志》经部"礼"类著录郭忠孝《中庸说》一卷,③同卷下文又有郭雍《中庸说》一卷,似父子二人各著《中庸说》,明朱睦㮮《授经图》、清朱彝尊《经义考》乃至当代学者在列举宋代《中庸》学著作时多承此说。而尤袤《遂初堂书目》著录"二郭《中庸说》",④似将其视为二人集体著作;《直斋书录解题》只著录"兼山《中庸说》一卷,太中大夫河南郭忠孝立之撰",⑤未见郭雍之书。

今按,《中庸说》原为郭忠孝作,郭忠孝没后,著述多有亡失,其子郭雍恐父学湮没,重为续补,故或署郭雍之名。此实为《宋史·艺文志》重出,其误为后世所沿袭。

郭忠孝之子郭雍(1103—1187),字子和,号白云先生。乾道中,旌召不起,赐号"冲晦处士",事迹见《宋史》卷四五九、《舆地纪胜》卷七三等。《舆地纪胜》云:"郭雍,河南府人,父忠孝,从伊川先生二十年,尽得其学,后持宪陕西,死于

---

① 〔宋〕朱熹著,黎靖德编《朱子语类》第7册,北京:崇文书局,2018年,第1940页。
② 孙劲松《兼山学派考》,《中州学刊》2005年第5期,第130—134页。
③ 〔元〕脱脱等《宋史》卷二〇二《艺文志》,第5050页。
④ 〔宋〕尤袤《遂初堂书目》,《丛书集成初编》第32册,上海:商务印书馆,1935年,第3页。
⑤ 〔宋〕陈振孙《直斋书录解题》卷二,上海:上海古籍出版社,2015年,第48页。

金人之难。雍隐于长阳县之下鱼山,惧父学湮没,乃推获先意纂成前书,乾道初召,力辞,授冲晦处士,有《易说》《中庸说》《兼山图说》等书。"①郭忠孝守永兴殉难时,其书颇有散亡。郭雍承其家学,由"推获先意纂成前书",知其欲恢复郭忠孝著述之旧貌,而《易说》《中庸说》《兼山图说》等书当皆原出郭忠孝之手,后又经过了郭雍的整理。如《易说》,《直斋书录解题》作《传家易说》,云"(郭忠孝)死于狄难,其书散逸",②郭雍因"先人旧学扫地,念欲补续其说"③而成此书,《中庸说》当亦属此类。盖郭忠孝遇难时尚未将《中庸说》刊行,后人所见《中庸说》,无论作者题郭忠孝还是郭雍,皆应指郭雍整理本。郭雍对传承其父之学术起了重要作用,故亦得挂名。

二书不当分别,亦有相关文献可证:宋刘辰翁《须溪集》卷六《郭兼山、冲晦〈中庸说〉序》云:"新淦尹真定何君示予以郭兼山父子《中庸说》将刊布之,求序。余开卷即得其大者,了与人意无异。其言曰:'天地之数起于中合……'"④刘辰翁称此书"郭兼山、冲晦《中庸说》",父子之名俱在,而序言只对应一种著作,与《遂初堂书目》所载正合。

《宋史·艺文志》此书重出,盖因传本经二人之手,可视为集体著作,但在著录时署名或有不同,久之便造成一些误会。《宋史·艺文志》是元代史官仓促拼凑前代史志目录而成,编纂粗疏,重出是其重要问题,其中书名、作者全同者,已有不少,对此前人已有许多研究;⑤而集体著作署名不同之重出条目,较为隐蔽,不易察觉,这种情况值得深入考察,如《开宝本草》(即《详定本草》)为李昉、卢多逊等人共同完成,《宋史·艺文志》两见,而所署作者不同,《中庸说》的情况与此同。

二、《中庸说》文本问题

关于《中庸说》的文本,有两方面问题值得注意。其一,《中庸说》既然经郭忠孝父子二人之手,那么里面的内容哪些是郭忠孝的旧文,有没有郭雍添加的内容?这关系到我们对郭忠孝学术思想的研究;其二,《中庸说》的撰写体例如何?而讨论这两个问题,最根本的还是要依据《中庸说》原文。

《中庸说》原书虽佚,但在一些文献中有不少引用,因此其文本相关问题仍

---

① 〔宋〕王象之《舆地纪胜》卷七三,北京:中华书局,1992年,第2444页。
② 〔宋〕陈振孙《直斋书录解题》卷一,第20页。
③ 同上。
④ 〔宋〕刘辰翁《须溪集》卷六,《景印文渊阁四库全书》,第1186册,第525页。
⑤ 如陈乐素《宋史艺文志考证》列举《宋史·艺文志》重出之例三百余种。陈乐素《宋史艺文志考证》,广州:广东人民出版社,2002年,第646—674页。

然有迹可循。其中,孙劲松《兼山学派考》从黎立武《中庸指归》、张栻《兼山〈中庸说〉序》、刘辰翁《郭兼山、冲晦〈中庸说〉序》等文献中辑得数条,如黎立武《中庸指归》:"兼山氏曰:极天下至正谓之中,通天下至变谓之庸。中,其体也;庸,其用也。圣人得于中,用于天下;得于中者,合性命言之,用于天下者,兼道、教言之,皆主人道为言也云云。"①根据这些材料可略窥《中庸说》之大旨,但不能确定其在《中庸说》原书中之位置。此外,南宋卫湜《礼记集说》对《中庸说》也有不少引用,应当包含了《中庸说》的大部分内容,而且标明了其所对应的原文位置,但以往并未引起学者关注。

卫湜,字正叔,昆山人,于南宋宁宗开禧、嘉定二十年间(1205—1224),编成《礼记集说》160卷。其中《中庸集说》为卷一二三至卷一三六,凡十四卷,汇辑了自汉至宋包括郑玄、孔颖达、陆德明、王安石、张载、陆九渊、杨时、吕大临、郭忠孝、朱熹等六十余家学者对《中庸》的说解。考其体例,乃据朱熹《中庸章句》分章,每章首录郑《注》、孔《疏》,次载朱子《辑略》(偶据石氏《集解》加以补充),继以《中庸章句》《或问》,续得各家之说则附于朱氏之后,而郭氏《中庸说》即在此列。

《中庸集说》对郭氏《中庸说》的引用,按照朱子《章句》的结构来看,见于其第四、六、七、十一、十二、十三、十四、十五、十八、十九、二十、二一、二三、二四、二八、二九、三十、三一、三三章,涉及了《中庸》多半章节。②而将《中庸集说》中各家引文与传世者如郑玄、孔颖达等之注解相校,知卫湜对诸家之说有所删节,故其所引《中庸说》虽然条目众多,但可能并非其全部内容。不过据此亦足以反映此书文本方面的一些问题。

首先,卫湜于《礼记集说》书前列引用学者名氏,有郭忠孝而无郭雍;正文引用时亦皆以"兼山郭氏曰"为标识,则《礼记集说》所引《中庸说》的内容皆可作为研究郭忠孝思想的材料。

其次,卫湜既然可以将《中庸说》之内容逐条拆分于《中庸》各章之下,可知《中庸说》为《中庸》随文注解,并非综合论述。因此通过佚文我们也就能够最大程度地还原其本来面目。这既有利于就《中庸》中一些具体问题将郭氏与其他学者的观点相比较,以探究其学术特点;同时黎立武、张栻、刘辰翁等所引诸条亦可根据内容与《中庸》原文进行匹配,以确定其位置,如上文所举黎氏引文当为《中庸》首章说解。

另外值得注意的是郭氏对《中庸》结构的划分。虽然我们根据朱熹《章句》来确定郭氏《中庸说》佚文之位置,但这只是一种权宜之计,因为朱熹的分章为

---

① 〔宋〕黎立武《中庸指归》,《景印文渊阁四库全书》第200册,第720页。
② 文繁不录,可参考卫湜撰、杨少涵校理《中庸集说》,桂林:漓江出版社,2011年。

人们所熟知,并且被卫湜所采用。而郭氏对《中庸》结构的理解与朱熹应并不相同。

《中庸》历来有不同的划分篇章的方式,如《孔丛子·居卫》称子思撰《中庸》四十九篇;孔颖达在《礼记正义》中将其分为两卷(第五二、五三卷),没有分章;李翱《复性书》谓子思述《中庸》四十七篇;朱熹《中庸章句》将《中庸》分为三十三章,等等。《宋史·艺文志》著录郭忠孝《中庸说》一卷,其分章情况不得而知,但黎立武著《中庸分章》,将《中庸》分为十五章,"皆发明郭氏之旨,所言亦具有条理"。① 与朱子一派有所不同,其以"天命之谓性"以下为一章;"仲尼曰"以下为二章;"君子之道费而隐"以下为三章;"道不远人"以下为四章;"君子素其位而行"以下为五章;"君子之道辟如行远"以下为六章;"鬼神之为德"以下为七章;"哀公问政"以下为八章;"诚者天之道也"以下为九章;"惟天下至诚"以下为十章;"诚者自成"以下为十一章;"大哉圣人之道"以下为十二章;"仲尼祖述尧舜"以下为十三章;"惟天下至圣"以下为十四章;"诗曰衣锦尚䌹"以下为十五章。② 今虽未敢轻易确定郭氏原书亦十五章,但黎氏作为兼山传人,对《中庸》结构的划分当更接近郭氏本意。

三、郭氏《中庸说》的学术特点

通过《中庸说》佚文的搜集、分析,以及相关学者的评论,可以看出郭氏《中庸说》具有两方面特点:(一)重视《易》与《中庸》的会通,(二)严守程氏家法。

(一)重视《易》与《中庸》的会通

黎立武云:"惟兼山深于《易》,故得《中庸》之义焉。"③郭忠孝深于《易》学,在《中庸说》中多据《周易》以解《中庸》,如:对"中庸"及相关问题的解释,郭氏云:

> 极天下至正谓之中,通天下至变谓之庸。中,其体也;庸,其用也。圣人得于中,用于天下;得于中者,合性、命言之,用于天下者,兼道、教言之,皆主人道为言也。尝求数之未形,见天地之数起于中合,中合之变,起于自然而不可推移。故民受天地之中以生,所谓命也。性者,本于天命,而物之大原,尽性则无余事矣。循是而行焉,谓道;修是而行焉,谓教。性也、道也、教也,内外相成之道,是三者得之,然后为中庸之道。

---

① 〔清〕永瑢等《四库全书总目》卷三五,北京:中华书局,1965年,第297页。
② 〔宋〕黎立武《中庸分章》,《景印文渊阁四库全书》第200册,第721—736页。
③ 〔宋〕黎立武《中庸指归》,《景印文渊阁四库全书》第200册,第720页。

又本之《易》，以"依乎中庸，遯世不悔"为潜龙之事，以"庸德之行、庸言之谨"为龙德正中之事；学、问、思、辨、笃行，即聚辨居行之旨也，故以见龙在田为诚之者之事；参配天地即大人合德之旨也，故以飞龙在天为诚者之事。于乾之二爻则曰，此《中庸》诚、形、明、动、变、化之序也。①

郭氏以体用之说来介绍"中"与"庸"的关系：中为体、为性、为命；庸为用、为道、为教。性、道、教内外相成可以为中庸之道。而对于"中庸"二字的解释，蕴含了《周易》的思想。郭氏释"中"为"极天下至正"。黎立武《中庸指归》云："中者，在中之义，正位居体之名也。"②"正位居体"出自《文言》对坤卦六五的解释，所以"极天下至正"也就是指得中正之位，在坤为六五，在乾为九二。

黎氏提到了"在中"的概念。"在中"与"时中"是由程颐对《中庸》之"中"所作出的解读，"在中"即喜怒哀乐未发之中，"事事物物上皆天然有个中在那上，不待人安排也"。③ 这个中是自然存在的，静的。"时中"指喜怒哀乐既发而皆中节之和。

郭氏释"庸"为"通天下之至变"，指能够顺应世间各种变化，与天地合德，程颐《易传·序》亦云"随时变易以从道也"，④也就是"发而皆中节"的状态，相当于"时中"。依郭氏之意，中庸即"在中"与"时中"的结合。

其后郭氏更以乾卦对应《中庸》"诚、形、明、动、变、化"之序，实际上就是以九二"见龙在田"比喻"诚之者"，以九五"飞龙在天"比喻"诚者"。《中庸》云："诚者，天之道也；诚之者，人之道也。诚者不勉而中，不思而得，从容中道，圣人也。"⑤圣人居正中之位，故可不思不勉而诚，达到参配天地的境界；而诚之者，也就是次于圣人的贤人，虽非生而知之，且身在侧陋，但守道而行，学、问、思、辨而笃行之，亦可达到居正位之"在田之龙"，也就是圣人至诚之境界。

又如，关于"至诚如神"中"神"字的解释。

《中庸》："至诚如神。"⑥

此章主旨为能至诚，则可以预知前事，其最终效果为"如神"。对于"神"字，郭忠孝亦引《易》作解，郭氏云："自君子观之谓之知几，自众人言之谓之前知，《易》曰：知几其神乎？"⑦"知几其神乎"出自《周易·系辞下》，孔《疏》云："知

---

① 〔宋〕黎立武《中庸指归》，《景印文渊阁四库全书》第200册，第720页。
② 〔宋〕黎立武《中庸指归》，《景印文渊阁四库全书》第200册，第715页。
③ 〔宋〕程颢、程颐著，王孝鱼点校《程氏遗书》卷一七，载《二程集》，北京：中华书局，1981年，第181页。
④ 〔宋〕程颐《周易程氏传》，北京：中华书局，2011年，第1页。
⑤ 〔宋〕朱熹《中庸章句》，《四书章句集注》，北京：中华书局，1983年，第31页。
⑥ 〔宋〕朱熹《中庸章句》，《四书章句集注》，第33页。
⑦ 〔宋〕卫湜撰，杨少涵校理《中庸集说》卷一一，第262页。

几其神乎者,神道微妙,寂然不测。人若能豫知事之几微,则能与其神道合会也。"①所以郭氏之意,神即神道,也就是天道。

(二)严守程氏家法

郭忠孝严守程氏家法,体现在对《中庸》里一些问题的解释大多遵循程说,而与同时期其他程门弟子有所不同,如:

> 《中庸》:"子曰:'舜其大知也与!舜好问而好察迩言,隐恶而扬善,执其两端,用其中于民,其斯以为舜乎!'"②

关于"执其两端"之"执",郭氏云:"执者,去之之谓。舜所以治人,其纳民于大中之道,莫不皆然。"③此说当出于程氏,程氏云:"执犹今之所谓执持使不得行也。舜执持过不及,使民不得行,而用其中使民行之也。"④

而其他程门学者如吕大临、杨时等则以"执"为"权衡、度量"之意。吕氏云:"两端,过与不及也。'执其两端',乃所以用其时中,犹持权衡而称物轻重,皆得其平。"⑤杨氏云:"'执其两端',所以权轻重而取中也,由是而用于民,虽愚者可及矣。"⑥朱子承吕、杨之说,云:"于善之中又执其两端,而量度以取中,然后用之,则其择之审而行之至矣。"⑦

又如:

> 《中庸》:"子曰:'素隐行怪,后世有述焉,吾弗为之矣。君子遵道而行,半途而废,吾弗能已矣。'"⑧

对于"素"字的解释,郑玄云:"素,读如攻城攻其所傃之傃,傃,犹乡也。"⑨陆德明《经典释文》:"乡,本又作向。"⑩吕大临亦云:"素,读如傃乡之傃。"⑪此皆以"素"通"傃",为"向、循"之意。朱熹则因《汉书·艺文志》中引用此文作"索",故以《中庸》作"素"为误字。⑫可以看出诸家对"素"都做了改字的处理。

---

① 《周易正义》卷八,《十三经注疏》,北京:中华书局影印清嘉庆刊本,2009年,第184页。
② 〔宋〕朱熹《中庸章句》,《四书章句集注》,第20页。
③ 〔宋〕卫湜撰,杨少涵校理《中庸集说》卷三,第71页。
④ 〔宋〕程颢、程颐著,王孝鱼点校《程氏遗书》卷一八,《二程集》,第213页。
⑤ 〔宋〕程颢、程颐著,王孝鱼点校《中庸解》,《二程集》,第1153页。
⑥ 〔宋〕卫湜撰,杨少涵校理《中庸集说》卷三,第69页。
⑦ 〔宋〕朱熹《中庸章句》,《四书章句集注》,第20页。
⑧ 〔宋〕朱熹《中庸章句》,《四书章句集注》,第21页。
⑨ 《礼记正义》卷五二,《十三经注疏》,第3529页。
⑩ 《礼记正义》卷五二,《十三经注疏》,第3530页。
⑪ 〔宋〕卫湜撰,杨少涵校理《中庸集说》卷四,第94页。
⑫ 〔宋〕朱熹《中庸章句》,《四书章句集注》,第21页。

程颐云:"素隐行怪,是过者也;半涂而废,是不及也;不见知而不悔,是中者也。"①程颐没有对"素"作单独的解释,只是做了义理的疏通,应当是读"素"如字,即"平素、平时"之意。郭氏同此,云:"素,以隐为事,而行怪焉,过也。半涂而废,卒自画焉,不及也。"②可以看出,郭氏对此章的解释只是在程氏基础上将语句略作改动,实际上全本师说,因此他对于"素"的理解应当和程颐是一致的,而根据《中庸》下文"素其位而行",郭氏云:"素者,豫定乎内之谓也。"③更加确定程、郭二人皆是依"素"本字作解。

又如:

《中庸》:"王天下有三重焉,其寡过矣乎!"④

对于"三重"如何理解,历来有不同的说法,⑤其中影响最大的有两种,一是郑玄的"三王之礼"说,此说为程颐、郭忠孝所继承;一是吕大临的"议礼、制度、考文"说。

郑玄注云:"三重,三王之礼。"⑥孔颖达《疏》云:"言为君王有天下者,有三种之重焉,谓夏、殷、周三王之礼,其事尊重。"⑦根据孔《疏》,礼制是治国第一要务,夏、殷、周三代皆曾制礼,可为后人效法,故将"三重"释为"三王之礼"。这种解释长期被学者所接受。程颐云:"三重,即三王之礼。三王虽时损益,各立一个大本,无过不及,此与《春秋》正相合。"⑧郭忠孝本师说,云:"所谓'三重'者,言三王之至重也。盖时更三代,政历三王,有以见王道之大备也。然而不能无过与不及之差,则在所损益者也。孔子酌三王之道,明三王之制,观其告颜子,亦曰夏之时,殷之辂,周之冕,盖可见矣。"⑨

吕大临则根据《中庸》"王天下有三重焉"前一段中"非天子,不议礼,不制度,不考文"等内容,提出了"议礼、制度、考文"说,云:"故王天下有三重焉:议礼所以制行,故行必同伦;制度所以为法,故车必同轨;考文所以合俗,故书必同文。唯王天下者行之,诸侯有所不与也。故国无异政,家不殊俗,盖有以一之也。如此则寡过矣。"⑩朱熹承此,云:"三重,诸说不同,虽程子亦因郑注,然

---

① 〔宋〕程颢、程颐著,王孝鱼点校《程氏遗书》卷一五,《二程集》,第160页。
② 〔宋〕卫湜撰,杨少涵校理《中庸集说》卷四,第96页。
③ 〔宋〕卫湜撰,杨少涵校理《中庸集说》卷六,第137页。
④ 〔宋〕朱熹《中庸章句》,《四书章句集注》,第36页。
⑤ 参见杨少涵《〈中庸〉"王天下有三重焉"诸说疏释》,《国学学刊》2016年第3期,第13—30页。
⑥ 《礼记正义》卷五三,《十三经注疏》,第3546页。
⑦ 《礼记正义》卷五三,《十三经注疏》,第3547页。
⑧ 〔宋〕程颢、程颐著,王孝鱼点校《程氏遗书》卷二三,《二程集》,第309页。
⑨ 〔宋〕卫湜撰,杨少涵校理《中庸集说》卷一三,第307页。
⑩ 〔宋〕程颢、程颐著,王孝鱼点校《中庸解》,《二程集》,第1162页。

于文义皆不通,唯吕氏一说为得之耳。"①

经过对《中庸说》佚文的搜集、分析、比较,可以看出郭忠孝与程颐学术观点保持了较高的一致性。首先,郭氏将《易》与《中庸》相会通的思想源于程颐,这一观念亦被郭氏后学谢谔、黎立武等所继承,成为兼山学派的学术特色,对此前人已多有讨论,兹不赘述。② 其次,郭氏对《中庸》里某些具体问题的解读也多与程氏一致。在程门弟子各自发明新说的情况下,郭忠孝秉承程氏对于《中庸》的说解,确实能够称得上程氏《中庸》思想的代表,这在一定程度上可以印证黎立武所提出的郭氏之说为程子晚年之定论的说法。总体看来,对于郭忠孝《中庸说》的研究,有助于考察兼山学派的思想渊源,以及完善人们对于《中庸》学在宋代的发展及程门学派的分化演变情况的认识。

---

① 〔宋〕朱熹《中庸或问》,《朱子全书》第 6 册,上海:上海古籍出版社,2010 年,第 602 页。
② 参见许家星《〈易〉与〈中庸〉相为经纬——论黎立武以〈易〉解〈中庸〉的思想意义》,《陕西师范大学学报(哲学社会科学版)》2015 年第 6 期,第 37—45 页;孙劲松《兼山学派考》等。

遂宁杨甲非《六经图》作者考

孟 荣

【内容提要】 约成书于南宋绍兴时期的《六经图》之作者杨甲的身份近千年来一直存在争议,今考辨认为其籍贯为昌州昌元,而同时期另有一人也名杨甲,为遂宁小溪人。《六经图》作者杨甲,字鼎卿,约生活于两宋之交,布衣,曾被举贤良方正科,师从南宋著名词人李石。遂宁杨甲,字嗣清,约生于南宋绍兴六年(1136)至绍兴十六年之间,乾道二年(1166)进士,乾道六年任县令,乾道七年任国子录,后任汉州通判,淳熙元年(1174)教授成都学官,后任绵州郡守,后寓居成都府灵泉县,淳熙九年被召对,后任太学录,绍熙二年(1191)前后逝世。两个杨甲生活的时代、地域相近,很可能存在交集,乾道年间都有声西州,思想相近,而《六经图》的巨大影响也导致人们不相信其作者仅为一介布衣,故长期将二杨甲相混淆。其实,遂宁杨甲确非《六经图》作者。

【关键词】 《六经图》 作者 昌州杨甲 遂宁杨甲 生平

以图解经是经典诠释的特殊方式,《六经图》是第一部图释全部六经的著作,作者为"绍兴中布衣杨甲"。① 有关《六经图》作者杨甲的生平历来存在争议。关于杨甲的表字与籍贯,《直斋书录解题》《宋史·艺文志》等文献记载杨甲字鼎卿,昌州人;《桯史》《仪顾堂题跋》等文献记载杨甲字嗣清,遂宁人。关于其身份,《直斋书录解题》《宋史·艺文志》等文献记载其为布衣;《四库全书总目》等文献记载其为"乾道二年进士";《皇宋中兴两朝圣政》《宋史全文》等文献记载杨甲中进士的时间为淳熙二年。李更最先明确提出昌州杨甲与遂宁杨甲实为二人,《六经图》作者为昌州杨甲。② 但她的研究并未获得学界足够重

---

* 本文为河北省教育厅在读研究生创新能力培养资助项目"《诗经图谱慧解》整理及研究"(CXZZBS2022058)阶段性成果。
** 本文作者为河北师范大学文学院博士研究生。
① 武秀成、赵庶洋校证《玉海艺文校证》,南京:凤凰出版社,2013年,第392页。
② 李更《杨甲生平及著作考辨(附宋诗考证札记五则)》,《北京大学古文献研究所集刊》(第1辑),北京:北京燕山出版社,1999年。

视,仅见个别学者认同,①惜未见提供更多佐证材料,故本文于此基础上再作进一步考证。

一、《六经图》作者为昌州杨甲

《玉海》《四库全书总目》等文献记载《六经图》成书于宋高宗绍兴年间。宋高宗为南宋首位君主,宋徽宗第九子。高宗酷爱书法,自叙:"凡五十年间,非大利害相妨,未始一日舍笔墨。"②尤其喜欢书写儒家经典,"学写字不如便写经书,不惟可以学字,又得经书不忘"。③绍兴十三年立太学,宋高宗应秦桧之请在太学刊立儒学石经,并亲自书写。绍兴六年八月公布了以"六经"(《易》《诗》《书》《周礼》《礼记》《春秋》)为正经的新的科举考试内容。可见宋高宗对儒家经典的重视。另外,宋代图学大兴,郑樵《通志》云:"图,经也。书,纬也。……古之学者为学有要,置图于左,置书于右,索象于图,索理于书。"④在这样的政治导向和社会风气下,杨甲开始创作《六经图》。《六经图》成书后主要被用作科举考试教材而广为流传,包括朱熹在内的全国各地府州县学官多采用其图,抚州、建安等地刊刻其书,昌州、信州等地将其刻石。

李石《杨甲〈易数图〉序》曾提到杨甲创作《六经图》中《大易象数钩深图》的一些情况,⑤并用冠屦之说来鼓励杨甲坚持自己的观点,不要随波逐流:

> 冠者谋与首宜,屦者谋与足宜。人固不能自为冠屦,各务以吾所谋者营诸市,必宜吾首与足,然后为善。世固有多为之制,大大小小,杂然陈肆,以笼市人首足,不待先谋其所宜者,无他,速于售也。日有千百过之,不一二睨焉,幸而即于肆,有不契吾谋与吾所宜者。天下之首与足不齐,安能折吾之所不谋,裁吾之所不宜,以幸市人之冠屦?万万无是理。

> 学生昌元杨君于《易》有得,其始由数悟入,往往操筹而布之,一二十百千万亿兆,愈多愈倍愈有。观者心悸目眩,顾问君《易》所得,则曰六画

---

① 如乔辉《杨甲〈六经图〉整理与研究》,北京:社会科学文献出版社,2022年。
② 〔宋〕赵构《翰墨志》,《历代书法论文选》,上海:上海书画出版社,2014年,第366页。
③ 〔宋〕王应麟《玉海》,南京:江苏古籍出版社、上海:上海书店,1988年,第816页。
④ 〔宋〕郑樵著,王树民点校《通志二十略》,北京:中华书局,1995年,第1825页。
⑤ 杨甲除自创六经图外,更多的是汇集前代图像。宋代度正《涪州教授陈嗣由墓志铭》:"乾道间,昌元士人杨甲为《六经图》,颇便观览,好事者版行之遍天下。"(曾枣庄、刘琳主编《全宋文》,第三百一册,卷六八七一,上海:上海辞书出版社、合肥:安徽教育出版社,2006年,第181页)从"颇便观览"可见杨甲之前即存在很多六经图像,《六经图》最大的作用是方便观看。此外,明代吴廷翰《河图洛书》"杨鼎卿汇《六经图》,唐仲友辑《经世图》,并守刘牧之说。"(〔明〕吴廷翰著,容肇祖点校《吴廷翰集》,北京:中华书局,1984年,第131页。)清代张云章《赠高云客兼送还闽》"杨甲老布衣,荟萃殚勤劬"(〔清〕张云章《朴村诗集》,卷一古诗,清康熙华希闵等刻本),亦可明证杨甲的"汇集""荟萃"之功。

中来。其学星官历人,凡数之说备矣。人固有未省其说而睨之者,则答曰冠圆冠者知天时,履方屦者知地形,此吾儒事。吾恐其求人之急,欲广君以吾所得于圣人者,故为冠屦之说以实其橐而归焉耳。①

由"学生昌元杨君"的说法可知杨甲为李石学生,②籍贯为昌元,属昌州。③此外,宋代度正《涪州教授陈嗣由墓志铭》:"昌元士人杨甲为《六经图》。"④则杨甲籍贯为昌州昌元无疑。《昌州碑记》"六经图碑,在郡学,郡人杨甲鼎卿所著也",⑤可知杨甲字鼎卿。昌州大足石刻天下闻名,再加上绍兴年间宋高宗刊立儒学石经的影响,昌州为郡人杨甲《六经图》刻石当在情理之中。

二、昌州杨甲非遂宁杨甲

重庆市大足区地方志编修中心学者赵辉志认为:"杨甲,字鼎卿,一字嗣清,南宋潼川府路昌州大足县人,绍兴末年迁居遂宁。"⑥实际上昌州杨鼎卿与遂宁杨嗣清非同一人。

(一)昌州杨甲为布衣

南宋陈振孙《直斋书录解题》:"《六经图》七卷:东嘉叶仲堪思文重编。案《馆阁书目》有六卷,昌州布衣杨甲鼎卿所撰……"⑦《中兴馆阁书目》成书于淳熙五年(1178),历时八个月完成,若杨甲曾中"乾道二年"或"淳熙二年"进士,

---

① 〔宋〕李石《杨甲〈易数图〉序》,曾枣庄主编《宋代序跋全编》第二册,卷二九,济南:齐鲁书社,2015年,第761—762页。
② 李石(1108—1181)为宋代著名文人,九岁举童子,绍兴二十一年(1151)进士,二十八年除太学录,二十九年六月任太学博士,同年冬十一月因"芝草案"[丁未,殿中侍御史汪澈言:"……太学博士李石,好立邪说,败坏文体,傲视流辈,不安分义。大学正田兴宗……"诏并罢。先是,武成王庙生芝草,学官白宰相,欲称贺。石谓:"于五行,乃金沴木,将为兵兆"。执政不乐,故遂罢。(〔宋〕李心传撰,胡坤点校《建炎以来系年要录》,卷一百八十三,北京:中华书局,2013年,第3539页)]罢职,还蜀,三十年为成都学官,绍兴三十二年倅彭。李石教授成都府学期间恪尽职守,教学有方,"左右生至千二百员,诸司增给学廪,西边二三大将相与义助"(〔宋〕李石《自叙》,曾枣庄、刘琳主编《全宋文》,第二百六册,第45页),"就学者如云,闽越之士万里而来,刻石题诸生名者几千人,蜀学之盛古今鲜俪"(〔清〕陆心源《宋史翼》,北京:中华书局,1991年,第301页)。杨甲为李石的学生应该在李石教授成都府学的三年期间,《六经图》可能完成于绍兴三十年(1160)至绍兴三十二年(1162)之间。
③ 参见《(乾隆)荣昌县志》,卷一,清乾隆十一年刻二十九年增刻本,第1b页。
④ 〔宋〕度正《涪州教授陈嗣由墓志铭》,曾枣庄、刘琳主编《全宋文》,第三百一册,卷六八七一,第181页。
⑤ 〔宋〕王象之《舆地碑记目》,卷四,清文渊阁四库全书本。
⑥ 赵辉志《宋人杨甲诗文辑佚两则》,《中国地方志》2020年第6期。
⑦ 〔宋〕陈振孙《直斋书录解题》,上海:上海古籍出版社,1987年,第82—83页。

《中兴馆阁书目》当不会记载其为布衣。如"《易解》十卷,绍圣中泉州教授张弼撰",①张弼完成《易解》时为布衣,"泉州教授"为其后来的官职。且查阅《中兴馆阁书目辑考》发现其对作者身份的标注一般不会特意强调"布衣"身份,除杨甲外,笔者经眼仅见一例:"《春秋明例》一卷,《孙复解三传辨失》四卷:绍兴中舒州布衣王日休撰。"②绍兴年间有两个王日休,一为舒州王日休,一为严州分水县王日休,后者曾中绍兴五年进士,"历知筠州,官朝散郎"。③可见《中兴馆阁书目》标注王日休"布衣"身份很可能是为了与做官的王日休相区别。同样,标注《六经图》作者杨甲"布衣"身份也很可能是为了与做官的杨甲相区分。

明代顾起元《六经图序》:"《六经图》为宋绍兴中布衣杨甲所撰。"④康熙元年礼耕堂版《六经图考》扉页记载"宋布衣杨先生撰"。清代张云章《赠高云客兼送还闽》:

> 昔未识高子,知有高子书。一生事编划,四库分部居。纷纶六经义,冥搜到绘图。先王遗制作,茫昧半有无。谁能千载后,一目了古初。杨甲老布衣,荟萃殚勤劬。为篇三百九,盘洿鲛人珠。细观非听说,厥功绍先儒。后来踵事者,列屋布甗甋。世学既灭裂,兹书等薪刍。存者日凋耗,求者空嗟吁。譬彼秉耒夫,欲耕无菑畲。先生顾之叹,力岂不足欤?适在抚州廨,许公借吹嘘。览古得古碣,幸不埋荒墟。命工急摹画,销铄存形模。丹铅正谬误,罅漏勤补苴。虫鱼与草木,诗谱渺无余。灿灿今具陈,记注开蒙愚。剞劂未及半,人事有不虞。许公久物化,担书来上都。夙心吾已亲,既遇欢愉愉。信哉便便腹,经史所敷腴。经营不辞忙,欲使布八区。相见未云几,相别在须臾。吴越渺千里,合并良已疏。先生归雪峰,与世无睢盱。吾亦倦羁羽,还栖练水隅。蠢蠢朝行士,咨责随高车。何如朴学子,卷中老蠹鱼。⑤

高云客即高兆,明末清初著名学者。"许公"为许世昌,曾任江西巡按监察御史,十分器重高兆,聘其为家庭教师,教其子许孝超读书。此诗详细叙述了高兆对杨甲《六经图》整理与刊刻过程,高兆先是感叹《六经图》所存无几,接着偶然因许公得见《六经图》石碑,欣喜不已,"命工急摹画,销铄存形模",并亲自"丹铅正谬误,罅漏勤补苴",然而不幸的是,《六经图》刊刻未及半,许公突然去

---

① 刘向培《〈中兴馆阁书目〉重辑与考述》,华东师范大学 2015 年硕士学位论文,第 61—62 页。
② 〔宋〕陈骙等撰,赵士炜辑《中兴馆阁书目辑考》,《古逸书录丛辑》本,许逸民、常振国编《中国历代书目丛刊》(第一辑)(上),北京:现代出版社,1987 年,第 376 页。
③ 傅璇琮主编《宋登科记考》,南京:江苏教育出版社,2009 年,第 705 页。
④ 〔宋〕杨甲《六经图》,〔明〕陈仁锡辑《八编类纂》,续修四库全书本,上海古籍出版社,2002 年。
⑤ 〔清〕张云章《朴村诗集》,卷一古诗,清康熙华希闵等刻本。

世,后来其子许孝超"思竟《图考》之事,不惮数千里,迎先生抵燕……都中诧为友生盛事"。① 于是高兆把书带到了北京,张云章就是在此时与之相会并记录其事的。高兆作为《六经图》的研究整理者,其认为"杨甲老布衣"的观点当不会错。

宋代度正《涪州教授陈嗣由墓志铭》:"乾道间,昌元士人杨甲为《六经图》,颇便观览,好事者版行之遍天下,嗣由曰:'此乡先生之作,四方宜于此取正,而吾学无其书可乎?'"②陈嗣由曾任昌州教授,对昌州杨甲的事迹自然颇为了解,其对杨甲的称呼为"乡先生",可见其至少在乾道年间并未做官。此文还提到"尝上大帅杨公辅书,责其避贼不讨,又责其畏避形迹,不能引拔天下之士",③据史料记载,为官之杨甲,字嗣清,乾道二年进士,与杨辅是兄弟关系,④若杨嗣清即为昌州杨鼎卿,此文不会直呼杨甲其名,而尊称杨辅为"杨公辅"。

(二)昌州杨甲曾被举贤良方正科

南宋度正《奉送温甫主簿赴昌元新任》:"年来昌合颇多儒,满目青山秀不枯。隐者能通三圣易,贤良更缵六经图。"⑤称《六经图》作者杨甲为"贤良"。淳祐七年十月昌州大足县令何光震《饯郡守王梦应记》"人品有杨贤良、王文安之清,亭沼有香霏、鉴湖之胜",⑥又提到"初,炉峰教授此州,有不拜伪诏之节,有杨贤良《六经图》勒石",⑦可见杨鼎卿确实有被举贤良方正科的经历。据记载,眉州李垕是南宋唯一一位制举入等者,⑧被称为"李贤良",如南宋周必大《回李贤良垕启》。李垕之弟李塾曾应贤良方正科,但未考中,依然被称为"贤良",如周必大《益国文忠公集》卷一二四《举李塾贤良不应格待罪札子》。南宋制科又称"大科",取中者被认为有"王佐之资",十分被看重。南宋制举程序复杂,除了要被地方长吏推荐外,还要经过三层考试,先要上所业,继而阁试,最后御试。我们推测杨鼎卿虽被举荐,但他或拒绝应试,或在第一层考试中被淘汰,事迹虽未获史料记载,但仍被时人尊称为"贤良"。⑨

---

① 〔清〕郑杰辑《全闽诗录》第 4 册,福州:福建人民出版社,2011 年,第 1932 页。
② 曾枣庄、刘琳主编《全宋文》,第三〇一册,卷六八七一,第 181 页。
③ 曾枣庄、刘琳主编《全宋文》,第三〇一册,卷六八七一,第 181 页。
④ 《(乾隆)遂宁县志》卷五,清乾隆十二年刻本。此《遂宁县志》并未记载杨甲曾作《六经图》。
⑤ 〔宋〕度正《性善堂稿》,卷四,清文渊阁四库全书本。
⑥ 曾枣庄、刘琳主编《全宋文》,第三百四十六册,卷七九九〇,第 150 页。
⑦ 曾枣庄、刘琳主编《全宋文》,第三百四十六册,卷七九九〇,第 151 页。
⑧ 参见王国平主编,何忠礼著《南宋科举制度史》,北京:人民出版社,2009 年,第 213 页。
⑨ 生活于两宋之交的范浚于绍兴二年被举荐应贤良方正科,但范浚拒绝应试,依然被称为"范贤良"。范浚绍兴七年曾作《进策》二十五篇,为应贤良方正科而作,但史料并未记载范浚的名字,《宋史》卷一百五十六《选举二》:"七年,以太阳有异,令中外侍从各举能直言极谏一人。是冬,吕祉举选人胡铨,汪藻举布衣刘度,即除铨枢密院编修官,而度不果召。"(〔元〕脱脱等《宋史》,北京:中华书局,1977 年,第 3650 页)疑范浚因未经过第一层考试而不录。

(三)遂宁杨甲为乾道二年进士

《四库全书总目》记载《六经图》作者杨甲为"乾道二年进士",①《宋会要辑稿》:"乾道二年……第四人陈孔光、第五人杨甲以下,并左文林郎、两使职官。"②根据上文考证,《六经图》作者杨甲为布衣,可知此中进士之杨甲为另一杨甲。据《(乾隆)遂宁县志》,此中乾道二年(1166)进士的杨甲字嗣清,遂宁人,杨辅(乾道二年进士,《宋史》有传)之兄。③ 遂宁杨甲的具体籍贯为遂宁小溪县。乾道七年,杨甲在富乐山自题为"小溪杨甲嗣清",④杨甲之弟杨辅去世后葬于遂宁小溪县,《代哭杨端明辅文》:"四年八月壬寅,葬于小溪县落星山。"⑤

宋代刘时举撰《续宋中兴编年资治通鉴》记载淳熙二年"春三月,亲试举人,以詹骙为首。有蜀人杨甲对策,言恢复之志不坚者二事。其一谓嫔妃满前,圣意几于惑溺。其一谓策士之始,其及兵者不过一言。是以谈兵革为讳,论兵革为迂也。上览对不说,置之第五"。⑥《皇宋中兴两朝圣政》《宋史全文》亦有相似记载,以致有学者认为杨甲中进士的时间为淳熙二年,如吴长庚《六经图碑本研究》即持此观点。考《宋会要辑稿》"淳熙二年……新及第进士第一人詹骙……第五人李揆并从事郎、初等职官",⑦可知淳熙二年的"第五人"并非杨甲,且从内容看,更可能发生在隆兴和议后不久的乾道二年,有关杨甲的故事应为误附在淳熙二年之后。淳熙二年进士中有一刘甲,《宋史》有传,与杨甲弟杨辅有交往,疑因此致误。

(四)遂宁杨甲仕途考略

杨甲中进士后所获得的官职"左文林郎、两使职官"为选人阶名,⑧从八品,无实职。⑨ 据记载,乾道二年因"龙飞恩"杨甲才获得"左文林郎、两使职官"的身份,否则依乾道元年,应为"从事郎、初等职官"。⑩

---

① 〔清〕永瑢等《四库全书总目》,北京:中华书局,1965年,第271页。
② 刘琳等校点《宋会要辑稿》,上海:上海古籍出版社,2014年,第5276页。
③ 《(乾隆)遂宁县志》卷五,清乾隆十二年刻本。
④ 赵辉志《宋人杨甲诗文辑佚两则》,《中国地方志》2020年第6期。
⑤ 曾枣庄、刘琳主编《全宋文》,第三百一十一册,卷七一三〇,第377页。
⑥ 〔宋〕刘时举撰,王瑞来点校《续宋中兴编年资治通鉴》,北京:中华书局,2014年,第206页。
⑦ 刘琳等校点《宋会要辑稿》,第5277页。
⑧ 乾道二年选人七阶官名:承直郎、儒林郎、文林郎、从事郎、从政郎、修职郎、迪功郎。选人七阶分左、右,有出身人带"左",无出身人带"右",赃罪人不带"左""右"。参见《宋代官制总论》,龚延明《宋代官制辞典》,北京:中华书局,1997年。
⑨ 龚延明《宋代官制辞典》,第576页。
⑩ 参见刘琳等校点《宋会要辑稿》,第5276页。

1. 乾道六年时为县令

《鹦鹉谕》：

> 蜀士尚流品，不以势诎。乾道间，杨嗣清㈠有声西州，清议推属。初试邑，有部使者，不欲名，颇以绣衣自骄，怒其不降意，诬劾以罪。赵卫公方为左史，闻之，不俟车，亟往白庙堂曰："譬之人家，市猫于邻，卜日而致之，将以咋鼠也。鼠暴未及问，而首抉雕笼，以噬鹦鹉，其情可恕乎！"当国者问其繇，告以故，相与大笑，劾牒竟格不下。嗣清仕亦不显，有弟曰嗣勋辅，位至从橐，其清名亦相伯仲云。至今蜀人谈谑，以排根善类者为猫噬鹦鹉，王中父尝为余道，而忘其所为邑之名。①

杨嗣清殿试后"有声西州"，后被"清议推属"做了县令。做县令期间有御史来考察，御史"颇以绣衣自骄"，对杨甲不主降颇为愤怒，"诬劾以罪"。赵卫公赵雄乾道六年曾任"右史"，②又称"左史"，③为杨甲向当国者解释，杨甲才幸免于难。可见杨甲乾道六年时出任县令。

2. 乾道七年时为国子录

在南宋"选人虽属文臣，但位卑人众，非改官为京官，仕途不能通达"。④ 经赵卫公的解释援手，杨甲名声越来越大，乾道七年时，杨甲已为京官国子录，秋，赴四川主持考试，《通直郎致仕张君简墓志铭》记载："乾道七年，国子录杨公甲校士于卭，得君所为文，奇之，遂以充赋。"⑤回京途中游览了绵州富乐山，有题记云："乾道七年秋，余以事度关，宿剑门传舍。梦游□岩洞，有泉泠然，文与可游其上。与客掬泉饮之，客云：'此花石岩也。'及事既，同少城李杞南才西归，游富乐山寺，行幽岩修林间，宛如梦中所见，相与惊叹久之。盖余梦以八月六日，而来以十月三日。小溪杨甲嗣清书。"⑥

3. 曾任汉州通判

杨甲因进言被贬汉州通判，宋代李流谦《送杨嗣清国录出倅广汉》有较详细记载："岱宗峥嵘乃为岳，丈夫可不志特达。平生论人每如此，杨子入眼吁可

---

① 《鹦鹉谕》，〔宋〕岳珂撰，吴企明点校《桯史》，北京：中华书局，1981年，第90页。
② 《宋史·赵雄传》："范成大使金，将行，雄当登对，允文招与之语。既见归，雄极论恢复。孝宗大喜曰：'功名与卿共之。'即除右史，两月除舍人。"（〔元〕脱脱等《宋史》，北京：中华书局，2013年，第12073页。）《范成大年谱》："乾道六年……五月……充金国祈请国信使。"（于北山《范成大年谱》，上海：上海古籍出版社，2006年，第131页）
③ 参见龚延明《宋代官制辞典》，第91页。
④ 《宋代官制总论》，龚延明《宋代官制辞典》，中华书局，1997年。
⑤ 曾枣庄、刘琳主编《全宋文》，第三百一十一册，第115页。
⑥ 赵辉志《宋人杨甲诗文辑佚两则》，《中国地方志》2020年第6期。

愕。清班突见顾而长,开口四坐薄晓霜。自言魄磊不可茹,正须一吐空肝肠。太学黄韲了残业,又携束书去挈挈。偃戟韬戈吾已衰,快刀斫案子甚决。古人作事令人惊,今人岂不如古人。折枝要是不为尔,长剑在手无蛟鲸。杨子杨子吾所许,举杯酌君肝胆露。期君直到黄发时,无使英名一尘污。"①

4. 淳熙元年教授成都学宫

杨甲于淳熙初教授成都学宫。《金书剑南西川判官李君惟正墓志铭》:"君少力学,诵书穷晨夜,长游成都学宫,受知于仙井李公舜臣、遂宁杨公辅、公甲、成都勾公昌泰、眉山苏公诜,李公亲授《尚书》,小杨公亦相与下上其议论。"②可见李舜臣、杨甲、杨辅曾同时教授成都学宫。杨辅《重修刱府学记》:"成都自崇宁改建学宫,厥初取具观美,不暇久远计,以故缮治无宁岁。淳熙初,辅教授府学。九年夏,复以事至成都,所目击者,七八年间,已两更大创葺,皆刻石纪事,则其余盖可以类见。"③可知杨辅教授成都学宫的时间为淳熙初,且于淳熙二年左右离任。《宋史·李舜臣传》:"教授成都府。时虞允文抚师关上,辟置幕府,用举者改宣教郎、知饶州德兴县,专尚风化。"④虞允文乾道九年至蜀,淳熙元年去世。杨辅与李舜臣共同教授成都学宫的时间大约为淳熙元年,故此时杨甲也教授成都学宫。杨甲、杨辅、李舜臣同为乾道二年进士,共同教授成都学宫也很合情理。

5. 曾任绵州郡守

淳熙二年,范成大入蜀,杨甲深受器重。淳熙三年,杨甲作《修学记》记录范成大修葺成都学宫事。范成大在蜀期间,开设幕府,广荐人才。杨甲《谢太守荐举启》当作于此时期,其中提道:"政缘世累,偶出仕途。鬓飒二毛,顾匪折腰之具;目迷三径,空怀种菊之思。"⑤或许是由于范成大的举荐,杨甲又任绵州郡守,⑥《玉女泉题名》:"郡守杨甲嗣清因劝耕同……淳熙二月望饮酒岩下。"⑦

6. 曾寓居成都府灵泉县

范成大淳熙五年"为言者论罢",⑧可能也影响到了杨甲,杨甲被罢官后居住在成都府灵泉县,现存20首诗几乎全都与灵泉县有关,收入《棣华馆小集》

---

① 〔宋〕李流谦《澹斋集》,清文渊阁四库全书本。
② 〔宋〕魏了翁《鹤山集》,卷七十二,清文渊阁四库全书本。
③ 〔宋〕袁说友编《成都文类》卷三十,清文渊阁四库全书补配文津阁四库全书本。
④ 〔元〕脱脱等《宋史》,第12224页。
⑤ 曾枣庄、刘琳主编《全宋文》,第二百七十一册,第53页。
⑥ 据史料记载,范成大与李蘩在淳熙三年曾有过交往,李蘩也举荐过杨甲,且李蘩曾摄绵州,推测杨甲任绵州郡守也与李蘩有关。参见《全宋文》第三百一十一册《奉大夫李公墓志铭》。
⑦ 〔明〕杜应芳《补续全蜀艺文志》,卷五十六,明万历刻本。
⑧ 于北山《范成大年谱》,第276页。

中。《六十家名贤小集》本《棣华馆小集》署名"玉溪杨甲"。玉溪,即解玉溪。《明一统志》卷六七《成都府》:"解玉溪在华阳县大慈寺南,与锦江同源,唐韦皋所凿。用其沙解玉,则易为功,因名。"①苏轼《清风阁记》:"文慧大师应符,居成都玉溪上。"②

7. 淳熙九年被召对,后任太学录

淳熙七年,范成大被起用,杨辅除秘书省正字,迁校书郎,八年出知眉州。杨辅与范成大也颇有交情,淳熙四年范成大离任时杨辅曾相送,范成大有诗《既离成都,故人送者远至汉嘉分袂,其尤远而相及于峨眉之上者六人:范季申、郭中行、杨商卿、嗣勋、李良仲、谭德称,口占此诗留别》,嗣勋为杨辅字。据史料记载,杨万里也曾举荐过杨甲。③ 杨万里与杨甲杨辅兄弟素有交情。杨万里《谢襄阳帅杨侍郎,用辘轳体》诗中提到:"合志同宗忆嗣清,寻盟继好感难兄。关西伯起今夫子,后世子云重易经。金薤银钩诒妙墨,貂裘玉札寄交情。本朝未有杨家相,留待公归两两星。"④杨侍郎指杨辅,⑤嗣清为杨甲字。另有两封给杨辅的书函《与杨侍郎》《与江陵府杨侍郎》。淳熙九年春,皇帝召对杨甲:

> 壬寅淳熙九年……是春,召对杨甲,寻除太学录。甲献书万言,大略谓:"人主之职,不过听言、用人、分别邪正。而近岁以来,权幸用事,其门如市。内批一出,疑谤纷然,谓陛下以左右近习为腹心,而不专任大臣。以巡逻伺察为耳目,而不明用台谏。今中外文武半为权门私人亲交,私党分布要近,良臣吞声,义士丧气。愿陛下哀之、救之。至于民兵之害,两淮百姓如被兵火。舒、蕲鼓铸,民不堪命。西南诸夷乘间出没,而马政日急,高直厚币以骄戎心。臣恐陛下今日所少者,非特马而已。又有司理财,一切用衰陋褊隘之策。至于卖楼店、括学田、鬻官地,而所在争献羡余,此风日炽,诚恐陛下赤子无宁岁矣。"其末言:"今日之事,欲正其本,则在陛下讲学。"⑥

可能杨甲对策回成都灵泉时游览了富乐山,并题诗,文曰:"太城杨甲,淳熙壬寅季春九日,游富乐山。"诗曰:"顾庐已□□,分筹饮□□。基复□□□,蜀何

---

① 〔明〕李贤、彭时等《明一统志》,卷六十七,清文渊阁四库全书本。
② 〔宋〕苏轼撰,李之亮笺注《苏轼文集编年笺注》,第二册,成都:巴蜀书社,2011年,第188页。
③ 〔宋〕杨万里撰,辛更儒笺校《杨万里集笺校》,第八册,北京:中华书局,2007年,第4616页。
④ 〔宋〕杨万里撰,辛更儒笺校《杨万里集笺校》,第四册,第2126页。
⑤ 《宋史·杨辅传》:"召守秘书监、礼部侍郎,以显谟阁待制知江陵府。"〔元〕脱脱等《宋史》,第12096页。
⑥ 汪圣铎点校《宋史全文》,卷二十七上,宋孝宗七,北京:中华书局,2016年,第2266—2268页。

□□□。乐吞吴未□,大权谋□□。志士十年□,空作名□□。景留唯有□,声与山□□。清幽□□□,旧春秋□□。"①"太城"即成都,范成大有诗《初发太城留别田父》。

(五)遂宁杨甲生卒年

遂宁杨甲乾道二年(1166)中进士,以文人一般二十至三十岁中举,大致推算其生年为1136—1146之间,即南宋绍兴六年至绍兴十六年之间。关于其卒年,很多学者根据其诗《庚寅再游》,推测其卒于理宗绍定三年(1230),实际上"庚寅"并非指庚寅年。项安世《送夔帅杨校书辅解印还乡二首 其一》"太息家林惟独鹤,向来西海说三鹏"句自注:"兄弟三人皆高科,连丧其二。"②可见杨甲去世当在杨辅之前,杨辅卒于嘉定二年(1209),杨甲不可能卒于其后的绍定三年(1230)。杨辅淳熙十五年(1188)改知夔州,③光宗绍熙间(1190—1194)总领四川财赋,④擢利州路安抚使。宋代地方官三年一任,杨辅离职时间应在绍熙二年(1191),故杨甲卒年当在绍熙二年(1191)之前。

由以上考证可知,《六经图》作者昌州杨甲绝无可能与遂宁杨甲为同一人。《六经图》作者杨甲,字鼎卿,昌州昌元人,布衣,曾被举贤良方正科,师从李石,约生活于两宋之交。遂宁杨甲,字嗣清,杨辅兄,约生于南宋绍兴六年(1136)至绍兴十六年(1146)之间,遂宁小溪人,后迁居成都府灵泉县,乾道二年进士,乾道六年任县令,乾道七年任国子录,后任汉州通判,淳熙元年教授成都学宫,后任绵州郡守,后寓居成都府灵泉县,淳熙九年被召对,后任太学录,绍熙二年(1191)前后逝世。

三、混淆原因

千年来同名的两个杨甲一直被混淆为同一人,除同名且都生活于南宋初年外,还有其他一些因素。首先,《六经图》作者杨甲是昌州人,做官的杨甲为遂宁人。昌州与遂宁地域相近,很容易让人猜测昌州杨甲后来移居遂宁。其次,此二杨甲确实可能存在交集。淳熙初,杨甲杨辅兄弟教授成都学宫,且与范成大有交集,昌州杨甲的老师李石亦与范成大有来往。淳熙四年范成大离

---

① 赵辉志《宋人杨甲诗文辑佚两则》,《中国地方志》2020年第6期。
② 〔宋〕项安世《平庵悔稿》,卷九,清抄本,第9a页。
③ 刘琳等校点《宋会要辑稿》,第4394页。
④ 刘琳等校点《宋会要辑稿》,第7950页。

任时,李石有诗送行。① 作于淳熙四年的《縻枣堰记》中称"吴郡范公……公始与客集于亭上,命其诸生杨甲为之记",②此诸生杨甲很可能为昌州杨甲。据此推测二杨甲很可能同时出现在成都学宫。再次,此二杨甲皆乾道年间有声西州。昌州杨甲所撰《六经图》于乾道年间被刻印出版,如抚州教授毛邦翰增补本;遂宁杨甲乾道二年对策,"言恢复之志不坚者二事",亦产生了一定的影响。此外,昌州杨甲的老师李石也是主战派,绍兴二十九年因"芝草案"罢职,推测昌州杨甲也为主战派,二杨甲关于时政可能有类似的看法。最后,《六经图》影响很大,人们更愿意相信其作者也很有名气,而不愿相信其只是一介布衣,故理所当然地将官员杨甲的事迹加在《六经图》作者身上。实际上,宋高宗时期广开献书之路,不论官员还是布衣都可以向朝廷献书,献书之人可能还会得到财物或官职等赏赐。《宋会要辑稿》记载:"(绍兴八年)六月五日,知简州李授之上所著《易解》,诏送秘书省,授之与除直秘阁。"③又"(绍兴十六年三月)二十二日,处州学生耿世南以编类徽宗朝诏诰、宰执以下词章来上,赐绢二十匹"。④至孝宗时这一政策依然未改。《宋会要辑稿》:"乾道二年六月四日,诏尚书兵部员外郎张行成,以疾丐外,兼进《易》可采,除直徽猷阁、知潼川府。"⑤昌州布衣杨甲很可能是通过这种方式将《六经图》进呈给了皇帝。

---

① 于北山《范成大年谱》,第241—242页。
② 曾枣庄、刘琳主编《全宋文》,第二百七十一册,卷六一一八,第55页。
③ 刘琳等校点《宋会要辑稿》,第2853页。
④ 刘琳等校点《宋会要辑稿》,第2855页。
⑤ 刘琳等校点《宋会要辑稿》,第2856页。

集部文献与文学史

《文选集注》校理考正*

袁 涛**

【内容提要】 日本金泽文库旧藏的古抄本《文选集注》保留了大量《文选》相关的珍贵资料,具有重要的文献价值。目前虽然已有《文选旧注辑存》等较为全面的校录成果,但由于写卷文字面貌的复杂特征,其间仍然存在着许多校理疏失有待进一步完善。本文通过字形文例的归纳辨析,综合考察相关文献,从"残字的复原性校理""缺字的复原性校理""俗字与讹字的校理"三个方面就校理问题展开相应讨论,并对所涉及的具体疏失予以校补。

【关键词】 古抄本 《文选集注》 校理

《文选集注》是十九世纪上半叶在日本金泽文库发现的一种《文选》及其古注的旧抄本文献,原书约一百二十卷,目前残存二十余卷,其中保留的《文选》正文、李善注、五臣注与传世刻本多有不同,《文选钞》《音决》及陆善经注更是世所未见的古佚旧注,具有极为重要的文献价值。日本京都大学于二十世纪三四十年代印行《京都大学文学部景印旧抄本》,其中三至九集收录《文选集注》共计二十三卷(包括残卷),近年来,周勋初又在《京都大学文学部景印旧抄本》的基础之上进一步搜罗至二十五卷(包括残卷),汇集为《唐钞文选集注汇存》印行于世,成为目前搜罗最多也最便翻检利用的影印整理本。

考虑到抄本文献独有的文本特征与表现形态,从事《文选集注》相关研究的首要工作必然是对其进行全面而细致的校录整理,将表现为抄写形态的文本转录为更便利用的电子印刷文本,以便后续研究的展开。目前既有的校录成果有2012年郑州大学的三篇硕士学位论文:张艳《唐抄〈文选集注〉点校整理(一)》、李金泠《唐抄〈文选集注〉点校整理(二)》、李远振《唐抄〈文选集注〉点校整理(三)》,以及2017年由凤凰出版社出版的刘跃进编著、徐华校订的《文选旧注辑存》中的集注本部分。相较而言,《文选旧注辑存》后出转精,校录文

---

* 本文为2024年浙江省哲学社会科学规划常规课题"敦煌本《大智度论》缀合与异文整理研究"(24NDJC233YBM)阶段性成果之一。

** 本文作者为清华大学历史系博士研究生。

本更为谨慎,正确率也更高,可以说是目前利用《文选集注》时最为可靠的校录整理本。

然而,作为年代甚早的抄本文献,《文选集注》的抄写状况十分复杂,俗讹文字颇多;其中若干卷次还存在着不同程度的卷面残损,导致不少残泐字形的出现,这些因素都对既有校录成果的质量造成了影响,使其留下了一定遗憾。今在复核既有校录成果的基础之上,通过字形文例的归纳辨析,综合考察相关文献,就"残字的复原性校理""缺字的复原性校理"以及"俗字与讹字的校理"三个方面展开相关问题的探讨,并补正相应的校理疏失。希望能为日后更为全面而深入的校理工作提供一些帮助。由于《唐钞文选集注汇存》与《文选旧注辑存》分别代表了最新的影印与校录成果,故以下举例讨论时,所据影印写卷即以《唐钞文选集注汇存》(简称《汇存》)为主,所据校录内容则以《文选旧注辑存》(简称《辑存》)为主,张艳、李金泠、李远振诸录文与之同者不再出校,遇有分歧者则再另行加以讨论。

一、残字的复原性校理

由于长期处于保管不善的状态,流传至今的《文选集注》不少卷面都存在着不同程度的文字残损,其中有些文字尚存部分残形轮廓,本文称之为残字;有些文字则已完全脱漏,本文称之为缺字。而无论残字缺字,《辑存》往往都径以"□"字形式加以校录。我们首先讨论残字。今校读发现,这些仅被录作"□"字的残字未必真的因为残泐而无法辨识。在尊重残存字形的基础之上,通过综合考察相关文献,许多残字实际都能得到有效的复原性校理。

首先,《集注》中的正文、李善注以及五臣注的部分由于存在传世文本可资比勘,因而往往可以通过参稽传本文字,依据残形进行直接复原,如:

例一,卷六三屈原《离骚经》"扈江离与辟芷兮,纫秋兰以为佩"句王逸注曰:

纫,索也,兰,□艸也,秋而芳。(11/6280)①

检《汇存》"□"字作"✿",张艳录作"香"字。按张艳所录是。此"兰□艸也"对应刻本王逸注"兰香草也"。② 又检《京都大学文学部景印旧钞本》中此字作"✿",更为清晰地表现为"香"字的残形,且同篇中"香"字写法如"杂申椒与菌

---

① 本文《集注》录文俱引自刘跃进编著、徐华校订《文选旧注辑存》(二十册),南京:凤凰出版社,2017年。引文后标册数及页码,如"11/6280"即指第十一册6280页。
② 〔宋〕洪兴祖《楚辞补注》卷一,北京:中华书局,1983年,第5页。又《汇存》"艸"字作"卝",即"卝"字俗讹。

桂兮"句王逸注"椒香木"作"香","岂维纽夫蕙茝"句王逸注"蕙茝皆香草也"作"香","荃不察余之忠情兮"句王逸注"人君被服芬香"作"香","畦留夷与揭车兮"句王逸注"留夷香草也"作"香",俱与此形近似,故此处校录时不必保守作"□",可直接补录"香"字。

这一类残字的复原工作相对简单。不过,由于《集注》中存在着大量与刻本文字不同的内容,有些字形虽然看似能在刻本中找到依据,但其中往往又会出现较为复杂的情形,需要经过仔细辨析才能加以确认,如:

例二,卷六三屈原《离骚经》"擥木根以结茝兮,贯薜荔之落蕊"句王逸注曰:

> 贯,累也。薜荔,香草也。缘木引□,据持根本;又贯累香草之实,执持忠信,不为华饰之行也。(11/6315)

检《汇存》"□"字作"▓"形。张艳录作"坚"字。① 又检刻本《文选》王逸注:"贯,累也。薜荔,香草也。缘木而生。落,堕也。蕊,实貌。言己施行,常揽木引坚,据持根本;又贯累香草之实,执持忠信,不为华饰之行也。"② 其中"引坚"连文,张艳盖据此补录。然而对比可知,刻本较《集注》多"而生"至"揽木"十五字,可见二者文本未必存在一一对应的联系,且此"▓"形虽与"坚"字差似,但同篇中"坚"字写法如"偭规矩而改错"句王逸注"必不坚固"作"坚","芳与泽其杂糅兮"句王逸注"玉坚而有泽"作"坚","恐导言之不固"句王逸注"不能坚固"作"坚",与此形俱不密合。张艳所录恐未必是。

《汇存》此字较为模糊,而《京都大学文学部景印旧钞本》中却并无残泐,作"擥",即正文"擥木根以结茝兮"之"擥"字。据此,则"▓"形实即"擥"字残泐下半,《汇存》影印质量不佳,以致模糊。金少华先生曾论证现存《集注》为誊抄本,其中往往有抄者据底本转抄时不慎抄衍、抄删之处。③ 今疑此例亦然。"缘木引擥"语不可通,盖抄者据底本誊抄至王逸注"缘木而生"时,误将其与后文"擥木引坚"相混,遂讹脱至此。

其次,《集注》中的《文选钞》(简称《钞》)、《音决》以及陆善经注的部分皆是国内早已亡佚的典籍,其中残字并无传世文本得以比勘。不过通过揣摩残存字形,考察相关文献,比对不同影印本并加以适当的文义推理,我们还是可以将许多残字正确地识读出来,如:

例三,卷八五赵至《与嵇茂齐书》"繁华流荡,君子弗饮"句《文选钞》曰:

---

① 张艳《唐抄〈文选集注〉点校整理(一)》,郑州大学 2012 年硕士学位论文,第 386 页。
② 〔南朝梁〕萧统《文选》卷三二屈原《离骚经》,上海:上海古籍出版社,1986 年,第 1491 页。
③ 参见金少华《古抄本〈文选集注〉研究》,杭州:浙江大学出版社,2015 年,第 3—7 页。

流荡,随时放荡,谓不恒之人也。此则君子不□行其道也。(14/8554)

检《汇存》"□"字作"🗙"形,确已残泐,唯右半略存"攵"形。《钞》此"君子不□行其道也"一语乃释正文"君子弗钦"。今参其残存轮廓,初疑此残字当即正文中之"钦"字,然而"钦行"连文古书罕见,且"钦"字右半从"欠",如正文"钦"字即作"🗙"形,与此残形不同,恐未必是。又参后文张铣注:"言自多其盛而为流荡者,君子之所不敬也。"则疑此残字更有可能是"敬"字。"钦""敬"义近,《尔雅·释诂》:"钦,敬也。"①而"敬行"连文更是古书常见,如《左传·襄公二十五年》赵文子曰:"武也知楚令尹若敬行其礼,道之以文辞,以靖诸侯,兵可以弭。"②《吕氏春秋·孝行览》:"父母既没,敬行其身,无遗父母恶名,可谓能终矣。"③《三国志·魏书·陶谦传》裴松之注引《吴书》陶谦上书曰:"虽宪章敕戒,奉宣威灵,敬行天诛,每伐辄克,然妖寇类众,殊不畏死,父兄殀殪,子弟群起,治屯连兵,至今为患。"④《尚书·尧典》"平秩南讹,敬致"句伪孔传曰:"平叙南方化育之事,敬行其教,以致其功。"⑤《宋书·文元袁皇后传》载史臣谀辞曰:"孝达宁亲,敬行宗祀。进思才淑,傍综图史。"⑥以上皆经史要籍中"敬行"连文之例,其中"敬行其礼""敬行其身""敬行其教"诸例更与此"敬行其道"句式正同。《钞》"君子不敬行其道也"亦即张铣注"君子之所不敬也"之意。

例四,卷六一刘铄《拟古二首(拟行行重行行)》"寒螿翔水曲,秋兔依山基"句《文选钞》曰:

螿依水,兔依山,言各得其所,伤人不□之。(10/5984)

检《汇存》"□"字作"🗙"形,张艳录作"如"字。⑦按张艳所录非是。此当即"及"字之残。同卷中"及"字写法如袁淑《效曹子建乐府白马篇》"五侯竞书币"句李善注"及徙豪茂陵"作"🗙",刘铄《拟古二首(拟明月何皎皎)》"屡见流芳歇"句李善注"流芳未及歇"作"🗙",鲍照《代君子有所思》"丝泪毁金骨"句李善注"张叔及论曰"作"🗙",皆与此形相近。《钞》意谓螿依水而栖,兔依山而居,各自随着天性而生活,而人却不能随性而生,感伤人不及禽兽一般自由。

例五,卷一〇二王褒《四子讲德论》"夷齐耻周而远饿,文武不以卑"句《文

---

① 〔清〕邵晋涵《尔雅正义》卷二,北京:中华书局,2017年,第101页。
② 〔清〕阮元校刻《十三经注疏》,北京:中华书局,2009年,第4310页。
③ 许维遹《吕氏春秋集释》,北京:中华书局,2009年,第309页。
④ 〔晋〕陈寿《三国志》卷八《魏书·陶谦传》,北京:中华书局,1982年,第250页。
⑤ 〔清〕阮元校刻《十三经注疏》,第251页。
⑥ 〔南朝梁〕沈约《宋书》卷四一《后妃传·文元袁皇后传》,北京:中华书局,1974年,第1285页。
⑦ 张艳《唐抄〈文选集注〉点校整理(一)》,第311页。

选钞》曰：

《史记》：夷齐谏武王伐纣。而今言文王者，□武而连言文也。(17/10401)

检《汇存》"□"字作"🈚"形，墨渍漫衍。李远振录作"文"字。① 今检《京都大学文学部景印旧钞本》此字较为清晰，作"囙"，则此字当为"因"字之俗。《干禄字书》："囙因，上俗下正。"李远振所录非是。《钞》据《史记》中伯夷、叔齐所谏者仅为武王，而正文中却文王、武王连言，故解释所以如此者，王褒因藉武王而连言文王也。此"因……而连言"句式古书习见。《文选》卷二五刘琨《答卢谌诗并书》"长鸣于良乐"句李善注曰："王良无遇骥之事，因伯乐而连言之。"②《礼记·檀弓下》"子弑父凡在官者杀无赦"句孔颖达疏曰："今云子者，因孙而连言之。"③《礼记·郊特牲》"大飨君三重席而酢焉"句孔颖达疏曰："连言飨者，因燕而连言飨。"④皆其例。

例六，卷六一刘铄《拟古二首（拟行行重行行）》"眇眇陵长道，遥遥行远之"句《文选钞》曰：

遥遥，□远之适也。(10/5982)

检《汇存》"□"字作"🈚"形，张艳录作"极"字，全句作"遥遥，极远之边也"。⑤ 按《辑存》、张艳此处标点皆误。"之适也"乃《钞》释正文"之"字的训语，故前需点断，作："遥遥，□远。之，适也。"而张艳或许是受了标点之误的影响，以为"□远之适"无法读通，遂又改"适"为"边"。今检此字作"适"，显为"适"字无疑，绝非"边"字。

唯张艳录"□"为"极"则甚是。"极"字声旁"亟"俗书或作"㔻"，《干禄字书》："㔻亟，上俗下正。""极"遂可作"㮇"，如《集注》卷九四袁宏《三国名臣序赞》："运㮇道消，碎此明月。"卷一一三潘岳《汧马督诔》："而雍州从事，忌敦勋效，㮇推小疵。"皆其例。故《文选钞》原文应作："遥遥，极远。之，适也。"

例七，卷一一三潘岳《夏侯常侍诔》篇题《文选钞》曰：

臧荣绪《晋书》曰：夏侯湛，[字]孝若，[谯]国谯人。曾祖渊，魏征西将□□□□□兖州刺史。(18/11202)

检《汇存》"兖"前一"□"字尚有笔画残余，但较为模糊，难以辨识，《京都大

---

① 李远振《唐抄〈文选集注〉点校整理（三）》，郑州大学2012年硕士学位论文，第157页。
② 〔南朝梁〕萧统《文选》卷二五刘琨《答卢谌诗并书》，第1170页。
③ 〔清〕阮元校刻《十三经注疏》，第2846页。
④ 〔清〕阮元校刻《十三经注疏》，第3132页。
⑤ 张艳《唐抄〈文选集注〉点校整理（一）》，第310页。

学文学部景印旧钞本》亦然,而日本勉诚社 2015 年原大彩印的《东洋文库善本丛书》第 12 册中所收《文选集注》卷一一三则相对清晰,作"▢"形,残存左旁"扌"及右下"隹"形。今据此形推测,此字当即"擢"字。同篇"从班列也"句张铣注"言以次而任非擢材也","擢"字《汇存》作"▢",《东洋文库善本丛书》作"▢",与此形近。"擢"即举拔为官之意。《汉书·张敞传》:"敞以切谏显名,擢为豫州刺史。"①《三国志·魏书·梁习传》:"济阴王思与习……后同时擢为刺史,思领豫州。"②《后汉书·度尚传》:"尚书朱穆举尚,自右校令擢为荆州刺史。"③《后汉书·黄琬传》:"太尉杨赐上书荐琬有拨乱之才,由是征拜议郎,擢为青州刺史。"④皆史书中汉魏人擢为刺史文例。

例八,卷八左思《三都赋序》"左太冲"题下《文选钞》曰:

> 王隐《晋书》曰:左思少好经术,尝习钟胡书不成,学琴又不成,貌▢口讷,甚有大才。博览诸经,遍通子史。(2/838)

检《汇存》"▢"字作"▢"形,残损上半部分。《辑存》刘跃进案曰:"集注本《文选钞》'貌'下一字左部为'目',右笔画不清。《晋书·文苑传》作'貌寝',然与此不同。"张艳录作"丑"字。按张艳所录甚是。"丑"字左旁"酉"俗类"百"形,如《集注》卷一〇二王褒《四子讲德论》"嫫姆倭傀"句李善注:"倭傀,▢女,未详所见。""▢"字若残泐上半,即此"▢"形。这种写法在敦煌写卷中亦颇为常见,如英藏 S.6659《太上洞玄灵宝妙经众篇序章》:"六疾▢陋,可憎之极。"又敦研 178V《佛说八师经》:"不别好▢。"⑤皆其例。"貌丑"先唐典籍习见,如《南齐书·江谧传》:"弟蒙貌丑,帝常召见狎侮之。"⑥《文选》卷一五张衡《思玄赋》李善注引《汉武故事》:"臣文帝时为郎,文帝好文而臣好武;至景帝好美,而臣貌丑。"⑦《晋书·文苑传》作"貌寝","貌寝"亦即貌丑之意。

二、缺字的复原性校理

相较残字而言,缺字由于没有残存字形作为辨识的基础,故其复原难度相对更大。尤其是面对作为佚籍的《文选钞》《音决》以及陆善经注部分,在没有其他文献依据的情况下,即便根据文义逻辑推断某处缺字应为某字,我们也很

---

① 〔汉〕班固《汉书》卷七六《张敞传》,北京:中华书局,1962 年,第 3216 页。
② 〔晋〕陈寿《三国志》卷一五《魏书·梁习传》,第 470 页。
③ 〔南朝宋〕范晔《后汉书》卷三八《度尚传》,北京:中华书局,1965 年,第 1285 页。
④ 〔南朝宋〕范晔《后汉书》卷六一《黄琬传》,第 2041 页。
⑤ 参见黄征《敦煌俗字典》,上海:上海教育出版社,2019 年,第 57 页。
⑥ 〔南朝梁〕萧子显《南齐书》卷三一《江谧传》,北京:中华书局,1972 年,第 569 页。
⑦ 〔南朝梁〕萧统《文选》卷一五张衡《思玄赋》,第 663 页。

难径行加以苴补。不过,以下所要揭示的两种相关材料,或许将有助于这一问题的解决。

(一)罗振玉《唐写文选集注残本》

《文选集注》散出金泽文库后,罗振玉率先对其进行了汇集整理。民国七年(1918),罗振玉将其在日本托人摹写的十四卷残卷及自藏的两卷共十六卷以《唐写文选集注残本》之名收入《嘉草轩丛书》印行于世,成为《文选集注》的最早印本。然而,由于《残本》中除了罗氏自藏的两卷以外,余下十四卷皆仅据摹写本影印,因而从存真的角度而言,其质量并不算高。而随着《京都大学文学部景印旧抄本》以及《唐钞文选集注汇存》等依原卷影印的整理本的相继出版,《残本》实际上已被淘汰,基本不再为学者所使用。

周勋初在《唐钞文选集注汇存》前言中曾对《残本》所收摹印本的失真问题有所揭示:"(摹印本)不但字画失真,而且遇到模糊之处,每径行略去。"① 今取以比勘《汇存》可知,摹印本中此类遇原卷模糊而径行略去的情况十分常见。以残损严重的卷九一王融《三月三日曲水诗序》为例,如"幽明献期"句下李善注"天代殷立周,谨来受命"一句,《汇存》除"殷"字略有漫漶外,其余文字皆可辨识,而摹印本却仅摹写作"天代□□周,□来受命",遗漏三字;又"导德齐礼"句下李善注"子曰导之以□"一句,《汇存》"以"下一字确已残损,但前五字清晰可见,而摹印本却全作缺字处理。以上两例足证周氏所言不虚。

不过,这一现象却也为我们传递了另一项重要信息:既然摹印本在原卷残漶之处多不存录,那么其所摹录下来的文本,则理应认为是当时原卷清晰可见者。而通过比勘,我们发现,同样是面对现已残漶之处,除了径行略去以外,摹印本中却也出现了部分文字溢出于今日所见影印本的现象。结合写卷保存状况的自然变化,我们认为,这种现象很可能意味着百年前摹写者所见到的某些卷面,其残漶程度并未如今日所见影印本一般严重,而与之相应的溢出内容,亦自是依据当时尚可辨识的卷面进行过录,来源可靠,值得深入校读。今仍取王融《三月三日曲水诗序》举例论证如下。

例九,卷九一王融《三月三日曲水诗序》"昭华之珍既徙,延喜之玉攸归"句《文选钞》曰:

　　　　□□□□云舜受尧禅(以下阙)。(15/9163)

检《汇存》"云"前一共缺损四字,唯所残第四字作"己"形,并未完全消损,尚存右半"己"形。林晓光曾撰《对〈文选集注〉卷九一的复原性整理(上)》《对

---

① 周勋初《唐钞文选集注汇存》,上海:上海古籍出版社,2011年,第3页。

〈文选集注〉卷九一的复原性整理(下)》二文对本卷进行了系统的复原性整理,①此字补为"记"字。不过"舜受尧禅"虽属常语,但翻检古籍,尚未见有此语出于书名四字且末为"记"者。林氏所补未必有据。

今核摹印本面貌如下:

　　□□世纪云:舜受尧(以下阙)。

摹印本"舜受尧"后失录一"禅"字,此亦摹本遇原卷模糊而径行略去之例,然而"云"前残存右半"己"形之字却作"纪"字,且前又多一"世"字。据此二字,则"□□世纪"当即皇甫谧《帝王世纪》。舜受尧禅固《帝王世纪》应有之事,同篇"殷殷均乎姚泽"句李善注引《帝王世纪》曰:"尧求贤而四岳荐舜,尧乃命于顺泽之阳。"又《艺文类聚》卷一一《帝王部·帝尧陶唐氏》引《帝王世纪》曰:"(帝尧)以天下命舜。"②且《毛诗正义》卷六《唐谱》正义有引皇甫谧"禹受舜禅"语,与此句式正同,可为旁证。

例一〇,卷九一王融《三月三日曲水诗序》"革宋受天,保生万国"句《文选钞》曰:

　　左氏□□诸侯于涂山,执玉帛者万国。(15/9164)

检《汇存》"左氏"下缺损二到三字。按"左氏"后一残字必"传"字无疑,又《左传·哀公七年》:"禹合诸侯于涂山,执玉帛者万国。"③此即《钞》文所本,则"诸侯"前应有两字,故《汇存》"左氏"下实残损三字,《辑存》失录一"□"字。林晓光复原时即据《左传》补入"传禹合"三字。

今核摹印本面貌如下:

　　□□□禹会诸侯于涂山,执玉帛者万国。

摹印本失录"左氏"二字,然"诸侯"之前却较影印本多"禹会"二字,与传本《左传》及林氏所补"禹合"不同。按"禹会"于古有征,《礼记·王制》"凡九州千七百七十三国天子之元士诸侯之附庸不与"句郑玄注引《春秋传》曰:"禹会诸侯于涂山,执玉帛者万国。"④又《文选》卷一班固《西都赋》"隆上都而观万国"句李善注引《左传》曰:"禹会诸侯于涂山,执玉帛者万国。"⑤皆与摹印本同。

---

① 参见林晓光《对〈文选集注〉卷九一的复原性整理(上)》,《域外汉籍研究集刊》第十二辑,北京:中华书局,2015年;林晓光《对〈文选集注〉卷九一的复原性整理(下)》,《域外汉籍研究集刊》第十三辑,北京:中华书局,2016年。
② 〔唐〕欧阳询《艺文类聚》卷一一《帝王部·帝尧陶唐氏》,上海:上海古籍出版社,1985年,第214页。
③ 〔清〕阮元校刻《十三经注疏》,第4697页。
④ 〔清〕阮元校刻《十三经注疏》,第2866页。
⑤ 〔南朝梁〕萧统《文选》卷一班固《西都赋》,第9页。

例一一,卷九一王融《三月三日曲水诗序》"本枝之盛如此,稽古之政如彼"句《文选钞》曰:

> 如此,谓如此□□东也;如彼,谓上之所说也。(15/9179)

检《汇存》"如此"下缺损二字,又"东"字左半略有模糊。按此作"东"则于义颇有不协,林晓光复原之时即已留意,故其录文虽仍作"东"字,但又出校曰:"按原钞似有漫漶,疑当为'陈'字。"①

今核摹印本面貌如下:

> 如此,谓□□□陈也;如彼,谓上之所说也。

摹印本"谓"下失录"如此"二字,然左半模糊之字作"陈",正与林氏所疑相同。按作"陈"字则于义甚通。《钞》前文"如此,谓如此□□陈也"与后文"如彼,谓上之所说也"相对,其意当为"如此,谓如此之所陈也"。"陈""说"正相对应。

例一二,卷九一王融《三月三日曲水诗序》"镜文虹于绮疏,浸兰泉于玉砌"句陆善经注曰:

> 兰泉,兰生于泉也。□□草木疏云:兰,香草。旧汉诸池苑皆种之。(15/9214)

检《汇存》"兰生于泉"后实缺三字,《辑存》"也"字乃以意补。林晓光则补入"也离骚"三字,除与《辑存》同补"也"字外,又于"草木疏"前补"离骚"二字。今检《隋志》虽有著录刘杳《离骚草木疏》二卷,但此书不见《文选》旧注所引。又检《毛诗·郑风·溱洧》"方秉蕑兮"句毛传曰:"蕑,兰也。"孔颖达《毛诗正义》引陆机疏云:"蕑即兰,香草也。……其茎叶似药草泽兰,广而长节,节中赤,高四五尺,汉诸池苑及许昌宫中皆种之。"②则此所引《草木疏》实为陆机《毛诗草木鸟兽虫鱼疏》。林氏补入"离骚"非是。

今核摹印本面貌如下:

> 兰泉,兰生于泉侧也。又《草木疏》云:兰,香草。旧汉诸池苑皆种之。

可见摹本并无残泐,且文辞较《辑存》、林氏所补更优。兰草并非水生植物,不应"生于泉也",自当以"生于泉侧也"更合实际。袁宏《后汉纪·光武皇帝纪》"中元元年夏四月"条曰:"是时醴泉出,京师百姓痼疾,饮者皆愈。又有赤草生于泉侧,郡国三十一上言甘露降。"③赤草即朱草,与兰草皆属瑞物,可资

---

① 林晓光《对〈文选集注〉卷九一的复原性整理(下)》,《域外汉籍研究集刊》第十三辑,第325页。
② 〔清〕阮元校刻《十三经注疏》,第732—733页。
③ 〔晋〕袁宏《后汉纪》卷八《光武皇帝纪》,北京:中华书局,2002年,第155页。

互证。而陆机《毛诗草木鸟兽虫鱼疏》固可简称《草木疏》，《毛诗正义》习见称引。

以上四例足以证明，百年前摹写者所见到的《集注》部分卷面应较今日所见影印本更为清晰，故摹本中尚能保留今日影印本业已残泐的内容，且四例内容皆来自《文选钞》与陆善经注，摹写者绝无其他途径据以添补，其可靠性更是毋庸置疑。而校读可知，这些内容皆可得到传世文献或注释文义的印证，可以作为重要的复原校理材料加以使用。

（二）日藏白文无注抄本《文选》注记

除《集注》以外，日本尚有不少白文无注形式的《文选》古抄残卷流传至今。这些卷子虽然仅仅抄录正文，但其天头地脚、正文行间乃至纸背往往会有后人研读传习时所添加的古注，其中也包括了《文选钞》《音决》以及陆善经注等见于《集注》的内容。① 这些注记对于我们复原《集注》缺字而言同样具有重要的意义。

《辑存》在校录《文选》旧注时网罗了大量日藏白文无注抄形式的《文选》古抄本进行参校，对于其中所保留的注记也大多予以辑录。今参稽这些注记，许多与之相应的《集注》缺字即能得到复原。如：

例一三，卷七三曹植《求自试表》"伏惟陛下少垂神听，臣则幸矣"句《文选钞》曰：

> 幸，□也。幸者，不应得而得之。又，幸，恩也。（12/7410）

检《汇存》"□"字已缺损。《辑存》辑录九条本卷一九注记曰："《钞曰》：愿也。"按九条本即日本东山御文库旧藏的九条公爵家白文无注抄本《文选》，残存二十一卷，现藏日本宫内厅书陵部。② 今复核九条本原卷，此条注记抄于正文"幸"字左侧，则"愿也"正是《钞》对"幸"字的解释，可见所缺之字亦即"愿"字。

例一四，卷七三曹植《求通亲亲表》"群后百寮，番休递上"句《文选钞》曰：

> 言魏朝群臣百官皆□番，次第十、五，递上迭下，皆得休息还家见亲戚，唯诸王不得也。（12/7424）

检《汇存》"□"字已缺损。《辑存》辑录九条本卷一九注记曰："《钞》曰：言魏朝群臣百官皆分番，次第十、五，递上递下，皆得休息还家见亲戚，唯诸王不

---

① 参见高薇《日藏〈文选〉白文古钞引〈文选集注〉考论》，《文学遗产》2022 年第 3 期。
② 关于九条本《文选》的介绍，可参见高薇《〈文选〉日藏古钞本研究》第一章《〈文选〉日藏古钞本叙录》部分，北京大学 2020 年博士学位论文。

得也。"与此《钞》文几同。则所缺之字亦即"分"字。

不过《辑存》虽然网罗甚多,但仍存在部分日藏古抄本信息的遗漏,如宫内厅书陵部所藏的《出师表》残卷即是。该卷原为九条本《文选》卷一九中的卷首部分,为后人从中截取而来。由于长期处于脱离九条本而单独流传的状态,其性质一直没有得到明确的认识。《辑存》也未能取以参校并辑录其中注记。近来则有王子鑫《日本宫内厅书陵部藏〈出师表〉写卷新研》一文对此卷性质加以详细探讨。① 今检读可知,该卷中亦有注记可补《集注》缺字之例,如:

例一五,卷七三诸葛亮《出师表》"三顾臣于草庐之中,咨臣以当世之事"句《文选钞》曰:

　　(以上阙)庐结草为□田舍也。(12/7327)

检《汇存》"庐"字以上已阙,"□"字亦已缺损。今检宫内厅本《出师表》纸背有"三顾草庐"条注记曰:"《钞》曰:草庐,结草为守田舍也。"据此,则"庐"上一字可补为"草"字,"□"字亦即"守"字。

例一六,卷七三诸葛亮《出师表》"受命以来,夙夜忧叹"句《音决》曰:

　　《音[决]》:□□□□。(12/7331)

检《汇存》"音"字以下缺损五字,后接五臣注内容。《辑存》补一"决"字,余下四字空缺。今检宫内厅本《出师表》"叹"字旁有注记曰:"《音决》作难,那旦反。"则此处所缺四字亦即"难那旦反"也。

较为特殊的情况是,宫内厅本《出师表》注记中还存在部分没有标明出处的音注。这些音注虽然没有标明出处,不过通过文本比勘,可以发现其实与《集注》中的《音决》存在密切联系,并能为相关缺字的复原校理提供线索,如:

例一七,卷七三诸葛亮《出师表》"三顾臣于草庐之中,咨臣以当世之事"句《音决》曰:

　　(以上阙)字,卢音间。(12/7327)

检《汇存》"字"在行首,而前一行下半部分已经断裂,上半部分尚有"上时势之□音决□"八个字符(其中"决"字《汇存》漫漶不清,《京都大学文学部景印旧钞本》作"决",右旁"夬"形尚可辨识)。卷七三的行款为每行十三四字,考虑到前一行字符间隔相对较大,则其行款应为十三字,亦即"音决□"下应当还有五字,全句如下:

　　《音决》:□□□□□字,卢音间。

---

① 参见王子鑫《日本宫内厅书陵部藏〈出师表〉写卷新研》,《历史文献研究》2022年第1辑。

今检宫内厅本《出师表》"三顾臣于草庐之中"句"三"字旁有音注曰:"素暂反,又如字。"这条音注虽未标明来源,但其亦有一"字",且字数正好与《音决》缺损的部分相合,可见此注记应即来自《音决》。参考这条注记,《音决》中缺损部分便可得到完整复原:

《音决》:[三,素暂反,又如]字,卢音间。

以上两种材料中,罗振玉《唐写文选集注残本》仅举四例加以讨论,实则其中可资补充《集注》缺字的溢出内容远不止此,值得我们深入挖掘;而日藏白文无注抄本《文选》注记亦仅以九条本《文选》卷一九为例(宫内厅本《出师表》亦属九条本《文选》卷一九),除此之外,九条本其余卷次乃至其他白文无注抄本《文选》中的注记能否为我们复原缺字提供帮助,也同样需要引起我们足够的重视。

三、俗字与讹字的校理

除残字、缺字以外,《文选集注》中还存在着数量众多的俗字与讹字,对既有的校录工作同样产生了不小的挑战。其中俗字的问题相对直接,主要体现为原卷抄写不误而校录者误录。由于俗字形体纷繁,变化多端,校录者在没有进行正确识读的情况下,往往会将俗字当作其他文字加以校录,从而造成讹误,需要纠正。如:

例一八,卷七一任昉《宣德皇后令》"推毂樊邓,胡尘罕尝夕起"句陆善经注曰:

《齐州郡志》云:雍州镇襄阳,跨对樊沤。(12/7140)

注文"樊沤"与"襄阳"相对,当为地名,然"沤"字并无地名之义。今检《汇存》"沤"字作"沔"形,实乃"沔"字之俗。陆善经所引《齐州郡志》即萧子显《南齐书·州郡志》。检《州郡志》"雍州"条:"雍州,镇襄阳,晋中朝荆州都督所治也。……宋元嘉中,割荆州五郡属,遂为大镇。疆蛮带沔,阻以重山,北接宛、洛,平涂直至,跨对樊、沔,为鄢郢北门。"①可证"沤"即"沔"字。细审"沤"字右下微有勾笔,实即"沔"字"亅"笔之简省。这种写法亦出现在敦煌写卷中,如敦博076《唐天宝初年地志残卷》:"汉阳(郡),沔(州),京二千三百八十(里),都一千五百六十(里)。"②"沔"即"沔"字,末笔"亅"亦有简省,与此例同,唯程度不甚剧烈而已。又"丏"字末笔亦有类似写法,如英藏S.2144《韩擒虎话本》:"丏

---

① 〔南朝梁〕萧子显《南齐书》卷一五《州郡志》,第281—282页。
② 参见《甘肃藏敦煌文献》第六册,兰州:甘肃人民出版社,1999年,第224页。

(改)撰衣装,作一百姓装里。"①可与"丐"字互参。

例一九,卷八五孙楚《为石仲容与孙皓书》"然后远迹疆埸,列郡大荒"句注曰:

  《音决》:埸,音亦。吕向曰:壃埸,边畔也。(14/8481)

检《汇存》正文、《音决》及吕向注中"埸"字作"埸""埸""埸"诸形,实皆为"埸"字之俗。"疆埸"意即边畔,《左传·桓公十七年》:"疆埸之事,慎守其一,而备其不虞。"孔颖达疏:"疆埸,谓界畔也。"②此语魏晋时人习用,如《三国志·魏书·杜恕传》载杜恕上疏曰:"往年牛死,通率天下十能损二;麦不半收,秋种未下。若二贼游魂于疆埸,飞刍挽粟,千里不及。"③《三国志·魏书·袁尚传》裴松之注引《汉晋春秋》载审配献书于(袁)谭曰:"遂引军东辕,保正疆埸,虽近郊垒,未侵境域,然望旌麾,能不永叹?"④《三国志·魏书·陈思王植传》载曹植上疏曰:"疆埸骚动,方隅内侵,没军丧众,干戈不息者,边将之忧也。"⑤《三国志·魏书·广平哀王俨传》裴松之注引《魏氏春秋》载曹冏上书曰:"今则不然,或任而不重,或释而不任,一旦疆埸称警,关门反拒,股肱不扶,胸心无卫。"⑥孙楚"远迹疆埸"亦其例。而"疆场"虽然也有边境之义,⑦但该词出现的时代较晚,迟至北魏末年方才有确凿例证,⑧魏晋时期尚无用例,此亦反证《辑存》录作"场"字不可信从。又《音决》"音亦",刻本五臣夹音"亦",皆足证《音决》、吕向注亦与正文同用"埸"字。故《辑存》所录《音决》与集注本吕向注中"场"字皆当改正作"埸"。

推其致误之由,则因"埸"字右旁"易"俗多作"昜"形,如《集注》同篇"南面称王也"句李善注"周易曰"作"昜","枹鼓一震而元凶折首"句李善注"周易曰"作"昜","自剡木以来舟车之用"句李善注"周易曰"作"昜"。又敦煌吐鲁番写本文献中亦常见此形,如英藏 S.498(2—2)《毛诗正义》:"昜之言'厉'[者,皆危之义]。"⑨又 80TBI:021《四分律(卷八)三十舍堕法之三》:"▢▢未成金昜成银▢▢。"⑩其形与"易"几同,故致讹混。

---

① 参见黄征《敦煌俗字典》,第 232 页。
② 〔清〕阮元校刻《十三经注疏》,第 3818 页。
③ 〔晋〕陈寿《三国志》卷一六《魏书·杜恕传》,第 499 页。
④ 〔晋〕陈寿《三国志》卷六《魏书·袁尚传》,第 205 页。
⑤ 〔晋〕陈寿《三国志》卷一九《魏书·陈思王植传》,第 572 页。
⑥ 〔晋〕陈寿《三国志》卷二〇《魏书·广平哀王俨传》,第 592 页。
⑦ 参见卢烈红《"石友""疆场""钧座"词义考》,《阅江学刊》,2019 年第 3 期。
⑧ 参见曾良《"盼望""疆场"俗变探讨》,《中国语文》,2008 年第 2 期。
⑨ 参见黄征《敦煌俗字典》,第 964 页。
⑩ 参见赵红《吐鲁番俗字典》,上海:上海古籍出版社,2019 年,第 628 页。

相较而言,更为隐蔽且严重的是讹字的问题,主要表现为原卷抄写有误而校录者失校。由于手抄文字的随意性,《集注》抄者在誊抄过程中难免存在误抄文字的情况。校录者在面对这些情况时,严格遵守写卷原貌进行录文固然无可非议,但是对于一些明显存在问题的文本不出校记,就容易误导读者,并对后续研究造成不利的影响。对于这类问题,我们尤其需要给予特别的关注,并加以详细的辨析校正,如:

例二〇,卷六六宋玉《招魂》"稻粱穱麦,挐黄粱些"句《音决》曰:

粱音容。穱音投。(11/6640)

检《汇存》"投"字作"投"形,确为"投"字无疑。然而《广韵》"穱"在入声觉韵侧角切,①"投"在平声侯韵度侯切,②二字读音差异甚大,不可能是同音字。今按"投"实即"捉"字抄讹。"捉"亦在入声觉韵侧角切,③与"穱"读音正同。"投"字右旁"殳"俗写往往作"旻",④故"投"或作"授",上揭"投"形即是,又如《集注》同篇"投之深渊些"王逸注:"授,擿也。"而"捉"字右旁"足"俗书或省作"昱",故"捉"或作"捉",如同篇"挫糟冻饮"句王逸注:"挫,捉也。""捉""投"二形极近,遂致混讹。洪兴祖《楚辞补注》"穱音捉",⑤可资参证。

例二一,卷五六鲍照《乐府八首(出自蓟北门行)》"时危见臣节,世乱识忠良"句李善注曰:

《老子》曰:国家昏乱,乌有忠臣。(9/5311)

检《汇存》"乌"字作"焉"形。张艳录作"焉",然又出校曰:"'乌有忠臣',尤刻本作'有忠臣焉'。"⑥《新校订六家注文选》校语曰:"今《老子》无'马'字。"⑦则又以"焉"为"马"。今按"马"字显误,而"乌""焉"俗写形近,需加辨析。检《集注》同卷中"乌"字写法如陆机《挽歌诗三首(其三)》"丰肌飨蝼蚁"句李善注"恐乌鸢之食夫子也"作"乌",与此形几同。而"焉"字写法如鲍照《乐府八首(苦热行)》"火山赫南威"句李善注"南荒外有火山焉"作"焉",鲍照《乐府八首(升天行)》"云卧恣天行"句李善注"有神人居焉"作"焉",陆机《挽歌诗三首(其三)》"今托万鬼邻"句李善注"东海中有山焉"作"焉",俱与此形存在一定差异。可见

---

① 周祖谟《广韵校本》,北京:中华书局,2011年,第466页。
② 周祖谟《广韵校本》,第216页。
③ 周祖谟《广韵校本》,第466页。
④ 参见张涌泉《敦煌俗字研究》,上海:上海教育出版社,2015年,第596页。
⑤ 〔宋〕洪兴祖《楚辞补注》卷九,第207页。
⑥ 张艳《唐抄〈文选集注〉点校整理(一)》,郑州大学2012年硕士学位论文,第203页。
⑦ 俞绍初、刘群栋、王翠红《新校订六家注文选》第三册,郑州:郑州大学出版社,2013年,第1820页。

《辑存》录作"乌"字,确实是严格遵守写卷原貌的体现。

然此作"乌"字却义不可通。检刻本善注作"有忠臣焉",又《老子》王弼本作"有忠臣",傅奕本作"有贞臣",范应元本作"有贞臣焉"。① 可见《老子》原意应为国家昏乱,乃有忠臣。作"乌"则文义截然相反,显误。此"乌"字实即"焉"字抄误,"焉"作连词,表于是之义。王引之《经传释词》卷二:"安,犹于是也,乃也,则也。安或作案,或作焉,其义一也。"② 又检马王堆帛书甲本《老子》作"案有贞臣",帛书乙本作"安有贞臣",③郭店简丙本作"安又正臣"。④ 其中"安""案"皆与"焉"相通。高明、丁原植、魏启鹏、彭浩、廖名春、陈锡勇等亦皆据王引之说释本章,李学勤更由此指出"郭店简中的虚词'安',实际即读为'焉',训为'则'"。⑤ 然则《集注》"焉有忠臣"不但不误,⑥且与简帛本《老子》相合。刻本善注则受到传本《老子》的影响而倒"焉"字于句末耳。"焉""乌"俗书形近,"焉"误为"乌"亦古书常见。如《集注》卷七九任昉《奏弹曹景宗》"犹转战无穷"句李善注"焉支山",尤袤刻本李善注误作"乌支山",即其例。

例二二,卷五九沈约《应王中丞思远咏月》诗题李善注曰:

竟陵王袁曰:王思远字思远。(10/5859)

检《汇存》"袁"字作"袁"形,又刻本李善注无此十一字。刘盼遂《文选篇题考误》曰:"《应王中丞思远咏月》,按唐写本引李善注后有'竟陵王表曰王思远字思远'十一字,今本失去。"⑦刘氏所言唐写本即《文选集注》,既言"竟陵王表",则以此"袁"为"表"字。今按《集注》中"袁"字的写法如同卷谢朓《和伏武昌登孙权故城》"樊山开广宴"句李善注"武昌郡治城南有袁山"作"袁",谢朓《始出尚书省》"复酬琼筵醴"句李善注"袁宏夜酣赋"作"袁",俱与此形相同;而"表"字的写法如同卷谢朓《观朝雨》"既洒百常观"句李善注"表以百常之阙"作"表",又如卷九一王融《三月三日曲水诗序》"联显懿于王表"作"表","表乎时训"句《钞》"表明顺时之训"作"表",俱与此形略异,因此《辑存》录作"袁"字,同样是严格遵守写卷原貌的体现。

然而"竟陵王袁"不辞。"竟陵王袁"可以理解为被封为竟陵王而名袁者,

---

① 参见高明《帛书老子校注》,北京:中华书局,1997年,第311页;朱谦之《老子校释》,北京:中华书局,1984年,第73页。
② 〔清〕王引之《经传释词》卷二,上海:上海古籍出版社,2014年,第33页。
③ 高明《帛书老子校注》,第310页。
④ 彭裕商、吴毅强《郭店楚简老子集释》,成都:巴蜀书社,2011年,第511页。
⑤ 参见高明《帛书老子校注》,第308、310页;彭裕商、吴毅强《郭店楚简老子集释》,第517—519页。
⑥ 然"忠臣"当从帛书本、傅奕本、范本作"贞臣"。
⑦ 刘盼遂《文选篇题考误》,《国学论丛》1928年第一卷第四号,第180页。

亦可理解为竟陵人王袁。但是通检与南齐王思远相关的史料,并没有发现任何可以被称作"竟陵王袁"的人物。而王思远唯一与"竟陵"或者"竟陵王"存在的联系,是其曾在南齐竟陵王萧子良府下为官,可见此处"竟陵王袁"中的"竟陵王"应即萧子良。而"袁"字遂难以解释。因此本文认同刘盼遂所言,此四字当以读作"竟陵王表"为是,意即竟陵王萧子良所作之表,后"王思远字思远"则是表文内容。"袁"字实为"表"字抄讹。

通检严可均《全齐文》中的萧子良文,表文虽有《请停台使检课表》《修治塘遏表》《上谠言表》《钱法表》四篇,但其中皆无"王思远字思远"之语。今检《南齐书·王思远传》曰:"世祖诏举士,竟陵王子良荐思远及吴郡顾暠之、陈郡殷叡。"①萧子良荐举王思远于齐武帝,应有荐表奏上,而此言"王思远字思远",又恰好体现出荐表的特点。汉魏六朝荐表往往言及所荐之人的名、字。如孔融《荐祢衡表》言祢衡"字正平",任昉《为萧扬州荐士表》言王暕"字思晦",皆其例。② 此佚表言王思远"字思远",亦是相同体例。因此,文本怀疑此表实即萧子良荐举王思远于齐武帝时所上之荐表。今此表全文已佚,唯赖《集注》存其片羽。而刻本皆无此内容,或许是因为后人不识此表,又怪于"王思远字思远"一语的表达,以为不辞,故脱去。实则翻检南朝史书即知,南朝人多名、字相同者。③ "王思远字思远"不足为怪。此条既见于时代更早的《集注》之中,固可视为可靠的隋唐旧注。

例二三,卷六一袁淑《仿曹子建乐府白马篇》"交欢池阳下,留宴汾阴西"句注曰:

> 汾,扶云反;西,协韵,音先张。《钞》曰:池阳、汾阴,游侠欢宴之处也。(10/5969)

检《汇存》"张"字作"![]"形,"钞"字作"![]"形。《辑存》刘跃进案曰:"五臣注下集注本作'《钞》曰',盖误。"张艳则将"张钞"录作"也钞","也"字属上句,作"西,协韵,音先也","钞"属下句,作"《钞》曰"云云。④ 今按"![]"形虽左半漫漶,然右半仍可辨识为"长"形,张艳录作"也"字实乃臆改。

然照录"张钞"义不可通。《集注》汇集诸家注释的顺序是李善注、《文选钞》、《音决》、五臣注、陆善经注,《音决》之后不应再次出现《钞》的内容。今按"钞"字即"铣"字之误,此即张铣注,刻本张铣注与此正同。《集注》中此类讹误

---

① 〔南朝梁〕萧子显《南齐书》卷四三《王思远传》,第765页。
② 参见〔宋〕王楙《野客丛书》卷二四"荐疏称字与年"条,北京:中华书局,1987年,第274页。
③ 参见〔清〕顾炎武《日知录》卷二三"字同其名"条,〔清〕黄汝成《日知录集释》,上海:上海古籍出版社,2006年,第1336—1337页。
④ 张艳《唐抄〈文选集注〉点校整理(一)》,第306页。

颇为常见,如卷七一任昉《宣德皇后令》"客游梁朝则声华籍甚"句五臣注"张钞",卷八五嵇康《与山巨源绝交书》"有必不堪者七"句五臣注"张钞",卷八五孙楚《为石仲容与孙皓书》"征讨暴乱,克宁区夏"句五臣注"张钞",卷八五孙楚《为石仲容与孙皓书》"巍巍荡荡,想所具闻"句五臣注"张钞",卷八五孙楚《为石仲容与孙皓书》"文武桓桓"句五臣注"张钞",卷八五赵至《与嵇茂齐书》"飘飘远游之士"句五臣注"张钞",卷八八司马相如《难蜀父老》"群生沾濡"句五臣注"张钞",卷九四袁宏《三国名臣序赞》"凤不及栖"句五臣注"张钞",卷一〇二王褒《四子讲德论》"夫青蝇不能秽垂棘"句五臣注"张钞"等,皆当是"张铣"之讹。

例二四,卷七二曹植《七启》"顿纲纵网,罴獠回迈"句《音决》曰:

纲,吉郎反。(11/6872)

检《汇存》"吉"字作"吉"形,确为"吉"字。然"纲"属《广韵》平声唐韵古郎切,①为一等韵字,此处却以三等"吉"字为切上字,显误。《切韵》音系中一等见纽无以三等"吉"字为切上字者。② 今按"吉"乃"古"字之讹。《广韵》即作古郎切,③又《大广益会玉篇·糸部》亦作古郎切,④切上字皆为"古"字。反切上字"吉""古"形近,又同为见纽,故往往相讹。如法藏 P.2617《周易经典释文(泰卦·易略例)》:"用劲,吉政反。"通志堂本作"古政反",⑤罗常培《唐写本〈经典释文〉残卷五种跋》即已指出:"'古''吉'同属见纽,但'古'为一二四等上字,'吉'为三等上字,以一二四等不与三等同切言,则写本为正,今本或因形近讹省。"⑥又《文选》卷三三宋玉《招魂》"激楚之结"句李善注:"结,吉诣切。"洪兴祖《楚辞补注》误作"古诣切",⑦亦其例。

例二五,卷九四袁宏《三国名臣序赞》"孔明盘桓,俟时而动"句《文选钞》曰:

《蜀志》曰:诸葛亮,字孔明,琅玡阳都人也。建安初,与颍川石广、徐元直、汝南孟公威等俱游学,三人务于精熟,而亮独观其大略。每农晨夜从容,常抱膝长啸,而谓三人曰:卿三人仕进可至刺史郡守也。三人问其所志,亮但笑而不言。(15/9625)

---

① 周祖谟《广韵校本》,第182页。
② 参见李荣《切韵音系》第三章《反切上字·一等韵的反切上字表》,商务印书馆,2020年,第83页。
③ 周祖谟《广韵校本》,第182页。
④ 〔南朝梁〕顾野王撰,〔宋〕陈彭年重修《大广益会玉篇》,北京:中华书局,2019年,第953页。
⑤ 参见张涌泉主编《敦煌经部文献合集》,北京:中华书局,2008年,第4413—4414页。
⑥ 参见罗常培《唐写本〈经典释文〉残卷五种跋》,《国立北京大学国学季刊》,1951年第2期。
⑦ 〔宋〕洪兴祖《楚辞补注》卷九,第211页。

检《汇存》"晨"上确有"农"字。李远振校曰:"'农'字,疑衍。"①今按李远振所疑甚是。"农"字不辞,《三国志·蜀书·诸葛亮传》裴松之注引《魏略》作"每晨夜从容",②即无"农"字。"农""晨"俗书形近,如英藏 S.6537Ve《十五人结社文》:"大者罚醲腻一席,少(小)者决杖十三。"③"醲"字右旁"农"即作"晨"形。盖《集注》抄者誊抄时不慎误"晨"为形近字"农",故接书字"晨"于下,而误字"农"又不删去,遂导致正字误字并存的局面。《集注》中此类情形多有,即以本篇而言,如"公瑾卓尔,逸志不群"句李善注"孙管策,字伯符","管"即"策"字误书而与之并存;"达人兼善,废己存爱"句陆善经注"谓振拯生民而不顾身害也","振"即"拯"字误书而与之并存;"智能拯物,愚足全生"句李善注"太祖每称公达外遇愚内智","遇"即"愚"字误书而与之并存,皆其例。这种接书正字而与误字并存的情况在敦煌写卷中亦十分常见。④

林晓光曾经指出:"(《文选集注》)实际上已经可以视为一种独立的唐人著作,对其加以整理校正,不但对《文选》学意义深远,工作本身在文献学也有着重要价值。"⑤而通过复核以《文选旧注辑存》为代表的既有校录成果,我们发现在相关的校理工作中还存在着诸多问题值得深入讨论。本文即选取残字、缺字以及讹俗字三种文字类型对既有的校录问题进行了辨析补正。总结来看,残字与讹俗字的校理,需要我们在尊重现有字形的基础之上,充分比较写卷字例,仔细区分文字异同,并综合考察相关文献,从而对待考的文字做出符合写卷原貌的校录推断;而缺字的校理,则在以上步骤以外,还需着重关注罗振玉《唐写文选集注残本》、日藏白文无注抄本《文选》注记等旁证材料的比勘价值。

---

① 李远振《唐抄〈文选集注〉点校整理(三)》,第75页。
② 〔晋〕陈寿《三国志》卷三五《蜀书·诸葛亮传》,第911页。
③ 黄征《敦煌俗字典》,第578页。
④ 参见张涌泉《敦煌写本文献学》第八章《讹字与正讹》第二节"正讹·接书正字"部分,兰州:甘肃教育出版社,2013年,第275—281页。对于这种抄写现象产生的原因,黄征曾指出:"一种可能是忘记加删字符,一种可能是抄者不愿意涂改、删点卷面以保持整洁。"参见黄征《辑注本〈启颜录〉匡补》,黄征《敦煌语言文献研究》,杭州:浙江大学出版社,2016年,第284页。
⑤ 参见林晓光《对〈文选集注〉卷九一的复原性整理(上)》,第439页。

汲古阁本《酒边词》底本来源考
——兼谈明抄诸本之关系

张 蒙[*]

【内容提要】 陶湘认为汲古阁本《酒边词》应出于影宋抄单行本《酒边集》。然汲古阁获得影宋抄本的时间较晚,且有缺叶,不足以成为汲古阁本的来源。陆敕先校汲古阁本时使用的"两抄本"中应有毛晋刻书时依据的底本。根据陆氏校文,可以确定"两抄本"与汪宪所藏明抄单行本为高度同源。《酒边词》在明代可分为两大版本系统,一是宋本系统,二是明本系统。明本系统又可分为三个子系统,其中又以汪宪所藏单行本在明代影响最大。

【关键词】 汲古阁 《酒边词》 底本 系统

向子諲(1085—1152),字伯恭,临江人,自号芗林居士。汲古阁所刻《宋名家词》(一名《宋六十家词》)收录其词二卷,毛晋在各家词集卷末均撰有跋语,或述说作家生平行业,或评论词作蕴旨,或考订版本源流。《酒边词》卷末跋文只介绍了向子諲生平,未交代版本依据。后陆敕先曾分别用"两抄本"和影宋抄本校过,亦未言及底本问题。现存向子諲词集既有明抄本,也有汲古阁影宋抄本。学界虽对《酒边词》的版本情况有详细著录,然并未对其渊源关系有切实的论述。今通过文本校勘,来推证汲古阁本《酒边词》的底本来源,并分析明抄诸本之源流关系。

一、现存明本《酒边词》版本概述

现存向子諲词集的版本形态有单行本、丛书本。前修时贤已有不少著作和文章论及其版本情况,像唐圭璋的《宋词四考》,饶宗颐的《词集考》,蒋哲伦、杨万里的《唐宋词书录》,王兆鹏的《两宋词人年谱》《词学史料学》,邓子勉的

---

[*] 本文作者为上海师范大学人文学院博士研究生。

《宋金元词籍文献研究》等,皆可参阅。但亦有著录未确切者,如《词集考》称毛晋所刻《酒边词》"通一百七十六首",①实际收178首。今据原书,对现存明本《酒边词》的版本信息加以详录。

(一)吴讷编《百家词》本(下称"吴本"),②明抄本,题《酒边集》一卷,卷前有胡寅《酒边集序》,今藏天津图书馆。③

(二)明紫芝漫抄《宋元名家词》(原书题《宋元词抄》)本(下称"紫本"),④题《酒边集》一卷,卷前有胡寅《酒边集叙》,内有毛扆校笔两处,今藏北京大学图书馆。卷前有《抄录宋元名家词总目》,题"《酒边词》芗林向子䛒伯恭",书名亦为"酒边词",正文却称"酒边集",卷末又有"酒边集终"四字。可见传抄者虽改写集名,内容仍存旧貌。如不查验原书,就会错以为《宋元名家词》所收之向子䛒词已将集名改称"酒边词"了,实际上改"集"为"词"出自毛晋之手。

(三)明石村书屋抄《宋元明三十三家词》本(下称"石本"),⑤题《酒边集》一卷,无题序、目录,今藏国家图书馆。

(四)汪宪藏明抄单行本(下称"汪本"),题《酒边集》一卷。⑥丁丙《善本书室藏书志》卷四〇跋曰:"《酒边集》一卷,明抄本,汪鱼亭藏书。……此明抄一卷似在毛刻之前。"⑦汪本经后人校过,主要是增补脱文、校改讹误。今藏南京图书馆。

(五)崇祯年间毛氏汲古阁刻《宋名家词》本(下称"汲古阁本"),⑧题《酒边词》,毛晋以《江南新词》《江北旧词》为限分为二卷,有胡寅《题酒边词》序,陆敕先用"两抄本"、影宋抄本校过,卷末有他与毛扆撰写的跋语,陆氏校语云:"庚戌四月十三日,两抄本校,敕先,辛亥荷日重校。"毛扆校跋云:"甲寅五月初二日读。"⑨今藏国家图书馆。饶宗颐先生在《词集考》中说:"卷上江南新词,卷下江北旧词,通一百七十六首。(又附曾端伯、韩叔夏二首)疑分上下卷及改集为

---

① 饶宗颐《饶宗颐二十世纪学术文集》卷十《目录学》,台北:新文丰出版社,2003年,第114页。
② 半叶十二行,行二十字,题下注双行,红格,白口,四周双边。
③ 《中国古籍善本总目》载有另一种吴讷所编《百家词》,收词十六种,著录为:"明抄本,十行,行约十六至二十二字,蓝格,蓝口,左右双边。"翁连溪编校《中国古籍善本总目》第6册,北京:线装书局,2005年,第1841页。其中《酒边词》为两卷,今藏浙江绍兴图书馆。
④ 半叶九行,行十五字,题下注双行,黑格,白口,左右双边,版心有"词"字,版心下记"紫芝漫抄"四字。
⑤ 半叶十行,行十八字,题下注双行,蓝格,白口,双黑鱼尾,四周双边,版心下记"石村书屋"四字。
⑥ 半叶八行,行二十字,题下注双行。
⑦ 〔清〕丁丙著,曹海花点校《善本书室藏书志》卷四〇,杭州:浙江古籍出版社,2016年,第1736页。
⑧ 半叶八行,行十八字,白口,左右双边,版心上记"酒边词",并标明叶码,下记"汲古阁"。
⑨ 〔宋〕向子䛒《酒边词》第54a叶,毛晋编《宋名家词》第11册,明崇祯年间毛氏汲古阁刻本。

词,并出毛晋手。"①此说甚是。

（六）汲古阁影宋抄本《酒边集》一卷（下称"影宋抄本"），②无胡寅序。有"宋本""甲""毛晋私印""子晋""汲古阁主人""毛扆之印""斧季""毛晋之印""毛氏子晋"诸印,卷末又有五十六字朱文大印。③ 在清曾归艺芸书舍,有"汪士钟印""阆原父用"等印,后归耆龄,有"思巽藏书"印,民国为袁克文购得,遍钤"皕宋书藏主人廿九岁小景（肖像印）""三琴趣斋""人间孤本""侍儿文云掌记""克文""佞宋""满足清净""惟庚寅吾以降""璧聊主人""袁克文鉢""豹岑"（上朱文下白文豹形方印）"孤本书室""相对展玩""与身具存亡"等印。今藏国家图书馆。晚清吴昌绶、陶湘递相刊刻的《景刊宋金元明本词》中收录的《酒边集》即从影宋抄本来。根据胡寅《向芗林〈酒边集〉后序》："观其（向子諲）退江北所作于后,而进江南所作于前,以枯木之心,幻出葩华。"④此《集》似是芗林的自定本,但此本已有后人的窜乱,已非原貌。《四库全书总目提要》卷一九八："《减字木兰花》'斜江叠翠'一阕注'兼纪绝笔'云云,已属后人缀入,而此词以后,所载甚多,年月先后,又不以甲子为次,殆后人又有所窜乱,非原本耶？其《浣溪沙》'咏岩桂'第二阕'别样清芬扑鼻来'一首,据注云曾端伯和。盖以端伯和词附录集内,而目录乃并作子諲之词,题为《浣溪沙》十二首,则非其旧次明矣。"⑤《总目》中提到的《减字木兰花》（斜江叠翠）题下注为"绍兴壬申春,芗林瑞香盛开,赋此词。是年三月十有六日辛亥,公下世。此词,公之绝笔也。"以"公"称芗林,显然是后人的注解之辞。称芗林为"公"者,还有《蓦山溪》（挂冠神武）"催上泛宅时"句夹注："泛宅,即公所赐舟也。"⑥词集除误收曾端伯的词外,还误收了一首韩璜的词《清平乐》（秋光如水）,题下小字注有"韩叔夏",

---

① 饶宗颐《饶宗颐二十世纪学术文集》卷十《目录学》,第114页。收词数量,饶先生统计有误,汲古阁本收词实为178首。值得说明的是汲古阁本《更漏子》（小窗前）词下有何元锡校语："元锡按：《南词》钞本《更漏子》以下是下卷。"（〔宋〕向子諲《酒边词》第24a叶,毛晋编《宋名家词》第11册）今本《南词》是彭元瑞旧藏,《南词总目》题《酒边词》二卷》,《总目》后有抄录者校语："凡汲古阁已刻者不录。"其中包括《酒边词》,则今本《南词》抄录时间在《宋名家词》成书之后。若何校无误,《南词》本之卷数当为二卷,与诸本分卷皆不同。且何元锡所据《南词》应有别本,因彭元瑞藏《南词》中已不见《酒边词》。又姚道生《钞本〈南词〉考述》（《词学》第27辑,2012年）一文载收藏、著录《南词》者,未见何元锡,不知何氏从何得来,录此备考。
② 半叶八行,行十四字,题下注双行,白口,左右双边,双鱼尾,版心有"酒"字,版心上标字数,下标叶码,计六十三叶。词牌下不标调数,而《百家词》本、《宋元名家词》本词牌下皆标明调数。
③ 印文为"赵文敏公书卷末云：吾家业儒,辛勤置书,以遗子孙,其志如何,后人不读,将至于鬻,颓其家声,不如禽犊,若归他室,当念斯言,取非其有,吾宁舍旃"。
④ 〔元〕马端临撰,上海师范大学古籍研究所、华东师范大学古籍研究所点校《文献通考》卷二四六《经籍考七十三》,北京：中华书局,2011年,第6647页。
⑤ 〔清〕纪昀、陆锡熊、孙士毅等著,四库全书研究所整理《钦定四库全书总目》卷一九八,北京：中华书局,1997年,第2788页。
⑥ 唐圭璋编《全宋词》,北京：中华书局,1965年,第952页。

《全宋词》已订正。

诸本中以影宋抄本最为精善,书法古秀,颇存宋本旧貌,文字讹误亦少,信知"书所以贵旧本"也。观堂先生曾跋曰:"景宋本精绝,纸墨如新,真希世之宝,恐原本亦无此精彩也。"① 因而历来为藏书家所珍赏。而刊布之多、影响之广当属汲古阁本,如唐圭璋先生所说:"近百年来,词人辈出,词集亦大量刊行,词学也由附庸变为大国,盛极一时。有清三百年来,流行最广,数量最多之词集,不过为明代毛晋汲古阁所刻《宋六十名家词》。"②

二、汲古阁本《酒边词》非出于影宋抄本

蒋光煦在《东湖丛记》说:"毛氏于宋元刊本之精者,以'宋本''元本'椭圆式印别之,又以'甲'字印钤于首。其余藏印,曰……'汲古主人'。"③ 此数印皆存于影宋抄本《酒边集》中,可见是汲古阁所藏之精善本。此本既是从汲古阁流出,应与汲古阁本最有关系。如陶湘在《酒边集叙录》中所说:"宋本(《酒边集》)……是汲古景写最精之本,芗林词无别刻,《六十家词》当从此出。而讹舛至多,又改题为《酒边词》。毛刻遇前人标题一概删易,自属当日编校之陋。"④ 陶湘在这里确定了两本之间的从属关系。而事实上汲古阁本并非出自影宋抄本。

首先从时间上来看,《宋名家词》共分六集,《酒边词》收在第二集,集前有胡震亨所作《宋词二集序》,落款是"庚午夏",是崇祯三年(1630),在明末。影宋抄本则在清初,⑤ 陶湘说:"世传毛钞诸本有斧季印记者,皆在《六十家词》刻成之后。"⑥ 影宋抄本中有"毛扆之印""斧季"等印,正是"《六十家词》刻成之后"毛氏所得的本子。至于汲古阁获得影宋抄本的具体时间,应该在康熙十年(1671)。根据陆敕先的跋语"庚戌(1670)四月十三日两抄本校,辛亥(1671)荷日重校","重校"即是用影宋抄本校,同时据宋抄本涂改了先前据两抄本出校的多处校笔,敕先既信从"宋本之佳",若汲古阁已有宋抄,则断然不会舍善本而用其他抄本的。因而汲古阁获得影宋抄本之时间当在"重校"之年,即康熙十年(1671)。

其次从内容上看,影宋抄本是一"残阙"本,根据版心所书叶码,缺第二十

---

① 马兴荣、吴熊和、曹济平主编《中国词学大辞典》,杭州:浙江教育出版社,1996年,第322页。
② 唐圭璋《词学论丛》,上海:上海古籍出版社,1986年,第1019页。
③ 〔清〕叶德辉著,漆永祥点校《书林清话》(外二种)卷七"明毛晋汲古阁刻书二"条,北京:北京联合出版公司,2018年,第242页。
④ 吴昌绶、陶湘编《景刊宋金元明本词》,北京:中国书店,2011年,第7页。
⑤ 翁连溪《中国古籍善本总目》:"《酒边集》一卷,宋向子諲撰,清初毛氏汲古阁影宋抄本。"(第1853页)其他相关文献著录的时间也是"清初",未明确说明在哪一年。
⑥ 吴昌绶、陶湘编《景刊宋金元明本词》,第7—8页。

四叶、三十九叶、四十二叶。共缺五首完整的词,三首词的下阕不全。分别是第二十四叶的《生查子》(我爱木中犀)"芎林月冷"以下至《七娘子》(山围水绕高唐路)"语东流去"以上;第三十九叶之《好事近》(多病卧江干)"取酒据"以下至《减字木兰花》(翠鬟双小)"胜几筹"以上。至于所缺第四十二叶,《景刊宋金元明本词》并缺。诸本缺叶以上皆是《江南新词》的末尾,下为《江北旧词》的开始。且第四十一叶尚有四分之三的空叶。因此,这里虽有缺叶,但无缺文。且影宋抄本在清初已不全,汲古阁本有四处陆敕先注明缺叶的校语,"'时玉'已下宋本缺一叶"至"'语东'以上宋本缺",①对应的是第二十四叶的内容;"'胡床'下宋本缺一叶"至"'胜几'上宋本缺",②对应的是第三十九叶的内容。也就是说在陆敕先的时代影宋抄本已有缺失,并非后来流传过程中才散佚的。汲古阁本则是足本,并无缺文,足见两本并无承袭关系。

最后从文本校勘的角度看,汲古阁本、吴本、紫本、石本、汪本之间的异文多相同。今以影宋抄本为底本,所缺内容用《景刊宋金元明本词》补,取诸本文字进行互勘,将其讹承谬袭的内容条列于下,其得失异同皆可窥知。

(1)五本脱漏字句多相同,③如表1所示:

表1

词名	影宋抄本	五本
《蓦山溪》(一阳才动)	"试与问宫梅"	脱"问"字④
《虞美人》(淮阳堂上曾相对)	"作是词以送之。时正之被召"	脱"之。时正之被召"六字
《虞美人》(澄江雾月清无对)	"乃用其韵语答之,兼示栖隐宁老。"	脱"兼示栖隐宁老"六字
《浣溪沙》(醉里惊从月窟来)	"近得海上方,可作炉熏,颇耐久。"	脱"海上方可作"五字
《点绛唇》(此夜中秋)	"没鼓打皮"	脱"没"字,同留一字空格
《点绛唇》(冰雪肌肤)	"戏作一首似之"	脱"似之"二字
《清平乐》(云无天净)	"滁阳寄邵子非诸友"	脱"滁阳"二字
《浣溪沙》(曾是襄王梦里仙)	"王称心效颦,亦有是请,再用前韵赠之"	脱"再用前韵赠之"六字

---

① 〔宋〕向子諲《酒边词》第20b—21b叶,毛晋编《宋名家词》第11册。
② 〔宋〕向子諲《酒边词》第33b—34b叶,毛晋编《宋名家词》第11册。
③ "五本"指吴本、紫本、石本、汪本、汲古阁本。
④ 汲古阁本补以"说"字,这是《宋名家词》的习惯,即添补脱文。

(2)五本乙文多相同,如:

《清平乐》(银钩虿尾)"惊人瑞世",五本作"瑞人惊世";

《浣溪沙》(艳赵倾燕花里仙)"赵总怜以扇头来乞词,戏有此赠。赵能著棋、写字、分茶、弹琴",五本作"赵能(紫本讹作"罷")棋、分茶、写字、弹琴"。既有误夺文字,又有错序,是五本渊源较近之力证。

(3)五本讹异文字多相同,如表2所示:

表2

词名	影宋抄本	五本
《蓦山溪》(一阳才动)	"非烟非雾"	"非"作"怕"
《水龙吟》(华灯明月光中)	"莲承步"	"承"作"微"
《虞美人》(江头苦被梅花恼)	"除是凌风却月"	"风"作"波"
《鹧鸪天》(莫问清江与洛阳)	"后戏广其声" "莫问清江与洛阳" "可是前人倒姓杨"	"后"作"复" "江"作"阳" "倒"作"例"
《鹧鸪天》(江北江南雪未消)	"绝怜竹外横斜处"	"竹"作"野"
《点绛唇》(冰雪肌肤)	"不与凡尘染"	"尘"作"情"
《点绛唇》(无热池南)	"举酒高歌"	"酒"作"首"
《鹧鸪天》(霭霭朝云)	"不尽江山"	"江山"作"长江"
《好事近》(小雨度微云)	"快染一天新碧"	"染"作"乐"

有些内容是形近而异,①如表3所示:

表3

词名	影宋抄本	五本
《满庭芳》(月窟蟠根)	"雲岩分种"	"雲"作"靈"②
《蓦山溪》(瑶田银海)	"泯绝去来"	"泯"作"低"
《水调歌头》(飘飘任公子)	"柱月上新楼"	"柱"作"拉"
《虞美人》(银山堆里庐山对)	"空一齐销去"	"空"作"定"
《鹧鸪天》(只有梅花似玉容)	"见来怨眼明秋水"	"怨"作"照","秋"作"如"
《生查子》(近似月当怀)	"莫作花飞去"	"作"作"化"③

---

① 形近而讹的例子,用繁体字,以便更好说明形讹问题。
② 石本作"雲",与影宋抄本同。
③ "作",石本作"似",应为"化"之形讹。

还有音近而异者,如表 4 所示:

表 4

词名	影宋抄本	五本
《洞仙歌》(碧天如水)	"泻出山河倒影"	"泻"作"写"
《阮郎归》(江南江北雪漫漫)	"几时鸾辂还"	"鸾"作"銮"
《浣溪沙》(瑞气氤氲拂水来)	"临风嗅蕊共裴回"	"裴回"作"徘徊"
《秦楼月》(虫声切)	"寒光凌乱"	"凌"作"零"
《浣溪沙》(云外遥山是翠眉)	"是翠眉"	"是"作"似"

若仅将汲古阁本与影宋抄本对校,汲古阁本的讹脱衍倒,或可归咎于手民偶误以及毛晋刻书校对草率,致使"讹谬特甚,污乱古人"。然通校诸本可知:(1)汲古阁本与影宋抄本不存在从属关系;(2)五本之间有大量相同的异文,从版本系统上讲,其渊源更近,且非直接承袭影宋抄本;(3)向子諲词集在明代可以分为宋本系统和明本系统,明本流布更广。

三、汲古阁本《酒边词》的底本来源

我们从文本校勘的角度判定五种本子应出于同一版本系统,但五本之间尚有差异,不尽相合。而且有些本子虽然成书较早,但是毛晋刻书时无缘得见,也不能够成为汲古阁本的直接来源,需一一加以辨别。

首先从章次编排上看,吴本、紫本、汪本、汲古阁本篇次相同,而石本则调整了词的顺序,将原先分散的同一词牌的作品汇聚在一起。共改动四处,分别是《江南新词》部分的《减字木兰花》词,《江北旧词》部分的《鹊桥仙》《南歌子》《浣溪沙》词。石本虽将同一词牌的作品由散聚整,但没有改变同一词牌中词作的前后顺序,从此也可看出其所据之底本应与其他四本相关。汲古阁本的目录节次既不与之相同,毛晋自然不会对《酒边词》进行重新编目而能与他本暗合不误。

其次从收词篇数上看,吴本收词 176 首,《江南新词》部分缺载《水调歌头》(我生六十四)一词。紫本、汪本、石本相同,收词 177 首。汲古阁本收词 178 首,溢出的一首是《江北旧词》中之《梅花引》(花如颊),此词一百一十四字,毛晋将其分作五十七字两阕,并有小字注曰:"又向与前阕合作一阕,非。"[①]知毛晋所据的底本《梅花引》词原为一阕,两阕之数是其以意改之,非底本即

---

① 〔宋〕向子諲《酒边词》第 37a 叶,毛晋编《宋名家词》第 11 册。

如是。

《宋元名家词》虽曾为汲古阁所收藏,但是否为毛晋所得至为紧要。查《宋元名家词》所收《秋涧词》第一卷卷末有毛扆跋文,详细述说了此本的来源。其跋云:"戊申重阳前四日从锡山秦翰林留仙得抄本宋元词十四册,中有《秋涧词》一卷,即此册也,惜逸其后三卷。后十一年己酉中元后二日复过锡山访于孙氏,①又得宋元词五十余册,中有《秋涧词》两卷……己未八月初三日虞山毛扆识于汲古阁下。"②今本《宋元名家词》封面题名正为"宋元词抄",可见仍其旧貌。则《宋元名家词》毛扆分别于康熙七年(1668)从秦松龄处获得十四册,康熙十八年(1679)又从孙星远处再得五十余册,③如是汲古阁获得此抄本之时间在《宋名家词》刻成之后,毛晋必无缘得见。正如唐晏之跋语所云:"此词共七十家,宋元各半,为毛斧季得于梁溪秦留仙后人及孙氏者,盖明代抄本也……以校汲古阁六十词未刻者过半,盖刻本出于子晋而斧季所得此则在康熙初矣。"④《宋元名家词》收录的词集《宋名家词》未刻者过半,也可说明毛晋当时未见此抄本,《宋元名家词》本自然也不会成为汲古阁本的来源。

紫本尚有三处倒文是他本所无者,分别是:

《朝中措》(满城腊雪净无埃)"王景源使君生日坐上偶作","景源"紫本乙为"源景"。

《好事近》(风劲入平林)"使君和气动江城","君和"紫本乙为"和君"。

《减字木兰花》(几年不见)"胡蝶枕中魂梦远","魂梦"紫本乙为"梦魂"。

可见汲古阁本并没有参照紫本。

毛晋刻《宋名家词》时在底本选用上并不精审,故在书刊成之后,其子毛扆广储别本,寻求重刻,所以许多词集都有两种以上的本子,且随得随校。他在周必大《近体乐府》之跋语中说:"宋词六十家,从收藏家遍借旧录本校勘镇廿年矣。"⑤从陆敕先的校跋中也可得到印证,《珠玉词》用"两抄本校",校《小山词》"凡三抄本",校《东堂》"凡三抄本",《石林词》用"三抄本校"等。毛晋目

---

① "己酉"应为"己未","己酉"为1669年,是戊申(1668)次年,不得为"后十一年",且落款也是"己未"。

② 〔宋〕王恽《秋涧词》第24a叶,明紫芝漫抄《宋元名家词》第22册。

③ "孙氏"即孙星远,紫芝漫抄《酒边集》卷首有二印曰"孙熹""星远"。又唐晏《宋元名家词》之跋文:"又考《邵亭书目》卷十六'词选类'有《名家词》十卷,侯文燦编。自序谓:汲古六十家词外见绝少,孙星远有唐宋以来百家词抄本,访之,仅存数种。以此考之《酒边词》印章,即其人矣。"见明紫芝漫抄《宋元名家词》第1册,第101b叶。

④ 明紫芝漫抄《宋元名家词》第1册,第101a叶。

⑤ 〔宋〕周必大《近体乐府》第5a叶,毛晋编《宋名家词》第14册。

见所得词集虽不如其子毛扆丰富,但陆敕先用于校勘之抄本中,实有毛晋刻书时留存的底本。如校《东堂词》"三抄本"中"其一即底本也"。① 周邦彦《片玉词》陆敕先跋云:"辛亥七月一日元刻本《片玉集》及一抄本校,二本同。是日又得底本重校,按卷首云:'美成长短句非清真亦非片玉也,故多异同云。'"② 用集本与抄本校后,于当日又得底本,此底本应是汲古阁旧藏之物,而卷首文字亦必是毛晋所书。《西樵语业》直接说是根据底本校,"庚戌四月二十日底本校。敕先"。③《梦窗乙稿》也是用"底本校"。④ 在没有其他本子的情况下,陆敕先只能用汲古阁旧藏底本来校刻本,如杨无咎《逃禅词》陆氏跋云:"三月六日原抄本校讫。"后来毛扆获得《宋元名家词》后,又勘校一过,"己巳上元后二日从孙氏旧录本校,凡改者仍存其旧"。⑤ 这样的例子还有葛胜仲的《丹阳词》,"己酉季春十九日底本校一过。敕先"。后来毛扆用孙氏录本再校,并且补词一首,"己巳正月十二日从孙氏旧录本校,大有是正处。且补《蝶恋花》一首。洵善本也"。⑥ 由此类言之,陆敕先校《酒边词》所用之"两抄本"中有毛晋刻书时依照之底本实不成问题。

陆敕先在校勘词集后一般会交代参校本中是否有底本,其跋晏殊《珠玉词》云:"七月廿四日校,凡二抄本,其一即底本也。"⑦ 跋晏几道《小山词》云:"辛亥七月廿二日校,凡三抄本,其一即底本也。"⑧ 跋史达祖《梅溪词》云:"六月廿九日,二抄本校,其一即底本也。"⑨ 至于校《酒边词》的"两抄本"却不言明,原因大概是(1)"两抄本"与汲古阁本之间尚有不少文本上的出入,这可从陆氏校文中看出,他不敢贸然遽断。《宋名家词》的底本选用问题,不仅陆敕先难以明断,就连毛晋之子毛扆也不能一一说明,有些抄本的性质是在校读后得出的,如《竹斋诗余》陆氏跋语云:"六月望后三日校,盖即原底本也,故所得误脱字殊少。"⑩ 从文本误脱的多少,判定抄本的性质。(2)"两抄本"之间差异甚微,仅有十一处异文,且多是形讹,如陆氏校文说:"'蘆'一抄'廬'","'闻'一本作

---

① 〔宋〕毛滂《东堂词》第62b叶,毛晋编《宋名家词》第6册。
② 〔宋〕周邦彦《片玉词》第69a叶,毛晋编《宋名家词》第9册。
③ 〔宋〕杨炎《西樵语业》第14b叶,毛晋编《宋名家词》第14册。
④ 〔宋〕吴文英《梦窗乙稿》第34a叶,毛晋编《宋名家词》第14册。
⑤ 〔宋〕杨无咎《逃禅词》第58b叶,毛晋编《宋名家词》第21册。
⑥ 〔宋〕葛胜仲《丹阳词》第25a—25b叶,毛晋编《宋名家词》第23册。
⑦ 〔宋〕晏殊《珠玉词》第38b叶,毛晋编《宋名家词》第1册。
⑧ 〔宋〕晏几道《小山词》第74a叶,毛晋编《宋名家词》第5册。
⑨ 〔宋〕史达祖《梅溪词》第42b叶,毛晋编《宋名家词》第10册。
⑩ 〔宋〕黄机《竹斋诗余》第33b叶,毛晋编《宋名家词》第15册。

'间'"、"'箫'一本'萧'"等,①实属同一系统,难以区分,故不强为判别。

陆敕先在勘校汲古阁本时,对两抄本之间的差异也做了说明,虽然异文很少,从其校文中可以看出,汪本与其中的一个抄本更为接近,如表5所示:

表 5

词名	影宋抄本	汪本、汲古阁本	陆敕先校文
《鹧鸪天》(莫问清江与洛阳)	其子孙与两苏、山谷从游	"两苏"作"西苏"	"一本两"
《菩萨蛮》(娟娟明月如霜白)	政和丙申	"丙申"作"雨中"	未出校文
《浣溪沙》(花样风流柳样娇)	雪中微步过溪桥	"过"作"遇"	"遇,一本作过"

"雨中"陆敕先未出校,说明"两抄本"同误。这三处异文是汪本、汲古阁本仅有者。可见,在现存的明抄本中汪本是最接近于汲古阁所使用的底本的。

我们可以依陆敕先的校文恢复"两抄本"的基本面貌。按其收词数量、章次与汪本皆相同,且不分卷。其他出校之文,如《虞美人》(去年不到琼花底)"春恨"陆校曰:两本俱无"春恨"二字;"因甚不教同醉"陆校曰:两本俱"却";"闲伴人春瘦"陆校曰:两本俱"也";又如《西江月》(五柳坊中烟绿)"倘伴月下林风"陆校曰:两本俱"江月";又《满庭芳》(天宇长闲)"须烂醉烟霞"陆校曰:两本俱无"烟"字,疑有脱。汪本无不与之相合。②

将汪本与汲古阁本对校一过,可知两本文字讹异有五处,③其他则是汲古

---

① 根据陆敕先的校文,"两抄本"之间文字有差异者分别是:
《八声甘州》(恨中秋)"追赏且探先"陆校:"先"一抄本作"欢";"无素婵娟"陆校:"素"一抄本作"奈";"人世间是"陆校:"间"一抄本"问"。
《虞美人》(银山堆里芦山对)"银山堆里芦山对"陆校:"芦"一抄"卢"。
《鹧鸪天》(莫问清阳与洛阳)"其子孙与西苏"陆校:"西"一本"两"。
《西江月》(红褪小园桃杏)"红褪小园桃杏"陆校:一本"褪"。
《浣溪沙》(绿玉丛中紫玉条)"宝林山闻建兰"陆校:"闻"一本作"间"。
《浣溪沙》(爆竹声中一岁除)"平明更饮屠苏酒"陆校:"更"一本"便"。
《浣溪沙》(樽俎风流意气倾)"王景源使君乘流下箫滩"陆校:"箫"一本"萧"。
《生查子》(月在两山间)"月色光於水"陆校:"於"一本作"如"。
《浣溪沙》(花样风流柳样娇)"雪中微步过溪桥",陆校:"遇"一本作"过"。
② 陆氏校文中凡言"两本某""两本俱某""两本作某""两本俱称某""两本俱无某字""两本俱有注"者,与汪本皆吻合。
③ 分别是:《八声甘州》(恨中秋)"人间世",汲古阁本误作"人世间是",多一"是"字。
《鹧鸪天》(紫禁烟花一万重)"鳌山宫阙倚晴空","倚"汲古阁本作"隐"。
《西江月》(见处莫教认著),"认"汲古阁本作"甚"。
《西江月》(五柳坊中烟绿)"倘伴江月林风","江月"汲古阁本作"月下"。
《点绛唇》(不昧本来)"高下都由我","都"汲古阁本作"多"。

阁本(1)添补脱漏文字,而又与影宋抄本不同,①此又可反证汲古阁本与影宋抄本并没有从属关系;(2)删改正文中夹注或改夹注小字为正文;②(3)增删题序。③"书不可以意轻改",《宋名家词》对底本"妄为加减",这在陆敕先校勘时业已道及。《姑溪词》陆氏跋云:"底本校过,原本颇有讹字,此刻多出臆改,未敢遽信。仍取原本字面笔于行间,以备他日按图之索耳。己酉三月一日。敕先识。"④校《珠玉词》:"凡二抄本,其一即底本也,章次皆同而此刻独异。"⑤校《小山词》所用之"三抄本,其一即底本也,章次皆同,而此刻自《玉楼春》即颠倒错乱,不知何故"。⑥ 校《克斋词》陆氏直接说:"此刻异处皆出臆改也。"⑦可见汲古阁旧藏底本与刻本之间在章次、内容上的参差出入,应是《宋名家词》的通病。所以我们自然不必因"讹异之多",而怀疑"两抄本"中有《酒边词》底本的可靠性,且讹误主要集中在增补脱文、删削注文等内容上。

四、明抄本《酒边词》的版本系统

现存《酒边词》的版本系统主要有两个,宋本系统和明本系统。宋本系统以影宋抄本为代表,这个本子虽然精善,但流传有限,普遍流行的是明抄本。明抄系统中现存四个本子,三种丛书本,一种单行本,若加上陆敕先所用的"两抄本",明代最少有三种单行本。据陆敕先的校文可知,单行本之间的差异不大,仅有十一处异文。差别较为明显的是丛书本,即吴本、紫本和石本。

紫本应来源于吴本,而石本则别有来源。

关于吴本与紫本的成书年代。天津图书馆藏《百家词》第二十一册《后山居士词》卷末题有"正德五年孟秋巧夕前一日录",第三十册《竹山词跋》卷末题

---

① 共计四处,分别是:《满庭芳》(月窟蟠根)"不因尔",汪本缺"尔"字,汲古阁本补"着"字。
《蓦山溪》(一阳才动)"试与问宫梅",汪本缺"问"字,汲古阁本补"说"字。
《蝶恋花》(岩桂秋风南埭路)"早辱君王顾",汪本缺"辱"字,留一字空格,汲古阁本补"荷"字。
《水调歌头》(天公深藏巧)"寒色著人衣",汪本缺"色"字,有一字空格,汲古阁本补"气"字。
② 一共五处,分别是:《洞仙歌》(碧天如水)删去"又云:表里山河见影"。
《鹧鸪天》(露下风前处处幽)删去"一作'家'"。
《浣溪沙》(别样清芬扑鼻来)删去"一作'听罢霓裳梦觉来,天香留得袖中回'"句。
《卜算子》(临镜笑春风)删去"旧云:'不著铅华污'"句。
《生查子》(我爱木中犀)首句为"我爱木中犀",毛晋改换为小字夹注中的"天上得灵根",并且删去原来的正文。
③ 溢出小序者是《鹊桥仙》(澄江如练)一词,诸本皆无题序,唯汲古阁本有"七夕"二字;删去小序者是《减字木兰花》(几年不见),小序有"政和癸巳",注明了向子諲创作此词的时间,汲古阁本妄删。
④ 〔宋〕李之仪《姑溪词》第31a叶,毛晋编《宋名家词》第20册。
⑤ 〔宋〕晏殊《珠玉词》第38b叶,毛晋编《宋名家词》第1册。
⑥ 〔宋〕晏几道《小山词》第74a叶,毛晋编《宋名家词》第5册。
⑦ 〔宋〕沈端节《克斋词》第15b叶,毛晋编《宋名家词》第23册。

有"正德丁卯季夏十日苏台云翁志"①,正德五年是1510年,正德丁卯即正德二年(1507),因此天津图书馆藏《百家词》的抄录时间在1510年前后。这与鲍廷博在《金奁集跋》中讲的"明正统辛酉海虞吴讷所编《四朝名贤词》"的时间不符,②正统辛酉是明正统六年(1441),之间相差七十余年,可见此本已不是吴讷的原抄本。其间转相抄录,脱漏讹谬之处在所难免,恐怕这也是吴本《酒边词》会缺一首的原因。

《宋元名家词》收明人词集两种,分别是李祯(1376—1452)的《侨庵诗余》和张肯的《梦庵词》,李祯的诗文全集现存最早的本子是"明天顺三年(1459)郑钢刻本"。③ 关于张肯的生平,《宋元学案补遗》卷八二:"张肯字继孟……少承家学,又从金华宋濂游……年八十余卒,著有《梦庵集》。"④宋濂《种学斋铭》前序曰:"姑苏张君,其名为田,其字为芸己,遂以'种学'号其斋居……其子肯又能善承而勿使替之。"⑤可知张肯之父为张田,肯之生卒不明,其父张田的生平是清楚的。王行《半轩集》有《学斋张公(田)墓志铭》,《志》文称张田生于泰定元年(1324),卒于洪武七年(1374),田卒没之时,张肯"已冠"。⑥ 又"八十余卒",即以最大限度推测,张肯的卒年不会超过1444年。可见张肯早于李祯,则《宋元名家词》的成书时间上限在1459年左右,要晚于吴讷的原抄本。

从内容上讲。吴本、紫本卷前都有"酒边集目录",并在词牌下标明调数。但所标调数有与实际篇数不符者,《江南新词》中之《蓦山溪》标两首,《水调歌头》标一首,实际收词皆为三首。⑦ 两本所误相同,在"目录"上紫本有承袭之嫌。从异文上来说,《卜算子》(千古一灵根)"默坐时观省","默"吴本、紫本同作"点";《八声甘州》(恨中秋)"自断此生休问","问"吴本、紫本同作"门"。与

---

① 秦惠民《〈唐宋名贤百家词集〉版本考辨》,夏承焘等主编《词学》第三辑,上海:华东师范大学出版社,1985年,第149—150页。

② 王兆鹏《词学史料学》,第119页。北京:中华书局,2004年(2009年重印)。按,重印本在初印本基础上重新排版,页码不同。

③ 王兆鹏《词学史料学》,第273页。

④ 〔清〕王梓材、冯云濠编撰,沈芝盈、梁运华点校《宋元学案补遗》卷八二,北京:中华书局,2012年,第4980页。

⑤ 〔明〕宋濂著,徐儒宗等点校《宋学士文集·翰苑续集》卷五,杭州:浙江古籍出版社,2014年,第1028页。

⑥ 王行《学斋张公墓志铭》曰:"学斋讳畦,字芸己,姓张氏,尝以种学名其斋……晨夕一日谓余曰:……栖迟文墨,忽不自知今年之为五十又一也。曩之所惧以先配无嗣,今再配之子已冠,而昏后其有望矣。噫,孰知其言无几何而遽死乎。洪武十九年,学斋之柩在殡,岁星一周……其子肯……具状来乞铭……状称:岁甲子十月辛酉,甲寅八月壬寅学斋之始终也。"〔明〕王行《半轩集》卷九,《景印文渊阁四库全书》第1231册,台北:台湾商务印书馆,1983年,第404页)《墓志》中的张畦即是张田,《墓志》说洪武十九(1386)年田已卒一纪,可知其卒于洪武七年(1374),与《墓志》所言之"甲寅"年同,甲子年为元泰定元年(1324)。

⑦ 《八声甘州》收词两首,吴本误标为三首。

其他各本不相同。上文所列举三处紫本的乙文，与他本也不同，应该是在传抄中过程中产生的新的讹误。

石本比较复杂，它是明抄本中唯一改变《酒边词》次序的本子，卷前没有目录。将其与诸本通校之后发现，在明本系统中，它的异文是最多的。有些异文是别本误，石本不误。兹举数例如下（表6）：

表6

词名	影宋抄本	吴、紫、汪三本	石本
《满庭芳》（月窟蟠根）	云岩分种	"云"作"灵"	同影宋抄本
《八声甘州》（恨中秋）	无奈婵娟	"奈"作"素"	同影宋抄本
《鹧鸪天》（玉篆题名在九天）	阆皂清江可比肩	"阆皂"作"阁皂"	同影宋抄本
《西江月》（风响蕉林似雨）	欢喜地中取醉	"欢喜"作"欢欢喜"	同影宋抄本
《西江月》（得意穿云度水）	时拜御书芗林之赐	缺"御"字	同影宋抄本
《清平乐》（薄情风雨）	玉山屡倒芳茵	"屡"作"属"	同影宋抄本
《卜算子》（千古一灵根）	本妙元明静	"元"作"无"	同影宋抄本
《三字令》（春尽日）	水平池	"池"作"地"	同影宋抄本

有些则是石本有讹脱，他本不误或所误不同，如（表7）：

表7

词名	影宋抄本	石本	吴、紫、汪三本
《满庭芳》（瑟瑟金风）	岩桂芗林改张元功所作	缺此序文	同影宋抄本
《洞仙歌》（碧天如水）	乃有盈亏	"盈亏"乙为"亏盈"	同影宋抄本
《蝶恋花》（洲上百花如锦绣）	和曾端伯使君，用李久善韵	缺此序文	同影宋抄本
《蝶恋花》（岩桂秋风南埭路）	早辱君王顾	"辱"作"得"	缺"辱"字，有空格
《秦楼月》（芳菲歇）	眼中泪尽空啼血。空啼血	缺"空啼血"三字	同影宋抄本
《少年游》（去年同醉）	醉醺欲破	脱"欲"字，有空格	同影宋抄本
《清平乐》（薄情风雨）	一夜清香无觅处	"觅"作"镜"	同影宋抄本
《一落索》（春风吹断前山雨）	暂来须信本无心	缺"暂"字，有空格	"暂"作"朝"

可见,同样作为丛书本,石本与吴本、紫本并没有直接的从属关系。其中重要的例证就是吴本、紫本、汪本同误,而石本与影宋抄本咸同者。吴本、紫本、汪本既有许多相同的异文,说明此三本在版本渊源上更近。三本之中汪本作为单行本存在,异文少于吴、紫两丛书本。又卷首目录所标调数,汪本无差谬,吴本和紫本则有相同的讹误。因此,在明本系统中,向子諲词集大致可以分为三个子系统:汪本(单行本)—汲古阁本(刻本);吴本—紫本;石本。

明抄本中有许多相同的歧异,这说明向子諲词集由宋本向明本转变的过程中,应该还有佚本的存在,可称之为"佚本系统",在此系统中当有某种文本产生了明抄本中共有的异文,从而奠定了明本的基本面貌,我们暂称为明抄本的"祖本"。因为石本与吴本、紫本、汪本承传不同,所以在"祖本"下至少有两个次一级的版本系统。其流传关系如图1所示:

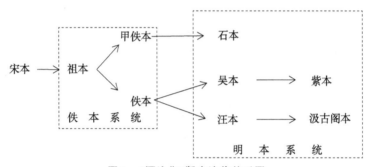

图1 《酒边集》版本流传关系图

结　语

综上所述,影宋抄本《酒边集》虽影写精工,但汲古阁获得此本的时间较晚,大约在康熙十年(1671),且有缺叶,内容不全,故陆敕先仅用它对汲古阁本作了校勘。至于陶湘所说汲古阁本"当从此出"仅是臆度,并无确据。根据陆敕先校勘《宋名家词》使用的抄本性质来看,汲古阁仍藏有毛晋刻书时依据的原抄本,陆氏校《酒边词》所用"两抄本"中当有一种为汲古阁本的底本。而通过陆氏校笔可知,"两抄本"在收词数量、章次上与汪宪藏明抄单行本完全相同,其与汲古阁本之异文,也与汪本多符合,可以断定"两抄本"与汪本是同一版本系统。而汲古阁本即源出于此系统。

另据校勘内容,可知《酒边词》的版本系统在明代已"歧为二途",一是宋本系统,以影宋抄单行本为代表;二是明抄本系统,此系统又分为三个子系统,分别是以汪本为代表的单行本系统,在明代流传最广,故汲古阁存有两种单行本;其次是吴本—紫本系统,在目录和异文上有明显的承袭关系;最后是石本系统,变更《酒边词》的次序,且有不少异文与其他明抄本不合。影宋抄本虽较大程度保存了古本真貌,然非一般人所能经眼,其流传终究有限。明抄诸本虽有讹谬脱漏之处,其在海内之传布反而转胜于影宋抄本。

《宋诗话全编·戴复古诗话》校正

张继定[*]

【内容提要】 吴文治主编的《宋诗话全编》，规模宏大，所收录或新编纂的各种宋人诗话大都审校严谨，给读者和学界研究者的阅读、研究带来极大的方便。但也有个别新辑录的诗话如《戴复古诗话》，存在着较多的失误，宜予以必要的校正。

【关键词】 吴文治 《宋诗话全编》 陈柏华 《戴复古诗话》 校正

吴文治（1925—2009）主编的《宋诗话全编》（以下简称《全编》），共十册，计七百多万字，除收录原已单独成书的宋人诗话一百七十余种外，又新辑录宋人散见的诗话四百多万字，从而使约四百位宋代文人有了明示其姓氏的诗话辑本，又让原有诗话专著的那些宋代文人，其诗话著述更趋于完备。该书出版不久，即受到学界和广大读者的关注和欢迎，获得"华东地区古籍优秀图书奖"特等奖。

不过，《全编》篇幅浩瀚，应邀参与编纂的国内高校和研究机构的老中青学者人数众多，知识和研究水平也不可能整齐划一，书中仍难免有个别新编纂的诗话集子出现意想不到的舛误。为此，笔者不揣冒昧，对《全编》第七册中的《戴复古诗话》（以下简称《诗话》）存在的舛误尽可能予以校正。不当之处，祈望方家和广大读者有以正之。

一、《戴复古小传》中的舛误

《诗话》正文之前有《戴复古小传》（以下简称"小传"），计100余字，现节录如下：

戴复古（1167—?），字式之，号石屏，天臺（今属浙江人）人。戴敏之子。幼孤，好学。曾从林景思游，又学诗于陆游之门。……其诗受晚唐诗影响，为江湖派诗人中较有成就者。……本书辑录其论诗诗词四十

---

[*] 本文作者为浙江师范大学人文学院中文系教授。

八则。①

（一）小传简介戴氏生年和籍贯，有三处失误：

1. 戴氏生于南宋乾道三年十二月，此时公历已进入 1168 年，而非 1167 年。

考《石屏诗集》四部丛刊续编本（即编纂者辑录所据之底本），其卷四《新年自唱自和》和卷五《生朝对雪张子善有词为寿》二诗，可推知戴氏生于南宋乾道三年十二月。按照中西历对照表推算，乾道三年丁亥十一月十九日已是公元 1168 年元旦，而十二月（腊月）一日至三十日（除夕），公历为 1168 年 1 月 12 日至 2 月 10 日。据此，戴复古生年已是公元 1168 年。过去众多的文学史著作和文学家词典等，在介绍戴氏生年时，大都标为公元 1167 年，对此，笔者于 1996 年曾有所考证。②

2. 作为台州代称的"天台(tāi)"，其字体并无繁简之分，不宜写成"天臺"。

据历代的《黄岩县志》《太平县志》《温岭县志》等志书，戴复古的籍贯为宋代台州黄岩县，其故里南塘，今属浙江台州温岭市，故也可以称其为今温岭市人。宋代至近代的诸多文献之所以往往泛称其为天台人，戴氏也常常自称"天台狂客"，以台州人士自居，是因为台州缘于境内名山——天台山而得名，唐时即有"天台郡"之称。自唐宋至近代，社会上似乎约定俗成将"天台"当作"台州"的一个代称，喻长霖《（民国）台州府志》即明确指出："天台乃（台州）一郡之统称。"③此处"小传"把作为台州一郡统称的"天台"和台州所辖之"天台县"等同起来，这是有违事实的。关于这个问题，笔者在 1994 年所写一篇论文中已有过论述。④

3. 小传"天臺（今属浙江人）人"之句，括号内"人"字，想是校对疏忽而衍，宜删去。

（二）小传简介戴复古从师学诗之疏失。

戴复古学诗之经历，早在乾道三年（1167）岁末，楼钥《戴式之诗卷序》中已有简要的介绍："雪巢林监庙景思，竹隐徐直院渊子，皆丹丘名士，（复古）俱从之游，讲明句法。又登三山陆放翁之门，而诗益进。"⑤其中，戴复古从徐似道（字渊子，号竹隐）学诗，时间最长，师生联系也最为密切，这从《石屏诗集》及诗后附录可以得到证实。而小传介绍时，却将戴氏师从徐似道学诗这一重要经

---

① 陈柏华《戴复古诗话》，吴文治《宋诗话全编》第七册，南京：凤凰出版社，2006 年，第 7593 页。
② 参见拙作《对〈新发现的戴复古重要史料及其考证〉的几点辨正》，《浙江师大学报（社会科学版）》1996 年第 5 期。
③ 参见喻长霖《（民国）台州府志》卷第一百○四，民国二十五年排印本，第 2769 页。
④ 参见拙作《戴复古及其作品考辨三题》，《浙江学刊》1994 年第 2 期，第 76—80 页。
⑤ 〔宋〕戴复古《戴复古诗集》附录二，金芝山点校，杭州：浙江古籍出版社，1992 年，第 323 页。

(三)戴氏之诗兼备众体,博采诸家,尤重于承继杜甫、陆游的爱国主义精神和诗歌风格。而小传却沿袭以往的成说,仅言其"受晚唐诗影响",而未及其祖绍、瓣香于少陵、放翁等大家之思想精华和艺术特色,失于片面。

(四)小传末句"本书辑录其论诗诗词四十八则",句中"论诗诗词"四字,语意含糊,全句也与《全编》其他诗话作家小传通常的结句"本书辑录其诗话××则"之体式不相一致。

二、《戴复古诗话》正文的舛误

(一)《诗话》第二则对戴诗《白苎歌》标点和诗意理解方面的失误。

编纂者标点的这篇《白苎歌》计七句,全诗如下:

雪为纬,玉为经,一织三涤手织成。一片冰清如夷齐(一作齐夷),可以为衣,陟彼西山,于以采微。①

1. 诗之末句中的"采微",系"采薇"之误。

2. 全诗的标点断句多有不当。揆之诗之结构和诗意,它应该分为八句,而不是七句。较为准确的句读应是:"雪为纬,玉为经,一织三涤手,织成一片冰。清如夷齐(一作齐夷),可以为衣。陟彼西山,于以采薇。"②

3. 编纂者将戴氏这首乐府诗,当作"论诗诗"辑入《诗话》。然而就全诗的内容看,戴氏此诗重在赞美织女和苎麻之丝之冰清玉洁,歌颂隐者品格之高尚,并非是在以诗论诗。将它当作"论诗诗",实是误解了此诗的性质和诗意。黄升《玉林诗话》曾曰:"……《白苎歌》最古雅,语简意深,今世难得,所谓一不为少。"③应该说,黄升这一评述,似更切合对戴氏《白苎歌》诗意和特色的把握。

(二)《诗话》第二十七则文字、标点等方面的失误。

编纂者所编这则诗话之文字及标点是:

侄孙槃,字子渊;服,字岂潜。各携诗卷来,相与在酒边,细细读之足以起予。"醉石眠花影,吟廊步藓纹。春水绿平野,夕阳红半山。一樽溪上别,孤棹雨中行"此槃之作也。"一灯深夜雨,几处不眠人。(案:原文缺一句)一草亦关春。造化众星□,能表月精神"此服之作也。如此等语不可枚数,摘其一二以识之,当自有识者为其赏音。"鉴镜忽有感,谁能写我

---

① 陈柏华《戴复古诗话》,吴文治《宋诗话全编》第七册,第 7594 页。
② 〔宋〕戴复古《戴复古诗集》卷一,金芝山点校,第 2 页。
③ 同上。

真！崚嶒忍饥面,蹭蹬苦吟身。风叶飘零夜,雨花狼藉春。相遇慰牢落,吾族有诗人。"(同上卷三《风雨无憀中,览镜有感,作小诗未有断句,适两侄孙携诗卷来》)①

对照底本,这则诗话的编纂,存在如下一些失误:

1. 底本卷三《风雨无憀中览镜有感作小诗未有断句适两侄孙携诗卷来》,原是位于"侄孙槃……"一段文字之前,而编纂者却将该诗倒置在"侄孙槃……"之后(且将诗中的"相过"二字错写成"相遇"),这不仅与底本原文有违,也不符合戴氏将"侄孙槃……"这段文字作为其诗创作经过的说明或后记之原意。

2. 底本卷三之"醉石眠花影,吟廊步藓纹""春水绿平野,夕阳红半山""一樽溪上别,孤棹雨中行",原是戴复古分别从戴槃三首五律中摘录出来的三联诗句,而编纂者却将它们标点成先后相连的一首诗。其实,从这三联诗句末字韵脚并不相押,即可判断它们并非同一首诗。同样,底本卷三之"一灯深夜雨,几处不眠人""一草亦关春造化,众星能表月精神",原是戴复古分别从其侄孙戴服所撰一首五律和一首七律摘录出来的佳句,不知何故,编纂者却将其标点成一首支离破碎、诗意不明的五言诗:"一灯深夜雨,几处不眠人。□□□□□(案:原文缺一句),一草亦关春。造化众星□,能表月精神。"实际上,底本原文并无缺句,乃编纂者将戴服后一联七律诗句(十四个字),误为其五律中的两联(二十个字)而产生的错觉,以为其中缺了一句(五个字),后一句又少了一个字(以"□"标示),致其句读、标点亦多有失误。

3. 据底本原文,"侄孙槃……"这段文字,相对准确的标点应该是:

> 侄孙槃字子渊,服字岂潜,各携诗卷来,相与在酒边细细读之,足以起予。"醉石眠花影,吟廊步藓文";"春水绿平野,夕阳红半山";"一樽溪上别,孤棹雨中行"。此槃之作也。"一灯深夜雨,几处不眠人";"一草亦关春造化,众星能表月精神"。此服之作也。如此等语,不可枚数,摘其一二以识之,当自有识者为其赏音。②

而这段说明文字之前,才是戴氏《风雨无憀中览镜有感,作小诗未有断句,适两侄孙携诗卷来》之诗:"览镜忽有感,谁能写我真!崚嶒忍饥面,蹭蹬苦吟身。风叶飘零夜,雨花狼藉春。相过慰牢落,吾族有诗人。"

(三)《诗话》最后两则(即第四七则、四八则)《望江南》之词句,间有句序颠倒,不相连续之误:

---

① 陈柏华《戴复古诗话》,吴文治《宋诗话全编》第七册,第7598页。
② 参见〔宋〕戴复古《戴复古诗集》卷三,金芝山点校,第78页。

1. 第四七则《望江南》[壶山好]下阕曰：

　　中年后，相对醉，颜红虽老未成翁，儿大相传书种在，客来不敢酒樽空。(同上卷八《望江南八首》其五)①

按：这一则词之下阕，不但语句颠倒错乱(将底本该词的末句移到首句之后，分成两截，后截"颜红"二字与下句相连成了语句不通的词句"颜红虽老未成翁")，使第四句"客来不敢酒樽空"变成第五句，而且该句还夹有错别字("不敢"乃"不放"之误)。其末句后括号内所注出处亦有错，"《望江南八首》其五"实乃"《望江南四首》其三"之误。据底本，该词下阕正确的编排和标点应该是：

　　中年后，虽老未成翁。儿大相传书种在，客来不放酒樽空，相对醉颜红。②

2. 第四八则《望江南》[石屏老]其一的上阕曰：

　　千首富，石屏老，家住海东云。本是寻常田舍丁，如何呼唤作诗人，无益费精神。(同上《仆既为宋壶山说其自说未尽处壶山必有答语仆自嘲三解》其一)③

对照底本，此词上阕的首句原是"石屏老"，不知何故，编纂者竟凭空在此句前面加上与下阕首句"千首富"一样的三个字，成了该词上阕的衍句，这就破坏了该词牌的规定格式，不成其《望江南》之词体了。另外，词句中也同样含有错别字的情况("田舍子"错写成"田舍丁")。该词正确的词句排列应该是这样：

　　石屏老，家住海东云。本是寻常田舍子，如何呼唤作诗人，无益费精神。④

3. 第四七、四八这两则诗话最后括号内所列标题和出处，其体例也不完全统一，前者所列出处"(同上卷八《望江南八首》其五)"，实际上底本《石屏诗集》卷八《望江南》[壶山好]只有四首，戴氏自嘲《望江南》[石屏老]只有三首，两者相加七首，何来"《望江南八首》其五"之说！另外，第四八则的出处，与前则所标出处体例，显然不相一致。

(四)《诗话》中的多则诗话，底本文字无误，由于编纂者抄录或辨认失误而成错别字或脱、衍的字句。

---

① 参见陈柏华《戴复古诗话》，吴文治《宋诗话全编》第七册，第7601页。
② 〔宋〕戴复古《戴复古诗集》卷八，金芝山点校，第238—239页。
③ 参见陈柏华《戴复古诗话》，吴文治《宋诗话全编》第七册，第7601页。
④ 〔宋〕戴复古《戴复古诗集》卷八，金芝山点校，第239页。

《宋诗话全编·戴复古诗话》校正　167

1.《全编》第 7595 页第十一则之第三句"为爱坎山文","坎山",应是"次山"之误,"次山",系唐代诗人元结之号。又,该则之第十三句"聱牙不同俗"之"聱",应是"聱"字之误,两者形近但音、义不同。

2.《全编》第 7595 页第十二则之第十四句"力求风雅丧","求"字系"救"字之误。

3.《全编》第 7597 页第十七则诗末句之后括号内的诗题"衡山仲道士……","仲道士"底本为"何道士"。参照别的版本,亦与底本同。

4.《全编》第 7597 页第十八则末句"愁吟两鬓丝"后之括号内诗题"题徐宋伯通判北征诗卷",其中"徐宋伯"应为"徐京伯"。底本即为"徐京伯"。

5.《全编》第 7597 页第二十一则末句之后,底本原附有"尝在平江孟侍郎藏春园终日论诗"一行小注,不知何故,被编纂者删去了,其实此句反映了戴复古与赵师秀交游的重要信息,颇有价值,应予保留。

6.《全编》第 7597 页第二十三则末句诗之后,有"诗人姚仲同乃胡仲方诗友"之小注。对照底本,发现此注原是以六号小字置于诗题《题萍乡何叔万云山》之下方,编纂者却将其改为与诗句同样的五号字体,置于诗的末句之后,与正文紧相连接,有违作者原意。

7.《全编》第 7597 页第二十五则第七句"应笑垂伦叟","垂伦"应改为"垂纶"。

8.《全编》第 7597 页第二十六则第四句"鲁闻大雅音","鲁"应是"曾"字之误;第八句"昏雅自满材"应是"昏鸦自满林"之误,其中"雅"与"鸦","材"与"林",分别因形、音相近或仅因形近而致误。又,本则所选之诗已在底本第三卷之中,按《全编》之凡例,应于诗后的括号内"同上"二字之后,长诗题"侄孙昺……"之前,加上"卷三"二字。

9.《全编》第 7598 页第二十六则"余非谀言,自识者……"其中"谀"字,系是"谀"字之误;"自识者"之句,与底本相比,脱了"有"字,应是"自有识者"。

10.《全编》第 7599 页第三三则第一句"表出尘垓外","垓"系"埃"字之误。

11.《全编》第 7599 页第三六则第六句"妙句若平平"之"妙句",系"妙趣"之误;此则最后一句之后括号内诗题末句"以其稳括……"其中"稳括",系"隐括"之误。

12.《全编》第 7599 页第三七则第二句"自宋诗家法度严",其第二个字"宋",底本系"守"字,此乃因两者字体形近而致误。又,该则末句之后的括号内"生就后桥罗汉面"之"后桥",底本为"石桥",亦因"后""石"二字形近而致误。

13.《全编》第 7599 页第三八则第四句"等闲文章变瑰奇","瑰奇",应是

"瑰琦"之误,底本即为"瑰琦"。① 本诗首联韵脚为"奇",若颔联又以同一字"奇"字相押,显然不合律诗押韵之规定。

14.《全编》7600页第四三则第2直行"郑东子"系"郑柬子"之误,底本卷七有戴氏《次韵谷口郑柬子见寄》可以为证。

15.《全编》第7600页第四六则第六行"鲁向吟边问古人"之句首字"鲁",系"曾"字之误;"个里稍关心有悮"句末"悮"字,应是"悟"字之误。

16.《全编》第7601页第一行"抵得韵来如砥柱"之句,首字"抵",系"押"字之误。

(五)底本有误,而编纂者未按凡例第四条之规定,予以必要的改正,沿袭了底本之误。

1.《全编》第7593—7594页第一则第二十二句"寒风凛凄惨",其文字与底本完全一致,但此句的韵脚"惨"字,却与该诗前后偶句之"样""放""状""荡"等韵脚均非同韵,不符合古诗押韵的规则。参照四库本《石屏诗集》《江湖后集》中的该诗,此句为"寒风凛凄怆",其末字"怆",正好与其前后偶句末字同韵相押。故可以肯定,此乃编纂者承袭了底本卷一首篇《求先人墨迹呈表兄黄季文》原句中的"惨"这个错别字,未作校正所致。

2.《全编》第7594页第三则末句"嗜好乃相似"之后,"(同上《和山谷上东坡古风二首见一朝士今取一篇》)"之前,底本原有小号字体"断一作研"四字。但按底本排版之惯例,此四字原应移置于此则诗话第四句"松根断茯苓"之下,作为底本编者对该句"断"字有另一种写法的小注或说明。但编纂者既不按底本之惯例予以移置,又径将此4字从此则诗末删去,有违《全编》凡例之规定。

3.《全编》第7599页第三六则最后一句中的"稳㯻"(按:"㯻"乃"括"字的异体字),与底本相同。但其"稳㯻"中的"稳"是个错别字,正确的应为"隐"字。② 这是底本失误在先,《诗话》沿误于后了。

4.《全编》第7600页第四四则最后一句"云台有集继家风"之后,底本原有一行小字"郑谷有《云台集》"的附注,这是对诗句中的"有集"的具体说明。然而底本此注却有一个失误,即把郑柬子之号"谷口"脱漏了一个"口"字,郑谷口"成了"郑谷",这不仅有违事实(按:郑柬之名大惠,柬子其字也有写作"简子"的),也易与唐代诗人郑谷相混淆。编纂者对此未作校正,仅将此小字号注删去,不妥。

---

① 参见〔宋〕戴复古《戴复古诗集》卷六,金芝山点校,第171页。
② 参见《汉语大词典》下卷"隐括"词条,《汉语大词典》编辑委员会编纂,上海:汉语大词典出版社,1997年,第6982页。

三、结　语

　　《诗话》全文不到六千字,却出现本文所揭示的五十多处大小不一的知识性差错,平均每页约有五六处失误。翻阅全书,除了《戴复古诗话》,至今还未发现舛误如此之多的诗话编纂,应该说这在《宋诗话全编》整套书内乃是绝无仅有的个案。笔者推测,该《诗话》编纂者失误之原因,恐怕是未将初稿本与底本即《石屏诗集》四部丛刊续编本逐篇对照、细心校雠所致。

　　笔者觉得凡是个人所撰写或所编纂的文稿,都须认真阅读校勘,一旦发现其中的舛误,应该尽力通过适当的方式予以勘正,犹如菜农发现菜园内的害虫,务求捉取除之而后快。故本文谨对《宋诗话全编·戴复古诗话》存在的某些知识性舛误进行了校勘订正。由于篇幅所限,文中未曾对《诗话》漏辑《石屏诗集》及集外作品中的诸多诗话予以补纂。至于《全编》凡例将宋代论诗诗作为诗话之一种编入书中是否妥当,以及如何准确理解诗话的定义,这更是一个引发争议的学术问题,只能俟以异日另文申述。

《全元诗》《全元文》失收赵汸诗文辑考
——兼及赵氏诗文集版本叙略*

王亚文　鲁小俊**

【内容提要】《全元诗》《全元文》所收赵汸诗文皆据《东山赵先生文集》《东山存稿》。然赵氏文集版本夥杂,故需借助相关序跋文献、史志以及其他公私目录进行梳理,以廓清其大概。《全元诗》《全元文》之外,可从《新安文献志》《休宁县志》《明文衡》等文献中裒辑赵氏诗文《赠唐宗鲁》《赠吕仲善之北平搜访遗事》《黄星行》《洛阳剑客歌为程景阳作》《登黄山炼丹峰寻昔人隐处》《杨行密疑冢》《送陈子山博士游黄山(五首)》《伯劳叹》《上苏参政书》《答枢判汪公请主商山义学启》凡十四篇。兹将二书所遗赵汸诗文辑成此篇,以补阙略。

【关键词】　赵汸　《全元诗》　《全元文》　补遗　版本

赵汸(1319—1369),字子常,休宁(今安徽省黄山市休宁县)人。赵氏师从黄泽,习易象及《春秋》之学,在春秋学领域造诣颇深。① 著有《周易文诠》四卷、《春秋集传》十五卷、《春秋师说》三卷、《春秋左氏传补注》十卷、《春秋属辞》十卷等;又师从虞集,文律精研,其诗文作品收录于《东山存稿》和《东山赵先生文集》。赵氏所学,承接黄、虞,颇得二人之遗风。四库馆臣称其"议论有根柢……诗词不甚留意,然往往颇近元祐体,无雕镂繁碎之态",② 为元季"翘然独出"③

---

* 本文为国家社会科学基金重大项目"中国历代书院文学活动编年史"(21&ZD253)阶段性成果。
** 王亚文,武汉大学文学院博士生;鲁小俊,武汉大学文学院教授。
① 据吴兆丰《〈春秋金锁匙〉非元人赵汸撰著考》一文统计,清中期纂修《四库全书》全文收录元人《春秋》学著作16种,其中署名为赵汸的占5种,分别是:《春秋集传》《春秋师说》《春秋左氏传补注》《春秋金锁匙》和《春秋属辞》。赵汸成为《四库全书》全文收录《春秋》学著作种数最多的学者,超过北宋学者刘敞(1019—1068),后者以4种《春秋》学著作列居其右。参见吴兆丰《〈春秋金锁匙〉非元人赵汸撰著考》,《人文论丛》2017年第1期,武汉:武汉大学出版社,第86—96页。
② 〔清〕永瑢等《四库全书总目》,北京:中华书局,1965年,第1461页。
③ 〔清〕永瑢等《四库全书总目》,第1461页。

者。赵汸一生先后讲学于休宁商山书院、婺源阆山书院、歙县紫阳书院,^①与黄泽、虞集、苏天爵、朱升、郑玉、汪同等人交游。洪武二年(1369),应诏修《元史》。修毕,因病辞世,享年五十一岁。^② 由于赵氏筑有东山精舍,故学者称之为"东山先生"。^③

赵汸诗文作品被杨镰、李修生收录于《全元诗》《全元文》中,杨、李的做法凸显了二者的历史判断力。从赵汸身份来看,他作为元遗民,身份较为特殊,其传记曾一度被皮置于《明史·儒林传》。对此,诸多学者认为赵氏入《明史》多有不妥之处。譬如,钱穆曾言:"子常虽列名于《明史·儒林传》,而论其大体,则终是一元儒也。"^④从其作品来看,赵氏诗文中有诸多篇章流露出作者的遗民心态。观《贺郑师山先生书》《送郑征君应诏入翰林诗序》等,赵汸对明廷所持有的疏离态度毕显。这种政治认同的淡薄,又与赵氏自身的理学观念分不开,这在一定程度上也反映了遗民思想的特殊性。因此,无论是从赵汸所处时代,抑或其作品和遗民思想来看,赵汸诗文编入《全元诗》《全元文》较为妥当。由于二集所据的《东山存稿》和《东山赵先生文集》版本较为夥杂,且前人未曾梳理,故于此稍作陈述。

一、赵汸诗文集版本叙略

《全元诗》《全元文》所收赵汸诗文,均采自《东山存稿》和《东山先生文集》。然此二种文集并非赵氏本人所编,而是出自他人之手。通过相关序跋资料可以得见其编集情况,汪仲鲁《东山存稿原序》云:

> 洪武二年冬,休宁赵君子常以史事召至京师,既竣事归,未逾月,以疾终。明年春二月,葬于里之东岩,亲友毕来会葬。其门人汪荫乃集其所为诗文若干卷,属予序之。已诺,多疾未遑也。未几,荫以贤良召,而范生准乃续录之,旁搜靡遗,复申前请。^⑤

---

① 参见鲁小俊、王亚文《隐于书院:一种"中间状态"的出处选择——以元末徽州士人赵汸和郑玉为中心》,《安徽大学学报(哲社版)》2024年第1期,第1—9页。
② 有关赵汸的生平资料主要有《明史·儒林传·赵汸》《新元史·列传·赵汸》《东山存稿序》《东山赵先生汸行状》《东山精舍记》《祭友赵东山文》《宋元学案》《哀赵子常》《集赵东山文稿序》等。另,有以赵汸作为个案研究的学位论文。郭晓燕亦有《补〈全元文〉赵汸遗文三篇》,《古籍整理研究学刊》2017年第4期,第32—34页。
③ 季啸风主编《中国书院辞典》,杭州:浙江教育出版社,1996年,第481页。
④ 钱穆《中国学术思想史论丛》六,《钱穆先生全集》,北京:九州出版社,2011年,第232页。
⑤ 〔元〕汪仲鲁《东山存稿》原序,《景印文渊阁四库全书》第1221册,台北:台湾商务印书馆,1986年,第160页。

明嘉靖三十七年(1558)鲍志定《序》称：

> 文集散逸，间虽辑于汪范二君而未备也。先翰林公于先生为莫逆交，故诸所撰述，留诸余家藏书楼中，大率悉备。……先君子棠野公追念世风，收撮先生遗文，总汇成集。①

由以上二序可知赵氏诗文集有三种，即：赵氏门人汪荫所编一种，范准续录一种和鲍棠野所编一种。依据史志目录、其他公私目录之收录，可见赵汸诗文集有多种别行于世。大致情况如下：

七卷本：《八千卷楼书目》卷十六集部："《东山存稿》七卷，《附录》一卷，元赵汸撰，康熙刊本。"②《(光绪)重修安徽通志》卷三百四十三："《东山存稿》七卷，《附录》一卷，赵汸著。"③《续通志》卷一百六十二艺文略："《东山存稿》七卷，《附录》一卷，元赵汸撰。"④《续文献通考》卷一百九十经籍考："赵汸《东山存稿》七卷，《附录》一卷，汸见经类。"⑤《传是楼书目》："《东山存稿》七卷，赵汸，四本。"⑥《四库全书总目》："《东山存稿》七卷，《附录》一卷，内府藏本。"⑦

十五卷本：《明史》卷一百三十六志一百十："赵汸《东山文集》十五卷。"⑧《千顷堂书目》卷十七："赵汸《东山文集》十五卷，字子常，休宁人，隐居东山。"⑨

十一卷本：《天一阁书目》卷四之二集部："《赵东山文集》九卷，《诗集》二卷。乌丝栏抄本，元休宁赵汸撰。"⑩《皕宋楼藏书志》卷一百九集部："《东山赵先生文集》十一卷，旧抄本，曹倦圃旧藏，元赵汸撰。"⑪《传是楼书目》："《赵东山集》十一卷，元赵汸，一本，抄本。"⑫

由以上可知，赵氏诗文集有七卷本、十一卷本和十五卷本，其中《存稿》皆为七卷本，《文集》则有两种，即十一卷本和十五卷本。另，国家图书馆现存有十二卷本《东山赵先生文集》未见著录。则赵汸文集至少四种版本。然就目前

---

① 〔元〕赵汸《东山赵先生集补钞》附录，明抄本。
② 〔清〕丁仁《八千卷楼书目》，民国十二年(1923)铅印本。
③ 〔清〕何绍基《(光绪)重修安徽通志》，清光绪四年(1878)刻本。
④ 〔清〕嵇璜《续通志》，《景印文渊阁四库全书》第394册，台北：台湾商务印书馆，1986年，第551页。
⑤ 〔清〕嵇璜《续文献通考》，《景印文渊阁四库全书》第630册，台北：台湾商务印书馆，1986年，第523页。
⑥ 〔清〕徐乾学藏《传是楼书目》，清道光八年(1828)味经书屋抄本。
⑦ 〔清〕永瑢等《四库全书总目》，第1461页。
⑧ 〔清〕万斯同《明史》，清抄本。
⑨ 〔清〕黄虞稷《千顷堂书目》，《景印文渊阁四库全书》第676册，台北：台湾商务印书馆，1986年，第447页。
⑩ 〔清〕范邦甸《天一阁书目》，清嘉庆文选楼刻本。
⑪ 〔清〕陆心源《皕宋楼藏书志》，清光绪万卷楼藏本。
⑫ 〔清〕徐乾学藏《传是楼书目》，清道光八年(1828)味经书屋抄本。

所见,仅七卷本《东山存稿》和十二卷本《东山赵先生文集》流传于世。兹就现存四库全书文渊阁本《东山存稿》、明抄本《东山赵先生文集》及所附《东山赵先生集补钞》和国立北平图书馆藏钞本《东山赵先生文集补遗》略述如下:

《东山存稿》凡七卷,附录一卷,卷首有汪仲鲁《东山存稿原序》一篇。其中卷一收录五言古诗、七言古诗、五言律诗、五言排律诗、七言律诗、五言绝句诗、七言绝句诗、词;卷二至卷七收录序、书、记、跋、说、赞、状、铭、表等文体;附录一卷,录《东山赵先生汸行状》。《东山赵先生文集》凡十二卷,现存卷一至八,卷十一;阙卷九、卷十、卷十二。其中卷一至卷八大致按序、记、碑、状、说、铭、志、跋、赞、书等文体先后编排,卷十二收录赵氏诗作,钤有傅增湘的"双鉴楼珍藏印"。

以上《文稿》与《文集》所收录赵汸诗文有同有异,可相互补缺,前人曾为二书分别进行补遗。然补遗仅局限于二书,尚未利用方志。《东山赵先生文集》卷末附有《东山赵先生集补钞》(附目录,不分卷),其补钞工作依据《东山存稿》。另此《补钞》末有《附录》收录有《东山赵先生汸行状》《赵子常画像赞》《东山先生像赞》《赠别赵东山子常》《寄赵征君》《东山精舍记》《跋黟令周侯政绩记后》《春秋属辞序》《春秋集传后序》(汪玄锡、倪尚谊)《汪仲鲁序》《鲍志定序》等。

《东山赵先生文集补遗》不分卷,此《补遗》"皆为四库著录本(即《东山存稿》七卷、附录一卷)所无者"。① 《续修四库全书总目提要》称《补遗》"无序、无跋,亦不署编辑姓氏,故为某时某人所辑,与夫辑自何书,皆无所考,特举其目如上"。② 然根据其补目:序五篇:《江浙行中书省左丞苏公善政录序》《送唐思恭归金华序》《赠萨秉中序》《送仪真张君赴番阳序》《休宁县令钱侯家庆图序》;记一篇:《唐吴江生茔记》;书一篇:《答朱学正书》;铭两篇:《尚友斋铭》《休宁县普满寺起南禅师塔铭》;志两篇:《倪仲弘先生墓葬志》《戴庭芳母金安人墓附葬志》;杂著三篇:《唐禹偶伯宣名字说》《读黄侍讲所撰御史苏公治狱记后》《跋欧阳文忠公墨迹后》;又五言古诗三十首,七言古诗八首,七言律诗十首,七言绝句三十八首,可知,其内容皆出自于《东山赵先生文集》,故可推断此书辑自《文集》,然辑者以及所辑时间尚不可考。

二、《全元诗》《全元文》失收赵汸诗文补遗

《全元诗》所收赵汸诗作依据清康熙二十年(1681)赵吉士刻本《东山赵先

---

① 中国科学院图书馆整理《续修四库全书总目提要·稿本八》,济南:齐鲁书社,1996年,第718页。
② 中国科学院图书馆整理《续修四库全书总目提要·稿本八》,第718页。

生存稿》七卷(卷一),并以中国国家图书馆藏明抄本《东山赵先生文集》十二卷、《文渊阁四库全书》本《东山存稿》校勘补遗。《全元文》所收赵汸文章则以明抄本《东山赵先生文集》为底本,校以《文渊阁四库全书》本《东山存稿》,又在《文集》外共收佚文五篇,即《答朱子范》(由《文渊阁四库全书》本《东山存稿》卷三辑)《读货殖传》《春秋属辞序》《春秋属辞目录后跋》《春秋左氏传补注序》。

《全元诗》和《全元文》之外,尚存赵汸诗文诸篇。郭晓燕曾辑得《寄上苏公伯修》一篇,另对《对问江右六君子策》《九思堂记》两篇文字的缺漏部分做了补缺。① 于此之外,仍存赵汸所遗诗文数篇。今将所遗辑出,以补《全元诗》《全元文》阙略。另,此所辑补诗文,兼采多种文献,整合不同版本的内容,并标注、补充其他文献的异文情况。现将方志及其他史料中辑出的十四篇赵氏诗文整理如下:

(一) 赵汸遗诗十二首

赠唐宗鲁

惊飚振原野,草树日已疏。客子怀故林,哀鸿云外呼。九土人相食,烟尘暗长途。骨肉一分散,东瓯定勾吴。侧身无津梁,飞梦轻重湖。荆璞时未珍,所贵琏与瑚。棠溪古云利,百链不受诬。忧患启明哲,艰贞奋良图。熠熠草上萤,青青涧中蒲。已感秋日短,复悲冬夜徂。阳光烛幽昧,阴壑群生苏。归舟泛春涛,一觞酹伍胥。②

按:唐宗鲁,明洪武四年(1371)任工部侍郎。诗载《元诗选》二集下,亦载《石仓历代诗选》卷三百六十一,③又见《新安文献志》卷五十一。又,《新安文献志》所载《赠唐宗鲁》附:"汪蓉峰曰:东山诗因感发而形之咏歌,虽不专乎是,然长篇短哦,一字不苟。"④

赠吕仲善之北平搜访遗事

龙庭返骑如飞烟,真人端拱收中原。北平图籍载连舯,挂一漏万无完篇。妖星夜半躔奎宿,山川千载还清淑。国书不许外庭传,翰林青简空如玉。监殷监夏思前车,诏使群儒当疾书。皇家制作贵传信,未许太史征无且。旧时遗文更搜访,狼籍幽燕藉君往。五车上送更披陈,一代兴亡如指掌。⑤

---

① 郭晓燕《补〈全元文〉赵汸遗文三篇》,《古籍整理研究学刊》2017年第4期,第32—34页。
② 〔清〕顾嗣立编,席世臣补编,钱熙彦补遗《元诗选》第5册,北京:中华书局,2021年,第1289页。
③ 〔明〕曹学佺编《石仓历代诗选》,《景印文渊阁四库全书》第1391册,第876页。
④ 〔明〕程敏政《新安文献志》,《景印文渊阁四库全书》第1375册,第670页。
⑤ 〔明〕曹学佺编《石仓历代诗选》,《景印文渊阁四库全书》第1391册,第877页。

按：此诗记吕仲善受命赴北平为编修《元史》收集材料之事。吕仲善，即吕复(？—1373)，字仲善，号易窗，谥文恭，兴国县南隅(今江西省赣州市兴国县)人。因修《元史》，官封太常典簿。生平事迹参见宋濂《送吕仲善使北平采史序》。本诗载《石仓历代诗选》卷三百六十一，亦载《新安文献志》卷五十二。"妖星夜半躔奎宿"，《新安文献志》作"星芒夜见躔奎宿"；"狼籍幽燕藉君往"，《新安文献志》作"典籍幽燕藉君往"；"五车上送更披陈"，《新安文献志》作"五车上送见书成"。①

黄星行

八月十五夜未央，中天皓月悬清光。大星稀少小星没，出门四顾山苍苍。我生不读甘石书，但见一星明且黄。今宵不见儿童怪，应随斗柄西山外。石桥徙倚闻幽香，荷叶团团大如盖。黄星明夜应复来，清露为酒荷为杯。举杯漫与黄星寿，自古昆明有劫灰。②

按：诗载《元诗选》二集下，亦载《四朝诗》元诗卷十二，③又见《石仓历代诗选》卷三百六十一。④

洛阳剑客歌为程景阳作

洛阳古称豪杰窟，奇才剑客尤超忽。汉家三十六将军，剧孟归来如敌国。争夺玉贝高拄颐，曼胡短后供儿嬉。平生耻学一人敌，胸中耿耿谁能知。功名何必惭廉蔺，排难解纷声愈振。白头恨不当单于，误身竟坐封侯印。长安卿相真庸奴，鬼妾鬼马穷欢娱。一朝万事成瓦裂，金钱果为何人输。君不见洛阳剑客藏名久，好尽中山千石酒。精灵变化会有时，莫遣光芒射牛斗。⑤

按：诗载《元诗选》二集下，亦载《石仓历代诗选》卷三百六十一。⑥

登黄山炼丹峰寻昔人隐处

我游黄山当严冬，雪消日暖无天风。欲求昔人栖隐处，发兴况有高僧同。危矼侧步目已眩，绝壁下瞰心为忡。交流二涧泻寒碧，樵牧不来萝径穷。嵯峨乱石大如屋，蹴踏豸虎登虬龙。手披灌木出林杪，仰从云际窥奇峰。中高一柱揭南斗，旁扶两岫森寒松。文楸万本翠如织，宛宛内蓄何冲

---

① 〔明〕程敏政《新安文献志》，《景印文渊阁四库全书》第1375册，第689页。
② 〔清〕顾嗣立编，席世臣补编，钱熙彦补遗《元诗选》第5册，第1289页。
③ 〔清〕张豫章辑《四朝诗》，《景印文渊阁四库全书》第1349册，第667页。
④ 〔明〕曹学佺编《石仓历代诗选》，《景印文渊阁四库全书》第1391册，第877页。
⑤ 〔清〕顾嗣立编，席世臣补编，钱熙彦补遗《元诗选》第5册，第1289—1290页。
⑥ 〔明〕曹学佺编《石仓历代诗选》，《景印文渊阁四库全书》第1391册，第877—878页。

融。仙灵窟宅景象异,岂与下界同污隆。名姓无传年代远,只有药臼留遗踪。摩挲考击三叹息,怅不并世来相从。因怜李白升绝顶,空吟菡萏金芙蓉。几年戎马暗南国,眼前厌见旌旗红。脱身长往宿有愿,把茅不用烦人工。曹阮浮丘应好在,山南山北会相逢。①

按:诗载《元诗选》二集下,亦载《四朝诗》元诗卷三十四,②又见《石仓历代诗选》卷三百六十一。"曹阮浮丘应好在",《四朝诗》本作"曹院浮丘应好在"。③

杨行密疑冢

荒郊石羊眠不起,枯冢累累各相似。海陵冤骨无人收,岂有儿孙来擘纸。几堆空土效曹瞒,百战江南帝徐李。龙山突兀表忠祠,至今父老思钱氏。④

按:诗载《元诗选》二集下,亦载《新安文献志》卷五十二,⑤又见《石仓历代诗选》卷三百六十一。⑥《石仓历代诗选》题作"杨行密疑塚",《新安文献志》题作"杨行密疑冢"。根据语境可知"塚"当为"冢","冢"繁体为"塚",此乃形近致误。"枯冢累累各相似",《石仓历代诗选》作"枯塚累累各相似",致误原因同上。杨行密(852—965),字化源,初名行愍,庐州合肥(今安徽合肥)人,南吴建立者。唐末,响应黄巢起义,为官军所获。得释后自州兵渐升至牙将,后升任庐州刺史,与秦彦、华师锋、孙儒等势力在江淮争夺数年,造成严重破坏。景福元年(892),据有扬州,拜淮南节度使。选拔贤才,招集流散,轻徭薄赋,劝课农桑,使江淮一带社会经济得以复苏。后曾数败朱温军,阻其南下。天复二年(902),受封吴王,遂形成割据局面。⑦

送陈子山博士游黄山(五首)

浮丘祠

浮丘说诗罢,丹成忽为仙。荒祠托灵谷,瓦缶荐寒泉。纷纭秦汉间,嘉遁良独贤。大雅久不闻,支词渎真诠。期君发幽隐,重以青瑶镌。

轩辕碑

轩后初制作,崆峒闵蒸黎。画野定疆理,无为异标枝。荒山有遗碣,仿佛存蛟螭。述德岂倚相,论书陋秦斯。期君刊往牒,稽首陈贞辞。

---

① 〔清〕顾嗣立编,席世臣补编,钱熙彦补遗《元诗选》第5册,第1290页。
② 〔清〕张豫章辑《四朝诗》,《景印文渊阁四库全书》第1349册,第453页。
③ 〔明〕曹学佺编《石仓历代诗选》,《景印文渊阁四库全书》第1391册,第878页。
④ 〔清〕顾嗣立编,席世臣补编,钱熙彦补遗《元诗选》第5册,第1290页。
⑤ 〔明〕程敏政《新安文献志》,《景印文渊阁四库全书》第1375册,第689页。
⑥ 〔明〕曹学佺编《石仓历代诗选》,《景印文渊阁四库全书》第1391册,第879页。
⑦ 邱树森主编《中国历代人名辞典》,南昌:江西教育出版社,1989年,第440页。

白龙潭

绝洞下深黑,寒泉泻岩隈。中有玉蜿蜒,不知何年来。隐显与道俱,泊然息风雷。石林绚金碧,洞府皆楼台。善保至阳德,春霖遍九垓。

硃砂泉

空岩荫方池,丹泉何氤氲。炎火孰张设,蒸熬泛春温。疏瀹得深润,浮游灌灵根。外达美阳休,内融反胚浑。翩然披紫绮,五色明朝暾。

弦歌洞

岩居观物化,掩卷独无思。空洞镛重扃,闭此孔壁遗。朋来二三子,窈渺强吾诗。商声出金石,草树生凉飔。过门有佳客,共赏雩风辞。①

按:诗载《石仓历代诗选》卷三百六十一,又载《新安文献志》卷五十一。《新安文献志》题作"分题送陈子山博士游黄山";《送陈子山博士游黄山》其二《轩辕碑》"崆峒闵蒸黎",《新安文献志》作"倥侗闵烝黎";"述德岂倚相",《新安文献志》作"述得岂倚相";《送陈子山博士游黄山》其三《白龙潭》"绝洞下深黑",《新安文献志》作"绝涧下深黑";《送陈子山博士游黄山》其五《弦歌洞》,《新安文献志》题作"强歌洞";"朋来二三子",《新安文献志》作"朋来二三千"。②

伯劳叹

伯劳食母母不育,生子他巢远其毒。所生不免所养悲,五日羹枭还赤族。人言子不孝,良由母不仁,何不遗卵清溪滨?不能辨非类,禽鸟亦不智,何不啄杀徒辛勤?嗟人至灵异禽鸟,以义断恩非灭亲。生子良由不自处,鞠育无术空尤人。君不见若敖一朝为馁鬼,稂侯千载称宗臣。③

按:诗载《新安文献志》卷五十。

(二)赵汸遗文两篇

上苏参政

汸生穷山下邑,赋性愚拙,自其修于身者,犹扞格不胜是惧,于四方事盖不待言。是以当科诏屡颁、群材汇进之秋,而终不敢持不足之资,以侥幸于一得。盖羽短者蜚近,足蹇者步迟,理势则然,非由矫饰。而阁下一见,乃独悯其沉沦,欲进诸俊选之场,以增益其所未至。噫!阁下之心,岂徒为汸发哉?计天下之贤者,阁下莫不皆欲其出为世用;不贤者,阁下莫不皆欲进而教之。顾小子不当厚意推阁下之用心,收效于天下可也。是

---

① 〔明〕曹学佺编《石仓历代诗选》,《景印文渊阁四库全书》第1391册,第876—877页。
② 〔明〕程敏政《新安文献志》,《景印文渊阁四库全书》第1375册,第670页。
③ 〔明〕程敏政《新安文献志》,《景印文渊阁四库全书》第1375册,第649页。

以姑苏舟中侍坐时，尝以郡邑学校废弛为言，而使命亟来，言不及究，故敢申其说以书阁下，幸一览焉。窃闻天下之患，莫大乎士大夫废学而民不知义。使士大夫皆知学而民知义，则学道爱人之政举，而尊君亲上之俗成。政举则渔夺椎剥之风息，俗成则倍畔崩离之祸无自而生，其得失盖甚明也。三代盛时，教民养士之法达于天下，皆由内及外，相为终始，莅官从政，悉取诸其成材而用之。其或上下不相应和，听其散漫四出，而欲一旦收其人以充任使，恃其心以为垣墉者，盖未之有也。国家混一天下，许文正公首开成均之教，以辅成治世之隆。列圣责成，具有明法，故虽小有废坠，易为兴举。郡邑无远近大小庙学，具修先贤故址，民间义塾列为学官者，不可胜计，亦云盛矣。乃独教养无法，师弟子去留不常，其甚者大抵与市井聚徒相类，材德之成否，何由可见？田租廩粟，蠹蚀于庸人鄙夫之手，往往傅会生员姓名，连简累牍，以待稽考。奸民更相劫持，所在金谷狼籍殊甚。前代欲聚士而教者，尝患无以食之。我世祖皇帝定制，郡邑长吏不得擅用一钱，独在学校者，捐以与士，无所爱惜。其恩德甚厚，而士终不被其惠，真可为长太息者哉！其失在生员无定额，选补、考察、升贡无通法，为教官者，又皆循资而来，故长吏得以好恶为缓急，风纪之司亦无从而察其实矣。大抵下之于上，不从其令而从其意。今货物粟米之政，督责严密，间不容隧，而育材兴化之方，漫不知省。西方秘密之教，行乎王公大人之上，祷祈禳祝，朋呼膜拜，家自为俗，人自为法者，又纷然于卿大夫之间。道宫佛宇，所在增益，支流旁出，与居民杂处，不可胜言。而所谓先王之道、人伦之教者，天下郡邑之间，湮微泯废如此，欲士大夫皆知学而民知义，难矣。窃谓为今之计，当从朝廷定为条画，使郡县长吏择民间子弟之可教者，大学、小学随所在参酌为额，其流官子孙皆补郡学生员。乡贡罢归，愿入学者听之，数多则均诸书院及廩食有余之处。大小学职由科目入官，更采前代优崇之意，升其品秩，均赐印章，使得以成官府，严簿籍，治田粮，行赏罚。其专任训迪，则士大夫之老于其乡者，有官而需次者，山林奥学者，皆得为之。然必使诸生求其道德经艺可为一乡一邑师表者，长吏卑辞厚礼以延致之，身率学者而敬事之，以尽古者公卿大夫隆师取友之谊。田租寡少者，许于官田添给，或从义民捐助。其所以为教者，则以国学成规为准。又取前代法，本经外，益以吉凶二礼、律令、书算，皆许兼习。其敏学修行、恬静有守者，则长吏加礼貌以表异之。县间岁较其优者贡于郡，其不与者得推择为县吏，甚不率教者屏之郡。三岁试，其中等者，与乡贡之士偕行赴省，不与者得择为郡吏。自行省罢归者，即郡学肄业，以俟再贡。自乡举者，亦须试于郡而后遣，以革凡庸轻妄、玩扰场屋之弊。凡郡邑校试，只以经义、对策合为一场，长吏亲临，糊名誊录，而后考诸经，各取一句为题,则非通全经者不敢幸中。经题临试,各拟十数以上,使一人射而取之,揭以示众,则请托不行。凡部使者至学,诸生皆得赞名祗谒,间取一二,观其所业以勉励之,假托占籍者去之。如此,则为士者蒙教养之实,在官者获师友之益,然后可以塞俗吏冒儒之路,广贤才进身之途,回斯民向道之心,一四海未同之俗。而又必察之于几微,持之以悠久,使善人日多而世鲜乏材之叹,民风渐美而人怀尊上之心,庶几学校之设,不终于具文者乎。夫先王恐斯民之易散而难聚,易分而难合也,故养以井田,教以学校,而因其法以维持之,收其贤者而共理之,使中外远近均齐方正,精神遍摄,喘息贯通,天地之间,共为一体,卜年虽近,终必过之。今土宇广大,亘古莫侔,盖有前代帝王之所愿见而不得者。既以画地为限,揭其品汇之名以分异之,而亲疏贵贱、崇卑劳佚之殊,益悬绝矣。惟教民育士,无间迩遐,苟以阔于事情,不为修举,则所以一道德,同风俗,起斯民之视听而结其心者,果何在乎?今圣天子求治如不及,既选贤守令以嘉惠疲民,则兴学育材,移风易俗,此其时也。阁下以人材世道为己任,志念所存,见乎词色,故敢忘其僭妄,窃述是说以献焉。法先王乡校之实,成许公未究之心,以赞国朝治教之美于无穷,非阁下尚谁望哉?京学之盛,必有成法,亦可推之天下否?汸居家养亲读书,冀有少进,以无负于门墙。惟静修先生、曹学士、虞先生碑文无由一见尔。干冒清崇,不胜悚息。①

按:文载清代黄宗羲编《明文海》卷一百八十三,又载《新安文献志》卷十。《明文海》题"上苏参政",《新安文献志》题"上苏参政书",旁注"天爵"。其中"故敢申其说以书阁下",《新安文献志》作"故敢申其说以书献阁下";"大小庙学,具修先贤故址",《新安文献志》作"大小庙学,具修先贤历履";"真可为长太息者哉",《新安文献志》作"真可为长太息者矣";"即郡学肄业",《新安文献志》作"即郡学讲业";"庶几学校之设,不终于具文者矣",《新安文献志》作"庶几学校之设,不等于具文者矣"。②

答枢判汪公请主商山义学启

伏以学由义建,兴文右武之时;士以礼罗,折简捐书之日。靖惟寡陋,过欲称扬。恭惟某官,雅望人归,雄资天赋。持节有光于昼绣,镇重三吴;过家无间于春晖,堂高四友。拯乡邦于既溺,慨学校之久毁。当伤痍汩乱,思重叙于彝伦;况板荡劻勷,既克全于我里。事有至难而济之若易,时非所急而断以弗疑。招学士于骇散之余,爱中国而受室;求亡书于煨烬之

---

① 〔清〕黄宗羲编《明文海》,《景印文渊阁四库全书》第1455册,第57—60页。
② 〔明〕程敏政《新安文献志》,《景印文渊阁四库全书》第1375册,第176—179页。

末,虽一卷而立师。谓晦庵夫子之述作幸存,而紫源先生之风猷不远。当及典刑之未坠,庶几文献之足征。苟至德要言,能恪遵于先正;则良才善俗,庶可见于清时。岂期束帛之将,不弃遗簪之旧。自非高谊,孰念陈人。某朴学无成,半生多难。疾病空余于皮骨,乱离久废于简编。惭始隗以何堪,念依刘之有自。受飧反璧,敢逃越雪之讥;充栋汗牛,奚取郢书之谬。尚图良晤,以究欲言。①

按:文载《明文海》卷一百八十三,②又载《新安文献志》卷四十三。③ 原注:汪公,即汪同。

此外,明代唐顺之《荆川稗编》卷二十三收录有赵汸《论周礼六天书》一文④,不见《全元文》收录。经比对可知,《论周礼六天书》与《全元文》所收赵汸《答徐大年书》一文有部分重合,《答徐大年书》多出以下文本:

"郑村良便后,每恨相见之晚,簪盍孔艰,慨思晤言,惟重瞻系。当卧疾敝乡时,适有郑氏便人,匆匆不能具书,急取黄先生行状封寄左右,凡书所欲言者,何以加此。不作书,非有意也。庚子春夏,留星源山中,友朋自歙至者,尝言见足下所寄书,而忘却取来。自是,凡属数辈求之,至今年春乃始得见,三复不能去手。庄生曰:'逃空谷者,闻人足音,跫然而喜矣。'况于稽经考礼如面论者乎?幸甚!幸甚!"

"是以先生行状中,凡诸经疑义,皆略存梗概,良以此也。其于历代聚讼之说,虽千百一二,而本源制作悉已包涵,惧观者忽而弗思耳。今足下乃能反求经传,具示所疑,岂非区区所望于同志者乎?幸甚!幸甚!扬子云曰:众言淆乱折诸圣。礼家异同之说,其来远矣。苟不反求于经,将安所折衷乎?谨据《周礼》,述旧闻以答来贶,足下其察焉。"

"《春秋》二百四十二年内外之说,注脚已具有方。《六经补注》为人借去,一时无他本可奉寄,当俟后便图之。然此书颇难看,汸游湖间,常出以示人,鲜有好者。金华黄公与夏先生尤不悦,以其多引而不发也。其论五经大旨,皆已概括入行状,颇以平日耳闻缀而辑之,庶几将来君子得以考观,其尚有能成先生之志者乎?自遭乱离,此事姑置,而又早衰久病,虽尝窃有撰录,未能脱稿,其尚克广先生之学,使有传乎?虽然,所谓学足以明圣人之心,志在以六经明晦为己任者,先生所望于当世君子学者,未见其人也。惟足下勉之又勉之,则所以大肆其力于遗经者,必有上达日新之

---

① 〔清〕黄宗羲编《明文海》,《景印文渊阁四库全书》第 1455 册,第 66 页。
② 〔清〕黄宗羲编《明文海》,《景印文渊阁四库全书》第 1455 册,第 66 页。
③ 〔明〕程敏政《新安文献志》,《景印文渊阁四库全书》第 1375 册,第 558—559 页。
④ 〔明〕唐顺之《荆川稗编》,《景印文渊阁四库全书》953 册,第 480—483 页。

功,非俗学所敢知矣。书辞已繁,不复他及,又未知何时可达左右,临楮神驰,不宣。"①

除此之外,二者重合部分偶有异文,如《答徐大年书》中"陈史既不作志,其书复不传,千载而下,无所稽考,可惜哉!",《论周礼六天书》作"陈史既复不作志,其善复不传,千载而下,无所镜考,可惜哉!"。由此可知,《论周礼六天书》辑自《答徐大年书》,故不作《全元文》失收赵汸遗文处理。

---

① 李修生主编《全元文》第54册,南京:江苏古籍出版社,1998年,第461—465页。

元杂剧家赵天锡、金仁杰身世考实*

都刘平**

【内容提要】 元曲家留存传记文献严重缺失,其身世生平知之甚少,对深入解读与研究元曲作品造成相当程度的制约。以往研究者多以人名检索文献,进而考证行迹,证实或证伪果为曲家与否。本文以曲家作品作为稽考身世行迹的第一手资料,同时将以往学者较少关注的元代官方文书《元典章》中关于元代吏员出职、铨调、升转纳入考证文献,结合《录鬼簿》的记载,考实杂剧家赵天锡与金仁杰二人的身份,也为元曲家的生平研究提供新的思路和范式。

【关键词】 元曲家　赵天锡　金仁杰　生平新考

一、赵天锡

赵天锡之名见于《录鬼簿》卷上"前辈已死名公才人有所编传奇行于世者"栏,小传云:"汴梁人,镇江府判。"天一阁本贾仲明补吊词:"曹公汤饼试何郎,大德①名公家汴梁,《金钗剪烛》音清亮。为府判,任镇江;出台阁,官样文章。显新句,贮锦囊,金玉铿锵。"②《至顺镇江志》卷十六记镇江路总管府判官有赵禹圭,注云:"字天锡,河南人。"③与《录鬼簿》记载的籍贯、官职均吻合,孙楷第《元曲家考略》认为此赵天锡即杂剧家,学界基本认同此说。据《至顺镇江志》的记载,赵天锡任镇江路总管府判官在至顺元年(1330)七月至至顺三年(1332)十月,此时钟嗣成《录鬼簿》初稿已经完成。且《至顺镇江志》记其至顺

---

* 本文为2024—2025年度河北省社会科学基金项目"新见宋元磁州窑瓷器词曲整理与研究"(HB24ZW001)阶段性成果。

** 本文作者为河北大学文学院副教授。

① "大德",原作"天德"。不通。贾仲明在给"前辈已死"杂剧家作吊词时,常提及元贞、大德年号,如赵公辅,"元贞大德乾元象";狄君厚,"元贞大德秀华夷";赵子祥,"一时人物出元贞"。故改。参见王钢《校订录鬼簿三种》"赵天锡"条第206页注[209],郑州:中州古籍出版社,1991年。

② 袁世硕、张倩倩、都刘平校订笺释《录鬼簿及续编校订笺释》,济南:齐鲁书社,2021年,第329页。

③ 〔元〕俞希鲁《至顺镇江志》卷十六,《续修四库全书》(第698册),上海:上海古籍出版社,2002年,第712页。

三年已致仕,若以元代七十岁致仕的常例推算,赵天锡的生年约在元世祖中统四年(1263),显然属元杂剧中期作家。而贾仲明生于元末明初,对赵天锡的事迹可能更不甚知晓,只是见其位列"前辈已死",故谓其为"大德名公"——大德元年(1297),赵天锡不过三十余岁。所作杂剧有《试汤饼何郎傅粉》《贾爱卿金钗剪烛》二种,均佚。

杨朝英《太平乐府》卷三选录赵天锡【双调·雁儿落过清江引碧玉箫】《美河南王》二首,①河南王即不怜吉歹,蒙古兀良合氏,曾祖速不台(1176—1248)、祖父兀良合台(1200—1271)、父阿术(1234—1287),先后担任蒙古灭金、平宋的将领而建立功勋,皆追封为河南郡王。不怜吉歹授封河南王爵位在元仁宗延祐元年(1314)。②孙楷第曾据"盖村居绿野堂""访谢安在东山卧"等句,推测赵天锡曾拜谒不怜吉歹在汴梁的别墅。按《美河南王》散曲中,还有"赛兰省红莲幕""幕府夜谈兵"语,不怜吉歹曾先后拜江浙行省平章政事、河南行省左丞相等职,赵天锡所谓"兰省红莲幕""幕府夜谈兵",是夫子自道之语,讲述自己一度居留不怜吉歹幕府为僚佐的经历。

不怜吉歹家族自乃父阿术开始,已在汴梁立下根基,这也是忽必烈时期采取中路攻灭南宋的军事战略所决定的结果。中统三年(1262),阿术拜征南都元帅,佩金虎符,治兵于汴梁。③元贞元年(1295)正月,因不怜吉歹之请,敕赠阿术开府仪同三司、太尉、并国公,谥曰武宣。不怜吉歹"将即汴梁赐第建祠树碑,昭明三代",谒请翰林学士王恽为撰碑铭。④王恽在奉诏撰写的《赠谥故光禄大夫左丞相都元帅阿术制》中也有"甲第赐书"语。⑤至少从不怜吉歹一辈起,其家族应已居住汴梁。⑥赵天锡身为汴梁本籍人,可能青年时代就已拜谒过不怜吉歹,二人结识,在后者任职江南时,更是得其提携,谋入仕途(详见下文)。也正是因此,赵天锡在《美河南王》散曲中对不怜吉歹的行迹、为人、志趣的描写皆与史实相合。其中有云:"羡此行,南蛮平定。听,和凯歌回敲金镫。"据《元书》卷五十二本传,不怜吉歹至元二十年(1283)拜江淮行省平章政事,讨

---

① 隋树森编《全元散曲》,北京:中华书局,1964年,第570页。
② 〔明〕宋濂等撰《元史》卷二十五《仁宗本纪》,北京:中华书局,1976年,第565页。
③ 〔元〕王恽《秋涧先生大全集》卷五十《大元光禄大夫平章政事兀良氏先庙碑铭》,《原国立北平图书馆甲库善本丛书》(第683册),北京:国家图书馆出版社,2013年,第1601页。
④ 〔元〕王恽《秋涧先生大全集》卷五十《大元光禄大夫平章政事兀良氏先庙碑铭》,《原国立北平图书馆甲库善本丛书》(第683册),第1599页。
⑤ 〔元〕王恽《秋涧先生大全集》卷六十七,《原国立北平图书馆甲库善本丛书》(第683册),第1743页。
⑥ 阿术至元二十三年奉命北征叛王昔剌木等,明年凯旋,继西征至哈剌霍州,以疾薨,葬大同宣宁县。(王恽《大元光禄大夫平章政事兀良氏先庙碑铭》)这或是因战争时期就近安葬的权宜之计,但在无文献可征的情况下,不敢遽断阿术时代其家族已定居汴梁。

平建宁总管黄华之叛。至元二十六年(1289)，复将兵讨平婺州寇叶万五。①"成宗立，迁同知枢密院事。"②按俞希鲁《至顺镇江志》卷十七"行大司农司管勾"栏有赵禹珪，注云："字天锡。"③显然与同书卷十六所载之镇江府判赵禹圭天锡为同一人，亦即杂剧家。按《元史·食货志》：至元二十五年(1288)，立行大司农司及营田司于江南，④然《世祖本纪》载，至元二十四年(1287)二月甲辰，升江淮行大司农司事秩二品，设劝农营田司六，秩四品，使副各二员，隶行大司农司。⑤《至顺镇江志》亦注行大司农司云："至元二十四年立。"⑥是知江南行大司农司始置于至元二十四年。至元三十年(1293)，江南行大司农司自平江徙扬州，兼管两淮农事。⑦元贞元年(1295)五月，罢行大司农司。⑧故赵天锡任江南行大司农司管勾的时间只能在至元二十四年(1287)正月至元贞元年(1295)四月之间。而据上引《元书·不怜吉歹传》，这个时间段正是不怜吉歹任职江淮(江浙)行省平章政事期间，又《元史·世祖本纪》载：至元三十年二月，"却江淮行枢密院官不怜吉带进鹰"，⑨则此期间不怜吉歹还曾供职江淮行枢密院。故可推断赵天锡出任江南行大司农司管勾之职，应是由于不怜吉歹举荐的缘故。杨朝英编《阳春白雪》前集卷二选录赵天锡小令【双调·蟾宫曲】《题金山寺》，而这首小令又见于张养浩《云庄乐府》。隋树森编《全元散曲》，不置可否，将该曲"互见赵、张两家曲中"。⑩金山寺是镇江的著名风物，赵天锡在此地任职，描写本地的景观自然是情理之中的事，这首小令的著作权当属赵天锡。又杨朝英编《阳春白雪》约在延祐元年(1314)，是又知赵天锡作《题金山寺》小令不会是至顺元年(1330)至三年(1332)拜镇江路总管府判官之时。

《美河南王》又云："北镇沙陀，千里暮云合；南接黄河，一线衮金波。"这是指成宗驾崩，不怜吉歹鼎力赞翊武宗、仁宗夺得帝位之事。按《元史·武宗本纪》：大德十一年(1307)正月，成宗崩，左丞相阿忽台，平章八都马辛，前中书平章伯颜，中政院使怯烈、道兴等潜谋推成宗皇后伯要真氏称制，安西王阿难答

---

① 〔清〕曾廉《元书》卷五十二《不怜吉歹传》(附《阿术传》)，《四库未收书辑刊》(肆辑15册)，北京：北京出版社，2000年，第394页。《新元史》本传记讨平婺州李万五乱在至元二十七年。按《元史·世祖本纪》亦记此事在至元二十六年。《新元史》误。
② 〔清〕曾廉《元书》卷五十二《不怜吉歹传》，《四库未收书辑刊》(肆辑15册)，第394页。
③ 〔元〕俞希鲁《至顺镇江志》卷十六，《续修四库全书》(第698册)，第729页。
④ 〔明〕宋濂等撰《元史》卷九十三《食货志》，第2356页。
⑤ 〔明〕宋濂等撰《元史》卷十四《世祖本纪》，第295页。
⑥ 〔元〕俞希鲁《至顺镇江志》卷十六，《续修四库全书》(第698册)，第729页。
⑦ 〔明〕宋濂等撰《元史》卷十七《世祖本纪》，第372页。
⑧ 〔明〕宋濂等撰《元史》卷十八《成宗本纪》，第393页。
⑨ 〔明〕宋濂等撰《元史》卷十七《世祖本纪》，第371页。参见《蒙兀儿史记》卷九十一《卜怜吉歹传》。
⑩ 隋树森编《全元散曲》，第569页。

辅之。此时武宗尚在漠北，仁宗与皇太后于是年二月自怀州（治今河南省沁阳市）至京师，以右丞相哈剌哈孙之谋，定计诛阿忽台、怯烈等。五月，仁宗侍太后至上都，与武宗会，废成宗皇后伯要真氏，赐死。武宗即皇帝位于上都。六月，诏立乃弟爱育黎拔力八达（即仁宗）为皇太子。① "大德间，（不怜吉歹）调湖广行省平章政事，寻罢官闲居。"② 其闲居之地应在汴梁，故得以参与护送时在河南怀州的仁宗抵达京城。因出身世袭武官，部曲旧将甚多，在护送仁宗返大都并成功夺得帝位的过程中，不怜吉歹起到中流砥柱的作用。《元史·囊加歹传》载：囊加歹，乃蛮氏，家河南。"武宗在潜邸，囊加歹尝从北征，与海都战于帖坚古。……是役也，囊加歹战为多，以疾而归。成宗崩，昭献元圣太后与仁宗在怀州，太后召囊加歹、不怜吉歹、脱因不花、八思台等谕之曰：'今宫车晏驾，皇后欲立安西王阿难答，尔等当毋忘世祖、裕宗在天之灵，尽力奉二皇子。'……既至京师，仁宗遣囊加歹与八思台诣诸王秃剌议事宜。时内外汹汹，犹豫莫敢言，囊加歹独赞秃剌，定计先发。归白仁宗，意犹迟疑，固问可否，对曰：'事贵速成，后将受制于人矣。'太后与仁宗意乃决，内难既平。"③《元书·不怜吉歹传》亦载："其时有囊家台……亦与不怜吉歹赞翊仁宗，入靖内难。"④ 所以程钜夫延祐元年作《布拉吉达封河南王制》有云："昔将平于内难，朕大投艰；方深计于中途，卿独决进。志存弼亮，身佩安危，所谓社稷之臣。"⑤ 陈益稷《挽卜怜吉歹河南王》诗亦有"手扶红日名犹在"语。⑥

不怜吉歹虽出身行伍，戎马生涯，但其人及家族汉化颇深，礼敬儒士。不怜吉歹的妻子胡氏，系汉人。⑦ 他本人早年游名儒许衡之门，身为国子生，"通学术，居官有善政，尤亲贤敬士"。史载仁宗嗣位，御史中丞郝天挺出为河南行省平章政事，不怜吉歹以其为名儒，"待以师礼"。⑧ 其子童童，更是完全汉化的蒙古士大夫，仿效汉族士人取号南谷，能诗，今存诗四首。⑨ 许有壬《至正集》卷二十三有《和南谷平章题吕公亭韵》七绝一首。⑩ 且能作曲，朱权《太和正音谱》

---

① 〔明〕宋濂等撰《元史》卷二十二《武宗本纪》，第478—480页。
② 〔清〕屠寄《蒙兀儿史记》卷九十一附《阿术传》，北京：中国书店，1984年，第595页。
③ 〔明〕宋濂等撰《元史》卷一三一《囊加歹传》，第3185—3186页。
④ 〔清〕曾廉《元书》卷五十二《不怜吉歹传》，第395页。
⑤ 〔元〕程钜夫《雪楼集》卷四，《景印文渊阁四库全书》（第1202册），台北：台湾商务印书馆，1986年，第47页。
⑥ 〔清〕顾嗣立编《元诗选》初集，北京：中华书局，1987年，第2533页。
⑦ 〔元〕马祖常《石田文集》卷六《追封河南王夫人制》，《景印文渊阁四库全书》（第1206册），第552页。
⑧ 〔清〕曾廉《元书》卷五十二《不怜吉歹传》，《四库未收书辑刊》（肆辑15册），第394页。
⑨ 杨镰主编《全元诗》（第36册），北京：中华书局，2013年，第438页。
⑩ 〔元〕许有壬《至正集》卷二十三，《景印文渊阁四库全书》（第1211册），第171页。

列其名于"俱是杰作"一百五人中,据说他"善度曲,每以不及见董解元为恨"。①《全元散曲》辑存两套数。又擅绘事,曹伯启有《题童童平章画梅卷》诗,②王结有《南谷学士示以〈舟行诗意图〉,且以鄙作见征,悾愡之馀,哦兹五言聊塞雅命》诗,③《中州金石记》卷五录有《古槐图记》,署"皇庆癸丑立,童童写图"。④不怜吉歹本人是否曾作文赋诗,文献阙如,已无从考证,但他喜结交文士、谈论风雅当属实事。加之少数民族本身爱好歌舞,不怜吉歹的远祖捏里必者即"以善歌曲称"。⑤赵天锡《美河南王》称赞不怜吉歹"满腹才能,幕府夜谈兵",谓其"红粉歌,笙箫齐和",俨然儒将风采。虽不免有幕佐揄扬吹捧主人的嫌疑,但也不是毫无事实根据。

再回过头来看《美河南王》这首带过曲,既称不怜吉歹为"河南王",写作时间自然不会早于主人公授封之时,即延祐元年。该曲没有为《阳春白雪》所收,而被杨朝英至正年间所编《太平乐府》收录,此可为其写作时间较晚作一旁证。程钜夫《布拉吉达封河南王制》有云:"是用命汝,袭诸侯王,以长守于富贵;归丞相印,以自养于寿龄。"⑥则其时不怜吉歹年事已高,这正与赵天锡《美河南王》曲"闷携藜杖行,醉向花阴卧,老官人闲快活","赛渊明五柳庄,胜尧夫安乐窝","访谢安在东山卧"云云,若合符契。再者,自延祐元年(1314)到至顺元年(1330)赵天锡除镇江路判官,其间有长达十六年的时间间隔,而赵天锡的这段履历并无史料记载,推测他这十六年的时光可能正是在河南王幕府之中。赵氏散曲所谓"兰省红莲幕",是因为延祐年间不怜吉歹不仅是河南王,同时兼河南江北等处行中书省左丞相。而至迟在泰定四年(1327),其子童童又拜河南行省平章政事。⑦不怜吉歹"亲贤敬士",童童倜傥风雅,有"谪仙人"之称,⑧亦擅作曲,赵天锡与他们父子二人虽名位上属幕主与幕僚的关系,但在文化交流上则是平等的,相处当十分愉悦。前引"红粉歌,笙箫齐和",在此可作一注脚。进一步推测,《美河南王》曲可能是为不怜吉歹诞辰而作。

另外,赵天锡至顺元年任镇江路判官及至顺三年的致仕,也可能与童童的

---

① 〔清〕吴亮中《〈九宫正始〉序》,蔡毅编著《中国古典戏曲序跋汇编》,济南:齐鲁书社,1989年,第87页。
② 〔元〕曹伯启《汉泉曹文贞公诗集》卷九,转引自杨镰主编《全元诗》(第17册),第386页。
③ 〔元〕王结《文忠集》卷二,《景印文渊阁四库全书》(第1206册),第215页。
④ 〔清〕毕沅《中州金石记》卷五,《续修四库全书》(第912册),第678页。
⑤ 〔元〕王恽《秋涧先生大全集》卷五十《大元光禄大夫平章政事兀良氏先庙碑铭》,《原国立北平图书馆甲库善本丛书》(第683册),第1599页。
⑥ 〔元〕程钜夫《雪楼集》卷四,《景印文渊阁四库全书》(第1202册),第47页。
⑦ 〔明〕宋濂等撰《元史》卷三十《泰定帝本纪》:"(泰定四年八月)壬辰,御史李昌言:'河南行省平章政事童童,世官河南,大为奸利,请徙他镇。'不报。"第681页。
⑧ 〔元〕许有壬《至正集》卷七《题南谷平章画象》有云:"河南王孙谪仙人,骑鹤来玩人间春。"《景印文渊阁四库全书》(第1211册),第52页。

得势与失势有关。《元史·文宗本纪》:"(至顺二年三月),监察御史劾江浙行省平章童童荒泆宴安,才非辅佐,诏免其官。"①童童任江浙行省平章政事自然在至顺二年(1331)之前。同年九月,"御史台臣劾太禧宗禋使童童淫佚不洁,不可以奉明禋……请罢黜之"。②童童罢官后寓居杭州,建寿福楼,钱惟善赋诗云:"壮观湖山开甲第,黑头宰相考中书。气占牛斗窥南极,手摘星辰切太虚。宾客风流常座满,神仙缥缈好楼居。飞阑十二标霞外,注目吴山千里馀。"③或赵天锡晚年也依附童童留寓杭州。

二、金仁杰

金仁杰,字志甫,元代中期杂剧家,《录鬼簿》著录其剧目七种,今存《萧何月夜追韩信》一种,有《元刊杂剧三十种》本。无散曲流传。事迹略见于《录鬼簿》:

> 金志甫,名仁杰。杭州人。余自幼时闻公之名,未得与之见也。公小试钱谷,给由江浙,遂一见如平生欢,交往二十年如一日。天历元年戊辰冬,授建康崇宁务官。明年己巳正月叙别,三月,其二子护柩来杭,知公气中而卒。呜呼,惜哉! 所述虽不骈丽,而其大概多有可取焉。④

吊词云:"心交元不问亲疏,契饮那能较有无。谁知一上金陵路,叹亡之,命矣夫。梦西湖何不归欤? 魂来处,返故居,比梅花想更清癯。"⑤《录鬼簿》将其列入"方今已亡名公才人"条,小传谓"余自幼时闻公之名",钟嗣成约至元二十七年(1290)在杭州从邓文原学,其时约十余岁,而金仁杰已经成名,年龄当在三十岁左右。由此上推,仁杰当生于宋理宗景定年间(1260—1264)。天历二年己巳(1329)卒,年届致仕。⑥故钟嗣成十分替他惋惜。

金仁杰在"小试钱谷,给由江浙"之前,钟嗣成对他是仅"闻公之名,未得与之见"。待"给由江浙"后,交往二十年,至天历二年己巳(1329)逝世。由天历二年上推二十年,时在元武宗至大二年(1309)。钟嗣成于至元二十七年

---

① 〔明〕宋濂等撰《元史》卷三十五《文宗本纪》,第780页。
② 〔明〕宋濂等撰《元史》卷三十五《文宗本纪》,第791页。
③ 〔元〕钱惟善《江月松风集》卷三《南谷平章寿福楼落成》,《景印文渊阁四库全书》(第1217册),第807页。
④ 袁世硕、张倩倩、都刘平校订笺释《录鬼簿及续编校订笺释》,济南:齐鲁书社,2021年,第426页。
⑤ 袁世硕、张倩倩、都刘平校订笺释《录鬼簿及续编校订笺释》,第426页。
⑥ 胡士莹《话本小说概论》推测至元二十七年前后,金仁杰至少当在五十岁,进而逆推仁杰生年当在宋理宗景定年间。(北京:商务印书馆,2011年,第366页)按,若至元二十七年五十岁,应生于宋理宗嘉熙年间(1237—1240)。如此,天历元年(1328)授建康崇宁务官时,已年近九旬,恐非事实。

(1290)入杭州路学,先后师邓文原、曹鉴、刘濩,学业结肄在大德七、八年左右(1303—1304),随后入职江浙行省为书吏。① 故金仁杰至大二年"给由江浙",钟嗣成得以与之相识,"遂一见如平生欢"。所谓"小试钱谷",即任职钱谷官。元代钱谷官,又称仓库官,②至元三十一年(1294)之前,由民户充当,是为差役。至元三十一年之后,则于府州司县司吏、典史内选用。《元典章》吏部卷三"选差仓库人员"条载:

> 至元三十一年,御史台咨:奉中书省札付:
> 准江西行省咨该:"先为各处官司差税户充仓库官、攒典、库子人等,放富差贫,本省与行台监察等一同完议得:南方税家,子孙相承,率皆不晓事务,唯以酒色是娱,家事一委于人。归附之后,捉充仓库官,并不谙练钱谷,又不通晓书算,失陷官钱,追陪之后,破家荡产。亏官损民,深为未便。如蒙照依本省移准中书省咨文事理,今后各路仓库官、大使、副使,拟于见役府州司县[司]吏、典史内,验物力高者指名点取。"③

仓库官征选制度变革的最终完成,是在大德八年(1304),规定由先前各路自行选差,统一为由行省任命。《元典章》吏部卷三"仓库官例"条:

> 大德八年,江浙行省:
> 准中书省咨:"[来咨:]'[准中书省咨:]吏部呈:……'"其仓库官员,在前俱系各路自行选差,近年以来本省铨注,中间恐无抵业,设若侵欺钱粮,追究无可折到,有累官府,深为未便。省府仰照验,今后照依都省咨文内事理,于各路见役司吏,或曾受三品以上衙门文凭、历过钱谷官三界相应人内,从公选用有抵业、无过之人充仓库官。满日,依例升迁施行。④

《元典章》的这条记载有出土文献,后者系前者的删节版,但最后一节保留了《元典章》中没有的部分,这部分为:

> 遍谕各路,依例于路府请俸司吏或有相应钱谷官内,抵业物力高强、通晓书算者点差,齐年随粮交代,庶革官吏贪赇之弊,亦绝废民积久之患。钦此。⑤

---

① 钟嗣成《录鬼簿》赵君卿小传:"又于省府同笔砚。"自作散曲【南吕·一枝花】《自序丑斋》有"既通儒,又通吏"之语,知为吏已非一年。参见王钢《钟嗣成年谱》,《校订录鬼簿三种》附录,第291—294页。
② 许凡《元代吏制研究》,北京:劳动人事出版社,1987年,第23页。
③ 陈高华等点校《元典章》吏部卷三《典章九·选差仓库人员》(第1册),北京:中华书局,天津:天津古籍出版社,2011年,第324页。
④ 陈高华等点校《元典章》吏部卷三《典章九·仓库官例》(第1册),第330页。
⑤ 杜立晖《黑水城文献所见元代地方仓库官选任制度的变化》,《西夏学》第11辑(2015年)。

所谓"相应钱谷官",应指比路仓库官低一级的地方仓库官。黑水城出土的另一份文书中,就有屯田军百户所自主任命的仓库官。① 由上面所引的两条文献得知,自大德八年以后,各路钱谷官的来源有两种:一是诸路司吏,一是比路低一级的地方钱谷官。也是从大德八年仓库官任用制度改革之后,诸路司吏升迁过程中,出任仓库官成为其中必经的一环。《元史》卷八十四《选举四》载:

> 大德十年,省准:"诸路吏六十月,须历五万石之上仓官一界,升吏目,一考升都目,一考升中州案牍或钱谷官,通理九十月入流。五万石之下仓官一界,升吏目,两考都目,一考依上升转。补不尽路吏,九十月升吏目,两考升都目,依上流转。"②

《录鬼簿》记金仁杰"小试钱谷,给由江浙",所谓"给由",即"出给解由"的省称。"考满职除曰解,历其殿最曰由。"③也就是说官吏在某职位上任满,出任下一职位之前,官府要对其任职期间的表现进行考核,定其"殿最",考量合格,给发"解由",任职者携带此"解由"出任下一职位。其性质即是官吏迁转的凭据。元代"解由"的出给有两个步骤:首先"于本衙门官司随即依例照勘完备,出给依式解由",然后"申覆合属上司,更为照勘无差,倒给完备解由"。④ 也就是说先由官吏所在的"本衙门"填写好该官吏在任期间的表现情况,再申覆上一级衙门,"照勘无差"后,"解由"方才算完备。⑤ 金仁杰在出任钱谷官之前,要将"解由"申覆江浙行省,据上引《元典章》及出土文献可知,诸路钱谷官的选调来自路司吏或比路低一级的钱谷官(即"相应钱谷官")。比路低一级的仓库官的上司是路总管府,而非行省,因此,金仁杰在至大二年出任钱谷官之前,所任乃江浙行省某路吏员。按元制,路府州县的吏员实行避籍迁转之法。⑥ 金仁杰所任应不是杭州路吏员,也因此出生杭州的钟嗣成"自幼时闻公之名,未得与之见"。上引《元典章》及出土文献均记载出任钱谷官者需"有抵业""物力高强",目的是为在有"侵欺钱粮"的情况下,有所偿还。由此可以推测金仁杰虽然仕途和绝大多数南方士人一样,在科第无望的情况下,走上由吏员入职的道路,但其家道应该还算殷实。

---

① 杜立晖《黑水城文献所见元代地方仓库官选任制度的变化》,《西夏学》第 11 辑(2015 年)。
② 〔明〕宋濂等撰《元史》卷八十四《选举四》,第 2111 页。
③ 〔元〕徐元瑞《吏学指南》卷二,《续修四库全书》(第 973 册),第 293 页。
④ 陈高华等点校《元典章》吏部卷四《典章十·告叙官员格限》(第 1 册),第 362 页。
⑤ 《元典章》吏部卷五《典章十一·解由体式》对"解由"的填写格式有详细的规定,其中包括出身、前任职时间始末、有无公私过犯、有无侵欺借贷系官钱粮,等等。黑水城出土文献中有元代"解由"文书残卷,原题《刘连代郑忠充任扎黑税务副使文书》,见杜立晖《黑水城文献所见元代税使司的几个问题》,《西夏学》第 10 辑(2013 年)。
⑥ 陈高华、史卫民《中国政治制度通史》第八卷"元代",北京:人民出版社,1996 年,第 394 页。

"钱谷官,通理九十月入流",按《元史·成宗本纪》:"(大德八年五月)癸酉,定馆陶等十七仓官品级:诸粮十万石以上者从七品,五万石以上者正八品,不及五万者从八品。"①钟嗣成谓"公小试钱谷","试",即初任之意。如《史记·高祖本纪》:"及壮,试为吏,为泗上亭长。"钟嗣成这里是说金仁杰吏员考满,出职钱谷官,终于"入流"为品官。

按《录鬼簿》载,金仁杰于天历元年"授建康崇宁务官"。元代路一级行政机构设税使司,在路总管府下辖的县、镇等机构也设置大小不等的税使司。如《至顺镇江志》卷十七载,镇江路除设有"在城都税使司"外,所辖丹阳县、金坛县分别设有"丹阳税使司""金坛税使司"。另外还设有"谏壁税使司""丁角税使司""吕城税使司"等镇级税使司。②县、镇等税使司隶属路"在城都税使司"管辖。③"崇宁"地名,不见于建康方志文献。胡长孺《崇宁万寿禅寺杨氏施田记》有"杭州路浙江崇宁万寿禅寺住持无受正传长老"语,④则杭州路有崇宁,然与钟嗣成传文"授建康崇宁务官"及吊词"谁知一上金陵路"等不符。按《至正金陵新志》卷四上:"常宁镇,在句容县东南五十里,天禧元年,以镇置寨。今有税务。"⑤又卷七《句容县·税粮》:"常宁务税课:贰伯捌拾肆定肆两捌钱捌分。"⑥句容是建康路属县。"崇"与"常"字形相近,颇疑《录鬼簿》所记"崇宁"系"常宁"之误。

---

① 〔明〕宋濂等撰《元史》卷二十一《成宗本纪四》,第459页。
② 〔元〕俞希鲁《至顺镇江志》卷十七,《续修四库全书》(第698册),第719页。
③ 陈高华等点校《元典章》户部卷八《典章二十二·江南诸色课程》:"各处在城管下县镇各立院务去处"。第795页。
④ 〔明〕朱存理编《珊瑚木难》卷四,《景印文渊阁四库全书》(第815册),第118页。
⑤ 〔元〕张铉《至正金陵新志》卷四上《疆域志一》,《景印文渊阁四库全书》(第492册),第236页。
⑥ 〔元〕张铉《至正金陵新志》卷七,《景印文渊阁四库全书》(第492册),第359页。

元人钱惟善试赋史料辨析
——由《明史·文苑传》的一处错误说起*

张相逢**

【内容提要】 钱惟善试赋一事在流传过程中,出现多种不同记载,易恒《题钱思复先生曲江草堂》诗序和瞿佑《归田诗话》是史源文献,前者认为钱惟善以"曲江"得名,后者认为钱惟善以"罗刹江"得名。瞿佑之说更近事实。由于钱惟善以"罗刹江"成名,故有"进士旧传罗刹赋"和"赋传罗刹盛"等诗句以及《西湖竹枝集》"时称其'罗刹江赋'云"的记载。《(成化)杭州府志》等不辨其产生的具体语境,误以"罗刹江赋"为赋题。钱谦益受此误导,将"罗刹江赋"这一赋题和易恒所记钱惟善因用"曲江"代称"钱塘江"得名之事加以拼接,在《列朝诗集》小传中形成一则全新史料。后被朱彝尊一再引述,成为论辩"广陵之曲江"即浙江的证据。朱彝尊并将之写入《史馆稿传》,《明史·文苑传》又以官方权威肯定了朱彝尊的记载,使得误说广为流传。钱惟善乡试作赋与别号"曲江"并无易恒所言的因果关系,两者不应混为一谈。钱惟善别号和草堂名称中的"曲江"确指浙江、钱塘江,其命名依据或是枚乘《七发》中"观涛乎广陵之曲江"一句。

【关键词】 钱惟善　江浙乡试　浙江赋　罗刹江　曲江

钱惟善(？—1379),①字思复,号曲江居士、曲江老人,是元末明初江浙文坛的重要作家,有《江月松风集》十二卷传世。他是钱塘人,晚年寓居华亭,卒后与杨维桢、陆居仁同葬于华亭干山。《明史·文苑传》有简略的生平记载,附于杨维桢传之后:

> 维桢徙松江时,与华亭陆居仁及侨居钱惟善相倡和。惟善,字思复,钱塘人。至正元年,省试《罗刹江赋》,时锁院三千人,独惟善据枚乘《七

---

* 本文系教育部人文社会科学研究青年基金项目"元赋系年考证"(21YJC751035)的阶段性成果。
** 本文作者为郑州大学文学院讲师。
① 钱惟善卒年,参阅杨婧《松江寓贤钱惟善诗文补辑考论》,《上海地方志》2019 年第 1 期。按"杨维桢"之名,文献中或作"杨维祯",本文采用"杨维桢",所引文献则各从其原貌。

发》辨钱塘江为曲江,由是得名,号曲江居士。官副提举。张士诚据吴,遂不仕。①

史铁良认为《明史》所载"省试《罗刹江赋》"有误,应以瞿佑《归田诗话》所记"钱思复以《浙江潮赋》得名"为准。② 赵春宁等认为钱惟善乡试赋题"作'《浙江潮赋》'似更为可靠",而"钱塘江与曲江是否同指,尚未有定论,惟善据枚乘《七发》'将以八月之望,与诸侯远方交游兄弟,并往观涛乎广陵之曲江',以为曲江即钱塘江"。③ 黄仁生据清嘉庆宛委别藏本《元赋青云梯》卷上所录林温、沈幹、董朝宗三篇科场考卷《浙江赋》及相关史料,证明钱惟善乡试赋题为《浙江赋》。④ 至正元年(1341)江浙乡试第二场所出古赋题目确为《浙江赋》,这在周甹所辑《皇元大科三场文选·古赋》中也有记载。⑤ 但是,就上引"至正元年,……号曲江居士"一段关于试赋的文字而言,其中存在的问题并未完全得到解决。

第一,这段文字表述存在前后逻辑不通的问题。在"乡试赋题"和"钱惟善因何得名"的记载上,《明史》的叙述逻辑是:在《罗刹江赋》中,钱惟善因辨证钱塘江即《七发》中的"曲江"而得名。这不能不令人产生罗刹江、钱塘江、曲江是何关系的疑惑。

第二,这段史料的真实性存在问题。即钱惟善因所试之赋据枚乘《七发》辨钱塘江为曲江而得名、遂号曲江居士之事,也因与其他文献记载存在出入而颇值得怀疑。

清代以来不少学者在论著中涉及钱惟善生平时,往往直接采用《明史》的记载,且又经常与其他相关史料混杂论述,源流莫辨,以讹传讹。有鉴于此,本文将主要解决三个问题:一是通过对钱惟善试赋史料的梳理和辨析,追溯《明史》的史料来源;二是在明确史源的基础上,对史源文献加以考证,还原钱惟善试赋究竟因何而得名的真实情况;三是尝试探析钱惟善使用"曲江"作为别号和室名的寓意和根据。

---

① 〔清〕张廷玉等撰《明史》卷二八五《文苑传》,北京:中华书局,1974年,第7309页。按元代科举分乡试、会试、殿试三级,举行乡试的地区有十一行省。此所谓"省试"指江浙行省乡试,第二场考古赋。
② 史铁良《钱惟善与〈浙江潮赋〉及段家桥》,《株洲师范高等专科学校学报》2006年第6期。
③ 赵春宁、师雅惠《明史文苑传笺证》(上)卷一,周祖譔主编《历代文苑传笺证》五,南京:凤凰出版社,2012年,第42页。
④ 黄仁生《钱惟善生平事迹若干问题献疑》,《中国文学研究》第25辑,2015年,第50页。
⑤ 元人周甹所辑《皇元大科三场文选》(现有元刻本,藏于日本国立公文书馆内阁文库)是至正元年乡试和至正二年会试程文的选本,其中《古赋》收录的第二名沈幹的考卷,正是《浙江赋》。

一、《明史·文苑传》钱惟善试赋纪事的史源

钱惟善试赋一事的史料,最早可追溯至元末明初人易恒(1322—1406后)①的《题钱思复先生曲江草堂》诗及诗前小序:

> 先生尝中江浙乡试,时出《浙江潮赋》,三千人中,皆不知钱唐江为曲江,独先生用之,盖出自枚乘《七发》,试官大称赏,遂号曲江居士,构堂于徐、范两村,扁曲江草堂。
>
> 浣花寂寞钟山远,今见风流在曲江。八十仪刑今有几,三千词赋总无双。屋头秋老凌霜树,竹里春间听雨窗。好向两村寻旧隐,月轮峰下涧飞泷。②

曲江草堂在钱塘五云山下的徐村、范村之间。清人张道(1821—1862)所撰《定乡小识》卷一三《古迹略》于"曲江草堂"后收录易恒此诗,并附按语:"此诗似于思复退居吴江后访草堂而作。两村,指徐、范村。月轮山近五云。"③据黄仁生考证,钱惟善寓居吴江约在至正二十年春到至正二十二年。④然由此诗在《陶情稿》中的编录位置来看,其写作时间当在至正二十七年中秋到洪武九年(1376)岁除之间。⑤且题诗之时,易恒身处钱塘曲江草堂,钱惟善当在寓居之地华亭,二人尚未有直接交往。⑥

易恒是苏州昆山人,其所言钱惟善试赋之事为同郡都穆(1459—1525)《南

---

① 易恒的生卒年没有明文记载。其生年,李时人编著《中国文学家大辞典·明代卷》定为1322年,其说可从。又据《陶情稿》卷末周传《陶情集后序》,易恒卒年当在永乐四年(1406)五月之后。
② 〔明〕易恒《陶情稿》卷三,《四库未收书辑刊》(第五辑)第17册,北京:北京出版社,2000年,第68页。按南京图书馆藏明初刻本所收文本相同。此诗又见于朱存理辑《珊瑚木难》,与《陶情稿》所载文本仅个别文字差异。而钱谦益《列朝诗集》所收此诗无小序,诗末有"先生试《浙江潮赋》,为三千人中第一。构堂于徐范两村,扁为曲江草堂"(《列朝诗集》甲集第一九,北京:中华书局,2007年,第1937页)一段小注。这段小注应该是钱谦益移动、删节原诗序而成。
③ 〔清〕张道《定乡小识》卷一三,《武林掌故丛编》四,扬州:广陵书社,2008年,第2384页。
④ 黄仁生《钱惟善生平事迹若干问题献疑》,《中国文学研究》第25辑,2015年,第55页。
⑤ 据《陶情稿》卷末周传序,此集由易恒本人编定;卷一收录四言诗、琴操、铭言、古诗、五言绝句,卷二收录五言律诗、五言长律、六言诗,卷三收录七言绝句、七言律诗,卷四收录七言律诗,卷五收录七言律诗、七言长律,卷六收录歌行。由各卷中标明写作时间的诗歌来看,易恒编次诗集,应该是先分体,同一诗体则按写作时间先后编排(这在卷三、卷四、卷五收录的七言律诗中表现得相当明显)。《题钱思复先生曲江草堂》收录于卷三的七言律诗之内,其前数标明写作时间的是第十四首《中秋对月(三首)》(题下注"丁未",知作于1367年),其后数标明写作时间的是第四十首《丙辰岁除忆徐氏女》(题下注"时余客槜李"。丙辰即1376年)。
⑥ 洪武八年冬、九年冬,易恒客于槜李闻人氏馆,钱惟善与之初次、二次相见即在此时。详参〔元〕钱惟善《陶情稿序》,见〔清〕顾沅辑《吴郡文编》卷二二二(第6册),上海:上海古籍出版社,2011年,第311页。

濠诗话》所承袭。① 在易恒、都穆看来，钱惟善乡试所作《浙江赋》，用"曲江"代指"钱塘江"亦即赋题中的"浙江"，根据是枚乘《七发》（按《七发》中有"观涛乎广陵之曲江"一句），因而受到考官称赏。但二人皆未指明钱惟善如何在赋中用"曲江"代指浙江。

钱塘人瞿佑（1347—1433）《归田诗话》对钱惟善试赋一事的记载则是：

> 钱思复以《浙江潮赋》得名，起句云："维罗刹之巨江兮，实发源于太末。"试官喜之，遂中选。盖满场无知罗刹为浙江别号者。后作《西湖竹枝曲》云："阿姊住近段家桥。"先伯元范戏之云："此'段家桥'创见，却与'罗刹江'不同也。"盖西湖断桥以唐人诗"断桥荒草合"得名，……非有所谓"段家"者。……思复号心白道人，张氏据吴，遂不仕，退居吴江筒川，与杨廉夫唱和，有句云：……盖感时事也。②

据洪熙元年（1425）中秋瞿佑所作《归田诗话序》，该书内容主要来自瞿佑的亲身见闻、简编记载、师友谈论。③ 上引"罗刹江潮"一段，应该来自瞿佑伯父瞿元范的讲述。其后田汝成（1502—?）《西湖游览志余》卷一二《才情雅致》所记"钱思复惟善"之事，全取上引《归田诗话》的内容。④ 总之，瞿佑、田汝成认为钱惟善乡试作《浙江赋》，因发端二句用"罗刹江"代指赋题中的"浙江"而得名。

易恒、瞿佑等人关于钱惟善试赋的记述，内容虽然不尽相同，但其逻辑一目了然。到钱谦益（1582—1664）编纂《列朝诗集》时，情况开始变得复杂。《列朝诗集》中"钱提举惟善"小传云：

> 惟善字思复，钱塘人。至正辛巳，乡试出《罗刹江赋》，锁院三千人皆不知钱塘江为曲江，思复据枚乘《七发》引用，因此得名，遂号曲江居士。官至副提举。张氏据吴，遂不仕，退居吴江筒川。与杨廉夫唱和，有句：……盖感时事也。已而移居华亭。洪武初卒，葬于干山。⑤

此传所据史料，除"张氏据吴"到"盖感时事也"一段直接照录前引瞿佑《归田诗话》的内容外，尚有两点值得注意。第一，钱谦益将赋题记作《罗刹江赋》，应受到《西湖竹枝集》和《（成化）杭州府志》等文献的影响。杨维桢（1296—1370）编《西湖竹枝集》约在至正八年秋，他还亲自为集内每位诗人撰写小传，其中钱惟

---

① 参阅〔明〕都穆《南濠诗话》，丁福保辑《历代诗话续编》，北京：中华书局，2006年，第1356页。由于《南濠诗话》比《题钱思复先生曲江草堂》诗序（下简称"易恒诗序"）流传更广，因此清代相关文献在涉及这个版本的试赋之事时，往往将源头追溯至《南濠诗话》，殊不知都穆只是承袭易恒的说法而已。
② 〔明〕瞿佑《归田诗话》卷下《罗刹江潮》，丁福保辑《历代诗话续编》，第1274—1275页。
③ 〔明〕瞿佑《归田诗话》卷首，丁福保辑《历代诗话续编》，第1234页。
④ 参阅〔明〕田汝成《西湖游览志余》卷一二，《武林掌故丛刊》十，第6302页。
⑤ 〔清〕钱谦益撰集，许逸民等点校《列朝诗集》甲集前编第一一，第731—732页。

善小传云:"钱惟善字思复,自号心白道人。治经生业,长于《毛氏诗》学,至正辛巳领乡荐,时称其'罗刹江赋'云。"①钱惟善是钱塘人,晚年寓居华亭,故明代杭州、钱塘、松江、华亭等方志皆有关于"罗刹江赋"的记载。如《(成化)杭州府志》卷四三记载:"钱惟善字思复,钱塘人。博学能文章,长于《毛氏诗》,领至正辛巳乡荐,时称其《罗刹江赋》。"②而明代文人在其文章中介绍钱惟善,也有类似情况。如文徵明(1470—1559)《题沈润卿所藏阎次平画》云:"思复,钱唐人,号心白道人。尝领乡解,以所赋罗刹江有名,称钱曲江。"③

第二,自"锁院三千人"到"遂号曲江居士"一段,自易恒诗序改写而成。钱谦益既认定当年乡试所出赋题是《罗刹江赋》,那么钱惟善得名之由就不应如瞿佑所言是破题用"罗刹江"代称浙江;为弥缝改易赋题造成的疏漏,钱谦益转而采纳易恒关于钱惟善引枚乘《七发》为据、用"曲江"代称钱塘江的说法,以完成其对钱惟善试赋一事的重新书写。钱谦益作此弥缝,可能还受到《(万历)杭州府志》《(万历)钱塘县志》等文献关于钱塘江又名曲江并引枚乘《七发》为证这一记载的影响(详后)。

钱谦益对钱惟善试赋一事的重新书写,对清代学者产生了不良的影响。朱彝尊(1629—1709)《史馆稿传·杨维桢传》所附钱惟善、陆居仁略传云:

> 维桢徙松江,与钱唐钱惟善、里人陆居仁相倡和。惟善字思复,至正元年,省试《罗刹江赋》,时锁院三千人,独惟善据枚乘《七发》辨钱唐江为曲江,由是得名,号曲江居士。④

朱彝尊在钱谦益基础上的进一步改写,使钱惟善应试作赋带有强烈的考据色彩。其实早于顺治乙未(1655),二十七岁的朱彝尊在所作《谒广陵侯庙》诗序中,已有"元季钱思复试《罗刹江赋》,证曲江即浙江,杨廉夫韪之,时号曲江处士"的表述,并以此为故实,写下"昔闻江月松风客,赋证钱唐是曲江"的诗句。⑤朱彝尊如此认识、改写钱惟善试赋史料,无非是要佐证他所坚持的枚乘《七发》中"广陵之曲江"即浙江而非扬州扬子江的观点。⑥ 由于持此观点,当得知寓居

---

① 〔元〕杨维桢《西湖竹枝集小传》,孙小力校笺《杨维桢全集校笺》第8册,上海:上海古籍出版社,2019年,第3337页。
② 〔明〕陈让等修,夏时正等纂《(成化)杭州府志》卷四三《人物·宦迹》,《四库全书存目丛书》史部第175册,济南:齐鲁书社,1996年,第607页。
③ 〔明〕文徵明著,周道振辑校《文征明集》卷二一,上海:上海古籍出版社,2014年,第523页。
④ 〔清〕朱彝尊《史馆稿传》,《丛书集成续编》第22册,上海:上海书店出版社,1994年,第189页。
⑤ 〔清〕朱彝尊《曝书亭集》卷三,《四部丛刊》影印清康熙五十三年朱稻孙刻本。
⑥ 清代学者围绕枚乘《七发》中"广陵之曲江"是在浙江还是扬子江展开了一场声势浩大的争论,发起人正是朱彝尊。朱彝尊的支持者,大多都引朱氏所"发现"的钱惟善试赋史料为证。相关内容,可参阅王建国《广陵观涛:中古一种文学意象的地理考察》,《郑州大学学报(哲学社会科学版)》2014年第4期。

扬州的友人越辰六以"广陵涛"为门榜,朱彝尊深感不满,遂作《与越辰六书》,书中又一次引"元至正元年,省试《罗刹江赋》,试者三千人,独钱惟善以钱塘江为曲江,遂闻于时,号曲江居士"①为证,郑重劝说越辰六不要误从流俗。由《史馆稿传》来看,朱彝尊所一再引征的钱惟善试赋史料,正是来自于《列朝诗集》,只是依具体语境而调整了表述方式。②

综上所述,易恒诗序和瞿佑《归田诗话》是钱惟善试赋纪事中具有史源性质的文献,二者的不同之处主要是钱惟善所试《浙江赋》因何而得到考官赏识。钱谦益通过筛选《西湖竹枝集》、易恒诗序等数种史料,将"罗刹江赋"这一赋题和易恒所记钱惟善因用"曲江"代称"钱塘江"得名之事加以拼接,在《列朝诗集》小传中形成一则全新史料;经朱彝尊一再引述,成为论辩"广陵之曲江"即浙江的证据。这一重新书写的试赋史料被朱彝尊写入《史馆稿传》,后经由王鸿绪《明史稿·文苑传》而进入《明史·文苑传》。③

从《列朝诗集》到《史馆稿传》到《明史·文苑传》,关于钱惟善试赋的纪事一脉相承,它们在"乡试赋题"和"钱惟善因何得名"的表述上,同样都存在因拼接不同史料而导致的前后逻辑错位的问题。前此,顾嗣立对《列朝诗集》的这一问题有所觉察,在《元诗选》钱惟善小传中,将试赋一事加以改写,其叙述逻辑是:在《罗刹江赋》中,钱惟善据枚乘《七发》以"曲江"代称"罗刹江",首句是"惟罗刹之巨江兮,实发源于太末"。④ 既然是以"曲江"代称赋题中的"罗刹江",那么所举例句应当出现"曲江"二字,如此方符合逻辑。顾嗣立顾此失彼,并没有圆满解决《列朝诗集》试赋纪事中存在的逻辑矛盾。后来四库馆臣也看出其中的问题,于是在《江月松风集》提要中,又将之改写成"惟善初应乡试时,题曰《罗刹江赋》,……独惟善引枚乘《七发》,证钱塘之曲江即罗刹江",⑤其弥缝的迹象也是显而易见的。

二、钱惟善乡试所作《浙江赋》因发端用"罗刹"而得名

易恒诗序和瞿佑《归田诗话》是钱惟善试赋纪事中具有史源性质的文献,二者的不同之处在于钱惟善乡试作赋,究竟以"曲江"得名,还是以"罗刹江"得

---

① 〔清〕朱彝尊《曝书亭集》卷三一,《四部丛刊》影印清康熙五十三年朱稻孙刻本。
② 谢一丹《从朱彝尊〈史馆稿传〉到〈明史·文苑传〉的文献考察》(《文献》2023年第2期)对《史馆稿传》以《列朝诗集》为主要史源有较详细的论证,可参阅。
③ 在《史馆稿传》和《明史·文苑传》之间,王鸿绪《明史稿·文苑传》是重要的过渡。有关三者关系,可参谢一丹《从朱彝尊〈史馆稿传〉到〈明史·文苑传〉的文献考察》,《文献》2023年第2期。
④ 〔清〕顾嗣立编《元诗选》初集辛集,北京:中华书局,1987年,第2268页。
⑤ 〔清〕永瑢等撰《四库全书总目》卷一六八,北京:中华书局,1965年,第1456页。

名。古代学者对此问题已有讨论。明末清初人来集之(1604—?)《倘湖樵书》卷一〇《浙江曲江》在节引《列朝诗集》钱惟善小传之后,列举出枚乘《七发》"广陵观涛"的扬州曲江、张九龄取以自号的韶州曲江、汉唐时期的长安曲江,进而认为:

> 夫浙江虽以折曲得名,然未闻有称之为曲江者。思复岂以引据《七发》指钱塘江为曲江而得中式与？考之瞿宗吉《归田诗话》云:……瞿宗吉,元末人,故至正间事引之为真。盖钱塘江为罗刹江,非以钱塘江为曲江也。其号为曲江,或别有意。①

来集之认为钱惟善因用"罗刹江"代称钱塘江而中选,一是文献中未有将浙江称作曲江的先例,二是瞿佑是元末人,其《归田诗话》的记载较《列朝诗集》更可信。在此基础上,来集之将钱惟善乡试作赋与"其号为曲江"区别开来。

张道在来集之考证的基础上更进一步,其《定乡续咏》组诗有一首专咏钱惟善:"曲江词赋浙西传,仅博儒官冷一毡。回首草堂归不得,烽烟头白老桐川。"诗后附考异:

> 瞿宗吉《诗话》云思复以赋用"罗刹"得名。都元敬《诗话》则云以《浙江潮赋》用枚乘"曲江"得名,因归构曲江草堂。钱蒙叟《列朝诗集》从之。来氏《樵书》则是瞿说,云"草堂之名曲江,或别有意"。今考思复所赋为《浙江潮》,其首句云"惟罗刹之巨江兮,实发源于太末",盖场中无知浙江为罗刹江者,故杨铁崖《送思复诗》云"进士已传罗刹盛",顾禄《怀思复诗》云"赋传罗刹盛"。瞿氏年虽少于钱,而其伯元范与思复友,言实可信。若其草堂命名,乃取枚乘之说耳。况思复《江上山十咏》,于五云山云"江三折当其前",折者,曲也,取义更明白。都氏创为臆说,后人随声附和,殊为耳学。至田氏竟更为《罗刹江赋》,则尤非矣。②

张道的考异存在四处明显的错误。第一,准确来讲赋题当作《浙江赋》。第二,张道认为都穆"创为臆说",未为探源之论。实则都穆之说来自易恒。第三,张道认为田汝成将钱惟善试赋题目误作《罗刹江赋》,殊非事实。田汝成采用的是瞿佑的记载,将赋题误成《罗刹江赋》最早见于《(成化)杭州府志》。第四,张道称《江上山十咏》有"江三折当其前"之句,有张冠李戴之失(详后)。但张道的论证仍具有重要价值,他也赞同来集之的看法,认为瞿佑的记载可信,并举出两条例证。一是杨维桢《送钱思复之永嘉山长》诗:

---

① 〔清〕来集之《倘湖樵书》卷一〇,《续修四库全书》第1196册,上海:上海古籍出版社,2002年,第329页。

② 〔清〕张道《定乡小识》卷一六,《武林掌故丛编》四,第2427—2428页。

> 湖头送客彩舟移,青雀飞来花满枝。进士旧传罗刹赋,佳人新唱竹枝词。黄桐锦树秋风早,青奥红云海日迟。思远楼前约相见,西山烟雨画新眉。①

据黄仁生考证,钱惟善曾两任书院山长,第一次任永嘉书院山长,杨维桢作《送钱思复之永嘉山长》赠行,时在至正八年秋。②

二是顾禄(?—1405)③《怀思复钱先生》诗:

> 每忆钱夫子,才名世少同。赋传罗刹盛,诗拟拾遗工。儒术翻多误,官资惜未崇。空令虞学士,期荐玉堂中。④

此诗写作时间未详。顾禄字谨中,松江华亭人。洪武中,以太学生除太常典簿,迁蜀王府教授。顾禄能诗善书,与钱惟善交往,另有《寄钱思复先生》七律一首。

按照《归田诗话》的记载,因为钱惟善所试《浙江赋》以"维罗刹之巨江兮,实发源于太末"发端,用不常见的"罗刹江"代称人所熟知的"浙江",所以得到考官赏识。唐宋时期以"罗刹江"代称浙江或钱塘江的诗文尚不多见。元末陶宗仪《南村辍耕录》卷一二载:"浙江,一名钱唐江,一名罗刹江。所谓罗刹者,江心有石,即秦望山脚,横截波涛中,商旅船到此,多值风涛所困而倾覆,遂呼云。此事见吴越时僧赞宁传载中。"⑤由此也可看出"罗刹江"作为"浙江"别名还不为世人所熟悉。正是由于钱惟善以"罗刹江"成名,才有"进士旧传罗刹赋"和"赋传罗刹盛"这样的诗句。

除杨维桢和顾禄的诗歌外,杨维桢所作钱惟善小传也提供了佐证。《西湖竹枝集》钱惟善小传特别点出"时称其'罗刹江赋'云",而集内选录钱惟善"阿姨住近段家桥"一诗,此与《送钱思复之永嘉山长》(与杨维桢自序《西湖竹枝集》的时间极其接近)中"进士旧传罗刹赋,佳人新唱竹枝词"以及《归田诗话》中瞿元范戏云"此'段家桥'创见,却与'罗刹江'不同也"一段,存在比较明显的对应关系,皆可相互参证。因此,杨维桢所谓"时称其'罗刹江赋'云"应与"进士旧传罗刹赋"等作同样的解释,它们都是以钱惟善所试《浙江赋》发端中的亮点"罗刹江"来彰显整篇赋作的成功。

---

① 杨镰主编《全元诗》第39册,北京:中华书局,2013年,第255页。
② 黄仁生《钱惟善生平事迹若干问题献疑》,《中国文学研究》第25辑,2015年,第52页。
③ 顾禄卒于永乐三年(1405)。蜀王朱椿《祭教授顾禄》文云:"维永乐三年岁次乙酉十二月癸亥朔十九日辛巳,遣纪善叶生以牲醴之奠,祭于教授顾禄之灵。"(《献园睿制集》卷一〇,日本内阁文库藏明成化二年刻本)
④〔清〕钱谦益撰集,许逸民等点校《列朝诗集》甲集第一七,第1805页。
⑤〔元〕陶宗仪《南村辍耕录》卷一二,北京:中华书局,1959年,第149页。

虽然来集之和张道未能将所引《列朝诗集》和《南濠诗话》的史源追溯至易恒诗序,致使论证稍显轻率,然其所下结论却可凭信。瞿佑《归田诗话》关于钱惟善试赋一事的记载具体、明确,且有杨维桢、顾禄等人的诗文佐证,因此其真实性当毋庸置疑。易恒的记载虽然在瞿佑之前,但它只是笼统地说钱惟善在试赋中以"曲江"代称浙江,未举出具体赋句,也未有其他相关文献足以支撑其说。更重要的是,从现存作品的署名来看,钱惟善自号"曲江居士"与其至正元年乡试作赋应没有易恒所言的因果关系。

明人李日华(1565—1635)《味水轩日记》卷五记载,万历四十一年(1613)五月二日,沈翠水向李日华出示倪瓒《竹窗图》,卷中有钱惟善、倪瓒、张雨、徐贲、吕敏、刘珏等人题跋:

> 题诗偶到静者处,见画空怀老氏徒。回首旧时清闷阁,阻风中酒在江湖。庚辰重九日,欲访云林,偶友人持图索题,书此。曲江钱惟善。
>
> ……志学好学,工辞翰,蔼然如虹霓之气,真江泽中千里驹也。至正辛巳十二月十四日,访仆江渚,持卷索图,遂赋诗为赠。瓒复书。
>
> ……此余处围城中怀云林诗也,今道路既通,犹未得一聚首为恨。志学征君持此求题,因书其上。张雨。
>
> ……徐贲题。
>
> ……迂缪生吕敏。
>
> ……右云林先生《竹窗图》,乃为其友人志学征君而作也。……天顺二年四月六日,长洲刘珏廷美书于居第之花桥书屋。①

结合卷中诸人题跋的时间和钱惟善的生平来看,此"庚辰重九日"指元顺帝后至元六年(1340)重九日。则钱惟善乡试之前已在署名中使用"曲江"。稍后较早者,有《跋顾宏中画韩熙载夜宴图》的落款"至正二年三月既望曲江钱惟善"。② 至正元年前后,钱惟善既已在署名中使用"曲江"以表示自己是钱塘人(详后),那么其自号"曲江居士"、构筑"曲江草堂"或容在参加科举考试之后,但与乡试作赋应无必然联系。

综上所述,钱惟善至正元年乡试所作《浙江赋》,乃因发端二句用"罗刹江"代称赋题中的"浙江"而得名。《归田诗话》的记载比较符合事实。杨维桢《西湖竹枝集》"时称其'罗刹江赋'云"的说法具有迷惑性,《(成化)杭州府志》等不辨其产生的具体语境,误以"罗刹江赋"为赋题,从而影响了后来钱谦益等人对钱惟善试赋一事的认识和书写。

---

① 〔明〕李日华著,屠友祥校注《味水轩日记校注》卷五,上海:上海远东出版社,2011年,第339页。

② 〔元〕钱惟善《江月松风集·文录》,《武林往哲遗著》二,扬州:广陵书社,2011年,第997页。

三、钱惟善使用"曲江"作为别号和室名的寓意和根据

在钱惟善诸多别号中,①"曲江"别号流传最广。现存钱惟善不少诗文末尾,常有"曲江钱惟善""曲江居士钱惟善""曲江老人钱惟善"等落款,或钤有"曲江居士"等印。钱惟善将在钱塘的住所也命名为"曲江草堂"。与钱惟善同时的友人、晚辈,亦直接称其为"钱曲江""曲江翁""曲江先生"。那么,钱惟善别号和草堂名称中的"曲江"究竟何指?

目前所见,最早对此"曲江"作出解释者是杨维桢。至正二年,钱惟善会试落第后,应聘充任书吏和儒师,在钱塘曲江草堂居住的时间相当有限。至正二十六年十一月,李文忠攻克杭州后,已经侨寓华亭的钱惟善曾回钱塘故居,友人杨维桢、王畡等有赠别诗文。② 杨维桢所作《送如一翁归曲江草堂序》云:

> 曲江钱如一翁自冠年工五字诗及七言大章,尝以《诗经》义领乡荐,而不偿于禄仕。人咸称其诗,诗似杜,其平生艰窭窘厄,亦近似之草堂。钱塘,即曲江也。如一应辟藩阃者二十余年,仰给升斗孔子庙,草堂亦荒矣。少陵避乱于鄜,转秦州,流落剑南,蜀乱逃梓州,再归成都,而草堂在浣花里者,屡破矣。……翁数尝寇乱,今乱定,获归钱唐,第未知草堂不为风雨所破,则为戎马所踩躏,果无恙不?③

杨维桢援引杜甫及其在成都的浣花草堂作比,点明"钱塘,即曲江也"(朱彝尊《谒广陵侯庙》诗序所谓"杨廉夫甑之"当指此而言),亦即"曲江"是草堂所在的地点,也就是钱惟善的家乡钱塘。王畡《送钱思复提学归曲江旧隐》提到"曲江春水应无恙",所谓"曲江春水"也显然指钱塘江而言。

---

① 黄仁生《钱惟善生平事迹若干问题献疑》第一部分《从钱惟善的自号说起》在钱惟善自号曲江居士、心白道人、武夷山樵者之外,指出钱惟善晚年还自号如一道人。就笔者所见,钱惟善又号"主静"。清陈维中纂修《吴郡甫里志》卷一〇《游寓》载钱惟善字思复,号主静,又号武夷樵者,洪武初寓甫里,主周谷宾家。同书卷六《征聘》著录周兴(字谷宾),卷内诗文收录钱惟善《眉寿堂诗为周谷宾先生题》《怡云轩诗为周谷宾先生题》《周谷宾怡云轩序》,陈氏所言应有所据。

② 杨维桢所作《送如一翁归曲江草堂序》末云:"翁数尝寇乱,今乱定,获归钱唐,……吾闻今浙垣大一辨章朱公方偃武事,延致旧德硕儒,俎豆于雅歌壶矢间,太平有象,于此乎见。"(李修生主编《全元文》第41册,南京:凤凰出版社,2004年,第277页)按此所谓"浙垣大一辨章朱公"当指攻克杭州的李文忠(1339—1384)。李文忠是朱元璋养子,赐姓朱;至正二十六年十一月,率兵攻克杭州,十二月,升为江浙等处行中书省平章政事,复姓李氏;次年二月,受赐开官诰命;洪武元年七月,出征福建(详参雷礼辑《国朝列卿记》卷一五八《敕使国子监行实》,《四库全书存目丛书》史部第94册,第740—742页)。又王畡作《送钱思复提学归曲江旧隐》,诗题既称"曲江旧隐",诗中所云"曲江春水应无恙,安得相从与卜邻"(杨镰主编《全元诗》第51册,第238页)二句也是"乱定"后的口吻,与杨维桢序当为同时之作。结合这两篇赠别诗文看,钱惟善归曲江草堂当在至正二十七年春季。

③ 李修生主编《全元文》第41册,第277页。

钱惟善的诗歌中也曾出现"曲江"一词。《石渠宝笈续编》著录《宋人春江渔隐图》一卷,后幅有赵俞、张九功、于立、顾瑛、吕敬、钱惟善等人题跋,其中钱惟善题诗云:"我家曲江上,日日看潮生。……回首浮山下,鲛人啼月明。"落款"涛江渔者钱惟善"。① 诗中的"曲江"和落款中的"涛江"也明显指钱塘江。② 因此,钱惟善使用"曲江"作为别号和室名,其意在表明自己是钱塘人。

钱惟善将"钱塘江"称"曲江"应该有其文献依据(即便瞿元范嘲戏钱惟善杜撰的"段家桥"一名,实际上也有其出处)。目前所见,最早对此作出解释的文献,是易恒诗序。易恒认为钱惟善别号、草堂名称中的"曲江"指钱塘江,出自枚乘《七发》,即《七发》中"将以八月之望,与诸侯远方交游兄弟,并往观涛乎广陵之曲江"一段。

考元代以前,学者一般认为《七发》中"广陵之曲江"位于扬州。《文选》卷三四《七发》"并往观涛乎广陵之曲江"李善注引《汉书》:"广陵国,属吴也。"③汉代广陵国辖广陵、江都、高邮、平安四县。《初学记》卷六《地部中·江》载:"凡长江有别名,则有京江、瓜步江、乌江、曲江。"于"曲江"后解释:"枚乘《七发》曰:观于广陵之曲江。曲江,今扬州也。又始兴郡有曲江,今韶州是也。又汉司马相如《吊秦二世赋》曰:临曲江之隑州。此即长安也。以其水曲折,甚类广陵之江。今乐游园。"④扬州曲江、长安曲江因其水曲折而得名,韶州曲江县亦因境内"江流回曲"⑤而得名。而且,自南宋时期《乾道临安志》《淳祐临安志》《咸淳临安志》以至于明代《(成化)杭州府志》《西湖游览志》等,都没有将浙江、钱塘江称作"曲江"的记载。但易恒的说法至少表明元末明初确实存在以"广陵之曲江"为浙江、钱塘江的认识。明代称浙江或钱塘江为"曲江"的文献,如王穉登(1535—1613)作于嘉靖四十五年(1566)的《客越志》卷上,已明确指出钱塘江"又名曲江"⑥,但未进一步解释。后来《(万历)杭州府志》《(万历)钱塘县志》《浙江郡县释名》等地理方志,已经普遍出现将浙江、钱塘江称作"曲江"并引枚乘《七发》为据的内容。《(万历)杭州府志》卷二一《山川二》载钱塘江:"又名曲江。汉枚乘《七发》曰:'将以八月之望,观涛于广陵之曲江。'盖广陵为

---

① 〔清〕王杰等辑《钦定石渠宝笈续编》卷二九,《续修四库全书》第1071册,第389页。
② 与钱惟善同时或稍后者,也有将钱塘江称作"曲江"的情况。如释妙声(1308—?)《赠骆自然》云:"骆生家在钱塘住,正近曲江苏小墓。"(《全元诗》第47册,第47页)凌云翰(1323—1388)《包山玩月次瞿宗吉韵》云:"昔我曲江观怒涛,越山不及吴山高。"(《全元诗》第62册,第421页)从此二例上下文语境来看,其所谓"曲江"指钱塘江。
③ 〔南朝梁〕萧统编,〔唐〕李善注《文选》卷三四,北京:中华书局,1977年,第482页。
④ 〔唐〕徐坚《初学记》卷六,北京:中华书局,2004年,第124页。
⑤ 〔唐〕李吉甫《元和郡县图志》卷三四,北京:中华书局,1983年,第901页。
⑥ 〔明〕王穉登《客越志》卷上,国家图书馆藏明隆庆元年吴氏萧疏斋刻本(善本书号04347)。

扬州之别名,杭属扬州,故亦云广陵;而曲者,即折之谓也。"①

清代以朱彝尊为代表的持"广陵之曲江"即浙江、钱塘江论者,基本都是沿着《(万历)杭州府志》的论证思路而有所加详。陶元藻和张道对钱惟善使用"曲江"作别号和室名之依据的解释也明显受到朱彝尊等学者的影响。

陶元藻(1716—1801)《全浙诗话》卷二五"钱惟善"条目,于征引《归田诗话》《霏雪录》《池北偶谈》《元诗选》等文献后,附按语云:

> 思复自称"曲江居士"者,犹言浙江人。盖本枚乘《七发》"观涛乎广陵之曲江",曲者,浙也。时乘为吴王濞宾客,言广陵之曲江,犹言吴之浙江。可叹自枚生后数千百年,为词赋者俱但称浙江为浙江、之江、钱塘江、西陵江、罗刹江、浙江,而无一人敢称广陵江、曲江者,至思复始一发其蒙。②

这段按语可分为三层来看。第一,陶氏受朱彝尊等人的影响,称赞钱惟善试赋用"曲江"代称浙江的创举,仍然将别号"曲江"与乡试作赋混为一谈。第二,陶氏将"曲江居士"解释为"浙江人",与前文所论钱惟善使用"曲江"的寓意相符。第三,陶氏认为钱惟善所用"曲江"本于枚乘《七发》,"曲者,浙也","广陵之曲江"即"吴之浙江"。

张道《定乡小识》在将钱惟善"曲江"别号、"曲江草堂"之命名与乡试作赋区别开的基础上,进一步解释道:

> 若其草堂命名,乃取枚乘之说耳。况思复《江上山十咏》,于五云山云"江三折当其前",折者,曲也,取义更明白。

张道提到的"思复《江上山十咏》"指钱惟善《定山十咏》,见于《江月松风集》卷四。③ 但"十咏"中并无"江三折当其前"六字。按此六字始见于《(万历)钱塘县志·纪胜》:"江上之山,为天门山。支南行者,曰五云山,高百丈,俯瞰江,江三折当其前。"④ 又考《(康熙)钱塘县志》卷三三《古迹》著录"江上山十景"(与《定山十咏》诗题基本相同,当据诗题著录),其后所录钱惟善《十景记》云:"浙江江上山,五云,天门之支,长江三折,澎湃峰前,地形倚伏,登眺可尽。定山突出江面,虎踞数千丈。而浮山横峙江中……"⑤《十景记》"长江三折,澎湃峰前"前后数句当即《(万历)钱塘县志》所本。张道对"曲江草堂"名称的解释与陶元藻对

---

① 〔明〕刘伯缙修,陈善等纂《(万历)杭州府志》卷二一,《中国方志丛书》华中地方第 524 号,台北:成文出版社,1983 年,第 1527—1528 页。
② 〔清〕陶元藻《全浙诗话》卷二五,北京:中华书局,2013 年,第 670 页。
③ 〔元〕钱惟善《江月松风集》卷四,《武林往哲遗著》二,第 959—961 页。
④ 〔明〕聂心汤纂修《(万历)钱塘县志·纪胜》,《武林掌故丛编》八,第 4779 页。
⑤ 〔清〕魏㟲修,裘琏等纂《(康熙)钱塘县志》卷三三,国家图书馆网站"中华古籍资源库"发布清康熙五十七年刻本。按《中国地方志集成·浙江府县志辑》第 4 册所影印者,于此处有漏叶。

"曲江居士"别号的解释基本相同,他也认为其中"曲江"来自枚乘《七发》;而钱塘江、浙江之所以能称为"曲江",是因为"折者,曲也",二者意义相通。陶元藻和张道只是将前人的相关说法用在钱惟善别号、室名由来的解释上而已。

综上所述,钱惟善别号和室名中的"曲江",指钱塘江、浙江,钱氏之意在表明自己是钱塘人。这在当时应该是钱惟善社交圈内所熟知的事情。易恒认为钱惟善的根据是枚乘《七发》中"观涛乎广陵之曲江"一句。陶元藻和张道也远承易恒之说,只是又根据相关文献加入"曲者,浙也""折者,曲也"等字义分析的内容,以使其解释更加圆满。据笔者所见,在钱惟善之前,似乎还难以找到明确将浙江、钱塘江称作"曲江"的文献;而按照易恒的解释,钱惟善恐是较早将《七发》"广陵之曲江"认作浙江、钱塘江的人。

至正元年江浙乡试所出《浙江赋》,并非一个冷僻的题目,而如何作出令考官青睐的古赋,对应考士子而言无疑是极大的挑战。钱惟善应试所作《浙江赋》,发端二句"维罗刹之巨江兮,实发源于太末"因用"罗刹江"代称题目中的"浙江"而得到考官赏识,一时传为文坛佳话。此事在流传过程中却产生种种讹变,其影响所及,并未仅仅停留在史传纪事的层面,还被朱彝尊、四库馆臣等学者用作考证之资。① 因此有必要在追溯史源、考察流变的基础上对钱惟善试赋史料及相关问题进行辨析。

钱惟善试赋的真相之所以长期得不到澄清,固然是由于后人对原始文献(如《西湖竹枝集》)的误读和对权威文本(如《列朝诗集》《明史》)的盲从,但钱惟善所作散文和晚年所作诗歌多已散佚,其早年结集的诗集《江月松风集》仅以手稿流传,也是一个重要原因。正因为如此,明代以来关于钱惟善的"话题"大量减少,客观上导致一些原始资料的流失,后人在极其有限的史料面前未能拓展求证的文献范围,遂也无法解决相应的问题。钱惟善佚诗佚文及其生平、唱和交游资料,尚有必要作一彻底梳理。

---

① 四库馆臣据钱惟善"乡试以《罗刹江赋》命题,锁院三千人不知出处"之事,推断是《古赋题》这类解释赋题出处的书籍出现的原因。见〔清〕永瑢等撰《四库全书总目》卷一三七《古赋题》提要,第1164页。

南词:孤本说唱词话《云门传》文献性质考论*
——从文人化用韵说起

倪博洋**

【内容提要】《云门传》用韵与《中原音韵》《洪武正韵》等均不同,面貌更为古老,而又与平水韵有别,更接近于《蒙古字韵》与《古今韵会举要》,反映了士人所操雅音。该本文辞雅致古朴,书中所附切语皆有中古韵书出处,出自文人手笔。而所附小字音注则反映了吴音特征,说明其并非北方产物,不能用来研究北方曲艺。该书刻印精美,而唱词格律与《花关索传》等其他词话大体一致,并无新变,可总结为七字律句加上或二或四衬字。综合以上特征可见该书实为江南俗文学高度发达背景下,供文人赏玩的一个唱本,其曲学史意义在于预示着词话渐至消亡,而并非出现某种新变。

【关键词】《云门传》 曲韵 文人化 吴中文坛 词话

《云门传》是民间说唱词话之一种,是"在平话中夹杂韵文的一种文学体裁,有词有话,有说有唱,既有属于'雅文学'的诗词文藻,又有属于'俗文学'的口头记忆"[①]。该书久未引起学界注目,直到民国时期才有相关论述。如王重民指出"是书文体,与敦煌所出变文相同"[②],韩南关注到《云门传》实为冯梦龙《醒世恒言》中《李道人独步云门》一篇的底本。当代大陆学界研究较少,只有吴真从文体与叙事流变角度做了集中而细致的考察,指出李清修仙故事的文本形态历经古文—讲唱文学—白话小说的三重转变。

王重民指出"以版式观之,为明嘉、万间刻本"[③]。简要而言,《云门传》当代只存有一个藏在台湾地区的明刻本,该本胶卷则分见于中国大陆、欧美、日本

---

* 本文为天津市哲学社会科学规划青年项目"明清词、曲韵书编纂思想比较研究"(TJYY21-018)阶段性成果。
** 本文作者为南开大学文学院副教授。
① 吴真《孤本说唱词话〈云门传〉研究》,北京:中华书局,2020年,第17页。
② 王重民《中国善本书提要》,上海:上海古籍出版社,1983年,第695页。
③ 王重民《中国善本书提要》,第695页。

等地。由于孤本仅存,所以其撰人身份、版本流传、文体演变等信息还有不少可探讨的空间。

既然他本难觅,流传不清,不妨换个观察角度。从内容上看,该书既是韵散结合的讲唱类文体,所用韵部必然反映了某类语音信息。吴书指出该书对于研究明代方言具有一定价值,而且"口语词汇与韵文押韵具有明显的北方方言特征"[①]。不过限于研究旨趣,并没有详细讨论该书的押韵。实际上,该书押韵与《中原音韵》一系曲书及《洪武正韵》一系韵书都有较大差异,又不是机械地沿用平水韵,其音系及背后所代表的问题还有进一步考证的必要。以此为契机,还可以进一步观察该书成书的若干问题。

本文所据底本为原本胶片,并参考吴书所附"校点本"(下简称为"吴本")。有些因文意理解而与吴本不同的断句径改,不一一出注;但考虑到吴本更易觅见,凡其涉及中古音韵地位、影响论述的讹字,皆注页码以便复核。

一、《云门传》的用韵

该书特点是凡二十八段韵文,每段皆一韵到底,而段与段间可换韵。故其韵式为判断各韵部可否相押提供了极大便利。吴书初步以《中原音韵》(下简称"中原")韵部为单位梳理了各段用韵情况,不过《中原》面貌与该书韵文音系有龃龉之处。即如"莫道万丈麻绳终有限"一段以《中原》韵部为标准是"监咸""廉纤""寒山"通押,似乎《云门传》比《中原》用韵宽泛,语言面貌更新,而实际上两例寒山韵字都是后起转入-n尾的"凡"(《广韵》收在-m尾的凡韵),反而是守旧的表现。该书通押韵字中古地位如下(表1):

表1 《云门传》用韵统计表(阿拉伯数字为出现次数,一次者不注)

韵部韵字	音韵地位
年$_7$、筵、先、前$_6$、缘$_3$、钱$_6$、妍、迁[②]、然$_9$、专$_2$、缠$_4$、穿$_2$、怜、坚$_2$、边$_5$、拳、传$_4$、戈、宣$_3$、冤、鲜、全$_4$、悬$_3$、愆、千$_2$、牵$_2$、绵、言$_4$、玄、仙$_5$、旋、篇、天$_5$、痊、船、偏、眠、延、泉、燃、源、煎$_2$、蠲、贤、肩、元$_2$、鞭、倦、沿、联、缘$_2$、镌、烟、川、延、巅、湮	山摄细音
闻$_4$、辰$_2$、群$_3$、云$_3$、人$_{12}$、岣$_3$、分$_2$、真$_5$、新$_2$、泯、魂$_4$、根$_2$、门$_{12}$、邻$_3$、因$_2$、亲$_2$、春$_3$、勤$_3$、陈$_2$、巡$_2$、斤$_2$、匀$_2$、身$_7$、坤$_2$、频$_2$、孙$_2$、宾、巾、论$_2$、存$_6$、奔$_2$、旬$_3$、尘$_3$、尊$_4$、吞$_2$、扪、们$_2$、嗔、君、惛、遵、申、昏、闻$_2$、纭、民$_2$、银、文$_2$、腆、茵、谆、鳞$_2$、伸、坟、宸、臣$_2$、神$_2$、辛、轮$_2$、珍、村	臻摄不分洪细

---

① 吴真《孤本说唱词话〈云门传〉研究》,第86页。
② 吴本121页"誓不迁","迁"讹作"还"。

续表

韵部韵字	音韵地位
余₃、俱、间、趄、殊₂、趋、盂、衢、虚、予₂、如₃、输、区、劬、虞、疏₂、躇₂、珠、舒、摸₂、驴、无₂、居₂、愚₂、躯、夫₂、徒、图、吾、辜、都、粗、湖、诬、趺、扶、孥、龃₂、酥、刍、呼、庐、除、驹、糊、苏、晡、枯、途、浮、孤、吁、储、铢、书	遇摄不分洪细
潭、沾、岩₂、黯、砚、黏、签、尖、堪、岚、緂、歼、擔①、潜、篮、占、探、甜、龛、喃、三、耽、甘、含、谈₂、拈、狻、凡₂、淹、添、贪、缄、参、嫌、髯、瞻、衔、憨	咸摄不分洪细
帏₂、悽、期₅、题、危、时₆、垂₂、遗、跻、移₃、奇、提₃、知₆、儿、梯、飞₂、尸、迟₃、支、饥、滋、伊₂、蹊、泥、稀、脂、芝、迷、低、脐、西、倪₂、为、宜、归₄、谁、衣、齐₂、欺、嗤、提、丝、非₂、窥、依₂、微、词₃、基、推、几、咨、师₂、池、眉、披、夷、麇、淄、肥、慈、赀、辞、虀、祈、希、魑、机、其、啼、随、垂、徽、累、涯、离、驰、痿、妻、旗、孜、疑	止摄与蟹摄细音
亨₂、撑、生₃、平₃、行₄、能、更₂、膯、停、明₄、星、凭、声₃、盲、层、兢、灵₄、经₃、登、惊₄、绳、程₃、升、清₄、名₅、龄、轻₃、甍、成、诚₂、迎、扁、胜、营、情₂、矜₂、应、城₂、枰、征₂、冥、陵、青、丁₂、形₂、横、精、旌、醒、倾、庭、儚、茎、铭、萌、宁、称、汀、听、兵、腾、灯、惺、蝇、崩、廷、兴、盈	曾梗摄不分洪细
堂₄、昂、煌、装、厢₃、扬、翔、章、常₃、坊₂、妨₂、墙、光₄、央、荒、行₄、霜、跄、撞、长₂、方、旁、慌₂、襄、当₄、伤、唐、纲、桩、狂、忘、肠₂、忙、房₂、张₄、徨、乡、场₄、防₂、羊、量₂、香₂、王、廊、囊₃、详、良、偿、黄、腔、汤、妆、强₂、茫₂、僵、凉、亡、丧、苍、藏、彰、将	宕江摄不分洪细
安₄、看、端、山₄、闲、难₂、官₂、搬₂、翻₂、坛、班、烦₂、关、瞒、间₂、弹、观₃、桓、残₂、寒₃、攀、般₃、藩、还、岏、蟠、悭、番、漫、干、冠、攒、刊、颜、丹、弯、摊、阑	山摄洪（含轻唇）
开₇、栽、挨、台、颏₂、腮、哀₄、街、才、财、来₁₀、催、怀₃、佁、阶、乖₂、才、胎、莱、该、斋、回₂、排₄、灾、推₂、埋、推、猜、谐、骸、差₂、崖、材、鞋、牌₂、孩、骸、歪、裁、埃、呆	蟹摄洪音
宫、侬、容、终₂、工₃、充、中₉、供、同₄、凶₂、通₅、胧、翁、丰₂、穷₄、空₆、恭、风₅、从、匆₂、春、功₃、烘、红、松、逢₃、公、胸、峒、踪₂、童、重₃、冲、衕、宗₃、龙₂、雄、东、蒙、濛、融、聪、封、攻	通摄不分洪细
条₃、椒、高、娇、宵、瑶、曹₂、朝、僚、跷、嘲、蒿、胞、苗、饶、迢、交₂、劳、萧、谯、焦、峣、遥、毛、遭、瞧、毫、邀、涠、哮、销、逃、稍、抛	效摄不分洪细
家₅、涯、花、麻、么₂、拿、些₂、差、沙、嗟、他₂、赊、查₂、家、茶、加、华、瓜、车、差、呀、遐、夸、斜、芽、抓、揶、砂	假摄不分洪细

---

① 吴本 133 页简化作"担"，按"担""擔"古音韵尾不同。

续表

韵部韵字	音韵地位
多₄、驮、那₂、何₂、婆、磨₂、过、㖦、河、佗、科₂、么、莎、魔、他₂、挲、磋、疴、呵、窝、罗、摩、和、讹、跎、戈、颇、波、歌、睃、骡	果摄洪音
深₂、心₃、吟、临₂、侵₃、琴、禁、金₃、音₂、斟、阴₂、针₂、沉、森、今、寻₂、淫、歆、林、禽、簪、钦、琛、瘖	深摄
头₄、流、侯、州₃、搜、修、旒、秋₂、休、忧、求、游、收₂、留、沤、楼、优、由₂、瘳、囚、愁、钩、丘、谋、喉、投、悠	流摄不分洪细

《云门传》用韵自具特征,全篇除"几"("眼见如今八十已无几")外只以平声相押,不分阴阳平。有些两读字,如"磨""过"均注出"平声"。从语音史角度看,该韵文有以下特点:

(一)保留了一套入声调。全篇虽用平声押韵,但绝不用《中原》"入声作阳平"字。在小字注中,入声字或只用入声字标音,如觅(密)[1];或径注出入声,如诺(囊入声)。

(二)-m、-n、-ŋ韵尾三分。三个韵尾绝不通押,《中原》中咸摄字发生韵尾条件异化:m→n/fa_,因而"凡"类字归入寒山。而在《云门传》中"凡"只与咸摄字相押。

(三)山摄洪细分韵,咸摄洪细不分。《中原》中山摄三分,咸摄两分,介音 i 都起到了分韵的作用。但在《云门传》中,山摄洪细两分,韵字绝不互押,但咸摄洪细却可以通押,如"且说山上宗亲"六句唱词通押"岚""繁""歼""担""潜""篮",其韵式与《中原》不同,而与《蒙古字韵》分"寒""先"却不分"覃"相合。另外山摄轻唇归洪音,卷舌仍归细音,与《中原》一致。

(四)不分支思、齐微。整个止摄字都与蟹摄细音字相押,未出现《中原》中支思、齐微两分格局。

(五)蟹一合口未入齐微。如"颓""催""回"等,《中原》都收入齐微,但在《云门传》中与皆来通押,显示出与《中原》及当代大多数方言不同的守旧特征。[2]

(六)庚青合口韵未与东钟混淆。《中原》中部分曾梗摄唇音及合口字归入东钟或两韵重出,如"盲""薨""横""萌""崩"等,在《云门传》中只归入庚青。

---

[1] 括号内为原书注音字,下文引同。

[2] 方言如官话,蟹合一多归入齐微韵,如粤语、吴语部分方言点发生了开合分韵,只有晋语、老湘语等少数方言与开口一等韵母一致,但与二等是否合并又有区别。限于本文旨趣,无法详述,可参考《汉语方音字汇》(第二版重排本,北京:语文出版社,2008年)。笔者另有专文论述。

(七) 假摄不分家麻、车遮。《中原》依有无三等介音分假摄为两韵。

从语音面貌看,《云门传》显然与平水韵不同,而比起《中原》更为保守,一些后起的音变尚未发生;至于如咸摄洪细不分,山摄二分的不平行现象则显示出特异性。我们将几条音韵特点与近代代表性韵书对比如下(表2):①

表 2 《云门传》音系特征比较表

音系特征	明代中后期	元代	元代	元代中后期	明初	明代前期	明代中后期	清代前期
	云门传	蒙古字韵	古今韵会举要	中原音韵	洪武正韵	韵略易通	西儒耳目资	五方元音
入声独立,不与平声相押	＋	＋?	＋	－	＋	＋	＋	－
-m、-n、-ŋ 韵尾三分	＋	＋	＋	－	＋	＋	－	－
咸摄唇音字未入山摄	＋	＋	－	－	－	－	－	－
山摄洪细分韵,咸不分	＋	＋	－	－	－	－	－	－
支思、齐微分立	－	＋	＋	＋	＋	＋	－	＋?
蟹一合口入齐微	－	－	－	－	－	＋	＋	＋
庚青合口未与东钟混淆	＋	－	－	－	＋/－	＋	－	－
假摄不分家麻、车遮	＋	－	－	－	－	－	－	－

《蒙古字韵》指所分十五部而非八思巴字注音,其入声拼写与舒声一致,但自成一调,以"＋?"标识。《五方元音》中支思、齐微同入"十二地",为该书体例所致,实际读音有别,也以"＋?"标识。《洪武正韵》七十六韵本庚韵唇音、合口与东钟不混,但八十韵本并入东韵,②用"＋/－"标识。《韵略易通》叶宝奎引赵荫棠、陆志韦等认为是"当时的标准音……显而易见的是官话系统"③。其余韵书虽然诸家尚有争议,但大致认为表现了官话一系的标准音。从音系表现看,《云门传》最存古,清代前期的《五方元音》距离《云门传》最远,而元代的《蒙古字韵》《古今韵会举要》反而距离最近,但也有些特征比《云门传》更新。

前文提及,《云门传》为说唱词话之一类,体例与曲不同,自然无须全依《中原》。那么其用韵究竟是作者个人选择,还是文体规定如此,仍需要讨论。比较来看,今存的其他词话作品与《云门传》迥不相同。如《新编全相说唱足本花

---

① 《古今韵会举要》参照宁忌浮《汉语韵书史·金元卷》(上海:上海人民出版社,2016 年),《洪武正韵》参照宁忌浮《汉语韵书史·明代卷》(上海:上海人民出版社,2009 年),后三部参考叶宝奎《明清官话音系》(厦门:厦门大学出版社,2001 年)。
② 《洪武正韵》有七十六韵本、八十韵本两个版本,见宁忌浮《汉语韵书史·明代卷》,第 23 页。
③ 叶宝奎《明清官话音系》,第 55 页。

关索出身传》的唱段：①

> 张飞一见心惟喜，
> 留了孩儿称我心。
> 走了嫂嫂胡金定，
> 当时两个便回呈。
> 将身回到桃源镇，
> 弟兄三人便登呈。
> 前往具刘山一座，
> 替天行道作将军。

八句内深臻梗通押，此为全书重要音韵面貌。古屋昭弘已经从《花关索传》《廿二史弹词》及《木皮散客鼓词》等文献的押韵角度指出，"说唱词话的基础方言并非是臻（深）与曾梗有别的北京类型方言，更可能是其他方言，至于当代三种韵尾有别的方言如客家话、闽语、粤语可能性较低"。② 可见，说唱词话的用韵没有一定之规。大多数作品接近口语。

综上所论，《云门传》的押韵比起反映元明清时音的韵书都更保守，如侵寻、真文、庚青分用，比《中原》更严苛，更接近中古音，但又不是简单恪守平水韵。与其他词话作品如《花关索传》等相比差异也较大。这种用韵方式提醒我们，文体与押韵固然联系密切，但就单篇作品而言，文体"俗"不代表押韵一定接近口语。《云门传》用韵"严"不似诗，"宽"不类曲，其标准究竟如何，需进一步考订。

二、《云门传》的文人手笔

《云门传》与元明韵书及口语相异的押韵特征，说明其作者很可能是以雅趣行笔之士林文人。而雅俗之别除了形诸韵脚，自然也体现在遣词琢句。

从全文描写看，作者以雅驯为宗，用词古朴而兼多对仗，注重景色之铺叙，即如：

> 何用千条弱柳垂青琐，那许百啭流莺绕建章。
> 择定黄道吉辰要启驾，只待天门日观要亲临。
> 一径绕过州城东郭外，早望住城紫气郁巑岏。

---

① 《新编全相说唱足本花关索出身传》，《明成化说唱词话丛刊》第一册，北京：文物出版社影印本，1979年。

② ［日］古屋昭弘《说唱词话「花关索传」と明代の方言》，早稻田大学中国文学会编《中国文学研究》第10期，1984年，第30—31页。原文为日文，此为笔者节译。

或对仗工致，或杂用文言，其中描写李清将启北窗一段尤见文人兴味之所在：

> （仙长）说罢，各各跨上鸾鹤腾空而起，自然有云霞拥护，箫管喧阗，这也不能备述。岂知李清在耳房下，凭窗眺望，看见三面景致。幽禽怪鸟，四时有不绝之音；异草奇花，八节有长春之色。真个观之不足，玩之有余。

而与脱胎民间的《花关索传》相异的是，后者出现大量俗字、讹字，古屋昭弘分为"异体"（竜龙）、"假借"（川穿）、"偏旁"（呈城）、"误字"（师帅）四类，①总言之，用字反映出作者文化素养不高。而《云门传》不仅多用文言古字，还在右侧杂以小字音注，其目的就是既保持字形正确，又便于唱者识认，如哢（弄）、遯（豚去声）、膩（嗔）、瘳（抽）等。有些韵字如吴真指出的"垺""洭"，都是为了趁韵，选择了仅见于韵书中的僻音。作者好用古形古义，而又以常用字注音，这种文字态度显然也体现了文人雅趣。

进一步考察《云门传》的小字音注，大体有四类形式：

一、直音法：如"从容"之"从"下注云"葱"。
二、标调法：对于多音字，加以声调提示，如"（道）观门"之"观"下注云"去声"。
三、结合法：对于难以找出同音字者，以他调字加本调提示，如"爽，霜上声"。
四、反切法：以反切注音者较少，如"撑，抽庚切"。

凡以反切注音者，皆有韵书来历（表3）：

表3 《云门传》切语比较表

字头	云门传	广韵	集韵	洪武正韵	说文大徐注	中州音韵
撑（樘）	抽庚切	丑庚切	抽庚切	抽庚切	（樘）丑庚切	虽生切
怯	去劫②切	去劫切	去涉切	乞协切	（㹸）去劫切	叶且
悭	苦③闲切	苦闲切	丘闲切	丘闲切	（掔）苦闲切	溪闲切
剖	普口切	普后切	普后切	普厚切	普后切	滂九切
攒（欑）	徂丸切	在丸切	徂丸切	徂官切	在丸切	徂丸切
琛	丑林切	丑林切	痴林切	丑森切	丑林切	抽森切
谶	楚□④切	楚潛切	楚潛切	楚禁切	楚荫切	初禁切
歆	许今切	许金切	虚金切	虚金切	许今切	希金切

从上表看，《云门传》之切语皆有出典，无向壁虚造者，且与《说文》大徐注

---

① ［日］古屋昭弘《说唱词话「花关索传」と明代の方言》，《中国文学研究》第10期，第32—33页。
② 底本为异体字形"刧"，吴本（161页）误作"却"。
③ 吴本（171页）讹作"黄"。
④ 底本漫漶，吴本识读作"潛"。

最相近,反而与明代官韵《洪武正韵》及曲韵书《中州音韵》的切语差得最远。有些切语不一致,如"剖",大徐音切下字"后"在后代浊上变去,不协,《云门传》可能借鉴了《经典释文》的"普口反"一音,亦有所承。《洪武正韵》注文多承自《增修互注礼部韵略》,①或习见于科场,而作者不全取。《中州音韵》(作者王文璧,1415—1504之后)是明代影响较大的一部曲韵韵书,明代不少曲家以其为注音依归,如《元曲选》作者"臧晋叔用《中州音韵》给元曲注音","明末抄本韵书《辨音纂要》收录《词韵》数千条,《词韵》即《中州音韵》"②。《云门传》之所以不以《中州音韵》注音为准,或许有文体方面的考虑,③但更可能的原因就是追摹经典,以古音、雅音为定。作者作反切必引历代韵书,亦可见其为具有较高小学素养之文人。

　　文章词藻与音注两个部分,都体现了作者的文化修养与文人趣味,可见该本是经文人之手的"雅化"产物,故《云门传》韵脚为何异于《中原》及《花关索传》就可以得到解释。蒋绍愚先生指出,"在'言''文'分离时期,不但书面文献有文言、白话之别,就是人们说的话,也有文、白的差别","上层人士在正式的社交场合说话会有很多文言的成分"④。实际上这种成分不仅表现在词汇、语法,也表现在读音,如《利玛窦中国札记》中记载"有文化的上流阶级"在谈话时不仅要多次重复,甚至还要手写,"因为他们说的话更纯正、更文绉绉并且更接近于文言"⑤。曾晓渝指出口语也有"雅音""俗音"之分,此不具论。⑥ 而明代中后期的《云门传》用韵却与元代《蒙古字韵》《古今韵会举要》相近,可能也是因为,"我们必须把'中原雅音'分为儒林系雅音和曲家系雅音,……儒林系雅音主要指《增修互注礼部韵略》《古今韵会举要》《洪武正韵》。其作者都属于宋元江南道学学统"⑦。"《蒙古字韵》音系基本上还属宋金雅音系统,其特点正好介于《切韵》音与《中原音韵》音之间。"⑧恰好儒林系雅音有入声,与《云门传》平入不通押接近。

　　这样《云门传》作者出于从古从严的文人趣味,更兼以词话文体入韵本没

---

① 宁忌浮《汉语韵书史·明代卷》,第20—26页。
② 宁忌浮《汉语韵书史·明代卷》,第421页、第423页。
③ 词话不全同曲,不过该本与其他词话亦不相同。
④ 蒋绍愚《汉语史的研究和汉语史的语料》,《语文研究》2019年第3期。
⑤ 利玛窦、金尼阁著,何高济、王遵仲、李申等译,何兆武校《利玛窦中国札记》,北京:中华书局,1983年,第28页。
⑥ 曾晓渝《中国传统"正音"观念与正音标准问题》,《古汉语研究》2019年第1期。
⑦ [日]平田昌司《文化制度和汉语史》,北京:北京大学出版社,2016年,第128页。平田先生就宋元明三代立论,故兼及《洪武正韵》,当然《洪武正韵》作者多为元人,亦可视为元代雅音之一种。
⑧ 郑张尚芳《〈蒙古字韵〉所代表的音系及八思巴字一些转写问题》,《郑张尚芳语言学论文集》,北京:中华书局,2012年,第527页。

有一定之规,故采用了某种不同于市井口语的儒林雅音形式。俞为民已经指出,"明代文人剧作家都具有较高的文化修养,……在剧中滥施文采,故文人剧作的语言具有文采典雅的风格"①。这一文体特征提醒我们,俗文体未必一定就用口语方音入韵,反而文人的参与会使其呈现相反的雅化因素。

三、《云门传》的音注与成书地域

如果论定《云门传》以儒林雅音押韵,就会遇到两个问题。一是语音面貌古老也可能是因为某些方言保留古音特征;二是如果韵脚不叶,就无法施诸舌吻,难免"拗折天下人嗓子"。吴真已经观察到方言既与作者创作地域相关,也关系到词话文体的传播路径建构,其观点是《云门传》为山东方言产物,并据此指出"那么以往'弹词是明代的南方江浙的称谓','词话在明代分化为以琵琶伴奏的南方弹词、以鼓板伴奏的北方鼓词'等观点,似乎需要重新讨论"②。由此可见,该本的创作地域实为重构俗文学发展史之一枢要。

吴书从元明山东全真教的发展、该本所载小调《银纽丝》起源于山东、韵脚接近北方音韵面貌、使用了北方方言中的儿化韵等证据证成该本源自山东,虽具筚路蓝缕之功,然亦容有讨论余地。

一方面,该本虽敷演山东故事,可能最早确是由山东道士加工,但是俗文学所具备的层累式创作特点,会使其他地区的文人加入再创作之中。而吴真已关注到《银纽丝》"此调在明嘉靖末年(约1550—1566)产生于北方,经过淮河流域流传至江南后,成为广泛传唱的时调小曲"③。在明人自己的语境中,《银纽丝》是江南小调之代表,如沈德符《顾曲杂言》云:"嘉隆间,乃兴……《银绞丝》之属,自两淮以至江南,渐与词曲相远。"④又陈弘绪撰《寒夜录》:"友人卓珂月曰:'我明诗让唐,词让宋,曲又让元,庶几吴歌《挂枝儿》《罗江怨》《打枣竿》《银绞丝》之类,为我明一绝耳。'卓名人月,杭州人。"⑤易言之,该曲的出现不能证明作者之籍贯。

又吴真指出"从音韵上考察,《云门传》的口语词汇与韵文押韵具有明显的北方方言特征。江淮方言区普遍不分侵寻、真文二韵以及庚青、真文二韵,这

---

① 俞为民《论明代戏曲的文人化特征(下)》,《东南大学学报(哲学社会科学版)》,2002年第2期。
② 吴真《孤本说唱词话〈云门传〉研究》,第94页。
③ 吴真《孤本说唱词话〈云门传〉研究》,第81页。
④ 〔明〕沈德符《顾曲杂言》,《丛书集成初编》本,北京:中华书局,1985年,第9页。
⑤ 标点据任中敏编著,许建中、陈文和点校《新曲苑》,南京:凤凰出版社,2014年,第696页。原文"曲"下脱"又"字,据清抄本补。

两对韵部是否混押,是判断南方作者的一个标准"①。验诸《花关索传》固是,但请注意吴人沈德符的说法：

> 近代南词散套盛行者,如张伯起《灯儿下》,乃依《幽窗下》旧腔,赠一娈童,即席取办,宜其用韵之杂。如梁少白《貂裘染》,乃一扬州盐客,眷旧院妓杨小环,求其题咏,曲成,以百金为寿。今无论其杂用庚清、真文、侵寻诸韵,即语意亦俚拙可笑,真不值一文。②

又如凌濛初在《南音三籁》也强调"杂用庚青、真文、侵寻韵,韵不足法"。③ 再如徐渭《南词叙录》说："凡唱,最忌乡音。吴人不辨'清''亲''侵'三韵,……皆先正之而后唱可也。"④在吴人自己的心目中,杂用庚清、真文、侵寻甚至比语意俚拙还显俗陋,需要"正之"才能演唱,这样很容易构建逻辑推断,鼻尾混淆这一特征只能证明哪些是江南乡音俗曲（如《花关索传》）,但鼻尾不混不能排除哪些是江南正音雅曲。而前文提及,《云门传》三韵分用甚至严于北方之《中原音韵》,力求无杂用方音与语意俚拙之弊,这也说明文人雅韵不足以成为判断方言之征。

而所谓儿化韵恰好能启示我们该书很可能并非北人所作。吴书指出"传统的诗词文谣不以'儿'字入韵,吴语系的歌曲里面也没有儿韵脚,但是在北方的散曲中,支思韵的儿字却是可以入韵的"⑤。前文已说明,《云门传》的韵脚与《中原》不同,支思、齐微合用,"儿"作为支韵字,恰与两部通押。此韵式在南宋词中即已常见,如辛弃疾《小重山·茉莉》"分明是,他更的些儿"与"痴""宜""蘼"等相押,杨泽民《浣溪沙》"异香团就小花儿"与"垂""池""悲""衣"等通叶。实际上,"儿化韵"并非北京话或者北方官话的特殊现象。北京话中儿化是附着在前一个韵母的卷舌特征,不能作为独立音节押韵,因而"十三辙"出现了专门分管儿化的"小人辰儿"和"小言前儿"。如吴书所引同时代之赵南星《一口气》押"先儿""判儿""脸儿",⑥正是"小言前儿"的押法,"儿"与前面的音节共成韵脚。

至于南方儿化韵则有多种语音形式,不可一概而论。吴书引《金瓶梅词话》《玉芙蓉》一曲"掐破了指尖儿"以作儿化入韵为北音之证,然学界已指出,"小说中演唱此曲的书童是南方人,善唱南曲……南曲是按南音写的,照南音

---

① 吴真《孤本说唱词话〈云门传〉研究》,第87页。
② 〔明〕沈德符《顾曲杂言》,《丛书集成初编》本,第2页。
③ 转引自俞为民《中国古代曲体文学格律研究》,北京：中华书局,2012年,第416页。
④ 〔明〕徐渭《南词叙录》,中国戏曲研究院编《中国古典戏曲论著集成（三）》,北京：中国戏剧出版社,1959年,第244页。
⑤ 吴真《孤本说唱词话〈云门传〉研究》,第88页。
⑥ 谢伯阳编纂《全明散曲》第五卷,济南：齐鲁书社,2016年,第3756页。

唱的。这里的'儿'字当同现代吴语读 ni,而不是如同北方话读 er",所以恰恰"《金瓶梅》时代已有儿音节,可从韵语不押'儿'一类字得到反证"①。细绎《云门传》以"儿"押支思韵诸例,如:

> 再又摇他逐节铜铃响,好与上头人众使通知。
> 那时绞上辘轳盘出去,也当神仙洞府走遭儿。
> 岂知遍觅竹篮全不见,教我穴中那讨这长梯。
> 待要叫时深远谁能应,待要飞时无翼可能飞。

与赵南星曲不同,"儿"只与 i 类字押韵,此只能证明其儿化韵形式并不是如北方多见的卷舌形式,反支持张鸿魁先生"'儿'字当同现代吴语读 ni"之说。

以上四条不惟不能证成该本出自山东,反而隐然指向了吴地。那么其文本自身是否具有更坚实的证据呢?

前文提及,作者在正文中夹杂了不少小字注,这些小字注在韵母形式上与押韵一致,如:巉(谗)、黏(拈)、缄(监)、甍(萌)、盲(孟平声)、兢(矜②),三个鼻音尾分辨极严格。③ 当为作者亲笔,而非后来的书商别附。而有趣的是,尽管韵尾存古求雅,但是与押韵无关的声母与介音却透露了时音的信息。

从介音上看,有些注音开合混淆,如:迻(进平声)、掀(轩)、抓(渣)、镌(煎)等,古屋先生已经指出,《花关索传》也存在平行的"旋＝渐""专＝瞻""丹＝端"等开合混淆现象,可能是吴语的特征。④ 我们将吴语与山东方言比较如下(表4):⑤

表4 方言介音比较表

	掀	轩	煎	卷	差	抓	进	俊
苏州	ɕiɪ	ɕiɪ	tsiɪ	tɕiɪ	ts'ɒ	tsɒ	tsin	tsin
温州	鲜 ɕi	ɕi	tɕi	tɕy	ts'a	tsu	tsaŋ	tsyoŋ
济南	ɕiæ̃	ɕyæ̃	tɕiæ̃	tɕyæ̃	tʂ'a	tʂua	tɕiē	tɕyē

注文介音的另一个特点是少数字洪细混淆:

闾(庐):苏州闾 li—卢 ləu、温州闾 løy—卢 løy、济南闾 ly—卢 lu,

---

① 张鸿魁《金瓶梅语音研究》,济南:齐鲁书社,1996 年,第 213 页。
② 矜,《广韵》"居陵切",蒸韵,与"兢"同小韵,今音变为-n 尾。
③ 吴书"簪"字注【赞平声】(206 页),"赞""簪"韵尾不合,今查底本,"赞"实为"譖"(潜)之讹,"譖""簪"皆侵韵字,收-m 尾,音正合,可见《云门传》用韵之严还可用以校勘。
④ [日]古屋昭弘《说唱词话「花关索传」と明代の方言》,《中国文学研究》第 10 期,第 45—46 页。
⑤ 材料出自《汉语方音字汇》。有些"字汇"中没有或文白读层次不同的例字我们选了同音字比较(如"鲜"),"镌"声母为尖音,与"卷"不同,不影响考察介音问题。

宛(苑)：苏州碗 uø—怨 iø、温州碗 y—怨 y、济南碗 uæ—怨 yæ，
函(咸)：苏州函 ɦø—咸 ɦE、温州函 ɦa—咸 ɦa、济南函 xæ—咸 ɕiæ，
碌(六)：苏州禄 loʔ—六 loʔ、温州禄 lo—六 ləu、济南禄 lu—六 liou

以上或者近苏州，或者近温州，但与济南差得最远。

从声母上看，《云门传》反映了匣与喻母的纠缠，"中古南方匣、云、以三者的声母都为 *ɦ-时，才会出现相混的情形。事实上作为江东方言的后裔，典型的现代吴语(如浙江温岭话)的'匣入喻三'在音值上也是如此"①。简言之，中古的匣母与喻母在吴语中多读为半元音，古屋昭弘已指出《花关索传》"会""为"相混，"特别是在吴语中同音，只是声调不同"②。以上所言或嫌抽象，请看具体文例：

熊(容)：苏州熊 jioŋ—容 jioŋ、温州熊 jyoŋ—容 jyoŋ、济南熊 ɕioŋ—容 luŋ，
蠃(刑)：苏州蠃 jin—刑 jin、温州蠃 jiaŋ—刑 jiaŋ、济南蠃 iŋ—刑 ɕiŋ，
觋(翼)：苏州系 ji—翼 jiɪʔ、温州系 ji—翼 jiai、济南系 ɕi—翼 i。

"觋"过于书面化，我们选用声母都是匣母，但韵母不同的"系"作为参考，其他例字如頨(永)等更加难找。从以上几例可以看出，"熊""容"同音是吴语区的明显标识，也是系统的语音现象(表5)：

表5 主要方言"熊""容"读音表

	武汉	合肥	扬州	长沙	双峰	南昌	广州	建瓯	厦门	潮州
熊	ɕioŋ	ɕin	ɕioŋ	ɕin	ɣiɛn	ɕiuŋ	hʊŋ	xœyŋ	him 白	him
容	ioŋ	iŋ	ioŋ	in	iɛn	iuŋ	juŋ	œyŋ	ioŋ	yŋ

从韵母上看，山臻梗摄的入声韵母偶然混淆：

别(必)：苏州别 biɪʔ—必 piɪʔ、温州别 bi—必 pi、济南别 pie—必 pi，
析(薛)：苏州析 siɪʔ—薛 siɪʔ、温州析 sei—薛 sei、济南析 ɕi—薛 ɕye，
觅(灭)：苏州觅 miɪʔ—灭 miɪʔ、温州觅 mi—灭 mi、济南觅 mi—灭 mie。

以上例字虽然零散，但是有两个特点，一是反映了系统的音类变化，是吴语的典型特征；二是当代济南保留了比《云门传》更早的中古汉语音类区别。易言之，虽然我们以当代方言进行比较，也不会因语音发展而致以今律古。

总言之，《云门传》虽韵脚用雅音，但非韵字却偶尔透露了方音信息。此外有两点尚可注意，一是下文还要提及的作者第一人称用"我"，而不用北方方言常见的"俺"；二是作者分别为"站"注音"暂去声""斩去声"。"站"本来是常用字，为何作者还要不惮辞费，多次注音呢？从南北"站立"义词分布看，吴语地

---

① 郑伟《音韵学：方法和实践》，上海：上海古籍出版社，2018年，第150页。
② [日]古屋昭弘《说唱词话「花关索传」と明代の方言》，《中国文学研究》第10期，第39页。

区用"立"或"倚",①因而歌者对于"站"字可能不如山东艺人熟悉。

对比《花关索传》,古屋先生指出的日母部分字读 n("二"="义")、匣归喻三("会"="为")、开合相混("丹"="端")等,都见于《云门传》的小字注音。古屋先生认为《花关索传》是吴中圈的产物,《云门传》恐也不例外,只不过由于作者宗尚雅音,故方音信息反映较少。这也因而能解释,为何其被苏州的冯梦龙改编为小说,因实为同一地域之作品。而音注透露方音与押韵用雅音自然也不冲突,其音注之字多非音韵紧要处,故透露了作者方言。过去有些读书音如音《楚辞》之"下"如"虎"亦单就韵字而言,与此或有相似之处。

四、《云门传》的曲例及其弹词史意义

吴真考察《云门传》的编刊时,已经引用了赵琦美、杨尔等记录苏杭"白话弹词唱本,竞相刻印"的材料,《云门传》应也是此风会下之产物。至于吴氏认为其"作为一本产生于山东的晚明道情说唱本,《云门传》可以连接起中国说唱文学发展史的若干个空白点和断链处,从而勾勒出一个大致完整的北方说唱文学演变过程"②的观点则尚欠实据,过于危险。

那么,《云门传》的曲词是否具有特殊性,在弹词史上又具有怎样的意义,仍需要考论。前文提到该本或以雅音施韵,涉及歌唱谐和问题,这也需要重新观察其曲词性质。

《云门传》曲词可分四部分,词话、十字词、三支北曲与民歌《银搅丝》,其曲艺形式可称多样,故学者认为"表演者在唱完齐言体诗赞之后,再转腔演唱小曲。这意味着在成化时期尚处平行发展的杂言乐曲体与齐言诗赞体两种说唱体裁,到《云门传》的时代出现融合"。③ 不过我们怀疑这些曲子未必成于一手。俗文学往往是层累型创作,《云门传》也并非一个原创故事,是否存在文本沿袭情况需要讨论。

先看三支北曲,其与全文文风并不一致,口语色彩远较正文为浓,如"这搭里""为甚的"等。从语言风格的系统性差异看,三曲与全文有三类不同:

【沽美酒带过水仙子】俺只见郁重重城一带。又只见乱嚷嚷几条街。只这搭里不是俺的楼台。为甚的,便没些儿留得在。这不是俺众亲族十家排。怎这般都废败。只俺离家来,离家来。曾过得几日之外。没揣的又早冰消也似瓦解。咳哟天哪,莫是俺门中宅里新出了个不才。便直恁

---

① 曹志耘主编《汉语方言地图集·词汇卷》,北京:商务印书馆,2008年,第134页。
② 吴真《孤本说唱词话〈云门传〉研究》,第94页。
③ 吴真《孤本说唱词话〈云门传〉研究》,第76页。

为非作歹。把偌大的好家私，弄得全无一个聊赖。唉，俺早知这般担利害。唉，还看甚云门仙世界。唉，便今日及早赶回来。也虑俺，衰年人不待。这些时，才信道有个桑田沧海。

【倘秀才】咱本在，青州业染。几曾到，大罗天，与神仙一面。只为平日风尘机事浅。拚得千金体，投下九重渊。遂叨登阆苑。

【滚绣球】遇神仙，若有缘。遇神仙，又没缘。不移时，被他驱转。又早是，莽经过，七十多年。弄的来，亲丁久已亡，门闾久已迁。权受用，医书一卷。到今日，才讨得，证果朝元。这是山林下贱该如此，怎向阛阓真人好浪传。故先期归去也翩翩。

一是，第一首曲描写李清寻仙时偷开北窗，看到故宅凋零的慨叹，全曲叹词丰富，"唉"三见，"哎哟天哪"一见。而在正文中，描写李清言谈不用叹词，比较此曲前面的复调叙事①部分："（李清）不胜慨叹道：'怎么我出来得这几日，家里便是这等一个模样了？俗说道得好："家无主，屋倒柱。"我若早知如此，就不倒得这里也罢。'"我们初步统计，全文叹词除此曲子外，仅见于"瞽者"所说"哎呀！敢是你老翁说梦哩"一句。作者可能有意用对话风格塑造人物。李清是"唯有三十岁起，便绝了欲"的修仙者形象，因而言谈文雅、情绪内敛，与曲子泼辣直爽、情感外露的说话风格并不相同。

二是，曲子中的第一人称代词用了"俺"7次、"咱"1次，称呼家人分别用"亲族""亲丁"各1次。而其他文字除俗曲《银搅丝》外，第一人称只用"我"。相关称呼统计如下（表6）：

表6 《云门传》称谓统计表

	第一人称		家属他称
专用型	我334/吾1/予1	成员代指型	子孙37/儿孙3/妻孥2/子姓1
借指型	老奴/老朽/老儿/老夫共8	称亲属型	亲眷11/亲戚2/家里人1/家人1
复指形	我身/我老身/我老夫/我老人家共5	称宗族型	族人2/族子1/宗亲5
复数型	我辈/我等/我们/吾等共19	亲仆并称型	家丁4/丁3/人丁1/亲丁2

上表是个大致的分类，阿拉伯数字为出现次数，有些不影响讨论的词项作了合并。从上表可以看出，作者第一人称代词大量使用"我"，甚至文言的"吾""予"，而绝不用北方广泛通行的"俺"和"咱"。而从对家人的称谓看，作者从不用"亲族"连称，而"亲丁"只出现2次。如果说，"俺"还有可能是作者模仿元曲，那么"亲族"体现的差异当源自无意识的语言习惯。

---

① 复调叙事用吴书（第2页）的说法，指"同样一个情节单元，各由散文、韵文重复讲述"。

三是,《倘秀才》"咱本在,青州业染"一句于曲律当入韵,但"染"是咸摄字,《中原》收入廉纤韵,在其他韵书都属山摄细音字,《中原》入先天韵,可见该曲作者方言-m尾已归入-n尾,故按实际口语而非《中原》相押。但是前面说过,《云门传》的唱词两摄绝不混淆。这种押韵习惯的差异也启示作者并非一人,《云门传》的作者可能采录了民间相关故事的小调。限于材料阙如,三支北曲的性质及其唱法尚难得到确证,仅于此志疑。

而至于词话本身的体式,学界有两种对立观点。一是王重民、韩南指出"敦煌唱词均作七字句,此则多加两字作衬字"①;一是吴真认为"韩南论文存在一些误判,他指出'基本的诗行是二、二、三言的七字句',然而根据笔者的统计,《云门传》韵文毫无疑问是以九字句为主",从而证成"比之全篇韵文单用七字句式的成化词话,《云门传》的说唱艺术更为成熟"②。

单凭文辞,两种观点似难于决断。前文我们提及该本为文人雅制,其也体现在刻印上。③ 该本刻工精细,字体疏美,与《花关索传》版面模糊,惟以插图求鬻的做法了不相同。而在唱词的刊刻上恰恰有助于我们判断其格律,其书影如下(图1):

图1

---

① 王重民《中国善本书提要》,第695页。
② 吴真《孤本说唱词话〈云门传〉研究》,第15页、第74页。
③ 关于该本刻工,笔者曾请教南开大学杨洪升先生,这里谨致谢意,并自负文责。

凡九字句者，前两字字体与后七字相比，字号略小，墨色较淡，笔画等粗而较细，区别明显。而在"也好使你合郡猜疑尽释然""也不枉了太平盛世有神仙"等十一字句中，字体有别的就变成了前四字。至于"官民错愕总无言"，本是七字句，前两字与左右的字体就形成了鲜明的对比。由此可见后七字才是重心所在，作者在刊刻时有意用字体区分衬字和唱词。杨洪升先生（私人交流）亦认为"此书刻得颇精"，字体不同处"唱得轻重急缓恐不同"。

从格律来看，古屋先生指出《花关索传》"虽说平仄不那么严格，但二、四字不同，二、六相同的倾向明显"①，易言之即是以律句为主。《云门传》后七字同样大多符合律句格律，但字体不同之前二或前四字，则不拘平仄，如"合郡猜疑尽释然"合律，前面"也好使你"就变成了四个仄声。可见如果不区分衬字与正文，就会淆乱整个唱词的格律。王重民先生早已看出该本衬字问题，眼光不可谓不独到。

《云门传》这一版式再次启示我们，该本经文人之手，非唯文辞典雅，抑且版面精美，恐怕作者家不乏资，精刻该本以作赏玩。如果是一个市井唱本，不至于如此不计成本。因而可初步怀疑，该本或许是供"家乐"②演唱的一个底本，故以雅言写作既符合主人的文客身份，又无须考虑普通市民能否听懂。

由此，与《花关索传》等俗家唱本相比，《云门传》的唱词史意义更在于：

一，该本由于不计工费，故而保留了词话的二字衬字，且用不同字体标识，那么其他唱词是否为了节约成本而省去衬字，任由歌者临场填入，值得思考；

二，从体式上看，《云门传》的唱词并没有什么新变化，仍然是保留了七字律句的基调，而其涉及的其他曲体，或出自他手，或亦见于《花关索传》等其他俗本中，③看不出新变；

三，由于该本更可能是吴中士人圈的私家唱本，所以其涉及的相关体式均不能作为北方曲艺的代表，也无法动摇学界既有的"南弹北鼓"的说法；

四，该本既经文人之手，案头化倾向极浓，因而可启示我们，弹词最终消亡，与其缺乏新变而又失去民众基础相关，从这一点来说，"无意义"的构建本身就成了意义。

五、结语

《云门传》用韵启示我们，此书出自文人手笔，故在判断创作地域、文本性

---

① ［日］古屋昭弘《说唱词话「花关索传」と明代の方言》，《中国文学研究》第10期，第31页。
② 明代"家乐"私设与兴盛之状，俱见刘水云《明清家乐研究》（上海：上海古籍出版社，2005年），兹不赘。
③ 《花关索传》亦有不少"攒十字"体，阴文标识，而与"白""唱"等部分并列。

质、传播路径时不可轻以为据。而其音注、版刻透露出的信息说明其是吴中文化圈的产物,因而被冯梦龙改编至"三言"之中。限于资料阙如,有些观点还需要继续追溯,然要言之,该本意义仍在于说唱文学向叙事文学的转变,对于说唱文学自身有何启发需慎重对待。俗文学不进入文人视域则缺乏经典化的契机,而一旦进入书斋案头,则会因缺乏受众基础而渐至消亡。这一文学史上各文体如词、曲、传奇常见的矛盾也见于该本所代表的讲唱词话,从而隐然构成了各文体消长生息的平行演进关系。至于南北曲风消长与地域特色的细节思考,由民间而士林的词话文体受众移易的关键环节,《云门传》为代表的家乐唱本写作的隐形线索,均成为需要未来讨论的问题。

龙膺年谱

王 波[*]

【内容提要】 龙膺(1560—1622)是明代万历时期湖广地区重要作家,他生当复古思潮渐趋消退、性灵文学逐渐兴起之际,同复古派、公安派以及多个文学社团均有联系,在晚明文坛颇为活跃,其诗文、戏曲创作均有一定造诣。本文以龙膺诗文集为依据,并参考其他相关文史资料,对其一生的仕宦、交游、文学创作进行编年,以期对龙膺的深入研究有所贡献。

【关键词】 明代文学 龙膺 年谱 编年

一、龙膺传略

龙膺,字君善,后字君御,号朱陵、茅龙氏、广文先生,别号纶瀜先生,晚年又自号渔仙长、瀜人、瀜公、太虚里人、洞口渔郎、偃骨无学人、醒翁、纶叟,湖广武陵(今湖南省常德市武陵区)人。龙氏世居武陵,为当地望族,官宦之家。祖父龙翔霄,正德己卯(1519)举人,官至贵州程番知府,有善政,曾拜王守仁为师,崇尚阳明心学;父龙德孚,字伯贞,号渠阳,又号玄扈,嘉靖戊午(1558)举人,官至南京户部员外郎,以子贵赠户部郎中,晚年事佛,结精舍于德山,建"对湘楼",有《对湘楼稿》,母唐氏,以子贵赠宜人,亦事佛。子三。长子:龙人俨,字孝若,号石蒲、半庵、三三居士,晚号惕庵,因世荫为万历四十三年(1615)监生,后授汉阳教谕,升沔阳知县,终官陇州知州,晚明学者、诗人,潜心理学,有《杜园抄》《藉耕斋集》《索游草》。二子:龙人修。三子:龙人僎,字孝甫,号半溪,有《泛绿亭集》。

龙膺少年时便聪慧异常,万历七年(1579)举人,八年(1580)二十一岁即中进士,终官南太常寺卿。他是一位立身于儒又出道入佛的士人,性格耿直,有文韬武略,一生起起伏伏,为官时曾多次上言直谏,常得罪同僚甚至触怒皇帝,因言获罪,沉沦下僚,向上不得,欲罢不能。一方面,他立身于儒,坚持用世信仰,有家国天下情怀。在地方为官时,他公正廉明,轻罪缓刑,心系百姓,造福

---

[*] 本文作者为首都师范大学博士研究生。

一方;立身朝堂时,他谏选宫女,疏救功臣,争立国本,不顾安危;远赴边塞时,他躬擐甲胄,诘稽戎饷,佐谋破虏,稳定边陲。另一方面,他出道入佛,诵读释道典籍,排解心中苦闷,寻求精神解脱,晚年更是隐居于常德柳叶湖和桃源渔仙寺,日习禅定,常与人诗酒唱和,直至逝世。

他一生笔耕不辍,著作宏富,据古今公私书目统计,其著述有《纶澨文集》二十八卷(《(嘉庆)常德府志》著录写本二十卷、《(光绪)湖南通志》著录十二卷)、《九芝集选》十二卷(《传是楼书目》著录十卷、《(嘉庆)常德府志》著录《九芝集》写本十二卷缺四卷、《千顷堂书目》著录《九芝集》无卷数)、《纶澨集选》十一卷、《纶澨集》八卷(祁承㸁《澹生堂藏书目》著录三卷)、《龙膺选集》六卷(祁承㸁《澹生堂藏书目》著录为六卷三册,《渔仙杂著》二卷、《湟中诗》一卷、《纶澨集》三卷)、《蒙史》二卷、《释诠》一卷、《陈略》一卷、《丹略》一卷、《太元洞稿》一卷、以及《儒诂》《湟中诗》《晋宁草》《渔仙杂著》《陆度航杂著》《溪园六记》《茶解》(《(光绪)湖南通志》注为《九芝集》选增)《心经注略》《金刚经摘解》《丹经撮要》《术蛾稿》《西宁卫志》《(万历)常德府志》等,另有传奇《金门记》和《蓝桥记》。这些著作在明末清初"屡经兵燹,旧刻无存"①,至清光绪十三年其八世孙龙正楷等率其子侄重编其著作为《龙太常全集》时,已"不过存什一"②。光绪十三年所刊《龙太常全集》包括《纶澨文集》二十七卷(其中卷十四收《儒诂》一卷、卷十五收《释诠》一卷、卷十六收《丹略》一卷、卷二十七收《术蛾稿》一卷)、《纶澨诗集》十九卷(卷一至卷十四题《九芝集》、卷十五题《湟中诗》、卷十六题《晋宁小草》、卷十七题《渔仙杂著》、卷十八题《陆度航杂著》、卷十九为《补遗》)、《先集搜遗》二卷、《外集》二卷。其现存著述根据《中国古籍总目》知有四种,其中子部一种:(1)《蒙史》二卷,收录于明喻政编《茶书二十七种》,有明万历四十一年刻本,南京图书馆、湖南省图书馆、哈佛燕京图书馆藏。集部三种:(1)《龙太常全集》,有清光绪十三年武陵龙氏九芝堂刻本,国家图书馆、北京大学图书馆藏。沈乃文主编《明别集丛刊》第4辑第69册收入,2015年黄山书社影印出版。今有梁颂成、刘梦初以此为底本校点排印的《龙膺集》,书末附有新辑诗文六篇,岳麓书社2011年12月出版,全书收入《湖湘文库》中。(2)《九芝集》十四卷,有光绪刻《纶澨全集》本,中央党校图书馆藏。(3)《纶澨集选》十一卷,有明刻本,国家图书馆、北京大学图书馆藏。

龙膺在万历文坛颇为活跃,有重要影响,他生当复古思潮逐渐消退、性灵文学逐渐兴起之际,其文学思想受这一时代思潮转变的影响而呈现出由复古向性灵过渡的轨迹,这可从其交友管窥一二。他平生交友广泛,与万历文坛上

---

① 〔清〕龙云翼《刻太常集记》,《龙膺集》,长沙:岳麓书社,2011年,第744页。
② 〔清〕杨彝珍《重刊纶澨全集序》,《龙膺集》,第4页。

的重要名士几乎均有联系,与当时主流文学集团联系密切,如与王世贞、汪道昆、吴国伦、陈柏、陈文烛、潘之恒、李维桢、公安三袁、江盈科、屠隆、胡应麟、梅鼎祚、曹学佺、钟惺、谭元春等都长期有诗文往来,这些人中既有复古派领袖殿军,亦有公安、竟陵派巨子主将,还有戏曲名家。龙膺早期主盟复古派分支白榆社,文学宗尚受汪道昆影响以复古为主,反对近来作者之"师匠既卑,格检亦纵,步趋中晚,阑入宋元,甚为亵言,杂以嘲谑,乌在其为大雅之音"(《白云山房诗序》)①,明确提出对宗法宋元、游戏为文的作者的不满。随着复古派领袖王世贞(万历十八年卒)、汪道昆(万历二十一年卒)相继去世,以及自身文学创作的变化,龙膺逐渐意识到复古弊端,思想逐步吸收糅合公安三袁的"性灵"文学观,认为"诗述性灵,可以证道"(《观来石金莲社序》),②因此在诗歌创作上主张"吟写性灵,不傍蹊径"(《秀上人诗集序》),③"直将秀口灵心从腕写出"(《与魏肖生藩参》),④"时有感触,抒厥性灵,发为声诗以写忠爱忧危之意"(《钟淑濂先生文集序》),⑤这与公安的"性灵"理论已基本趋同。

龙膺在明代戏曲史上也是绕不开的人物,曾长期在戏曲文化氛围浓厚的安徽及江浙等地区任职,并主持参与白榆社和金陵社集,此二社多有戏曲家参与其中,这对其戏曲创作和理论批评的成熟大有裨益。除创作《金门记》和《蓝桥记》两种传奇外,龙膺另有一些散曲作品,颇有文献价值,其中南北曲散套五套、自度杂曲四种,采用俗曲腔调谱成,另有小令数十支,多为闲适归隐、咏物怡情、祝寿称贺之作。明人吕天成《曲品》将其与汪廷讷、屠隆、郑之文合称:"此四君者,艺苑之名公,词场之俊士。"其诗文中有一些反映戏曲活动的篇章,亦是珍贵戏曲史料。《中原音韵问》是龙膺在常德与荣定王关于传奇创作问题的问答,在文中他指责青阳腔"失之于健捷""失之于激枭""失之于浮诞",以致"殊污人目",表现了他对青阳腔的不满。在《诗谑》中记:"弥空冰霰似筛糖,杂剧尊前笑满堂。梁泊旋风涂脸汉,沙陀腊雪咬脐郎。断机节烈情无赖,投笔英雄意可伤。何物最娱庸俗耳,敲锣打鼓闹青阳。"⑥此诗是他在常德家居时与客人关于诗歌创作的笑谈。其所述,证明了青阳腔在万历年间流行于湖南的客观事实,对于普通百姓来说,以"敲锣打鼓"的热闹形式表达人生快乐的青阳腔,是"最"足娱情的,显示出青阳腔在当时影响之盛。他在此提到了四个剧目:"梁泊旋风涂脸汉",指《水浒传》中的李逵戏;"沙陀腊雪咬脐郎",为《白兔

---

① 〔明〕龙膺《纶瀹文集》卷三,《龙膺集》,第97页。
② 〔明〕龙膺《纶瀹文集》卷二,《龙膺集》,第61页。
③ 〔明〕龙膺《纶瀹文集》卷三,《龙膺集》,第93页。
④ 〔明〕龙膺《纶瀹文集》卷二十五,《龙膺集》,第453页。
⑤ 〔明〕龙膺《纶瀹文集》卷三,《龙膺集》,第82页。
⑥ 〔明〕龙膺《纶瀹文集》卷二十二,《龙膺集》,第401页。

记》;"断机节烈情无赖",为《三元记》;"投笔英雄意可伤",为《投笔记》。可见他对戏曲是非常熟悉的,不仅擅长创作,还精于鉴赏批评,甚至他在外任地方官时,还曾带家班到山西、陕西以昆腔演出其所编剧作,对昆曲之远播起了重要作用,在湘昆和晋昆的形成中作出了贡献。

二、龙膺年谱编年(1560—1622)

嘉靖三十九年(1560)庚申 一岁

三月十八日,龙膺出生。

《先大夫南户部员外郎诰封郎中修正庶尹玄扈公府君暨先太宜人状》(以下简称《府君暨先太宜人状》):"以丁巳举孤襄,庚申举孤膺。"①

《庚盟》:"当肃皇御宇之三十九年,为嘉靖庚申,吾武陵实生予膺及王襄父佐也。予以三月十之八日生,襄父以十一月廿之日,予忝二百四十日之长。"②

隆庆元年(1568)丁卯 八岁

陈慧淑生,小字朝哥。慧淑为龙膺继室。

陈文烛《祭女龙孺人文》:"万历乙酉七月二十八日,敕封孺人慧淑龙七娘子卒于徽州……年十六而得婿如君善,足称玉润……年十九弃遗孤逝矣……母卢氏哭曰:'朝哥逝,妾老无望矣。'……生汝在朝,盖小名云。"③【按】:万历乙酉年(1585),慧淑年十九,故当生于隆庆元年丁卯(1567)。

隆庆二年(1568)戊辰 九岁

十一月,祖母傅氏去世。

汪道昆《明故贵阳太守进阶中议大夫泰渠龙公暨赠安人傅氏合葬墓表》:"穆宗即位,诏故守进阶中议大夫。戊辰冬十一月二十七日,安人无疾即世。明年己巳冬十月十日,公以天年终。"④

隆庆三年(1569)己巳 十岁

十月,祖父龙翔霄去世。

---

① 〔明〕龙膺《纶滥文集》卷十一,《龙膺集》,第246页。
② 〔明〕龙膺《纶滥文集》卷二十二,《龙膺集》,第391页。
③ 陈文烛《二酉园续集》卷二十一,《四库全书存目丛书》(集139),济南:齐鲁书社,1997年,第598页。
④ 〔明〕汪道昆《太函集》卷六十二,《四库全书存目丛书》(集118),第32页。

万历元年(1573)癸酉 十四岁

兄龙襄乡试,以病归。

  《哭吾兄文》:"比及癸酉,兄年甫十七,学使姚禹门公奇兄以天下士,亟首录之。试于省,以病归。"①

万历四年(1576)丙子 十七岁

与兄龙襄、中表兄杨时芳(字中行)读书武山,并应乡试,未中。

  《寿侍御史杨中行社长七十序》:"王父中宪公生丈夫子四人,女一,归茂才张公,生女者三。中宪公为之择婿,得翁于塾,奇之,以季字焉。侍御修龄即其出也。予韶龄习占毕,翁已用经术,冠多士,狭隽声,先计部命愚兄弟师事翁。至万历丙子,愚兄弟读书武山,延翁(杨时芳)共研席,慎下发帷,角艺相甲乙。"②【按】:杨时芳为明末重臣杨鹤之父、杨嗣昌之祖,娶龙膺姑表姐为妻。

  《哭吾兄文》:"先大夫命吾兄弟同杨中行读书武山,越丙子,并应省试,复不售。"

万历六年(1578)戊寅 十九岁

与杨时芳、兄龙襄同受学使金省吾赏识,并廪于庠。

  《哭吾兄文》:"越戊寅,学使金省吾公首录吾兄弟,亦期许如姚公,吾与兄并廪于庠。"

  《寿侍御史杨中行社长七十序》:"越戊寅,学使省吾金公来,首拔不佞,而翁亦裒然高等,廪于庠。"

万历七年(1579)己卯 二十岁

乡试中举,并与同榜袁宗道(字伯修)结识,此后与公安袁氏三兄弟多有交游。

  《府君暨先太宜人状》:"己卯,孤膺举于乡。"

  《哭袁伯修兄文》:"伯修与膺齿相若,同举于乡,一缔欢于鹿鸣,而心莫逆也。家父兄遂以世世之好缔交于伯修,而伯修亦莫逆余父若兄也。莫逆云何?赋才虽殊,气相求也。音容虽旷,心相迓也。比伯修直承明之庐,而膺亦通成均之籍,则契阔谈宴,日益相欢,而意相得也。迨膺被谪,取道归,晤伯修于石浦之上,清言竟夕。"③

---

① 〔明〕龙膺《纶澨文集》卷十一,《龙膺集》,第258页。
② 〔明〕龙膺《纶澨文集》卷二,《龙膺集》,第69页。
③ 〔明〕龙膺《纶澨文集》卷十二,《龙膺集》,第270页。

万历八年(1580)庚辰 二十一岁

中进士,任徽州府推官,前后在任六年,掌案狱刑名,多惠政,有"神君"之号。

《胜果园记》:"遂以庚辰获隽,筮仕理官,时年廿一也。"①

《府君暨先太宜人状》:"庚辰,膺成进士,理新安。"

汪道昆《闵世》:"龙君御之理吾郡也,自庚及丙,凡六年。"②

《(嘉庆)常德府志·列传》:"龙膺,字君御,德孚子,弱冠中万历己卯乡试,庚辰成进士,司理新都,有神君之号,擢礼部祠祭主事,数上书陈时政,迁国子博士。"③

甫到任便结识家居的汪道昆。翌日,在汪道昆引见下,又结识汪道贯(字仲淹)、汪道会(字仲嘉)、王寅(字仲房)、谢陛(字少连)、潘之恒(字景升)等人。

汪道昆《司理龙公遗爱碑》:"龙公其武陵世家,则以才美倾公车籍。年始弱冠,出理新都。未及下车,庭中屏息以待。"④

《汪伯玉先生传》:"予小子释褐徽理,为万历庚辰。下车首式先生之庐。先生年五十六矣,见先生虎头熊背,项有异骨贯于顶,目耽耽视,不语。坐顷,接予片语,辄契合,直批衷,素朗如明月之入怀……翌日,揖阿淹、阿嘉二仲,暨王仲房、谢少连、潘景升诸风雅士。"⑤

万历十年(1582)壬午 二十三岁

会郡县长官入朝上计,龙膺兼摄郡县事,与汪道昆倡议结白榆社,首入社者七人,即汪氏三兄弟(道昆、道贯、道会)、龙膺、潘之恒、郭第(字次甫)、丁应泰(字元父)。龙膺受汪氏推重,被任命为宰公,主持社内日常事务,旬月有程,岁时有会。当时入社者甚众,如余翔(字宗汉)、胡应麟(字元瑞)、屠隆(字纬真)、李维桢(字本宁)、吕允昌(字玉绳)、沈明臣(字嘉则)、徐桂(字茂吴)、陈汝璧(字立甫,岳翁陈文烛之子)、朱多炡(字贞吉)、章嘉祯(字元礼)、俞安期(字羡长)、周天球(字公瑕)、戚继光(字元敬)等二十余人,多为名流时俊。

汪道昆《游黄山记》:"所部倚办司理,比岁周行列郡中。会计吏入朝,司理兼摄郡县事。日多暇,则就余称诗,且进余二仲及潘生。会郭山人次甫见客,乃就东郭宰白榆社,属余长之。其地错部娄而属斗山,盖聚星之

---

① 〔明〕龙膺《纶澺文集》卷七,《龙膺集》,第181页。
② 〔明〕汪道昆《太函集》卷八十五,第269页。
③ 〔清〕应先烈修,〔清〕陈楷礼纂《(嘉庆)常德府志》卷三十八,清嘉庆十八年刻本,第1页。
④ 〔明〕汪道昆《太函集》卷六十四,第53页。
⑤ 〔明〕龙膺《纶澺文集》卷八,《龙膺集》,第202页。

汪道昆《送龙相君考绩序》:"(膺)结发理郡,郡中称平,圄中虚无人。日挟策攻古昔,乃构白榆社,据北斗城。入社七人,谬长不佞,君御为宰,丁元甫奉楚前茅,郭次甫隐焦山,岁一至,居守则吾家二仲洎潘景升。诸宾客自四方来,择可者延之入。君御身下不佞,左二甫,右二生。旬月有程,岁时有会。"②

汪道昆《仲弟仲淹状》:"及归,辟白榆社,孤为长,龙君御为宰,丁元父、吕玉绳佐之,仲为监客。"③

《汪伯玉先生传》:"居久之,屠纬真仪部、李本宁太史、吕玉绳司法、沈嘉则、郭次甫、俞羡长诸名流先后至,乃结白榆社于斗城。"

《胜果园记》:"以公暇结社白榆,太函公属予宰之,称宰公云。"

周弘禴《白榆社诗草》:"郭次父住焦山,而素习左司马汪伯玉先生,更与其二仲善也,故往来于新安,而酷爱斗山之胜。乃就大司马谋结诗社,社曰白榆,左司马实主兹社,而余楚人龙司理君善宰之,入社者则潘君景升并仲淹、仲嘉也。无何,君善复走书招四方之能诗者,以共重白榆,嗣至则有仪部屠长卿、太史李本宁、司李徐茂吴、陈立甫、吕玉绳、明府佘宗汉、丁元甫、章元礼、朱王孙贞吉、俞山人公临焉。夫诸君者博雅名儒,即专制一方,尚足以称雄。矧左提右挈,并力同声,则稷下之谈、邺中之会不足侈也。以故天下骚客词人,咸跂望白榆之社。"④【按】白榆社成立的契机是郭第赴新安拜会汪道昆,众人于郡北之斗山结社。社甫一成立,汪道昆与诸人便作黄山之游,则社当成于是年。在汪道昆、龙膺的惨淡经营下,白榆社日渐壮大,影响渐广,社事持续时间长达十余年之久,成为当时文坛上声势颇盛的文学团体,钱谦益称:"隆、万间,饫中主盟,白榆结社,腥脓肥厚之词,熏灼海内。"⑤

夏,与汪道昆、汪道贯、汪道会、潘之恒、佘翔、郭第、庄明镇(字静甫)等白榆社成员作黄山之游。

汪道昆有诗《岁壬午余登黄山》(《太函集》卷一一六)。

潘之恒《亘史钞》内纪《洪氏传》:"万历壬午汪司马率同社游黄山。"

汪道昆《游黄山记》:"毕计得代,司理将溯秋浦、历姑孰而抵吴门。余

---

① 〔明〕汪道昆《太函集》卷七十五,第 166 页。
② 〔明〕汪道昆《太涵集》卷七,第 133 页。
③ 〔明〕汪道昆《太函集》卷四十四,第 546 页。
④ 黄仁生《日本现藏稀见元明文集考证与提要》,长沙:岳麓书社,2004 年,第 285—286 页。
⑤ 〔清〕钱谦益《列朝诗集小传》丁集中,上海:中华书局,1961 年,第 504 页。

谓由黄山径青阳,去秋浦差近,即深阻,宁令车辙避名山?司理以为然,请受方向,其驾中权,奉长者宰,请举社以从……司理以期会先发,余径行,次二仲、景升挟宗汉从,次太初挟次甫、静甫。"

《胜果园记》:"已,从太函为黄山游,偕者仲淹、仲嘉暨佘宗汉、郭次甫、潘景升诸子,第泉品石,记以诗铭。"

秋,兄龙襄中举,其后数举进士不第,遂绝功名之念,在家侍奉双亲。

《府君暨先太宜人状》:"壬午春先大夫偕还里。是秋,孤襄举于乡……先大夫风缓时……襄侍医药,不敢出百里,焚礼部牒者七年,年久灰进取,一意力耕供养。"

袁中道《祭龙太夫人文》:"伯子侍二亲以孝闻,雅志承欢,都忘仕宦。自渠阳公家居,遂十年不上公车"。①

是年,龙膺续娶陈文烛女慧淑。

陈文烛《祭女龙孺人文》:"万历乙酉七月二十八日,敕封孺人慧淑龙七娘子卒于徽州……年十六而得婿如君善……年十九弃遗孤逝矣。"
【按】:陈文烛女慧淑万历壬午(1582)年十六嫁于龙膺。万历乙酉(1585)年十九卒。

万历十一年(1583)癸未 二十四岁

夏,父龙德孚授河南卫辉府推官,与龙膺同一官职,在任期间多有惠政。

《堂祭先妣文》:"癸未夏,吾父始竭选司理卫辉,膺尚理新安。"②

《府君暨先太宜人状》:"遂以癸未谒主爵,授卫辉司理,谳数十年疑狱,以片言决之。"

《(顺治)卫辉府志·官师志下》:"龙德孚,湖广武陵人,举人,(万历)十一年任。"③【按】:明代推官为各府佐贰官属,顺天府、应天府推官为从六品,其他府推官为正七品,掌理刑名、赞计典,又别称司理。

万历十二年(1584)甲申 二十五岁

三月,龙膺将以考绩上京,适逢生辰,汪道昆携丁应泰、郭第、潘之恒及汪道贯、汪道会兄弟饯之扈跸行营。

汪道昆有《甲申春三月乙未宰公将以考绩行,孙秘书、丁明府、郭次甫、潘景升及不佞二三兄弟饯之扈跸行营,去白榆社差近,是日五星聚于

---

① 〔明〕袁中道《珂雪斋集》,上海:上海古籍出版社,1989年,第797页。
② 〔明〕龙膺《纶㵎文集》卷十一,《龙膺集》,第254页。
③ 〔清〕程启朱修,〔清〕苏文枢纂《(顺治)卫辉府志》卷九,清顺治十六年刻本,第13页。

奎壁,适宰公揽揆之辰,问其年,春秋二十有五。相与登歌为寿,属余先鸣"《送龙司理课绩天官》(《太函集》卷一一六)《送龙相君考绩序》(《太函集》卷七)

作《甲申七月廿三日重过伏城驿》,诗中有"人生百年能几何?风尘强半羁行役""故人爱客进斗酒,为尔狂歌浮大白。况怜今夕不尽欢,转眼明朝又陈迹!"①感叹时光飞逝,及时行乐。

在京,与屠隆饮宴于同年董嗣成宅,时董嗣成请假将归吴兴。屠隆有《同龙君善饮董伯念斋中时伯念以请告将归吴兴》(《白榆集》卷七)

入京报政后,随即南下往卫辉看望双亲,停留数月,作《蘧庐赋》,后返徽州。汪道昆有诗《社中喜宰公出朝还郡,便道省觐》(《太函集》卷一百十一)。

《蘧庐赋》前序云:"予理新都,报政赴阙,承恩还郡,取道淇门,省觐二人,奉娱旬月……时甲申秋九月也……时家大夫理卫郡。"②

在徽州,谋刻岳翁陈文烛诸集,与汪道昆商议刊刻事宜,后请白榆社潘之恒、黄正祖进行雠校编次,于此年刊刻为《二酉园集》并作《跋》,汪道昆作序。

《二酉园集跋》:"余小子就甥馆,悉发二酉藏书,得舅诸集遍读之……于是为之部署,稍芟其繁,属潘生、黄生诠次入梓。郡伯济南高公,畴昔淮阳同事,为之授梓居肆,以赞其成。"③

汪道昆《二酉园集序》:"不佞习玉叔,盖三世通家,往得玉叔所为文,尝与元美中分序之矣。乃今受命守相,其何敢方。则自社中召两生,授之部署。其一潘之恒,职编次;其一黄正祖,职校雠,不期月告成。"④

万历十三年(1585)乙酉 二十六岁

四月,岳翁陈文烛五十寿辰,偕白榆社赋诗祝寿,陈文烛时任福建右布政使。

《岳祝篇为大廷尉陈五岳翁六十寿》:"乙酉岁,翁寿始艾,会膺理新安,偕白榆社赋诗祝翁于闽之行省。"⑤

七月二十八日,继室陈氏年十九卒于徽州。

陈文烛《祭女龙孺人文》:"万历乙酉七月二十八日,敕封孺人淑慧龙

---

① 〔明〕龙膺《纶滟诗集》卷一,《龙膺集》,第516页。
② 〔明〕龙膺《纶滟诗集》卷七,《龙膺集》,第574页。
③ 〔明〕陈文烛《二酉园文集》卷末,第188页。
④ 〔明〕陈文烛《二酉园诗集》卷首,第1页。
⑤ 〔明〕龙膺《纶滟文集》卷二,《龙膺集》,第65页。

七娘子卒于徽州。八月二十九日讣闻福建。其父右布政使有事场屋,二十九日读龙子膺书,哭几陨……乃年十九弃遗孤逝矣。"

十一月初旬,与汪道昆一道遣詹濂(字政叔)为使者,招屠隆入白榆社。屠隆知龙膺刚丧妻,遂作南华诸篇予以安慰。

> 屠隆《与汪仲淹仲嘉书》:"往岁龙使君入都,不谷尝奏记伯氏司马,尚未及通二仲足下。未几仆中谗者投劾而南。六月抵西湖……不谷盖日夜望关门紫气,久之履綦杳然,乃东。东而白榆使者至自大鄣,则伯氏实与龙使君移书招仆入白榆社,始知仲淹方抱幽忧之疾。"①

> 屠隆《与龙君善司理》:"足下青松心竟不改,千里相招,书辞慷慨,始知皓首以为期……詹生充白榆使者至四明,食不下咽,鹄立庭中,敦迫上道,不佞遂发白岳黄山之兴,冥寥游且始于此矣……以此月十二日发官奴城,旬日可抵大鄣,把臂入林矣。詹奴还,先此奉报。闻足下方抱鼓盆之戚,不佞且以南华诸篇奏之斐几,一散君怀。"②

> 屠隆《答詹政叔》:"正欲出门走宜城,吊亡友沈君典……而政叔适以书来,又得新都诸公手牍,知不鄙东海生,招之入白榆社。仆此时兴已脉脉飞动,在黄山白岳间矣。"③

> 屠隆《报汪伯玉司马》:"仲冬初旬,詹生从虎林走平头,以明公及龙司理手书来,辱长者招入白榆社。"④

冬至,汪道昆在歙县太函馆举行白榆社集,时屠隆入社,龙膺与徐桂、佘翔、汪道贯、汪道会、潘之恒等参加。除夕前,屠隆返回鄞县,别时与汪道昆、龙膺相约来岁春时会于西湖,再过太仓访王世贞。

汪道昆有诗《喜屠长卿至》(《太函集》卷一百十七),佘翔《冬至,汪伯玉招集太函馆,同屠长卿、徐茂吴、吴少君、龙君御、吴叔嘉、汪仲淹、仲嘉、潘景升暨悦公,得灯字》(《薛荔园集》卷四),徐桂《汪司马招集太函,携佘宗汉、屠长卿、龙君御、汪立伯、汪仲淹暨三上人分五言排律得声字》(《徐茂吴诗集》卷二)。

> 屠隆《与汪伯玉司马》:"岁晏,浪游入新安,辱长者以国士见收,寥廓相许,知己之感可泐金石矣。逼除,还里门,奉椒觞北堂逡巡。元日,亲导板舆,侍慈亲看花灯火树,愉快可言。别时,成约先生,且以花时与不谷会

---

① 〔明〕屠隆《白榆集》卷十,《续修四库全书》(集1359),上海古籍出版社,2002年,第665页。
② 〔明〕屠隆《白榆集》卷十,第665页。
③ 〔明〕屠隆《白榆集》卷十二,第694页。
④ 〔明〕屠隆《白榆集》卷十二,第695页。

于西湖,同如娄东访元美。"①

万历十四年(1586)丙戌 二十七岁

春,汪道昆为屠隆编刻入白榆社所作诗文,并为之序。屠隆来信嘱托龙膺勿忘西湖、太仓之会,请为之序。且为陈文烛作《草堂杂咏》,为龙膺作《栖云馆》《百泉诗》。

  屠隆《与龙君善司理》:"挂冠以来,人情山河,独足下高义,足驱千古。岁暮还家园,老母和愉妻孥欢喜,椒觞花炬,亲朋来集,念使君不能忘别。司马公约以花时会于湖上,同入吴阊,不审竟能来不。足下瓜期过久矣,非远内召报至,幸以急足相闻,第当飞舣渡西陵,候干旄天竺六桥之间,流连青翰舫,纵谭名理,送足下南徐临大江而别,千万勿负故人此意。承司马公留近草,许以序而传之。足下亦何可无一言,宠灵不佞,维大雅留神。卿家丈人陈玉叔先生委作《草堂杂咏》,足下命作《栖云馆》《百泉诗》俱成,书两纸奉去。独《新安游纪》未就,以未及登黄、白两山,诚内惭,难于命管。容徐图之,相见当有以报也。"②

春,上计,因诗酒诖吏议遭贬,众友人惊骇,汪道昆率众相送。

  汪道昆有诗《司理闻报量移,招余署中夜坐》(《太函集》一百十一),沈明臣有诗《丙戌春日村居,闻龙季君善以大计左官赋寄》(《丰对楼诗选》卷十六)。

  汪道昆《司理龙公遗爱碑》:"丙戌大计,太守高公入对部堂,名及推官膺,部议当殿,守愕然历诘,曰:理以治行列高第,殿者云何?将谓其守疵耶?才诎耶?官常堕耶?……卒贬一级而从量移,报至新都,举国不知所出,远近相告,莫不擗地而呼天。境内何辜,自今而失司理。刑名,则司理职也无论已。乃若摄郡者一,视县者三,或倚重而兼摄之,居然岂弟君子也。什全之绩毁于片言,九仞之功废于一旦。"③

  《汪伯玉先生传》:"比予以诗酒诖吏议,归武陵,先生赋《悯世》为赠。复同诸父老恋恋予,不忍予去。偕二仲及多士祖予金焦,千余里始别。"

春,汪道昆兄弟、徐益孙等人远送至吴,同访娄江王世贞,欢聚十日,得王世贞奖掖,并赠以诗。

  王世贞有诗《龙司理君善得量移之命,自徽过访有赠得六首》(《弇州

---

① 〔明〕屠隆《白榆集》卷十三,第709页。
② 〔明〕屠隆《白榆集》卷十三,第709页。
③ 〔明〕汪道昆《太函集》卷六十四,第53页。

山人续稿》卷十三)。

《寄汪函翁白榆社长》:"(道昆)复偕二仲泊诸同社,方舟沿流而下,并泊西泠,搜六桥三竺之胜者十日。已,由越来溪直溯娄江,访弇州。先生业已饰来玉之堂以竣,追陪文酒,扬榷风骚,甚为生平一奇快。复荷长公谬目以小友,期以大业,致弇州亦过听而奖成之。比至茂苑,醉虎丘之月,枕石湖之流,迨策杖锡山,振衣北固,偕欢朝夕,舣棹金焦……盘桓千余里,致不忍别。"①

《寄答司马王元美先生》:"自丙戌春,幸从汪司马公趋函丈,启金绳之路,开来玉之堂,倒邑屐以迎,投遵辖而款,过听新息,折节伯高。十日淹留,作平原布衣之饮;四筵欢宴,厕香山诗酒之交。"②

王世贞《东海游记》:"岁丙戌之孟夏,汪司马伯玉携其二仲与客龙、徐两司理,栖我弇中。"③

屠隆得知龙膺左迁消息,且已与汪道昆过访太仓王世贞。二人爽约之举令屠隆十分伤心。

屠隆《与龙君善司理》:"往岁不佞客新都……别司马时业成约,以献岁会于西湖,同如娄东访元美司寇。及春间得足下左迁报,此时拟足下旦暮西,司马当送之湖上,必践初约,走急足甬东。不佞则飞小舠,径渡西陵,日夜望东来使者,两睫张而不下,良久杳然。不佞以不得东来的信,日复一日,且望且待,竟成蹉跎,亦缘家居贫甚,不能裹帐,大负初心。自后闻伯玉果送足下湖上,盘桓旬日始趋娄东,又闻足下曾渡西陵,一会陈立甫,乃通不以信使相闻,使不佞几立化为石。"④

父龙德孚由卫辉府推官升任宁波府同知,多有善政。

《(雍正)宁波府志·名宦·同知》:"龙德孚,字伯贞,武陵举人,万历十四年任。尝摄郡篆,值岁饥,多方赈恤,道无殣者。修筑慈谿城,不三月毕工。署定海篆,奸民聚众行劫,德孚以计擒其魁,余党解散。清匿田,逐倡户,减省舆隶,民甚德之。其署慈尤得民心,清净不扰,日从容山水间,与邑士大夫倡相,今龙山清道观尚存其墨迹,岁以九月上旬祀之。"⑤

---

① 〔明〕龙膺《纶溊文集》卷二十四,《龙膺集》,第420页。
② 〔明〕龙膺《纶溊文集》卷二十四,《龙膺集》,第422页。
③ 〔明〕王世贞《弇州山人续稿》卷六十二,《景印文渊阁四库全书》(集1282),台北:台湾商务印书馆,1986年,第814页。
④ 〔明〕屠隆《白榆集》卷十三,第710页。
⑤ 〔清〕曹秉仁纂《(雍正)宁波府志》卷十八,清雍正十一年修、乾隆六年补刊本,第18页。

正月,屠隆曾寄书问候起居,五月初旬,修书并作五言律诗六首,托陈汝璧(字立甫)转寄。又得报龙膺之父以卫辉司理转四明郡丞,遂再去信,以明相忆拳拳。

  屠隆《与君善》:"当足下单舸下严濑入虎林,弟不能蚤以急足侦行李追送故人,可胜长恨。王正月,曾附尺素讯起居,到时,足下已东。五月初旬,修八行作五言律诗六首,苦无南去鸿鲤,乃遣奴送之陈立甫司理所,转寄武陵。无何,得报尊公以卫辉李转四明郡丞。念吏卒南迎使君,前茅者可得作书邮,遂再削此牍,以明相忆拳拳。"①【按】:郡丞指郡守的副职,龙德孚任宁波府同知(同知即副职),故称。

自新安归里后,即去信汪道昆表达不舍之意。

  《寄汪函翁白榆社长》:"盘桓千餘里,致不忍别,临歧大醉,醒已解维,倏席长风,浸寻采石。感怀知遇,兴怆是留。抱咏河梁,苏歌激烈。惜离泽国,屈赋牢骚。林鸟嘤鸣,唤回孤梦。山花狼藉,堆砌百雁。芳社白榆,谁嗣畸人而作宰;布帆青草,独寻渔父以问津。日远光仪,星分畛域。涕逐斜晖而双堕,肠随巨浸以九回。幸辱久要,知不遐弃。俟还里舍,另布起居。"②

此后在家赋闲近两年。常与兄为文酒之欢,时时饮酒赋诗,放浪形骸。

  《哭吾兄文》:"丙戌,弟自新安归里舍,幸侍兄为文酒欢,余两年所,啸月江楼,披云山墅,围棋蹴鞠,博陆投壶,十日而吟者七、醉者九也。"

大概于是年再娶继室唐氏。

万历十五年(1587)丁亥 二十八岁

四月,屠隆托楚僧寄一书二诗表达问候。

  屠隆《与龙君善》:"四月中,有楚僧朝补陀洛伽还,曾附一书二诗起居足下。"③

子龙人俨出生,继室唐氏所出。

万历十六年(1588)戊子 二十九岁

里居近两年,奉母命北上入京,谪为温州府学教授。沈明臣有诗《寄温州教授龙君善》(《丰对楼诗选》卷三十五)。

  《胜果园记》:"越二年为戊子,母氏强之出,乃入长安,谪东瓯。"【按】:

---

① 〔明〕屠隆《白榆集》卷十三,第713页。
② 〔明〕龙膺《纶澫文集》卷二十四,《龙膺集》,第420—421页。
③ 〔明〕屠隆《栖真馆集》卷十,第464页。

"东瓯"指温州。

万历十七年(1589)己丑 三十岁

到任温州府学教授后,招郡中何白(字无咎)、王光美(字季中)、刘懋功(字忠父)等缔白鹿社。社中诗友还有邵建章、刘康社(字以中)、项守祖(字叔定)、项敬祖(字季舆)、姚虚焕(字龙文)、柯荣(字茂倩)、周文美、杨汝迁(字木父)、徐伯用等。

《秀上人诗集序》:"往己丑,余谪居瓯骆,与王季仲、何无咎诸子结白鹿社余中山。"①

《胜果园记》:"永嘉故称山水郡,俗尚文翰,有王谢流风。至辄与刘忠父、王季中、何无咎结白鹿社。广文先生无所事事,日以登临为期会,以倡和为簿书,以拍浮为法令,依然一楚狂也。"

何白《忆昔行寄龙君御》诗前序云:"君御昔以司理左迁永嘉广文,与余及二三子结白鹿社。"②

秋,作《雁山纪游序》(《温州经籍志》卷二十八)。

转官国子监博士,汪道昆、屠隆、梅鼎祚均有诗送之。从十七年到二十年均在国子博士任上,时袁宗道亦在京任翰林院编修,二人交往密切。

汪道昆《喜闻龙君御进国子博士》(《太函集》卷一百十八),屠隆有《送龙君善博士北上》(《栖真馆集》卷五),梅鼎祚有《赠别龙君善博士三首》(《鹿裘石室集》卷四)。

《哭吾兄文》:"己丑,先大夫官四明丞,……无何,吾转官国子。"

《府君暨先太宜人状》:"先是辛卯(万历十九年)、壬辰(万历二十年),孤膺官国子博士"。

《哭袁伯修兄文》:"比伯修直承明之庐,而膺亦通成均之籍,则契阔谈宴,日益相欢,而意相得也。"

父龙德孚以宁波府同知署任慈溪县令。

《(光绪)慈溪县志·职官上·县令》:"龙德孚……万历十七年以本府同知署任。"③

万历十八年(1590)庚寅 三十一岁

早春,将赴任国子博士,汪道昆前已去信建议其取道钱塘,并以手札招胡

---

① 〔明〕龙膺《纶澣文集》卷三,《龙膺集》,第93页。
② 〔明〕何白《何白集》,上海:上海社会科学院出版社,2006年,第525页。
③ 〔清〕杨泰亨《(光绪)慈溪县志》卷十六,清光绪五年刊本,第36页。

应麟来会。胡应麟先寄诗问候,随后前往,诸人会于严濑(今浙江桐庐南),盘桓十日后分别。此后,龙膺与汪道昆再未相见。胡应麟听闻王世贞病笃,前去看望。

  汪道昆有诗《赴宰公严陵之约,发舟喜晴》(《太函集》卷一百十一),胡应麟《早春,汪司马伯玉抵严陵,以手札见招,先此奉柬,期司马过小园,时仲淹同至》《汪司马偕龙博士登严陵,赋雪寄讯》(《少室山房集》卷五十七)。

  《太函尺牍序》:"予别去,翁复方舟祖予金焦,为十日饮。逾三年,予由东瓯迁四门,则翁偕仲淹逆予严濑,班荆道故者十日,而后含涕别也。不五年翁弃人间世,遂成千秋异代交矣,予何忍忘翁哉!"①

  汪道昆《龙君御》:"屏迹几二年……倪然奉檄而南,取道钱塘,一溯严濑,亦一大快事。"②

  胡应麟《入新都访汪司马伯玉八首》诗前序云:"客岁之春,公至严陵,复申前约,期余仲秋入新安。行有日矣。会闻王长公(王世贞)病亟,踉跄走弇山园,一问之后,取余杭陆道入歙。而长公晨夕挽留,余亦倦倦,濒发复止。卧公故所居来玉楼中,再阅月,长公竟尔倾逝。余抵舍则岁行尽矣。"③【按】:王世贞卒于此年,见王瑞国《琅玡凤麟两公年谱》。

途中过金陵,拜访时任南京大理寺卿的陈文烛。

  《胜果园记》:"已,尾舟入金陵,予省舅氏陈玉叔大卿,饮予清凉台上。"

万历十九年(1591)辛卯 三十二岁

正月,在京与友人卓明卿、潘之恒等集会赋诗。

  卓明卿《辛卯人日,同严箕野、俞孟武、顾朗哉、龙君御、杨德润、潘景升、刘百世集何仁仲吟梅馆,各用人韵二首》(《卓光禄集》卷一)。

二月,闻皇宫曾于万历十一年选过三百名秀女入宫,十年不到又下五城兵马选录,遂上《谏选宫女疏》,触怒万历皇帝,几遭杀身之祸,赖首辅申时行保护,获免。

  《选宫女疏》:"乃迩者伏睹圣谕,礼部选民间女子三百,进内预教应用。已,部臣疏请止,上不许,于是下五城兵马选焉。道路之口,一时喧传,谓万历十一年已经奉旨,选良家女子三百人入宫,应用不十年而供役

---

① 〔明〕龙膺《纶滋文集》卷三,《龙膺集》,第 76 页。
② 〔明〕汪道昆《太函集》卷一百三,第 477 页。
③ 〔明〕胡应麟《少室山房集》卷一二,《景印文渊阁四库全书》(集 1290),第 69 页。

乏人,岂悉尫瘠癃病?士庶靡不皇皇。"①

《府君暨先太宜人状》:"先是,辛卯、壬辰,孤膺官国子博士,奉母宜人邸中,会选官女,京师骚动,闺息相率就死不乐生。膺犯忌抗言,母为之色喜。"

《胜果园记》:"辛卯上封事,几被逮,幸为执政所力援。"

《(嘉庆)常德府志·列传》:"迁国子博士,上疏《谏选宫女疏》……疏入,帝大怒,当逮治,甚危,赖首揆申时行力救得免。"②

万历二十年(1592)壬辰 三十三岁

二月,兄龙襄赴京会试,朝夕陪伴。

《哭吾兄文》:"壬辰春二月,兄以计偕至。试之日,吾挟侍兄入闱,夜候之馆舍。兄每一试出,辄朗诵所为艺,皆奇崛高隽语,听者无不爽然称为中的,而不谓兄数奇也。"

夏,与兄龙襄同赴公安,拜访袁宗道、袁宏道兄弟。袁宏道作有《夏日同龙君超、君善、家伯修郊外小集》一诗。龙膺与公安三袁多有交游,其书信往来、诗文酬答颇多,诗风也多受袁氏影响。今人钱伯城先生谓其"识袁氏兄弟后,诗风一变,锻炼精严,才气横溢"。③(袁宏道《夏日同龙君超、君善、家伯修小集》笺)。

【按】:万历三十二年,袁宏道游湖南德山,龙氏昆仲之相会。袁宏道《龙君御载酒过德山见访,一别十三年矣,感念存没,不觉凄然。已复一笑,举觞相乐,遂大醉》(《潇碧堂集卷七》),知龙膺于十三年前,即此年曾会袁宏道。

转官礼部祠祭司主事,时万历朝因储位问题而引起的争立国本斗争愈演愈烈,龙膺曾联名上疏坚决反对万历皇帝三王并封的做法。

《胜果园记》:"壬辰转官祠部。"【按】:《礼部志稿》载其万历二十年由国子监博士升任礼部祠祭司主事。④

《请止并封疏》:"礼部主客司郎中俞士章、何乔远,员外郎曾凤仪、钟化民,主事王宗蓁、陈泰来、龙膺、沈之吟、洪启睿、张鸣冈等谨奏:为申明职掌,恭阐祖训,以昭大信、立大本、定大疑事。臣等于本月二十六日在部办事,该本部尚书罗万化捧到圣谕。臣等恭绎祖训立嫡之义,盖为嫡少而

---

① 〔明〕龙膺《纶湮文集》卷一,《龙膺集》,第23页。
② 〔清〕应先烈修,〔清〕陈楷礼纂《(嘉庆)常德府志》卷三十八,清嘉庆十八年刻本,第1—3页。
③ 〔明〕袁宏道著,钱伯城笺校《袁宏道集笺校》,上海:上海古籍出版社,2008年,第32—33页。
④ 〔明〕俞汝楫《礼部志稿》卷四十三,《景印文渊阁四库全书》(史12),第1575页。

庶长则从嫡,无嫡而有庶则从长,皆据见在,匪待将来。故我朝二百余年,嫡子生,则登极,甫毕,储典继举。无嫡则庶之长者,或二岁、或三岁、或五岁、六岁,即立为皇太子。盖上以妥宗社之神灵,而下以定臣民之心志也……且前人作法,后者述焉。他日圣子神孙,援未竟之典,为济私之谋,是虚万年之储位者,是陛下开之也。伏望陛下收回新谕,确行前旨,照圣祖十八年事例,皇长子即正储位,皇第三子、皇第五子并列王封,则国本建而九庙之神灵有依,民望专而四海之人心自定。臣等不胜激切待命之至。"①

十月,因宁夏哱拜之乱平定,上《乞释逮臣疏》,乞大赦天下,并请首释魏学曾、李材,以恤任事老臣。有诗《闻哱赋荡平四首》(《纶灊诗集》卷八)。

《明神宗实录》卷二五三,万历二十年十月载:"礼部主事龙膺疏称西事告捷,乞大赦天下,并首释魏学曾、李材,以恤任事老臣,不报。"

《乞释逮臣疏》:"臣闻学曾招安之议,实知城不可攻,业已计诱土文秀内变,几于成功,不幸文秀遂病,无能为耳。及攻城,而丧师八千,则知学曾之持重缓攻,原非失策。即今逆贼授首,亦由哱氏内变,中学曾计,非尽攻城克敌者之效。"②【按】《乞释逮臣疏》题目旁注"时官礼部祠祭司主事"。

秋,父龙德孚因政绩,量移南户部员外郎,督榷淮南,兄龙襄及母入淮。甫五月,遂解组归。

《府君暨先太宜人状》:"去明之日,家祠而户祝之。颜侍御公鲸为《德政碑》,沈相国公一贯为《清吏传》,陆太宰公光祖上'计天下吏以宁波丞为廉平第一',量移南户部员外郎,督淮安板闸榷政,涮除利孔,商旅为之立祠。甫五月,遂解组归,是为癸巳也。"

《哭吾兄文》:壬辰春二月,兄以计偕至……是秋,先大夫官南计部,榷淮南,兄奉母氏如淮。

《(乾隆)湖南通志·人物》:"龙德孚,字伯贞,翔霄季子,嘉靖戊午举于乡,授卫辉司理,首复白泉书院,均属县徭役。升宁波同知,郡多宦族,其仆每倚为暴,德孚辄置之法,不少贷。转南户部郎,督榷淮南,致仕归,祀乡贤。"③

冬,因越位言事,为同僚所嫉,由礼部祠祭司主事贬任两浙盐运司判官,江盈科去信深表同情和不平。被贬后,龙膺并未立即赴任,同罗禀(高君)南下游

---

① 〔明〕俞汝楫《礼部志稿》卷四十八,第1764页。
② 〔明〕龙膺《纶灊文集》卷二,《龙膺集》,第26页。
③ 〔清〕陈宏谋修,〔清〕欧阳正焕纂《(乾隆)湖南通志》卷一百十七,清乾隆二十二年刻本,第16页。

太和,浮襄汉,途中顺道拜访沔阳的岳翁陈文烛,大约于次年春返回武陵,罗廪盘桓四月后始返明州,龙膺赋诗送别。

龙膺《楚越吟为罗高君赋,高君从燕中同入武陵,留四阅月始还明州,赋此为别》(《纶澷诗集》卷一)。

《胜果园记》:"壬辰转官祠部,同舍狂且嫉之,谪盐官于越。将出都,遍搜西山灵异。已同四明罗高君而南游太和,浮襄汉,遂入武陵。"

江盈科《与龙君御》:"君御其才,不得分半席承明金马间,令俯首刑名,国家未免失士,况又青毡数载耶?仪部之转,差强人意,奈何复判鹾政?嗟嗟,孙阳不作,遂致千里之足,坐困盐车,怜才者谁不扼腕。"①

《岳祝篇为大廷尉陈五岳翁六十寿》:"岁壬辰冬,膺由祠部外补,取道省翁沔上,留舣山园,奉杖履者旬日。"

《重修两浙盐法志·职官一》:"龙膺,字君善,湖广武陵人,由进士万历二十一年任两浙盐运司判官。"②【按】考《沅湘耆旧集》《明诗综》皆言谪为"两淮盐运判官",当误。

万历二十一年(1593)癸巳 三十四岁

父龙德孚解职归里。

《哭吾兄文》:"癸巳,先大夫解组归,吾亦以祠部出。"

沈德符《万历野获编》卷二十八:"癸巳岁,龙君御以北礼部,乃翁以南户部,俱用计典外贬,相逢于邮舍,户部题壁云:'父子一家同逐客,江山千里各归人。'笔墨尚新。"

万历二十二年(1594)甲午 三十五岁

四月,拟赴任两浙盐运判官,取道徽州,祭奠汪道昆,赋骚《憖知》有怀汪氏,时道昆已亡故一年。

《胜果园记》:"逾岁为甲午,复奉二人之命之越,日了公事。"

《憖知并序》:"左司马汪伯玉先生以癸巳年四月卒于家,予方被谪出长安,不及闻也。已归武陵驿,闻公讣,痛梁木之已隤,憖知我之永诀。为位而哭,涕泗交缨。拟入于越,取道大鄣,莫公于寝门之外。而职事填委,畛域限之。计今且岁周矣,敬驰一介,炙鸡絮酒而往陈焉。时甲午四月。"③

---

① 〔明〕江盈科《江盈科集(增订本)》(《雪涛阁集》卷十三),长沙:岳麓书社,2008年,第426页。
② 〔清〕延丰《重修两浙盐法志》卷二十一,清同治刻本,第64页。
③ 〔明〕龙膺《纶澷诗集》卷七,《龙膺集》,第576页。

闻知朝廷命修国史,以为屠隆有入史局之命,去信询之并约其七夕过访。

《答屠纬真仪部》:"入越后……伏闻侍者谓不佞曰:'东海屠长卿堕文字业,终成十迁外道,未许证上果。'足下信之否乎?目今纂修国典,议辑群儒,足下正恐捉鼻不免,尚能键重扃,作蒲团活计耶?……七夕后真能过访谪居,指授大道,犹为不忘故人。"①

其在任上与当地诸多文人往来频繁,开始接触佛教,购买释典,持斋诵佛,名其诵经处曰"功德母"。

《报家大人平安信》:"儿入越中,诸文士率操艇相过,欲一切谢不能,遂假行部,匿之云间,独与永嘉何无咎、桐汭王孝孺俱,而云间文士,亦不乏袁履善先生、冯陆二孝廉、门人宋彦,得时时坐功德母庵中谈艺。乃持斋诵佛,无咎手写《金刚》《维摩》诸经,祈二人眉寿,日以为课……嘉禾楞严寺近镌三藏诸法宝,多善本。儿经其地,以月俸购之,携来署中,暇则翻阅,少有解悟,因名诵经处曰'功德母'。"②

五月,都运陆履素六十寿辰,作序祝寿。

《寿都运陆履素先生序》:"不佞膺生也晚,幸以播迁之役,佐都运陆履素。先生进膺而谈治,又进而谈性命之学,又进而谈文章,膺窃窥先生之寿广且长也。今年甲午五月,为先生春秋六十。"③

秋,应聘任南京应天府乡试考官,所录多东南名士如朱之蕃。时屠隆将赴约七夕过访,龙膺遂赋诗《屠纬真期以七夕访予武林,后三日始至,时予将有泽宫之役,赠别四首》(《纶㴐诗集》卷三)赠别。臧懋循有诗《送龙君御校士金陵》(《负苞堂诗选》卷二)

《术娥稿序》:"及甲午,应聘分试南都,壹禀功令,惟典则适主,所录多东南名士。"④

南闱事毕,暂客真州,修举横山诗社,推陆弼为祭酒,唱和诗编为《横山社集》,因龙膺友人欲纂名入集,陆弼坚持不允,社集诗未能刻印。

《胜果园记》:"逾岁为甲午,复奉二人之命之越,日了公事……秋,奉聘南闱校士。已,访故好于维扬,会大雨雪,暂客真州,与陆无从诸子结横山社。"

---

① 〔明〕龙膺《纶㴐文集》卷二十四,《龙膺集》,第423页。
② 〔明〕龙膺《纶㴐文集》卷二十四,《龙膺集》,第425页。
③ 〔明〕龙膺《纶㴐文集》卷二,《龙膺集》,第68页。
④ 〔明〕龙膺《纶㴐文集》卷二,《龙膺集》,第74页。

陆弼《鎏江集序》："往甲午，武陵龙君御赴倅临洮，暂息真州结社。余以犬马齿推为祭酒，得次其诗曰《横山社集》。是时君御有客，欲附其诗与姓名，余不敢假借，遂未竟杀青。"①

与梅鼎祚拜别金陵。

梅鼎祚《与龙君善宪使》："自甲午拜别金陵，凡十有四载，鼎祚鬓鬖鬖白也。"②

杨鹤（字修龄）乡试中举，其父杨时芳耻从儿辈后作老博士，遂绝意科举，在武陵结木奴社。其后龙膺解组归家曾入此社，有诗《塞上归辱禹制中行襄父招入木奴社，分得三肴赋六韵》（《纶㵎诗集》卷十二）。

《寿侍御史杨中行社长七十序》："越十五年为甲午，翁携其子修龄应省试，而修龄获售于乡。翁方需次贡于庭，乃辄然曰：'吾幸以一经授儿曹，策名霄汉，足报吾母矣。复安能龌龊从儿辈后作老博士耶？'遂罢去，与诸词盟结木奴社，以文酒自娱……及癸丑，不佞谢塞事解组归，幸数奉翁言笑于里社。"

万历二十三年（1595）乙未 三十六岁

春，调任西宁监收通判，同谢陛（字少连）赴湟塞，于四月到任，这是其第一次到边关。甫到任，便参与甘山之战，旋即因功升同知。

龙膺有诗《立春日五鼓东发平戎趋湟峡》（《纶㵎诗集》卷十五），俞安期《闻龙君御移官湟中邀谢少廉同行寄之》（《翏翏全集集》卷三十三）。

《胜果园记》："逾岁为甲午……越明年春，同谢少连赴湟塞之谪，历洛阳，入函谷并秦陇，逾熙河而度湟陿。"

《言□事三》："不肖适以祠部谪倅湟中……不肖四月抵任……"③

《哭吾兄文》："甲午，吾谪居于越，乙未移湟中。"

《（乾隆）西宁府新志·艺文·奏议》："《兵部尚书石星议南川升赏疏》曰：西宁以蕞尔孤悬之地，当诸夷盘据之冲。自碾口之役，殒将丧师，则国耻已深，士愤未雪。司封疆者，所当切齿腐心而图之者也……西宁监收通判龙膺、屯兵通判高第，或司出纳而会计惟明，或饬兵戎而介胄生色，各效勤劳，均应酌叙。内龙膺协谋克敌，仍破格优叙。"④ 【按】：南川大捷发生

---

① 〔明〕谢肇淛《小草斋集》卷首，《四库全书存目丛书》（集175），济南：齐鲁书社，1997年，第10页。
② 〔明〕梅鼎祚《鹿裘石室集》卷十二，《明别集丛刊》（4辑第22册），合肥：黄山书社，2015年，第252页。
③ 〔明〕龙膺《纶㵎文集》卷二，《龙膺集》，第65页。
④ 〔清〕杨应琚纂修《（乾隆）西宁府新志》卷二十三，清乾隆十二年刻本，第22—23页。

于是年九月,则其叙功前应为"西宁监收通判"。

春,朱之蕃举进士,廷试第一,授修撰。龙膺修书《与朱元介太史》表示祝贺,后有《寄朱元介宗伯》诗一首,致意拳拳。

《与朱元介太史》:"十年以前,王气旁钟,一发于焦,再发于足下,项背相望,高跨承明,煌煌为烈……昭代自开天以至今日,大魁之数,正与洙泗诸贤相亚。其中名德巨卿,固不可偻指,乃若气节无如罗文毅(伦),才华无如杨用修(慎),相业无如谢文正(迁)。足下以冲养邃抱而得此,当轶三公而伯仲之,不且拭目待矣。"①

四月,岳翁陈文烛六十寿辰,修书祝寿,作《岳祝篇为大廷尉陈五岳翁六十寿》。

《岳祝篇为大廷尉陈五岳翁六十寿》:"又明年乙未之四月佛日,为公览揆之辰,膺时有关西之役,不获当群子雁行称觥献寿,于是先期遣使入楚,修一言为祝。"

六月,岳翁陈文烛去世,十一月讣闻湟中,龙膺因边事吃紧,遂于次年作《祭陈岳翁文》,驰使祭奠。

《祭陈岳翁文》:"大廷尉外父陈五岳翁,以万历二十三年六月卒于家,十一月讣闻湟中。子婿龙膺方有张掖之役,岁杪始还,为位而哭属。戎事孔棘,至二十四年二月始克。驰使束刍,奠于天尺楼下,饮泣为文,以告翁之灵。"②

秋,庶弟龙京生。

《府君暨先太宜人状》:"乙未黄举孤京,母宜人育之如己出,昼弄夜携,劳于乳保。"

《哭吾兄文》:"先大夫遂以乙未秋举弱弟京。"

九月、十月,瓦剌他卜囊部入犯湟中,都御史田乐帅军讨伐,龙膺与赞机宜,并带兵出击,大军先破永邵卜部于南川捏耳朵峡(今青海湟中上新庄),再破火落赤、瓦剌他卜囊诸部于西川康缠沟(今青海湟中汉东),先后取得南川、西川大捷。龙膺作有《南川大捷题名碑》《西川大捷题名碑》。"湟中三捷"之后,西海蒙古各部涣散无力,元气大伤,或远徙、或藏匿、或归附,为后来收复大小松山打下坚实基础。

---

① 〔明〕龙膺《纶㴠文集》卷二十四,《龙膺集》,第427页。
② 〔明〕龙膺《纶㴠文集》卷十二,《龙膺集》,第266页。

《西夷向化图序》:"乙未之岁,大司马田公将天威以剪骄虏,甘山一战而歼青酋,湟中再战而复永瓦,献俘授馘二千有奇。"①

《南川大捷题名碑》:"时万历乙未九月,西宁以戊子中虏,蹶上将,覆重师,四塞震惊,九重隆怒……大中丞田公授秘籍于监副刘公以暨达将,纂严备之。虏寻拥劲骑千余,阑入南川捏耳朵峡。侦至,达将率西宁营兵二千往,檄北川、镇海诸材官各率其伍分伏要害,而令蕃兵密布峡外绕出虏背,叱虏入。达将挺身壮语谯让虏魁,报词甚桀,我师伏突横截,虏众前后罔属,我兵殊死战,达将手刃其魁,即曩时殒上将者,合围击杀,靡有孑遗,计歼六百八十有奇,峡外残虏,复为蕃兵所歼。"②

《西川大捷题名碑》:"时万历乙未十月,南川大捷,大中丞田公策虏必大举复来,亲提幕府一军,并檄庄浪诸路兵马毕集……公槁宿蓐食,手持糒醪饷诸将,复劳苦诸士卒。昧爽挟膺提兵追剿,诸将力战,而蕃部溃其中坚,两军相为表里,虏不能支。"③

刘敏宽《湟中三捷记》:"乙未六月,余承乏是土……既又得羌人所遣侦报,永酋戒兵阴谋入袭伊迩,塘报督府。开府暨两御史台悉下方略,申令戒严。余与今副总兵都督同知达云咸受厥成,监督同知龙膺与赞机宜……十月十三日壬子,侦虏前骑已薄牙桥,既候虏尘,约万五千余薄境外,将犯康缠沟……二十三日壬戌,公令柴国柱将健兵左绕干沟、白泽,右绕小康缠沟,间道潜出虏后。公偕龙膺将大兵直逼虏营,虏望飞尘四合,大兵将压,亟发夷畜前奔,甲骑殿后,我兵全甲追之,虏踉跄不知所出,刺卜乘乱溃其中坚,前应我兵,又转而合兵,以逐奔虏至境外,远追险厄而还,前驱之士纷纷叩公马献馘。"④

《(乾隆)西宁府新志·官师名宦·田乐》:"此捷乃万历二十三年九月九日也……乃令间道设伏,命同知龙膺阵于后以迫之。"⑤

《(乾隆)西宁府新志·官师名宦·龙膺》:"龙膺,湖广武陵人,由进士万历年任监收通判,嗣迁同知,殚心吏治,兴社学,修卫志,与屯兵通判高第议筑诸边。三十二年南川、西川之捷,膺飞挽军储,协谋克敌,兵部尚书石星疏曰:'龙膺本雍容冠玉之才,负叱咤摧山之气,临阵不辞锋镝,挥戈足扫穹庐。'人以为实录。三十八年迁西宁监司布政,敷猷益驾轻就熟

---

① 〔明〕龙膺《纶㴦文集》卷二,《龙膺集》,第48页。
② 〔清〕苏铣纂《顺治重刊西宁志》,清顺治丁酉年序本,第183页。
③ 〔清〕苏铣纂《顺治重刊西宁志》,清顺治丁酉年序本,第185页。
④ 〔清〕苏铣纂《顺治重刊西宁志》,清顺治丁酉年序本,第189—195页。
⑤ 〔清〕杨应琚纂修《(乾隆)西宁府新志》卷二十五,清乾隆十二年刻本,第21页。

矣。"①【按】:"三十二年"乃"二十三年"之误。

时,朝野讹传龙膺戍死边疆,袁宏道误听,作《哭诗》三首(诗中有"曾不得四十,伤哉如此人"之句),不久方知是谣传,又作《往有误传龙君御死者,作诗哭之。后读塘报,始知君御方立功塞上,喜不自胜,因并前诗存之,以志交情》,后附《哭诗》三首(《袁中郎全集》卷三十四)。江盈科亦作《挽龙君御进士(四首)》。

> 江盈科《挽龙君御进士(其四)》诗后自注:"君御讣系讹传,久知其未死,犹存此诗者,他日君百岁后,省拈笔耳。"②

十二月,与兵备副使刘敏宽合作修成《西宁卫志》,此举开创了青海地区编史修志的先河。

> 《(乾隆)西宁府新志·纲领下》:"(万历二十三年)十二月,兵备刘敏宽、同知龙膺修《西宁卫志》成,今不特无刻板,即当年印行者,遍觅仅得《宦迹》及《艺文》数卷,使其尚存,必不似现行西镇志之陋劣舛错也,惜哉!"③

万历二十四年(1596)丙申 三十七岁

二月,朝廷叙西宁官军获捷功次,龙膺因功纪录推用。

> 《明神宗实录》卷二九四,万历二十四年二月载:"兵部题叙西宁官军获捷功次……梁云龙、万世德各升俸二级,遇缺超升,龙膺纪录推用,柴国柱加都司佥书管事。"

春,父龙德孚患风疾,兄龙襄焚牒不上春官。

> 《哭吾兄文》:"丙申,先大夫抱玄晏之恙,兄竟焚牒不上春官矣。"

万历二十五年(1597)丁酉 三十八岁

四月、九月,先后因御虏斩级功,获朝廷封赏。

> 《明神宗实录》卷三百九,万历二十五年四月载:"以西宁甘州御虏斩级功,赏按察使刘敏宽、副使黄子美、副总兵达云等各银十五两,同知龙膺等有差。"
>
> 《明神宗实录》卷三一四,万历二十五年九月载:"壬寅,甘镇海虏清永等酋纠众分犯官军,先后擒馘一百七十有奇,叙督巡将道等官功……裴应坤、王君荣、龙膺、高第、赵之牧、侯伦各升俸一级,王允中加游击,自刘敏

---

① 〔清〕杨应琚纂修《(乾隆)西宁府新志》卷二十五,清乾隆十二年刻本,第26页。
② 江盈科《江盈科集(增订本)》(《雪涛阁集》卷三),第105页。
③ 〔清〕杨应琚纂修《(乾隆)西宁府新志》卷三十一,清乾隆十二年刻本,第20页。

宽以下各赏银有差。"

夏,作《贺辽东楼督师延绥序》(《纶澨文集》卷四)。

七月,作《三善篇为鲁贰师赠》(《纶澨文集》卷二)。

闻父亲风疾,有弃官归家之念。

《府君暨先太宜人状》:"岁丁酉,先大夫病风缓,时孤膺谪居湟中,辄谋弃官。"

万历二十六年(1598)戊戌 三十九岁

三月,俺答之子宾兔与瓦剌他卜囊相勾结,意欲犯边。甘肃巡抚田乐统一指挥,御敌迎战,龙膺与按察使梁云龙在松山之战中共领一军,逐虏出塞,班师凯旋,作《贺大司马田公松山奇捷序》。有诗《松山大捷铙吹曲》(《纶澨诗集》卷八)。

《贺大司马田公松山奇捷序》:"戊戌三月……公属按察使梁某、同知龙某,监游击赵率教、张承训,军黑马河翼其右,分道鼓行并进。虏众殊死拒守,我师四面传之,乘胜长驱,虏披靡而退……乃下令班师,于是诸军献捷,计俘馘千余,僵尸倍是。"①

春,参将赵希云在松山会战中战死,为之作《明故分守西宁参将赵公墓志铭》(《纶澨文集》卷十)。

七月,边虏欲图报复,再次犯边,各官兵奉命堵截。九月甘肃巡抚田乐率大军出击,分兵五路袭破松山,取得大捷。此战,龙膺建言献策,奉命监军督饷,功劳卓著,作《贺大司马田公松山奇捷序》《大司马田公荡平松山歌序》《荡平松山颂》《松山大捷铙吹曲》和《松山大捷图说》等。此战之后,明蒙战争逐年减少,西北边患基本消除。备战松山事竣,因巡抚田乐推荐,龙膺有旨叙录,升为南京户部员外郎。在湟塞任上,龙膺随从田乐督军青海,以文士之身而亲赴疆场,其军事才能充分体现,帮助取得"湟中三捷""松山大捷"等一系列胜利。同时他也殚心吏治,兴社学,修卫志,筑边墙,对青海的发展做出了突出贡献。从万历二十三年到边关,至今已四年。前因父患风疾欲归家,今始如愿。

《答侍御徐公》:"膺幸事抚台田公,事事责办,不啻国士遇膺。青海、松山先后抵定,膺实执鞭弭、冒矢石从之。滥荷按台乔公特疏,荐膺于朝,奔走四年,博一曹郎而去。"②

李汶《扫空松山恢复疆土疏》:"九月二十四日,两河齐发,甘肃抚院与

---

① 〔明〕龙膺《纶澨文集》卷四,《龙膺集》,第100页。
② 〔明〕龙膺《纶澨文集》卷二十三,《龙膺集》,第406页。

达总兵及庄浪等五道,躬自出塞,随营调度,仍委西宁同知龙膺等监军督饷于二十五、六等日。"①

《(嘉庆)常德府志·列传》:"大司马疏云:'龙膺以文士躬擐甲胄,与臣并立于矢石桴鼓间。锋镝之事,乃臣之事,臣所甘心,彼亦何为,而涉危蹈险一至如此? 非口赞之,盖心服之也。'其在湟中,饭酪眠雪,与士卒同甘苦,驰骑沙漠砾砾间,气扬扬不惫。入为户部郎中。"②【按】《明诗综》和《明诗纪事》皆云"迁南户部员外郎"。

仲冬,巡抚田乐六十寿辰,适与行会,作《寿大司马田公十六韵(有引)》(《纶㵎诗集》卷十二)贺寿。

《寿大司马田公十六韵(有引)》诗前小引:"万历戊戌,为大司马田公抚河西之七年,神武维扬,平荡山海,肤公硕望,简在帝心,召统邦政。仲冬二日为公悬弧之辰,适与行会,敬赋长律以代江汉之篇。"③

归家省亲途中,遇李维桢(字本宁)于鹿门,留欢两日而别。归家后,侍养双亲,日以文酒为欢。

《胜果园记》:"居四年,闻家大人恙,亟图归,而大司马田公以松疆初复,一切置戍置堠,悉倚办予。甫竣事,拜南漕之命,乃入金城,陟六盘岭,经崆峒,访太华,复入洛为二室游。已,越宛上,趋襄樊,寻鹿门岘首,逢本宁先生于荆门,留欢两日始别。直渡荆水而南归,则家计部尚健饭,母宜人甚康也。"

《哭吾兄文》:"越戊戌,吾幸移南计部,自塞上归,与吾兄侍二人膝下,益日以文酒为欢。"

《府君暨先太宜人状》:"及戊戌,膺量移南曹,归而日恋恋膝下,侍文酒欢。"

归家始知内弟陈汝璧卒,为诗哭之。

费尚伊《故礼部仪制司主事陈立甫行传》:"立甫生丙辰年某月日,卒戊戌年某月日。"④

《悼内弟陈丹甫文》:"又逾三年为戊戌,立甫补江州,卒于官,余自塞上归,始闻讣也,为诗哭之。"【按】:陈汝璧,字立甫,为岳翁陈文烛长子。

---

① 〔清〕吴鼎新修,黄建中纂《(乾隆)皋兰县志》卷十七,清乾隆四十三年刻本,第19页。
② 〔清〕陈楷礼纂,[清]应先烈修《(嘉庆)常德府志》卷三十八,清嘉庆十八年刻本,第3—4页。
③ 〔明〕龙膺《纶㵎诗集》卷十二,《龙膺集》,第638页。
④ 费尚伊《费太史市隐园集选》卷二十,《四库未收书辑刊》(五辑第23),北京:北京出版社,1997年,第781页。

三子陈汝尧,字丹甫,文烛知天命之龄而得,冲龄而殇。

万历二十七年(1599)己亥 四十岁

赴南京上任,途中取道复州(今湖北仙桃)祭奠岳翁陈文烛。

> 《悼内弟陈丹甫文》:"又逾年为己亥,余赴白门,复取道复州,奠廷尉公于墓门,抚立甫归榇而哭。是时,丹甫周旋揖让如成人礼,尤欢然缱绻,不忍余判袂而东。"

万历二十八年(1600)庚子 四十一岁

二月,在南京户部员外郎任上,期屠隆过访金陵。龙膺有诗《旧京篇期屠纬真仪部过访,时庚子春仲》(《纶澬诗集》卷二)。

在南京户部任上常举行金陵社集,与祝无功、曹学佺等为社主,后曹学佺将金陵诗友社集所作诗歌结集为《金陵社集诗》。金陵社集中有不少戏曲家参与,他们或擅长度曲,或喜爱观剧,或有剧品问世,对于南京剧坛的兴盛和晚明戏曲繁盛有重要意义。龙膺组织并参与金陵社集活动对其戏曲创作有很大影响,其《蓝桥记》《金门记》传奇大概就作于此时。《蓝桥记》传奇曾刊印,吕天成《曲品》"上之下"、祁彪佳《远山堂曲品》(具品)、梁廷枏《曲话》、高奕《新传奇品·附录》、姚燮《今乐考证·国朝院本》①、无名氏《传奇汇考标目》《曲海总目提要》卷九均著录。吕天成《曲品》评为"雅韵炊金馔玉,新裁绣口锦心"②。常德荣定王朱翊鋎曾对《蓝桥记》《金门记》两传奇给予很高评价,惜两剧至今未发现传本。

> 《胜果园记》:"强之南,居计曹数月,会屠纬真、吴允兆来自越,俞羡长、宋彦、黄伯传、范东生来自吴,方仲美、汪仲嘉、谢少连、程孺文来自新都,邱长孺来自楚,王曰常来自建昌,臧晋叔、柳陈父、汪肇郢皆卜居白下。予与祝无功、曹能始倡文酒会,雨花、桃叶、牛渚、燕几,时以追攀,得一游目。"

> 《中原音韵问》:"荣殿下闻而善之,曰:'君御深于乐府者哉!君有《蓝桥》《金门》二传奇,奖义诛贪,表忠述谠,属词既雅,命意亦工,而尤严于音律,惜无德清赏识耳。'予起而谢。"③

三月,内弟陈汝尧早逝,年仅八岁,为文哭之。

---

① 〔清〕姚燮《今乐考证》"著录九"《国朝院本》中著录了洞口渔郎的《蓝桥驿》传奇。下有注云:"一名《蓝桥记》,与牧剧本异。"牧,指黄兆森。黄兆森,字石牧,著有《蓝桥驿》杂剧。《今乐考证》,见《中国古典戏曲论著集成》,北京:中国戏剧出版社,1959年,第10册,第285页。
② 〔明〕吕天成撰,吴书荫校注《曲品校注》,北京:中华书局,2006年,第77页。
③ 〔明〕龙膺《纶澬文集》卷二十一,《龙膺集》,第379页。

《悼内弟陈丹甫文》:"乃逾年为庚子,三月,而丹甫溘焉蚤世。余闻而为之抚膺恸哭者三,视哭廷尉公倍,而与哭立甫等。"①

借公差归乡,为父龙德孚庆七十大寿。随后在家侍奉双亲,扩建亭园,督课两儿,并写成十二篇制义,于次年汇为一帙,名曰《术蛾稿》。

《哭吾兄文》:"越庚子,兄强吾南,一入计曹,即请假归,为先大夫称觞七十。"

《府君暨先太宜人状》:"庚子,膺自南曹归省,为先大夫七十寿,辄置花石于庭以奉娱,先大夫日顾而乐之。"

《胜果园记》:"已,借公事还,是为庚子。于是治西第九芝堂,列花石……夫是园也,构于丙戌,拓于庚子,落成于甲辰,殆将二十年。"

《〈术蛾稿〉序》:"余归省父疾,暇督课学语豚儿,惧人眼中蹊径无所指南,辄随其试题,谬为文义数首,万历二十九年训之,是即所谓仅仅得其皮毛者而已矣。"【按】其元孙龙可云在后序中说:"此辛丑省亲课子作也,距成进士时二十余年。"②可知此帙作于万历二十九年家居之时。

屠隆为其《九芝集》作序。③

万历二十九年(1601)辛丑 四十二岁

三月,惊闻袁宗道去世,悲痛万分,作《哭袁伯修兄文》。

《哭袁伯修兄文》:"万历辛丑之春三月,人自长安来,闻官坊右庶子袁伯修兄之讣。家大人率孝廉兄暨膺为位而哭。哭已,膺复为文哀之。"④

万历三十年(1602)壬寅 四十三岁

正月,在父兄催促下赴南京任职户部河南司郎中,其后作有《乞信诏旨疏》。

【按】《乞信诏旨疏》题目旁注:"时官南户部河南司郎中,堂翁命作,时壬寅年。"

二月初九,赴任途中,洪涛横峙,谒东吴折冲将军甘宁祠,作《谒甘将军祠文》。

《谒甘将军祠文》:"维万历三十年壬寅春二月初九壬申,膺之官白下,舣舟富口。是日,狂飙汹骇,洪涛横峙,敬祭故吴折冲将军敕封忠勇甘王

---

① 〔明〕龙膺《纶澨文集》卷十三,《龙膺集》,第272页。
② 〔明〕龙膺《纶澨文集》卷二十七,《龙膺集》,第496页。
③ 〔明〕龙膺《纶澨文集》卷首,《龙膺集》,第16页。
④ 〔明〕龙膺《纶澨文集》卷十二,《龙膺集》,第270页。

之灵。"①

二月,父龙德孚病卒,享年七十二岁,因子贵而赠户部郎中,龙膺回乡丁忧。

《府君暨先太宜人状》:"万历三十年壬寅春二月,先大夫以天年终于正寝,孤膺泣血述哀以祭……甫年余,为壬寅,先大夫强膺之官也……别先大夫甫两月之南都,而讣赴至矣。"

《哭吾兄文》:"壬寅春,兄复强吾南,甫一月,而先大夫游九京矣。"

四月望日,归家途中,遇风阻华阳江上,恭谒三闾大夫屈公先师之庙,作《谒三闾大夫屈公庙文》。

《谒三闾大夫屈公庙文》:"万历三十年壬寅四月望日,膺奔讣西归,阻风华阳江上,恭谒三闾大夫屈公先师之庙,酹旨酒而告。"②

九月,知姻亲张小山亡,作《祭张小山文》。

《祭张小山文》:"故明府小山张翁,以今年壬寅春三月寿七十有三,考终于家。秋九月,姻孤子龙膺驰一介炙鸡絮酒而哭之,曰:余甫归庐舍哭先大夫,哀未定,而又为吾女哭其舅氏张翁也。呜呼伤哉!翁仲子为吾婿,不幸蚤岁失慈母,犹幸有翁在。吾女将归仲,不幸而无姑,亦幸有舅在。而今翁已矣,呜呼伤哉!"③

十月,知年兄萧以占、萧以孚亡,为位而哭。于次年作《祭萧以占太史以孚参知文》。

《祭萧以占太史以孚参知文》:"维万历三十年某月,年兄萧次公以孚疾终天寝。逾十月讣至,不肖弟龙膺为位而哭。顾方在草土,无能成词致吊。居无何,长公以占,讣亦继至。为位而哭,哀悼曷已!将欲敦素车白马之谊,又襄先事未遑。越明年,甫坛始克,筮期遣奠。乃束帛加爵,致祭于大司成以占、大参知以孚两丈之灵,而告之以文。"

万历三十二年(1604)甲辰 四十五岁

秋,袁宏道过访武陵,龙膺与兄龙襄专程到德山相迎,载酒与之饮,尽三日夜乃罢,后入城再聚。袁宏道此次武陵之行,历时两月之久,龙膺兄弟或单陪,或同陪,并曾在其家宅九芝堂搬演自编《金门记》传奇。有诗《夜自东园归,得

---

① 〔明〕龙膺《纶㴠文集》卷十三,《龙膺集》,第 277 页。
② 〔明〕龙膺《纶㴠文集》卷十三,《龙膺集》,第 277 页。
③ 〔明〕龙膺《纶㴠文集》卷十三,《龙膺集》,第 271 页。

袁中郎德山诸诗,读之甚快,独奈何不一问桃花源而去乎?因走笔留之,忽忽遂成十三首,如偈如谑,如谚如谐,如絮如蜡,不计其工拙也》《草甫毕,复得中郎报诗,再走答五首邀之。如或绐我兄弟,竟解维而东,一大败兴事。况诸开士俱索予诗及书,予尚留以为中郎质。中郎即背桃花源约,忍背予兄弟乎?幸操一小舠来,勿作忍人》(《纶滪诗集》卷八)。

袁宏道有诗《龙君御载酒过德山见访,一别十三年矣,感念存没,不觉凄然。已复一笑,举觞相乐,遂大醉》《答龙君御见忆之作。君御诗云"我家德山不得住",故末句云云,用博一笑。次篇聊为解嘲,亦可作一段公案也(二首)》《别龙君超、君御兄弟》《夜深不寐,起视星文,遂成谜语,戏别君御兄》《答君御诸作(四首)》(袁宏道《潇碧堂集卷七》)。

袁宏道《游德山记》:"(甲辰)以秋凉入德山……登览略尽,两龙君载酒来饮,极欢,尽三日夜乃罢。别后暑气大作,遂坐山中与诸衲极谈,庆快无量。至九月六日始入城,诣两龙君……两龙君者,长君超孝廉,次君御民部,与余兄弟有宿好。"①

袁宏道《答君御诸作(其四)》:"打叠歌鬟与群裙,九芝堂上气如云。无缘得见金门叟,齿落唇枯嬲细君。"诗后自注:"时君御演出《金门记》。"②

【按】:此诗,钱伯城笺:"万历三十二年甲辰(1604)作。"

万历三十三年(1605)乙巳 四十六岁

夏,与诸人登德山孤峰。

《善德山孤峰建塔募疏》:"今年乙巳夏,学使董公校吾郡,竣事且行,巡使刘公偕夏京兆、王给谏及不肖膺,祖道枉渚,因策步登焉。及蹑孤峰,击节称胜。"③

秋,闻江盈科(字进之)讣,作《哭江进之督学十二首》(《纶滪诗集》卷八)。

袁宏道《哭江进之》诗序:"乙巳秋,闻进之兄卒于蜀,余时伏枕几绝。"④

冬,服除,北上赴阙,任户部郎中。

《府君暨先太宜人状》:"甲辰服除,乙巳冬,膺赴阙。"
《哭吾兄文》:"逾乙巳,吾别兄而北补计部。"

---

① 〔明〕袁宏道著,钱伯城笺校《袁宏道集笺校》,第1149页。
② 〔明〕袁宏道著,钱伯城笺校《袁宏道集笺校》,第1008页。
③ 〔明〕龙膺《纶滪文集》卷十八,《龙膺集》,第337页。
④ 〔明〕袁宏道著,钱伯城笺校《袁宏道集笺校》,第1091页。

万历三十四年(1606)丙午 四十七岁

五月,有《纪梦》(《纶滪诗集》卷四)一诗,诗前小序言记丙午岁端午晨一梦。

八月,由户部郎中升为陕西按察使司佥事,备兵甘山,分巡西宁道,驻扎甘州。这是其第二次赴任边塞。距离万历二十三年第一次赴边关,已有十年之久。离京前,谢肇淛邀钟惺(字伯敬)、林茂之为之赋诗送行。

谢肇淛有《秋日邀龙君御同钟伯敬林茂之赋,时君御将赴湟中》(《小草斋集》卷五)《送龙君御备兵湟中》(《小草斋集》卷二十三),钟惺有《送龙君御观察再之湟中》(《隐秀轩诗集》宙集)。

《明神宗实录》卷四二四,万历三十四年八月载:"升户部郎中龙膺为陕西佥事。"【按】:《(乾隆)甘州府志·官师上》称其万历三十五年在任,为分巡西宁道,驻扎甘州,此应为其到任时间。①

《(同治)武陵县志·人物志》:"入为户部郎中。久之出为山西按察司佥事。"【按】:山西按察司佥事应为陕西之误。

《答侍御徐公》:"往自祠部被罪,投窜湟中,时惟啖庞金缯,海氛甚恶……不谓又十年,而抚台周公谓膺小习疆事,复疏请于朝,属膺领甘山之路。"【按】:龙膺从万历二十三年赴边关,至此已有十年之久。

离京后随即归乡,于岁末偕母兄幼弟北上,途中在襄阳偶遇北上赴京的袁宏道、袁中道兄弟。后至新野与兄龙襄分道而行,同母、弟径赴任所,兄龙襄赴京应试。

袁宏道有诗《襄阳道中逢龙君御,君御节镇西宁,便道省太夫人》《送君御宪佥治兵甘州(四首)》(《破研斋集》卷一),袁中道有《襄阳道中逢龙君御,时有出塞之行》《赠龙君御佥宪备兵甘肃(二首,君御前倅秦中)》(《珂雪斋集》卷四)。

《哭吾兄文》:"丙午秋,奉治兵张掖之命。归省吾母,岁杪兄计偕北上,遂偕吾乘传往,次新野别。比年且逾强,发并短矣。"

《府君暨先太宜人状》:"丙午秋膺拜备兵甘山之命。母宜人一欲策襄赴试,一欲趣膺之官,唯携京而就膺,则襄必出。故欣然就禄,忘其齿之迈而地之寒也。"

袁中道《祭龙太夫人文》:"而仲子分宪秦中,仲子官久淹抑,渐显荣,雅欲以禄养;而太夫人亦欲入秦中,使伯子不复恋庭闱,而入燕。"②

---

① 〔清〕钟庚起《(乾隆)甘州府志》卷九,清乾隆四十四年刊本,第24页。
② 〔明〕袁中道《珂雪斋集》,第798页。

十二月,经金佛峡,于车中读袁宏道、袁中道《雁字诗》,一时兴起,因和之。

《雁字诗十二首》前引云:"经金佛峡,车中读袁中郎小修《雁字诗》各十首,锦心绮思,霞举云流。予兴勃勃,因和如数,下车走笔书之。末增二首,用赠中郎兄弟,……时丙午除夕前一日也。"①

万历三十五年(1607)丁未 四十八岁

十月,母唐氏卒于甘州任所,享年七十五岁,扶柩南归,有诗《寄怀杨中行社长令子修龄柩吊母氏于泾阳,中行寄诗为谏并谢》(《纶湮诗集》卷八)。袁中道有诗《祭龙太夫人文》(《珂雪斋前集》卷十八)。

《府君暨先太宜人状》:"越五载为三十五年丁未冬十月,先宜人无疾而逝于甘州官署中。明年戊申春正月,旅榇归里舍。又明年己酉春二月,窆于鹿田坪之原,孤裹泣血述哀以祭。"

十二月,在乾州,有诗《纪梦》,题注"是日也为丁未嘉平,宿乾州"②。

万历三十六年(1608)戊申 四十九岁

梅鼎祚修书问候,期以建功边塞,似不知其母去世。

梅鼎祚《与龙君善宪使》:"自甲午拜别金陵,凡十有四载,鼎祚鬓鬓白也……传闻吾师风裁虽著,而缜密坚定,全本德性,经文宪武,随所用之。前世名宦若马端肃、杨文襄以出将入相之才,建长驾远驭之策,然皆从西北起。固兹日地,吾师翁计日任也。"【按】:甲午为万历二十二年。

八月望日,所构湮园成,作《湮园记》。③

十一月,寄信袁中道,期以桃花源之游。

袁中道《游居柿录》:"万历戊申十一月……得龙君超、君御弟兄书,皆期予至花源。"④

万历三十七年(1609)己酉 五十岁

二月,在家合葬双亲,作《堂祭先考文》《堂祭先妣文》(《纶湮文集》卷十一)。

春,袁中道应龙膺昆仲之邀,作武陵游,置酒胜果园。回程之时,龙膺有诗《赠别袁小修》(《纶湮诗集》卷十一),并赠画。

袁中道有诗《君御隐园即席奉答并次其韵》(《珂雪斋集》卷六)。

袁中道《游居柿录》:"(万历三十七年)正月初九日,为武陵之游……

---

① 〔明〕龙膺《纶湮诗集》卷十一,《龙膺集》,第635页。
② 〔明〕龙膺《纶湮诗集》卷八,《龙膺集》,第608页。
③ 〔明〕龙膺《纶湮文集》卷七,《龙膺集》,第186页。
④ 〔明〕袁中道《珂雪斋集》,第1113页。

龙大参君御置酒胜果园,园临流水,有三层楼可眺……君御以戴文进临郭熙袁安卧雪图见贻。"①

《哭吾兄文》:"越己酉……春三月,吾五十初度,操一舴艋,避之桃花源。吾兄载清醴,挟二三朋好从之,强为吾寿。"

《石梁阁记》:"予己酉春,偕二三朋好为桃花源之游。"②

作《偃骨无学人传》,自述其向佛之事。

《偃骨无学人传》:"偃骨无学人者,瀹公别号也。无学人,春秋五十,发种种矣。营瀹园以自老,敕断家事不问,日坐方阁中阅《楞严》、《圆觉》、《维摩》诸经,暨诸老宿语录,最心赏大慧禅师一编,不置手。时偕二三方外士参赵州狗子话头,自谓方笠团蕉,足了此生矣。"③

万历三十八年(1610)庚戌 五十一岁

三月,作词自寿,《庚戌五十初度,功德母庵礼佛自寿,和辛稼轩〈最高楼〉》(《纶瀹诗集》卷十四)。

春,守制期满,入京补缺,其时兄龙襄有疾,含泪而别。

《祭吾兄文》:"越庚戌春,兄感口眼㖞斜之疾。吾久当赴阙,依依不忍离。无何,兄渐愈,乃力疾析先人遗橐而三之,尤宁丰吾弱弟。已,强吾出,舆疾祖于功德母庵,信宿始别。吾饮泪北发,且叮咛兄善自摄也。"

北上途中,顺道去公安拜访家居的袁中道。其后,过辉县谒父生祠。

袁中道《游居柿录》:"万历三十八年庚戌……闰三月十五日还公安……俄闻龙君御将至,遂先归,遣人迎之。君御亦以诗来。午后,会君御于署中,始得君超中风消息,惊叹久之。后得君超书,见其字迹端楷,乃觉受病不深,稍为喜慰。晚治一酌与君御对饮篑笃谷中。至沙市送君御。"④

《辉县谒玄扈公生祠》:"岁维万历庚戌,蓐收司令武陵不孝儿膺,以母宜人见背履端,服除,今始逡巡赴阙,道出朝歌,因造百门,谒显考户部郎玄扈公府君祠下,稽首而陨涕焉。"⑤

秋,在京待选期间馆于杨鹤(字修龄)邸中,与诸名士奉觞为乐。

---

① 〔明〕袁中道《珂雪斋集》,第1117—1131页。
② 〔明〕龙膺《纶瀹文集》卷七,《龙膺集》,第190页。
③ 〔明〕龙膺《纶瀹文集》卷八,《龙膺集》,第213页。
④ 〔明〕袁中道《珂雪斋集》,第1195—1196页。
⑤ 〔明〕龙膺《纶瀹文集》卷十一,《龙膺集》,第257页。

《寿侍御史杨中行社长七十序》:"至庚戌,阿孙文弱果以弱冠魁南宫,修龄亦用治行异等召入为西台御史。……是秋,不佞亦以赴阙待臬宪命,射阅之,大为翁庆……乃修龄笃渭阳甚至,见不佞如见其母,馆之邸中,日夕治具奉觞,以邀集诸名彦,不佞益甚德之。"

七月,复除陕西屯田佥事,整饬西宁兵备道副使。

《明神宗实录》卷四七三,万历三十八年七月载:"戊辰复除原任陕西佥事龙膺为陕西屯田佥事。"【按】:龙膺在作于万历三十九年四月的《祈雨告文》题注"时任西宁兵备",①可知其当授是官。

《(顺治)重刊西宁志·官师志·名宦附员额》:"整饬西宁兵备道副使:敕陕西按察司整饬西宁等处兵备官:陕西西宁卫设在万山之中,道路偏僻,上司少到,守备抚夷官不无掊尅渔猎,且兼番族数多,反侧难制,及庄浪、古浪、凉州、镇番等五卫所路,当番虏要冲,人性不常,亦难控驭,今特命尔在西宁驻札……龙膺,湖广武陵县人,进士,万历三十八年任。"②

万历三十九年(1611)辛亥 五十二岁

三月,寿辰之日作《三月初度长句》(《纶㴩诗集》卷十五)中有"虎头燕颔浪嶙峋,螺黛蛾眉久憔悴。种种发突齿半摇,颓然五十复有二"等句,感叹时光催人老。

四月,湟中大旱,作《祈雨告文》《祈雨祭龙王告文》(《纶㴩文集》卷十三)。

七月十七日,兄龙襄病亡,年五十五岁。十一月,闻兄之讣,龙膺哀恸几绝,作《哭吾兄文》。

《府君暨先太宜人状》:"又越二年辛亥七月,兄亦不禄,从二人九原矣。"

《哭吾兄文》:"维吾孝廉兄赤沙公,以万历三十九年辛亥七月十七日疾终于家,寿仅五十有五。冬十一月初十日讣闻于张掖,越二日弟膺为位而哭,哀恸几绝。"

有诗《辛亥七月朔昧爽,谒元朔绛霄宫游级》(《纶㴩诗集》卷十五)。

万历四十年(1612)壬子 五十三岁

正月,门人朱之蕃为其作《湟中诗小引》,盛赞其诗,又为其茶学著作《蒙史》作《题辞》。

朱之蕃《湟中诗小引》:"盖得风雅之神而不袭其迹,尽《离骚》之致而

---

① 〔明〕龙膺《纶㴩文集》卷十三,《龙膺集》,第279页。
② 〔清〕苏铣纂《(顺治)重刊西宁志》,清顺治丁酉年序本,第41—45页。

无怨于中。即此一技,已窥吾师胸中武库,兼晋之逸人、唐之韵士而并擅其长矣。"①【按】《蒙史》于次年收入喻政编刊的《茶书全集》中。《蒙史》凡两卷,上卷述泉品,下卷述茶品,大致杂抄前人论说,敷衍成篇。

闻邸报有兵科张给事上本弹劾,谓其醉心翰墨,结交山人墨客,操是非之权,为剥削之计。朝廷虽未追究,但龙膺愤然连上两本乞休公移,欲挂印归家。

《乞休公文》:"职于本月十四日忽接邸报,兵科张给事一本慎选边才等事,内开职'词灿珠玑,笔摇星斗,亦武陵名士。然蒙议不羁,恣纵无检,山人墨客,出入其门。渐操是非之权,巧为剥削之计。处之以甘肃,岂欲其赋诗退虏乎?'等因……伏乞俞允休致,特赐代题,先将敕印批行守道带管,准职离任回籍。"②

【按】:《府君暨先太宜人状》(此文作于其兄龙襄病亡后不久)自称其"官陕西按察司副使",另《纶㴑文集》卷二十三《乞休公文》题注"时任甘肃道",文中有"兼痛亡兄之戚";《再乞休公移》题注"时任整饬甘山兵备分巡道副使",文中言"湟中再履,张掖重来",应为其第二次赴塞时。又有"职膺善病,兼痛兄亡",当作于兄亡不久。

为罗廪《茶解》作跋。

万历四十一年(1613)癸丑 五十四岁

诗集《九芝集》(即《纶㴑诗集》)在南京刊刻成书,顾起元作序。

顾起元《纶㴑诗集序》:"君御先生《九芝集》成,方以宪大夫备兵张掖、酒泉间,函寄友人俞羡长、汪肇邰氏,选而刻诸金陵,诒书二君以序见委,余受而卒业……万历癸丑春日江宁通家友弟顾起元书。"③

二月,尚在边疆任上,后获准归里,六月时已归家。

《记梦》:"岁癸丑正月二十八日夜,梦家人报园中一天马,甚神骏,不知所自来……又二月朔子时,予梦偕一二友人露卧高城上,微闻其旁亟称好汉字,好汉字,予不解。"④

《梦解》:"余六月十一日,卧㴑园千秋阁下,门以南尽启……余今年正月尚未谢疆事,偶一夜梦。予卧城头如纳凉状,旁一方亟称好汉字,余讶之。"⑤

---

① 〔明〕龙膺《纶㴑文集》卷首,《龙膺集》,第15页。
② 〔明〕龙膺《纶㴑文集》卷二十三,《龙膺集》,第417页。
③ 〔明〕龙膺《纶㴑文集》卷首,《龙膺集》,第13页。
④ 〔明〕龙膺《纶㴑文集》卷二十二,《龙膺集》,第387页。
⑤ 〔明〕龙膺《纶㴑文集》卷二十二,《龙膺集》,第388页。

秋,已解组归家,偕朋好重游桃花源。不久便重回边塞。

《寿侍御史杨中行社长七十序》:"及癸丑,不佞谢塞事解组归。"

《石梁阁记》:"予己酉春偕二三朋好为桃花源之游,泊舟渔仙溪上,询钦山寺,登玄帝阁……逾五年为癸丑,秋杪,复偕朋好续旧游,则见寺阁颓圮,灌木蔓拜,令人怆然。"

承郡中诸博士之情,作《重修常德府儒学碑》。

《重修常德府儒学碑》:"幸癸丑秋,直指按部允博士诸生请,会廉察蔡公、巡察冯公各捐公镪若干金,而郡伯胡公毅然以兴起右文为己任……郡公檄博士帅诸弟子抵不敏膺请碑,不敏方谢客著书,屏居澴墅,然躬闻盛举,乐纪厥成。"①

万历四十二年(1614)甲寅 五十五岁

二月,因战功,获朝廷封赏,升任陕西布政司右参政,但不知何故,其于九月时再次归里。

《明神宗实录》卷五百十七,万历四十二年二月载:"录甘镇擒斩达虏定银等茜功次……祁光宗、龙膺、杨桂等各升职级,仍与王应期、崔廷振等各赏银有差。"

《祭汉伏波将军马公文》:"维万历甲寅冬十月庚辰朔,越祭日癸卯,参政武陵龙膺,敬以牲醴祭告于汉伏波将军新息侯马文渊公之神。"②【按】:既言"参政",则在十月之前已升是职,但不知何故,其于九月时再次归里。

九月,已家居,时新安谢陛(字少连)来访,与之呼酒大嚼于澴园。

《祭新安谢少连文》:"维新安文学谢少连,东南名士也。念予凤好,以去年万历甲寅九月来访澴园,握手相慰,为之呼酒大嚼。"③

十月,以牲醴祭告汉伏波将军新息侯马援,作《祭汉伏波将军马公文》。

十二月,结集禅衲,于功德母庵庄讽《华严法藏》百日,参究宗旨。

《金刚经摘解序》:"万历甲寅嘉平月,结集禅衲,于功德母庵庄讽《华严法藏》,以百日为期,夜则延予法堂,参究宗旨。"④

与谢陛等三友人登千秋佛阁望雪。

---

① 〔明〕龙膺《纶澴文集》卷六,《龙膺集》,第131页。
② 〔明〕龙膺《纶澴文集》卷十三,《龙膺集》,第278页。
③ 〔明〕龙膺《纶澴文集》卷十二,《龙膺集》,第273页。
④ 〔明〕龙膺《纶澴文集》卷二,《龙膺集》,第55页。

《题沈石田桃花卷后》:"万历甲寅嘉平望后二日,与新安谢少连、吴江周君和、广陵秦万年,登千秋佛阁望雪,如在银色世界中。因展石田先生《桃花卷》共相赏阅。烟岚乱坠,霞绮蔚蒸,正宜置此于武陵溪上。"①

万历四十三年(1615)乙卯 五十六岁

三月,谢陛病卒,寿六十九岁,作《祭新安谢少连文》(《纶㴋文集》卷十二)。

八月,侍御史杨时芳(字中行)七十寿辰,作序祝寿。

《寿侍御史杨中行社长七十序》:"今年乙卯秋八月,封侍御杨可翁七十,不佞从士大夫后,业已效冈陵川之祝矣,近属、戚党、诸子弟复赘一言以为公寿。"

万历四十四年(1616)丙辰 五十七岁

春,被推荐为贵州按察使,及北上赴阙时,已任他人。

《与张元平中丞》:"不肖膺遭党波之余,废弃林壑,自分世已忘我。今春忽蒙台台特达之荐,而在事者遂不忍终弃不肖也。比及赴阙,黔臬已有其人。遂滥叨河东之役。"②

三月十八日,偕崔受之抵京,时袁中道刚进士及第,出城迎接。杨鹤(字修龄)召集龙膺、袁宏道等人宴饮。二十五日龙膺夜宿袁中道处,二人分韵赋诗,抵足夜谈。此后与袁中道等友人在京盘桓三月余,多有诗酒之会。

袁中道有诗《喜君御先生过宿次韵》《君御过宿口占》《邀君御、修龄诸公小集净业寺,并送李增华水部南还》《同君御、修龄诸公夜饮米仲诏宅,分韵得豪字》《后湖观莲,同龙君御、杨修龄、马康庄、仲良兄弟、萧尔先饮》(《珂雪斋集》卷八)

袁中道《游居柿录》卷十一:"(万历丙辰)十八日,传胪谢恩,名次在三甲后……是日,龙君御偕崔生受之至,予复出城相晤……杨修龄召见,同君御诸公。君御讶予不饮。不知予之久戒痛饮也……二十五日夸官止。君御来,宿斋中分韵。米友石见召,同君御、修龄诸公,命歌儿演新曲城西静业寺前。湖水晶莹,新荷已点缀水面。邀藩参侍御龙君御、杨修龄、太史马康庄、民部马仲良、水部李增华、国博萧尔先同饮。"③

三月末,杨鹤主其事,与袁中道、钟惺等数十人社集京师海淀,号曰"海淀大会诗"。

---

① 〔明〕龙膺《纶㴋文集》卷十九,《龙膺集》,第 356 页。
② 〔明〕龙膺《纶㴋文集》卷二十五,《龙膺集》,第 448 页。
③ 〔明〕袁中道《珂雪斋集》,第 1361 页。

袁中道《游居柿录》卷十一："（万历丙辰）西直门北十余里，地名海淀。……是日，修龄（杨鹤）作主，词客龙君御而下若干人，工弈棋书画者若干人，亦一时之胜会也。各分韵，号为海淀大会诗。"①

四月，杨鹤巡按贵州。作《侍御杨修龄考绩寻奉命按黔序（代作）》（《纶澐文集》卷二）。

《明神宗实录》卷五四四，万历四十四年四月载："命浙江道御史杨鹤巡按贵州。"

五月，同袁中道、米友石等饭于长春寺，看演屠隆剧作《昙华记》。

袁中道《游居柿录》卷十一："（万历丙辰）同龙君御、米友石饭于长春寺，寺在顺城门外斜街，看演《昙华记》。"②

六月，袁中道来访，与观名家书画，中有基督教《圣母像》。

袁中道《游居柿录》卷十一："（万历丙辰）于君御处见一老人姓王，号玉峰，云百余岁，其貌若四十许人。见苏子瞻所画偃松及亲笔赞，黄山谷赠了元长老诗，与周彦者，后跋极多，有耶律楚材、姚少师诸人笔。楚材书极有法。晚同君御至王大理斗溟处，见外国所画白衣大士一轴，手中捧一婴儿，浑如活者，直不解语耳。"

七月，有诗《乙卯年杨婿得甥，余命名月珠，丙辰七月试周，小诗志庆》（《纶澐诗集》卷十六）。

九月，改授山西布政司右参政，守河东道，驻蒲州（今山西永济），袁中道赋《送藩参君御先生至晋》（《珂雪斋集》前集卷八）送别。其奉旨出守山西河东道时，曾携家庭昆班表演自创《金门记》传奇，将昆曲播迁山西。

《明神宗实录》卷五六一，万历四十五年九月载："调山西右参政龙膺为本省左参政。"【按】：万历四十五年，龙膺由山西右参政调为本省左参政，则其前职当为山西右参政。

《孝廉赵屏国先生墓志铭》："别之五年，予守蒲阪，屏国贻书为索《偏园序》，予谢未遑。又逾年，移治楼烦……"【按】：治兵楼烦的前一年，即万历四十四年龙膺在蒲阪。

第三任妻唐氏病亡，作《祭亡室淑人唐氏文》及《悼内诗五首》（《纶澐诗集》卷十六）。

---

① 〔明〕袁中道《珂雪斋集》，第1362页。
② 〔明〕袁中道《珂雪斋集》，第1364页。

《祭亡室淑人唐氏文》:"伊我北征,犹然无恙。眷属来蒲,病势渐笃。尚寄手书,我思罣罣。驰使往伺,不见其人。"①【按】:龙膺先娶唐氏,继娶陈文烛女,再继娶唐氏。

万历四十五年(1617)丁巳 五十八岁

有诗《丁巳元旦试笔》(《纶㵎诗集》卷十六)。

七月,北直隶狂风骤起。

《明神宗实录》卷五五九,万历四十五年七月载:"是夜云阴,雷电雨雹大如栗。自西南来,狂风骤起,屋瓦俱震。吹折社稷坛门及东中等门门闩,打死守门军人。复吹落五凤楼、东华等门楼吻兽,刮倒午门前圣旨牌及东河边大树数株。"

见河东灾害连连,有《请两台转题灾异疏》,请求朝廷减免税赋,拨款赈灾,而且疏中对上至皇帝大臣,下到辅臣侍从等多有指责、数落之词。其后不久便有移治山西宁武之令。

《请两台转题灾异疏》:"为夏魃秋蝗叠至,天灾人事可虞,冒昧直陈,恳乞转奏,特请急赐赈蠲,纾万方剥肤之难,仍请早图消弭,慰九庙震虩之灵,为今日中外第一务,以永延圣祚万万年事……近阅邸报,七夕前一夜烈风暴雨,吹折社稷坛及东中等门拴,毙其守戍,拔倒午门前牌并树数十余株,各衙门树株无算。又见大火如斗,将五凤楼等处吻兽掣去……圣上垂拱以来,宸居严邃,临御久虚,德乃潜矣!玩珍异于累朝,耽欢娱于独乐,道靡思矣!繁兴土木,三毁尚未讫工,横敛关津廿载,久疲征权,不可谓不勤众劳民而专其利于贪矣!下而首揆,称疾情实,穷于转寰。次辅奔艰,计复窘于赐玦。部院大僚廑廑,何以重喉舌之司?台省侍从寥寥,奚以备耳目之寄?傅岩莘野,长锢仁贤;羑里夏台,久羁忠鲠。起复者起从草土,胡为启其故吾?考选者考拔翘薪,乌用沮其新锐?广文穷老,候凭衰困于都门;循吏艰辛,需次沉淹于州邑。老成丧气,壮士灰心。无论显晦升沉,崇卑愚智,其有不兴积薪之叹,抱砖石之嗟,悒悒郁郁,而怨且怼者乎?"②

九月,转为山西布政司左参政,治兵楼烦(山西宁武),十一月抵任。有诗《移至宁武》(《纶㵎文集》卷十六)。

---

① 〔明〕龙膺《纶㵎文集》卷十一,《龙膺集》,第263页。
② 〔明〕龙膺《纶㵎文集》卷一,《龙膺集》,第32—33页。

《宁武吕祖阁碑》:"膺治兵楼烦之明年为戊午,旱遍,雩弗应。"①

《答李本宁先生》:"九月甫还蒲,辄闻移治楼烦之报。十一月抵此……"②

《(嘉庆)常德府志·列传》:"入为户部郎中。久之,出为山西按察司佥事,复上《请两台转题灾异疏》,转甘肃参政,复持节张掖、酒泉。"③【按】:甘肃参政应为山西参政之误。清代康熙四年始将明代的陕西等处承宣布政使司分成陕西、甘肃两省。

万历四十六年(1618)戊午 五十九岁

汪道昆后人携《太函尺牍》到楼烦请其作序。

《太函尺牍序》:"新安汪生,不惮数千里,历太行九折阪,触霜雪,直抵楼烦,怀刺谒予……汪生曰:'龟山之木拱矣!先父叔相继从家司马地下,门祚衰薄,即《太函遗集》,且散失靡存,手泽之谓何?将取次付筑氏,而以尺牍始。惟使君交家司马最深,请一言为序。'予唯唯。"④

万历四十七年(1619)己未 六十岁

在楼烦,作《宁武吕祖阁碑》《重修池神庙碑》。

《宁武吕祖阁碑》:"膺治兵楼烦之明年为戊午,旱遍,雩弗应。膺偕大将军祷于吕祖,甘澍霈焉。又明年己未,复大潦,祷于吕祖,雨师退舍,河伯偃波,遂获有秋。文武将吏暨士民耆艾,悉诣兵使,谋为官而祀之。"⑤

友赵屏国去世,作《孝廉赵屏国先生墓志铭》(《纶㵆文集》卷十)。

泰昌元年(1620)庚申 六十一岁

八月,作《宁武文昌祠碑》。

《宁武文昌祠碑》:"膺不佞治兵宁武,首缮学官以肃瞻……予乃首捐俸入三十金为倡,雁平兵使南公、总镇杨公各有施予,而文武士庶,咸乐悉力赞助……至泰昌改元八月,始告竣。"⑥【按】:万历四十六年,龙膺曾捐俸修缮宁武学官,于此年始告竣。

天启元年(1621)辛酉 六十二岁

正月,受都御史崔景荣举荐。

---

① 〔明〕龙膺《纶㵆文集》卷六,《龙膺集》,第154页。
② 〔明〕龙膺《纶㵆文集》卷二十六,《龙膺集》,第486页。
③ 〔清〕应先烈修,〔清〕陈楷礼纂《(嘉庆)常德府志》卷三十八,清嘉庆十八年刻本,第4—7页。
④ 〔明〕龙膺《纶㵆文集》卷三,《龙膺集》,第76页。
⑤ 〔明〕龙膺《纶㵆文集》卷六,《龙膺集》,第153页。
⑥ 〔明〕龙膺《纶㵆文集》卷六,《龙膺集》,第153页。

《明实录》附录《明熹宗七年都察院实录》，天启元年正月载：总督宣大山西都御史崔景荣疏为循例荐举管粮部臣，荐吴伯与、葛如麟、许明升……疏为循例荐举边方兵备官员，荐张维枢、龙膺、余自强、王之臣、王于陛、焦源、清张晓等。

仲春，右都督杜凤林八十寿辰，其子弢武驰使娄烦，乞言为公寿，遂作序祝寿。

《寿特进右都督杜凤林八十序》："今年天启纪元，公以春仲十有九日寿八十，令子弢武驰使娄烦，乞予言为公寿，予请以公家先德拟公世，而后称诗修爵可乎？"①

六月，任南京太常寺卿，忤于时，去官归家。

《明熹宗实录》卷十一，天启元年六月载："升山西布政使司左参政龙膺为南京太常寺卿。"

李宗莲《重刊纶㲲全集序》："释服再出，改南京太常寺卿，忤于时，去官归。"②

天启二年（1622）壬戌 六十三岁

夏，卒于家。

《常德龙氏总祠族谱》："终明天启二年壬戌，寿六十三岁。"③

---

① 〔明〕龙膺《纶㲲文集》卷二，《龙膺集》，第72页。
② 〔明〕龙膺《纶㲲文集》卷首序，《龙膺集》，第3页。
③ 转引自杨在钧《㲲园居士龙膺》，《禅》2003年第3期。

《列朝诗集》天一阁稿本再探
——兼及《列朝诗集》编纂相关问题再思考

都轶伦[*]

【内容提要】 近来有研究者发现天一阁藏《列朝诗集》稿本,由甲本、乙本两种相对独立的稿本连缀而成。但关于天一阁稿本的成书时间、特点还可再作探析。通过细考此稿本的内容,并与《列朝诗集》其他稿本及刻本作对比分析,结合编纂体例及相关史实,本文认为天一阁甲本、乙本的成书都应晚于国图稿本,在顺治五年以后。天一阁稿本的小传在国图稿本的基础上增加了诗人生平细节及时人评价,与国图稿本小传呈现出递进互补状态,其中知名诗人和历史人物的小传内容已较为丰满,且不少小传有明显的在天头、诗末空白处随手增补的痕迹,而钱谦益最具特色的个人评论则仍缺失,说明其个人评论最终完成于天一阁稿本之后的编纂过程中。凡此种种,皆展现出钱氏撰写小传的具体过程,有助于《列朝诗集》编纂研究的进一步深入和细化。

【关键词】 《列朝诗集》 天一阁稿本 成书时间 小传 编纂过程

天一阁藏明诗选写本,旧题清范光文编《明诗钞》,已有研究者撰文,指出该著录有误,并从书法字迹鉴定、文本内容与语言个性等方面,判定该书为《列朝诗集》稿本,同时指出该书由甲本、乙本两种相对独立的稿本连缀而成。如同此前发现的《列朝诗集》北大稿本、国图稿本一样,天一阁稿本的诗人、诗作全部收录进了刻本。[①] 笔者长期关注《列朝诗集》的编纂、版本问题,对《列朝诗集》北大稿本、国图稿本以及与其编纂密切相关的《明五七言律诗选》(钱谦益手稿本)都作过专门的研究,[②] 对这一新发现的天一阁稿本十分感兴趣,为此前赴宁波天一阁目验并抄录了该稿本,仔细研读,并将其与刻本及其他三种稿本进行对比分析。通过分析,笔者发现,上述研究论文中关于天一阁甲本、乙本

---

* 本文作者为中国社会科学院文学研究所助理研究员。
① 徐隆垚《新见〈列朝诗集〉稿本考》,《文史》2021年第1辑。
② 都轶伦《〈列朝诗集〉编纂再探:以两种稿本为中心》,《文学遗产》2014年第3期;《钱谦益与曹学佺关系探微——从〈明五七言律诗选〉切入》,《文学遗产》2023年第5期。

成书时间的判断可能并不准确,此书的性质与特点也可再作探析。

一、成书时间

关于天一阁稿本的成书时间,目前研究者认为天一阁甲本(以下简称"天甲本")写定于崇祯十七年(1644)至顺治三年(1646)之间,在钱谦益大规模补诗之前①;天一阁乙本(以下简称"天乙本")成书于崇祯十六年、十七年间。②但这一判断及其相关依据还有待商榷。

(一) 关于天甲本的成书时间

与上述观点不同,我们认为天甲本应在入清后大规模补诗阶段成书,且成书时间在国图稿本之后,推测具体成书时间在顺治五年之后,原因如下。

其一,天甲本收录有史迁及其选诗,《列朝诗集》刻本《史廉州迁》小传言:

> 迁,字良臣,金坛人。洪武中,用辟召除蒲城令,迁知忻州,以祀事去官。庚申,复知廉州,归田十年,作老农赋以自见。追和元遗山乐府三百余篇。杨君谦录其诗文于《大明文宝》,问之乡人,不能举其姓氏矣。③

从小传来看,史迁在当时已经声名俱沉,以至于乡人不能举其姓氏,而钱谦益明言杨循吉录史迁诗文于《大明文宝》,实际上也就说明了钱谦益是从《大明文宝》中看到了史迁的诗文。这是《列朝诗集》小传的一种写作体例。一般生平不显、没有别集传世的诗人,会在小传中提及收录其诗作的总集,作为文献来源和出处的说明。如甲前集束宗庚小传言"兄弟并见《草堂雅集》";④丁集张祐小传言"诗见李子田《艺圃集》";⑤闰集钱氏女小传言"扬州人,见高播《明诗粹选》";⑥等。故从史迁小传来看,《列朝诗集》采录史迁诗作的来源也正是《大明文宝》。

《大明文宝》现已亡佚,在明代也流传不广。据现存的明代藏书目,有三处著录了《大明文宝》,分别为《万卷堂书目》《笠泽堂书目》《千顷堂书目》。其中《万卷堂书目》为明宗室周藩朱睦㮮之藏书目,万卷堂建于河南开封,其藏书在明末大乱中全部被毁;《笠泽堂书目》为明末王道明为其父藏书所编书目,笠泽

---

① 大规模补诗在顺治三年至六年,参钱谦益《列朝诗集序》。
② 徐隆垚《新见〈列朝诗集〉稿本考》,《文史》2021年第1辑,第235—236页。
③ 〔清〕钱谦益《列朝诗集小传》,上海:上海古籍出版社,1983年,第138页。
④ 《列朝诗集小传》,第58页。
⑤ 《列朝诗集小传》,第505页。
⑥ 《列朝诗集小传》,第728页。

堂在浙江长兴。钱谦益在明末清初的行迹是清楚的,他既不可能去明末已经大乱、后又被清军所占的河南,也没有赴浙江长兴的访书记录,文献中也没有记载钱谦益与周藩宗室、王氏父子有交往。而文献中有明确记载的是钱谦益在顺治五年因讼系金陵,在南京从千顷堂借阅大量总集用以编选《列朝诗集》的事实。钱谦益在其《黄氏千顷斋藏书记》一文中自述:

> 戊子之秋,余颂系金陵,方有采诗之役,从人借书。林古度曰:"晋江黄明立先生之仲子,守其父书甚富,贤而有文,盍假诸?"余于是从仲子借书,得尽阅本朝诗文之未见者,于是叹仲子之贤,而幸明立之有后也。①

《千顷堂书目》记载明人别集、总集之夥,在明代公私书目中首屈一指,千顷堂所藏有明一代之诗集是极为丰富的,大大超过了钱谦益此前搜集所得,故而他"得尽阅本朝诗文之未见者",这对《列朝诗集》的大规模增诗自会起到巨大的促进作用。从《列朝诗集》目录和小传中所引用的明代总集看,多半都著录于《千顷堂书目》中。

《列朝诗集》刻本乙集卷八目录中表明此卷所收所有诗人、诗作均出自其他明诗总集,钱谦益在目录中一一说明了来源:自刘绩至丁岳,"以上求渔《越山钟秀集》及高播《明诗粹选》二十三人";自漏瑜至朱埰,"以上沐景颙《沧海遗珠集》十人";自黎扩至谢复,"以上《大明文宝》《诗钞》各集二十三人"。其中所涉及的《越山钟秀集》《明诗粹选》《沧海遗珠集》《大明文宝》《皇明诗钞》五种明代总集,在明代各类藏书目中均较罕见,然皆见于《千顷堂书目》,则乙集卷八应是集中收录了钱谦益于千顷堂中所抄明诗选集,《大明文宝》正是其中之一。这也再次说明了一个事实,即《列朝诗集》部分诗人的选诗确实来源于钱谦益顺治五年在千顷堂所借阅的《大明文宝》。

故而,由史迁小传中的直接说明,以及乙集卷八目录的间接旁证,两者结合,可以确认,在天甲本中出现的史迁及其选诗,应即出自《大明文宝》。② 天甲本中对史迁及其选诗的这一选录行为应该是钱谦益在顺治五年去往千顷堂得见其所藏《大明文宝》后才形成的。由此,天甲本成书时间的上限,应该在顺治五年。

其二,天甲本的成书时间,还可以从其与国图稿本的关系进行推断。国图

---

① 〔清〕钱谦益著,〔清〕钱曾笺注,钱仲联标校《有学集》卷二十六,《钱牧斋全集》,上海:上海古籍出版社,2003年,第5册,第994页。
② 《列朝诗集》按照时序排列,史迁归入了甲集,故钱谦益在其小传专门说明出自《大明文宝》,而乙集卷八中的诗人因目录中已对来源作了说明,在小传中就没有一一提及了。同时,天甲本所收之诗,也正是刻本中史迁选诗的第一首。

稿本已确认为入清后大量选诗阶段的稿本,时间在顺治三年到六年之间。① 天甲本的选人及排序与国图稿本是非常接近的,天甲本中所选34位诗人,有23位在国图稿本中出现,除了吴植与甘瑾二人的顺序有颠倒,这些重合诗人的排序天甲本与国图稿本完全一致。同时,天甲本与国图稿本重合的这些诗人,天甲本多有收国图稿本未收的选诗,而且不少国图稿本中在空白处以录句存诗形式保存的诗作,在天甲本中被录为完整的诗作。如高伯恂《寄施以端》一诗,国图稿本仅录两句,且无诗题,而天甲本则抄录全诗并补充了诗题。又如张适《喜晴》一诗、《赠潇溪耕者》(刻本该诗题为《题山水障子为潇溪耕者赋》)一诗,国图稿本亦仅录句且无诗题,而天甲本则抄录全诗并补充了诗题。从稿本前后编纂的一般逻辑来看,应该是天甲本在编纂过程中参考国图稿本,并在国图稿本基础上增补一些选诗、将录句诗补充完整。由此我们可以推测,天甲本成书或许尚晚于国图稿本。

我们还可以进一步将国图稿本的成书时间精确化。前揭刻本乙集卷八中所录诗人皆抄自千顷堂所藏明诗总集,而这些诗人中的近半数在国图稿本中均已集中收录。具体而言,国图稿本集中收录的这些诗人的排序为:刘绩、张经、刘恕、刘师邵、王谊、王怿、钱逊、郑嘉、李勖、张璨、朱显、施敬、胡粹中、朱纯、黎扩、任道、周启、黄褧、徐璲、金诚、谢贞共21人,均在乙集卷八所收诗人范围内。且除可能由于脱页等原因,国图稿本集中收录的上述诗人相较刻本有所跳跃(如相较刻本,朱纯与黎扩之间跳过了18位诗人),这21位诗人的具体排列顺序与刻本完全一致。由此可知,国图稿本所集中收录的上述21位诗人及其选诗即是后来刻本中乙集卷八的雏形。可见国图稿本也应是在顺治五年钱谦益前往千顷堂阅书之后所成,而更晚成书的天甲本应也是顺治五年之后形成的,这也与我们上文中根据天甲本收录史迁及其选诗而推断出的天甲本成书时间上限相符。

(二) 关于天乙本的成书时间

关于天乙本的成书时间,研究者将天乙本所收阮大铖的小传作为主要判断依据。天乙本中阮大铖的小传极简单,只言:"字集之,丙辰进士,编《燕子笺》诸剧。自华之从孙。"刻本中小传作:"大铖字集之,坚之之孙也,万历丙辰进士。天启间官吏科给事中,坐阉党,禁锢。弘光登极,召拜兵部尚书,督兵江上。乱后不知所终。"天乙本与刻本中阮大铖的小传存在差距,不仅是刻本中叙述阮大铖生平相较天乙本稍详,还减去了"编《燕子笺》诸剧"这点,丝毫不提其戏曲成就。由此研究者判断,天乙本成书时间的上限在崇祯十五年阮大铖

---

① 都轶伦《〈列朝诗集〉编纂再探:以两种稿本为中心》,《文学遗产》2014年第3期,第107页。

创作《燕子笺》并公开演出之后,下限则在崇祯十七年,因为崇祯十七年阮大铖得到南明朝廷重用,与复社成员因争权而交恶,复社组织罢演阮大铖《燕子笺》,阮大铖政治权力上升,文学形象衰落。①

笔者认为,既然天乙本小传中明确提及《燕子笺》,其时间上限自然在崇祯十五年之后,但是仅就刻本小传中不提阮大铖创作《燕子笺》等剧的戏曲成就,结合崇祯十七年与《燕子笺》相关的政治事件,就判断天乙本成书时间下限在崇祯十七年,这是难以成立的。首先,《列朝诗集》的编纂有特定的体例,即不收录在世的诗人。从《列朝诗集》刻本以及《列朝诗集》编纂过程中出现的北大稿本、国图稿本、《明五七言律诗选》等来看,其中收录的诗人卒年均早于各本的成书时间,无一例外,即无论《列朝诗集》的刻本还是目前所见几种不同时间段编成的稿本,其所收诗人均已去世,这应是出于盖棺论定的考虑。如刻本就不收当时在世且与钱谦益相熟、为其欣赏的多位诗人,如顾梦游、林古度、许友等。而研究者在根据阮大铖小传考定天乙本写定时间时,却完全忽略了这一编纂体例。阮大铖卒于顺治三年,如果按研究者考定的天乙本写定时间在崇祯十五年岁末至崇祯十七年八月之间,其时阮大铖尚在世,则与上述不收录在世者的体例和原则矛盾了。

其次,研究者认为从天乙本到刻本,钱谦益对阮大铖的形象塑造发生变化,从一个戏曲成就突出的文人变成了一个命运坎坷的政治人物,并以崇祯十七年阮大铖命运的变化,来精确考定天一阁乙本的写定时间。这种判断的逻辑不适用于天乙本的形态特点,尤其不适用于阮大铖小传本身的定位。诚然,钱谦益在《列朝诗集》刻本小传中有对诗人形象的塑造、文学地位的构建以及个人的好恶褒贬。但这种塑造和构建的意图,是必须要在刻本正式公开刊行流传的前提下,在读者阅读和接受的过程中才能实现的,此时刻本小传已经处于写定的面向广大阅读者的状态了。但从天乙本的书写形态来看,天乙本是一个没有打算公之于众的稿本,主要供钱谦益本人阅读,撰写过程很是草率;该稿本中包含大量草书,追求书写速度,小传也是天头、诗题下等空白处随手添补,种种特点表明其尚处在构思未定的状态。这种状态和定位下写出的阮大铖极为简略的不成熟的小传,由于其撰写的随意性、内容的未确定性,尤其是没有阅读受众、不涉及读者如何接受、对读者的影响等问题,故而不会有很强的考虑传主公共形象变化并加以塑造的意图,不应作过度解读。同时,阮大铖小传相较天一阁稿本其他诗人小传还有一个特殊之处,即阮大铖是附在阮自华名下的附见诗人。天一阁稿本 115 位诗人中,附见诗人仅阮大铖一人。即使在刻本中,阮大铖的小传也是非常简略的,仅 51 字而已,篇幅远远不及明

---

① 徐隆垚《新见〈列朝诗集〉稿本考》,《文史》2021 年第 1 辑,第 229—230、235 页。

代其他知名文人和政治人物,较之主传诗人阮自华小传(403字)也相差甚巨。而天一阁稿本本来整体上小传篇幅就较刻本为短,其中作为附见诗人的阮大铖小传自然就更为简略,实际上也就是大致列上阮大铖的名姓,说明他和主传诗人阮自华的关系,作一个选人的记录而已。这种情况下,阮大铖的小传较之天乙本中其他作为主传诗人的小传,无疑是一种更加草率的状态。因此,就更不能作为考定该稿本成书时间的证据。

此外,对刻本小传是否提及阮大铖所编《燕子笺》诸剧,也不必作过度解读,因为《列朝诗集》刻本小传除生平外主要是诗文评,诗文无特色者则多仅记其生平,此为惯例,也是《列朝诗集》作为诗歌总集的本色,戏曲创作并非其必须论及的内容。如徐渭,刻本小传篇幅很长,但也只论其诗文,而丝毫未提及其著名杂剧《四声猿》;又如汤显祖,刻本小传篇幅同样很长,但也是主要论其诗文,只以一句带过其"临川四梦"。徐渭、汤显祖均为钱谦益所赞赏,且他们著名的戏曲创作也没有遇到如《燕子笺》曾被罢演的变故,但钱谦益同样采取了相对忽略的态度,这种写作策略很难说背后有什么具体的塑造公共形象的考虑。

从收人时限的体例来看,天乙本应成书于顺治三年阮大铖逝世之后。而细考天乙本的内容,还可发掘出关于其成书时间上限的线索。天乙本庄昶小传云:"庄昶,字孟旸,江浦人,进士,词林陈白沙推之,'百炼不如庄定山'之句。"天头又有草书小字补作:"《赠人》云:'岂无湖水甘神瀵,亦有溪毛当紫芝。'"考国图稿本亦收庄昶,小传云:

> 庄昶,字孟旸,江浦人,成化二年进士,授简讨,以谏止。元宵放灯,谪桂阳州判。居定山垂三十年。召至京,迁南验封郎中,得风疾致仕。杨用修云:"定山诗有逼真唐人者。如《罗汉寺》'溪声梦醒偏随枕,山色楼高不碍墙',《病眼》'残书楚汉灯前垒,小阁江山雾里诗',《宿三茅观》'荒村细雨闻啼鸟,小树轻风落野花'。若隐其姓名,决不谓定山作也。"

而到了刻本中,庄昶小传将国图稿本和天乙本内容结合,末尾则作:

> 杨用修云:"定山诗有逼真唐人者。如《罗汉寺》'溪声梦醒偏随枕,山色楼高不碍墙',《病眼》'残书楚汉灯前垒,小阁江山雾里诗',《宿三茅观》'荒村细雨闻啼鸟,小树清风落野花',《赠人》'岂无湖水甘神瀵,亦有溪毛当紫芝'。若隐其姓名,决不谓定山作也。"[①]

较之国图稿本,刻本庄昶小传末尾所引用的杨慎之语多出了《赠人》两句诗,且

[①] 《列朝诗集小传》,第267页。

这两句诗是补充在国图稿本小传所引杨慎语的最后。核杨慎《升庵集》卷五十六《庄定山诗》原文,有引《赠人》"岂无湖水甘神瀵,亦有溪毛当紫芝"两句。根据庄昶小传从国图稿本到刻本的添补变化情况,我们推测较为正常的逻辑顺序应该是国图稿本中所摘引的杨慎之言少了《赠人》之例,后钱谦益在编写天一阁稿本时发现此二句亦可采入,就在天乙本庄昶小传添补,刻本小传写定过程中,合并两部稿本的内容,故在国图稿本小传基础上加入了《赠人》两句诗,补充完整。由此来看,天乙本成书应该也在国图稿本之后。

同时,天乙本中也存在由国图稿本中录句的诗歌而补充成整首诗的情况。如吴宽《次韵顾天锡九日病起》一诗,国图稿本仅录"小苑入愁双杵外,故乡归梦一灯旁"两句,天乙本收整首诗并补充诗题。又如罗伦《答夏宪副止庵见赠》,国图稿本也是录句,而天乙本则收录整首诗并补充诗题。这也在一定程度上印证了天乙本成书在国图稿本之后。前述国图稿本成书在顺治五年后,似可由此进一步推测天乙本的成书时间亦在顺治五年后。

二、小传的特点及《列朝诗集》编纂进程

天一阁稿本的小传有一定特色。除高伯恂、唐时升、程嘉燧三人外,天一阁稿本其余每一位诗人都有小传。对比天一阁稿本与国图稿本重合诗人的小传,可以更明确地看出天一阁稿本小传的特点,也可进一步确证前文所述天一阁稿本在国图稿本之后成书的时序关系。兹举数例如下:

王履,字安道,昆山人。工诗画,复精于医药。

王越,字世昌,濬县人。景泰二年进士,累官兵部尚书,以功封威宁伯。

石珤,字邦彦,藁城人。成化二十三年,与兄玠同举进士。嘉靖三年,直内阁,加少保,兼太子太保,进武英殿大学士。

吴宽,字原博,长洲人。成化八年会试、廷试俱第一,历官礼部尚书。

陆容,字文量,太仓人。成化间进士,历官浙江右参政。

以上国图稿本小传。

王履,字安道,昆山人。笃志学问,博通群籍,游华山下,作图四十幅。自有华山以来,游而能图之,而能记之,而能诗,穷揽太华之盛,古今一人而已。

王越,字世昌,濬县人,进士。廷试日,旋风刮手,其卷飏去。逾年,高丽贡使携以上进。破虏,封威宁伯。

石珤,字邦彦,藁城人,进士,宗伯。三封内批,进退凛然。李长沙亟

称之,曰石氏季方后来当主文柄。

吴宽,字原博,长洲人。会试、廷试俱第一,位宗伯,卒于位。**吴人屈指前辈,首称鲍翁,颀然长德,学有根源,酷好苏学,亦最似长公。**

陆容,字文景,太仓人,进士,参事。少与张泰、陆钶齐名,号三凤,有文集,有《菽园杂记》。

以上天一阁稿本小传。(加粗处为国图稿本小传所无)

由以上数例可见,国图稿本小传基本上是对诗人的仕宦履历作具体的、规范的记述,无仕宦经历的则对其才艺特长略作介绍。而天一阁稿本小传同样遵循一定的写作格式,即将诗人的科举、仕宦经历简化,科举信息仅保留"进士"二字,仕宦经历仅保留最高官职的简称如"宗伯""参事",这应是不欲将国图稿本中已有的详细信息再一一重复,而着重于补充一些生平细节、时人评价。故天一阁稿本小传明显是在国图稿本的基础之上作了相应的补充与简化,二者在内容上呈现出互补递进形态,这种小传的互补形态占据了两种稿本重合诗人的绝大部分。① 最后再将两种稿本的小传内容进行汇集,全部融合进了刻本小传中。

天一阁稿本尤其是乙本有明显的草稿性质,多添补、涂改,字迹潦草。诗人的小传一般于诗作前集中书写,但往往又在别处如天头、诗末以及诗题之下的空白处补写小传内容,且多为草书,应该是后续随手补充的。如杨承鲲小传,在其选诗之前写有:"杨承鲲,字伯翼,父美益,进士,少卿,少有诗才,沈嘉则极重之,有集行于世,鄞人。"又于《蓟门行赠张伯海将军》诗题下写有小字:"诸诗京师盛传之。"又在《忆事》一诗之后空白处以草书写道:"伯翼少负才名,沈嘉则戏赠之云:'谁家小儿杨德祖,青天之鹘丹才虎。气猛翮健凌秋风,胆雄力旺不受抚。骚坛忽树五丈旗,自喜少年能跋扈。嗟我老大笔力衰,尚能技痒贾余怒。酒酣登坛赋大言,共说将军老还武。将军号令选偏裨,汝作先锋领旗鼓。鹘兮虎兮谁敢侮,世上凡儿何足数?君不见,杨德祖。'"刻本杨承鲲的小传即将天一阁稿本中这三部分结合起来,内容基本相同,仅个别叙述上有细微的差异。又如沈炼小传,在其选诗之前写:"沈炼,字纯甫,会稽人,嘉靖戊戌进士,直谏被杀。"又在《感怀》诗末有"锦衣经历"四字。又在《秋夜感怀》天头有小字行书:"庚戌之变,纯甫抗疏,用赵吉贞议,请兵二万,护陵通饷,勤王兵,扼其惰归,使只轮不返,朝廷壮之②。后,劾严嵩父子,受难。"这三部分内容也都收入了刻本小传中。他如陈鹤、丰坊、石瑶、庄昶、虞淳熙、冯梦祯等人皆有这

---

① 也有个别例外的情况,如前述庄昶小传,国图稿本所载内容细节较为丰富,但即使如此,天一阁稿本仍作了少许补充。

② 此处"之"字为红字,补在"壮"字右下。

种情况,天头或诗作空白处所补充的小传信息一般都为生平事迹中的细节或者时人对传主的评价。

天乙本中有部分诗人的小传内容已较为丰富,其中篇幅相对较长、内容更详的多为知名文人如李攀龙、谢榛、徐渭、汤显祖、袁宏道、袁中道、陶望龄、虞淳熙、冯梦祯等,以及政坛显宦如于慎行、沈一贯、张居正、戚继光等。兹以虞淳熙、戚继光为例:

> 虞淳熙,字长孺,钱唐人,万历癸未进士,为兵部,议兵有条理。常护作昭陵,千骑闯入红门,守将皆失厝,长孺命结方阵,半隐林中,鸣钲骇之,遂遁去。后为执政不容,以此去职。长孺三岁时,见室中莲花宝树,念佛不绝口。又梦至武夷,以杖击空中,见龙沉海底,鹤鸣松间。口吟曰:"龙藏海底日,鹤鸣松下风。"父母知非凡儿也。家贫罕书,与弟淳贞闭门抄写方术阴符相饫,习天台止观,俱好仙佛。淳贞言其兄一生多仙灵冥感。己卯场中,寐而腕书六义,醒以意足之。为举子,昙鸾降焉,以所挟行卷焚之,俄而完楮飞回,上有紫粉批绝细。为郎时,以飘飘灵人之颜,挟鸾驭出入谈笑,惊动长安人。常曰:"我不悟道,决不补官,当为陆法和,不亦为王伯安上天目坐死关前。"累日,忽梦高峰斩其左臂,霍然有悟。自此埋照缚禅,不复拈弄光景矣。虞长孺晚依云棲,复三潭放生池,赋诗赞佛,湖上钟鼓花鸟于焉一新。有《德园集》。

> 戚少保继光,字元敬,登州人,世袭参将,浙中制鸳鸯阵,大破倭于台州,副总福建,又破倭,复兴化,闽寇悉平。召理戎政,出总蓟镇,筑墙堡,立车营,东西虏不敢入犯。江陵当国,能信任。大阅蓟门,上功,进都督。卒赠少保,赐谥武毅。少保少折节为儒,通晓经术,军中篝灯读书,暇则登临赋诗,与文人俱,人莫知为故将军也。明中叶□名将,至今兵法后人多师之。

此二则小传,叙述人物生平已经十分完整,尤其是虞淳熙小传中已有较为生动、丰富的细节。谢榛的小传,更是有七百余字,已将赵王府歌姬演奏其所作《竹枝词》的始末描绘得十分细致,与刻本谢榛小传已非常接近,限于篇幅,不具录。

天一阁稿本中虽有部分诗人的小传已较为丰富,较之北大稿本、国图稿本中的小传篇幅总体上有所扩充,但与刻本中小传仍有明显的差距,不仅大部分小传仍缺少生平细节,且除了李攀龙和袁宏道小传中有一两句略有涉及,其他小传中皆无钱谦益个人的主观评语。钱谦益个人的评论是《列朝诗集》小传中最具特色和个性的内容。钱谦益在小传中的评论,若传主生平经历出众则以史评为主,若传主诗文有特点则以诗文评为主。钱谦益对人物生平及政治经历的评骘与论断、对诗歌创作艺术价值与诗学观点的评论,前者体现史官评断反思之职分,后者则是钱谦益作为文坛盟主集中表达诗学观点、树立门户、操持文柄的主要阵地。而这两方面的评论在天一阁稿本小传中基本上是缺失的。仍以虞淳熙、戚继光为例,刻本中虞淳熙的小传基本上沿用了天一阁稿本中的生平叙述,但在结尾处加上了一段:

> 长孺少见知于李于麟、王元美,赋才奇谲,搜抉奇字僻句,务不经人弋获,以为绝出。于时贤,颇心折汤若士、屠长卿,自诡以兀胜之。虽未免牛鬼神蛇之诮,可谓经奇者也。尝曰:"我文似古而不似古者,皆我胸中语耳。"黄贞父评其诗文曰:"宏深微眇,应念而作,风生雨集,排古荡今。"斯善誉长孺者矣。①

虞淳熙在明末的主要贡献在思想方面,尤其是其学仙学佛,沟通儒佛,但他的诗歌创作有一定特点,故钱谦益在刻本小传中仍有所措意而作了评论。从钱氏评价来看,虞淳熙诗作受到其思想倾向和学仙学佛经历的影响,以奇僻为特色,钱谦益对其总体评价并不高,但钱氏仍注意描述虞淳熙早年见知于李攀龙、王世贞,又倾心于汤显祖、屠隆,继而引虞淳熙自评及他评之语,从"似古而不似古者,皆我胸中语""应念而作""排古荡今"的角度,肯定了其诗有别于复古派的特点。关于复古与反复古是钱谦益在《列朝诗集》诗学体系建构中的核心关注,虽然虞淳熙本身诗作艺术价值并不很高,但钱谦益仍着意将之纳入他的核心诗学评判体系中,从虞淳熙诗学上所受的影响、倾向,以及其创作与复古的区别,来看待其诗歌特点,也就巧妙地在其诗学谱系中定位了虞淳熙诗歌的价值。这就与后来的如陈田《明诗纪事》中的一味否定之语构成明显区别。这是钱谦益小传诗文评的特点所在。这段并不长的小传诗文评部分,可视为钱氏作为文坛盟主于《列朝诗集》中表达诗学观念、操持文柄的意图在一位诗坛边缘型诗人身上的体现。钱谦益的这一评论,显然非常重要而又有他鲜明的个人风格特色。而天一阁稿本虽然对其生平描述及轶事记述已经相当完备,但缺失了钱谦益对虞淳熙诗歌的评论,对于虞淳熙这样诗歌创作有特点的诗人来说,显然是不足的,也未能体现钱谦益的诗学批评立场和意图。

对于戚继光,刻本则在天一阁稿本基础上对其生平作了细节补充,后面还用了大量的笔墨来评论其人:

> 结发从戎,间关百战,绥靖闽浙,功在东南。掌京营日,建议更制练兵,长驱出塞,踵文皇三犁之绩,收百世挞伐之利。出镇之后,当事者掣其肘,不得行。在蓟修筑之功甫就,中道龃龉,卒以罪废。生平方略,欲自见

---

① 《列朝诗集小传》,第620页。

于西北者,十未展其一二,故其诗多感激用壮、抑塞愦张之词。君子读而悲其志焉。……呜呼!江陵枋国,谭戚在边,边防修举,北虏帖服,此何时也?江陵殁,谭戚败,边防隳废,日甚一日,而国势亦从之鱼烂瓦解,驯致今日,继江陵而为政者,岂能不任其责乎?第诗有云:"谭今已死戚复南,边境危疑虑叵测。论者不引今昔观,纷纷搜摘臣滋惑。"第徒忾叹于搜摘之多口,而未及循本于政地,殆亦知之而不敢言也。呜呼悕矣!①

戚继光为一代名将,功业彪炳,而倭寇问题,特别是北方边防问题,牵涉到明朝存亡,对于经历国破家亡的钱谦益来说,以遗民史官的立场回望历史,感慨反思尤为深切沉痛。故在论及戚继光生平事迹时,其悲愤、叹惋、痛切之情不可遏制地充溢于字里行间。与之相比,天一阁稿本小传中所述虽也已有戚继光生平大要,但毕竟只是一种客观的平直的陈述,这种个性化的极具特色的史评则是没有的。

笔者曾论及,小传应是钱谦益在整个编纂进程的最后才写定完善的,②从天一阁稿本小传的情况来看,可进一步印证笔者多年前的这一推断。根据上文的考述推测,天一阁稿本应成书于顺治五年之后,且在国图稿本成书之后。天一阁稿本向我们具体呈现了在国图稿本小传之后,钱谦益是怎么进一步增补小传的,这是对《列朝诗集》编纂研究的进一步深入和细化。天一阁稿本小传在国图稿本基础上作了一些补充,与国图稿本小传呈现出递进互补的关系。而尤其在一些著名诗人、重要政治人物的小传中,天一阁稿本更清晰地展现出了小传篇幅如何逐渐扩充的细节,大致是先有姓氏字号、科举、官职等基本信息,后续再在天头、诗末等空白处用草书逐渐补充生平事迹的细节,而钱谦益最有特色的个人评论仍是缺失的。也就是说,小传中钱谦益个人的评论应该主要是在顺治五年后、天一阁稿本成书之后的编纂过程中才最后完成的。正如前文所论,钱谦益是在临近公开刻印出版之前,需要面对公众的阅读和接受,才将自己个性化的态度和观点呈现出来,树立旗帜。小传的这一撰写过程,与钱谦益编纂《列朝诗集》的动机也是相符的,他的首要编纂动机是存史,③故小传中叙述生平是第一步,包括钱氏诗文评在内的个人评论则在其后。

三、余 论

天一阁甲本、乙本总共收115人,并不算多,但时间跨度很长,从由元入明

---

① 《列朝诗集小传》,第540—541页。
② 都轶伦《〈列朝诗集〉编纂再探:以两种稿本为中心》,《文学遗产》2014年第3期,第113页。
③ 亦即陈寅恪所云"牧斋之编《列朝诗集》,其主旨在修史,论诗乃属次要者。"见陈寅恪《柳如是别传》,北京:生活·读书·新知三联书店,2001年,第1013页。

的刘崧、刘承直到明末的程嘉燧、阮大铖，所收诗人纵跨整个明代，既有极负盛名的诗人、功名显赫的历史人物，也有生平不显的小家。每位诗人名下收诗都很少，收诗最多的是徐渭，为17首，其次是汤显祖，为11首，其余诗人则大多只收一两首。每位诗人的收诗数量不仅与刻本悬殊，也明显少于北大稿本、国图稿本。故笔者推测，天一阁稿本或许是一部补充性质的稿本，以补充小传为主。绝大部分诗人下皆作传，再略选一两首诗作。相较北大稿本、国图稿本，天一阁稿本总体比较凌乱，情况也比较复杂，内容及性质值得进一步探讨。

从与钱谦益《列朝诗集》相关的几种稿本的流布来看，在入公藏之前，北大稿本为民国时苏州人潘博山得乎上海书肆，国图稿本为苏州人蒋凤藻得于上海郁氏，上图藏《明五七言律诗选》历经苏州沈兆熊、陆树声、张蓉镜递藏，皆是在钱谦益故里附近苏沪一带流传，也被乡里之藏书家、学者所熟悉、珍视，题跋之中皆是对钱氏手泽的赞赏。而天一阁本则远传至宁波，还被误题为出自范光文之手，以致湮没多年才被发现。这部书如何被带至宁波，为何会被误题，也希望日后能有更多的材料面世，为解决此问题提供线索。

《今乐考证》订误八则

张 丹

【内容提要】 本文依据相关文献,从征引、著录等方面对《今乐考证》中的八则条目进行正误:"柯九思"与"丹丘先生"混淆;引用《燕在阁知新录》有误;《乐器》部分引文所属书籍有误;王衡杂剧《没奈何》《哭倒长安街》混为两种;朱仲谊杂剧《玉娇春》《鸳鸯冢》混为两种;"西泠野史""无枝(甫)"混为两人;"秦鸣雷"误为"李鸣雷";"双溪荐山"误为"溪荐山",其下少著录《芙蓉楼》一剧。

【关键词】《今乐考证》 订误

姚燮《今乐考证》总录宋元以来戏曲成果,内容丰富,为清代戏曲目录书较完备者,是一部重要的戏曲研究参考资料。然限于作者时代和所见书籍有限,书中有些讹误在所难免,已有学者指出一二,笔者在研读中也发现其中八则讹误,未见学者指出,下文对此八则略作考辨,以就正于方家。

一

《今乐考证·部色》:"柯九思云:'杂剧有正末……即院本中之狙。'"①《鬼门》:"柯九思云:'构肆中戏房出入之所……出入鬼门道。'"②

姚氏引"柯九思云",误,应为"丹丘先生云"。《今乐考证》中《部色》与《鬼门》均出现"柯九思云",其征引自臧懋循《元曲选·丹丘先生论曲》。③该

---

* 本文为国家社科基金重点项目《明清散曲稀见文献整理与研究》(19AZW013)、"中央高校基本科研业务费专项资金资助"阶段性成果。

** 本文作者为浙江大学文学院古代文学专业博士研究生。

① 〔清〕姚燮《今乐考证》,《中国古典戏曲论著集成》第十册,北京:中国戏剧出版社,1959年,第10—11页。

② 〔清〕姚燮《今乐考证》,《中国古典戏曲论著集成》第十册,第27页。

③ 〔明〕臧懋循编,隋树森校《元曲选》,北京:中华书局,1958年,第20页。

类混淆虽已有学者指出,但未用材料予以证明。① 元明两朝,以"丹丘"为号者有五,②然姚绶、王可立均为明代官员,所存资料无涉戏曲。可混淆于戏曲文献的"丹丘先生"有三:一为元初书会才人柯丹丘,张大复认为他作《荆钗记》一剧;另有元代书画家柯九思,字敬仲,号丹丘、丹丘生、五云阁吏,台州仙居人,有《丹丘生集》。此二人是否为一人不详。明代宁献王朱权,也有"丹丘先生"之称,作《太和正音谱》。《元曲选·丹丘先生论曲》节选自朱权《太和正音谱·词林须知》,姚氏转引,除两处"柯九思云"之外,亦有"赵子昂云"(转引自《元曲选·吴兴赵子昂论曲》)③、"涵虚子云"(转引自《元曲选·涵虚子论曲》)④等。朱权与柯九思皆以丹丘为号,因而姚氏误将"丹丘先生"作"柯九思"。由上,姚氏引"柯九思云"应为"丹丘先生云",此"丹丘先生"为"朱权"。

二

《今乐考证·部色》:"(《知新录》)又云:'……按:今世有生,有外,有丑。宋时末,则今日之丑也。'"⑤

姚燮征引有误。"宋时末,则今日之丑也",王棠《知新录》作"宋时末,则今日之生也"。⑥ 宋杂剧之末色又有"末泥"与"副末"之分,耐得翁《都城纪胜》:"杂剧中末泥为长……末泥色主张,引戏色分付,副净色发乔,副末色打诨,又或添一人装孤。"⑦元明杂剧对此脚色有所继承,朱权《太和正音谱》:"正末:当场男子谓之末,末,指事也,俗谓之末泥;副末:古谓苍鹘,故可朴靓者,靓谓狐也,如鹘之可以击狐,故副末执磕瓜以朴靓也。"⑧袁宏道《瓶花斋集》:"故余尝辟教僧如开场副末,敷衍家门而已。"⑨故末泥为正杂剧除副净、副末之外的

---

① 刘荫柏《朱权及其剧作论考》:"因为朱权自称为丹丘先生,惹来不少麻烦,往往与元人柯丹丘、柯九思三者混淆不清。"(《中华戏曲》2003年第2期)魏明扬《姚燮〈今乐考证〉的文献学研究》:"姚燮当时因二人号相同而混淆为一人了。"谭坤主编《诗词曲艺术新论》,上海:上海三联书店,2015年,第273页。

② 除后述三人外,"丹丘先生"还有:1. 姚绶,明代天顺、成化间人。杨循吉《明故丹丘先生姚公墓志铭》:"(姚绶)所居在大云里东,绕水竹作室,曰'丹丘',啸咏其中,自称'丹丘先生'。"(黄宗羲编《明文海》第五册,北京:中华书局,1987年,第4986页)2. 王可立,明代嘉靖间人。"王可立,人称'丹丘先生',元简幼弟也。"(《(康熙)上元县志》,康熙六十年刻本)

③ 〔明〕臧懋循编,隋树森校《元曲选》,第20页。

④ 〔明〕臧懋循编,隋树森校《元曲选》,第21页。

⑤ 〔清〕姚燮《今乐考证》,《中国古典戏曲论著集成》第十册,第14页。

⑥ 〔清〕王棠《燕在阁知新录》,《续修四库全书》(第1146册)子部杂家类,上海:上海古籍出版社,第752页。

⑦ 〔宋〕耐得翁等《都城纪胜(外八种)》,上海:上海古籍出版社,1993年,第7页。

⑧ 〔明〕朱权《太和正音谱》,《中国古典戏曲论著集成》第三册,第53页。

⑨ 〔明〕袁宏道《浮山九带序》,《袁中郎全集·文钞》,上海:上海图书馆出版部,1935年,第22页。

男主角。而副末则有插科打诨、戏谑嘲弄之用,后世则以丑角承担其职能。宋元南戏中,又有生来代替男主角,《曲律》:"今南戏副净同上,而末泥即生,装孤即旦,引戏则末也。"① 清人俞樾《茶香室丛钞》:"元杂剧中末,即今戏文中生也。考郑德辉《倩女》、关汉卿《窦娥》,皆以末为生。……《青楼集》所称末泥,即生无疑。"② 故末泥作生为南戏之后而易名。

三

《今乐考证·乐器》:《许彦周诗话》谓:"状如张箕,探手摘弦出声。古施郊庙雅乐,近代专用于楚声。"③

"古施郊庙雅乐,近代专用于楚声"一句最早出自沈约《宋书·乐志》而非许𫖮《许彦周诗话》。《许彦周诗话》论箜篌:"状如张箕,探手摘弦出声。卢玉川诗云'卷却罗袖弹箜篌',此语亦未可讥诮。司马温公尝语程正叔云:'辩证古人误处,当两存之,勿加诋訾也。'"④ 沈约《宋书》第十九卷《乐志》有"古施郊庙雅乐,近世来专用于楚声"。⑤ 考姚燮《今乐考证》稿本,该处无标点,⑥ 故讹误主要来自于《中国古典戏曲论著集成》的标点错误,下引号应在"探手摘弦出声"一句之后。

四

《今乐考证》中《著录三 明杂剧》:"王辰玉(四种):《哭倒长安街》、《杜祁公藏身真傀儡》、《郁轮袍》、《没奈何》。"⑦

姚氏著录王衡(字辰玉)杂剧四种,以《哭倒长安街》《没奈何》为两种,二者实为一种,即杂剧《葫芦先生》别名。《扬州画舫录》此处的著录亦有误,⑧《今乐考证》多处引用《扬州画舫录》,故该书可能是姚氏讹误之源。日本内阁文库藏明刊本《新刊葫芦先生杂剧》,其正名曰"没奈何哭倒长安街,弥勒佛跳入葫芦

---

① 〔明〕王骥德《曲律》,《中国古典戏曲论著集成》第四册,第142页。
② 〔清〕俞樾《茶香室丛钞》,赵一生主编《俞樾全集》第23册,杭州:浙江古籍出版社,2017年,第1783页。
③ 〔清〕姚燮《今乐考证》,《中国古典戏曲论著集成》第十册,第59页。
④ 〔宋〕许𫖮《许彦周诗话》,北京:中华书局,1985年,第2页。
⑤ 〔南朝梁〕沈约《宋书》,北京:中华书局,1974年,第556页。
⑥ 〔清〕姚燮《今乐考证》,《续修四库全书》1759册,上海:上海古籍出版社,2002年,第264页。
⑦ 〔清〕姚燮《今乐考证》,《中国古典戏曲论著集成》第十册,第155页。
⑧ 〔明〕李斗《扬州画舫录》,《历代史料笔记丛刊》,北京:中华书局,1960年,第113页。

里"。① 根据剧本内容,"没奈何"与"弥勒佛"均为剧中主要人物,可证《哭倒长安街》《没奈何》与《葫芦先生》为同剧异名。此前有傅芸子于东京内阁文库见此书,②吴书荫引其言。③ 此外,徐朔方《王衡年谱》曰"《葫芦先生》又名《没奈何》,作为弋阳腔杂剧插入陈与郊《袁氏义犬》第一出",④王森然《中国剧目词典》亦指出姚氏之误。⑤ 然上述诸家唯有傅芸子看到该剧,其余皆从其说,今可据影印本及其题名、剧情定姚氏之误。

五

《今乐考证》中《著录三 明杂剧》:"朱仲谊(二种):《玉娇春》、《鸳鸯冢》。"⑥

《玉娇春》《鸳鸯冢》为同剧异名,不应分别著录。朱仲谊,名经,号观梦道士,又号西清居士,孙楷第考为陇右人。⑦《录鬼簿续编》有传,并载其杂剧《三塔记》《鬼推门》《鸳鸯冢》三种,⑧徐一夔《送朱仲谊就养序》亦载其事。⑨ 现存朱仲谊杂剧唯有《词林摘艳》《雍熙乐府》中的《鸳鸯冢》佚曲【黄钟】【南吕】两套,【黄钟】调有《古寨儿令》曲,题"鸳鸯冢杂剧"。⑩《北词广正谱》亦有《古寨儿令》一曲,题"朱仲谊撰《鸳鸯冢》",又有《神仗儿》曲,题"朱仲谊撰《王娇春》",⑪故二者实为一剧。其本事出于宋梅洞《娇红记》中王娇娘事,疑"玉"为"王"之误刻。故《玉娇春》《鸳鸯冢》皆为朱仲谊所撰《死葬鸳鸯冢》之别名。

六

《今乐考证》中《著录四 国朝杂剧》:"西泠野史、无枝甫合作(四种):《钿合奇缘》、《蟾蜍佳耦》、《义妾存姑》、《人鬼夫妻》。"⑫

傅一臣,字青眉,号无技,别署西泠野史,杭州人。有《苏门啸》杂剧集,现

---

① 黄仕忠编校《明清孤本稀见戏曲汇刊》上册,桂林:广西师范大学出版社,2014年,第67页。
② 傅芸子《东京观书记》,《白川集》,东京:文求堂书店,1943年,第94页。
③ 吴书荫《〈再生缘〉杂剧作者考辨》,《汤显祖及明代戏曲家研究》,上海:复旦大学出版社,2018年,第297页。
④ 徐朔方《王衡年谱》,《晚明曲家年谱》第一卷,杭州:浙江古籍出版社,1993年,第355页。
⑤ 王森然《中国剧目词典》,石家庄:河北教育出版社,1997年,第322页。
⑥ 〔清〕姚燮《今乐考证》,《中国古典戏曲论著集成》第十册,第158页。
⑦ 孙楷第《元曲家考略》,上海:上海古籍出版社,1981年,第37页。
⑧ 《录鬼簿续编》,《中国古典戏曲论著集成》第二册,第282页。
⑨ 〔明〕徐一夔撰,徐永恩点校《徐一夔集》,杭州:浙江古籍出版社,2017年,第197页。
⑩ 〔明〕张禄《词林摘艳》,北京:文学古籍刊行社,1955年,第1061、1091页。
⑪ 〔清〕李玉《北词广正谱》,《善本戏曲丛刊》第80册,台北:台湾学生书局,1984年,第52、47页。
⑫ 〔清〕姚燮《今乐考证》,《中国古典戏曲论著集成》第十册,第170页。

存明刻本,董康据以影印,学苑出版社据傅惜华藏本影印,另有整理本行世。①该集包含杂剧十二种,以上即为其中四种。胡麒生《〈苏门啸〉小引》称其著者为"青眉",②汪大年作序称其为"傅无技",故青眉、无技为其字号。《苏门啸》题"西泠野史无技甫填词,檇李雁道人仙上评阅"。"檇李雁道人仙上",钱应介,字仙上,号檇李雁道人。《今乐考证》稿本作"西泠野史、无枝甫合作",③《中国古典戏曲论著集成》作"西泠野史、无枝甫合作","技"与"枝"形近,"泠"与"冷"形近,姚燮稿本讹一处,讹"技"为"枝",《中国古典戏曲论著集成》所收《今乐考证》讹两处,讹"技"为"枝",讹"泠"为"冷"。另《扬州画舫录》④《曲话》⑤也误作两人,姚氏之讹可能来自于此。

七

《今乐考证》中《著录六 明院本》:"李鸣雷(一种):《清风亭》。鸣雷,天台人。"⑥

李鸣雷,当为秦鸣雷。吕天成《曲品》:"秦鸣雷华峰,天台人。"⑦"华峰以状元乐归隐。"⑧"秦华峰所著传奇一本《清风亭》。"⑨祁彪佳《远山堂曲品》:"秦鸣雷《清风亭》,《遇子》一出,宛然当年情景。"⑩董康《曲海总目提要》卷九著录《合钗记》,"编次者天台秦鸣雷,或即其所撰"。《扬州画舫录》残存《曲海目》误为李鸣雷,⑪《传奇汇考标目》又误作"李华峰,名宗泰,长洲人"。⑫ 叶德均提出姚氏之误,然未对明人秦鸣雷、李鸣雷、李宗泰作进一步考述。⑬ 清代有字少村者李宗泰,⑭有字化溥者李鸣雷,⑮无号华峰者李宗泰。明嘉靖二十三年甲辰科

---

① 廖可斌主编《稀见明代戏曲丛刊》第一册,北京:东方出版中心,2018年。
② 蔡毅《中国古典戏曲序跋汇编》,济南:齐鲁书社,1989年,第890页。
③ 〔清〕姚燮《今乐考证》,《续修四库全书》1759册,第457页。
④ 〔明〕李斗《扬州画舫录》,《历代史料笔记丛刊》,第113页。
⑤ 〔清〕梁廷枏《曲话》,《中国古典戏曲论著集成》第八册,第248页。
⑥ 〔清〕姚燮《今乐考证》,《中国古典戏曲论著集成》第十册,第216页。
⑦ 〔明〕吕天成《曲品》,《中国古典戏曲论著集成》第六册,第216页。
⑧ 〔明〕吕天成《曲品》,《中国古典戏曲论著集成》第六册,第217页。
⑨ 〔明〕吕天成《曲品》,《中国古典戏曲论著集成》第六册,第239页。
⑩ 〔明〕祁彪佳《远山堂曲品》,《中国古典戏曲论著集成》第六册,第49页。
⑪ 〔明〕李斗《扬州画舫录》,《历代史料笔记丛刊》,第115页。
⑫ 《传奇汇考标目》,《中国古典戏曲论著集成》第七册,第234页。
⑬ 叶德均《祁氏〈曲品〉〈剧品〉补校》,《叶德均学术文选》,昆明:云南大学出版社,2016年,第53页。
⑭ 〔清〕陈嗣良等《(光绪)曹县志》,《中国地方志集成》第84册,南京:凤凰出版社,2004年,第163页。
⑮ 〔清〕李志鲁《(乾隆)柘城县志》卷八《选举志》,乾隆三十八年刻本。

秦鸣雷，张弘道《皇明三元考》："状元秦鸣雷，浙江临海人……字子豫，号华峰。"①临海即属天台。又有明崇祯十五年壬午科有上林（一作宾州）人李鸣雷，《明史》著录李鸣雷《古酒史》六卷。②沈德符《万历野获编》："甲辰状元秦鸣雷，至大宗伯。"③《睡庵稿》有《秦华峰先生〈倚云楼序〉》④（卷二），张居正有《答南宗伯秦华峰》，⑤明人中号华峰之天台人，唯有秦鸣雷。《清风亭》的作者，也是秦鸣雷而不是李鸣雷。

八

《今乐考证》中《著录八 国朝院本》著录："苍山子（二种）：《广寒香》、《丰乐楼》。"⑥"溪鹰山（二种）：《易水歌》、《广寒香》（与苍山子同目）。"⑦

《今乐考证》稿本作"鹰山（二种）：《易水歌》、《广寒香》（与苍山子同目）。"旁有一小字，疑为"溪"。⑧ 别本《传奇汇考标目》著录《芙蓉楼》作者为双溪荐山。王国维《曲录》卷五引《曲考》，著录《芙蓉楼》《广寒香》《易水歌》三种，并题"右三种鹰山撰"。吴梅《奢摩他室曲丛手订目录》记《芙蓉楼》为"双溪原刻本"，作者为"荐山"。《古本戏曲丛刊五集》影印康熙扣钵斋刊本《芙蓉楼》上、下卷首署"双溪鹰山填词"。⑨ 由上，《芙蓉楼》作者为"双溪鹰山"，姚氏"溪荐山"为"双溪荐山"之误，且少著录了《芙蓉楼》。"双溪"，严敦易疑为地名。⑩

董康《曲海总目提要》著录《广寒香》时题："近时人作，其自号曰苍山子。"⑪吴梅藏书带草堂本《广寒香》题"苍山子"作。《古本戏曲丛刊五集》影印康熙文治堂刊本《广寒香》，题"苍山子编"。则苍山子作《广寒香》。

《古本戏曲剧目提要》将《芙蓉楼》《广寒香》归属汪光被，⑫《中国曲学大辞

---

① 〔明〕张弘道、〔明〕张凝道辑：《皇明三元考》，《明代传记丛刊》019，台湾：明文书局，第469页。
② 〔清〕万斯同《明史·艺文志》，《二十五史艺文经籍志考补萃编》第24卷，北京：清华大学出版社，2014年，第152页。
③ 〔明〕沈德符《词林大拜》，《万历野获编》，北京：中华书局，1959年，第188页。
④ 〔明〕汤宾尹《睡庵稿》，《四库禁毁书丛刊》集部第63册，北京：北京出版社，第36页。
⑤ 〔明〕张居正《张太岳集》，上海：上海古籍出版社，1984年，第276页。
⑥ 〔清〕姚燮《今乐考证》，《中国古典戏曲论著集成》第十册，第264页。
⑦ 〔清〕姚燮《今乐考证》，《中国古典戏曲论著集成》第十册，第265页。
⑧ 〔清〕姚燮《今乐考证》，《续修四库全书》1759册，第621页。
⑨ 王卫民《吴梅〈奢摩他室曲丛〉及其全目》，《文献》第7辑，北京：书目文献出版社，1981年，第51页。
⑩ 严敦易《〈熙朝名剧三种〉及其作者》，《元明清戏曲论集》，郑州：中州书画社，1982年，第211页。
⑪ 〔清〕董康《曲海总目提要》，天津：天津古籍书店，1992年，第1161页。
⑫ 李修生主编《古本戏曲剧目提要》，北京：文化艺术出版社，1997年，第421页。

典》亦将二剧归汪光被作,①另有邓长风等学者作此解。② 《明清传奇综录》则以苍山子为《广寒香》作者,以双溪荐山为《芙蓉楼》作者。③ 然据今所见文献,只署苍山子作《广寒香》,双溪荐山作《芙蓉楼》,不能证二人皆为汪光被。姚氏著录"溪荐山"为"双溪荐山"之误,同时少著录《芙蓉楼》一剧。

---

① 齐森华、陈多、叶长海主编《中国曲学大辞典》,杭州:浙江教育出版社,1997年,第502页。
② 邓长风《〈中国古典戏曲序跋汇编〉简评——兼谈清代曲家曲目著录的若干问题》,《文献》1996年第2期,第81页。
③ 郭英德《明清传奇综录》,石家庄:河北教育出版社,1997年,第854—855页。

桐城派《左传》评点的卒章
——吴闿生《左传微》义法探赜

潘 登[*]

【内容提要】 吴闿生以马骕《左传事纬》为蓝本,将《左传》先后编为《左传文法读本》《左传微》。《左传微》不仅汇聚桐城派《左传》的评点和研究成果,还就《左传》经学书法、微言大义、文章风格发表许多新见。与林纾同期的《左传撷华》比较,后期桐城派关于义法、文辞的分歧得以部分呈现。《左传微》的文史价值即可从这纵横两个维度作出评价。

【关键词】 吴闿生 《左传微》 《左读文法读本》 桐城派 《左传撷华》

民国十二年(1923),吴闿生(1879—1949)《左传微》十二卷由及门弟子集资刊行。根据曾克端《左传微序》,作者一是鉴于桐城派先贤对《左氏》义法粗有发明,而引绪未申,二是有憾于"经生家""治史者"与"为文章者"或言"义在书法""编年之祖",或"刺取一二单篇零简,朝研夕稽,以为精华萃此",皆为务细遗大,本书之作,意在彰显《左传》行文之妙、玄微之旨。可以说,《左传微》是桐城派历史上一部综合式、总结性的《左传》学著作,也是传统经学向现代文史之学转化的一个缩影。为了对这个总结方式与转化过程有更加清晰的认知,本文在先行研究基础上,[①]就《左传微》的编纂问题、家派渊源、历史地位进一步申论如下。

一、从《左传事纬》到《左传文法读本》再到《左传微》

《左传微》卷首《例言》称:"此书初稿系宣统初元与同学刘君宗尧培极所合

---

[*] 本文作者为湖北大学文学院讲师。

① 李卫军《〈左传〉评点研究》,华东师范大学 2008 年博士学位论文,第 124—128 页。蔡妙真《未许经典向黄昏——〈左传微〉评点的时代特色》,《兴大中文学报》第二十七期,2010 年,第 233—260 页。张博《吴闿生〈左传微〉评点艺术研究》,河南大学 2013 年硕士学位论文。刘瑛《吴闿生〈左传微〉刍议》,《北京大学中国古文献研究中心集刊》第十四辑,2015 年,第 77—87 页。方盛良《吴闿生〈左传微〉与桐城'义法'的延展》,《安徽大学学报(哲学社会科学版)》,2021 年第 2 期,第 54—63 页。黄梓勇《吴闿生〈左传微〉晋文公形象的解读及其相关问题》,《孔孟学报》第 95 期,第 183—199 页。

著。今鄙说既多所更定,刘说之善者亦仍录存之。"初稿宣统元年已经出版,称《左传文法读本》。① 吴闿生当时多倚重刘培极之力,两人意见几乎平分秋色。《左传微》增补《例言》九则,调整传文编次、评点体例,修改评点内容。这些都属"多所更定"的范围。初稿卷首载宣统元年吴闿生《与李右周进士论左传书》(以下简称《与李右周书》),将《左传》"文法之奇"归为四端,即"逆摄""横接""旁溢""反射",《左传微》仍录此书。

更定旧说有一个前提,那就是以清初马骕《左传事纬》为蓝本而对《左传》做的两次改编,先后所得分别是《左传文法读本》《左传微》。《与李右周书》说:"仆顷得一坊本,以每事相贯各为一篇,共得百馀篇,其间颇复舛谬,又为之整齐排比,于是《左氏》之大指较然出矣。""坊本"是马骕《左传事纬》,"整齐排比"所得是《左传文法读本》,故《例言》称:"画分章卷以马骕《左传事纬》为蓝本,而稍为之更定。"《左传事纬》为纪事本末体,共一百零八篇,《左传文法读本》定为一百一十篇,《左传微》篇数一仍《读本》,而继续对传文"移易次第,分别联缀"。吴氏说:"马骕分章多误。"② 又说:"马氏以事为主,今以文为主。事具则文之本末亦具焉,故不能大有违异也。至于讲明义法,诠说文字,大率自具创见,前无因袭。"在两次改编中,对传文次第的移易包括篇目与章句两方面。虽然移改幅度不大,但文字义法就是在变与不变中不断讲明的。

篇目的移改表现为分《左传事纬·晋楚狎盟》为《晋齐鞌之战》《晋楚之争》,分《宋殇之弑》为《宋华督之乱》《宋卫齐郑之成》,分《楚穆图北方》为《楚商臣之变》《楚穆之强》,等等。如鞌之战,《左传微》以之为晋国政变伏笔,否则"晋国之乱不待三郤时"。③ 而郤克战前因受齐国妇人嘲笑,意图报复,《左传》战后将此事重提,首尾呼应,文情自现。综合事与文来看,《晋楚狎盟》篇一分为二可谓离之双美。

章句的移改一般是在不同篇目间进行句段调整,相对隐蔽。如《左传微·齐桓之霸》以《左传事纬·齐桓霸业》为蓝本,移入僖公二年"齐寺人貂始漏师于多鱼"一句和僖公十七年齐桓公卒后数句,即"齐桓公卒,易牙入,与寺人貂因内宠以杀群吏,而立公子无亏"。④ 两处文字本在《宋襄图霸》篇,但与宋襄公

---

① 1995年,《左传微》由黄山书社整理出版。整理者出于保持原貌和方便研讨考虑,将初稿刘宗尧案语之未选录者尽皆保存。如此,于《左传文法读本》和《左传微》两无所当。随着一系列晚清民国丛书的出版,文献条件有所改观,学者对两本仍不加明白。本文引《左传微》文字虽据黄山书社校点本,但与民国十二年文学社刊本对校,涉及评点符号,则径据民国刊本。
② 吴闿生著,白兆麟校点《左传微》卷十一《鲁与邾齐之衅》,合肥:黄山书社,2014年第2版,第597页。
③ 《左传微》卷四《晋齐鞌之战》,第202页。
④ 《左传微》卷二《齐桓之霸》,第51—62页。〔清〕马骕《左传事纬》卷四《晋楚狎盟》,康熙刻本,《四库提要著录丛书》经部第89册,北京:北京出版社,2010年,第308—315页。

图霸之事关系不大,反而自成线索,与《齐桓之霸》主旨,即"刺桓,以'不务德而勤远略'为主"相应。故《左传微》评"多鱼"句:"于其极盛时先提一笔,以埋伏乱萌。"评"立无亏"一节:"至此始见前伏'漏师多鱼'之笔妙。"寺人貂多年泄漏军事机密,当齐桓公晚年内宠并立之时,终于里呼外应,以致君位纷争,中国无霸。又如《左传微·文姜之乱》叙述文姜与齐襄公私通,杀夫鲁桓公,其子庄公泄然,"以讥不复仇为主"。此篇将原属《左传事纬·齐襄灭纪》的齐国犯鲁一节移入。① 该节叙述桓公十七年夏,齐人侵鲁,疆吏告急,桓公主张慎守。吴闿生评:"为后之不能复仇反照。"庄公八年,庄公面对仲庆父伐齐之请,唯主"修德",与桓公"慎守"呼应,与"不复仇"主旨相合。②《左传文法读本》据《左传事纬》,将齐国犯鲁之事编在《齐之灭纪》,吴氏当时已觉不妥,但只注:"此节不当入此,以无所附,姑仍之。"③这种细微调整很能反应由浅入深讲明义法的过程。

  传统学者无论从《左传》或《公羊传》《穀梁传》的立场出发,大致都认为《春秋》经过圣人笔削,其书法辞例寄托微言大义。桐城派始祖方苞由此悟入,提倡"言有物""言有序"的"义法"说,为此派文学家确立基本衡文准则。就吴闿生移改传文次第而言,分合篇目、调整章句,力求文意连贯、主旨突出,这是从实践层面对"言有序""言有物"做出的说明。他所说的"义法"包含事、文、义的关系,这也是《春秋》学最初关注的问题。如研究者所言,文学理论与批评之间不存在泾渭分明的界限,欲知"义法"含义,当由评点解读来看。④ 除移改传文次第,吴闿生还做了两项工作:完善初稿评点体例;增削删改初稿评点。

  《左传微》完善初稿评点体例集中在两点。第一,增评每篇主旨,篇题之下注明"以……为主",有时一篇不限一事,故主两义,⑤此即"言有物"。《左传文法读本》仅在首篇《隐公之难》篇题之下加案语,说明主旨,其他篇目若有案语,也多置于文末,且多出刘培极之手。《左传微》删改刘氏案语,重新概括主旨,统一置于篇题之下。如《左传文法读本·楚庄之霸》篇末:"宗尧按,此篇以能尽职任为主。"《左传微》删去,在篇题下新增案语:"楚庄为春秋令辟,此篇所以表章之,以'德刑政事典礼不易'为主。"⑥第二,将圈点之例精细化,增加指示章法线索符号的使用频率,此即"言有序"。《左传文法读本》共计使用圈(。)、

---

① 《左传事纬》卷一《齐襄灭纪》,第238页。
② 《左传微》卷一《文姜之乱》,第33—34页。
③ 《左传文法读本》卷一《齐之灭纪》,林庆彰等主编《晚清四部丛刊》第二编第18册,台中:文听阁图书有限公司,2010年,第56页。按,《晚清四部丛刊》仅影印《左传文法读本》宣统元年铅印本前八卷,下文引及后四卷皆据宣统铅印原本。
④ 龚鹏程《经学如何变成文学?》,《关东学刊》2019年第3期,第149页。
⑤ 如《左传微》卷一《襄仲之乱》、卷五《秦晋之成》,第149、238页。
⑥ 《左传微》卷四《楚庄之霸》,第177、196页。

点(●)、角(△)三种符号,《左传微》用例大体相同,但是析例更加明确,最显著的是《左传文法读本》偶用"△"符,①《左传微·隐公之难》《齐桓之霸》《庆父之乱》《晋灭虞虢》《楚灭诸国》《晋骊姬之乱》等多篇使用,而且大多不见于初稿相应篇目。这一符号的作用如《楚庄之霸》和《卫灵之立》所指出的,前者借随会、栾书、楚庄王之口三论军政武备,"以成篇法",②后者三言"从公","乃文字义法"。③《左传微》揭明每篇主题,合而通之,得全书意旨;每篇各有组织,缘而求之,即文法所在。其体例可谓"义以为经而法纬之"。

《左传微》增削删改初稿评点以首篇《隐公之难》最为典型。历来经学家对隐公在位之事颇有分歧,如何处理经学与文学传统的关系,成为评点必然面临的首要问题。《左传文法读本》秉承发凡起例的经学传统,仅在该篇标题下加案语:"此篇宗尧谓首末节自为一篇,中间记居摄典礼自为一篇。今按,此篇中本有羼杂之文,姑钞为一篇,以便诵读,然不为左氏佳文也。"④《左传微》对传文的编排方式相同,⑤却说:"此篇以隐公让位居摄、谨小节而昧大体、卒遭篡弑之祸为主,所以惜隐公之贤而不获伸其志,意指所寄,皆于隐约吞吐间见之。后世无此文法,三代以上极奇之文字也。"这种反差反映的是吴闿生认识上的飞跃。《左传微》首篇评语主要为后来增改,"△"符也为《左传文法读本》所无。初稿未脱经学解释窠臼,将记居摄典礼一节视为典制文。如此,隐公摄位、滕薛争长断为两橛,不合"文法",难称佳文。对于释经文字,初稿墨守父说,后来有所变通,试图从字里行间寻求一贯线索,以为"改葬弗临""会葬不见""不与小敛""不赴诸侯""不反哭于寝""不祔于姑""不称夫人""不书姓"等一气奔注,左氏原本或如此。既然隐、桓嫡庶相差不远,隐公不必谨守典礼,自可于君位深图远虑。所谓"谨小节而昧大体"即《公羊传》所说的"其为尊卑也微,国人莫知",但从揣摩文意而非经学书法得来。

吴闿生更名定例的实质是在叙事的隐微之处由文通意、由法见义。这样不仅化解了初稿当中经义与文章之间存在的冲突,而且从"文法"倾向"义法",

---

① 卷四《晋灵之难》、卷五《秦晋之成》、卷六《晋悼复霸》《宋子罕之贤》,第183,276—278、300—301、335—336页。卷九《王子朝之乱》,21b,23b—24a。卷十《孔子用鲁》《晋中行氏范氏之亡》,25b,26b—27a,28b。卷十一《孔子用鲁》《卫庄出父子之争》,2b—3a,16a,17b。
② 《左传微》卷四《楚庄之霸》,第190页。
③ 《左传微》卷九《卫灵之立》,林庆彰主编《民国时期经学丛书》第二辑第40—41册,台中:文听阁图书有限公司,2008年,第595页。
④ 《左传文法读本》卷一《隐公之难》,第15页。
⑤ 据杨伯峻《春秋左传注》编号,依次为:隐公元年以前传文/隐一·一/一·二/一·五/一·九/一·一 /一·一四/二·三/二·五/一·五/一·七/五·九/八·二/八·九/一一·一/一一·八//桓一·一/一·二/一·四/一·七/二·一/二·七·六。杨伯峻《春秋左传注》,修订3版,北京:中华书局,2009年。

对文字背后的意义进行了更加深入的发掘。

二、《左传微》的家派渊源

在《左传微》面世前,吴闿生曾刊布吴汝纶《左传点勘》,每卷末转录方苞、姚鼐圈点。① 他还曾应许贺葆真代校《左传》姚鼐评点。② 今《左传微》主要引用吴汝纶,散见归有光、方苞、姚范、姚鼐、曾国藩、张裕钊、贺涛等人之说,可以说是桐城派《左传》评点的一部总结之作。它不同于经学考证,也与一般的文学评点有别,而是进行必要的文字校勘和训诂,将考据、辞章、义理、经济融会贯通。作者主张"文章为学问之原",③"桐城无所谓派",④其门户观念并不严格,但从家学上通桐城《左传》学传统,又不妨其达观之中厚植家族、地域文化基因。对桐城前贤成果的继承与转化,大致时代愈近表现愈直观,愈远而愈幽微。

吴闿生弥合经学释例与叙事文字的割裂很大程度上得益于父师讨论。光绪十九年,吴汝纶与贺涛就《左传》附益问题往复辩论。贺涛说:"左氏于《春秋》,具其事而已。其例而释之者,刘歆之为也。"他自称受方苞"刘歆增窜《周官》"说启发,以隐公元年《左传》为例,揭示刘歆"引传解经,转相发明"的具体做法,并推论刘氏所得"义理"在书法、释例之上,而贾逵将后者窜入传文,连同左氏旧文一并训释。⑤ 吴汝纶推为卓识,除怀疑"郑庄克段"外,还补充《左传》"羊斟非人"一例。⑥ 尽管二人对何人增窜附益《左传》未能达成共识,但主张"辨白删薙"的立场一致。这应该是源自方苞"薙芟勾画"《左传》的实践。方苞将经学资源转化为文章理论,也用评点表达见解。其《左传义法举要》曰:"僖、文以前,义法谨严,辞亦简炼。宣、成以后,义法之精深如前,而辞或澶漫矣。故于篇中可薙芟者,勾画以示其略。"⑦此说借鉴《春秋》笔削之法和《公羊》三世之义,⑧以义法谨严与言辞雅洁作为评价文章的双重标准,略开文章、考证、义

---

① 姚鼐圈点符号易辨者,如黄领圈标示具有明显时间指向的事件,句点标示礼义、书法,等等。吴汝纶《左传点勘》,都门印书局本,《桐城吴先生集》第16册,扬州:广陵书社,2016年,第39页。
② 徐雁平整理《贺葆真日记》民国五年二月二十日,南京:凤凰出版社,2014年,第377页。
③ 《北江先生集》卷六《古文辞类纂评点序》,林庆彰等主编《民国文集丛刊》第一编第96册,台中:文听阁图书有限公司,2008年,第413页。
④ 《北江先生文集》卷九《答张江裁书》,林庆彰等主编《民国文集丛刊》第一编第97册,第671页。
⑤ 《贺先生文集》卷二《论左传书》《复吴先生书》,民国三年刊本,27a—31b。
⑥ 吴汝纶《与贺松坡论左书书》《答贺松坡》,《桐城吴先生集》第17册,第607—614页。
⑦ 《左传义法举要·宋之盟》篇以"丨"薙芟"夫以信召人而以僭济之必莫之与也安能害我""曰弭兵以召诸侯而称兵以害我吾庸多矣非所患也"两句。金匮廉氏光绪癸巳刊本,33b。
⑧ 《春秋繁露·楚庄王》曰:"哀、定、昭,君子之所见也。襄、成、文、宣,君子之所闻也。僖、闵、庄、桓、隐,君子之所传闻也……屈伸之志,详略之文,皆应之。"

理兼通的法门。后期桐城派沿着这一思路,形成他们对《左传》义法的理解。吴闿生《左传微》不仅在"郑伯克段""羊斟非人"两节引据吴汝纶《与贺松坡书》,①还对全书书法条例和"君子曰"的可疑部分进行评价,指出经师增窜所致浅陋之处。② 这是能否解决经学与文学传统分歧的关键,其文章学意义大致有如下三个方面。

第一,在晚清民国《左传》真伪之争的背景下,另走以文解经之路。今古文之争、《左氏》辨伪之风可以追溯到常州学派刘逢禄。刘氏认为"左氏文辞赡逸,史笔精严,才如迁、固,有所不逮",不幸刘歆"设为'君子曰、书曰'云云,类多鄙倍之谭","又臆造为'不赴告、故不书''不行礼、故不书即位'之属,使宋以后谓《春秋》第据赴告之文,别无褒贬"。③ 为了维护《春秋》微言大义的纯正性,刘氏甚至"删其书法凡例及论断之谬于大义、孤章绝句之依附经文者"。康有为将此说推向极端,以至于时人几乎无一例外要回答《左传》的真伪问题。吴闿生认为《左氏春秋》不传《春秋》,并主张删薙解经之词,可见他难以置身事外。④ 但他更多的是从文章角度审视《左传》割裂之处。如《左传微》增评(按,相对于《左传文法读本》而言,下同):"'遂置姜氏于城颍'当直接上'出奔共'。下'书曰'云云,乃后之经师所羼入之者也,删去文义乃顺。"意见虽与今文经学家相同,但纯粹出于文气考虑。因此,他不是一味否定书法释例,而是斟酌去取这些可疑文字,除前举《隐公之难》,《齐桓之霸》也在"宋服故也""齐始霸也""郑成也"等多处加"△",评曰:"叙桓公九合诸侯,皆用简括之笔以为章法,实亦寓轻忽之意,以其无可详记也。【凡经文下加训释者,大率皆经师所为,独此篇则疑出左氏之旧,以其全篇一贯,自为章法,且其词气视他篇亦极有辨也。】(按,【】号为增评,下同)"弟子王级对此持不同意见:"经师所入,亦往往文气暗合。"⑤也就是说,不可仅仅根据文气判断是经师所为或是原本如此。可以肯定的是,吴闿生提倡"微词眇旨"与贺涛所谓"传外之意,引而申之"性质不同。这是他得益于父师而又有所创新之处。吴汝纶、方宗诚等桐城派前贤评点《左传》依据旧本,经传相附,章节断续就编年的原本位置和次序加以提示,而吴闿

---

① 《郑共叔段之乱》初稿未引《与贺松坡书》,《楚庄之霸》初稿引证也较简略:"先大夫曰:'羊斟弗与',《史记》作'羊羹不及',斟,古羹字,故君子以'羊斟非人',此汉经师解说之词,浅者以入之传,而又增'私憾、殄民'云云。闿生谨案:据此,见此书之多篡易也。"《左传微》卷一、卷四,第7、178页。《左传文法读本》卷四《楚庄之霸》,第205—206页。

② 《左传微》,第7、27、32、108、139、142、143、144、161、177、252、259、279、294页。

③ 〔清〕刘逢禄《春秋公羊释例后录》卷三《申左氏膏肓叙》、卷四《左氏春秋考证原叙》,《续修四库全书》第129册,上海:上海古籍出版社,2002年,第595、602页。

④ 他认为《左氏春秋》与《虞氏春秋》《吕氏春秋》同类,"不必袭用'传'名"。这种说法源于刘逢禄。

⑤ 王级《左传微集释》卷一,民国十九年稿本,宋志英选编《〈左传〉研究文献辑刊》第七册,北京:国家图书馆出版社,2011年,第9页。

生《左传文法读本》《左传微》有传无经,重新编排,突出传文的主体性和解读的灵活性。出于文字义法的考虑,他甚至改变《左传》原文的先后次第。如《晋楚弭兵》篇以昭公元年"天王使刘定公劳赵孟"收束,论定赵孟屡庸懦弱,侥幸偷安,"文情宏肆高邈",此节原在《左传》该年"叔孙归"上,今在其后。① 吴氏晚年札记《文史甄微》曰:"左氏之文,不尽依经次序及时月先后。"② 可见,吴闿生已经最大限度将经传资源转为文章资源。

第二,突显"左氏风致"的典范意义。"左氏风致"是指《左传》婉转多讽的叙事风格。《公羊》家既承认《左传》文辞赡逸,史笔精严,也忧虑《春秋》微言大义不存,沦为《左传》记事标目。桐城派面对《左传》,尤其当他们已经怀疑后人附益书法条例之时,未尝没有对文义平直的顾虑。张裕钊评"段不弟"数语为"飞鸿点雪",方宗诚也说:"事本连属,文特分为两段,中间夹书法以作议论,是为叙事中夹议论法,而文乃免平铺直叙之病,又可悟叙事中断续之法。"③ 这都表明桐城文家摆脱经学成见,有用文章断续之法解释经学书法的倾向。吴汝纶父子同样追求《左传》的言外之意。如吴闿生评"颍谷封人有献于公":"古人高文多事外曲致、旁见侧出之处。此篇本诛庄公之不肖,但嫌直率,故幻出颍谷封人一衬以形容之,若为庄公文过者,实文字波澜曲致也。先大夫尝谓:文外曲致乃精神旁溢处,唯左氏、太史公时时有之,他人皆不逮矣。"评"君子曰颍考叔纯孝"一节:"明谓郑庄不孝,却吞吐其词。"④《左传》记事行文自有义法,不必倚仗与《公》《穀》二传同质的释经条例,也与"史公以后,论断多于篇后为之"不同,⑤ 即使发表议论,也具有含而不露的微意,不幸后世史论、墓铭"宗此者稀",仅太史公、韩愈、吴汝纶为数不多的若干文字可称典范。如吴汝纶《铭袁文诚》曰:"维后之昌,维宗之强,世孝其忠,以永不亡。"吴闿生评说:"专为慰庭而发,乃全篇精神之所注也。慰庭方为东辅,其野心已逆见之。"⑥ 此等曲尽其妙、微文见意之处正得左氏遗风。

第三,重新审视文章的历史源流。以文士之眼审视《左传》的经学论争,对经学家的某些拘滞之见不无补救作用,甚至可以收到观其会通的效果。吴汝纶认为,左氏解经凡例多出于刘歆前后时人,不必是为了仕莽而增窜,他们和扬雄一样,都是学术渊懿、真知古今的学者文士。民国二十二年,吕思勉承常

---

① 《左传微》卷七《晋楚弭兵》,第373页。
② 转引自杨伯峻《春秋左传注》襄公十七年,第1031页。
③ 方宗诚《左传文法读本》,林庆彰等主编《晚清四部丛刊》第二编第16册,第3页。
④ 《左传微》卷一《郑共叔段之乱》,第8页。
⑤ 王级《左传微集释》卷一,第10页。
⑥ 吴汝纶撰,朱秀梅校点《吴汝纶文集》卷三《光禄大夫刑部左侍郎袁文诚公神道碑》,上海:上海古籍出版社,2017年,第210页。

州今文家言，以为《左氏》之"易国别以编年""凡例及其释经之处"都是刘歆所为，与之同时的人对此并不讳言。经刘歆之手，《左氏》"篇章之辞句，或有所损益更定"，兼具"阴阳刚柔之美"。① 根据这一说法，《左氏》是两汉之际文风转变的枢纽。吴闿生似乎也有会心。如晋郤至对楚共王，增评："文气雍容典蔚，汉之匡、刘，唐之柳宗元、宋之曾巩，皆从此出。"② 又臧哀伯谏"取郜大鼎于宋，纳于太庙"一节，增评："意有所注，而词采特泛滥为奇，极汪洋恣肆之观。此三古文字之所以盛也。自李斯《谏逐客》后，马、杨别为赋家，六朝以靡弱承之，文士能为此体者遂尠。欧、苏以下，一洗醲郁而为率易之词，文乃日趋于质矣。"③ 可见，吴闿生对西汉雄奇渊懿之风各有所取。与吴汝纶一样，吴闿生没有明指刘歆附会，笼统代以"经师"之称，且不时推许《左传》经说为知言，为博雅君子点窜留有余地。经师曲说不在自设条例，而在经义肤浅、文格卑弱。因此，评《晋悼复霸》"君子曰"一节说："论平衍而少精神，疑曲儒之附益之也。"在《鲁与邾莒之乱》反说："此节盖汉初经师说经之文，然亦轩俊可喜。"④ 与吕思勉见解参照，可见当时评价《左传》文风的历史意义各有侧重而殊途同归。

以父师为媒介，吴闿生还深受曾国藩的影响。曾氏《经史百家杂钞》为古文教本选录经史正名，将《左传》作为记载门叙记类的大宗。与叙记类同时隶属记载门的还有典志类，包括三《通》等典章之书。《隐公之难》中幅列举典礼，就其接近《通考》之体而言，似不乏"佳文"的理论基础，但吴闿生深探隐公志意和行文微妙，丰富了叙事意蕴。曾氏另有《古文四象》，立少阳趣味篇以示诙诡、闲适之趣，经部仅录《左传》十一首。《左传微》论诡趣多由此而来：

绕朝曰："子无谓秦无人，吾谋适不用也。"此段叙事灵妙无比，故曾太傅特取此节，以为诙诡之趣，绕朝数语尤为颊上添毫。

御叔曰："我将饮酒而已，雨行，何以圣为？"此篇极饶诙诡之趣，故以此事引起。诙诡之趣乃文家最精最微之境，左公以外，不能多得。曾文正所选，亦唯此数篇而已。【臧武仲有圣人之名而不副实，所以贾祸也……此篇为古今诙诡文字之绝调，后惟班史中时有此境，而相去已远矣。】

魏子曰："今女有力于王室，吾是以举汝。"【公族之不恤，王室乎何有？此

---

① 吕思勉《左传纂读跋》，《吕思勉论学丛稿》，上海：上海古籍出版社，2006年，第738—740页。
② 《左传微》卷五《晋楚鄢陵之战》，第223页。
③ 《左传微》卷一《宋华督之乱》，第13页。吴闿生《古文范》（民国二年录竟，十六年复加更定）于《谏逐客书》"说之何也"下评道："历陈宝用诸物，采藻骈斓，已开马、杨作赋之先路。"又于"不立于侧也"下评曰："一意折为两层，重叠言之。古人所谓三代秦汉之文义皆双建，气不孤伸者以。然其行气必刚劲直下，使人忘其为对举之文，气体所以轩鬯。魏晋六朝与秦汉文体之分在此，骈体之所以见摈于古学者，惟以此也。"贺培新《古文范序》曰："自庄生、韩非子、子长、退之、介甫外，余所录者止一二篇而已。"由此可见，吴闿生散文观念受曾国藩影响较深。文学社刊本，上编76b—77a。
④ 《左传微》卷五、六，第279、319页。

亦诙诡之所寄而已。此节乃左氏善其词而载之也,曾文正公亦选之。】①

绕朝、御叔识见过人,智足保身,言语中既富远见,又带自嘲。左氏假借魏子之口,隐隐表示对王室衰微的无奈。曾国藩注意到古文的这种写作传统,其见解在后学当中被逐渐推衍。吴汝纶说,历来"著书者,君子不自得于时者之所为作也","及其为书,则往往诡词谬称,谲变以自乱"。② 贺涛说:"如《史记·叔孙通传》《封禅书》《汉书·王莽传》之类,皆诙诡之文,事本虚假而极琐碎,乃形容之不遗余力,若俳优之演古事,俨如真行其事者,以言之庄雅,故非小说家之流……然胸中不可无此趣也。"③贺培新说,韩愈《送王含序》末句意为"姑与饮酒而已,尚何言哉",意蕴与《左传》御叔之言同。④ 这类文章表面变乱其词,实际隐寓牢骚,另有一种立身处世的精神和姿态。

因为得见左氏用心,吴闿生对《左传》的作者问题,尤其是姚鼐提出的吴起造饰魏氏事产生不同看法。⑤ 吴汝纶已指出:"载此占(按,毕万筮晋)与田完同。盖田氏未取齐,三家未分晋,识者已能见之。姚姬传乃疑为吴起所续,何其专辄耶?"⑥吴闿生说:"望溪、姬传号为明习《左传》义法,而于此犹不能知,然则左氏之意,淹没于滞拘梼昧者之耳目间者,岂可胜道哉!"春秋末年,王纲解纽,陪臣执政。左氏遭逢乱世,见微知著,行文每到世局关节,心有戚戚。作者工于立意措辞,不求人知,读者未能领会深心,以至高明如姚鼐不免专辄。《左传微》说:

借三良发议,意实不在三良,故妙。【作此文尚在春秋时,若战国以后,秦日强盛,作者不必为此论矣。】

左氏于悼公多谀词而无损抑,其因中国无霸已久,故张之欤?【然全书本由集录而成,非出一手。此等亦皆有所本,固非邱明自撰之文也。】

【姬传讥此文为阿魏之辞,不知是时魏方属晋,非谓三家之魏也。】

颂美当时之文,或采摭他书而未及删削,或后人取他书之文而附益之,非作者意旨所在也。

【先大夫评曰:左氏载此二占,乃其识微之论,后儒疑非出左氏之手,

---

① 《左传微》卷四《晋灵之难》、卷七《臧孙纥出奔》、卷九《晋祁氏羊舌氏之亡》,第164、339、529页。
② 《吴汝纶文集》卷二《送张廉卿序》,第83—84页。
③ 《贺葆真日记》,第41页。
④ 《记韩退之〈送王含序〉后》,王达敏、王九一、王一村整理《贺培新集》,南京:凤凰出版社,2016年,第388页。
⑤ 〔清〕姚鼐撰,刘季高标校《惜抱轩诗文集》卷三《左传补注序》,上海:上海古籍出版社,1992年,第34页。
⑥ 《左传微》卷二《晋骊姬之乱》,第80页。

过也。】阎生谨案,痛太公之不祀,知陈氏之必昌,不敢明言而幻为此。①

左氏无可奈何,不能自已,将悲愤沉郁心事寄托于隐曲深微之文。果如姚鼐所言,其忧患之心也就不复存在。

总而言之,桐城派讲《左传》义法虽总体上一脉相承,但局部差异在所不免。吴闿生批评方苞、姚鼐不明义法,主意不在批评,而是为将桐城义法讲得更周备。方苞屡次指出左氏叙事义法有太史公、韩文公不能及处。如《无知之乱》曰:"若太史公为之,曲折叙次,非数十百言莫备。此则一切薙荑。"又《韩之战》:"叙事之文,义法精深至此,所谓出奇无穷。虽司马迁、韩退之不过能仿佛其一二,其余作者皆无阶而升也。"《鄢陵之战》:"《左传》以后叙次战功,莫如《史记》项羽救赵之师,然其词意精彩,颇显而易见。"或因其过分推重《左传》之奇简,以为《史记》不及,姚鼐表示异议:"望溪阅太史公书,似精神不能包括其大处、远处、疏淡处及华丽非常处,止以'义法'论文,则得其一端而已。"②文章布局、语言繁省等要素之外,姚氏有意增加声色、精神的分量,以免文情枯寂。吴闿生理应熟知先贤这类分歧,所以他一方面盛称左氏雍容之笔、绵邈之趣,如论蹇叔哭师:"二陵风雨、后皋之墓,翚然有凭高吊古之思。"又说:"此精神旁溢处,傲倪诙丽,极文章能事,后人无能及之者。太史公所以不如左氏,止争此等,他更无论。"③增评《晋楚鄢陵之战》:"楚王中射,则战事胜负已决,无可再记,乃加入往还酬对等词令,以极萧闲儒雅之风度,使读者心志耳目洒然一变,顿开异境。千古以来,史家无能及其万一者,古今绝无仅有之大文也。"④又如邲之战,晋军败绩,楚人教以逃难之法,晋人反谓"吾不如大国之数奔",《左传微》说:"风趣绝佳,非才力极大,不能有此。【文字所以有生龙活虎之致,全在此等,】史公不及左氏者亦在此。"⑤此类意见承姚氏而来,补充方氏未及之处。另一方面,吴闿生自编纂《左传文法读本》时,已经着意指出《史记》对《左传》叙事技巧、立意的继承,《左传微》有所增进。如左氏叙申生、重耳、夷吾身世,评曰:"提挈极分明【,史公所本】。"⑥又评申公窃妻:"史公《相如传》略取其意。"⑦尽管吴闿生对《左传》叙事的总体评价高于《史记》,还是可以感受到他对既往轩轾的某种折衷与平衡。

---

① 《左传微》卷三《秦晋之争》、卷五《晋悼复霸》、卷七《吴季札让国》、卷八《晋霸之衰》、卷九《齐陈氏之大》,第135、261、376、442、474页。
② 〔清〕姚鼐撰,卢坡点校《惜抱轩尺牍》卷五《与陈硕士书》,合肥:安徽大学出版社,2014年,第75页。
③ 《与李右周进士论左传书》,《左传微》卷三《秦晋之争》,第129页。
④ 《左传微》卷五《晋楚鄢陵之战》,第230页。
⑤ 《左传微》卷四《楚庄之霸》,第188页。
⑥ 《左传微》卷二《晋骊姬之乱》,第78页。
⑦ 《左传微》卷五《吴通上国》,第254页。他例繁多,不具举,第101、141、326、474、532、628页。

三、后期桐城派的分歧

　　自来文章选家为习《左》《史》之便，多"掇菁华而略敷衍"，"漱芳润而倾沥液"（《史记菁华录题辞》），吴闿生对此颇为不满。在《左传微》刊行前两年，林纾（1852—1924）改自《左孟庄骚精华录》的《左传撷华》出版，不知是巧合与否。林氏选《左传》八十三篇，眉批串讲字词，篇末总评，可以与《左传微》参读之处正不少。吴闿生所谓左氏文法四例之"反射"指"言出于此，意涉于彼，如汤沃雪，如镜鉴幽。若此者，皆其相反而益著者也"，林纾《左传》评点多说文分主客。本节以《左传微》为主，以《左传撷华》为客，也将二者相互反照，一来揭示吴氏义法观念，二来观察桐城派后期的观念分歧。

　　明代"制科文字，师师相诏"，评点之学兴起。① 到光绪三十一年，清廷废除科举，制度条件不复存在，评点逐渐式微。但是，这种衰落不等于消亡。曾克端说："先生讲说之顷，神采奋动，几若坐吾党于周、秦、鲁、卫间，与邱明相上下其议论也。"林纾也说："学子请余讲《左》《史》《南华》及姚选之《古文辞类纂》，各加评语。"可见，教学活动中的讲评继续发挥了评点为初学说法的作用。讲评者还延续科举时代时文家的习惯，运用特定术语展开阅读教学。时文家关心的文题关系、谋篇布局问题，直到吴闿生、林纾讲评《左传》还可见一斑。

　　就《左传微》《左传撷华》的相通之处说，两书评文字、论章法，或深或浅、或繁或简，多可彼此贯通、相互发明。吴闿生重编《左传》虽以大篇为主，但相当注重大篇所包小篇的章法起结。林纾原本选录各年传文，长短不一，有"通篇文字虽属过脉，而起讫仍然自成篇法"，②故其选评重视文字的起收。两书体制不同，对文章结构的重视相同。如晋侯使太子申生伐东山皋落氏一事，从晋侯命太子帅师叙起，晋侯不知立谁，里克"不对而退"，接着诸将聚谋，最终太子将战，狐突谏言。与在《左传撷华》中独自成篇不同，该节在《左传微》是《晋骊姬之乱》的组成部分。吴闿生说，里克之言倒摄太子之死，小人"窥探君心，心事如绘"。在狐突谏言之下，他又说：

　　　　古人文字之妙者，略如时文家之截下题，眼光注射一物，词气吞吐皆为此事，却不轻揭破，便为神妙。此章止怀一忧虑太子不立之意，反复猜

---

① 《北江先生文集》卷七《先大夫群书点勘跋》，林庆彰等主编《民国文集丛刊》第一编第 97 册，第 542—543 页。

② 《左传撷华·秦师袭郑》，潘林编《左传读法两种》，上海：华东师范大学出版社，2018 年，第 40 页。

疑,皆是此故,文情何等生动。①

"截下题"明显是就太子申生随行诸将"反复猜疑"说的,然而所谓"词气吞吐""不轻揭破"在行文上究竟指什么,乍读不易得知。以林纾之言相参,理解文题关系、结构布局乃至人物心事则略无窒碍。《左传撷华》说:

> 此篇制局最奇,有起无结。文凡两截:使太子时,有里克一人独谏献公,此一截也;太子既帅师,则有狐突数人群谏太子,此又一截也。而皋落氏到底抗命与否,行成与否,初不一言。就文字而言,实无收束之地。然天下文如《左氏》,乃有无收束者耶?观两"不可"字,即可用为此篇之收束。②

狐突欲行,羊舌大夫曰"不可";太子欲战,狐突曰"不可"。对此两"不可",吴氏皆加"△"。根据林纾的看法,上"不可"为诸人聚谋收束,下"不可"为出师不战收束;先前里克不对而退,原因是申生无功,献公易为他日异储,有功则嬖宠夺嫡、"危身速祸",暗示他将有归附骊姬之意,此为"文字写生"。参读二书,可以了然结构章法之妙、叙事茹郁不尽处。

就二书差异说,吴闿生、林纾对文章体格的不同偏好更因反照而益彰。细数前者所言文法之奇,主要指向文章立意布局,如"逆摄""横接"之例,都属于逆笔范畴。③ 顺逆是题意与文意在布置次序上的相对关系。④ "逆摄"指"吉凶未至,辄先见败征",又称"逆提",可在篇首凭空特起,无所附着,而收笼罩全局,奇矫劲峭之效。如《卫州吁之乱》,《左传微》增评:"先著石碏一谏,使局势紧凑,前后一气贯串。此谋篇之法也。"又如《齐商人之乱》,增评:"倒摄惠公于前,而后通篇局势紧凑也。"⑤ "横接"又称"逆接"等,⑥ 即"必然之势无可避免,而语意所趋,未尝径落",一般处于篇中,在叙事上包括突然的时间倒转或者情节转换,《隐公之难》《公之为公子》处是其例。无论"逆摄""横接",逆笔助文章精彩,为布局应有之义。吴氏以为左氏胜处首在气势局度、纵横经纬。《左传微》说:

---

① 《左传微》卷二《晋骊姬之乱》,第81—82页。
② 《左传撷华·晋侯使太子申生伐东山皋落氏》,第15—16页。
③ 参《北江先生文集》卷七《再答河渠》,林庆彰等主编《民国文集丛刊》第一编第97册,第587—589页。
④ 刘熙载说:"文之顺逆,因题而名。顺谓从题首递下去,逆谓从题末绕上来。以一篇位次言之,大抵前路宜用顺,后路宜用逆,盖一戒凌躐,一避板直也。"按,刘说就经义而言,与叙事似乎不尽一例,本文取其文题关系一边。〔清〕刘熙载撰,王气中笺注《艺概笺注》卷六《经义概》,贵阳:贵州人民出版社,1986年,第452页。
⑤ 《左传微》卷一《卫州吁之乱》、卷三《齐商人之乱》,第17、146页。
⑥ 《左传微》卷九《宋华向之乱》,第488页。

《左氏》记事之能，其最长在综挈列国时势，纵横出入，无所不举。故其局势雄远，包罗闳丽……体格盖与《尚书》同法。自史公立为纪传，但记一人一事，而此体夐绝不可复见矣。(《与李右周书》)

【古人文字往往包罗宏富，所以体势雄远。后人为文仅及一事，唯恐枝蔓，义俭而局亦促矣。】

大篇中包孕小篇，乃古人恒法。后世为文，务简洁，少枝蔓，遂无汪洋恣肆之观矣。

笔势泛滥。古人一文往往涉及数事，所以包孕闳富。自《史记》立为纪传，其体已隘，降及后世，文章之格愈卑而其用益微矣。①

前举臧哀伯谏纳鼎之例论词采，此诸例论体格，都偏好"泛滥"与"汪洋恣肆"之观。相较而言，林纾《左传撷华》主要截取一年传文，重视揭示局部的意境，②不易兼顾疏通知远的效果和宏大雄壮的气势。值得指出，吴闿生不满"务简洁，少枝蔓"，也是他在文派渊源下自新的表现。

与对体格的不同偏好相应，吴闿生、林纾对文辞、义法的重视程度不一。如《左传微·楚之始强》载季梁对随侯语，作者在此发其凡例：

文词雅赡，而于义法无甚关联。此必有记载蓝本，左氏爱其词而采入之。他皆仿此。③

《左传撷华》评《楚武王侵随》曰："制局极紧……前半竖起一'张'字……下半竖起一'惧'字，与'张'字反对。"④林纾评点季梁的对语，意见与吴闿生尤其相左：

论文势亦不过开阖，妙在中间论祭品一节，宽绰与题若不相属，实则步步不肯抛离，所谓游刃有余也。

林纾肯定对语将文势从"张"拗折到"惧"的作用，并在翻译小说时引证此篇说："中西文字不同，而文学不能不讲结构一也。"⑤吴、林二人在此虽然都注意结构，最终却得出相反意见。其原因是前者颇遵桐城矩矱，后者以小说翻译家的身份，对文词本身给予更多肯定。论者多说林纾之学出于桐城派，钱基博以为不尽然，此例或可为钱氏作证。

吴闿生所说的文词除了词采，还包括游戏之笔。文词固然有其价值，但往

---

① 《左传微》卷五《晋悼复霸》、卷七《齐崔庆之乱》、卷十《吴之入郢》，第272、347、543页。
② 刘宁《〈左传撷华〉导读》，林纾《左传撷华》，北京：北京联合出版公司，2019年，前言页第5—8页。
③ 《左传微》卷一《楚之始强》，第35页。
④ 《左传撷华》，第8—9页。
⑤ 林纾《离恨天译余剩语》，转引自钱基博《现代中国文学史》，长沙：岳麓书社，1986年，第191—192页。

往需要兼顾其"寓意"。如臧哀伯书和季文子逐莒仆书，其词采蔚为大观，但如果不是左氏"用意绝微至"，侧面讽刺鲁桓、宣二君弑立，①或许也将被吴氏视作与义法无关。② 至于游戏之笔，即"左氏浮夸"，吴氏怀疑"退之之于《左氏》，犹为未得其深也"。这种批评与他说方、姚未能完全领略《左传》义法同一策略。《左传微》说：

【先大夫评曰：左氏往往借神怪以寄诙诡之趣。柳子厚《非国语》，乃以淫巫瞽史病之，未足喻于文字之精微也。】宗尧云：此所谓《左氏》浮夸也，左氏采此等怪诞之谈，以寓己意之所欲诛伐也。

【左公本不信妖祥之事。全书多载此等，特以寄诙诡之趣而已。】

游戏之笔，玩弄一切，以示鄙夷之意。③

戏笔可以明褒贬、诉心曲，与词采的价值同样表现在用意。如同样是郑穆公继立，其母梦兰，吴闿生必要寻出道理而未果，断为游戏之笔，林纾则说是子虚之事，近似小说，而冥冥中自有天意。这是他们对文词、义法关注焦点和次序的差异。

如果说马骕《左传事纬》、曾国藩《经史百家杂钞》为经史之学，林纾《左传撷华》为文学，那么吴闿生的《左传微》差近文史之学。他名义上称《左传》为经，实际却以其书与"经学书""体裁各殊"。一则"语必出自心裁，未尝有一字蹈袭"，一则"摭引必有根据，无一字臆撰"。④ 姚永朴《文学研究法》说"文章必有义法，而记载门尤重"，并综合曾国藩的文体分类框架和吴闿生文法四例，形成桐城派有关叙事文体的代表意见。⑤ 吴闿生"于《左氏》原书无一字增损"，力图呈现列国局势变迁，以《春秋》褒贬之法剔抉文章隐微，⑥又兼顾了经（义）、史（事）、文。照《左传微》来看，"左氏微旨"即"正言若反"，而"文法之奇"实际还是得益于相反相成的表达方式。所谓《左传》文章之妙，"好整以暇"，"无一滞义，无一庄语，圣于立言"，都意味阴阳兼济，补偏救弊。⑦ 只有通过出其不意，超乎寻常的表达，才能展现文章全体，发挥文章大用，才能达到《春秋》追求的立言效果和神妙境界："微而显，志而晦，婉而成章，尽而不污，惩恶而劝善。"

---

① 《左传微》卷一《宋华督之乱》、卷三《襄仲之乱》，第13、151页。
② 反言之，用意精微可以允许文采瑕疵。吴闿生以季文子逐莒仆书为千古绝响，马骕说："引元恺四凶以为言，典而不切。"《左传事纬》卷三《仲遂杀嫡立庶》，第291页。
③ 《左传微》卷一《齐襄之难》、卷二《宋襄之霸》、卷四《晋赵氏之难》，第44、97、220页。
④ 《左传微例言》第六。
⑤ 姚永朴《文学研究法》，南京：凤凰出版社，2009年，第89—97页。
⑥ 《左传微》卷三《晋文之霸》、卷六《季孙专政》，第121、289页。
⑦ 《左传微》"旁溢"例包括华元、叔展、叔仪等人事，这些都属于《文心雕龙》所说的"谐隐"。《左传微》卷五《晋楚鄢陵之战》，第229页。

余 论

《左传微》的写作除了总结桐城义法,纠正经生、史家、文家偏颇,还有意发扬作者经世的传统。一方面,读者可以从中看到吴闿生的身世之感。曾克端说,圣贤不屑声名文采,其心则未尝一日忘世,思垂空文以自见。作者既有忧患之心,评点注释者气味相感,"伤悼世衰文敝",也想为有志之士提供门径,"以自造于高明之境,复返三代、两汉之盛"。另一方面,作者对"微词眇旨"的津津乐道出于文章致用的考虑。他在光绪二十九年曾说:"文之不知,则前人之微意莫得而明,前人之微意不明,则才识无自而开,而莫由变通以为世用。是故致用之学,必基于读书,读书之效,必要于能文。世运虽万变无穷,此不可易者也。"① 左氏"寄意于幽微,托趣于绵邈","极其纵横排阖之才,以抒其悲天悯人之识",评点《左传》的目的就是要凭借文章开通才识。到《左传微》改定之时,这种文用观念更显其历史意义和文章学启示。

从身世之感来看,吴闿生先后入徐世昌、段祺瑞、黎元洪幕府,论者多谓其以命世高文而作幕府应世之文为可惜。② 《卫孙宁之乱》两载蘧伯玉从近关出,《左传微》以此为"贤哲处乱世之法",③ 可谓夫子自道。民国十三年,贺培新作《呈北江先生》:"春秋讲道高堂上,左马奇文耐深赏。悲歌侠烈话荆卿,凛然胡骑尘满城。京国十年遇不遂,金章紫绶非吾荣。"④ 民初如战国,京国十年,恰好是《左传微》更定的十年。前此,《左传文法读本》谓凡左氏推崇褒美,必有所不足,肆情诋毁,必有所深惜,如齐桓、晋文、秦穆、楚庄之霸,未见所以盛,而宋襄公"事虽不终,意态抑何雄杰"。《左传微》更定后,吴氏将此意贯彻始终。如介之推说"天未绝晋",增评:"此意吊诡已极。言兄弟九人,今仅馀其一,苟天命未绝,则此人无论如何必当继起,以其他无可代也。然则更不必问其才行功德为何如矣。"⑤《句践灭吴》篇,增评:"五霸,圣门所不道,而《传》于桓、文颇张之者,重其尊周室也。秦穆、楚庄虽不勤王,而能用贤,亦皆令主。宋襄虽无成功,而志在攘楚,故亦可嘉。夫差凶暴,而周室之裔,故《传》亦矜之。至越句践,起于夷狄,而专以阴谋取胜,乃左氏所不屑道,故从无一特叙之笔。范蠡、

---

① 《北江先生文集》卷二《重印古文读本序》,林庆彰等主编《民国文集丛刊》第一编第96册,第13页。
② 王维庭《吴北江先生传略》,《文献》1996年第1期,第65页。
③ 《左传微》卷六《卫孙宁之乱》,第302页。
④ 《贺培新集·天游室诗》卷一《九叠均呈北江先生为妹请受业》,第165—166页。
⑤ 《左传微》卷三《晋文之人国》,第109—110页。

文种辈,其姓名绝不加载《传》中,可见左公用意处也。"①春秋诸侯并兼,小国事大,人民疾苦,左氏叙事总能反映其天性忠鲠和任事之才。身处剧烈变革的晚清民国,吴闿生对此心有戚戚。他呼唤才德之士力挽狂澜,维持世道不坠。

从文章经世来看,吴闿生鉴往知来、希图经世的手段包括法政、文史、教育三端。② 民国十三年,梁启超提出读《左传》二法:一作史料读,"最好以社会学者的眼光治之";二则注意"嘉言懿行,有益修养及应世之务者","以学文为目的"。③ 吴闿生重视法政出于社会学眼光,评文论艺则意在历史书写。他说:"史者,文章之渊薮,盖有能文而不为史者矣。乌有不知文而可以言史者乎?"④ 民国六年,张勋政府计划编纂复辟史,贺葆真问吴闿生:"吾侪具复辟时代之材料,请君作记,何如?"吴答:"材料不必完,苟有所资藉,参考以闻见,即可为之。古人著书,岂必材料之完?又岂必事之确切?虽《左氏》《太史公书》,亦不过就闻见所及者而述之,一一详确,反不能有佳文。但复辟事内情,吾一无所知耳。"⑤ 主张历史书写以闻见入史,融信史与创作于一炉,显示出一定的实践品格和现实关怀。

晚清民国,文人士大夫渐次完成身份、职业转型,投身文化教育事业的不在少数。伴随学制近代化,讲义取代评点,不断涌现,梁启超《要籍解题及其读法》即由清华学校讲义修改而来。讲义重点介绍阅读要领,评点评注本则心传口授。前者近似整理国故,后者重在主观感发,代表两种不同的教学形式。《左传微》简洁古奥,兼顾字词训释、文字校勘、文法说明,以旧形式发新议论,要求读者具备较高的旧学修养,正好体现了它的过渡意义。

吴闿生秉承家学,率先利用倭库本,成果汇入杨伯峻的《春秋左传注》,而他的文章评点由高步瀛的《先秦文举要》和姚永朴的《文学研究法》吸收。此后,节选本成为《左传》入门的普遍凭藉。例如,朱东润以文学为目的,根据《左传事纬》选编注释有关春秋大事之文十三篇。他不仅删去解经之语,还基于姚鼐吴起续传之说,考证《左传》的写作年代。⑥ 从这些地方可以清楚看到现代《左传》教学的演变脉络。

---

① 《左传微》卷十一《句践灭吴》,第 630 页。
② 吴闿生多言共和、外交、公法,《左传微》卷六《郑西宫纯门之变》《卫孙宁之乱》、卷七《齐崔庆之乱》《子产相郑》,第 295、304—305、350、390 页。
③ 梁启超《要籍解题及其读法——〈左传〉〈国语〉》,《史地学报》1924 年第 2 卷第 8 期,第 103—109 页。
④ 《北江先生文集》卷五《上赵次山总裁辞清史馆协修书》,《民国文集丛刊》第一编第 96 册,第 377—380 页。
⑤ 《贺葆真日记》,第 415 页。
⑥ 朱东润选注《左传选》前言,上海:古典文学出版社,1956 年。

文史新探

早期典籍所见轮牙两端加工与对接技术诠解

刘昕曜*

【内容提要】 传世典籍对轮牙两端的加工与对接技术语焉不详,我们在联系传世文献记载、汉代图像资料、出土轮牙实物、木工制作技巧、语法语义特征等材料考证后,认为先秦两汉典籍《庄子》《淮南子》中的"徐则甘而不固,疾则苦而不入"一句,可与《韩诗外传》《考工记》的论述相照应,实际反映了古代工匠对凿制轮牙榫接部位时工具运用的经验性认识,展现了东周时期手工艺技术之一隅。

【关键词】 斫轮　轮牙　对接

轮牙(又称轮辋,即车轮接触地面的轮圈)是木制车轮的重要组成部分。随着先秦两汉考古工作的不断开展,越来越多的出土轮牙实物以及与车轮制作有关的汉代图像等资料逐渐丰富,为古代早期车马技术的研究提供了诸多实证。然而科技史研究者却很少在早期传世典籍中,找到关于轮牙两端加工与对接技术的记载。只有孙机曾经揭示《韩诗外传》与《淮南子·道应训》的相关语段,简要地指出了"汉代的轮牙多数用三木拼成",[1]但并没有对文句做出具体的解释。

我们在联系传世文献记载、汉代图像资料、出土轮牙实物、木工制作技巧、语法语义特征等材料考证后,认为《庄子》《淮南子》中"徐则甘而不固,疾则苦而不入"一句,可以与《韩诗外传》《考工记》的论述相照应,实际反映了古代工匠对凿制轮牙榫接部位时工具运用的经验性认识,展现了东周时期手工艺技术之一隅。战国寓言家借以讽喻,将其中不可言说的工匠技巧总结为抽象的哲思,亦为后人留下了"得心应手""斫轮老手"等脍炙人口的成语。诠解早期典籍中的轮牙对接技术,对于我们阅读古代的文献、理解古代的技术、体认古人的生命,或有裨益。

---

* 本文作者为北京师范大学民俗典籍文字研究中心汉语言文字学专业2022级博士研究生。
[1] 孙机《中国古独辀马车的结构》,《中国古舆服论丛(增订本)》,上海:上海古籍出版社,2013年,第38页。

一、典籍文本与"斲轮"所指

《淮南子·道应训》记载了轮人扁于堂下"斲轮"以应桓公一事:

> 桓公读书于堂,轮扁斲轮于堂下,释其椎凿而问桓公曰:"君之所读者,何书也?"桓公曰:"圣人之书。"轮扁曰:"其人焉在?"桓公曰:"已死矣。"轮扁曰:"是直圣人之糟粕耳。"桓公悖然作色而怒曰:"寡人读书,工人焉得而讥之哉!有说则可,无说则死!"轮扁曰:"然,有说。臣诚以臣之斲轮语之。**大疾则苦而不入,大徐则甘而不固**,(许慎注:"苦,急意也。甘,缓意也。")**不甘不苦,应于手,厌于心,而可以至妙者**,臣不能以教臣之子,而臣之子亦不能得之于臣。是以行年七十,老而为轮。今圣人之所言者,亦以怀其实,穷而死,独其糟粕在耳。"故《老子》曰:"道可道,非常道;名可名,非常名。"①

此事又见于更早的战国典籍《庄子·天道篇》,"斲轮"句作:

> 斲轮,徐则甘而不固,疾则苦而不入。不徐不疾,得之于手而应于心,口不能言,有数存焉于其间。(成玄英《疏》:"甘,缓也。苦,急也。数,术也。夫斲轮失所则〔不〕牢固,若使得宜,则口不能言也。"陆德明《音义》:"司马云:甘者,缓也。苦者,急也。")②

今人对该句中"斲轮"的具体所指以及"徐"与"疾"、"甘"与"苦"、"不固"与"不入"的语义指向等问题,或含混带过,或歧说纷纭。现先分类列出几种具有代表性的译语或解读,再加以辨正(表1)。

表1 "斲轮"句代表释义一览

A	斫车轮,轮孔做得宽就松滑而不坚固,做得紧就滞涩而难入。(陈鼓应)③ 《庄子》、《淮南子》所谓斲轮,是指在轮辋上凿孔以置辐,《老子》十一章所谓"三十辐,共一毂。""徐则甘而不固"是指孔太宽大,辐在其中很松旷,当然辐就"不固"了。而据对文推求,"疾则苦而不入"则是指孔太狭小,对于辐来说太紧蹙,当然辐就"不入"了。(富金壁)④

---

① 张双棣《淮南子校释(增订本)》,北京:北京大学出版社,2013年,第1273—1274页。
② 〔清〕郭庆藩撰,王孝鱼点校《庄子集释》,北京:中华书局,2012年,第490页。唐宋类书屡有征引,文句大意无差(参何志华、朱国藩编著《唐宋类书征引〈庄子〉资料汇编》,香港:香港中文大学出版社,2006年,第87—89页)。
③ 陈鼓应注译《庄子今注今译(最新修订版)》,北京:商务印书馆,2007年,第416页。
④ 富金壁《训诂学说略》,武汉:湖北人民出版社,2003年,第191—192页。

续表

B	砍削车轮,动作慢了车轮做得就不牢固,动作快了就砍不进去。(王世舜)①
C	"徐",动作迟缓;"甘",力度不够,斧头就杀不进去;"固",牢固。不管斧子也好,锉子也好,用力过于徐缓,就达不到牢固的效果。"疾则苦而不入","疾",用力猛了,准星就不准。"苦",失误了;"不入",也达不到效果,猛一刀下去力偏了也不行。(冯学成)②
D	When I chisel a wheel, if the blows of the mallet are too gentle, the chisel slides and won't take hold. But if they're too hard, it bites in and won't budge. ③(Burton Watson)④
E	如果我砍削得很慢,则用功很细腻,就甘滑。安装起来,就不牢固,容易脱出来。如果砍削得很快,就会苦涩,太过于粗糙了,安装都安装不进去。(陈永)⑤

　　首先讨论"斲轮"为何事,先秦时期轮人在朝堂上从事与车轮相关的活动,似乎并非异事。如《礼记·杂记下》亦记云:"古者,贵贱皆杖。叔孙武叔朝,见轮人以其杖关毂而輗轮者,于是有爵而后杖也。"然而"斲轮"一语,自成玄英作疏以来,多未明确指。

　　《说文·斤部》:"斲,斫也。"王凤阳认为"'斲'的方式在于按预想的形状进行加工,不是以砍断为目的"。⑥ 换言之,"斲轮"就字面意义而言就是指"加工车轮"。山东出土两方与制作车轮相关的画像石为我们展示了古代车轮加工的基本样态与工序(图1)。⑦

图1—1　山东嘉祥县洪山村出土(左:拓片;右:局部线描图)⑧

---

① 王世舜等译注《庄子译注》,济南:山东教育出版社,1984年,第256页。
② 冯学成讲述《禅说庄子 天道、天运》,北京:东方出版社,2015年,第132—133页。
③ 可译作:当我凿一个轮子时,如果锤子的打击太轻,凿子就会滑动而无法握住。但如果锤子的打击太重,凿子就会嵌入并且不会移动。
④ Burton Watson, *The Complete Works of Chuang Tzu* (New York: Columbia University Press, 1968), pp.152—153.
⑤ 陈永注解《庄子素解》,广州:中山大学出版社,2017年,第251—252页。
⑥ 王凤阳《古辞辨(增订本)》,北京:中华书局,2011年,第707—708页。
⑦ 张道一《画像石鉴赏:看得见的汉朝生活图志》,北京:文化艺术出版社,2019年,第235页。
⑧ 孙机《汉代物质文化资料图说》,上海:上海古籍出版社,2011年,第124页。

图1—2　山东嘉祥县刘村洪福院出土(左:拓片;右:线描图①)

林巳奈夫将洪山村画像石的场景描述为:

> 当时的车都是木制的,左端有个背着孩子的人,正拿着轮子的部件向前递出。四个这种零件可以组成一个圆,是用火将木头烤弯而制成的。其右侧有个男人单膝跪着,正在使用凿子在弧形的部件上开洞,用来插入辐条。他右边有个已经完成了一半的轮子。有的辐条还没有接上轮子的弧形部分,这些辐条的头上能够看到装着短短的木块。应该是临时装上去的东西,但是其目的尚不明了。其上方也挂着应当装在辐条上的弧形部件。②

单纯就画像石展示的情况来看,车轮的制作大致可以分为四个步骤:第一步,烤𫐓直木产生轮牙。其成果就是洪山村画像石中负子者所递出的、已经𫐓曲完成的部件。第二步,凿制轮牙产生榫眼。即画像石中跪地者的工作,用凿子在轮牙内侧上凿出榫眼以供之后辐条的插入。第三步,对接轮牙与轮牙、轮牙与车辐。也就是洪福院画像石中负子者作势要进行的工作,每段轮牙不仅需要与辐蚤嵌合,还需要与其他轮牙对接。第四步,对于已经拼合上轮辋的辐条,还需要将其辐蚤插入车毂之中,使之成为一个完整的车轮。这一步骤尚未在画像石中展现出来,不过可以从二图辐条辐聚之处尚未接合轮毂大致推想得知。然而,画像石毕竟是静态呈现的工作图景,并不能直观地反映工序中的全部流程与细节。从逻辑上而言,既然上述第三步中轮牙与车辐的对接,呼应了第二步对轮牙内侧榫眼的加工,则第三步中轮牙与轮牙的对接,同样应该以对轮牙两端的加工为基础,这是画像石完全没有表现出来的。联系先秦轮圈实物中具有对接、榫接等结合方式,则工匠需要对轮牙两端进行凿削加工后方能结合是必然的事实。因此,我们可以进一步拟定与轮牙相关的车轮加工流程如下(省略了辐条、轮毂等部件的制作加工环节)(图2):

---

①　傅举有《中国古代车制概论》,《中国历史暨文物考古研究》,长沙:岳麓书社,1999年,第21页。
②　[日]林巳奈夫著,唐利国译《刻在石头上的世界:画像石述说的古代中国的生活和思想》,北京:商务印书馆,2010年,第71—74页。

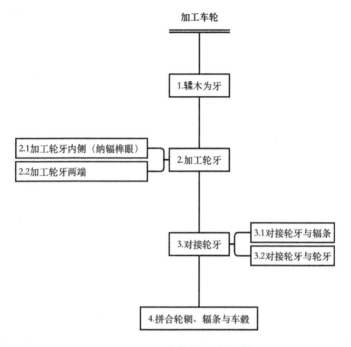

图 2 车轮加工流程(简)

"斲轮"的具体所指,首先应该联系《庄子》与《淮南子》文本内部的"椎凿"来考虑。文中先言"桓公读书于堂,轮扁斲轮于堂下",点明了对话发生的背景,即二人进行着两件事——桓公读书,轮扁斲轮——之后轮扁的论辞也是以这两件事的类比展开的(所谓"臣诚以臣之斲轮语之"),而他是在放下"椎凿"之后主动和桓公交流的。因此不难判断,"斲轮"自然与"椎凿"有关,即槌子和凿子二物。《说文·木部》:"椎,击也。"段注:"器曰椎,用之亦曰椎。"《墨子·备城门》:"长椎,柄长六尺,头长尺。"又作"槌"。而《说文·金部》:"凿,穿木也。"段注:"穿木之器曰凿,因之既穿之孔亦曰凿矣。"《释名·释用器》:"凿,有所穿凿也。"《管子·轻重乙》即指出"凿"是制作车辆必不可少的工具:"一车必有一斤、一锯、一钉、一钻、一凿、一𫓧、一轲,然后成为车。""椎"与"凿"在典籍中共现者又如:

> 于是乎斤锯制焉,绳墨杀焉,椎凿决焉。(《庄子·在宥》)
> 譬若斤斧椎凿之各有所施也。(《淮南子·泛论训》)

而就使用方法而言,乃以槌子打击凿子(《淮南子·说林训》:"椎固有柄,不能自椓。"),其功用为"在木头上挖槽、凿孔",①如:

---

① 朱凤瀚《中国青铜器综论》,上海:上海古籍出版社,2009年,第505页。

以水为害而攻土,土胜水,攻社之义,毋乃如今世工匠之用椎凿也?以椎击凿,令凿穿木。今傥攻土,令厌水乎?(《论衡·顺鼓》)

凿所以入木者,槌叩之也。(《论衡·效力》)

现代木工也指出"在零件上开凿榫孔、槽沟铲削等都需要凿子"。① 其次,《庄子》与《淮南子》之事,实际上《韩诗外传》卷五亦有相关文段,其中轮人云:"以臣轮言之。夫以规为圆,矩为方,此其可付乎子孙者也。**若夫合三木而为一,应乎心,动乎体,其不可得而传者也**。则凡所传,直糟粕耳。"②所谓"合三木而为一",正是反映了轮牙之间的对接技术。《考工记》亦有"牙也者,以为固抱也"的记载,说的同样是轮牙对接之事。孙诒让《周礼正义》即云:"轮牙輮会合众聚成大圜形,互相持引而固也。"孙机指出:

> 牙是将直木用火烤后揉为弧形拼接成的,所以牙亦名輮。但一副轮牙用一根直木揉不出来,浚县辛村出土西周车的牙是合二木而成的;辉县琉璃阁出土战国车根据轮上所装夹辅的情况判断,牙也是合二木而成的。但《韩诗外传》卷五提到一位制车轮的工匠伦扁的话说:……这个故事又见《淮南子·道应》,可见汉代的轮牙多数用三木拼成。山东嘉祥洪山汉画像石中的制轮图所表现的轮牙,每段亦接近圆周的三分之一。在轮牙各木的接缝之处装铜鍱,即铜牙箍,其上有孔,以细皮条穿缚,遂使牙木互相接牢。牙上也凿有榫眼。③

尽管并未对《淮南子》的文句作出解释,但他已经将《韩诗外传》与之关联,可谓卓识。因此,将《庄子》等文本中的"椎凿"与《韩诗外传》的"合三木而为一"结合起来看,所谓的"斲轮"自然指的是加工凿削轮牙两端进而可以使之相互对接而"固抱"的工序(即图2中的步骤2.2与3.2),而与其他环节无关。如前揭"烤輮直木为牙"者(即图2中的步骤1),在先秦两汉典籍中明确提到揉轮的工作时,一定会相应地出现火、绳、规等工具,如:

> 木直中绳,輮以为轮,其曲中规,虽有槁暴,不复挺者,輮使之然也。(《荀子·劝学》)

> 凡揉牙,外不廉而内不挫、旁不肿,谓之用火之善。(《周礼·冬官·考工记》)

这与《庄子》等文中的"椎凿"不合。"凿制纳辐榫眼"者(即图2中的步骤2),虽确实符合"椎凿"之用(A译以及林巳奈夫在解读画像石时联系《庄子》之

---

① 许兴华、张颖编《木工入门》,济南:山东科学技术出版社,1985年,第24页。
② 〔汉〕韩婴撰,许维遹校释《韩诗外传集释》,北京:中华书局,1980年,第175页。
③ 孙机《中国古独辀马车的结构》,《中国古舆服论丛(增订本)》,第38页。

文,就是明确作此理解),然无法解释《韩诗外传》的"合三木"之文。"拼合轮辋、辐条与车毂"者(即图2中的步骤4),是在全部工序的最后阶段,已经不需要"椎凿"与"合三木"了。至于B、C、D、E译,则对"斲轮"的具体所指语焉不详。可见目前诸家均未正确指出"斲轮"的具体所指。

因此,我们认为"斲轮"实际指在牙端进行加工进而使得轮牙之间可以相互对接的工作。早期经典文献中鲜见有关轮牙对接的记载,除了前揭《韩诗外传》《考工记》的简单描述以及《庄子》《淮南子》对应的文句外,似乎就没有其他资料了。这种结果大概也符合轮扁所谓"斲轮"或"合三木"的背后是"有数存焉于其间",而"不可得而传"的立意。因此,轮牙对接的具体方式,当求诸考古出土的车轮实物。

二、考古所见轮牙对接方式

考古工作者很早就结合安阳大司空村的商代马车遗迹,得出了"车轮的辋是由数片曲形木板拼合而成"的结论,但认为"车轮的辋片如何卯合","至今还未搞清"。① 后来考古发掘中陆续发现了用两节(贵州兴义汉墓出土铜车模型)、三节(湖南湘乡牛形山战国墓出土车轮)、四节(湖北江陵凤凰山汉墓出土轺车模型)乃至六节(甘肃武威磨咀子汉墓出土轺车模型)曲木拼合的轮牙,② 极大程度地丰富了我们对轮圈构成的认识。但以上几种车轮实物,或是因为残破难辨,或是由于未加留意,相关的考古报告均未详细说明轮牙结合的具体方式。③ 不过仍有少数出土车轮的研究和复原成果,使得我们可以了解其拼合方式,如:

张长寿、张孝光在研究张家坡西周井叔墓地的车轮时,对其轮牙做过细致的讨论,称:

> 至于轮牙的对接,因是由两个揉曲的弧形材料对接成圆的,它的接口可以有多种方式,常见的有以下三种:
>
> 斜口对接,这是最简单的一种,将两个对接的料端截成相反的两个斜面,斜面角度依材质和料的大小而定,一般在45度以下,以胶料粘合再加梢钉固定,对接后在料的另一侧面成斜线接缝(图九,1)。

---

① 杨宝成《殷代车子的发现与复原》,《考古》1984年第6期。
② 傅举有《中国古代车制概论》,《中国历史暨文物考古研究》,第2页。
③ 牛形山战国墓的两个彩绘车轮,在报告中被描述为"牙是用三根木材砍削成圆弧形,两端用边缘扣接加竹梢钉紧密斗合而成",并不清楚牙端的具体形态(湖南省博物馆《湖南湘乡牛形山一、二号大型战国木椁墓》,文物编辑委员会编《文物资料丛刊3》,北京:文物出版社,1980年,第103页)。

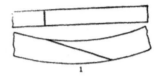

夹口榫接，是在相对接的两个料端，一个做三分之一的榫头，另一个做三分之一的夹口，榫头嵌入夹口，夹口两端与肩相抵。对接后在料的另一侧面成一纵向的直线接缝（图九，2）。

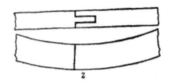

搭口榫接，是在相对接的两个料端，各在相反的一侧截去料宽的一半，截去的长度一般要大于宽度，成一相反的单肩榫头，相互扣合头肩相抵。对接后在料的另一侧面成横向的"N"字形接缝（图九，3）。这类接法一般多为平肩，也有截成耸肩，为耸肩搭口榫（图九，4）。

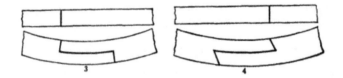

上述三种接口方式，第二种是近代木车轮通用的方法，应用地域较广，但它在轮牙侧面只见一条接缝，似不需要用一对牙饰去加固或装饰，与遗存情况不符。第一种方法虽然在接缝两端可以各用一个牙饰，而且在接缝中段还可另加梢钉，但根据车轮的情况，其强度恐难承受。因此，第三种接口方式的可能性最大。这次复原采用了耸肩搭口榫，它不仅可以加强轮牙的接合强度，同时还能克服轮牙的更大张力。[1]

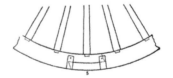

该文总结了三种对接方式，即斜口对接、夹口榫接以及搭口榫接。其中第

---

[1] 张长寿、张孝光《井叔墓地所见西周轮舆》，《周秦文化研究》编委会编《周秦文化研究》，西安：陕西人民出版社，1998年，第299—315页。文中图片现根据描述调整至相应段落下，后文同。

三种轮牙对接方式,又见于夏鼐对长沙汉代軺车车轮的复原("根据我们车箱底四边(轸)的结合法来推测,这轮牙各节的结合法大概也是上下相错的偏榫"[①]),以及张长寿、张孝光对浚县辛村西周墓地车轮的复原。后者复原作(图3):[②]

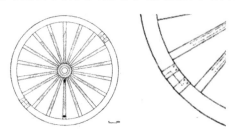

图3　浚县辛村车轮复原图(张长寿、张孝光)
(左:全图;右:轮牙对接局部放大)

不过对于浚县辛村墓地的车轮,郭宝钧指出其轮牙交会处有"牙齿形铜饰",[③]并认为其对接方式为斜口对接(图4)。

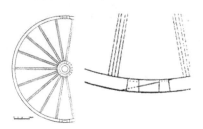

图4　浚县辛村车轮复原图(郭宝钧)
(左:全图;右:轮牙对接局部放大)

而出土轮牙实物尚且可见直口对接的方式,见于江苏省淮安市出土的战国鼓车。据王剑介绍:

> 此车之轮牙是先用一根条木揉制,其不足圆处,另外接木。故每只轮牙都有长短不同的二根牙片,长者约230厘米,短者60厘米左右。因此,每轮都有接口二处。接口都是直口对接,不是斜口对接,也不是夹口榫接和搭口榫接,不同于张长寿先生《井叔墓地所见西周轮舆》的研究,也不见浚县辛村、上村岭虢国墓地、河南淮阳马鞍冢车马坑的"铜牙饰"、"铜箍"、"铜片"出土。[④]

---

① 夏鼐《夏鼐文集》中,北京:社会科学文献出版社,2000年,第204页。
② 张长寿、张孝光《殷周车制略说》,《中国考古学研究》编委会编《中国考古学研究 夏鼐先生考古五十年纪念论文集》,北京:文物出版社,1986年,第156—158页。
③ 郭宝钧《殷周车器研究》,北京:文物出版社,1998年,第18—20页。
④ 王剑《淮安运河村战国墓出土鼓车复原研究》,龚良主编《江苏省文物科研课题成果汇编2004—2006》,南京:南京师范大学出版社,2010年,第385页。

郭宝钧曾认为"半辋的两端必是由内侧面砍削过,因辋两端若平齐,就无法缠缚,两半辋也就无从接合了"。① 此战国鼓车的发现说明了,不需要牙饰加固的直口对接其实也是可行的。

而特别值得注意的是山西运城市临猗县程村春秋墓地出土车轮,据报告称:

> 在我们采集的 M0026 的 3 号车右轮的一段轮牙上,发现一处榫卯结构的茬口,其特点是通榫通卯,即是榫卯长度与牙高一致的所谓"夹口榫"。在相互对接的两块料端,一个做出牙厚三分之一的榫头,一个做出三分之一的榫槽夹口,榫头嵌入夹口,两肩抵住夹口的两端。②

图 5 猗县程村车轮轮牙接头实物
（左：夹口；右：榫头）

其轮牙的对接方式是所谓的夹口榫接。

考古工作者在复原程村出土车轮时,特别提到轮牙是一个难题,"不仅中、青年木工做不了,老年木工甚至于专门做车的木工亦因双辕车完全不同于独辀、曲辕、一轮牙仅两三片的古代车而不愿制作","而我们复原的轮牙又是两片拼接的,其加工难度比辕更大"。最后采取了"每轮两片半圆形轮牙,各由两节合成,即整个正圆形轮牙的两个四分之一合成一个半圆,四个四分之一合成两个半圆、一个整圆,构成一个完整的车轮"的策略,并以夹口对接的方式复原了轮圈,虽然车辆行进自如,"但负重却受到很大限制。因此,负重试验我们未敢贸然进行"。③ 以今律古则可略微推知,或许正是因为难以协调好车轮大小、轮圈曲度、轮牙数目、辐条安插、车舆承重等参项与轮牙对接的关系,而车轮又想要满足《考工记·轮人》中所说的"行泽者欲杼,行山者欲侔。杼以行泽,则是刀以割涂也,是故涂不附。侔以行山,则是抟以行石也"的苛刻要求,故一方

---

① 郭宝钧《殷周车器研究》,第 18—20 页。
② 中国社会科学院考古研究所、山西省考古研究所、运城市文物局等编著《临猗程村墓地》,北京:中国大百科全书出版社,2003 年,第 212 页。
③ 中国社会科学院考古研究所、山西省考古研究所、运城市文物局等编著《临猗程村墓地》,第 227 页。

面需要如浚县辛村墓地的车轮一样,用长方、扁方以及近正方形的不同牙饰去包裹镶嵌枒式或倖式的轮辋式样,使得车轮能适用于不同环境而平稳运行,另一方面也在不断尝试调整轮牙对接的方式以满足"固抱"的要求。这些都是"先民对辋枒接头不固之烦恼以及为改善接头所进行的尝试"。① 然而,轮牙的对接技术终究还是因其自身难度等各种原因,成为了轮扁所说的"不可得而传"的秘技,在后来的传世文献中湮没无踪了。

综上,考古所见轮牙对接方式共有四种,即:直口对接、斜口对接、夹口榫接、搭口榫接。由于实物样本较少,又有部分为复原的结论,究竟哪种是主流对接方式尚难以确定。不过就轮牙的得名之由而言,阮元认为:

> 其合抱之处,必有牡齿以相交固,为其象牙,故谓之"牙"。《说文》曰:"牙,牡齿。象上下相错之形。"于车牙"牙"字则加"木"作"枒",解曰:"车辋会也。"盖枒本车辋会合处之名,本义也。因而车辋通谓之枒,此余义也。②

傅举有也说:"在牙的曲木相接之处,是成齿状衔接的,故名之曰牙。"③考虑到其得名于交固合抱、相错嵌合的牙齿,④故榫接(夹口、搭口)似乎更可能是其主要接合方式。《抱朴子·内篇·对俗》云"夫凿枘之粗伎,而轮扁有不传之妙",所谓"凿枘",殆即轮牙榫接也。轮牙的对接方式以及做工之度,首先不像轮牙与辐蚤、轮毂与辐菑等榫卯结构有具体的规定和数据,⑤其次在运凿的轻重缓急上更有不可传之秘。唯有把握好"徐、疾"之度,做到"不疾不徐",才能得心应手,拼合成为完善的轮圈。故解读"徐、疾"的语义,对于理解文本至关重要。

三、释"徐""疾"

对于"徐、疾"的语义及其指向,前人有两种意见。⑥ 一是认为"徐、疾"义为

---

① 郭宝钧《殷周车器研究》,第 20 页。
② 〔清〕阮元撰,邓经元点校《揅经室集·考工记车制图解上·轮解第一》,北京:中华书局,1993年,第 128 页。
③ 傅举有《中国古代车制概论》,《中国历史暨文物考古研究》,第 24 页。
④ 辛德勇不认同阮元的观点,认为"古代木制器具,在绝大多数情况下,其各个部件之间的衔接之处,都是以榫卯或其他类似的形式凸凹错交,这是一个过于浮泛的现象,而没有什么独特的个性化特征,因而阮元由车辋会合之'枒'而推衍出'车辋通谓之枒'的说法,似乎不太合乎情理",进而以轮牙当得名于"迓迎"之"迓"(《史记新本校勘》,桂林:广西师范大学出版社,2017 年,第 36—39 页)。我们不取其说。
⑤ 贺陈弘、陈星嘉《〈考工记〉独辀马车主要元件之机械设计》,《清华学报》1994 年第 4 期。
⑥ 崔大华《庄子歧解》,北京:中华书局,2012 年,第 411 页。

"宽松"和"紧涩",指向轮孔(纳辐榫眼)这一部件。首倡者当是宋人林希逸《庄子鬳斋口义》,其云:"'甘',滑。'苦',涩。'徐',宽。'疾',紧。宽则甘滑易入而不坚;紧则涩而难入。"①他虽然没有直接说明"徐、疾"的语义指向,但其所作的训释即此意也。后人多从其说。如明陆西星《南华经真经副墨》:"疾徐句,准林(希逸)解,意指轮笋而言。"明陈治安《南华真经本义》:"疾徐甘苦四字,非运斧,乃准凿也。于凿眼,分毫恰好也。"清林云铭《庄子因》:"疾徐,指轮笋而言。"徐廷槐《南华简钞》引明人徐渭说:"《南华》妙用替字。'疾'字替'紧'字,'徐'字替'宽'字。"陈治安、陶崇道等亦从之。②今人注译本从之者同样不少,如前引 A 译均作此解。二是认为"徐、疾"义为速度的快慢,指向"斲"这一动作。如钟泰言:"'徐'言斲之细,'疾'言斲之完。"③前引 B、C、D、E 译取此说。我们认为,"徐、疾"在语义上只能是速度的快慢,在指向上亦不当为轮孔,A 译非也。理由有三。

首先,就语义来说,在先秦文献的语料中,凡"徐"与"疾"对举,均与行为动作的速度有关而无例外,如:

> 徐行后长者谓之弟,疾行先长者谓之不弟。(《孟子·告子下》)
> 其仆将驰,晏子抚其手曰:"徐之!疾不必生,徐不必死。"(《晏子春秋·内篇·杂篇上》"崔庆劫齐将军大夫盟晏子不与"条)

而《庄子》书中"徐、疾(排除"疾病"义)"的用例,亦指动作速度的快慢,如:

> 接其鬓,压其顪,儒以金椎控其颐,徐别其颊,无伤口中珠!(《外物》)
> 徐行翔佯而归。(《山木》)
> 疾雷破山、飘风振海而不能惊。(《齐物论》)
> 犹疾视而盛气。(《达生》)

认为"徐、疾"乃"宽松、紧涩"义并指向轮孔者,乃承宋人林希逸所作训释而来,并不符合先秦汉语的使用实际。其次,就逻辑来说,《庄子》云"不徐不疾,得之于手而应于心",显然"不疾不徐"是"得之于手"的表现,"徐、疾"也自然当指"斲轮"时手的做法。相比之下,《淮南子》云"不甘不苦,应于手,厌于心",则车轮的"甘、苦"才是"应",即手的做法所对应的结果。最后,就异文来

---

① 〔宋〕林希逸著,周启成校注《庄子鬳斋口义校注》,北京:中华书局,1997年,第224页。另外,清人陆树芝《庄子雪》注此句云:"旧注:疾、徐,指枘凿眼而言。"(上海:华东师范大学出版社,2011年,第162页)清人朱文熊《庄子新义》亦称:"旧注:疾、徐,指枘凿眼而言。"(上海:华东师范大学出版社,2011年,第141页)据是书前言,"旧注"指陆德明《经典释文》所注。但核查陆书,并未直接提到"疾、徐,指枘凿眼而言"。此说当源出林希逸。
② 方勇《庄子纂要》,北京:学苑出版社,2012年,第462—466页。
③ 钟泰《庄子发微》,上海:上海古籍出版社,2002年,第306页。

说,《文选》卷十七陆士衡《文赋》有"若夫随手之变,良难以辞逮"一句,尤袤本李善注云:

> 言作之难也。文之随手变改,则不可以辞逮也。《庄子》轮扁谓桓公曰:"斲徐则甘而不固,疾则苦而不入,不疾不徐,得于手而应于心,口不能言也,有数存焉。"①

注文不仅明确说明"疾、徐"乃对应着"随手之变",且转引作"斲徐则甘而不固"。"斲徐"构成述补短语,更证明"徐"在语义上指向的是"斲"。因此,我们认为"徐、疾"指向的当是"斲",即用"椎凿"加工轮牙两端对接处时其动作的速度。

此外,"疾"与"徐"在语义上并不完全与先秦的"速"与"迟"或今天的"快"与"慢"等同。在"速度"语义场中,"速"与"快"在词义上都是单纯指速度迅速,而"疾"则如王凤阳所说"在表示速度上往往附加有紧迫、强烈、来势凶猛的色彩""含有强烈义,带有紧迫感"。② 相应地,"慢"单纯指速度的缓慢,而"迟"与"栖迟""遟""稺""稺"等同源,其词源义是滞留不去、徘徊不前、缓慢延滞。③ 至于"徐",王凤阳又指出其"源于表舒缓的'舒',所以它主要是用来描写行进速度的安适、缓慢的……;'徐'的反义词主要是形容行进急促、紧迫的'疾',如:《庄子·天道》'不疾不徐,得之于手而应之于心'","'徐'是形容行动舒缓的,所以它的引申义也多着重于安详、平稳"。《王力古汉语字典》在辨析"疾"与"速"、"徐"与"迟"时,也指明"疾"有"紧迫、急切的色彩",而"徐"则与之相对,"表示行动安适,不急迫"。④ 正因为"疾"与"徐"有各自的语义内涵,《庄子》在提到"疾、徐"时,成玄英疏或特意将其词义特点析出,或在串讲中构筑语境,以丰富文意:

> 撮其鬓,按其口,铁锤打,仍恐损珠,故安徐分别之。(《外物》"徐别其颊"句成疏)
> 徐步而归,翱翔闲放,逍遥自得。(《山木》"徐行翔伴而归"句成疏)
> 雷霆奋发而破山。(《齐物论》"疾雷破山"句成疏)

"徐"与"疾"的词义特点,直接关系到对后文"甘而不固"与"苦而不入"的解释。

---

① 刘跃进《文选旧注辑存》,南京:凤凰出版社,2017年,第3209页。
② 王凤阳《古辞辨(增订本)》,第965页。
③ 张希峰《汉语词族丛考》,成都:巴蜀书社,1999年,第378—381页。
④ 王力主编《王力古汉语字典》,北京:中华书局,2000年,第1434、1457页。又参洪成玉《古汉语常用同义词疏证》,北京:商务印书馆,2018年,第293页。

四、释"甘而不固""苦而不入"

关于"甘而不固"与"苦而不入"这两个小句,前揭 B、C、D、E 四种翻译在具体语义及其指向的理解上有较大分歧,可列表如下(表2):

表 2 "甘、苦、不固、不入"各家释义一览

	甘:词义/指向	不固:词义/指向	苦:词义/指向	不入:词义/指向
B	松弛/车轮部件	不牢固/车轮部件	急切/凿子	不进入/凿子
C	力度不够/凿子	不牢固/凿子(?)	失误/凿子	不进入/凿子
D	滑动/凿子	无法握住/凿子	嵌入/凿子	不移动/凿子
E	甘滑/车轮部件	不牢固/车轮部件	滞涩/车轮部件	不进入/车轮部件

大多存在一定的问题。

梅广指出古汉语中的非叙事"而"字结构,包括了描写性、说明性(含陈述)两种。① 前者用于"联结两个平行但有互补作用的意念",如:

美而艳。(《左传·桓公元年》)
子温而厉,威而不猛,恭而安。(《论语·述而》)

后者之中有一类是"以时间相联系"的"表达原因/结果的因果关系句",如:

比干谏而死。(《论语·微子》)
昔君以夫公孙段为能任其事而赐之州田,今无禄早世,不获久享君德。(《左传·昭公七年》)

而"甘而不固"与"苦而不入",既可以看作是因果说明性的"而"字结构,也可以认为各分句的因果关系已由"徐则"与"疾则"的连词"则"表达了,而将其看作描写性"而"字结构。但无论怎么说,至少这两类的非叙事"而"字结构左右连接的两项谓词,在先秦汉语中的语义指向一定是一致的。前揭语例即没有例外,再举《庄子》文句如下:

古之真人,其状义而不朋。(《大宗师》)
其居也渊而静,其动也县而天。(《在宥》)

以上为描写性"而"字结构。

彼民有常性,织而衣,耕而食,是谓同德。(《马蹄》)

---

① 梅广《上古汉语语法纲要》,上海:上海教育出版社,2018年,第214—218页。

战而死者,其人之葬也,不以翣资。(《德充符》)

以上为因果说明性"而"字结构。

因此,"甘"与"不固"应该有相同的指向,"苦"与"不入"亦然。由于"甘而不固"与"苦而不入"为对举的两个分句,则其意指也应该统一,故 B 译不可从。虽然 C、D 译在语义上统一指向了凿子,且认为"不固"指凿子不牢固,此或可与《新语·辅政》"夫居高者自处不可以不安,履危者任杖不可以不固。自处不安则坠,任杖不固则仆"之手杖不固相参。然而其说在词义解释与句意理解上存在障碍,如将"苦"解释为"失误""嵌入",将"不入"理解为"不会移动",显然不确;而且 B、C 译以"急切"或"(急切导致的)失误"来对应"苦",实际上是对"苦"有急切、快急等义的误解①。而 D、E 译以"滑动"来对应"甘",其实是本于林希逸"甘,滑"的训释,然无论是"甘"还是"缓",在理性意义上都没有"滑"的意思,"甘"与"滑"只是在认知上有相似相通之处,故文献常常一同称说,如《礼记·内则》:"凡和,春多酸,夏多苦,秋多辛,冬多咸,调以滑甘。"郑注引《内则》另一句"枣、栗、饴、蜜以甘之,堇、荁、枌、榆、免、薧、瀡以滑之"为证。又《内则》有"旨甘柔滑",《广雅·释诂》:"滑、甘、旨,美也。"但二者并非在词义上可以对等。综上,我们认为"甘"和"苦"应该据旧注理解为宽紧之义,"固"与"人"也是指轮牙对接处而言的,可申说如下。

从词义来说,故训"甘,缓(意)也",而"缓"有宽松义,如《吕氏春秋·任地》:"人耨必以旱,使地肥而土缓。"《文选·古诗十九首之一》:"相去日已远,衣带日已缓。"放在轮牙对接的语境中,应当指榫接轮牙,其榫头与夹口(或单肩榫头)之间的接触空间宽松。相应地,"不固"就是因之而导致的轮牙对接处不稳定、不牢固,即成疏所谓"斲轮失所则〔不〕牢固"。而与"甘"相对的"苦,急(意)也",自然指榫接轮牙中榫头与夹口(或单肩榫头)之间的接触空间紧迫。训释词"急"在先秦及西汉时已有"疾速"和"紧迫"两个义项,后者既包括抽象状态上的紧迫,如:

民急矣,姑从楚以纾吾民。(《左传·襄公八年》)
忽驰骛以追逐兮,非余心之所急。(《楚辞·离骚》)

也包括物理意义上的紧迫,如:

(革)信之而枉,则是一方缓一方急也。若苟一方缓一方急,则及其用之也,必自其急者先裂。若苟自急者先裂,则是以博为帴也。(《周礼·冬官·考工记·鲍人》)

---

① 刘昕曜《〈方言〉"苦,快也"辨正》,北京:《2021 年社科大语言学青年学子学术论坛论文集》,2021 年 11 月,第 82—89 页。

凡耕之大方：……急者欲缓，缓者欲急。(《吕氏春秋·任地》，高诱注："急，谓彊垆刚土也。")

　　刚与紧同源，①"刚土"犹言"紧土"也。

　　到了《庄子》《淮南子》旧注所处的中古汉语时期（许慎为东汉人，司马彪为西晋人，成玄英为唐人），此义更为显明，如：

　　紧，缠丝急也。(《说文·糸部》)

　　遂生缚布。布曰："缚太急，小缓之。"太祖曰："缚虎不得不急也。"(《三国志·魏书·吕布传》)

　　数急芙蓉带，频抽翡翠簪。(李商隐《独居有怀》)

　　因此，旧注应当是用"急"的"紧迫"义来解释"苦"的。② 相应的"不入"，则是指因为空间紧迫而导致的轮牙榫接部分不能密合对应，"入"当为切合义。《淮南子·主术》："譬犹方员之不相盖，而曲直之不相入。"高诱注："入，中。"此亦即郑玄注《考工记·轮人》所云当"调其凿内而合之"之理。

　　《庄子》以"甘苦"代"宽紧"，实为其比喻修辞：味甘则和缓，味苦则紧涩，可以通感。先秦两汉文献中尚且有以味觉上的"甘、苦"联系到物性上的宽缓、紧实的语例，如《素问·藏气法时论》中医家认为"肝苦急，急食甘以缓之"，即肝性病于紧涩，当食甘味之物以缓之，此可见"甘"与"缓"之关联（《素问》中多有"甘以缓之""以甘缓之"之语）；又认为"肾欲坚，急食苦以坚之"，即肾脏要是想要坚实，当食苦味之物以坚之。"坚"与"紧"同源，在词义上近于"急紧"之"急"。《藏气法时论》后文说"辛散，酸收，甘缓，苦坚，咸耎"，即五味各有功用，又说"有辛、酸、甘、苦、咸，各有所利，或散、或收、或缓、或急、或坚、或耎，四时五藏，病随五味所宜也"。"或急、或坚"正是对应着"苦坚"而言，③故可见"苦"与"急"之关联。黄易青认为《庄子》的"苦"为"空间四塞坚紧"义，属于"视觉空间的缓急与味觉、嗅觉的甘辣义相通"，"宽缓谓之甘，味甜亦谓之甘；紧亟谓之苦，味炽烈、辣烈亦谓之苦"，④其说是也。萧旭说"甘谓味之缓者，苦谓味之涩

―――――――――
① 王力《同源字典》，北京：中华书局，2014年，第358页。
② 王凤阳将《庄子》的"苦"理解为"楛"，即粗糙不牢之意（《古辞辨（增订本）》，第708页），马庆洲同（《淮南子今注》，南京：凤凰出版社，2013年，第233页），而范耕研认为"甘苦犹言劳逸，旧说多误"（《庄子诂义全稿》，台北：文史哲出版社，1998年，第205页），或非。
③ 论者以为"'或急'衍。此以散收缓坚软，对上辛酸甘苦咸。急字无着"（郭霭春《黄帝内经素问校注语译》，贵阳：贵州教育出版社，2010年，第145页），即使衍文说有一定道理，但此处仍透露出与"缓"相对的"急"与"坚"之间在坚实、紧实的语义上有联系，谓之"无着"者非是。
④ 不过他解读《庄子》句作"毂宽缓则辐不固，毂太亟则辐不入"，以毂端纳辐凿孔立说，与我们的理解不同（黄易青《上古汉语同源词意义系统研究》，北京：商务印书馆，2007年，第608—609、665页）。

者"近是,然又谓"此训缓急,引申义也",①或不可从。从当时的其他相关语料看,"甘、苦"似乎并未引申出"宽、紧"的新义位,只是临时因通感而产生了修辞的用法。

之所以运凿加工的"徐、疾"会导致轮牙对接部分宽松或紧迫,与其词义特点是分不开的。"徐"是一种安适、舒缓的状态,钟泰说"'徐'言斲之细",也就是所谓的"慢工出细活"。现代木工在制作榫眼时,也常常提到下凿的速度要慢、要轻,如祁振悦云:"矩形孔的加工:……第一凿的凿进速度要慢,当凿到一定深度后,应退凿待钻屑排除后再凿进。"②陈方密、陆兴道认为:"第一凿在离榫眼一端约8毫米处下凿(为了预防将榫眼一端挤坏)。第一凿要轻,向前移动约5毫米打第二凿(稍重),顺将木屑挖出。"③

而"疾"则是一种紧迫、急切的状态,钟泰言"'疾'言斲之完",类似于"快刀斩乱麻"。现代木工也强调"当铲削较小的零件且精度要求较高时,为确保加工精度,不能用力过猛、切削过深",④这是对"疾"有所限制。运凿过"徐",则用工虽稳当,但精度有余,使得轮牙对接处的空间宽松,因而不够牢固;运凿过"疾",则用工虽迅猛,但精度不足,使得轮牙对接处的空间紧迫,因而不能接合。现代木工指出:"要使凿眼位置准确,形状周正,必须学会晃凿找线。晃凿就是凿刀不离开木料表面,用左手轻摇凿把,利用凿刃的两尖作支点,慢慢将凿摇晃到需要凿眼的位置,只有很好地掌握晃凿技术,下凿才能准确、迅速。"⑤所谓"慢慢晃凿"与"下凿迅速",尽管与轮扁针对运凿这一动作本身而言的"不疾不徐"不完全相合,但背后的制作理念是古今呼应的。

综上,可试译解《庄子》一段作:

> 凿斲轮牙榫接部位(斲轮),动作舒缓则轮牙榫接处宽松,轮牙榫接处就不坚固(徐则甘而不固);动作疾迫则轮牙榫接处紧迫,轮牙榫接处就不能拼合(疾则苦而不入)。

附记:本文曾蒙王立军师及白如、吴盛正、张祎昀、魏禾书、孙凌康、段毓赜等学友教正,谨致谢忱。

---

① 萧旭《〈淮南子〉校补》,台北:花木兰文化出版社,2014年,第336页。
② 祁振悦主编《木工(初级工 中级工)》,北京:中国环境科学出版社,2015年,第27页。
③ 陈方密、陆兴道编著《木工技术》,北京:中国林业出版社,1982年,第110页。
④ 许兴华、张颖编《木工入门》,第27页。
⑤ 吉林省教育系统科教兴农专家组组编:《手工木工技术》,长春:吉林科学技术出版社,2008年,第163页。

石刻文献所见南燕、北燕职官辑考[*]

魏军刚[**]

【内容提要】 清代学者万斯同、缪荃孙依据传世文献整理撰成《伪南燕将相大臣年表》《北燕百官表》,奠定了研究南燕和北燕官制的基础。随着石刻文献不断发现公布,有助于补正南燕和北燕职官。石刻文献记有南燕左光禄大夫、侍中张豁,广平太守房谌,冠军将军兰瑰等职官。又《魏书》记张豁自东晋降南燕,墓志补其任侍中、左光禄大夫官职;《北史》记房谌出仕后燕慕容垂和随慕容德南下"寓于齐土"信息,墓志补其任南燕广平郡守官职;冠军将军兰瑰,传世文献失载,可补史阙。石刻文献记有北燕尚书仆射、吏部尚书高策,七兵尚书缑□,给事中李才,廷尉卿孙道,博士郎中刘轩,太子洗马卢巘,辽东护军石邃,大司马从事郎中高育等职官。又,墓志记北燕博士郎中刘轩与《晋书》记载相印证,高策、高育父子虽见于《魏书》《北史》,但所记官职与墓志不同;七兵尚书缑□、给事中李才、廷尉卿孙道、太子洗马卢巘、辽东护军石邃等,皆传世文献失载,亦补史阙。

【关键词】 石刻文献　南燕政权　北燕政权　职官名号　辑补考证

后燕永康元年(北魏皇始元年,396)慕容垂去世后,在北魏连续军事打击下,慕容氏集团分裂为南北两支。南支以慕容德为首,起初据守邺城,后南下青齐地区建立南燕政权(398—410)。北支以慕容宝为首,退守龙城后延续着后燕的国祚,历慕容盛、慕容熙两世,正始元年(407)被高云的北燕政权取代。太平元年(409),冯跋废杀高云,取代高氏建立冯氏北燕政权(409—436)。南燕、北燕政权虽然都继承了后燕政权的"衣钵",但二者政治制度的演变轨迹出现了不同。仅就官制而言,南燕继承后燕统治中原时期的官僚体制,更接近汉魏以来的官制;北燕则承袭后燕退据龙城后的官僚制度,包括单于制,只是作为国家制度的补充,单于制发挥的作用比较有限。[①]

目前,南燕、北燕政权职官研究成果体现在两个方面:一是对两国官制本

---

[*] 本文系国家社会科学基金一般项目"出土文献与十六国官制研究"(23BZS028)的阶段性成果。
[**] 本文作者为青海师范大学历史学院副教授。
① 陈国琳《中古北方民族史新探》,北京:商务印书馆,2010年,第360—361页。

身的探索。张金龙考察北燕统治者名号、官僚体制和爵位制度,①并研究了两国的禁卫武官制度。②周伟洲分析南燕和北燕官制的来源和特点,指出两者之间的差别。③高然讨论南燕和北燕政权官僚制度的同时,制作了《南燕职官表》《北燕职官表》。④陈楚羚考察十六国三省制的演变,也涉及南燕和北燕政权的中央职官。⑤ 二是对两国职官资料的整理研究。清代学者万斯同、缪荃孙最早根据传世文献整理撰成《伪南燕将相大臣年表》⑥《北燕百官表》。⑦ 冯君实评价两表是"依汉魏以来的传统官制,择其要职,排比任官人名",但"未对各有关官职的职能予以剖判"。⑧ 而且,万表缺失了南燕地方职官信息,缪表虽然较为全面,但遗漏和讹误也不少。后来,高然作《南燕职官表》《北燕职官表》,尚永琪制《北燕百官表一、二》,⑨相比而言不仅更详实准确,而且补充不少资料,但仍有值得商榷和补充之处。本文在上述学者整理研究的基础上,参考学界已有的相关成果,主要利用出土的石刻资料补充南燕、北燕政权的职官并作考证。

一、石刻文献所见南燕职官辑考

(一)中央职官

南燕初建,继承了后燕慕容垂时期的官僚制度,建立近似魏晋制度的官僚体制。史称,慕容德"依燕元故事,称元年,大赦境内殊死已下,置百官"。⑩ 根据万斯同《伪南燕将相大臣年表》,传世文献记载南燕中央有三公、尚书省、门下省、中书省诸职。⑪ 目前所见涉及南燕中央职官的石刻文献不多,仅见2012年6月在山东省青州市王坟镇乔家庄村征集的一方《隋张崇训墓志》。志云:

---

① 张金龙《北燕政治史四题》,《南都学坛》1997年第4期。
② 张金龙《魏晋南北朝禁卫武官制度研究(修订本)》,北京:中国社会科学出版社,2020年,第341—342页。
③ 周伟洲《十六国官制研究》,《文史》第58辑,北京:中华书局,2002年。
④ 高然《慕容鲜卑与五燕国史研究》,北京:北京大学出版社,2018年,第361—370页,第371—378页。
⑤ 陈楚羚《十六国三省官职考》,兰州大学硕士学位论文,2016年。
⑥ 〔清〕万斯同《伪南燕将相大臣年表》,二十五史刊行委员会编《二十五史补编(三)》,北京:中华书局,1998年,第4059—4060页。
⑦ 〔清〕缪荃孙《北燕百官表》,二十五史刊行委员会编《二十五史补编(三)》,北京:中华书局,1998年,第4079—4081页。
⑧ 冯君实《十六国官制初探》,《东北师大学报(哲学社会科学版)》1984年第4期。
⑨ 尚永琪《北燕史》,北京:中国社会科学出版社,2019年,第205—211页。
⑩ 《晋书》卷一二七《慕容德载记》,北京:中华书局,1974年,第3164页。
⑪ 〔清〕万斯同《伪南燕将相大臣年表》,第4059—4060页。

"君讳崇训,字士则,清河东武城人也。……南燕左光禄(大夫)、侍中豁(豁),即君之六世祖也。"①《魏书·徒何慕容廆传》记,东晋隆安三年(399)慕容德进攻广固城,东晋幽州刺史辟闾浑"遣司马崔诞率千余人戍薄荀固,平原太守张豁屯柳泉。诞、豁皆承檄遣子降德"。② 墓志记隋代张崇训的六世祖张豁,或即东晋平原太守张豁。清河张氏家族,是跟随慕容德南下青齐地区创建南燕政权的河北士族之一。《魏书·张烈传》记:"张烈,字徽仙,清河东武城人也。……曾祖恂,散骑常侍,随慕容德南渡,因居齐郡之临淄。"③张烈和张豁属于同族,慕容德招降张豁或许与张烈有关。张豁入职南燕政权后,其事迹不详,据墓志知其历任左光禄大夫、侍中二职,可补史阙。

1. 左光禄大夫张豁

上引《隋张崇训墓志》记隋代张崇训六世祖张豁任南燕左光禄大夫一职。作为汉代列卿之一,魏晋王朝继承并发展了"光禄大夫"一职,根据配饰章绶不同,级别有异。《晋书·职官志》记载,光禄大夫"加金章紫绶者"为"二品","假银章青绶者"为"三品";并"置主簿、功曹史、门亭长、门下书佐各一人"为其属官。但作为"加官"或是"赠官"时,则不配给属官。魏晋时期,光禄大夫的职掌相比两汉也有变化,"不复以为使命之官",作为"优崇之制",主要授予"诸公告老者""在朝显职(者)""诸卿尹中朝大官年老致仕者"等。④ 传世史籍记载的南燕"左光禄大夫"任职者,仅见潘聪1人,⑤兹据墓志增补张豁1人。

2. 侍中张豁

上引《隋张崇训墓志》亦记隋代张崇训六世祖张豁曾任南燕侍中一职。"侍中",作为门下省最高长官。《晋书·职官志》记载:"魏晋以来置四人,别加官者则非数。掌傧赞威仪,大驾出则次直侍中护驾,正直侍中负玺陪乘,不带剑,余皆骑从。御登殿,与散骑常侍对扶,侍中居左,常侍居右。备切问近对,拾遗补阙。"⑥传世史籍记载的南燕"侍中"任职者,有慕容超、慕容统、公孙五楼3人,⑦兹据墓志再补张豁1人。

(二)地方职官

根据记载,南燕地方行政体制包括州、郡、县三级,对应的地方官职名称有

---

① 周晓薇、王其祎《贞石可凭:新见清代墓志铭疏证》,北京:科学出版社,2019年,第27页。
② 《魏书》卷九五《徒何慕容廆传》,北京:中华书局,1974年,第2072页。
③ 《魏书》卷七六《张烈传》,第1685页。
④ 《晋书》卷二四《职官志》,第727—728页。
⑤ 《晋书》卷一二八《慕容超载记》,第3176页。
⑥ 《晋书》卷二四《职官志》,第732—733页。
⑦ 《晋书》卷一二八《慕容超载记》,第3176页、第3177页、第3180页。

州牧（刺史）、太守、县令（长）等。清代万斯同《伪南燕将相大臣年表》缺失南燕地方职官信息，高然《南燕职官表》统计有司隶校尉、并州刺史、兖州刺史等12种地方官职，共计18位官员。①

石刻文献记载南燕地方职官信息很少，仅见《唐房鹿娘墓志》记广平郡守房谌1人。志云："夫人讳，字鹿娘，清河郡县人也。……十代祖谌，南燕广平郡守，随燕南度，遂居于齐，今为济南人焉。"②按，唐卢府君夫人房鹿娘"十代祖谌"，即传世史籍所记的后燕太尉掾、贵乡太守房谌。《北史·房法寿传》记载："曾祖谌，仕燕，位太尉掾。随慕容氏迁于齐，子孙因家之，遂为东清河绎幕人焉。"③《唐房彦谦碑》也记："房彦谦，字孝冲，清河人。七世祖谌，燕太尉掾，随慕容氏南渡，寓于齐土。"④又，《北史·列女传》记"钜鹿魏溥妻房氏者，慕容垂贵乡太守常山房谌女也"。⑤据此说明房谌在"随慕容氏迁于齐"之前，官至后燕太尉掾、贵乡太守。但房谌"随慕容氏南渡"后的任职情况则不详，据墓志可知其出任南燕广平郡守一职。

（三）军事职官

根据万斯同《伪南燕将相大臣年表》统计，传世文献记载南燕军事官职（主要将军号）有中军、抚军、右卫、车骑、骠骑、武卫、左卫、领军、左军将军等9种。⑥但有遗漏，高然补充征南、镇西、冠军、辅国、征虏将军，牙门将，东西中郎将，屯骑、长水、射声校尉及殿中帅等12种。⑦目前所见石刻文献记载南燕军事职官信息较少，仅见《北魏兰幼标墓志》记载的冠军将军兰瑰1人。

墓志云："祖瑰，冠军将军、宜阳公，尚献武皇帝女乐安公主。"⑧《通典·职官十六》记载："冠军将军，魏置，以文钦为之。盖因史记楚义帝以宋义为卿子冠军、汉武帝以霍去病功冠三军封冠军侯之义也。晋亦有之。金章紫绶，给五时朝服，武冠，佩水苍玉。"⑨按，墓志记兰瑰尚南燕献武皇帝慕容德之女，为南燕王室婚姻圈成员之一，其官爵应得自于南燕政权。传世文献记载南燕"冠军

---

① 高然《慕容鲜卑与五燕国史研究》，第368—370页。
② 周绍良、赵超主编《唐代墓志汇编》NO开元491，上海：上海古籍出版社，1992年，第1493页。
③ 《北史》卷三九《房法寿传》，北京：中华书局，1974年，第1414—1415页。
④ 〔清〕杨士骧等修、孙葆田等撰《（宣统）山东通志》卷一四九《艺文志·石》，北京：商务印书馆影印，1915年，第4430页。
⑤ 《北史》卷九一《列女传》，第2996页。
⑥ 〔清〕万斯同《伪南燕将相大臣年表》，第4059—4060页。
⑦ 高然《慕容鲜卑与五燕国史研究》，第365—367页。
⑧ 赵文成、赵君平《秦晋豫新出墓志蒐佚续编》第一册，北京：国家图书馆出版社，2015年，第43页。
⑨ 〔唐〕杜佑撰，王文锦等点校《通典》卷三四《职官十六·武散官》，北京：中华书局，1988年，第940页。

将军"任职者,有苻广、①公孙归②2人,据墓志增补兰瑰1人。其中,公孙归和兰瑰都属于南燕慕容氏婚姻圈成员,二人均以外戚身份任职。

二、石刻文献所见北燕职官辑考

(一)中央职官

张金龙指出,"从政治文化方面看,北燕政权基本上继承了后燕的遗产,是一个鲜卑化的政权"。③ 准确地讲,北燕统治者继承的是后燕退据龙城后的官僚制度,其中包括单于台制度。但北燕官僚制度仍以承袭汉魏以来的官制为主,"单于制只是国家制度的一种补充,其作用已经很有限了"。④ 根据缪荃孙《北燕百官表》,传世文献记北燕中央有三公、尚书省、门下省、中书省及列卿诸职。⑤ 目前所见石刻文献记北燕中央职官资料不多,仅见尚书仆射、吏部尚书高策,七兵尚书缑□,给事中李才,廷尉卿孙道,博士郎中刘轩,太子洗马卢㹊等,共计有7种职官6位官员。兹考证如下:

1. 尚书右仆射高策

《晋书·职官志》记载:"仆射,服秩印绶与令同。……经魏至晋,迄于江左,省置无恒,置二,则为左右仆射,或不两置,但曰尚书仆射。令阙,则左为省主;若左右并阙,则置尚书仆射以主左事。"⑥根据《北燕百官表》统计,传世文献记载北燕"左右尚书仆射"任职者,仅见张兴、冯弘2人。⑦ 周伟洲、高然和陈楚羚等补充尚书左仆射封恺、李根、卢晏等3人,尚书右仆射冯丕、孙护2人,共计7人。⑧ 石刻文献增补尚书右仆射高策1人。

1969年,山东省德州城北胡官营出土的《北魏高道悦墓志》记载:"君讳道悦,字文欣,辽东新昌安乡北里人也。……曾祖尚书仆射,才辉龙部,翼范后燕。……曾祖策,后燕吏部尚书、右仆射。"⑨按,志文中"后燕"并非慕容垂所建国家,而是指冯氏北燕政权。《魏书·高道悦传》记载"曾祖策,冯跋散骑常侍、

---

① 《晋书》卷一二七《慕容德载记》,第3165页。
② 《晋书》卷一二八《慕容超载记》,第3180页。
③ 张金龙《北燕政治史四题》,《南都学坛》1997年第4期。
④ 陈国琳《中古北方民族史新探》,第360—361页。
⑤ 〔清〕缪荃孙《北燕百官表》,第4079—4081页。
⑥ 《晋书》卷二四《职官志》,第730页。
⑦ 〔清〕缪荃孙《北燕百官表》,第4079—4081页。
⑧ 周伟洲《十六国官制研究》,《文史》第58辑;高然《慕容鲜卑与五燕国史研究》,第371页;陈楚羚《十六国三省官职考》,第142页。
⑨ 王连龙编撰《南北朝墓志集成》上册,第159—160页。

新昌侯",①表明高策出仕北燕政权。正史记高策任北燕散骑常侍、封爵新昌侯,据墓志补其任职尚书右仆射的信息。

2. 吏部尚书高策

根据《晋书·职官志》记载,吏部尚书的设置,能追溯至东汉初年光武帝"改常侍曹为吏部曹",汉灵帝时改称选部尚书,曹魏时期"改选部为吏部,主选部事",②西晋沿置吏部尚书,并列在列曹尚书之首位,足见该职的重要性。传世文献记载的北燕"吏部尚书"任职者,仅见马弗勤、③李崇④2人,石刻文献增补高策1人。上引《北魏高道悦墓志》记载:"曾祖策,后燕吏部尚书、右仆射。"⑤高策在北燕任官仅见散骑常侍一职,据墓志可知其另任吏部尚书一职,后升任为尚书右仆射。

3. 七兵尚书缑□

根据《北燕百官表》统计,传世文献记载北燕"尚书"任职者,有马弗勤(吏部尚书)、纪达、高绍、郭渊、高颙、阳伊等6人。⑥ 高然、陈楚羚等补充尚书攸迈、吏部尚书李崇2人,⑦共计8人。石刻文献增补七兵尚书缑□1人。

近年来,河南省偃师县出土《北魏缑静墓志》记载:"君讳静,字定国,巴西汉昌人也……世祖仕燕,为七兵尚书,绶组迭兴,朱缨世袭。桀俊当时,文宗往日。写芳猷于紫阁,吐礼训于金衢。声等卧龙,名齐水镜。世祖平,仕魏为镇远将军、平凉太守。玉耀当途,琰柯远茂。黼往黼来,修修交易。朱轮入境,长蛇卷武。猛宽既施,鸱鸮息响。讼若宗均,威同随会。"⑧墓志仅提到北魏缑静的祖先缑某"仕燕为七兵尚书",但此"燕"国究竟指代何政权?墓志记载并不明确。

观览志文,两次出现"世祖",第一次出现后缀有"仕燕……"字样,阙载名讳,第二次出现后缀有"平,仕魏……"字样。王连龙认为"平"即缑静先祖的名字,⑨为后燕遗臣,笔者认为可以有不同的解释。志文出现的第一个"世祖",应指北魏缑静"某世祖"的意思,但缺失的世系数信息,可能是墓志漏刻所致;第二个"世祖",后缀的"平"字不是名字,"世祖平"也可以解释成北魏世祖拓跋焘

---

① 《魏书》卷六二《高道悦传》,第1399页。
② 《晋书》卷二四《职官志》,第730—731页。
③ 《晋书》卷一二五《冯跋载记》,第3128页。
④ 《魏书》卷四六《李䜣传》,第1039页。
⑤ 王连龙编撰《南北朝墓志集成》上册,第160页。
⑥ 〔清〕缪荃孙《北燕百官表》,第4079—4081页。
⑦ 高然《慕容鲜卑与五燕国史研究》,第372页;陈楚羚《十六国三省官职考》,第144—145页。
⑧ 齐渊《洛阳新见墓志》,上海:上海古籍出版社,2011年,第9页。
⑨ 王连龙《新见北朝墓志集释》,北京:中国书籍出版社,2013年,第76页。

平"燕国"之意,正对应后面志文提到的缑某仕北魏的情况。对此,我们还可以从墓志本身书写得到佐证,上引志文主要是对缑静的先祖"某"生平仕宦的说明,先讲他"仕燕"的官职,然后如何如何,再讲他在拓跋焘平"燕"后,出仕北魏又如何如何。综合判断,北魏缑静的祖先缑某出仕的"燕"国,应该是被北魏太武帝灭掉的北燕政权。

传世史籍中不见北燕置七兵尚书,今据墓志补缑□的任职信息。北燕冯氏继后燕建国,设七兵尚书当继承自后燕政权,《晋书·慕容盛载记》记有"七兵尚书丁信"。① 张金龙研究十六国"七兵尚书"指出,"由于史料记载的限制,今已无从判断十六国其他政权是否也存在七兵尚书,但不排除这种可能性"。② 《北魏缑静墓志》记北燕七兵尚书缑□的信息,印证了张氏的推测。张氏还对十六国后期七兵尚书出现的原因、组织系统、是少数政权新设还是渊自西晋制度等问题展开讨论,认为"不能完全排除西晋太康年间曾设七兵尚书的可能性"。③ 目前仅凭一方《北魏缑静墓志》还无法解决这些问题。但对于"七兵尚书"名称的由来,我们可以稍作推测:《晋书·职官志》记载,西晋列曹尚书中无"七兵"名号,疑"七兵尚书"是由"左右中兵、左右外兵、别兵、都兵、骑兵"等尚书七郎曹合并升格而成。根据传世文献和墓志记载,后燕、后秦、大夏政权均有七兵尚书的任官事例,表明该职在十六国后期开始设置,后来为北魏政权所继承。

4. 给事中李才

《晋书·职官志》记载:"给事中,秦官也。所加或大夫、博士、议郎,掌顾问应对,位次中常侍。汉因之。及汉东京省,魏世复置,至晋不改。在散骑常侍下,给事黄门侍郎上,无员。"④ 传世文献记载的北燕中央官职中没有见到"给事中"名号。上引《北魏高道悦墓志》记载:"父起,清、冀二州治中,武邑郡都,早亡,追赠平远将军、平州刺史。母辽西李氏,父才,后燕给事中。"⑤ 墓志记高道悦外祖父李才任"后燕给事中",据正史和墓志记高道悦祖父高育由北燕入职北魏的经历判断,李才与高育同辈且共仕"燕"政权,志文中"后燕"当指冯氏北燕而非慕容氏后燕政权。由此,据墓志可补北燕设有给事中一职,由辽西李才担任。又,史书记载冯懿、胡福二人先后任北燕"中给事"一职,此职通常由皇帝近臣宦官担任,与"给事中"职掌不同。

---

① 《晋书》卷一二四《慕容盛载记》,第 3104 页。
② 张金龙《唐前"兵部"尚书研究》,北京:中华书局,2018 年,第 63 页。
③ 张金龙《唐前"兵部"尚书研究》,第 63 页。
④ 《晋书》卷二四《职官志》,第 733 页。
⑤ 王连龙编撰《南北朝墓志集成》上册,第 160 页。

5. 廷尉卿孙道

《晋书·职官志》记载："廷尉，主刑法狱讼，属官有正、监、评，并有律博士员。"① 传世文献记载的北燕中央官职中没有见到"廷尉卿"名号。上引《北魏高道悦墓志》记载："祖母昌黎孙氏，父道，后燕廷尉卿。"② 墓志记高道悦外曾祖父"后燕廷尉卿"孙道，高策与之同辈且共仕"后燕"政权。如前所考，志文中"后燕"指冯氏北燕政权，据墓志可补北燕设有"廷尉"一职，由辽西孙道任廷尉卿。

6. 博士郎中刘轩

《晋书·职官志》记载："太常博士，魏官也。魏文帝初置，晋因之。掌引导乘舆。王公已下应追谥者，则博士议定之。"③ 又，"(西)晋初承魏制，置博士十九人。及咸宁四年，武帝初立国子学，定置国子祭酒、博士各一人，助教十五人，以教生徒。博士皆取履行清淳，通明典义者，若散骑常侍、中书侍郎、太子中庶子以上，乃得召试"。④ 并未见博士郎中名称，推测其亦为太常属官之一。《唐刘元贞墓志》记载"君讳元贞……八代祖轩，仕冯燕为博士郎中"。⑤ 根据记载，唐刘元贞八代祖刘轩在北燕时期先任太常丞，⑥ 后转任博士郎中，⑦ 与出土墓志相互印证。《太平御览》卷一二七《冯跋传》引崔鸿《十六国春秋》记北燕刘轩任"博士"，可能是"博士郎中"的省称，也可能为两职。

7. 太子洗马卢嶷

《晋书·职官志》记载："(太子)洗马八人，职如谒者秘书，掌图籍。释奠讲经则掌其事，出则直者前驱，导威仪。"⑧ 1912年，河北省磁县南乡八里冢出土《东魏卢贵兰墓志》记载："祖嶷，燕太子洗马，魏建将军良乡子。"⑨ 根据墓志记载，卢嶷先后出仕十六国"燕"国和北魏政权，根据其由"燕"入北魏的经历来看，所仕"燕国"只有可能是后燕或北燕政权。墓志记卢贵兰"春秋五十有四，以武定四年(546)十一月八日薨于邺都"，逆推其生年在北魏孝文帝太和十四年(493)。按一世三十年计，推测卢贵兰的祖父卢嶷生年约在北魏太武帝延和二年(433)，此时距离后燕灭亡已经26年，而北燕也在3年后灭亡，卢嶷显然是不可能出仕二政权的。因此，卢嶷出生时间必定在此之前很多年，但综合墓

---

① 《晋书》卷二四《职官志》，第737页。
② 王连龙编撰《南北朝墓志集成》上册，第160页。
③ 《晋书》卷二四《职官志》，第736页。
④ 《晋书》卷二四《职官志》，第736页。
⑤ 吴钢主编《全唐文补遗(千唐志斋新藏专辑)》，西安：三秦出版社，2006年，第196页。
⑥ 《晋书》卷一二五《冯跋载记》，第3130页。
⑦ 《晋书》卷一二五《冯跋载记》，第3132页。
⑧ 《晋书》卷二四《职官志》，第743页。
⑨ 赵超《汉魏南北朝墓志汇编》，天津：天津古籍出版社，1992年，第371页。

志记载卢氏世系和后燕、北燕灭亡时间判断,他出仕北燕的可能性较后燕政权更大一些。根据史书,北燕设立太子,但没有见到东宫太子属官的信息,据墓志可知北燕设置太子洗马一职,由范阳大族卢㙔出任。

(二)地方职官

北燕时期,在地方上推行州郡县三级行政体制,①缪荃孙《北燕百官表》所列传世文献记载北燕地方官职名称有司隶校尉、州牧(刺史)、太守(京尹)和县令等。② 根据石刻文献可知,北燕时期在地方上还存在辽东护军等特殊行政机构名称。

1923年,河南省洛阳城东北左家坡北出土的《北魏石育墓志》记载:"君讳育,字伯生,乐陵厌次人也……祖邃,辽东护军。从燕归阙,领户三千,赐爵昌邑子,建威将军,辽东、新城二郡太守。"③按,墓志称石邃"从燕归阙,领户三千",由此可判断其任官时间大约在后燕或北燕时期。张金龙判断,石邃任辽东护军在北燕时期,理由是"北魏孝文帝太和十六年改革爵制,(石育父)石襄降爵即在此时。则其父石邃归魏的时间不可能早于后燕末年,而只能是北燕末年"。④ 魏俊杰研究北燕政区,也认为墓志所记石邃任辽东护军在北燕时期。⑤ 由此可见,北燕时期设置辽东护军,且"此辽东护军在后燕已经存在,而后燕则应从前燕承袭而来"。⑥

(三)军事职官

根据缪荃孙《北燕百官表》统计,传世文献记载北燕军事官职有大司马、车骑、骠骑、上大将军、征东、征西、征北、镇东、镇南、卫、抚军、右卫、游击和卫尉将军等14种,⑦高然又补充征南、中领军将军,⑧共计16种。目前所见石刻文献记载北燕军事职官信息较少,仅见《北魏高道悦墓志》记载的大司马从事郎中高育1人。

墓志云:"君讳道悦,字文欣,辽东新昌安乡北里人也。……祖育,燕大司马从事中郎,归国除建中将军,齐郡、建德二郡太守,肥如子。"⑨《魏书·高道悦

---

① 张金龙《北燕政治史四题》,《南都学坛》1997年第4期;尚永琪《北燕史》,第88页。
② 〔清〕缪荃孙《北燕百官表》,第4079—4081页。
③ 赵超《汉魏南北朝墓志汇编》,第306页。
④ 张金龙《十六国"地方"护军制度补正》,《西北史地》1994年第4期。
⑤ 魏俊杰《十六国疆域与政区研究》,上海:复旦大学出版社,2018年,第326页。
⑥ 张金龙《十六国"地方"护军制度补正》,《西北史地》1994年第4期。
⑦ 〔清〕缪荃孙《北燕百官表》,第4079—4081页。
⑧ 高然《慕容鲜卑与五燕国史研究》,第375—376页。
⑨ 王连龙编撰《南北朝墓志集成》上册,第160页。

传》记载："祖育,冯文通建德令。值世祖东讨,率其所部五百余家归命军门,世祖授以建忠将军,齐郡、建德二郡太守,赐爵肥如子。"① 按,墓志记高育由北燕归附北魏信息,与传世文献相印证。而墓志称高育任"燕大司马从事中郎"则与《魏书》记"建德令"一职不同,能补史阙。北燕政权设有大司马一职,见于史书的任职者有冯弗素、姚昭二人。② 1965 年,辽宁省北票县西官营子发现的北燕冯弗素的墓葬中,还出土有一枚"大司马章",③ 亦可为证。墓志记高育任北燕大司马从事中郎一职,或为冯弗素、姚昭其中一人的属僚。《晋书·职官志》记载:"大司马,古官也。汉制以冠大将军、骠骑、车骑之上,以代太尉之职,故恒与太尉迭置,不并列。及魏有太尉,而大司马、大将军各自为官,位在三司上。晋受魏禅,因其制,……自义阳王望为大司马之后,定令如旧,在三司上。"又云:"大司马、大将军、太尉、骠骑、车骑、卫将军、诸大将军,开府位从公者为武官公,皆着武冠,平上黑帻。"④ 据此,大司马与诸大将军一样均有开府置僚的权力,其诸僚中就"从事郎中"一职,晋制规定"诸公及开府位从公加兵者,增置司马一人,秩千石;从事中郎二人,秩比千石"。⑤

三、结语

综上所考,石刻文献记载南燕中央官职仅见侍中、左光禄大夫 2 种,地方官职仅见广平郡守 1 种,军事官职仅见冠军将军 1 种,共计 4 种。除广平郡守,皆与传世文献记载的南燕官职名号相对应。石刻文献记载的南燕侍中、左光禄大夫张豁,《魏书·徒何慕容廆传》虽记其自东晋投降南燕政权,但具体仕宦信息不详,墓志能补史书记载之不足。又,广平郡守房谌,《北史·房法寿传》《北史·列女传》等主要记述他在后燕任官的情况,虽也提到他"随慕容氏南度,寓于齐土"的信息,但他在南燕时期的任官情况不详,据墓志可补其任广平郡守的信息。墓志记冠军将军兰瑰,传世文献失载,亦可补史阙。

石刻文献记载北燕中央官职有尚书仆射、吏部尚书、七兵尚书、给事中、廷尉、博士郎中、太子洗马等 7 种,地方官职仅见辽东护军 1 种,军事职官仅见大司马从事郎中 1 种,共计 9 种。其中,七兵尚书、给事中、廷尉、太子洗马、辽东护军、大司马从事郎中等 6 种官职,传世文献失载,根据石刻文献补充,应该是承袭自后燕政权。石刻文献记北燕官员 8 人,《晋书·冯跋载记》

---

① 《魏书》卷六二《高道悦传》,第 1399 页。
② 高然《慕容鲜卑与五燕国史研究》,第 375 页。
③ 黎瑶渤《辽宁北票县西官营子北燕冯弗素墓》,《文物》1973 年第 3 期。
④ 《晋书》卷二四《职官志》,第 725 页、726 页。
⑤ 《晋书》卷二四《职官志》,第 727 页。

记博士郎中刘轩,与传世文献相印证;尚书仆射、吏部尚书高策和大司马从事郎中高育2人虽见于史书,但与墓志所记官职信息不同;七兵尚书緰□、给事中李才、廷尉卿孙道、太子洗马卢巘、辽东护军石邃等5人,皆传世文献失载,能补史阙。

任昉《述异记》真伪再考辨

罗韫哲*

【内容提要】 世传南朝任昉所撰《述异记》二卷,被视为地理博物体志怪小说的代表,然其真伪自清代即出现争议。今学界主流意见认为此书确系任昉所作,但经过唐人改窜。然此说的重要理据——任昉《述异记》盛唐已见征引之说,经考察无法成立,此书迟至晚唐始见于世。通过对此书全部条目的史源追溯,可以确定今本任昉《述异记》中有近四成的内容源出他书,乃宋人有意作伪。而仅见于此书的部分,是由晚唐人在尚好僻典的风气下依据任昉《地记》中所保存的志怪内容摘录、伪题而成。今本任昉《述异记》实际上是一部晚唐出现而最终成形于北宋中后期的伪书。

【关键词】 任昉 《述异记》 志怪 《地记》 伪书

南朝时期志怪之风兴盛,出现了两种名为《述异记》的小说,其中祖冲之《述异记》已佚,有《古小说钩沉》等辑本,而任昉《述异记》则有传本二卷,自北宋流传至今,被视为南朝志怪小说的代表作品之一。

任昉(460—508),字彦升,南朝齐梁间著名文学家,与沈约齐名,并称"任笔沈诗"。今所传《述异记》二卷,三百余条,内容驳杂而文字简短,涉及神话传说、灾异志怪、地理博物等,风格类似于《博物志》《洞冥记》,被归为地理博物类志怪小说。①

然而令人感到疑惑的是,《梁书》《南史》中的任昉本传及隋唐史志皆未记载此书,直至任昉身后五百余年的北宋时期,始见《崇文总目》著录《述异记》二卷。② 如梁启超所言:"其书前代从未著录或绝无人征引而忽然出现者,什有九皆伪。"③任昉《述异记》这种时隔多代才忽然出现的情况,让人不得不对其产生怀疑。因此自清代起,此书之真伪问题即出现争议,且至今聚讼纷纭,成为南北朝小说研究的重要问题之一。本文在前人研究的基础上重作考辨,认为持

---

* 本文作者为西华师范大学文学院讲师。
① 李剑国《唐前志怪小说史》,北京:人民文学出版社,2011年,第534页。
② 〔宋〕王尧臣等《崇文总目》卷六,《景印文渊阁四库全书》第674册,台北:台湾商务印书馆,2008年,第67页。
③ 梁启超《中国历史研究法》,上海:上海古籍出版社,1998年,第91页。

此书为真之说难以成立，今本任昉《述异记》是一部晚唐始出现，并最终成形于北宋中后期的伪书。

一、前人对任昉《述异记》真伪之争论

清代以前，尚无人对任昉《述异记》之真伪提出质疑。至《四库全书总目》始指其为伪，此后众说纷纭，争论至今，大致可分为三种意见。

一是伪书说，以《四库全书总目》为代表：

> 旧本题梁任昉撰。昉字彦升，乐安人，官至新安太守。事迹具《梁书》本传。此书《宋志》始著录，卷数与今本相符。晁公武《读书志》曰："昉家藏书三万卷。天监中采辑先世之事，纂《新述异》，皆时所未闻。将以资后来属文之用，亦《博物志》之意。《唐志》以为祖冲之所作，误也。"案《隋志》先有祖冲之《述异记》十卷，《唐志》盖沿其旧文。以为别自一书，则可；以为误题祖冲之，则史不误而公武反误矣。其书文颇冗杂，大抵剽剟诸小说而成。如开卷"盘古氏"一条，即采徐整《三五历记》。其余"精卫"诸条，则采《山海经》；"园客"诸条，则采《列仙传》；"龟历"诸条，则采《拾遗记》；"老桑"诸条，则采《异苑》；以及防风氏、蚩尤、夜郎王之类，皆非僻事，不得云世所未闻。其"武陵源"一条，则袭陶潜所记，而于桃外增李，移其地于吴中。《周礼》孤竹之管、空桑之琴瑟二条，则附会竹生东海，空桑生大野山，尤为拙文陋识。考昉本传称著《杂传》二百四十七卷，《地志》二百五十二卷，文章三十三卷，不及此书。且昉卒于梁武帝时，而下卷"地生毛"一条云"北齐武成、河清年中"。案河清元年壬午，当陈天嘉三年、周保定二年、后梁萧詧天保元年，距昉之卒久矣，昉安得而记之？其为后人依托，盖无疑义。姚宽《西溪丛语》得潘岳《闲居赋》"房陵朱仲之李"句，李善注"朱仲，未详"。此书中乃有其事，撼以补善注之逸。今考李善《闲居赋》注，此句下引《荆州记》曰："房陵县有朱仲者，家有缥李，代所希有。"并无"未详"之语。宽偶读误本，不知此书之剽《文选注》，反谓《选注》未见此书，舛误甚矣。考《太平广记》所引《述异记》，皆与此本相同，则其伪在宋以前。其中桃都天鸡事，温庭筠《鸡鸣埭歌》用之，燕昭王为郭隗筑台事，白居易《六帖》引之，则其书似出中唐前；蛇珠、龙珠之谚乃剽窃《灌畦暇语》，则其书又似出中唐后。或后人杂采类书所引《述异记》，益以他书杂记，足成卷帙，亦如世所传张华《博物志》欤。[1]

---

[1] 〔清〕永瑢等《四库全书总目》卷一四二《述异记提要》，北京：中华书局，1965年，第1214页。

四库馆臣指出今本《述异记》出现了任昉卒后的时间,认为"其书文颇冗杂,大抵剽剟诸小说而成","其为后人依托、盖无疑义","其伪在宋以前……似出中唐后"。鲁迅、范宁、王国良等亦持此说。① 日本学者中岛长文对此作了详尽考论,认为存在一部六朝以来传承保存,而不是从各种书中杂辑而来的原本《述异记》,但并非任昉所作,而是一部无名氏作品。此书在流传中被附加了唐代之事,又在晚唐五代时期被再编者托名于任昉,且现行的《述异记》在宋初以后又窜入了大量类书中的文字。②

二是半真半伪说。《四库全书总目》在《述异记》提要的末尾提出了半真半伪的可能性:"或后人杂采类书所引《述异记》,益以他书杂记,足成卷帙。"而《四库全书简明目录》则径言:"盖亦如张华《博物志》裒合而成,半真半伪之书也。"③同样持此说的还有周中孚,其《郑堂读书记》云:"是书杂记旧闻以及名物,颇冗杂而少端绪。中有北齐武成、河清年事,必非彦升原本,盖原本久佚,此为后人裒合类书所引,并增益以诸小说而成,乃真伪杂糅之书也。"④此说认为今本任昉《述异记》是从类书所引中采录,并增益以其他小说而成。

三是真书但经唐人改窜说。最早由清人王谟提出:"《南史》本传亦载昉撰《杂传》二百四十七卷,不及此《记》,岂即在《杂传》中欤?……中多唐时州名,则此书又经唐人改窜,非原本也。"⑤而学者李剑国持此说最力,其《唐前志怪小说史》对《总目》提出的疑伪之处进行了逐一反驳,并提出了多方面证明为真的证据:(一)此书不见本传和史志目录可解释为缺载,且本传、《隋书·经籍志》、《新唐书·艺文志》具著录任昉《杂传》,《杂传》非一书之名,《述异记》很可能即其中之一种。(二)唐玄宗开元年间成书的《初学记》已于卷二八引任昉《述异记》,天宝中人苏师道《司空山志》亦引梁任彦升《述异记》,表明盛唐时已流传有任昉《述异记》,不得疑中唐人伪托。(三)今本《述异记》中,多有"昉按"字样,确是任昉的口气。伪造者没有必要如此假托。(四)《述异记》所记时代绝大部分并无问题,与任昉时代不合者,是因为此书已经隋唐人增益改窜,失其旧貌。(五)志怪书往往从旧书取材,且《述异记》所取他书者皆在梁前,唐人书与《述异记》相合者,乃唐人取《述异记》,非《述异记》取唐人书。(六)书中多有新材料显非伪托者剽窃旧小说。⑥ 赞同此说者还有袁珂、宁稼雨、吴志达、谭家

---

① 鲁迅《中国小说史略》,上海:上海古籍出版社,2019年,第32页;程毅中《古小说简目》,北京:中华书局,1981年,第36页;王国良《魏晋南北朝志怪小说研究》,台北:文史哲出版社,1984年,第189页。
② [日]中岛长文《"任昉述异记"考》,《东方学报》第73册,2001年,第317—373页。
③ 〔清〕永瑢等《四库全书简明目录》卷十二《述异记》,上海:上海科学技术文献出版社,2016年,第397页。
④ 〔清〕周中孚撰,黄曙辉、印晓峰标校《郑堂读书记》,上海:上海书店出版社,2009年,第1096页。
⑤ 〔清〕王谟《〈述异记〉跋》,《增订汉魏丛书》,国家图书馆藏乾隆五十六年金谿王氏刻本。
⑥ 李剑国《唐前志怪小说史》,第529—532页。

健等。①

综合上述前人研究，可知今本任昉《述异记》真伪之辨的主要问题有四：一是为何梁至隋唐的史书和目录对此书皆无记载；二是晚唐以前文献是否征引过此书；三是《述异记》中出现的他书内容，是作伪者"剽窃旧小说"而成，还是任昉"小说从旧书中取材"的创作？四是如何解释书中与任昉生平时代矛盾的内容？

二、任昉《述异记》的流传、著录和早期刊刻

首先要解决的问题是任昉《述异记》最早在何时出现。

李剑国指出，唐玄宗开元年间成书的《初学记》卷二八已引任昉《述异记》一条："魏文帝安阳殿前，天降朱李八枚，啖之日不食。"此条见于今本任昉《述异记》卷下，文字全同而略其后半句。又天宝年间苏师道《司空山记》②引梁任彦升《述异记》所载南齐司空张岊事，此条今本《述异记》失载。此二则引用"均表明盛唐时已流传有任昉《述异记》，不得疑任书乃中唐人伪托"。③

检今存传世唯一宋本，即日本宫内厅书陵部所藏南宋绍兴十七年（1147）刻本《初学记》，以及作为后世各种明清刻本共同祖本的明嘉靖十年（1531）安国桂坡馆刻本《初学记》，卷二八中均无上引《述异记》内容。所谓的《初学记》卷二八引任昉《述异记》的出处，李剑国云："此节《述异记》文字，见中华书局1980年版《初学记》卷二八附《严陆校宋本异文》。中华书局版《初学记》系用清古香斋袖珍本为底本，该本卷二八无任昉《述异记》。严可均、陆心源所藏王昶藏本，据认系宋本，多有与通行本不同处。"④"严可均、陆心源所藏王昶藏本"，是指郑氏宗文堂本《初学记》，此本在当时确被严、陆二人定为宋本，但杨守敬、傅增湘、胡道静等人早已指出，宗文堂本《初学记》并非宋本，而是一个被书商割去跋语、纪年以冒充宋本的明嘉靖刻本。⑤ 刘芸对宗文堂本《初学记》作了详细考察，认为此本虽然在文字上与宋绍兴刻本接近，可能同源，但其所据底本为一个抄本，讹脱较多，尤其最后五卷残损严重。宗文堂本最后五卷中与通行

---

① 袁珂《中国神话史》，北京：北京联合出版公司，2015年，第178页；宁稼雨《中国文言小说总目提要》，济南：齐鲁书社，1996年，第20页；吴志达《中国文言小说史》，济南：齐鲁书社，1994年，第106页；谭家健《六朝文章新论》，北京：北京燕山出版社，2008年，第244页。
② 按原文作《司空山志》误，据《全唐文》卷三七一当作《司空山记》。
③ 李剑国《唐前志怪小说史》，第529—530页。
④ 李剑国《唐前志怪小说史》，第530页。
⑤ 王京州《宋本〈初学记〉流布考》，《清华大学学报（哲学社会科学版）》2019年第1期，第119—125页。

本差异很大之处,乃是底本缺页,明人在刻书时据宋代类书补入。① 因此,中华书局本《初学记》卷二八所附的《严陆校宋本异文》,其实并非宋本《初学记》异文,而是明人据宋代类书补入的文字。这当然不能用来说明盛唐时所修的《初学记》中征引过任昉《述异记》。

天宝年间苏师道《司空山记》所引任彦升《述异记》同样存在问题。《司空山记》一文,不见于清以前文献,今可追溯的最早出处是清初类书《古今图书集成》,②可能是《集成》从某种已经亡佚的地方志中收录而来。该文从文体上呈现出明显前后割裂的风格,前半"司空山者,按梁任彦升《述异记》云"至"亦跨鹤执节升仙矣"一段,是一个南齐司空张岊修道升仙的道教传奇故事,此事又见于元代道士赵贞一所撰《历世真仙道体通鉴》卷三四,情节全同而文字小异。而后半"唐天宝十三年,师道始刺潭州"至"师道幸承余烈,敢刻金石而志之,时则十四年冬十月也"则是唐人文章中常见的记文。唐代碑记中,并未见到与之相同的全文引录宗教传奇故事之后再作记事的形式。因此,有理由怀疑此文是由两个不同的文本缀合而来。可惜文献亡佚,难以求证。当然,仅据史源上的不清楚和文体上的风格割裂并不能断言该文不可信,但是文章前半段全文载录的"任彦升《述异记》"所记张岊成道故事呈现出的道教传奇色彩,与今本任昉《述异记》的体例和内容并不相合,也与任昉本人的思想毫无关联。更重要的是,此文云:"后至陈天嘉初,有丹阳章、马二先生来此,语人曰:'我二人乃司空弟子也,同入此山,精修道行,至四年二月十四日功满,亦跨鹤执节升仙矣。'"陈天嘉初是任昉卒后的时间,必不可能为任昉所记。综合几个证据,可以断言,《司空山记》中征引的任昉《述异记》同样不可信。

那么任昉《述异记》究竟于何时始见称引?据笔者所考,文献中最早引用今本《述异记》但未题任昉之名的是晚唐段成式的《酉阳杂俎》,在《续集》③部分共引用了今本《述异记》中的"琵琶鱼""千年燕""虎鱼""蝗""葳蕤草""席萁"等六条,其中"千年燕"条载:"《述异记》云:'五百岁燕,生胡髯。'"④而最早明确引题为任昉《述异记》的是晚唐苏鹗所撰笔记《苏氏演义》,⑤其引文见今本《述异

---

① 刘芸《略论日本宫内厅书陵部所藏宋本〈初学记〉》,王勇主编《东亚坐标中的书籍之路研究》,北京:中国书籍出版社,2013年,第96—113页。
② 〔清〕陈梦雷等《古今图书集成》卷一二一四《方舆汇编·职方典下·长沙府部·艺文一·司空山记》,清雍正四年内府刻铜活字本。
③ 按《酉阳杂俎续集》大致编成于大中七年至九年(853—855)之间,参见郑暋暻《段成式的〈酉阳杂俎〉研究》,中国社会科学院研究生院博士学位论文,2002年,第8—9页。
④ 〔唐〕段成式撰,许逸民校笺《酉阳杂俎校笺·续集卷八》,北京:中华书局,2015年,第2041页。"《述异要》","坤雅"《说郛》本俱作"《述异记》",许逸民《酉阳杂俎校笺》据改。
⑤ 《苏氏演义》具体成书时间不可考,据《新唐书·艺文志三》:"苏鹗《杜阳杂编》三卷,字德祥,光启中中进士第。"知苏鹗为唐光启(885—888)间进士,则《苏氏演义》为晚唐笔记。

记》者有"蚩尤""蚩尤神""防风氏"(引后半段)、"黄熊"(引前半段)、"望陵祠"、"斑竹"等六条,文字略有差异;另有"任昉云:朝歌有狱台,为禹置虞舜之宫"一条,不见于今本《述异记》。还有一种出于中唐以后但无法确知具体成书时间的佚名所撰笔记《灌畦暇语》①也征引了今本《述异记》中"盘古氏""盘古国""龙珠蛇珠""雨稻""雨五谷"五条,但未言出处。

五代时期未见对任昉《述异记》的征引。北宋初官修的两部大书《太平御览》和《太平广记》始大量采录任昉《述异记》,其中《御览》引 93 条,《广记》引 40 条,另分别有 5 条和 4 条不见于今本的佚文。南宋初笔记小说总集《类说》和《绀珠集》也分别引录了 77 条和 30 条任昉《述异记》的内容。

宋初官修的《崇文总目》最早著录了"《述异记》二卷"。② 其后《中兴馆阁书目》著录:"(《述异记》)任昉,二卷,梁天监二年撰。昉家书三万卷,多异闻,又采于秘书,撰此记。"③《郡斋读书志》卷十二小说类著录:"《述异记》二卷,梁任昉撰。昉家藏书三万卷,天监中,采辑前代之事纂《新述异》,皆时所未闻。"④宋以后目录,皆著录为二卷。

而任昉《述异记》今存最早的版本是一个南宋坊刻本的影钞本。丁丙《善本书室藏书志》著录:"《述异记》二卷,依宋钞本。"⑤缪荃孙《影宋本〈述异记〉跋》云:"钱塘丁氏八千卷楼藏旧抄宋本《述异记》二卷,序后有'临安府太庙前经籍铺尹家刊行'一行,知其源出于宋。"⑥《艺风堂藏书续记》卷八亦著录:"影钞宋本《述异记》二卷,梁任昉撰。序后有'临安府太庙前经籍铺尹家刊行'一行。"⑦此本今藏南京图书馆,封面题"影宋本《述异记》二卷,嘉庆五年藏于小万卷楼"。临安府尹家书籍铺刻本是南宋坊刻本的代表之一,徐世昌光绪三十年甲辰(1904)所刊《随庵徐氏丛书》本《述异记》,亦据南宋太庙前尹家刻本影写重刻。此二种影钞本和影刻本来源相同,但不知是否为同一本宋刻,其所据原书未见著录,亦不知是否尚存于世。据《随庵丛书》影刻南宋本书末无名氏刻书后序云:"时皇宋庆历四禩中秋既望日序。"则《述异记》的刊刻时间最早可以

---

① 《灌畦暇语》不载著者姓名和成书时间,《四库全书总目》据书中引韩愈诗而考订为"中唐以后人"作,笔者推测可能为晚唐之书。
② 〔宋〕王尧臣等《崇文总目》卷六,第 67 页。
③ 〔宋〕王应麟撰,武秀成、赵庶洋校证《玉海艺文校证》,南京:凤凰出版社,2013 年,第 1131 页。
④ 〔宋〕晁公武撰,孙猛校证《郡斋读书志校证》,上海:上海古籍出版社,2011 年,546 页。
⑤ 〔清〕丁丙撰,曹海花点校《善本书室藏书志(外一种)》卷二一,杭州:浙江古籍出版社,2016 年,第 904 页。
⑥ 〔清〕缪荃孙《艺风堂文续集》卷六《影宋本〈述异记〉跋》,张廷银、朱玉麒主编《缪荃孙全集·诗文 1》,南京:凤凰出版社,2014 年,第 392 页。
⑦ 〔清〕缪荃孙《艺风堂藏书续记》卷八《小说第十·述异记二卷》,《缪荃孙全集·目录 1》,第 327 页。

追溯到北宋庆历四年(1044)。无名氏后序又言:"淹坠于世,人所罕见,因命工摹镂以永流布。"则北宋庆历四年应该是《述异记》的初次刊刻。

综上所考,根据现有的材料,中唐以前之书皆不见征引,最早引用任昉《述异记》的是晚唐之书,因此可以推测,任昉《述异记》于晚唐始见于世,而至北宋开始广为流布。

三、今本任昉《述异记》的宋人作伪之迹

今本任昉《述异记》中存在的他书内容,明人胡应麟即已理解为"皆杂录古书奇事,非作者自撰也",[①]今人亦以"志怪书往往从旧书取材"为之辩护。中岛长文最早指出了这些内容并非从旧书取材,而是现行《述异记》在宋初以后窜入了大量类书中的文字。作为一部南朝之书而晚唐始出,其究竟为任昉采录古书而成,还是后人剽窃诸旧小说的托名之作,尚须对全书内容作全面覆核。兹依光绪三十年(1904)《随庵徐氏丛书》影刻南宋临安府尹家书籍铺刻本《述异记》,将上下两卷共311个条目全部列出,逐一查考文献来源,内容仅见今本任昉《述异记》者以△表示,内容与他书完全相同者,则标其出处(其中出自祖冲之《述异记》者以▲表示)。

表1 今本任昉《述异记》文献来源表

卷上							
条目	出处	条目	出处	条目	出处	条目	出处
1.盘古氏	△	2.盘古国	△	3.鬼母	△	4.防风氏	△
5.蚩尤	△	6.蚩尤神	△	7.黄熊	△	8.蛇市	△
9.鲛绡	△	10.龙绡宫	△	11.珊瑚市	△	12.珊瑚妇人	△
13.龙珠蛇珠	△	14.珠市	△	15.精卫	△	16.龙刍	△
17.龟历	△	18.蛟妾	△	19.泰山泣	△	20.一日十瑞	△
21.孤竹	△	22.空桑	△	23.舞雀	△	24.天地乐	△

---

① 〔明〕胡应麟《少室山房笔丛》卷二五《艺林学山七·太极泉》,上海:上海书店出版社,2001年,第244页。

续表

卷上									
条目	出处	条目	出处	条目	出处	条目	出处
25.尧碑禹碣	△	26.望陵祠	△	27.尧台舜馆	△	28.斑竹	△
29.相思木	△	30.懒妇鱼	△	31.应龙	△	32.缋水	△
33.离别亭	△	34.玄鹿	△	35.白鹿	△	36.黄雀化蛤	△
37.梓树之精	△	38.灵龟	△	39.琵琶鱼	△	40.虎生角	△
41.封邵	△	42.枭獍	△	43.麻姑登仙处	△	44.阖闾夫人墓	△
45.姑苏之台	△	46.越王台	△	47.文种墓	△	48.钓州	△
49.阖闾墓	△	50.吴王射亭	△	51.仓颉墓	△	52.老子篆书	△
53.酸柿甜梅	△	54.孝竹	△	55.橘户	△	56.橘园	△
57.楸户	△	58.赵王果园	△	59.邺中铜驼乡	△	60.香水	△
61.轩辕磨镜石	△	62.裸川	△	63.石麟	△	64.卢君古冢	△
65.卢府君墓	△	66.董家祠	△	67.弹筝谷	△	68.粉水	△
69.五色烟	△	70.鹄国人	△	71.吐绶鸟	△	72.阳泉	△
73.却尘犀	△	74.燃石	△	75.獥貐	△	76.辟寒香	△
77.迷谷	《山海经》	78.梦口穴	▲	79.唅参	《搜神记》	80.风生兽	《十洲记》
81.灾火山	《玄中记》	82.兰陵山井	《异苑》	83.霹雳碣	《玄中记》	84.舒姑泉	《宣城记》
85.捣衣山	《郡国志》	86.玉女岗	《安城记》	87.嵊州	《拾遗记》	88.石鼓	《神异经》

续表

卷上							
条目	出处	条目	出处	条目	出处	条目	出处
89.石桥	《三齐略记》	90.云石	《拾遗记》	91.园客	《列仙传》	92.妒女泉	《郡国志》
93.俞儿霸王	《神异经》	94.石龟眼血	《郡国志》	95.王质	《东阳记》	96.螺亭	《南康记》
97.七尺之枣	《神异经》	98.荀环	《述异传》	99.白水素女	《搜神记》	100.老桑煮龟	《异苑》
101.秦狱地	《汉武内传》	102.金牛穴	《郡国志》	103.范文	《林邑记》	104.刘寄奴	《异苑》
105.鼠国	《异苑》	106.六角羊	▲	107.磅磄山	《松陵集》	108.虎丘	《越绝书》
109.蝍蛆	《搜神记》	110.吹笛止雨	△	111.活人草	△	112.怒毛兽	△
113.狮子禽	△	114.玉桃	△	115.横公鱼	《神异经》	116.仙人杏	《北户录》
117.薛愿	《异苑》	118.报春鸟	《松陵集》	119.龙肝瓜	《洞冥记》	120.梅梁	《风俗通》
121.沙棠木舟	《拾遗记》	122.真香茗	《桐君录》	123.伺潮鸡	《异物记》	124.返魂香	《十洲记》
125.蔓竹	《拾遗记》	126.微蘅草	《水经注》	127.交让树	《寻阳记》	128.群鹿	《晋书》
129.儿树	《唐会要》	130.獬豸	《论衡》	131.鸟丹	《抱朴子》	132.椁船	《史记》
133.龙羹	▲	134.石楼树	《宋书》	135.鲸鱼目	▲	136.千年木精	《嵩山记》
137.猿獿	《古今注》	138.鹄	△	139.千年燕	△	140.虎鱼	△
141.蝗	△	142.蛟羊	△	143.胡髯郎	△	144.周穆王犬	△

续表

卷上							
条目	出处	条目	出处	条目	出处	条目	出处
145.水精宫	△	146.老子祠堂	△	147.勾漏县	△	148.子母竹	△
149.二帝瓜	△	150.麋鹿城	△	151.龟生毛	△	152.平台	△
153.贝宫夫人	△	154.龙川凤川	△	155.甄后陵	△		
卷下							
156.避狼城	△	157.金鱼神	△	158.化野蛾	△	159.受珠台	△
160.蒲台	△	161.童谣	△	162.雨鱼	△	163.天雨金	△
164.雨金原	△	165.五铢化龟	△	166.雨金翁	△	167.雨金锡	△
168.雨粟	△	169.雨谷	△	170.雨麦	△	171.雨铅城	△
172.雨钱	△	173.金化石	△	174.雨苍鹿	△	175.雨稻	△
176.雨金铢钱	△	177.雨五色石	△	178.雨五谷	△	179.雨小儿	△
180.雨枣	△	181.雨酸枣	△	182.朱李	△	183.神奈	△
184.桃李源	△	185.杜陵金李	△	186.朱李缥李	△	187.豫章	△
188.豫章宫	△	189.饿者相食	△	190.洛中饥荒	△	191.汉末大饥	△
192.洛中童谣	△	193.仓有朽粟	△	194.麦化飞蛾	△	195.虫粟	△

续表

卷下								
条目	出处	条目	出处	条目	出处	条目	出处
196.野粟	△	197.石谷	△	198.神药	△	199.神农药鼎	△
200.神农辨药	△	201.龙脑	△	202.禹余粮	△	203.紫凤脑	△
204.龟甲香	△	205.紫术香	△	206.千步香	△	207.香市	△
208.香尉	△	209.千亩林	△	210.香州	△	211.杏园州	△
212.木兰川	△	213.木鹤	△	214.禹九州图	△	215.大石龟	△
216.石驼步	△	217.瓜步	△	218.鱼步龟步	△	219.公主山	△
220.望乡馆	△	221.注尔雅台	△	222.义阳公主	△	223.苻家神	△
224.驻马塘	△	225.项王村	△	226.贤士台	△	227.马泽	△
228.葳蕤草	△	229.悬肠草	△	230.苔草	△	231.萱草	△
232.睡草	△	233.宫人草	△	234.睡草	△	235.席萁	△
236.茂葵	△	237.红兰花	△	238.寡草	△	239.芝茜园	△
240.红绶花	△	241.木园	△	242.菱园	△	243.芙蓉园	△
244.蓼园	△	245.苜蓿园	△	246.淇园	△	247.梧桐园	△
248.枫子鬼	△	249.季自长	《论衡》	250.洞穴珠	《幽明录》	251.长春树	《拾遗记》

续表

卷下							
条目	出处	条目	出处	条目	出处	条目	出处
252.澄水泉	《杜阳杂编》	253.地生毛	《隋书》	254.神泉	《郡国记》	255.盐田	▲
256.甜溪水	《洞冥记》	257.仙人镜	《杜阳杂编》	258.离合风	《要览》	259.蝠	《搜神记》
260.丹青树	《武陵记》	261.奇频鱼	《述征记》	262.奇肱国	《博物志》	263.牛鱼	《博物志》
264.槭子树	《松陵集》	265.肥遗	《博物志》	266.箸	《博物志》	267.桄榔	《博物志》
268.玉燕钗	《洞冥记》	269.漱金鸟	《拾遗记》	270.汉时宫人	《搜神记》	271.青凤丹鹄	《拾遗记》
272.石首鱼	《吴地记》	273.女娲宫	《南康记》	274.银井	《郡国志》	275.兄弟石	《郡国志》
276.鹿娘	《洽闻记》	277.子英庙	《列仙传》	278.蟹奴	《松陵集》	279.鹤	《松陵集》
280.松	《松陵集》	281.洞天	《松陵集》	282.鲤鱼	《松陵集》	283.王僧辩	《松陵集》
284.犬歌	▲	285.哀牢主	《后汉书》	286.鳎鳎之鱼	《山海经》	287.五色瓜	▲
288.桃都山	《玄中记》	289.合涂国	《拾遗记》	290.林屋洞	《松陵集》	291.果下马	《交州记》
292.木客鸟	《异物志》	293.洛子渊	《洛阳伽蓝记》	294.偃王	《述征记》	295.桥顺二子	《颜修内传》
296.圣姑祠	《纪闻》	297.王次仲	《水经注》	298.玉女房	《郡国志》	299.丹鱼	《抱朴子》
300.白孔雀	《宋书》	301.五女化石	《蜀本纪》	302.贝多树	《嵩山记》	303.丈夫化女	《蜀本纪》
304.九疑山	《湘中记》	305.龙骨	《西京杂记》	306.蚺蛇胆	《晋中兴书》	307.五色浮石	《幽明录》
308.鲛人室	《搜神记》	309.石帻石履	《荆州记》	310.白蝙蝠	《李太白集》	311.夜郎侯	《华阳国志》

从上表可见,今本《述异记》中存在着大量出自《搜神记》《博物志》《郡国志》等各类书籍中的文字,且呈现出与仅见于《述异记》的内容分别集中分布的排列秩序。具体地说,卷上的1—76、110—114、138—155条仅见于《述异记》,第77—109、115—137条出自他书;卷下的第156—248条仅见于《述异记》,第249—311条出自他书。大致的规律是各卷的前一部分仅见于《述异记》,后一部分出自他书,出于他书的条目一律附于仅见于本书的条目之后。这样的分布规律,表现出明显的后人增窜痕迹。

同时,出自他书的119条中,多有出自唐人书中的内容。如第129"儿树"条,记大食国树上生小儿事,此事见于《通典》《旧唐书》《唐会要》等,相互之间仅有细微的文字差异,显然同源。大食国为唐人对阿拉伯帝国的指称,则此事必为唐人实录。又如第107"磅磄山"条:"磅磄山去扶桑五万里,日所不及,其地甚寒。有桃树千围,万年一实。一说,日本国有金桃,其实重一斤。"前半段"磅磄山去扶桑五万里,日所不及,其地甚寒。有桃树千围,万年一实",《太平御览》卷九六七引出《王子年拾遗记》;后半段"一说,日本国有金桃,其实重一斤",见《松陵集》卷九颜萱诗"禅林几结金桃重"自注:"日本有金桃,实重一斤。"①日本国号最早出现于咸亨元年(670),②且为颜萱自注其诗,则显为唐人语。再如第257"仙人镜"条,记日林国仙人镜事,此事出自晚唐苏鹗《杜阳杂编》,明确系于唐代宗大历中,且该书记事皆为作者"耳目相接""屡接朝事"而来,是为晚唐事无疑。这些出自唐人书中的条目更说明了今本《述异记》见于他书的部分内容并非任昉从古书中取材,而是任昉身后之人伪托。

今本《述异记》全部311条中,共有192条仅见于此书,而有119条出自他书,已近四成。这些条目文字与所据原书基本全同,且有规律地集中分布,同时还出现了《松陵集》《杜阳杂编》《唐会要》③等唐人之书记载的当时之事,这样的情况显非"杂录古书奇事""志怪书往往从旧书取材""唐人改窜"等理由所能解释,而只能是出于另一作者的续作,属于有意的作伪。

从表1统计,今本任昉《述异记》中的119条伪作部分所采之书多达58种,而核对这些条目的内容,会发现其与唐宋类书《艺文类聚》《太平御览》等所引他书的文字高度一致,说明这部分伪作应该不是根据原书,而是从类书中抄来。考书中采录他书时间最晚的一种是《杜阳杂编》,成于乾符三年(876),④则

---

① 〔唐〕皮日休、陆龟蒙等撰,王锡九校注《松陵集校注》,北京:中华书局,2018年,第2125页。
② 王连龙《"日本"国号出现考》,《唐史论丛》第23辑,2016年,第70—81页。
③ 按《唐会要》百卷,宋王溥撰,但其所据主要是唐苏冕《会要》四十卷与崔铉《续会要》四十卷,故仍可视为唐代文献。
④ 苏鹗《杜阳杂编序》:"时乾符三年秋八月编次。"见《全唐五代笔记》第三册,西安:三秦出版社,2012年,第2189页。

伪作部分必定抄自晚唐876年以后的某种类书。

因为南宋以前的版本已经亡佚，所以难以确知伪本的形成时间，但可以从晚唐至南宋初对《述异记》的引用中推测出大致的时间范围。晚唐至南宋初的《酉阳杂俎》《苏氏演义》《灌畦暇语》《太平御览》《太平广记》《类说》《绀珠集》七种书对任昉《述异记》的引用情况如表2，参照表1，以标黑表示出自他书的伪作条目。

表2 晚唐至南宋初对任昉《述异记》引用条目表

书名	成书时间	引用《述异记》条目
《酉阳杂俎》	大中七年至九年（853—855）之间	39、139、140、141、228、235
《苏氏演义》	晚唐	4、5、6、7、26、28、佚文一条
《灌畦暇语》	晚唐	1、2、13、175、178
《太平广记》	太平兴国三年（978）	7、11—14、16、17、29、30、34—36、40、41、45、51、168—170、178、179、181、184、185、187、188、197、204—206、211、212、215、221、227、230—232、235、佚文四条
《太平御览》	太平兴国八年（983）	11、12、15、17、21、23—29、31—33、35、36、38—41、43、45、46、48、55—58、60、61、64、140、142、143、146、148、151、154、156、157、163—167、171—175、180—193、195—200、204—212、214、216—218、220、224、230、231、244、245—248、佚文五条
《类说》	绍兴六年（1136）	1、3、10、12、14、17、18、19、24、25、28—32、34、38、41、42、43、44、45、50、54、55、56、60、61、73、76、**77**、**79**、**85**、**89**、**91**、**92**、**95**、**96**、**97**、**98**、**99**、**101**、102、111、**116**、**119**、**124**、**130**、**137**、145、148、151、163—181、185、194、195、208、231、232、248、**250**、**258**、**259**、**281**、**288**、**308**
《绀珠集》	绍兴七年以前（1137）	10、11、12、14、17、20、32、50、55、60、61、**78**、**91**、**95**、**97**、**100**、**102**、**105**、**116**、**119**、145、166、**185**、**186**、208、210、213、230、231、**288**

由上表可见，晚唐的《酉阳杂俎》《苏氏演义》《灌畦暇语》以及宋初的《太平御览》《太平广记》在对任昉《述异记》的大量引录中，都只引了仅见于《述异记》的一部分内容，而未引出自他书的伪作部分，这说明在成书于太平兴国八年（983）的《太平御览》之前，今本《述异记》应该尚未出现。而成书于南宋绍兴六年（1136）的《类说》和绍兴七年（1137）以前的《绀珠集》分别引录了任昉《述异

记》77条和30条,其中就包括了23条和12条出自他书的伪作部分,这说明最迟到南宋初期,今本《述异记》已经出现。

因此,今本《述异记》大致出现于《御览》《广记》以后(983年以后),《类说》《绀珠集》以前(1136年以前)这段时间,即北宋中后期至南宋初年。考虑到文本传播的滞后性,则今本伪书《述异记》可能在北宋中后期已经形成。

四、今本任昉《述异记》的晚唐人伪作部分

(一)今本任昉《述异记》仅见部分与《地记》的关系

在宋人作伪之前,最早出现于晚唐的任昉《述异记》,即仅见于此书的192条内容,从何而来?《梁书》《南史》之任昉本传皆云:"昉撰《杂传》二百四十七卷,《地记》二百五十二卷,文章三十三卷。"①《隋书·经籍志》著录:"《杂传》三十六卷,任昉撰。本一百四十七卷,亡。"②《新唐书·艺文志》著录:"任昉《杂传》一百二十卷。"③王谟、李剑国等认为今本《述异记》可能是任昉《杂传》中的一种。《杂传》今佚,仅《文选》卷四六《王文宪集序》李善注引佚文一条:"任昉《杂传》:魏德公谓郭林宗曰:'经师易获,人师难遭。'"④此则佚文是记人物之事。另外,《南齐书·崔慰祖传》载:"慰祖著《海岱志》,起太公迄西晋人物,为四十卷,半未成。临卒,与从弟纬书云:'常欲更注迁、固二史,采《史》《汉》所泥二百余事,在厨簏,可检写之,以存大意。《海岱志》良未周悉,可写数本,付护军诸从事人一通,及友人任昉、徐夤、刘洋、裴揆。'"⑤任昉曾获得友人崔慰祖未成的记人物之书《海岱志》,很可能即将之扩充为《杂传》。实际上,马端临早已指出:"杂传者,列传之属也,所纪者一人之事。"⑥从这些材料来看,《杂传》应该是记载人物传记一类的书,与《述异记》所记神话传说、灾异志怪、地理博物的内容并不相侔。

森野繁夫最早提出了今本《述异记》全部内容都是唐人从任昉《地记》中抄出的可能性,⑦但上文对宋人作伪部分的揭示已经否定了这一点。中岛长文也提及宋人作伪之前的《述异记》可能与唐以前的地理之书有关,但其否认了《述异记》是从任昉《地记》之中抄出,并最终认定存在一个无名氏所作的原本《述

---

① 〔唐〕姚思廉《梁书》卷一四《任昉传》,北京:中华书局,2020年,第286页。〔唐〕李延寿《南史》卷五九《任昉传》,北京:中华书局,1975年,第1459页。
② 〔唐〕魏徵等《隋书》卷二八《经籍志二》,北京:中华书局,2019年,第1105页。
③ 〔宋〕欧阳修、〔宋〕宋祁《新唐书》卷五八《艺文志二》,北京:中华书局,1975年,第1482页。
④ 〔梁〕萧统编、〔唐〕李善注《文选》卷四六《王文宪集序》,北京:中华书局,1977年,第655页。
⑤ 〔梁〕萧子显《南齐书》卷五二《崔慰祖传》,北京:中华书局,2017年,第994页。
⑥ 〔元〕马端临《文献通考》卷一九五《经籍考二十二》,北京:中华书局,2011年,第5649页。
⑦ [日]森野繁夫《任昉述异记について》,《中国文学报》第13辑,1960年,第54—68页。

异记》,且"原本《述异记》是六朝以来传承保存的,有统一性、有独特风格的书,而不是从各书中杂辑而来"。①

实际上,任昉《述异记》独有部分的内容的确与《地记》一书有关。为便于讨论,现排除宋人伪作部分,将任昉《述异记》独有部分按内容分类归纳为表3:

表3 任昉《述异记》独见部分内容分类表

大类	小类	条目
人物传说	远古神话	1、2、3、51
	上古传说	4、5、6、7、15、16、17、18、19、20、24、25、26、27、28、52、110、145、146
	周秦汉传说	21、22、23、29、33、46、47
山川湖海	州、湖、水、川	32、48、60、61、62、69、154、211、212
	谷	67、68
	山峰	213、214、215、218
	步	216、217
	南海珍宝	8、9、10、11、12、13、14
异物化生	异物	30、43、70、71、72、73、74、75、76、112、113、114、157、
	化生	31、34、35、36、37、38、39、40、41、140、141、142、143、144、152、156、158
城池建筑	台	26、27、28、45、46、152、159、160、219、220、221、226
	亭	33、50、153
	城	151
	名人故地	222、223、224、225、227
	园	239、240、241、242、243、244、245、246、247
	墓	44、47、49、51、59、63、64、65、155
草木果蔬	草	29、111、228、229、230、231、232、233、234、235、236、237、238
	木	54、57、149、187、
	果	53、55、56、58、147、148、150、183、184、185、186
	药	197、198、199、200、201、202、203
	香	204、205、206、207、208、209、210

---

① [日]中岛长文《"任昉述异记"考》,第354—356、364—365页。

续表

大类	小类	条目
其他	饥荒	161、189、190、191、192、193、194、195、196
	雨某物	162、163、164、165、166、167、168、169、170、171、172、173、174、175、176、177、178、179、180、181

上表将今本《述异记》独有部分按内容分为六个大类,可以看到,各大类共同具备的一个特点是,它们都与地理紧密相关。兹各举两例:

1. 人物传说类。第1"盘古庙"条:"桂林有盘古氏庙";第25"尧碑禹碣"条:"崆峒山中有尧碑禹碣"。

2. 山川湖海类。第48"钓州"条:"洞庭湖中有钓州";第68"粉水"条:"粉水出房陵永清谷"。

3. 异物化生类。第43"金鸡玉犬"条:"济阳山麻姑登仙处";第71"吐绶鸟"条:"出巴东山中"。

4. 城池建筑类。第28"娥皇女英"条:"湘水去岸三十里许有相思宫";第63"石麟"条:"丹阳大姑陵"。

5. 草木果蔬类。第234"睡草"条:"桂林有睡草";第235"宫人草"条:"楚中有宫人草"。

6. 其他类。第162"雨鱼"条:"古说雍州雨鱼";第170"雨麦"条:"汉武帝时广阳县雨麦"。

这些条目统一呈现出"某地+某传说、遗迹、异物"的形式。虽然也有少数几条过于简短而没有出现地名的情况,但也基本可以据内容推测原是系于某地之下的传说而没有抄及地名的情况。同时,这些传说涉及的地理位置众多,包括南海、桂林、冀州、会稽、郁林、交州、淮水、越中、庐陵、番禺等等。

这一特点指向的文献类型毫无疑问是地志。考《隋书·经籍志》载:"《地记》二百五十二卷,梁任昉增陆澄之书八十四家,以为此《记》。其所增旧书,亦多零失。见存别部行者,唯十二家,今列之于上。""齐时,陆澄聚一百六十家之说,依其前后远近,编而为部,谓之《地理书》。任昉又增陆澄之书八十四家,谓之《地记》。"[1]《旧唐书·经籍志》《新唐书·艺文志》亦著录任昉《地记》二百五十二卷。可知任昉的《地记》乃是一部在陆澄所编《地理书》的基础上采撷各家地志之书而成的地志总集,《四库全书总目》亦誉之为"丛书之祖"。[2] 故是书虽佚,但仍可从后世文献所保存的各地地志佚文中窥其一斑。今本《述异记》"某

---

[1] 〔唐〕魏徵等《隋书》卷二八《经籍志二》,第1113、1117页。
[2] 〔清〕永瑢等《四库全书总目》卷一二三《杂编类小序》,第1064页。

地＋某传说、遗迹、异物"的形式,在这些汉魏六朝地志佚文中十分常见。各举一例,如：

1. 人物传说类

《述异记》第6"蚩尤神"条："太原村落间祭蚩尤神,不用牛头。今冀州有蚩尤川,即涿鹿之野。汉武时太原有蚩尤神昼见,龟足蛇首,多疫,其俗遂为立祠。"

《太平御览》卷一八九引《荆州记》："随郡北界有庙乡村,南有重山,山下有一村。父老相传云是神农所生村。西有重堑,内周回一顷二十亩地,中有九井。相传神农既育,九井自穿。又云汲一井,则众井水动,则以为神农社,常年祀之。"

2. 山川湖海类

《述异记》第67"弹筝谷"条："安定西陇道,其谷中有弹筝之声,行人过闻之,谓之弹筝谷。"

《艺文类聚》卷四四引《浔阳记》："庐山西南有康王谷,又北岭城,天欲雨,辄闻鼓角箫笳之声。"

3. 异物化生类

《述异记》第41"封邵"条："汉宣城郡守封邵,一旦忽化为虎,食人,郡民呼之曰封使君。因去不复来,故时语曰：'无作封使君,生来治民死食民。'"

《水经注》卷三七："龙编县功曹左飞,曾化为虎,数月还作吏。既言其化,亦化无不在。牛哀易虎,不识厥兄,当其革状,安知其讹变哉。"

4. 城池建筑类

《述异记》第224"驻马塘"条："今乌江长亭,亭下有驻马塘,即当时乌江亭长舣舟待项王处。"

《太平御览》卷一七八引《郡国志》："东城有高坛,即项羽置太公于上处,今名项羽堆,亦呼为太公台。"

5. 草木果蔬类

《述异记》第229"睡草"条："桂林有睡草,见之则令人睡,一名醉草,亦呼为懒妇箴。出《海南地记》。"

《太平御览》卷九九六引《风土记》："花曰宜男,妊妇佩之必生男,又名萱草,拔心不死。江淮间谓之宿莽。"

6. 其他类

《述异记》第164"雨金原"条："周成王时,咸阳雨金,今咸阳有雨金原。"

《水经注》卷十九："献公都栎阳,天雨金。"

《史通·书志》"古之国史,闻异则书"之说,已揭六朝地志"述异"之渊源。如颜师古云："中古以来,说地理者多矣,或解释经典,或撰述方志,竞为新异,妄有穿凿,安处互会,颇失其真。"①杜佑云:"如诞而不经,遍记杂说,何暇编举。谓辛氏《三秦记》、常璩《华阳国志》、罗含《湘中记》、盛弘之《荆州记》之类,皆自述乡国灵怪,人贤物盛。"②李吉甫云:"况古今言地理者凡数十家,尚古远者或搜古而略今,采谣俗者多传疑而失实,饰州邦而叙人物,因丘墓而征鬼神,流于异端,莫切根要。"③所谓"撰述方志,竞为新异","自述乡国灵怪,人贤物盛","流于异端",从唐代人的批评中亦可见,六朝地志实际载录了大量志怪内容。④

还有两条可以佐证任昉《述异记》与《地记》存在关系的证据。一是今本《述异记》中有三条"昉按"的文字,第2"盘古国"条:"昉按:盘古氏,天地万物之祖也,然则生物始于盘古。"第7"黄熊"条:"昉按:今江淮中有鱼名熊,熊蛇之精,至冬化为雉,至夏复为蛇,今吴中不食雉,毒故也。"第218"鱼步龟步"条:"昉按:吴楚间谓浦为步,语之讹耳。"任昉《地记》既是采摭各家地志而成,则这部分"昉按",当为其在各家地志某些条目之后所附的按语意见。二是第85"睡草"条末云"出《海南地记》",第94"木园"条末云"出《汉魏宫志》",《海南地记》《汉魏宫志》二书今不可考,但据书名来看,应该也是任昉《地记》中所收录的两种地志之书。

既明《述异记》与《地记》的渊源关系,加之晚唐以前所有文献中皆未见任昉《述异记》的踪影,这只能说明任昉从未作过《述异记》一书。最初的"任昉《述异记》",即今本任昉《述异记》仅见的部分,应该是原属于任昉《地记》中记述各地志怪传说的内容,在晚唐时被作伪者抄出,伪题为任昉《述异记》。从上引新、旧《唐书》的著录来看,《地记》一书唐玄宗开元时期尚完好无缺,则中晚唐的作伪者,是完全可能看到《地记》原书或其残卷的。

(二)今本任昉《述异记》仅见部分的形成时间

前文已考知,宋人伪造的今本《述异记》成于《御览》《广记》以后,而在宋代以前,至迟晚唐即已出现一个依据任昉《地记》中的志怪内容伪造而来的《述异记》二卷抄本存在。也正因为抄本的形态不稳定,导致《御览》《广记》中的引文与今传影南宋刻本间存在部分文字差异以及几条佚文。

《随庵丛书》影刻南宋本书前有无名氏序,云:

> 按《梁史》云:昉字彦升。举兖州秀才,拜太学博士,为齐竟陵王记室

---

① 〔汉〕班固《汉书》卷二八《地理志上》,北京:中华书局,1962年,第1543页。
② 〔唐〕杜佑《通典》卷一七一《州郡志序》,北京:中华书局,1988年,第4451页。
③ 〔唐〕李吉甫撰,贺次君点校《元和郡县图志》卷首序,北京:中华书局,1983年,第2页。
④ 参见胡宝国《州郡地志》,《汉唐间史学的发展(修订本)》,北京:北京大学出版社,2014年,第162—168页。

参军,专主文翰。洎梁武践祚,为给事黄门侍郎,又为吏部郎,迁中书舍人,转御史中丞、秘书监,出为新安太守,卒于官,年四十八。追赠太常,谥曰敬。大梁天监二年,昉迁中书舍人,家藏书三万卷,故多异闻,采于秘书,撰《新述异记》上下两卷。皆得所未闻,将以资后来刀笔之事、好奇之流,文词怪丽之端,抑亦博物之意者也。

此序未署时间,其中对任昉"大梁天监二年,昉迁中书舍人,家藏书三万卷,故多异闻,采于秘书,撰《新述异记》上下两卷"的记载不见于《梁书》《南史》,"卒于官,年四十八"亦与正史所载卒年四十九有异。李剑国认为这些不同于他书的材料说明此序是梁朝后期之人所撰,可信无疑。① 《中兴馆阁书目》"昉家书三万卷,多异闻,又采于秘书,撰此记"和《郡斋读书志》"昉家藏书三万卷,天监中,采辑前代之事纂《新述异》,皆时所未闻"的记载,显然也是据此序而来。但在考证清楚任昉《述异记》的真实成书情况之后,此序就显得十分可疑,难以信从。

首先,《梁书·任昉传》载:"天监二年,出为义兴太守……寻转御史中丞、秘书监,领前军将军。"②又《南史·到溉传》:"天监初,昉出守义兴。"③《文选》卷二三任昉《出郡传舍哭范仆射诗》题下李善注引刘璠《梁典》曰:"天监二年,仆射范云卒。任昉自义兴贻沈约书。"④考《梁书·武帝纪》:"(天监二年)五月丁巳,尚书右仆射范云卒。"⑤则天监二年五月任昉尚任义兴太守。又,《梁书·曹景宗传》:"(天监)二年十月……及司州城陷,为御史中丞任昉所奏。"⑥是知其年十月任昉即转迁御史中丞。没有任何证据表明任昉在天监二年有过出任"中书舍人"的经历。且梁代官制以班多者为贵,任昉天监初任吏部郎中为十一班,太守班位不明,而天监二年迁御史中丞亦为十一班,但中书舍人仅为四班,任昉断无由十一班的吏部郎中向四班的中书舍人如此下迁的可能。其次,"藏书三万卷"之说,并不符合抄本时代的藏书情况。《梁书》云:"昉坟籍无所不见,家虽贫,聚书至万余卷,率多异本。昉卒后,高祖使学士贺纵共沈约勘其书目,官所无者,就昉家取之。"⑦可知任昉卒时藏书亦不过万余卷,则不可能天监二年已有三万卷。且《南齐书》《梁书》所记齐、梁间藏书者,皆称"聚书",而未称"藏书"。同时代以聚书闻名者如陆澄、崔慰祖、王僧孺、张缅、孔休源等,

---

① 李剑国《唐前志怪小说史》,第 532—533 页。
② 〔唐〕姚思廉《梁书》卷一四《任昉传》,第 282 页。
③ 〔唐〕李延寿《南史》卷二五《到溉传》,第 678 页。
④ 〔梁〕萧统编,〔唐〕李善注《文选》卷二三《出郡传舍哭范仆射诗》,第 333 页。
⑤ 〔唐〕姚思廉《梁书》卷二《武帝纪中》,第 46 页。
⑥ 〔唐〕姚思廉《梁书》卷九《曹景宗传》,第 203—204 页。
⑦ 〔唐〕姚思廉《梁书》卷一四《任昉传》,第 282 页。

所藏皆不过万卷左右。《梁书》又载:"于时东宫有书几三万卷"①,"(沈约)好坟籍,聚书至二万卷,京师莫比"。②"晋宋以来未之有"的昭明太子东宫聚书亦不超过三万卷,与任昉齐名的沈约聚书二万卷已是"京师莫比",因此,若任昉真有"家藏书三万卷",绝无可能不被史传记载。最后,南宋本正文前题"梁记室参军任昉撰",而实则任昉任记室参军时在南齐,梁尚未立国,此亦为伪书马脚之一。

罗宁在讨论《云仙散录》《清异录》等书的伪作性质时,提出了"伪典小说"的概念,认为"晚唐以来,诗坛追求用典之精巧,进而发展为尚好僻典的风气","使用僻典,是晚唐至北宋诗歌的特征之一"。在此风气之下,产生了编撰典故应用于诗文创作之中的"伪典小说"。③ 任昉《述异记》无名氏序所言"故多异闻,采于秘书","皆得所未闻,将以资后来刀笔之事、好奇之流、文词怪丽之端,抑亦博物之意者也"等语,强调此书"采于秘书","得所未闻",可资刀笔之用。其寄意所在,与晚唐因求僻典之诗风而产生的"伪典小说"何其相同。因此,可以推断,任昉《述异记》最早出现于晚唐,是由当时文人出于追求僻典的目的而伪造。此序亦即晚唐出现的《述异记》作伪者所为,漏洞百出。

余 论

鲁迅曾言,今所存汉至隋小说多"剽取故书,殊乏新意,不能副其名,或由后人缀集复成"。④ 今本任昉《述异记》亦是这样一部由后人缀集而成的伪上加伪之书。晚唐时人在尚好僻典的风气之下,从任昉《地记》中辑出了部分志怪内容,分为两卷,伪题任昉《述异记》。传至两宋之际,又再被添入大量出自他书的内容,形成了今本"任昉《述异记》"。

通览全书,《述异记》实际上"述异"并不多,却偏重地理。《四库全书总目》将之归入小说家琐语之类,学者也多以为此书内容冗杂、简短破碎,不是志怪小说的典型作品,将其定义为各条内容均以地理知识作为线索的地理体博物小说。⑤ 这样的分类和归纳实际上是在忽略了《述异记》一书文献问题的情况下对其本于地志而来的文本性质作出的正确揭示。揆之常理,任昉作为"雅善

---

① 〔唐〕姚思廉《梁书》卷八《昭明太子传》,第190页。
② 〔唐〕姚思廉《梁书》卷一四《沈约传》,第270页。
③ 罗宁《制异名新说应文房之用——论伪典小说的性质与成因》,《社会科学研究》2008年第2期,第176—182页。
④ 鲁迅《中国小说史略》,第25页。
⑤ 李剑国《唐前志怪小说史》,第534页;张乡里《唐前博物类小说研究》,上海:上海古籍出版社,2016年,第357页。

属文,尤长载笔"的一代文宗,不会写出一部支离琐碎,文笔并不高明的志怪作品。更何况,任昉即便是创作志怪小说,也毫无必要因袭同时代人祖冲之已用的《述异记》旧名。

  正如陈寅恪所言:"然真伪者,不过相对问题,而最要在能审定伪材料之时代及作者而利用之。盖伪材料亦有时与真材料同样可贵。如某种伪材料,若径认为其所依托之时代及作者之真产物,固不可也。但能考出其作伪时代及作者,即据以说明此时代及作者之思想,则变为一真材料矣。"①由此出发再来重新检视前人对任昉《述异记》真伪的争论,如《四库全书总目》所举"盘古氏""精卫""园客""龟历""老桑""地生毛""朱李缥李""桃都山""贤士台""龙珠蛇珠"等条目,"园客"条出《列仙传》,"老桑"条出《异苑》,"桃都山"条出《玄中记》,"地生毛"条出《隋书》,与所出之书文字全同,确为宋人伪托之迹;而"盘古氏""精卫""龟历""贤士台""龙珠蛇珠"诸条,虽然在《三五历记》《山海经》《拾遗记》《白氏六帖》中有部分相似的题材,但情节和文字完全不同,不能以为《述异记》采录其书,而只能视作《述异记》所本的地志中保存了同一主题的不同故事。至于"龙珠蛇珠"条,实为《灌畦暇语》已引晚唐伪本《述异记》,不得反谓之剽窃是书;"朱李缥李"条,《文选注》引出《荆州记》,更是这部分内容从《地记》而出的有力证据。这样的检视提醒我们,对某部古书的辨伪,仅选取其中部分条目作讨论,虽然可能找到伪作的痕迹,但也有可能混淆不同的文献层次,从而一概否定其书。今日的辨伪工作,更应该做的是全面考察,厘清文本层次,使伪书中的真材料仍有所用。就今本《述异记》而言,一方面,要认识到其中有宋人增添之伪,不可当作真正的六朝志怪来研究;另一方面,此书仅有的部分,其实是任昉《地记》中的内容。在此书已经散佚,又已明汉魏六朝地志与地方民俗、传说、异物、志怪等牵连颇深的前提下,这些材料仍有宝贵的研究价值。

---

  ① 陈寅恪《冯友兰〈中国哲学史〉上册审查报告》,《金明馆丛稿二编》,上海:上海古籍出版社,1980年,第248页。

《天地瑞祥志》文本结构与体例来源研究

刘 祎[*]

【内容提要】《天地瑞祥志》二十卷,唐麟德三年(666)太史萨守真撰,是一部汇集星占、灾祥、杂占知识的类书。该书系奉旨编纂,汇聚众书而成,目的在于收集祥瑞知识以"避祸趋福"。《天地瑞祥志》全书遵循"音—图—事—术—文"的编纂体例:条目名、注音居首,其后依次为图像、引书、占卜文本、诗文。考察该书各卷文本内容,可知这一编纂体例系改造前代典籍而得,非作者凭空创造。《天地瑞祥志》的编纂体例存在两个重要参考:《汉书·五行志》颜师古注本与《艺文类聚》。具体改造方式为拆解前者文本、将其置于新体例中,以及删改、拼合后者"事""文"二部。该书所存图像、注音、占卜文本对四部文献有极高的辑佚价值,通过对其体例的探讨,有助于进一步了解中古类书编纂的源流。

【关键词】《天地瑞祥志》 祥瑞 中古类书 《艺文类聚》

前 言

《大唐新语·著述》收录了一则《唐六典》修纂前的轶事:

> 开元十年(722),玄宗诏书院撰《六典》以进。时张说为丽正学士,以其事委徐坚。沉吟岁余,谓人曰:"坚承乏,已曾七度修书,有凭准皆似不难。唯《六典》,历年措思,未知所从。"[①]

《旧唐书·贺知章传》亦记:"开元十年,兵部尚书张说为丽正殿修书使,奏请知章及秘书员外监徐坚、监察御史赵冬曦皆入书院,同撰《六典》及《文纂》等。累年,书竟不就。后转太常少卿。"[②]以徐坚之"七度修书"、贺知章之文辞出众,竟至于"累年"难立《唐六典》之规制。编修《六典》之事,至开元十三年(725)前后

---

[*] 本文作者为香港中文大学中国语言及文学系博士。
① 〔唐〕刘肃撰,许德楠、李鼎霞点校《大唐新语》卷九,北京:中华书局,1984年,第136页。
② 《旧唐书》卷一百九十中,北京:中华书局,1975年,第5034页。

仍毫无头绪,后经多人接力,二十六年(738)方修成上奏。①

在《唐六典》以外,徐坚的其他修书活动则从未如此艰难,他曾和萧至忠、张说、刘知几等人一道,参与包括《则天皇后实录》《姓族系录》《三教珠英》在内的多部官修典籍编纂;②及至开元十五年(727),更参与类书《初学记》的编修,后者继承《修文殿御览》《艺文类聚》的部分体例与引书,流传后世。③《旧唐书·徐坚传》记:"(徐)坚又与给事中徐彦伯、定王府仓曹刘知几、右补阙张说同修《三教珠英》。……坚独与说构意撰录,以《文思博要》为本,更加'姓氏'、'亲族'二部,渐有条流。诸人依坚等规制,俄而书成,迁司封员外郎。"④《旧唐书·经籍志》子部"类事类"收《文思博要》一千二百一十二卷、《三教珠英》一千三百一十三卷。⑤ 可见,《三教珠英》这一鸿篇巨制的编修,同样是在《文思博要》等前代著作的基础上完成的。

上举各典籍的编纂,无一例外是对既有作品的增改或参考;换言之,它们是徐坚所言借助"凭准"编纂的作品。举凡修书,最大的障碍就是体例难定,徐坚等人对《唐六典》束手无策的原因正在于此。作为四部典籍的重要组成部分,类书在本质上是汇聚众书、"述而不作"的资料汇编,其编纂往往离不开对已有文献的参考与挪用;换言之,类书的编纂,很多情况下是以一个或数个"凭准"作为支持、并有所创新的。了解初唐类书体例的源流,对于进一步研究隋唐之际的知识传播有重要意义。本文所要讨论的《天地瑞祥志》,就是这样一种依靠"凭准"编纂的类书。

《天地瑞祥志》二十卷,唐麟德三年(666)太史萨守真撰,是一部汇集星占、祥瑞、灾异、杂占等知识的类书。自发现以来,关于该书的研究成果即不断涌现,特别是在最近十年,中、日学者都在以各种方式不断推进对该书的认识、应用与诠释。⑥ 然而,限于此书尚无完整点校本,导致目前缺乏对全书编纂体例与分类体系的深入讨论。实际上,《天地瑞祥志》作为一部收录祥瑞与占卜知

---

① 关于《唐六典》的成书,参看余欣《〈唐六典〉修纂考》,收入朱凤玉、汪娟编《张广达先生八十华诞祝寿论文集》,台北:新文丰出版公司,2010年,第1161—1199页。

② 《旧唐书》卷九十二,第2953、2971页;同书卷一百二,第3175页。

③ 刘安志《关于中古官修类书的源流问题》,收入作者《新资料与中古文史论稿》,上海:上海古籍出版社,2014年,第266—290页。

④ 《旧唐书》卷一百二,第3175页。

⑤ 《旧唐书》卷四十七,第2046页。

⑥ 举其要者,如太田晶二郎《〈天地瑞祥志〉略说——附けたり、所引の唐令佚文》,原载《东京大学史料编纂所报》第7号,1973年,第1—15页;收入《太田晶二郎著作集》第1册,东京:吉川弘文馆,1991年,第152—182页(本文所据为后者);水口干记《〈天地瑞祥志〉の基础的考察》,收入氏著《日本古代汉籍受容の史的研究》,东京:汲古书院,2005年,第177—406页;余欣《符应图书的知识谱系——敦煌文献与日本写本的综合考察》,荣新江、朱玉麒主编《丝绸之路新探索:考古、文献与学术史》,南京:凤凰出版社,2019年,第158—179页。

识的综合类书,其体例与部类很能反映唐初官修典籍编纂的一些特点,对其体例结构的研究,也将有助于了解中古类书的源与流。

在前人研究的基础上,本文拟作出如下推进:梳理《天地瑞祥志》的编纂缘起与编纂方式;在仔细通读全书的基础上,尝试对本书的编纂体例作出归纳与分析,并讨论这些体例的源流与意义;以探索《天地瑞祥志》体例为切入点,讨论该书在中古类书编纂中的地位。

一、《天地瑞祥志》的编纂缘起与编纂方式

在正式讨论之前,需首先了解《天地瑞祥志》的编纂出于什么目的、采用何种方式。关于《天地瑞祥志》的编纂缘起,萨守真在卷首启文(下文简称"启")自述:

> 臣守真启:裹性愚瞽,无所开悟。伏奉令旨,使祗承遣诚,预避灾孽。一人有庆,百姓乂安。是以臣广集诸家天文,披揽图谶灾异,虽有类聚,而□□相分。事目虽多,而不为条贯也。①

可见,编者奉旨抄撰天文、祥瑞图籍中的文字,目的在于"预避灾孽",以冀"百姓乂安"。这种近似"避祸趋福"、出于实用考虑的表述,是《天地瑞祥志》编纂的契机,但除此以外,萨守真的启文似乎还暗示了编纂该书的另一原因,即重新确定经、纬文献的历史地位:

> 臣案:《晋志》云,巫咸、甘、石之说,后代所宗,皇世三坟,帝代五典,谓之经也。三坟既陈,五典斯炳,谓之纬也。历于三圣为淳,夫子已后为浇,浇浪荐臻,淳风永息。故坟典之经,见弃于往年;九流之纬,盛行乎兹日。纬不如经,既在典籍,庶令泯没,经文遂昭晰于圣世。

这段话中,编者延续前文所引《晋书·天文志》的叙述脉络,讨论了"经""纬"的定义及其在历史演变过程中的消长。编者认为,对"三坟""五典"等上古文献进行阐释、演绎的文献为"纬",孔子之后,纬书在经学中的地位逐渐上升,传统的经学典籍逐渐被废弃,风行的文献则以纬书愈加见长;但随后编者又言"纬不如经",似与前文抵牾,西汉后的经学、纬学相互杂糅,纬的地位有时反而会

---

① 按:《天地瑞祥志》的版本系统明晰,今存两种:尊经阁文库本(下文简称"尊经阁本"),于江户贞享三年(1686)抄写;京都大学人文科学研究所藏本(下文简称"京大本"),由天文史家新城新藏于昭和七年(1932)完全依照尊经阁本原格式抄写。因为尊经阁本获取不易(见卞东波《尊经世说古本孤——三访尊经阁文库》,《古典文学知识》2021年第2期,第143—153页),故本文所据为京大本,见高柯立选编《稀见唐代天文史料三种》,北京:国家图书馆出版社,2011年。

超越经。① 另外,其后文"诸子□词、补《甘》《石》之疏遗",尊经阁本与京大本在此处均留空白,当为遗失或漏抄部分文字所致,从而使整句话文意矛盾。

《天地瑞祥志》的编纂方式与其他类书略无差别。据"启"所述,《天地瑞祥志》系汇聚众书而成,文中所言"今钞撰其要,庶可从□也""广集诸家天文,披揽图谶灾异""拾明珠于龙渊,抽翠羽于凤穴,以类相从,成为廿卷"等表述,均可视为"抄撰""类从"编纂方法的具体表现。②

二、《天地瑞祥志》编纂体例初探③

"启"述及《天地瑞祥志》的编纂体例如下:"物阻山海,耳目未详者,皆据《尔雅》《瑞应图》等,画其形色,兼注四声,名为《天地瑞祥志》也。"通读全书④可见,"启"所述体例实际上为《天地瑞祥志》全书所有条目的编纂确立了基本架构,即:全书条目均分门别类,每个条目均试图注以反切;如编者未能亲见或详知其特征,则据字书、典籍与《瑞应图》等补充,并添写图文、标注读音。由于"启"本身叙述详尽,因而学者通常将这段话视为《天地瑞祥志》全书的通例,或认为其体例模板源自《尔雅》与《瑞应图》两个系统。⑤ 从全书来看,《天地瑞祥志》的条目体例比较规范,其编纂体例在"启"的内容以外还受到其他几类著作的影响,以上两种结论均失之偏颇。

那么,《天地瑞祥志》的体例设置究竟是否如"启"所说的那样,兼括字书、韵书以及其他各种典籍的图文呢?下文将以全书的篇章结构为中心,以对比与归纳为研究方法,对《天地瑞祥志》的体例进行具体分析。

(一)《天地瑞祥志》的图与文

现存《天地瑞祥志》全书共收录图像或预留作图空间 35 处,集中分布于收

---

① 余欣《符应图书的知识谱系》,《丝绸之路新探索:考古、文献与学术史》,第 168 页。

② 书钞是流行于中古时期的文献纂集形式,《隋书·经籍志》著录大量题目带"钞""要""略""林"字的作品,其文本摘自经史典籍,但不照搬原文,而是有所删改,且篇幅远小于后者,可读性和实用性强。参看童岭《"钞"、"写"有别论——六朝书籍文化史识小录一种》,《汉学研究》第 29 卷第 1 期,2011 年,第 257—280 页。

③ 本章的"体例"指宏观条目结构,即:一个条目由哪些引书组成、如何排列引文、图像与文本之间的关系等。受篇幅限制,本文将不再考释全书个别文本的流传。

④ 按:《天地瑞祥志》全书共二十卷,但今日可见诸版本均为残本,为便于行文,兹以"全书""本书"等指代现存九卷本《天地瑞祥志》。

⑤ 前揭太田、余欣文;水口干记、田中良明《京都大学人文科学研究所藏〈天地瑞祥志〉翻刻·校注:"第一"の翻刻と校注(1)》,《藤女子大学国文学杂志》第 93 辑,2015 年 11 月,第 17—46 页。

录祥瑞事物的条目中。① 从文本位置来看,《天地瑞祥志》收录的图像全部位于其所属条目的最前端,其后才是这个条目的名称、注音和其他相关引书,这是全书的通例。除具体的图像之外,《天地瑞祥志》更多地收录唐前图谱类典籍,据粗略统计,本书共收录来自《瑞应图》《孙氏瑞应图》等图谱文本共计61条,来自《白泽图》的文本6条,此外还有《乐斗图》(仅见"发明""焦明"等"五色大鸟"条目②)、《地镜图》等文献来源,足见《天地瑞祥志》对图谱类文献的重视。

由于《天地瑞祥志》是现存唯一系统收录图像的中古类书,因而全书条目中的图文关系也就尤其引人注目。写本时代的图文关系比较复杂,无论图像的创作是出于艺术欣赏还是技术操作的需要,图与文的关系都很难仅以"互证"或"互补"来概括,但从写本的传抄性质来看,文字对抄手的技术要求相对较低,显然比图像更容易传承后世。

余欣指出,写本时代的文献图像可分为三种:非佛教图像,涉及地理、天文、礼仪、神瑞、占卜、医药等领域,实用价值高;佛教叙事图像与叙事文学插图,一般为宣扬佛法或配合讲经而作;六朝文人赋图,图像多应文本而作,但两者之间无直接对应关系。③ 根据这一分类方法,《天地瑞祥志》的图像全部属非佛教图像,且绝大部分可归入天文、神瑞以及占卜三个具体门类中。这三类图像的诞生,和中古时期盛行的谶纬、博物、志怪等传统有千丝万缕的联系,是先秦两汉阴阳五行学说发展的产物。④ 根据游自勇的一系列研究,《白泽图》部分图像的成形时间可能早至六朝,但其文本可能在六朝至唐屡有改编。⑤ 由于《天地瑞祥志》在录图的条目下多引《白泽图》文字,那么其图像同样可能参照后者绘制。如此推论,则《天地瑞祥志》所存图像的底本可能在六朝就已形成,至《天地瑞祥志》编纂时有细节的改动,在后来各种版本的传抄过程中,又会因

---

① 按:即卷第七、卷第十七至十九。具体而言,卷第七1处,第十七11处,第十八2处,第十九21处。

② 相关研究参看松浦史子《似凤四凶鸟之来历——以日本尊经阁文库本〈天地瑞祥志〉引〈乐斗图〉为端绪》,《兴大中文学报》27期,2011年,第1—29页;修订后收入氏著《汉魏六朝における〈山海经〉の受容とその展开——神话の时空と文学・图像》,东京:汲古书院,2012年,第231—272页;孙英刚《祥瑞抑或羽孽:五色大鸟与中古时代的政治宣传》,收入作者《神文时代:谶纬、术数与中古政治研究》,上海:上海古籍出版社,2014年,第217—241页。

③ 余欣《文本与图像:从证据到思想》,收入作者《博望鸣沙:中古写本研究与现代中国学术史之会通》,上海:上海古籍出版社,2012年,第15—28页。关于"写本时代",见同作者《中古异相:写本时代的学术、信仰与社会》,上海:上海古籍出版社,2011年,第4—6页。

④ 李零《中国方术续考》,北京:东方出版社,2000年,第20—38页。

⑤ 游自勇《敦煌本〈白泽精怪图〉校录——〈白泽精怪图〉研究之一》,《敦煌吐鲁番研究》第十二卷,上海:上海古籍出版社,2011年,第429—440页;《〈白泽图〉与〈白泽精怪图〉关系析论——〈白泽精怪图〉研究之二》,《出土文献研究》第十辑,北京:中华书局,2011年,第336—363页;《〈白泽精怪图〉所见的物怪——〈白泽精怪图〉研究之三》,黄正建主编《中国社会科学院敦煌学研究回顾与前瞻学术研究会论文集》,上海:上海古籍出版社,2012年,第200—220页。

作图者的技术水平而发生更多变动。① 例如卷十九"麒麟"条，尊经阁本所绘麒麟图以黑、红双色墨勾勒，且红笔所绘毛发与双翅纤毫毕现、栩栩如生，颇见画者功底；相比之下，京大本则缺失此图，仅存为绘制图像所预留的空间（图1）。

图1　京大本（左）与尊经阁本（右）"麒麟"条
尊经阁本图片来自余欣《符应图书的知识谱系》

写本文献中的非佛教图像，如果和文本一同出现，则通常有被文字解释和解释文字两种倾向：前者如地志图经、本草图、脏腑图，图文并行，如无文字，则几乎无从窥知其秘辛；②后者如天文气象杂占、相图、宅经等，实用性强，在指示方位、形状、颜色等方面有文字无法替代的作用。③ 就图、文关系而言，《天地瑞祥志》每个条目所存的图像与其后的文本界限清晰，且两者并不总是严格对应。以下举例说明。

其一，卷十九"鼠"条（图2），此条将所有种类的"鼠"图像全部置于条目之

---

① 例如，郑金生认为，绘图者的知识结构和绘画风格直接对本草图的质量产生深刻的影响。参看郑金生《论中国古本草的图、文关系》，傅汉思等主编《中国科技典籍研究：第三届中国科技典籍国际会议论文集》，郑州：大象出版社，2006年，第210—220页。

② 曹婉如《现存最早的一部尚有地图的图经——〈严州图经〉》，《自然科学史研究》1994年第4期，第374—382页；郑金生《本草插图的演变——兼谈本草插图中的写实与艺术问题》，收入作者《药林外史》，台北：东大图书公司，2005年，第219—223页；Shih-shan Susan Huang, "Illustrating Internal Alchemy," in *Picturing the True Form: Daoist Visual Culture in Traditional China*, Harvard University Asia Center, 2012, pp. 65—85.

③ 黄正建《敦煌占卜文书与唐五代占卜研究》，北京：学苑出版社，2001年；王晶波《敦煌占卜文献与社会生活》，兰州：甘肃教育出版社，2013年，第147—239、339—372页。

首,图旁有每种鼠生物的名称、注音,其后才是引书、占卜文本和符咒。从文本来看,"鼠"条的图像和引书对应关系松散,引书以广义的"鼠"为主,不再区分细目。另外,"鼠"条的"鼦鼠"和"鼦鼠"在图像看来是同一棵树上的两种鼠类生物,在实际绘制时很难拆分,且《天地瑞祥志》中亦将其名标注于两种动物旁,而非与其后引书一同抄写,这说明它的图像本身相对于其后的文本来说,存在更紧密的内部联系。另外,敦煌文献 P. 2682《白泽精怪图》绘有形态相似的鼠图像,对于比勘《天地瑞祥志》文本、讨论该图像历史变迁有十分珍贵的价值。

图 2　自左至右分别为京大本"鼠"条部分图像、P. 2682 鼠图像
P. 2682 图像来自 Gallica

其二,卷十七"玉"条诸图(图 3)与引书存在差别,先录广义的"玉",再排列"明珠""玄圭""璧""玉英""璋"等珠宝图像,其后是《周官》《淮南子》《汉书·五行志》等引书。此条"玉"后引文为:"《周官》曰:以玉作六器,以礼。""璋"后则为:"《周官》曰:以玉作六器,以礼天地四方也。〈苍璧礼天,黄琮礼地,青珪礼东,赤璋礼南,白琥礼西,玄璜礼北方也。〉"[①]二者前半部分重合,但后者句义、文本结构都更完整,或由编者在抄写途中补入其他词条,并重新从头抄写原词条所致。所以,"玉"条下的各种图像实际上仍然列于其引书文本之前,位于条目之首、注音之后。

图 3　京大本"玉"条图像

以上两个条目的图片收录最丰富,图文排列很能反映全书图文关系的整体面貌。无法否认的是,类书拆解了引用文献的原文本,人为割裂了原典文本的内部联系,并依照编者的理解,对所引文本重新系统地排列起来,这是类书区

---

① 按:在本文的正文部分,"〈〉"符号内的内容为原书双行夹注。

别于其他典籍的特征,但在后世研究者眼中则成为其弊端。①《天地瑞祥志》反映了类书对原典图文关系的割裂,全书图像比较集中的条目为卷十七"玉"条,卷十九"马""羊""鼠"条,以上条目的图像只能观察到在原料或形态上的相似,而无任何逻辑关联;也因此,当《天地瑞祥志》的后世抄本有意或无意缺失了条目的对应图像时,也不会有损这一条目的完整性和可读性,读者仅凭文字一样可以阅读。

关于《天地瑞祥志》撰写体例中的文本结构,学者曾以卷十八"鸾"条的文本排列次序为例,指出该书按照"《瑞应图》—纬书—诗文"的结构排列引书条目。② 笔者认为,这一推断在一定程度上反映《天地瑞祥志》的引书次序,但有待补充。通观全书可知,各条目多以图像居首,其次为《尔雅》《说文解字》等字书,再次才是《瑞应图》、纬书等其他经典文献。③ 这一排列方式和"启"所言"画其形色,兼注四声"基本一致。

(二)《天地瑞祥志》的注音

《天地瑞祥志》使用反切的方式为条目名义和引书文字注音,这是承自《玉篇》《切韵》等传统韵书的注音方式,也是本书相比其他类书最具特色之处。《玉篇》上承汉许慎《说文解字》、晋吕忱《字林》的部首分类传统,至唐上元元年(674)有孙强增字减注本问世,后来的《篆隶万象名义》(以下简称《名义》)采录《玉篇》所引《说文》甚多,三者之间的传承脉络比较清晰。④ 收字与注音体例方面,由于《玉篇》在中国早已散佚,《名义》则留存了《玉篇》的原貌,与原本《玉篇》声韵不同者仅4例,故《名义》很大程度上可以辅助还原《玉篇》的总体结构。与《玉篇》系统韵书相对的是隋仁寿元年陆法言编《切韵》,它反映了洛阳等地的北方标准读音,并在唐代多有增补,后于宋代相继由陈彭年等人增扩为《大宋重修广韵》《集韵》等。⑤

《天地瑞祥志》所收录的各类注音,有相当一部分可与《玉篇》《名义》《广

---

① 参看刘叶秋《类书简说》,上海:上海古籍出版社,1980年,第67—70页。
② 余欣《符应图书的知识谱系》,第168—169页。
③ 如此排列,尤其与经部文献的排列次序关系密切,《隋书·经籍志》与两《唐书》之"经籍""艺文"二志皆可与之对勘,本文限于篇幅,不再展开讨论。
④ 高田时雄《〈玉篇〉杂记》,《未名》第33号,神户大学中文研究会,2015年3月,第109—122页。按:《名义》为日本留学僧人空海所撰字书,系南朝梁顾野王《玉篇》的节略本,针对《玉篇》与《篆隶万象名义》之间的关系,中、日学者近年来都有丰硕的成果,相关研究参看吕浩《〈篆隶万象名义〉研究》,上海:上海古籍出版社,2006年;池田证寿《围绕〈篆隶万象名义〉所据〈玉篇〉的诸问题》,《北海道大学文学研究院纪要》第162号,2021年2月,第103—121页。
⑤ 水口干记《〈天地瑞祥志〉第一"二、明载字"翻刻·绍介の一、二考察》,《アジア地域文化エンハンシング研究センタ報告集 II》,2004年;后收入氏著《日本古代汉籍受容の史的研究》,第209—227页。

韵》这三部韵书对勘。以卷十七为例,该卷共存 28 条目,其中可参《玉篇》者 11 条、参《名义》者 2 条、参《广韵》者 8 条;①此外,尚有无法确定反切来源图书的条目共 8 条。② 由此可见,《天地瑞祥志》的注音系统大体可对勘《玉篇》《篆隶万象名义》一系韵书。

除了《玉篇》系统,编者的注音还可比对《广韵》、玄应《一切经音义》等韵书注音,但数量远少于《玉篇》系韵书。如卷十九"麋"条,《天地瑞祥志》注音"莫悲反,平",《名义》卷二三、《一切经音义》卷五二收《大灌顶经》卷九"麋"作"莫悲反";③同卷"骏牙"条,《天地瑞祥志》注音"子侚反,去;雅加反,平",《名义》卷二三"骏"字作"子侚反",《一切经音义》卷三六收"牙"字作"上,雅加反",《名义》卷五"牙"字作"鱼加反",《玉篇》卷五牙部"牙"字作"牛加切",《广韵》卷二"牙"字作"五加切"。④ 通过唐宋字书的对比,可知《天地瑞祥志》注音可对参诸如《一切经音义》等佛经音义;与此同时,全书也存有大量不见于其他字书的反切注音。可知本书注音反切虽袭用《玉篇》等字书,但有编者自注四声的情况,它们对于研究中古音韵学同样具有价值。

就条目内的文本结构来看,《天地瑞祥志》注音以辅助阅读正文为主要功能,在条目中以夹注形式呈现,与正文无互补关系。虽然萨守真在"启"中以"兼注四声"来定位注音,但《天地瑞祥志》几乎每个词条都存有注音,甚至在部分条目的引书夹注也不乏编者自注反切之例。例如卷十四"音声"条引《孔子灾异》:"《孔子灾异》曰:人君无故,好为讹。〈五戈反,又作䛇也。妖言为讹之也。〉"《名义》"讹"字作"五戈反"。⑤ 卷二十"治兵祭"条引《汉书·五行志》:"成公十三年,诸侯朝王,遂从刘康公伐秦。成肃公受脤于社,不敬。〈二公,周大夫也;脤,祭社之肉也。盛以蜃器,故谓之脤。以出兵祭社谓之宜。蜃,大蛤也,音上忍反也。〉""蜃"注音系照抄《汉书》颜师古注所得。⑥ 可见,夹注所见注音的来源同样为字书、引文旧注等。

---

① 本文对条目的注音考证和信息统计参考以下成果:山崎蓝、佐野诚子、佐々木聪《京都大学人文科学研究所所藏〈天地瑞祥志〉第十七翻刻·校注(上)》,《名古屋大学中国语学文学论集》第 31 辑,2018 年 2 月,第 59—111 页;佐野诚子、松浦史子《京都大学人文科学研究所所藏〈天地瑞祥志〉第十七翻刻·校注(下)》,《名古屋大学中国语学文学论集》第 32 辑,2019 年 2 月,第 1—40 页。
② 分别为"血""毛""衣服""床""镜""金縢""环""船"。
③ 吕浩《篆隶万象名义校释》,上海:学林出版社,2007 年,第 381 页;《碛砂大藏经》第 4 册,台北:新文丰出版公司,1987 年,第 873 页中。
④ 吕浩《篆隶万象名义校释》,第 367、79 页;山崎蓝、佐野诚子《京都大学人文科学研究所所藏〈天地瑞祥志〉第十九翻刻·校注(五)》,《名古屋大学中国语学文学论集》第 34 辑,2021 年 2 月,第 15 页。
⑤ 吕浩《篆隶万象名义校释》,第 134 页。
⑥ 《汉书》卷二十七中之上,北京:中华书局,1962 年,第 1357 页。

总之,《天地瑞祥志》存有大量反切形式的注音,它们大多可与"《玉篇》—《篆隶万象名义》"这一字书系统互参,但也有少数可对勘同时代佛经音义。它们的来源是字书、引书旧注、作者自注,有辅助阅读正文的功能。

(三)试论《天地瑞祥志》正文体例的两个来源

从体裁来看,《天地瑞祥志》是比较标准的类书,其条目由注音和引书构成,第一卷实际上充当了全书的序和凡例。第一卷共设六个部分,题目分别为"启""明载字""明灾异例""明分野""明灾消福至""明目录"。从这些不同主题的叙述中,我们可以窥知编者的编纂方法、体例标准以及部分编纂思想的细节。兹将其内容与可参考文献条列如下(表1):①

表1

序号	名称	章节内容梗概	可资比较的文献
1	启	编纂缘起、编纂方式	晋书天文志
2	明载字	本书体例参照《汉书·五行志》与《尚书·洪范》;阐明字训重要性	汉书天文志、汉书五行志、春秋穀梁传、尚书洪范
3	明灾异例	灾、事、殃之间的关系	汉书天文志、汉书五行志、晋书天文志
4	明分野	天文与政治需求、地理分野的关系	汉书天文志
5	明灾消福至	君主修德对左右祸福的重要性	汉书天文志、汉书五行志、晋书五行志、唐太宗诏
6	明目录	全书目录	N/A

通过上表,《天地瑞祥志》首卷六大主题的内容与功能得以清晰呈现:"启"重在叙述全书编纂缘起与编纂方式;"明载字"大量引用《汉书·五行志》与《尚书·洪范》文本,并阐明全书注音用例;"明灾异例"大量参考《汉书·天文志》《汉书·五行志》文本,意在辨明"灾、事、殃"三者之间的联系,并利用它们奠定全书部分体例;"明分野"叙九州来历,兼论星宿与九州分野之间的关系,其主旨可对应全书卷二至卷十一,后者收录各类典籍所见日月星辰记录,占据了全书近半数篇幅;"明灾消福至"认为,祥瑞、灾异产生的关键在于君主的修政、修

---

① 按:表格制作参考以下著作:水口干记、田中良明《京都大学人文科学研究所藏〈天地瑞祥志〉翻刻·校注:"第一"の翻刻と校注(1)》《京都大学人文科学研究所藏〈天地瑞祥志〉翻刻·校注:"第一"の翻刻と校注(2)》,《藤女子大学国文学杂志》第94辑,2016年3月,第41—63页。为方便行文,本文表格中的典籍全部省略书名。

德，这与"天人感应"这一政治思想遥相呼应，所引各正史"五行志"与唐太宗诏敕佚文，也都围绕这一主题展开。同时，从上表的文献部分也可看出，《汉书》尤其是颜师古注本的《天文》《五行》与《郊祀》三篇"志"体著作，是《天地瑞祥志》编纂体例的重要参照对象。

1.《天地瑞祥志》与《汉书·五行志》的关系

大体言之，《天地瑞祥志》对《汉书》的参考主要有以下几种表现：首卷各段对《汉书》"志"原文的大量征引；正文部分条目拆分《汉书》的特定篇章，并以新的分类体系将其重组；如引书文本诞生时间在《汉书》之后，则其引文按照时间顺序接续《汉书》原文。对首卷的文本分析已于前文述及，下文兹以《汉书·五行志》为例，围绕后两种表现展开讨论。

《汉书·五行志》的主要特征是按照阴阳五行学说对自然界的异象进行分类、排列与解说。阴阳五行的概念可溯源至上古时期的时序认知观念，是对时空与人事关系的理解方式，其具体形成时间与地点尚未确定，但从濮阳溪水坡M45号墓遗址发现的龙虎、北斗蚌塑遗迹来看，这一观念或可上溯至仰韶文化时期；①春秋战国时期，这些思想由邹衍所代表的思想家整合成型，并衍生出阴阳谶纬学说；②及至西汉初年，又由经学家系统梳理，并撰为《洪范五行传》，是为五行、灾异论的集大成作。③班固以《洪范五行传》为《汉书·五行志》的叙述框架与理论来源，构建了一个独立且包含"天、地、人"三界的宇宙体系，气象、植物、动物等自然界的一切异象，都被纳入其中。④

在《天地瑞祥志》中，《汉书·五行志》记载的动物异象集中于卷十八"禽"与卷十九"兽"中，其中又以后者更完整地保留了《汉书·五行志》体例。为便于讨论，兹取犬、牛、羊、蛇四种动物为讨论对象，条列其文本，并标注它们在《汉书·五行志》中的具体位置（表2）。⑤

---

① 其后的西安交通大学西汉墓、洛阳北魏元乂墓、临安晚唐钱宽墓等墓葬星象图，均可被认为受到其影响，参看冯时《中国天文考古学》，北京：社会科学文献出版社，2001年，第278—320页。
② 饭岛忠夫《天文历法と阴阳五行说》，东京：恒星社，1939年，第171页。关于邹衍的学说及影响，系统论述参看王梦鸥《邹衍遗说考》，台北：商务印书馆，1966年。
③ 关于作者的问题，目前没有定论，参看程苏东《〈洪范五行传〉成篇与作者问题新证》，《国学研究》第37卷，北京：北京大学出版社，2016年，第213—239页。
④ 王爱和著，金蕾、徐峰译，徐峰校《中国古代宇宙观与政治文化》，上海：上海古籍出版社，2011年，第165页；杨继承《生物分类与〈洪范五行传〉灾异体系的构建》，《文史》2022年第2辑，第89—118页。
⑤ 按：为方便对比，只截取条目开头部分的年号等信息；表中的"＊"表示同种生物下的各条文本在《汉书》原文是前后连贯的，无节略或乱序。

表2

条目		内容	可对勘史籍	汉书实际文本
犬		汉书五行志曰言之不从是谓不艾	汉书五行志言之不从	传曰言之不从是谓不艾
		左氏传襄公十七年	汉书五行志犬祸	左氏传公十七年
				高后八年三月
		文帝后五年六月	汉书五行志犬祸	文帝后五年六月
		景帝三年二月邯郸狗与彘交	汉书五行志犬祸	景帝三年二月
		成帝河平元年	汉书五行志犬祸	成帝河平元年
				鸿嘉中*
牛		汉书五行志曰思心之不容是谓不圣	汉书五行志思心之不容	传曰思心之不睿是谓不圣
		秦文孝王五年	汉书五行志牛祸	秦孝文王五年
		景帝中六年	汉书五行志牛祸	景帝中六年*
羊		汉书五行志曰视之不明是谓不哲	汉书五行志视之不明	传曰视之不明是谓不悊
		鲁定公时季桓子穿井	汉书五行志羊祸	史记鲁定公时季桓子穿井
蛇		皇极传曰人君五事皆失不得其中	汉书卷二七下之上五行志引《洪范五行传》	人君貌言视听思心五事皆失不得其中
		左氏传鲁严公时	汉书卷二七下之上五行志龙孽	左氏传鲁严公
		左氏传文公十六年夏	汉书卷二七下之上五行志龙孽	左氏传文公十六年夏*
		汉灵帝时蛇见御座	晋书卷二九五行志、宋书卷三四五行志龙蛇之孽	

在《汉书·五行志》中,以上文本作为整体文本的各个部分,同受原书体例统摄。《天地瑞祥志》则按照动物分类的原则,将这些文本从《汉书·五行志》当中系统地分割、提取,并几乎原封不动地录入本卷的各动物条目中。在抄录时,《天地瑞祥志》有意识地节略《汉书·五行志》中与动物无关的"妖""眚祥""痾""沴"部分,只取"孽"或"祸"中的文本。这些抄录的《汉书·五行志》文本,在《天地瑞祥志》同一条目当中相对于其他引书而言是独立的、连贯抄写的,未

插入其他引书。《天地瑞祥志》在录文时也有节略文本情况,但总体而言不多,且所抄引文对《汉书·五行志》改动很少,可以推知它们当属编者有意统一摘出、抄录所致。

但是,《天地瑞祥志》的编者似未完全遵照《汉书·五行志》的原体例移录文本,而是对条目名称的简单依从。例如"犬"条录"狗冠"事:"京房易传曰:'君不正,臣欲篡,厥妖狗冠出朝门也。'其由在衣篇。"此条所引《京房易传》文本,实出自《汉书·五行志》,按照后者的理论框架,它应当属于"服妖",在五行中属木,"犬"条录入的主要是五行属金的"犬祸"。总体而言,《天地瑞祥志》按照《汉书·五行志》的编纂体例,以《洪范五行传》引文为首,然后录入与之对应的灾祥。因此,本书可以说承续了《汉书·五行志》的体例,并将其移植到新的分类体系当中。

另一个现象是,如《天地瑞祥志》的引书文本诞生时间在《汉书》之后,其引文仍按照时间顺序排列,并有接续《汉书·五行志》原体例的倾向。例如同卷"马"条引《汉书·五行志》,文本结构与上文诸条目一致,紧随《汉书》的几条正史引文仍按照时间顺序接续其后,并且一样是连贯抄写的。其余在抄写过程中发生的错抄("绥和三年"误抄为"二年")、节略等现象,不再赘述。另外,"马"条在《汉书·五行志》后的接续文本,同时可见于《晋书·五行志》与《宋书·五行志》,从年号、文辞等抄写细节来看,《天地瑞祥志》的文本当取自《晋书》,而非《宋书》,特别是"惠帝元康八年"一条,年号仅见于前者(表3)。

表3

条目	文本	可对勘史籍	史籍中实际位置	
马	汉书五行志曰皇极①传曰	汉书五行志皇之不极	传曰皇之不极是谓不建	
	秦孝公廿一年	汉书五行志马祸	史记秦孝公二十一年有马生人	
	文帝十二年	汉书五行志马祸	文帝十二年	
	成帝绥和二年	汉书五行志马祸	成帝绥和三年*	
			晋书实际位置②	宋书实际位置③
	惠帝元康八年	晋书五行志、宋书五行志马祸	惠帝元康八年	晋惠帝元康元年

---

① 按:《天地瑞祥志》原书作"星摁",应系误抄。
② 《晋书》卷二十九,北京:中华书局,1974年,第905—906页。
③ 《宋书》卷三十四,北京:中华书局,1974年,第1003页。

续表

条目	文本	可对勘史籍	晋书实际位置	宋书实际位置
又元康九年		晋书五行志、宋书五行志马祸	（元康）九年	元康九年
元帝太兴二年		晋书五行志、宋书五行志马祸	怀帝永嘉六年	晋孝怀帝永嘉六年
			元帝太兴二年	晋元帝大兴二年
成帝咸康八年		晋书五行志、宋书五行志马祸	成帝咸康八年	晋成帝咸康八年
			安帝隆安四年	晋安帝隆安四年 *
后赵石季龙在邺		晋书五行志马祸	石季龙在邺 *	

《汉书·五行志》本身拥有一个复杂而牢固的灾异宇宙图式，在这一体系之内，阴阳、五行、吉凶和灾祥被有机地组合起来，并且随着历史的演进，衍生出一套愈加完整甚至冗余的宇宙观；① 到《天地瑞祥志》的诞生前夕，隋萧吉撰成《五行大义》，对中古阴阳五行理论进行了系统阐述与总结；② 及至北宋，以"五德终始"为代表的正统论逐渐被理学取代，并在明清走向终结。③ 总之，对五行灾异体系的拆分，实际上是对其整体架构的破坏，而将支撑它的这些文本进行分解和重组，则更是如此。

通过以上论述，可以看到《天地瑞祥志》将《汉书》的原文拆分重组进一个全新的分类体系当中，在本质上割裂了《汉书·五行志》原有的分类体系。那么，在具体条目之中，《天地瑞祥志》的编纂体例是否存在另外的"凭准"？我们或许可以从成书于武德七年（624）的《艺文类聚》寻求突破点。《天地瑞祥志》对《艺文类聚》在体例上的模仿，将是下文讨论的重点。④

2.《天地瑞祥志》与《艺文类聚》关系初探⑤

根据两《唐书》、《唐会要》、《大唐新语》等史料记载，《艺文类聚》由欧阳询、令狐德棻等十余人奉诏编纂，始于武德五年（622）前后，成书于武德七年，同年

---

① 杨继承《生物分类与〈洪范五行传〉灾异体系的构建》。
② 中村璋八校注《五行大义校注》，东京：汲古书院，1986年；萧吉撰，钱杭校定《五行大义》，北京：中华书局，2022年。
③ 刘浦江《"五德终始"说之终结——兼论宋代以降传统政治文化的嬗变》，《中国社会科学》2006年第2期，第177—190页。
④ 刘安志指出，《艺文类聚》深受《华林遍略》等类书影响，见作者《中古官修类书的源流问题》。本文主要论述《天地瑞祥志》与《艺文类聚》的关系，关于该书受其他类书的潜在影响，容留另撰专文讨论。
⑤ 本文所用《艺文类聚》文本（卷首序除外）与引书序号均来自"汉达文库"电子文献检索系统：http://www.chant.org/Leishu/Search.aspx。

奏报太宗。① 它的编纂受到多种因素影响,但最主要的缘由或许是唐初皇室出于标榜文治、网罗士人乃至维护自身权力话语的需要。② 据《艺文类聚》卷首欧阳询序,作者"以为前辈缀集,各抒其意,《流别》《文选》,专取其文,《皇览》《遍略》,直书其事,文义既殊,寻检难一"。③ 可见,欧阳询希望《艺文类聚》达成的目的之一,是修正以往书钞与类书"事""文"殊途造成的翻检困难。④ 出于方便翻检、使用的目的,编者令此书"事居其前,文列于后,俾夫览者易为功,作者资其用"。⑤ 总之,《艺文类聚》兼采《皇览》《华林遍略》等前代类书长处,形成了全新的体例。

《艺文类聚》的体例特征与本文关系最密切。据研究,古代类书体例可分为类事、类文与事文并举三种;⑥其中,"事"的收录引书对应传统四部分类法中的经、史、子三部,而"文"则专从集部文献中摘取文本。⑦ 因此,《艺文类聚》是一部比较典型的事文合璧、且"事居其前,文列于后"的类书,这也是《艺文类聚》编纂体例最重要的特征,是欧阳询等人"在类书编纂上的一个创造"。⑧

事文一体,特别是"事前文后"的编纂体例,是讨论《天地瑞祥志》与《艺文类聚》关系的关键。如前所述,《艺文类聚》立"文"部于"事"部之外,列于每个条目之末。具体到条目内部的体例,"文"部分每种文体的第一条引文前都有"诗""赋""赞"等字做标记;同样,《天地瑞祥志》的部分引文前也会出现"诗""赋"等字,如"赋晋刘琬神龙赋""赞晋郭璞山海图赞"等,且后续引文与《艺文类聚》高度相似,这种"朝代名+作者名+篇名"的体例为《艺文类聚》独有,不见于《修文殿御览》《华林遍略》的任何现存佚文。⑨ 实际上,这些字在《艺文类聚》中就已出现并成为固定格式,是标注"文"部各类文体、并作提示的记号。

《天地瑞祥志》对文体和朝代名称的收录,是我们了解其体例的切口,从这一切口入手,《天地瑞祥志》在引文、整体条目结构等方面表现出的与《艺文类

---

① 令狐德棻事见刘昫等《旧唐书》卷七三,第2596页。欧阳询事见《旧唐书》卷一八九上,第4797页;《新唐书》卷一九八,北京:中华书局,第1563页。赵弘智事见《旧唐书》卷一百六,第4922页;刘肃撰,许德楠、李鼎霞点校《大唐新语》卷六,第90页。
② 胡道静《中国古代的类书》,北京:中华书局,2005年,第104页;韩建立《文献学视域下的〈艺文类聚〉研究》,台北:花木兰文化出版社,2019年,第11—19页。
③ 〔唐〕欧阳询撰,汪绍楹校《艺文类聚》序,北京:中华书局,1965年,第27页。
④ 胡宝国认为,《文选》和类书在本质上都是对已有著作的选择摘抄,只是具体方式有别,见胡宝国《东晋南朝的书籍整理与学术总结》,《中国史研究》2017年第1期,第57—71页。
⑤ 〔唐〕欧阳询撰,汪绍楹校《艺文类聚》序,第27页。
⑥ 夏南强《类书通论》,武汉:湖北人民出版社,2001年,第39—49页。
⑦ 方师铎《传统类书与文学之关系》,天津:天津古籍出版社,1986年,第25页。
⑧ 许逸民《〈艺文类聚〉和〈初学记〉》,《文史知识》1982年第5期,第43—47页。
⑨ 佐野诚子《〈天地瑞祥志〉编纂研究:以与其他类书的关系考察为中心》,《名古屋大学人文学研究论集》第6号,2023年4月,第175—187页。

聚》相关条目的高度重合,让我们探究其文本与体例的来源成为了可能。"事""文"二部体例与文本的高度近似,共同构成两书之间关联的重要线索。下文将以《天地瑞祥志》的体例为外部证据,以该书个别条目的文本为内部证据,对其与《艺文类聚》之间的关系展开讨论。

(1) "文"部引文体例相仿

关于《天地瑞祥志》与《艺文类聚》的关系,曾有研究者予以关注,并指出两者"文"部文本的高度重合。① 实际上,两部类书"文"部的体例与引文皆高度一致。据调查,《天地瑞祥志》中可见"诗赋赞"等标记共计 26 条;除去录有前缀文体标记的引文,全书另录有无文体标记作品 13 条。兹列表如下,以直观展示两者在书中的数量分布(表4)。

表 4

文体	有前缀	无前缀	总计
诗	12	4	16
赋	3	1	4
赞	7	2	9
表	2	2	4
铭	1	0	1
颂	1	1	2
论	0	1	1
文	0	2	2
总计	26	13	39

由上表可见,《天地瑞祥志》与《艺文类聚》"文"部对应的引书共计 39 条,有文体标记者占多数,对于一部残存 9 卷的类书而言,这个数目堪称可观。这些文体集中分布于全书十八、十九两卷,一般位于所属条目的末尾。除了有前缀标记的各种文体之外,还有一些引文是没有"诗赋赞"前缀的,它们同样全部可在《艺文类聚》的相关条目找到同名且文本差异极小者,笔者推测它们可能取自《艺文类聚》对应文体条目的第二条及其以后的引书。

总之,《艺文类聚》以"事前文后"的体例排列引书,全书所收"文"部分全部位于条目的末尾;"文"内部的体例一般以"诗"为首,"赋"等文体居后,次序比

---

① 宋小芹、曹建国《日藏写本〈天地瑞祥志〉编纂诸问题考论》,《中南民族大学学报(人文社会科学版)》,2022 年第 3 期,第 141—149 页。

较严格。① 仅从文体排列角度来看,《天地瑞祥志》参考《艺文类聚》的可能性很大。

(2) 体例因袭与文字增补

《天地瑞祥志》全书有多个条目出现连续数条引书与《艺文类聚》相关条目高度重合的情况。类书之间多有因袭,这一现象在中古类书之间并不少见。②《天地瑞祥志》编纂于《艺文类聚》之后,在体例、引书乃至具体文本方面,都有因袭后者的可能。对于两者重合条目的探讨,有助于进一步理解中古类书的源流问题。

具体而言,《天地瑞祥志》相对《艺文类聚》的增补可以分为两类。第一类集中于全书"事"部照抄《艺文类聚》对应引书,如果抄录引文有缺失,那么编者有可能根据原书增补缺漏的文字。兹以《天地瑞祥志》卷十六"木"条与《艺文类聚》祥瑞部"木连理"条为例,列其对应引书列表如下(表5):

表 5

艺文类聚卷九十八祥瑞部木连理条 1—4	天地瑞祥志卷十六木条 14③
1.瑞应图曰木连理王者德化洽八方合为一家则木连理〈一本曰不失小民心则生〉	瑞应图曰王者德化洽八方合为一家则木连理〈异根而枝合也〉一本曰不失小民心则生
2.孝经援神契曰德至于草木则木连理	〈孝经援神契曰德至于草则木连理也〉
3.礼斗威仪曰君乘木而王其政升平时则松柏为常生	
4.京房易传曰木同本异枝其君有庆邻邑来附者吉木生于君屋上及朝廷其君圣子木王而有实国有庆木生于城胁一围以上长数丈此谓城强其君大昌	京房易传曰木同本异枝其君有废邻邑来附者吉木生于君屋上及朝廷其君有圣子木生而有实其国有庆木生于城一夜围以上长数尺此谓城强其君大昌木生而有实其邑有庆

---

① 韩建立《文献学视域下的〈艺文类聚〉研究》,第 157—167 页。
② 例如《初学记》对《艺文类聚》诗文的增删,参看唐雯《〈艺文类聚〉、〈初学记〉与唐初文学观念》,《西安联合大学学报》2003 年第 1 期,第 77—80 页;刘全波《论中古时期类书、蒙书编纂的历史继承性——以〈艺文类聚〉〈初学记〉为中心》,金滢坤主编《童蒙文化研究》第 5 卷,北京:人民出版社,2020 年,第 99—110 页。再如《白氏六帖事类集》对《初学记》体例、引书的移植,见大渊贵之《伝承過程における白氏六帖の部立と増修》,收入氏著《唐代勅撰類書初探》,东京:研文出版,2014 年,第 144—169 页。
③ 《天地瑞祥志》原书引文前无序号,分段亦无规律可循,日本学者在校注该书时,根据引书、行文而将其用序号区分开,以便研究。序号标记参考洲脇武志《京都大学人文科学研究所所藏〈天地瑞祥志〉第十六翻刻·校注:"五行""木""火""土"》,《大东文化大学中国学论集》第 35 辑,2018 年 3 月,第 1—50 页。

由上表可见，《天地瑞祥志》与《艺文类聚》的部分引书次序一致，前者的改动仅限于个别字词的增删。值得注意的是，《天地瑞祥志》引《京房易传》的最后几字"木生而有实其邑有庆"不见于任何传世典籍，或为编者抄写《艺文类聚》条目之后参考原书而增补。《隋书·经籍志》收有京房《周易占》《周易妖占》等多部《易》占系统作品，或与《京房易传》有关。① 此书直至初唐仍然存世，作为通晓天文、灾祥的学者，萨守真完全可能接触到原书，并直接用以增补引自《艺文类聚》的文本佚文。《京房易传》的文本，同见于"木"条之外的其他卷次，也同样被认定为佚文，例如卷十七"宅舍"条"剑"条、卷十九"羊"条所引《京房易传》等。这些不见于其他任何传世文献的文本，就是参照原书并增补佚文的有力证据。

第二类表现为《天地瑞祥志》对《艺文类聚》"文"部文体有自主增补、排序现象。《天地瑞祥志》卷十八"乌"条的"文"部分录"诗梁朱超《城上乌诗》"和"随虞世基《晚飞乌诗》"，它们在《艺文类聚》卷九十二"乌"条中为"诗"文体的第一、二首。《天地瑞祥志》则在两诗之后增补《赤乌颂》。② 《艺文类聚》"乌"条未收此颂，《初学记》卷三十"乌"条"事对"部分则录其前四句，并改"世"为"代"，应是出于避太宗讳的原因。此颂为三国吴人薛综撰，从内容来看，或为应东吴改年号为赤乌（238—251）而作，有宣扬孙吴政权合法性的意图；从文本来看，《天地瑞祥志》收录此赋篇幅更长，且文辞通畅完整，当为全文；从位置来看，《天地瑞祥志》所收《赤乌颂》的文体位置在两首诗后，《艺文类聚》收录"颂"体亦多列于"诗"体后，该颂位置当系对《艺文类聚》的模仿。

（3）条目内部对引书的重排与节略

《天地瑞祥志》的部分条目，存在原样移植或节略《艺文类聚》同类条目引书的现象。这是两书关联最明显之处，在《天地瑞祥志》全书中存数极少，兹举两例。其一，本书卷十八"鹣"条共收四条引书，经查证，与《艺文类聚》卷九十九祥瑞部"比翼"条引书一致。为明晰两书之间的关系，兹以《艺文类聚》"比翼"条原文及引书次序为"A＋序号"、以《天地瑞祥志》所收文本为"B"（下同），

---

① 京房传世著作疑点众多，其本身历史形象也多有后世建构与附会因素，见翟旻昊《中古时期的纳甲占：以西陲出土写本为中心》，复旦大学硕士学位论文，2015年6月。

② 该赋所在卷次尚无校注本，故录全文如下，以资参考："吴薛综《赤乌颂》：赫赫赤乌，惟日之精。朱羽丹质，希世而生。奋迅六鹢，集于天庭。昔在周武，以照圣明。顺天伐罪，殷民称臣。奄有四海，王业以成。今我大吴，千载齐声。凶孽方扫，神乌吉祥。六合一统，流化太平。"

略去标点，并按原文次序排列文本，出示对读如下。①

　　A2 尔雅曰南方有比翼鸟焉不比不飞其名曰鹣鹣
　　B 尔雅曰南方有比翼鸟　不比不飞　名曰鹣鹣

　　A1 山海经曰有鸟其状如凫　一翼一目相得乃飞名曰蛮色青赤见则大水
　　B 山海经曰　　　似凫青黑色一目一翼　　　名曰蛮　　见则大水

　　A3 瑞应图曰比翼鸟者王者德及高远则至一本曰王者有孝德则至
　　B 瑞应图曰　　王者德及高远则至一本　王者有孝德则至一鸟四翼者大凶也

　　A4 赞晋郭璞比翼鸟赞鸟有鹣鹣似凫青赤虽云一质气同体隔延颈离鸣翻能合翩
　　B 赞晋郭璞　翼鸟赞曰　鹣鹣似凫青赤虽云一质气同体隔延颈离鸣翻飞合翩

可见，《天地瑞祥志》"鹣"条都与《艺文类聚》"比翼"条书名与引文均保持一致，其间所见错抄、跳读，乃至倒置字词等，亦属写本时代文本传播的常见情况；《天地瑞祥志》多出《艺文类聚》同引书的部分，则可作为增补后者的证明（说详下）。唯"鹣"条引书排列次序有所调整，将"比翼"条引《尔雅》移至前排，笔者认为，这是编者为遵循"启"中所言，以《方言》《尔雅》等字书类文献置于条目前部的体例需要而作出的改动。

其二，同卷"凤凰"条或缩略自《艺文类聚》同名条目。《天地瑞祥志》"凤凰"条所列绝大部分引书可以在《艺文类聚》同名条目找到对应文本，且引书排序一致。不同的是，见于《艺文类聚》而不见于《天地瑞祥志》的文本皆以整条引书形式呈现，当为编者刻意略去。下文将两书同条目所有引书以表格形式呈现（表6）：

---

① 对读是利用互见文献甄别文本来源的有效方法，参看刘殿爵《〈夏人歌〉的拼合尝试》，《中国语文集刊》1986年第4期，第1—7页；《秦讳初探：兼就讳字论古书中之重文》，《中国文化研究所学报》第19卷，1988年，第217—289页。

表 6

天地瑞祥志卷十八凤凰	艺文类聚祥瑞部凤皇
瑞应图	瑞应图
鹖冠子	
山海经	山海经
孝经援神契	孝经援神契
礼斗威仪	礼斗威仪
尚书中候	尚书中候
	尚书考灵耀
	春秋感精符
春秋合诚图	春秋合诚图
	春秋元命包
	春秋运斗枢
乐动声仪	乐动声仪
	乐协图
	楚辞
孙卿子	孙卿子
	韩子
	淮南子
	韩诗外传
汉书五行志	汉书
	东观汉记
	琴操
吴历	吴历
	异苑
诗汉李陵诗	【诗】汉李陵诗
晋枣据诗	晋枣据诗
	……

以上对读可见两书"凤凰"条的详略情况。《艺文类聚》"凤皇"条收录多部纬书，《天地瑞祥志》则每种纬书各取一种；子部引书，《天地瑞祥志》仅录《艺文类聚》所收第一种《孙卿子》；史部引书，取《汉书》与《吴历》；诗文部引书，只取《艺文类聚》前两条引诗。至于其选取引书摘抄的标准，则暂时无从考证。总之，《天地瑞祥志》与《艺文类聚》引书雷同的现象，虽然在全书中不多见，但两者之间的高度相似，已足令读者窥见两者在体例与文本上的关系。相比单纯的照抄，《天地瑞祥志》更多的是对《艺文类聚》的不同条目作拼合、杂糅，一些情况下还可能参考引书的原文，将这些引文改造为新的条目。

《天地瑞祥志》文本结构与体例来源研究 369

(4)"事""文"拼合

《天地瑞祥志》对《艺文类聚》体例的参考不仅表现在对后者的照抄、缩略,还通过对《艺文类聚》不同条目著录同一动物的引书的拼合,表现出对它的参考和传承。兹以本书"鸾"条为例,取《艺文类聚》卷九十九祥瑞部"鸾"第三至八条引书(以"C+序号"形式)、卷九十鸟部"鸾"条"诗"目第一、二篇(以"D+序号"形式),与本书"鸾"条全文对读如下(表7):

表 7

《艺文类聚》祥瑞部(C)、鸟部(D)"鸾"	《天地瑞祥志》卷十八"鸾"
C3 孙氏瑞应图曰鸾鸟凤皇之佐鸣中五音肃肃雍雍嘉则鸣舞人君行步有容进退有度祭祠有礼亲疏有序则至一本曰心识钟律钟律调则至至则鸣舞以和之	B1 孙氏瑞应图曰鸾鸟赤神之精凤皇之终鸣中五音喜则鸣舞人君行出有客进退有度祭祠宰人咸有敬让礼节亲疎有序则至一曰心识钟律调则至至则鸣舞以知之〈郭璞曰形如鸡见则天下安宁〉①
C4 春秋运斗枢曰天枢得鸾鸟集	
C5 春秋孔演图曰天子官守以贤举则鸾在野	B2 春秋孔演图曰天子官守以贤举则鸾在野
C6 孝经援神契曰德至鸟兽则鸾鸟舞	B3 孝经援神契曰德至鸟兽则鸾②则鸾舞
C7 诗含神雾曰德化充塞照润八冥则鸾臻也	
C8 尚书中候曰黄帝鸾鸟来仪又曰周公归政于成王太平制礼鸾鸟见	B4 尚书中候曰周公归政于成王大平则鸾鸟见也
D1 诗魏嵇叔夜赠秀才诗曰双鸾匿景耀戢翼太山崖抗首嗽朝露睎阳振羽仪长鸣戏云里时下息兰池	B5 诗魏嵇叔夜赠秀才诗曰双鸾匿景耀戢翼太山崖抗首嗽朝露睎阳振羽仪长鸣戏云中时下息兰池
D2 魏王粲诗曰翩翩飞鸾鸟独游无所因毛羽照野草哀鸣入青云我尚假羽翼飞睹尔形身愿乃春阳会交颈遭殷勤	B6 魏王粲诗曰翩翩飞鸾鸟独游无所因毛羽照野草哀鸣入清云我尚假羽翼飞睹尔形身愿及春阳会交鸥遭殷勤

---

① 《山海经》卷二《西次二经》:"西南三百里,曰女床之山,其阳多赤铜,其阴多石涅。其兽多虎、豹、犀、兕。有鸟焉,其状如翟而五采文,名曰鸾鸟,见则天下安宁。"郭璞注云:"旧说鸾似鸡,瑞鸟也。周成王时西戎献之。"见袁珂校注《山海经校注(增补修订本)》,成都:巴蜀书社,1993年,第40—41页。

② 按:其下"则鸾"二字当为衍文。

由上表可见,相对于《艺文类聚》两个同一种类、不同归属的"鸾"条,《天地瑞祥志》更像是拼合了前者,前者原样移植了后者位于禽部条目中的体例标识"诗"、祥瑞部条目中的部分引书原文,并节略后者所引《春秋运斗枢》与《诗含神雾》。

《艺文类聚》的类目划分,为现代科学范畴内的天文气象、植物和动物等分别单独设立卷次、归类引书;但与此同时,本书在末尾三卷另立"祥瑞""灾异"二部,专门收录前者休咎相关的引书。这种分类方式导致同一事物被按照是否事关灾祥而在《艺文类聚》中重出于不同的卷次与部类,这也是该书分类体系的特点之一。对于这一现象,前人或流于略述其部类异同,以阴阳五行学说附会"祥瑞""灾异"部的设置,认为这"反映了由天道推演人事的思维模式";① 或以现代自然科学的视角批判其分类体系,认为《艺文类聚》整体的类目设置以文学需求取代知识技术,是对后者的"轻蔑与放逐"。② 这些解释均停留在批判《艺文类聚》的既成部类设置,而未能客观论述其引书特点及弊端。

检今本《艺文类聚》,同一动物知识分见于动物、祥瑞两部分者共见 17 种,它们在《天地瑞祥志》中也都能找到对应的条目。③《艺文类聚》中,动物与祥瑞两部分的引书并非完全排他,而是各有侧重,且有同引一书的情况,比如《瑞应图》《山海经》等。这种部类设置或许继承自前代的类书,它人为地割裂了动物知识的引书来源,将其按照形态记录与瑞应记录的不同标准作区分,对于实际应用是利弊参半的。以欧阳询"览者易为功,作者资其用"的愿景,"祥瑞""灾异"部的单独设置,或许和本书"符命"部的设置一样,收录许多与帝王统治合法性有关的文本,以便有识之士寻检;而对于仅仅喜好动物、植物、天气等博物知识的后人而言,这种割裂同一对象的分类方式则无疑会阻碍信息的寻检与搜集。

从收录内容来看,《天地瑞祥志》是一部有固定分类体系、专收祥瑞知识的类书。主在"瑞祥"的特点,令它无须像《艺文类聚》一样为符命、祥瑞等知识专设类目,在类目划分方面的弊端自然也相对较少。从某种程度上来说,合并不同部类收录的同一动物引文,或许是《天地瑞祥志》较《艺文类聚》的优点之一。

(四)《天地瑞祥志》中的符咒

《天地瑞祥志》收录了为数众多的符咒,这是本书相对于同时代其他类书

---

① 于翠玲《论官修类书的编辑传统及其终结》,《北京师范大学学报(人文社会科学版)》,2002 年第 6 期,第 118—125 页;刘全波《唐代类书编纂研究》,台北:花木兰文化出版社,2018 年,185—195 页;韩建立《文献学视域下的〈艺文类聚〉研究》,第 95—100 页。

② 葛兆光《中国思想史(第一卷)》,上海:复旦大学出版社,1998 年,第 602—603 页。

③ 按:分别为龙、凤凰、鸾、乌、雀、燕、鸠、雉、马、鹿、獐、狐、兔、虎、狼、龟、鱼。

的另一特点。

古代中国的符咒来源于上古时期的巫术传统,最早可上溯至睡虎地出土秦简《日书》所见守护行人的"禹符"。① 马王堆汉墓出土《五十二病方》中,亦可以见到焚"并符"以治蛊病之事。② 以上出土文献所见的符咒记载,均含有浓厚的咒术特征与实用色彩,后世史料中的"符"则多指"符命",而非"符咒"。③ 现存传世文献中最早的符命见于东汉成书的《太平经》,出土文献较早者则有洛阳邙山出土汉安帝延光元年(122)陶罐朱书符咒;④随后,湖北武昌出土齐永明三年(485)地券,湖南资兴出土梁天监四年(505)朱书符,敦煌吐鲁番写本等各类文献也多见符咒存留。⑤ 隋唐之际,符咒进入佛教,如 S. 2708《佛说七千神符经》收有符 15 种;⑥与此同时,隋、唐太医署均设立"咒禁博士"这一专门职位,主管符咒的收集与使用。⑦ 在《天地瑞祥志》诞生的时代,符类文献更盛行于官民之间,《大周刊定众经目录》收《五明论》合一卷、《益算经》一卷;⑧《隋书·经籍志》子部收录七部符经,内容涉及兵法、道术、医疗等方面,其中不乏由皇帝亲撰者,可见符咒应用与受众群体之广泛。⑨ 随后,这些符咒由新罗与

---

① 睡虎地秦墓竹简整理小组编《睡虎地秦墓竹简》,北京:文物出版社,1990 年,第 240 页;吴小强《秦简日书集释》,长沙:岳麓书社,2000 年,第 211—214 页;[日]工藤元男著,[日]广濑薰雄、曹峰译《睡虎地秦简所见秦代国家与社会》,上海:上海古籍出版社,2010 年,第 188—237 页。

② 马王堆汉墓帛书整理小组编《马王堆汉墓帛书(肆)》,北京:文物出版社,1985 年,第 73 页;马继兴《马王堆古医书考释》,长沙:湖南科学技术出版社,1992 年,第 632—633 页。

③ 坂出祥伸《呪符の历史——后汉末より魏晋南北朝まで》,大形彻、坂出祥伸、赖富本宏编《道教の密教の辟邪呪物の调查·研究》,东京:星云社,2005 年,第 63—71 页。

④ 王育成《洛阳延光元年朱书陶罐考释》,《中原文物》1993 年第 1 期,第 74—79、84 页。

⑤ 王育成《武昌南齐刘觊地券刻符初释》,《江汉考古》1991 年第 2 期,第 82—88 页;湖南省博物馆《湖南资兴晋南朝墓》,《考古学报》1984 年第 3 期,第 335—360 页;王晶波《敦煌占卜文献与社会生活》,第 367—372 页;黄烈《略论吐鲁番出土的"道教符箓"》,《文物》1981 年第 1 期,第 51—55 页。

⑥ 牧田谛亮《中国仏教における疑经の研究》,收入编集委员会编《牧田谛亮著作集》第 1 卷,京都:临川书店,2014 年,第 98—100 页。另,关于佛教文献中的符咒研究,见 Christine Mollier, *Buddhism and Taoism Face to Face: Scripture, Ritual, and Iconographic Exchange in Medieval China*, Honolulu: University of Hawai'i press, 2008, pp. 84—89, 123—133, 134—173.

⑦ 朱瑛石指出,《黄帝内经》的理论支持、宗教信仰提供的技术资源、北朝的制度模式、佛道两教在南北朝的极度盛行,共同推动了这一官职的诞生。参看朱瑛石《"咒禁博士"源流考》,荣新江主编《唐研究》第五卷,北京:北京大学出版社,1999 年,第 147—160 页。

⑧ 见《大周刊定众经目录》卷六:"《五明论》(一声论、二医方论、三工巧论、四咒术论、五符印论)合一卷",[日]高楠顺次郎、渡边海旭编《大正新修大藏经》第 55 册,1934 年,第 408 页 b8;《佛说益算经》见同书卷十五,第 474 页 a21。关于《益算经》,《贞元新定释教录》:"亦《七神符经》,亦云《益算神符经》,《大周伪录》分为三经者,误也。"《贞元新定释教录》卷二八,《大正新修大藏经》第 55 册,第 1022 页 b15—16。

⑨ 粗略统计,有《太公阴符钤录》一卷、《太公伏符阴阳谋》一卷、《周书阴符》九卷、许昉撰《黄帝复姓符》二卷、梁简文帝撰《光明符》十三卷(并《录》一卷)、《生产符仪》一卷、《老子石室兰台中治癞符》一卷,共计 7 种。

日本的学问僧、遣隋使和遣唐使携至两地,并被整合进当地的宗教、信仰体系中,发挥更重要的作用。①

以上的背景都在说明,《天地瑞祥志》在收集符咒类文献时,面对着一个规模宏大、制度成熟的符咒应用系统,这个系统已渗透至人们日常生活的诸多方面,乃至为唐代上层社会所青睐,成为本书无法忽视的收录对象之一。同时,这些符咒的数量也已达到了能成为体系、可分门别类的特点,这是中古佛、道、巫等诸种信仰数百年发展积累的产物。

据水口干记总结,《天地瑞祥志》所载符咒包括以下几个特征:全部符、文的结构为"上符咒、下注文",两者分工明确;大部分符注会说明符咒的吉凶;一些符注的字词有反切注音;一些符注会提示符咒的设置地点(门户上、犬头上、衣中等);少数符注会说明符咒的材料(桃木)、形制(长五寸宽二寸、长三寸等)要求;符注中基本不见"急急如律令"等常见格式化催促语(卷十九"狐"条除外)。② 除了以上描述以外,我们还能从符注中了解到它们的具体使用方式,如悬挂、粘贴、埋沉等。总之,本书所载符咒已经有非常成熟的文本结构与实践方法。

就形态而言,道教符印鉴可分为四种样式,分别是篆书印(seals in seal scripts)、天书印(seal of heavenly scripts)、护符印(talisman-inspired seals)和图印(graphic seals)。③ 这虽然是符咒的印鉴分类,但印鉴用以代替手绘,并被视为后世印刷术的起源,已为学界所公认。④ 故笔者认为,这一分类方法同样适用于手绘符咒。由是观之,则《天地瑞祥志》所载符咒全部属于护符范畴。本书所载符咒的本体结构,绝大部分由"尸""鬼""日""月""山""土"等汉字,以及一些星象符号组成,难以释读。⑤ 据研究,这些单字组成的符咒已非咒语的准确文字记录,无法直接用来诵读,只能被视为一种象征符号,在道符中用来表示鬼神、光明或其字面含义,在《道藏》特别是《太上老君混元三部符》中所存

---

① 水口干记《日本呪符の系譜——天地瑞祥志・道藏・日用類書》,武田时昌编《阴阳五行のサイエンス(思想编)》,京都:京都大学人文科学研究所,2011年,第245—258页。
② 水口干记《〈天地瑞祥志〉に載る呪符》,住吉大社编《遣隋使・遣唐使と住吉津》,东京:东方出版,2008年,第187—199页。
③ Shih-shan Susan Huang, "Daoist Seals, Part I: Activation and Fashioning", *Journal of Daoist Studies* 10, 2017, pp. 70—103; "Daoist Seals, Part 2: Classifying Different Types", *Journal of Daoist Studies* 11, 2018, pp. 46—81.
④ Thomas F. Carter, *The Invention of Printing in China and Its Spread Westward* (2nd ed.), New York: Ronald Press, 1955, pp. 11—18;藤田丰八《支那印刷の起源につきて》,收入氏著《剑峰遗草》,东京:国书刊行会,1974年,第1—12页;钱存训《书于竹帛:中国古代的文字记录》,上海:上海书店出版社,2002年,第43—45、66—68页。
⑤ 卷十九"鼠"条第二符为唯一例外,自上而下可释读为"妖鬼死去"四字,符注为"鼠生家百器中,有符厌,吉之"。

甚多。① 由于部分符咒本身形似汉字,因而也可能被抄录为可以识读的汉字。例如本书卷十九"虎"条录有 7 个金字旁的符咒,它们的构型与一般汉字非常相似,但其中可读者仅"錟""鎧"二字,符咒下注"辟虎狼,百虫不敢近"。水口干记认为,这些高度形似汉字的符咒出处不明,但与北斗星神的七种名字非常相似。②

《天地瑞祥志》全书共 16 个条目收有咒符,它们在本书单个条目中的位置比较固定,通常位于"事"部的经典文献之后;如果该条目同时收录了占文,那么它们绝大部分位于占文之后,"文"部的诗赋之前,卷十九的"虎""龙""蛇"三条是全书仅有的个例,它们位置在诗文之后。只有上述"虎"条咒符为例外,它们位于"文"部以后。

如前所述,"符"在《天地瑞祥志》中一般充当实用文本,这是咒符的基本功能之一。另外,《天地瑞祥志》所载咒符通常与同条目占卜文献先后收录,其中包括《京房杂灾异》《杂五行书》《百廿占》等仅见于日藏汉籍者。符与咒文之间的逻辑关系比较松散,只有位置上的相邻,它们都与其所属条目相关,是《天地瑞祥志》体例的重要组成部分。

平心而论,《天地瑞祥志》所录符咒很难单独用于研究。在笔者看来,原因可归于以下两种。

第一,符是民间信仰中的实用文本,在写本为主流文献形态的时代背景下,其抄写与传播均相对随意,很难确定标准的传本,而多有数个大同小异者共享同一功能的情况。以敦煌文献 P. 3358《护宅神历卷》为例,该写本著录有十八条咒符,其中多数与写本 S. 5575+S. 6204 所录咒符相似,但两者所收符咒的绘制细节并不相同。③ 笔者认为,两者可能节录自某一件更长、更全面的符文图籍,但在传抄、实际应用的过程中作了改动;同理,《天地瑞祥志》收录的符文,或许也是其流传谱系的一支。

第二,今日所见《天地瑞祥志》抄本距原版已有千年,传抄过程中极易有错抄、漏抄符文构件的情况,而符的每个部分均有含义,错抄或将影响其使用。符的实用性导致其传播的不稳定与多元,未来的研究或许只能暂时先从其符文结构与符注含义的对读入手,再作更细致的讨论。

---

① 胡新生《中国古代巫术》,济南:山东人民出版社,2005 年,第 57—70 页。关于《道藏》所收符箓结构的详细释读,参看 Monika Drexler, *Daoistische Schriftmagie: Interpretationen zu den Schriftamulatten Fu im Daozang*, Stuttgart: Franz Steiner Verlag, 1994.
② 水口干记《〈天地瑞祥志〉に载る呪符》,第 196 页。
③ 参看王卡《敦煌道教文献研究——综述·目录·索引》,北京:中国社会科学出版社,2004 年,第 156 页;余欣《神道人心:唐宋之际敦煌民生宗教社会史研究》,北京:中华书局,2006 年,第 224—226 页。高国藩对 P. 3358 亦有摹写与录文,但该书整体对敦煌文献录文错误较多,见作者《敦煌民俗学》,上海:上海文艺出版社,1989 年,第 418—426 页。

(五) 经典文本与实用文本：以"釜"条目占文为例

《天地瑞祥志》对于四部典籍有极高的辑佚价值，此已为学界所公认，但前人目光往往集中于本书的经典佚文，而对本书所存占卜类文本甚少措意。① 实际上，相对于历代王朝推崇的典籍，以占卜为主的实用文本同样反映了古代的知识与思想。本节将以书中所存"釜"条占文为例，讨论此类文本的体例、内容与作用，以及它们在同时代不同文献之间存在的差异，并以此为出发点，进一步探究占卜类文献在写本时代的定本问题。

《天地瑞祥志》所载占文一般位于该条目的后半部分，且大多在经典书目之后、诗赋引文之前。这一排列方式似乎折射了编者的逻辑：一个条目通常需要先列经、史、子部引书，然后才是占卜文本。这些占卜文本被视为与经典文献截然不同，但又无法归入诗赋类文本的文献，因而大多位于两者中间，与上文咒符的文本位置互有交替。从内容来看，这些占文偏重对某一种或几种占卜的具体技术实践，甚少对这些技术作义理、源流的追溯与论述；如果这些占文所在的条目同时收录了咒符，那么两者通常处在相邻的位置。从功能来看，这些占文是实用文本，占辞简单易懂，与上文讨论符咒一起承担镇厌辟邪的作用，但更偏重具体的技术操作。②

釜鸣占是一种根据釜甑的无端响动来预测未来吉凶的占术，可被视作一种广义上的镇宅法术。以釜鸣验吉凶的最早时间已无可考，但至少可上溯至西汉，如《焦氏易林》有"二人辇车，徙去其家，井沸釜鸣，不可安居"的记载。③ 汉代以后，占釜鸣法仍见流传，《道藏》中亦见记载；④唐宋时期的出土文献与官私撰述亦可见釜鸣占验之事，可从中窥知时人的信仰，例如敦煌文献 P. 2615a《□帝推五姓阴阳等宅图经》即收有厌釜鸣法。⑤ 釜鸣占是中古中国杂占体系的重要组成部分，但内容大多简略，《天地瑞祥志》卷十七"釜"条下收有一段内容完整的釜鸣占（暂定名为《十二时釜鸣占》）文本，无疑有助于我们了解此占术在中古时期的发展情况。为便于讨论，兹录其全文如下：

---

① 参看前揭水口、余欣文。
② 关于《天地瑞祥志》占卜文本的专门讨论，目前仅有水口干记对书中风角术的研究，见作者《关于敦煌文书(P. 2610)中风角关联条的一个考察——参考〈天地瑞祥志〉等与风角有关的类目》，《风起云扬——首届南京大学域外汉籍研究国际学术研讨会论文集》，北京：中华书局，2009年，第578—589页。
③〔汉〕焦延寿著，佚名注，马新钦点校《易林》卷六，南京：凤凰出版社，2017年，第322页。
④ 参看周西波《〈白泽图〉研究》，项楚主编《中国俗文化研究》第1辑，成都：巴蜀书社，2003年，第173页。
⑤ 金身佳编著《敦煌写本宅经葬书校注》，北京：民族出版社，2007年，第78页。最新研究参看佐々木聡《釜鳴をめぐる怪異観の展開とその社会受容》，《人文学論集》第35集，2017年，第1—18页。

子日鸣釜，家中男女乱。一云，忧外丧也。
丑日鸣釜，家昌吊会。一云，得财物，吉
寅日鸣釜，天谋有喜。一云，卧丧。
卯日鸣釜，家有子孙闻不孝。一云，病长出事。
辰日鸣釜，家长有出行事。一云，有财物来之。
巳日鸣釜，家有惠事。一云，有兵贼。
午日鸣釜，家大凶及财。一云，争田宅，奴婢卒死。
未日鸣釜，家有喜。一云，家长有口舌。
申日鸣釜，家中丧事。一云，争田宅，大富家中有。
酉日鸣釜，家有酒事。一云，家有卒死人。
戌日鸣釜，有盗贼至。一云，财物来复去。
亥日鸣釜，有喜。一云，斗讼，有狱事也。

这段文本呈现出三个基本信息：第一，从占术系统来看，它属于某种中古盛行的杂占文本，与以《周易》卦象为中心的易占系统无涉；①第二，从文本内容来看，该文字十二地支日信息齐全，且录有两种完全不同的占卜，它们以"一云"为分界线，内容不重合，且两者有半数支日的鸣釜吉凶完全相反；②第三，从指涉对象来看，《十二时釜鸣占》的第一种文本大多仅关涉家事的吉凶，"一云"后的文本则关涉范围较广，兼及兵、讼之事。基于这些信息，我们可以判定《天地瑞祥志》收录的《十二时釜鸣占》文本来自同一部综合性的民间杂占书，或者整合了来自两种不同杂占系统、但未注明出处的占文。

除《天地瑞祥志》所载占文之外，遗留至今的敦煌吐鲁番文献中，也能找到这种占术的吉光片羽。目前所见记录釜鸣占的文献，主要有法藏敦煌文献 P.2682《白泽精怪图》、杏雨书屋藏敦煌文献羽 044《百怪图》，③以及德藏吐鲁番文献 Ch. 1644v(T III T 133)《占釜鸣法》。④通过将《天地瑞祥志》与敦煌吐鲁番文献所载占文进行对比研究，我们可以对占术在中古时期的多元化传承有更深刻的认识。

---

① 余欣《物怪易占：阚氏高昌王国的卜筮与经学》，收入作者《中古异相》，第 74—114 页。
② 按：丑、寅、巳、未、酉、亥六日。
③ 杏雨书屋编《敦煌秘籍·影片册(5)》，东京：武田科学振兴财团，2009 年，第 294—295 页。
④ 参看游自勇《敦煌本〈白泽精怪图〉校录——〈白泽精怪图〉研究之一》，第 429—440 页；岩本笃志《敦煌占怪书〈百怪图〉考》，高田时雄主编《敦煌写本研究年报》第 5 号，2011 年，第 65—80 页；佐佐木聪《法藏〈白泽精怪图〉(P.2682)考》，《敦煌研究》2012 年第 3 期，第 73—81 页；游自勇《敦煌写本〈百怪图〉补考》，《复旦学报(社会科学版)》，2013 年第 6 期，第 78—88 页；王祥伟《日本杏雨书屋藏敦煌文书羽 044 之〈釜鸣占〉研究》，《文献》2014 年第 4 期，第 80—90 页。按：P.2682、羽 044 属敦煌本《百怪图》系统文本，故学者多将其统合研究；除上述文献外，P.3106、P.4793 亦同属《百怪图》系统写本(相关研究见本注前文)，但其内容不涉本文主题《十二时釜鸣占》，故不在论列。

由于P.2682已经有比较成熟的研究,所以此处对羽044略作交代。文本结构与内容方面,岩本笃志完成羽044录文与总体研究,并推测其作于归义军时期;《十二时釜鸣占》部分的文本则由王祥伟和佐佐木聪同作录文、考释。① 这件写本中的《十二时釜鸣占》部分收录了两种占卜文本,第一种有首题"占人家釜鸣第卅"(简称羽044A)与尾题"己辰占十二时釜鸣吉凶法",第二种有略题"占第卅一"(简称羽044B),尾题或为该占法所在文献本名。同时,羽044同卷录有"占鬼呼人第二十八""占狐鸣第二十九"等章节名,暗示该写本是一件汇集不同占法、再由抄写者重新编号的略抄本。为方便对比,兹将《天地瑞祥志》卷十七"釜"条所载"十二日釜鸣占"分为A、B两种,并将《天地瑞祥志》文本与P.2682、羽044A、羽044B并列观照,参照前人录文,以表格形式呈现(见附表)。

通过对《釜鸣占》诸传本的对比,我们可以得出如下四点认识:

第一,总体而言,三种文献所收五种《釜鸣占》在文本内容上没有完全对应者;从现存各文本的详略程度来看,它们应当都是对其所属母本的节抄,而非凭空创作,羽044B还漏抄了整条"午日"的釜鸣占文。

第二,羽044收录了两个版本的《釜鸣占》,它们来自两种完全不同的占法。羽044A的占辞附加了对具体时间的预测("不出百日""不出廿日");羽044B的占辞更像是由数个独立词汇构成,文辞不似其他版本通顺。

第三,羽044A在丑、寅、卯三个地支日的占辞之后,还记录了相应的镇厌方法,使得这三个支日的占卜文本构成"占辞—厌胜"的格式,它们是了解中古符镇法具体应用的珍贵范本。②

第四,P.2682的占文格式比较规范,通常以"支日釜鸣+事+吉凶"的组织形式呈现,文本的整体结构与《天地瑞祥志》所存者相似。

另外,本节需提及德藏吐鲁番文献Ch.1644v(T III T 133)的内容与定名问题。该写本(图3)出土于吐峪沟,尺寸12cm×18.2cm,文字存3行,与正面不同,亦无乌丝栏。它被定名为《占釜鸣法》,正面为《阴阳婚嫁书》(拟),历代学者皆有叙录。③ 为便于讨论,兹将《吐鲁番出土文献散录》录文移录如下:

---

① 王祥伟《日本杏雨书屋藏敦煌文书羽044之〈釜鸣占〉研究》;山崎蓝、佐野诚子、佐佐木聪《京都大学人文科学研究所所藏〈天地瑞祥志〉第十七翻刻·校注(上)》,《名古屋大学中国语学文学论集》第31辑,2018年2月,第59—111页。

② 余欣借助敦煌文献,对中古民间信仰的厌胜方术有详尽的研究,参看作者《神道人心》,第212—239页。

③ 荣新江《德国"吐鲁番收集品"中的汉文典籍与文书》,饶宗颐编《华学》第3辑,北京:紫禁城出版社,1998年,第317页; Nishiwaki Tsuneki, *Chinesische Texte vermischten Inhalts aus der Berliner Turfansammlung (Chinesische und manjurische Handschriften und seltene Drucke. Teil 3)*, Stuttgart: Franz Steiner Verlag, 2001, p. 94; 荣新江、史睿主编《吐鲁番出土文献散录》,北京:中华书局,2021年,第198—199页。

《天地瑞祥志》文本结构与体例来源研究　377

（上缺）
1.　　　　］日□［
2.　　　］事、口舌，凶。　用［□
　　　　　　　　　　　□□□甲［□
3.　　　　　］釜上，大吉，此□［
（余白）

图 3　吐鲁番文献 Ch.1644v，图片来自 IDP

　　值得注意的是本文书第二行下半部分，前人录为"□□□"，即三个空格。在检视写本原图后，可发现它们在观感上形似由三个"口"字组成的图像，而非能识读的汉字或刻意画出的空格。从占卜文本的书写习惯来看，连写三个"口"字的情况极为罕见，且文义难通；如以前述符咒的结构形式来看，将这三个"口"字视作一个符咒的左半侧反而能作出解释，符下则用双行夹注的形式注明其用法。与此同时，文书第三行所载"釜上，大吉"等字，似乎也在暗示这类符咒的使用方法，其符、注与符、文位置的排列方式，与《天地瑞祥志》、羽044相仿，共同组成"占辞—厌胜"的格式。故笔者认为，这件残片并非单纯的占文，而同时包含对釜鸣的占卜与厌胜，或许应重新命名为《厌釜鸣法》。

　　总之，通过对以上《釜鸣占》诸文本的对比，我们可以对此类占卜文本的实用性、灵活性有更深刻的理解。占卜文献的使用根植于日常生活，因而非常重视对文本或象征的诠释与解读；同时，它们又以援笔立成为编纂方式，故而在其文本传抄过程中，极易有增删、改写的情况。作为中古杂占方术的重要组成部分，釜鸣占的文本在不同文献中呈现多元化的特征，一方面暗示卜者享有充分的解释权，另一方面也反映了这种占法在民间的传播实态。《天地瑞祥志》所载占文，只能视作这种占术在隋唐之际、甚至萨守真所处时代不同传本的一件切片，无法作为唯一正本来使用。

　　最后是《天地瑞祥志》占文与同条目经典文本之间的关系。从文本位置来看，这些占文的功能明显区别于之前的经典文本，并且可以连同符咒部分一并视为对经典文本的方术实践。编者收录占术，目的或许在于保存它们的部分文本，以便随时查阅，从类书编纂的角度而言，这种体例是一种全新的尝试。宋代以降，神怪专书的编纂热情减少，市井生活日益繁荣，占卜知识逐渐散入家庭日用类书与历书中，操作方法也更简单易行。① 从文本流传的视角来看，占卜知识是在宋代以后逐渐进入类书并成为其固定体例的，如今看来，这一传统或许从《天地瑞祥志》等唐代类书开始，就已初现端倪。

结　论

从类书发展史的角度来看，《天地瑞祥志》的体例并不十分严整，除了因为此书未见全本、样本有限以外，更重要的原因或许应归于隋唐时期类书编纂仍处于发展阶段，即使是时代相近、得以全本传世的《艺文类聚》，在"事""文"两部也未统一体例。② 但是，从全书首卷的叙述以及正文体例的实际安排来看，《天地瑞祥志》的体例已初具规范，并在模仿和参考正史、类书特定篇章的基础上，创建了一个全新的、甚至可能是前所未有的官修类书体例。同样，从《天地瑞祥志》单独条目的文本结构，我们也可以窥知时人对类书体例的认知与编纂方式。通过对其"凭准"的沿波讨源，《天地瑞祥志》的文本结构与体例来源得以清晰呈现，进而帮助我们更透彻地理解中古类书编纂的源与流。

本文得出的主要结论如下：

第一，《天地瑞祥志》全书各条目通常遵循如下体例：条目名与反切注音居首，其后依次为图像、引书、符咒与占文、诗赋等"文"体引文。简而言之，其体例可进一步归纳为"音—图—事—术—文"，这一体例在同时代类书中是罕见的。

第二，《天地瑞祥志》的部分引文体例或系改动自《汉书·五行志》和《艺文类聚》，具体改造方式为拆解前者文本，将其植入新体例，以及删改、拼合后者的"事""文"二部。

第三，《天地瑞祥志》将占文和符咒视作"术"，它们独立于"事""文"二体而存在，相对其他唐代类书而言，它们是本书最独特的编纂体例；对于后世类书而言，该书可能是最早收录占卜文本的官修类书。

---

① 游自勇《敦煌写本〈百怪图〉补考》。
② 韩建立认为，《艺文类聚》"事"部引书排序有"经史子集"和"经子史集"两种，见韩建立《文献学视域下的〈艺文类聚〉研究》，第83—90页。

附表：《天地瑞祥志》、P.2682、羽044 所载釜鸣占文本对比

支日	文献名	内容	
子日	瑞祥志	子日鸣釜，家中男女乱。	一云，忧外丧也。
	P.2682	子日釜鸣，妻内乱。	
	羽044A	子日鸣，不出百日，家有丧亡，或可二年内。	
	羽044B	子日釜鸣，女妇、口舌、耗财、失火，不出旬月有（下缺）	
丑日	瑞祥志	丑日鸣釜，家昌吊会。	一云，得财物，吉。
	P.2682	丑日釜鸣，有上客君子会。	
	羽044A	丑日鸣，失财，不出百日。	
	羽044B	丑日，会客，亡六畜，口舌。用桃木七寸六枚，克作人，书天文符户上，吉。子准同。	
寅日	瑞祥志	寅日鸣釜，天谋有喜。	一云，卧丧。
	P.2682	寅日釜鸣，有嫁娶，吉，庆会。	
	羽044A	寅日鸣，损贼。或吉事来。①	
	羽044B	寅日，忧女子亡，时家破，口舌，女长子人凶。用桃木长九尺十枚，书天文符，悬宅上，吉。	
卯日	瑞祥志	卯日鸣釜，家有子孙闻不孝。	一云，病长出事。
	P.2682	卯日釜鸣，长子徭役，其门不好。	
	羽044A	卯日鸣，女妇事，不出廿日。田宅、口舌，盗贼起。②	
	羽044B	卯日，祭祀不了，家长少子，口舌。不出其年月，破恶家。用木长六寸七枚，书天文符，新光中盆下祭之三月四月，吉也。	
辰日	瑞祥志	辰日鸣釜，家长有出行事。	一云，有财物来之。
	P.2682	辰日釜鸣，家有行，非父则母。	
	羽044A	辰日鸣，失火，不出三年。家内有外人来贼。	
	羽044B	辰日，口舌，子孙不利。	
巳日	瑞祥志	巳日鸣釜，家有喜事。	一云，有兵贼。
	P.2682	巳日釜鸣，忧聚众、狱讼事。	
	羽044A	巳日鸣，宅不利之③灵，耗散财。	
	羽044B	巳日，斗打，口舌，凶。	

① "损"，佐佐木作"捐"；"吉"，王祥伟作"喜"，佐佐木作"吉"，观其运笔似"吉"，故取后者；"吉事来"，岩本录为"吉来事来"，但原卷在前一"来"字右侧有一删字小符号"卜"。

② "盗"，岩本录为"子卑"。

③ "之"，王祥伟作"利"。

续表

支日	文献名	内容	
午日	瑞祥志	午日鸣釜,家大凶及财。	一云,争田宅,奴婢卒死。
	P.2682	午日釜鸣,家有忧奴婢事。	
	羽044A	午日鸣,不出三年,备之,吉也。	
	羽044B	缺	
未日	瑞祥志	未日鸣釜,家有喜。	一云,家长有口舌。
	P.2682	未日釜鸣,家有德,吉。	
	羽044A	未日鸣,口舌、集众。	
	羽044B	未日,家吉或凶,北家病。	
申日	瑞祥志	申日鸣釜,家中丧事。	一云,争田宅,大富家中有。
	P.2682	申日釜,家聚众,凶,有丧。①	
	羽044A	申日鸣,中②女离别。	
	羽044B	申日,死亡,官事,不出日③。	
酉日	瑞祥志	酉日鸣釜,家有酒事。	一云,家有卒死人。
	P.2682	酉日釜鸣,家有祀祠事。	
	羽044A	酉日鸣,亡④恶相,家亦病。	
	羽044B	酉日,非祸。论财,妇女,口舌。	
戌日	瑞祥志	戌日鸣釜,有盗贼至。	一云,财物来复去。
	P.2682	戌日釜鸣,凶;耗钱财,凶。	
	羽044A	戌日鸣,六畜死亡。	
	羽044B	戌日,口舌,官事,六畜死亡。	
亥日	瑞祥志	亥日鸣釜,有喜。	一云,斗讼,有狱事也。
	P.2682	亥日釜鸣,官禄成,家安乐,无殃咎,吉。	
	羽044A	亥日鸣,官事、口舌不利。	
	羽044B	亥日,官事,亡遗,六畜。	

附记:本文曾提交北京大学第十九届史学论坛,并得到与会成员和评议人的细心审阅与指正,谨致谢悃!

---

① 原件倒置为"酉—申"顺序,今改。
② "中",王祥伟作"小"。
③ "日",王祥伟未录,盖其形似废字墨点之故。
④ "亡",王祥伟作"己"。

上博所藏巾箱本《西山读书记》考论*

王传龙**

【内容提要】 上海博物馆所藏巾箱本《西山先生真文忠公西山读书记》为海内孤本，与汤汉《序》福州官刻全本截然不同。根据国家图书馆所藏残卷以及从日本静嘉堂文库和西泠拍卖会中所发现的新材料，可证明上博本是经过书估伪造之后，以残本冒充全帙的三山学官刊本。上博本与其余残卷旧藏潘祖荫处，陆心源曾借抄以配补所藏福州官刻全本，后潘本转归郑东府所有，但已佚去四卷。郑东府两次撰文考证，初指其为元刻本，后则判定其为宋刊单行本，结论皆存在缺漏。三山学官本刊行于南宋淳祐年间，初印时应当仅有甲记、续甲记、丁记，后印时又增补了乙记，四部分各自分卷。上博本仅为续甲记部分，但涂抹掉了墨围中的"续甲记"字样以冒充全帙单行本。

【关键词】 西山先生　读书记　真德秀　郑东府

上海博物馆藏有一种巾箱本《西山先生真文忠公西山读书记》（以下简称"上博本"），入选第二批《国家珍贵古籍名录图录》（编号02898），登录为元刻本，框高16.3厘米，广10.6厘米，存十八卷。此本目录首叶题"云庄刘爚编"，卷一首叶标题下有黑色椭圆墨团，上钤元人欧阳玄印章。郑东府旧藏此本，并在《郑东府宋元版本考手稿》中先后两次考论此书，初指其为书估伪造之元刻本，后则认定为海内孤本，宋椠奇珍。此本疑点颇多，题有"云庄刘爚编"的目录叶为抄补，也是全书唯一的抄补叶面；首尾两卷所钤盖的"欧阳玄印"，经核实有挖补痕迹；所存十八卷自卷一至卷十八，卷次、内容皆连续，但全书内容却仅为《西山读书记》甲记的后半部分，并无乙记与丁记。上博本为海内孤本，历代藏书目录中也未见有完全相符的记载，厘清其版本状况对考察《西山读书记》的成书和流传过程具有不可替代的价值。笔者核查《西山读书记》存世的

---

* 本文为教育部人文社科规划基金项目"真德秀及西山真氏学派文献整理与研究"（24YJAZH151）的阶段性成果。本文为福建省社科基金马工程项目"真德秀及西山真氏学派研究"（FJ2024MGCA036）的阶段性成果。

** 本文作者为厦门大学中文系副教授。

各种版本,汇考相关文献记载,尤其是国家图书馆所藏同版残卷,以及从日本静嘉堂文库中所发现的新材料、西泠拍卖上出现的相关残卷,或可较全面地揭示出上博本的雕印、流散与作伪经过。行文若有不足之处,尚请各位方家予以指正。

一、《西山读书记》的宋刊源流

《西山读书记》是南宋理学大儒真德秀的一部重要著作,"既博且精,凡诸经、诸子、诸史、诸儒之书之所当读、当讲者皆在焉,乃有载籍以来奇伟未尝有之书也",①真氏对此书亦十分自信,尝语门人云:"此人君为治之门,如有用我者,执此以往。"②《西山读书记》本分甲、乙、丙、丁四记,据开庆元年(1259)门人汤汉《序》称:"西山先生《读书记》惟甲、乙、丁为成书,甲、丁二记近年三山学官已刊行,乙记上则《大学衍义》是也,其下卷未及缮写而先生没,稿藏于家,学者罕见之。汉来建安,请于先生嗣子仁夫右司,传钞以来,手自校定,釐为二十二卷,将欲刊之仓台,适福之郡文学吴君③应丑以书来,曰:'愿得本□并刻焉,以备一家之言。'乃以授之,而助其费之半。"④按此,《西山读书记》甲、丁二记在开庆元年(1259)之前先由三山学官刻成,乙记下则由汤汉最后校定刊行,而丙记则未有成书。乙记上即《大学衍义》一书,此书真德秀于端平元年(1234)献诸朝廷,早已别本单行,习惯上并不包括在《西山读书记》之内。《四库全书总目提要》中所载江西巡抚采进本"《读书记》六十一卷",亦只含甲记三十七卷、乙记下二十二卷、丁记二卷,而不计《大学衍义》,本文准此处理。

"福之郡文学"吴应丑寄信给汤汉,请求将后者传钞、校定的乙记下二十二卷"并刻焉",这也是《西山读书记》首次出现全本。此本在乙记下和丁记的卷末皆有"监雕:迪功郎福州福清县县学主学张植;提督:奉议郎通判福州军州事兼西外宗正丞黄岩孙;提督:奉议郎特添差福建安抚司参议官仍釐务涂演"三行题记,可知汤汉虽然"助其费之半",又是乙记下的校订者,但并未参与实际的雕印工作。汤汉为淳祐四年(1244)进士,吴应丑为淳祐十年(1250)进士,双方皆为江西人,相互认识并有书信来往,也在情理之中。吴应丑担任福州学

---

① 〔元〕陈栎《陈定宇先生文集》卷七,美国哈佛燕京学社藏清康熙陈嘉基刻本,第4叶。
② 〔元〕脱脱等《宋史》,北京:中华书局,1977年,第12963页。
③ "君"字原讹作"思"。笔者校点此书时,底本采用《中华再造善本》影印国家图书馆藏宋开庆元年(1259)福州官刻元修本,当时所见诸本以此本最早,字形最为清晰。但底本"君"字经前人描润,已讹作"思"字,而其余参校本皆漫漶不清,清代真氏祠堂重刊本、文渊阁《四库全书》本又缺失此段文字,故无从改正。近来检阅日本静嘉堂文库藏本,此字尚可辨认,实为"君"字。
④ 〔宋〕真德秀撰,王传龙校点《西山先生真文忠公读书记》,《儒藏(精华编)》册一九一,北京:北京大学出版社,2022年,第17页。

官，从汤汉处获得乙记下的书稿之后，交由同僚或上司张植、黄岩孙、涂演，与甲记、丁记一起雕印，故有汤汉《序》福州官刻全本《西山读书记》（以下简称"汤汉本"）问世。汤汉本出现之后，一方面因此书体例详明，于先儒授受源流无不胪晰，甚便治学问道，另一方面也因其卷帙浩繁，双行小字注文过多，翻刻实属不易，故自南宋至明代，凡存世全本一直使用此套板片重新修补刷印。笔者所见国家图书馆、北京大学图书馆、吉林省图书馆、台湾"国家"图书馆、日本静嘉堂文库等处所藏汤汉本，主体板片无论字体及板裂状况皆可吻合，可知均同出一源，惟补板、刷印时间则有先后差异。①

汤汉《序》中称"甲、丁二记近年三山学官已刊行"，而三山为福州古称，据南宋《淳熙三山志》记载，其下辖福清、永福、古田、宁德等十二县。是故汤汉本所经手其事者，"福之郡文学"吴应丑、"福清县县学主学"张植皆可谓之"三山学官"，而黄岩孙、涂演提督其事，属于挂名出资的上司官员，这也是官刻本通例。由此也就产生了两种可能：其一，在汤汉本之前，另外有一个三山学官刊行的仅有甲记与丁记的宋刊本，此本在时间序列上应为《西山读书记》的最早刊本。汤汉称"近年"，则此三山学官本领先汤汉本的时间不会太久。其二，汤汉本即三山学官本。三山学官本来已雕刻了甲记与丁记，后来从汤汉处获得了乙记下，于是又补雕了乙记下的板片，凑成了全本。南宋陈振孙《直斋书录解题》记录"《西山读书记》三十九卷"，称"今但有甲三十七卷，丁二卷，乙、丙未见也"，②《四库全书总目》引用此语，又据汤汉《序》云："据此则丙记原书本阙，乙记为汤汉所续刊，振孙惟见初行之本，故止于甲、丁二记也。"③味其语意，四库馆臣似主张第二种可能，认为汤汉本只是"续刊"乙记下，与"初行之本"合并而成全帙，而非"重刊"全书。

陈振孙"乙、丙未见"，故将《西山读书记》列为"经解类"，而不知乙记下体例乃引用史实而施以点评，实属史部。乙记下除先秦部分之外，主要以大字正文为主，评语相对较少，而甲记、丁记则杂引诸家注疏以训释经义，板面大量双行小字，刻印难度大大增加。据笔者统计，汤汉本共2701叶，其中乙记下1415叶，约占全书一半。笔者此前倾向于第二种可能，因为三山（福州）学官既然已有甲记、丁记的刊本，况且时间相距不久（近年），从常理上而言，汤汉本若全部从头重刻，增耗人力、物力，并不是经济便利的选择。而现存的《西山读书记》版本，除上博本、清代真氏祠堂重刊本和《四库全书》抄本之外，皆为汤汉本的

---

① 关于汤汉本的历代递修补板状况，可参考笔者《祠堂本〈西山读书记〉的底本、校本与臆改》一文，载《北京大学中国古文献研究中心集刊》第二十五辑，北京：北京大学出版社，2022年，第150—161页。
② 〔宋〕陈振孙《直斋书录解题》，上海：上海古籍出版社，1987年，第84页。
③ 〔清〕永瑢等撰《四库全书总目》，北京：中华书局，1965年，第785页。

宋、元递修本或宋、元、明递修本，并未发现有另外一种更早的宋版存在。是以学界迄今为止，从未有人主张在汤汉本之外，还存世另外一种三山学官本。然而笔者近期在检阅日本静嘉堂文库本《西山读书记》时，却意外发现了新的证据，不仅证明更早的三山学官本存在，而且经后续考证得知，上博本即为此本的残卷。

二、三山学官本的存在证据

汤汉本自宋至明一直在不断递修刷印，现存版本以清宫天禄琳琅藏本为最早，但仅有零星残卷存世，国家图书馆藏甲集卷五至卷八、乙集下卷五，台湾"国家"图书馆藏乙集下卷三，上钤"天禄琳琅""天禄继鉴""五福五代堂古稀天子宝""八征耄念之宝"等印章，可为佐证。天禄琳琅藏本为李光地自民间访得，于康熙晚年万寿节时进呈宫中，其札子内称："真德秀《读书记》乃其平生攻苦积累所成，颇为前儒推重。然访之德秀浦城旧乡，久无此板，故此本皆系前人写补，间亦残缺一二，无从钞足。若禁苑未备此书，似亦可供乙夜之览也。"①天禄琳琅藏本在所见版本中刷印最早、质量最好，但仍然"间亦残缺一二，无从钞足"，可知汤汉本缺叶实为常事。天禄琳琅残卷之外，则以国家图书馆所藏宋元递修本为最早，《中华再造善本》即据此本影印。据笔者核查，此本已有标注为元代大德、延祐、元统年间的补刊板片，此外仍缺失27叶，个别残缺者（如破洞、缺角等）尚不计算在内。更晚刷印的递修本，譬如台湾"国家"图书馆所藏抱经楼旧藏本、徐乃昌旧藏本、叶昌炽旧藏本，北京大学藏宋、元、明递修本，已经开始设法抄配或补刊所缺板面，但仍无首尾完整而不缺叶者。截至明代嘉靖年间，绝大部分所缺叶都已设法补刊完整，但甲记卷十第4叶、卷二十六第15叶及卷二十八第23、24叶仍然留缺，无从弥补。换言之，此四叶是现存所有汤汉本共同缺失的叶面，而且最迟元代时就已如此，因为国家图书馆所藏宋元递修本即已无从补足。

然而笔者最近发现，这种缺叶情况在日本静嘉堂文库所藏本《西山读书记》（以下简称"静嘉本"）中却出现了意外。静嘉本旧藏于晚清皕宋楼，陆心源《皕宋楼藏书志》将其标注为"宋刊本"，又称"此宋开庆元年福州官刊本"，②实有故意夸耀之嫌疑。静嘉本也是宋元递修本，例如甲记卷二十七第15至24叶版心下皆有"延祐五年刊"字样，卷二十六第1叶版心下有"元统二年"字样，都是元代补板的确切证据。静嘉本的刷印时间应在天禄琳琅藏本、国家图书

---

① 〔清〕李光地《榕村集》卷三十一《万寿节进书札子》，清文渊阁《四库全书》本，第12叶。
② 〔清〕陆心源编，许静波点校《皕宋楼藏书志》，杭州：浙江古籍出版社，2016年，第692—693页。

馆所藏宋元递修本之后，因为相比之下，静嘉本的板裂和漫漶程度要比前二者更为严重。静嘉本无明代补刊叶面，只是对缺叶部分进行了抄补，但奇特的是，其余诸本皆缺的四叶，静嘉本竟然都抄补了文字（其中甲记卷十第4叶内容接抄于第3叶内，故无第4叶）。经笔者核验，静嘉本的抄补缺叶并非自行臆补，而是有本为据的依样抄录：一方面，所补叶面中的真德秀案语不见于他书征引，这也是历代递修诸本皆留缺的原因所在；另一方面，静嘉本在抄补卷二十八第23叶的过程中存在失误，将"杨子曰：公仪子、董仲舒之才之邵也"误作"杨子曰：公仪子、董仲舒之才邵也也"，后来又将"邵也"二字加点表示删除，但似乎为了保证行款整齐，并未改补他字，于是实际变为"杨子曰：公仪子、董仲舒之才也"。如前所述，汤汉本在南宋之后就出现了残缺，包含天禄琳琅藏本在内的现存本无一例外，是以静嘉本所抄录的底本显然是汤汉本之外的另一种版本。除静嘉本之外，只有清代乾隆年间真氏祠堂重刊本[①]能够补足其中三叶（卷二十六第15叶及卷二十八第23、24叶），但甲记卷十第4叶仍然残缺。真氏祠堂重刊本也是有清一代最常见之本，直至晚清时仍在不断刷印，《四库全书》所抄录者亦为此本。但真氏祠堂本在补入卷二十八第23叶时因涉下节"程子曰"而致误，"杨子曰"误作"程子曰"，[②]与真德秀案语中"杨子以其明于义利之辨，故并称"之语不符。《四库全书》照抄真氏祠堂本，也同样致误，未能改正。静嘉本"杨子曰"不误，而"之才之邵也"误作"之才也"；真氏祠堂本"之才之邵也"不误，而"杨子曰"误作"程子曰"，这说明它们之间并无因袭关系，而是出自共同的来源（详见下文）。

  要证明静嘉本所抄录的底本是比汤汉本更早的三山学官本，还需要更直接和过硬的证据。所幸静嘉本除了抄补所缺叶面之外，还同时抄录了三山学官本的序言，只是这篇序言并不在全书首尾，而是封装于第37册卷首（全书分装80册）的乙记目录之前，很容易被忽略掉。此篇序言中所述与乙记无关，将所抄之序置于此处并不恰当，盖甲记卷首已有汤汉序，而乙记旧无序，故静嘉本遂将所抄三山学官序移置于乙记目录前，以求外观完整。此序无标题，落款为"淳祐乙巳中夏望日郡人李韶元善父书"，淳祐乙巳即淳祐五年（1245），比开庆元年（1259）汤汉本更早十四年，与汤汉《序》称"甲、丁二记近年三山学官已

---

  ① 部分图书馆登录有清康熙真氏祠堂刊本《西山读书记》，属于误载。清康熙时所刊为《真西山全集》，并非《西山读书记》。乾隆四年，真鼎元、真元杰刊成《西山读书记》之后，后人将之附入《真西山全集》中，作为丛书之一种，因而造成了存在康熙刊本的假象。祠堂本《西山读书记》卷首有真鼎元、真元杰所撰《重镌西山真文忠公读书记本末后》，叙述此书刊刻经过甚详，可相佐证。另外，祠堂本封面页题"乾隆四年重镌"，但卷首雷铉《重刻真西山先生读书记序》落款时间为乾隆八年，故亦有部分图书馆登录为乾隆八年刊本。此序当为后刷时增入，乾隆四年、乾隆八年实为同一刊本。祠堂本晚清仍在继续刷印，故又有同治本云云，皆为一副板片，而仅更换封面页。

  ② 〔宋〕真德秀《西山读书记》卷三十，清乾隆真氏祠堂刊本，第13叶。

刊行"一句时间相合。此序上半部分议论《西山读书记》的意图与价值，下半部分则叙述了三山学官本的成书过程："潼川姚君希得与公之子志道同为三山通守，得是书首编，阅之不能去手，因与学官温陵储君应祥勾考学廪之赢，白之帅宪眉山杨公楝，锓梓于乡校，以惠学者，属韶为之序。"据《八闽通志》《闽书》等方志记载，姚希得，字逢源，潼川人，时为福州通判，"三山通守"即此官古称。真志道为真德秀之子，姚希得从其手中所得者为《西山读书记》的"首编"，是此书最初的稿本面貌，而乙记下此时尚未成编。储应祥，嘉熙二年（1238）进士，时任福州古田县主簿，属学官之任；杨楝，字元极，绍定二年（1229）进士，时任福建提刑，"帅宪"即其别称。序作者李韶，字元善，号竹湖，嘉定四年（1211）进士。李韶在序文中叙述了他与真德秀的交往，称"韶昔从公游于温陵。……端平初帅三山，韶实踵公后"，与两人行履相合。真德秀于绍定五年（1232）以徽猷阁待制知泉州，次年升知福州、福建安抚使，端平元年（1234）除权户部尚书，而李韶于绍定四年（1231）提举福建市舶，后又改知泉州兼市舶，所谓"踵公后"即谓此事而言。正因为李韶与真德秀有这种密切的师友兼同僚关系，三山学官本才嘱托其作序。按此，三山学官本由姚希得提供书稿，储应祥筹集刊书资金，杨楝审核批准此事，李韶受邀作序，与汤汉本经手之人皆异。宋淳祐七年（1247）王稼称："郡庠刊《西山读书记》成，学者争诵之。"①此所谓刊成云云，距离李韶作序时仅过两年，而远在汤汉本之前，亦可作为三山学官本成书之佐证。三山学官本是《西山读书记》的最早刊本，尚无乙记，李韶在序中径称"三山"，从未使用"福州"一词，这与汤汉本题记中称"通判福州军州事"云云不同，而汤汉《序》称"甲、丁二记近年三山学官已刊行"当因此故。三山学官本的出资人储应祥是古田县主簿，汤汉本的监雕则是福清县县学主学张植，尽管古田县、福清县均为福州（三山）所辖县，但毕竟并非一地一学，因此汤汉本选择重雕全书而非续刊凑全，也就有了合理的解释。

三、上博本即三山学官本

关于三山学官本，还有三个谜团必须解释：静嘉本据以抄补的三山学官本，到底来自何方，今天又下落在何处？三山学官本既然在清代仍然存世，为何却几乎无人提及此本？真氏祠堂本既然可以抄补历代递修本皆缺失的三叶，为何甲记卷十第4叶却仍然无法补足？

以上三个谜团，笔者经过后续的考证，皆已找到了答案。静嘉本所据抄的三山学官本，是由陆心源自潘祖荫处借得。陆心源与潘祖荫皆为金石、古籍收

---

① 〔宋〕陈淳《北溪字义》卷首王稼《序》，上海图书馆藏明正德三年（1508）寿藩刻本。

藏大家，两人相交莫逆，前者赠送后者周子燮兕觥，后者决意以宋板巾箱本九经回赠，称："此诚有一无二之珍，非常之赐，古人之谊，何以加兹。《九经》四本仍当奉赠……八月中枉过，当以奉呈，并将宋元椠之一鳞片爪悉请鉴定也。"①陆心源不仅因此获得了宋椠婺州巾箱本九经，而且遍览潘祖荫的宋元板藏书，此后双方还经常相互借阅传抄，譬如陆氏向潘氏借阅《续考古图》《营造法式》等书，潘氏则借阅《史载之方》《石林奏议》《翰苑集》等书。笔者核查潘祖荫《滂喜斋藏书志》，发现他恰巧收录一种行款与汤汉本不同的宋刻《真文忠公读书记》，云："此本二十二卷，不分甲乙。首卷第二行题'三山殿元丘闻之曾子肯校勘标注'，当是二人所重辑，非其旧第。每半叶十三行，行二十三字，遇宋讳恒、贞等字缺笔。旧藏故相明珠家，前有谦牧堂藏书记。"②此条记载弥补上了三山学官本的最后一环，亦即书稿的校勘者与标注者的姓名，只是叙述有些混乱，应为"三山丘闻之校勘""殿元曾子肯标注"双行，结果误混到了一起。殿元为状元之别称，而据《福州府志》记载，丘闻之为淳祐十年（1250）进士，此科状元为方逢辰，知其虽为三山（福州）人，却未中过状元。南宋状元曾姓者仅一人，即曾从龙，泉州晋江人，初名一龙，殿试夺魁后敕改此名，又改字君赐，疑"子肯"为其旧字。曾从龙与真德秀为同年进士，又同朝为官，曾从龙重修潭州大成殿时，真德秀为之作记，称"公以庆元伦魁，尝陪辅先帝大政，令名粹德，荐绅宗之"，③可知颇为推崇其人。后来真德秀升任参知政事，曾从龙兼同知枢密院事，皆为朝廷重臣，一时瑜亮。曾从龙于端平三年（1236）去世，九年后李韶才为三山学官本作序，若非后人托名自重，则"标注"云云当是对编纂《西山读书记》一书曾有所助益。潘祖荫藏本旧藏于故相明珠之家，钤有明珠之子揆叙的"谦牧堂藏书记"，这也解释了为何外界难睹此书。全书二十二卷，显然并非全帙，甲记卷十当在缺失之内，故静嘉本无从抄补此卷内之缺叶。遗憾的是，《滂喜斋藏书志》记录较为疏略，没有论及序跋及板面尺寸，没有记载其他的藏书印章，也未点明全书的内容起止，因此给深入研究带来了困难。但它同时也提供了一条很关键的信息，此种宋刻本的行款为半叶十三行，行二十三字，与汤汉本截然不同。

潘祖荫去世不久，部分藏书即已被盗售，此种《西山读书记》经由书估流传至郑东府手上时，已仅剩十八卷。此十八卷中无李韶序，但内容、卷数前后连续，乃书估改头换面以冒充全本。郑东府先后撰《〈西山先生真文忠公读书记〉版本考》《〈西山先生真文忠公读书记〉版本续考》两文进行考证，但前后结论截

---

① 〔清〕陆心源《潜园友朋书问》卷二，天津图书藏清石印本，第9—10叶。
② 〔清〕潘祖荫《滂喜斋藏书志残稿》，国家图书馆藏稿本，不分页。
③ 〔宋〕真德秀《西山文集》卷二十六《潭州重修大成殿记》，清文渊阁《四库全书》本，第19叶。

然不同。郑东府最初发现,虽然此本目录首叶第二行题有"云庄刘爚编"字样,但全书惟此叶为抄补,而"卷之一题下有墨圈,但为刓补。书共十八卷。自第二卷至第十八卷,每卷题下均有刓补痕。又,自第一卷至第十八卷,各卷末题下并均有刓补痕,如墨圈形。每半页十二行,每行二十三字,小字双行"。① 经核对上博本实物,发现潘祖荫、郑东府对此书的行款登记皆有误,此书各卷行款并不统一,或半叶十二行,或半叶十三行,而每行字数二十三至二十五字不等,两人均未遍核,故各得一偏。郑东府认为刘爚比真德秀早卒二十年,各卷题名中不当出现"真文忠公"的谥号,兼之惟目录首叶为抄补,各卷题下刓补痕迹明显,故判定"书估无知,将各卷首及卷末之原有墨圈刓去,并将《目录》首页换补,冀图炫人误认为完璧"。② 郑东府最初的结论是书估将元刻残本冒充宋刻本,但同时也强调"以纸张、墨色、字体而论,实为元椠之最精品"。③ 此十八卷内容相当于汤汉本自甲记十八卷第 15 叶起,至三十七卷末止,恰为甲记的后半部分,郑东府因而猜测甲记分上、下,此本为下记,这是一个非常接近事实的论断。然而郑东府此时尚未见汤汉本,后来他将汤汉本与此本比对,发现"较余所获巾箱本,款目行次,全然不同",④ 又撰文续考,推翻了原来的判断。郑东府不再持残本说,转而主张此本"非原甲集之全书,而另为一单行本可知也。然则,是书必亦另有《序记》,惜为书估改头换面,无从探讨,为可憾耳"。⑤ 至于"云庄刘爚编"字样,郑东府也不再否定,转称"此巾箱本实真公生前他人就其甲集下记另编目次,于真公没后刊为单行本,以流传者少,各书目多不及载"。⑥ 刘爚与真德秀交往多年,刘爚卒后,真德秀还为其撰《刘文简公神道碑》,情形与曾从龙类似。现存刘爚《云庄集》由刘爚的后裔刊行,实际上是一部将真德秀部分诗文揽入集中的伪书,此事劳格、傅增湘等前辈学者早已指出,学界也已形成共识,但其背后的作伪动机却难以理解。若刘爚生前曾编选真德秀著作,则不排除相关手稿传世,而被其后裔误认为己作的可能。郑东府不仅重新认定巾箱本为宋版,而且大赞此本"墨色光润,纸质绵洁,实为李廷圭墨、澄心堂纸无疑,较之福州本之墨淡纸粗,弥足征信"。⑦ 郑氏之语稍嫌过誉,李廷圭墨、澄心堂纸为五代南唐时名品,澄心堂纸"当时百金售一幅",李廷圭墨也极为珍贵,极少用于刊书,何况典籍记载澄心堂纸光洁如玉,也与此本的

---

① 郑东府撰,张子忠编释,路广正审订《郑东府宋元版本考手稿》,青岛:青岛出版社,2014 年,第 67—68 页。
② 郑东府撰,张子忠编释,路广正审订《郑东府宋元版本考手稿》,第 92 页。
③ 郑东府撰,张子忠编释,路广正审订《郑东府宋元版本考手稿》,第 93 页。
④ 郑东府撰,张子忠编释,路广正审订《郑东府宋元版本考手稿》,第 100 页。
⑤ 郑东府撰,张子忠编释,路广正审订《郑东府宋元版本考手稿》,第 102 页。
⑥ 郑东府撰,张子忠编释,路广正审订《郑东府宋元版本考手稿》,第 103—104 页。
⑦ 郑东府撰,张子忠编释,路广正审订《郑东府宋元版本考手稿》,第 103 页。

纸张色泽差异很大。

郑东府未见静嘉本所抄三山学官本序,也未见此十八卷之外的残卷,故前后所下结论对错混杂。郑东府藏本最终归入上海博物馆,笔者辗转核实其版本状况之后,已可弥补前人考证之不足:

其一,上博本各卷有元代欧阳玄(欧阳玄印、圭斋)、明末葛鼒(葛鼒之印、毅调)、清代季振宜(季沧苇藏书印)、浦祺(浦氏扬烈、浦祺之印、浦伯子、浦玉田藏书记)、近代马克武(克武所藏善本)、郑东府(东府、郑东府、郑全璧印)等人藏书印。欧阳玄的印章经查有挖补痕迹,与北京故宫博物院所藏欧阳玄《春晖堂记》上所钤"冀郡欧阳玄印"、元至正刊本《此山先生诗集》卷首欧阳玄序后墨刷"欧阳玄印"字形差异较大,只能存疑,而揆叙的"谦牧堂藏书记"未见,应当是随卷首的李韶序一起失落。季振宜的珍稀藏书有相当一部分归入揆叙的谦牧堂,譬如元茶陵桂山书院刻本《孔丛子》、明丛书堂红格写本《使金录》等,上博本的情况应当与之类似。马克武居于山东青岛,与王献唐等人有古籍交流,也是郑东府加入中国泉币学社的介绍人,上博本应当是经他之手才成为郑东府藏品。按此,上博本的收藏链条大致可归纳为:欧阳玄(存疑)—葛鼒—季振宜—揆叙—浦祺—潘祖荫—马克武—郑东府—上海博物馆。

其二,上博本十八卷并非郑东府所谓的单行本,也并非完帙,而是潘祖荫所藏二十二卷残本的主体部分。笔者发现上博本之外的残卷曾出现于2011年西泠拍卖的春季拍卖会上,卷端题"西山先生真文忠公读书记卷之二",内容相当于汤汉本丁记的卷二。此残卷板框大小、行款均与上博本吻合,上钤葛鼒(复庵)、季振宜(季沧苇藏书印)、浦祺(留与轩浦氏珍藏)等人藏书印,可确证为同书失散之卷。由此亦可推知,上博本至少是甲记、丁记同刊之本,甚至可能存在乙记。上博本卷二与此残卷题名一致,而内容则分属甲记、丁记,势必要有所区分。上博本各卷题名下的墨圈,本来即是区别甲记与丁记(乙记)之用,遗憾的是,上博本的墨圈已被彻底涂黑,其中文字已无法辨识,甚至连带其上钤盖的"欧阳玄印"也被部分遮挡,但这也恰恰坐实了书估冒充全本的意图。

笔者又发现国家图书馆所藏一种残卷(善本书号:A01431)与上图本同出一源,此本存续甲记卷十二、十三,乙记卷十、十一、十三、二十二、二十三,共涉及七卷内容,但每卷皆残,严重者仅残存一、二叶。国家图书馆所藏残本(以下简称"国图本")半叶十二行或十三行,行二十三至二十五字不等,框高15.6厘米,广10.3厘米,与上博本基本吻合。国图本乙记卷十三末叶钤有"敬德堂图书印",可知曾为明太祖朱元璋四世孙晋王朱钟铉藏书,因长期存放在藩王府中,故世间罕睹。国图本与上博本存在相同卷,可知并非同一书的分散卷。经比勘可知,国图本续甲记卷十二、十三即上图本卷十二、十三,而上图本卷首题名下被涂抹遮盖的墨圈,国图本则清楚保留,墨圈中为"续甲记"白文字样。郑东府最初猜测上博本甲记应分上、下,而上博本十八卷仅为甲记下,实则分为甲记、续甲记,上博本仅为续甲记部分。而书估为冒充全本,故将"续甲记"墨围全部涂黑。更关键的是,国图本有乙记残卷,证明它应当是一种包含甲记、乙记下、丁记的全本,亦即三山学官本的后印增补本。汤汉本诞生之前,三山学官本所刊为得自真德秀之子真志道的"是书首编",亦即汤汉所称的"甲、丁二记近年三山学官已刊行",至汤汉整理出乙记下之后,福州重新官刻全本,三山学官本也据以增补了乙记。福州官刻全本将《大学衍义》视为乙记上,故将汤汉新整理者标注为乙记下,而三山学官增补本却径称为乙记,其缘由即在于此。

更确切的证据来自上博本首叶的《记纲目》,其中明确声称:"性命者,义理之源,故以为编之首。性之发为情,而心则统乎性情者也,故性之次曰心、曰情,三者一编之纲领也。其目则曰……士之求道入德,将何所自始,亦曰学而已矣。敬者,学之本根,故列于学之首。其泛言学次之。……阴阳造化之理,其略已见《性命》篇,其未备者复列于此,以为编之终焉。"上博本现存续甲记十八卷仅为甲记下半部分,而按此纲目,所失散的上半部分以性命开篇,正是甲记上半部分,《记纲目》中也罗列了具体的细目。此可佐证上博本在续甲记之外,前面尚有以《性命》为首的甲记部分。《记纲目》中并未谈及乙记,因为当时乙记尚未由汤汉编成。书估为冒充全帙,将原本应在甲记卷首的《记纲目》移至上博本续甲记卷首,却忽视了文中所述的编排次第与实际内容不合,留下了明显的破绽。

其三,上博本避宋讳,至"扩"字止,刊刻时间应不早于南宋宁宗朝,与三山学官本的刊刻时间吻合。由于上博本的伪改气息很浓,第二批《国家珍贵古籍名录图录》将其登录为元刻本,属于很谨慎的做法。元刻本翻刻时,也有照刻宋讳的现象,但郑东府曾发现一条证据,认为"是此书为宋代镂板之最大明征"。① 上博本卷十一"以至于我有宋圣祖受命"一句,在"圣"字、"宋"字前皆空一格,这是本朝人才会有的尊崇方式。但此方式并非严格强制执行,而全赖编刊者自觉为之,笔者核验汤汉本,发现此句中即并不空格。从严格逻辑上而言,郑东府发现的空格现象,仍不能完全排除后世翻刻时严格遵循行款的可能性,但结合笔者新发现的静嘉本所抄录的李韶序及补缺叶面,可以断定上博本、国图本、西泠拍卖本皆源自南宋刊三山学官本,至于是否为元代重刷则难以确定。

潘祖荫收藏的二十二卷本,已知有上博本十八卷(汤汉本卷十八第 15 叶至卷三十七末)、西泠拍卖售出一卷(汤汉本丁记卷二)、甲记首卷(有李韶序、

---

① 郑东府撰,张子忠编释,路广正审订《郑东府宋元版本考手稿》,第 165 页。

《记纲目》与"谦牧堂藏书记"印章,存佚不详),仅有二卷未知其卷数。潘氏所藏已为残本,书估要想冒充全帙,也只能取上博本十八卷进行改造,是故上博本虽有作伪,但只是以残充全,而非以明刊本冒充宋、元刊本。汤汉本历代递修本所共同残缺之四叶,已知有三叶恰在上博所存十八卷之中,而静嘉本能抄补所有缺叶,则甲记卷十应亦在潘祖荫所藏二十二卷之内。

其四,清代真氏祠堂本对于汤汉本中的残缺、漫漶之处率意臆补,①但唯独上述残缺三叶能够补齐,是自称"于吴越间迭购古本二,其一则开庆汤汉刊,其一则咸淳乙丑(1265)陈氏所梓"。② 此陈氏所梓之本历代藏书目录中从未提及,但刊行时间仅在汤汉刊行全本之后六年,此时三山学官本、汤汉本板片俱在,似无再重新刊板之必要,推测应是三山学官增补乙记的后印本,很有可能就是国图所藏包含乙记的残卷本。国图本旧藏晋王府,而明代最后一任晋王朱审烜投降清朝,《国榷》称其于清顺治五年(1648)遇害,晋府藏书随之散出,与真氏所称购得时间可相衔接。真氏所得为残本,③故未能抄补甲记卷十第4叶,而所补三叶的细目分类方式与上博本一致,与汤汉本不同。譬如在"杨子曰:公仪子、董仲舒之才之邵也"之前,真氏祠堂本、上博本皆有细目"董子之学"四字,单独占一行,目录叶亦如此,分为"董子之学""文中子之学"云云,而汤汉本则正文中无细目,目录叶又将"荀杨董文中子之学"合为一行。按此,陈氏所梓之本与上博本应当同出一源。若真氏祠堂本所言非虚,则三山学官本在淳祐五年(1245)刊成之后,再次增补刷印的时间也可以确定为咸淳乙丑(1265),董其事者为陈氏,乙记应在此时增入。两次刷印时间相距二十一年之久,人物皆已更新迭代,板片重新刷印流通也符合出版业的规律。

(本文在撰写过程中,获得了上海博物馆柳向春先生的大力支持,帮忙查阅书籍并提供书影,特此鸣谢!)

---

① 关于真氏祠堂本的臆补状况,可参考笔者《祠堂本〈西山读书记〉的底本、校本与臆改》一文,载《北京大学中国古文献研究中心集刊第二十五辑》,第150—161页。
② 〔清〕真鼎元、真元杰《重镌西山真文忠公读书记本末后》,载《读书记》卷首,北京大学藏乾隆四年(1739)真氏祠堂刊本。
③ 具体可参考笔者《祠堂本〈西山读书记〉的底本、校本与臆改》一文,载《北京大学中国古文献研究中心集刊》第二十五辑,第150—161页。

王泽洤《试帖百篇最豁解》考述

李刚刚 *

【内容提要】《试帖百篇最豁解》是清人王泽洤编选的一部专门服务广大士子参加科举考试的试律诗选本。该选本分上下两册,按韵编排,共选录试律诗101首:其中上册选录唐人试律40首,下册选录清人试律61首。《试帖百篇最豁解》虽是一部"以资场屋"的考试用书,但它具备较高的学术价值,主要体现在以下三点:一、该选本编选精审,注解详细,对每首诗逐字注解、逐句诠解、逐首批解,为后人研究、解读试律诗提供了重要参考价值;二、该选本的序言、凡例及诗歌后面所附评语是研究试律诗的珍贵材料,具有一定的诗学批评价值;三、其选录的61首清人试律诗,作者大多为当时名流,因其诗集大都不传于今,其试律诗颇赖该书以存,故选本还有重要的文献价值。

【关键词】 王泽洤 《试帖百篇最豁解》 科举 诗学批评 文献价值

《试帖百篇最豁解》(以下简称《最豁解》),清人王泽洤编选,是清代中后期传播最为广泛的试帖选本之一。王泽洤,字巨川,号归一居士,山东蓬莱人,生卒年不详,主要活跃于乾隆、嘉庆两朝。《(道光)重修蓬莱县志》卷九载其生平曰:"王泽洤,庠生,字巨川,秉性忠直,博涉经史,尤精诗学、韵学,兼通内典,著有《巨川诗稿》《唐诗最豁解》《四书正韵》。"[①]县志所载《唐诗最豁解》即《试帖百篇最豁解》。此外,王氏还有《雪里闲吟稿》《金刚般若波罗蜜经句解易知》《金刚经感应分类辑要》等著作。

试帖诗又名"试律诗",是科举考试中专门用以"遴选真才"的一种特殊诗歌体裁。唐代科举以诗赋取士,故试律诗在唐代极盛一时。郑谷诗"八韵与五字,俱为时所先"[②]就是说由于科举考试的指引,律赋和试律诗在唐代社会受到普遍的重视。宋神宗熙宁四年,王安石颁布新法,规定进士考试取消诗赋而代

---

* 本文作者为上海师范大学中国古代文学2021级博士研究生。
① 〔清〕王文焘修《重修蓬莱县志》卷九,道光十九年刻本。
② 〔唐〕郑谷著,严寿澂、黄明、赵昌平笺注《郑谷诗集笺注》卷二,上海:上海古籍出版社,2009年,第197页。

之以经义和时务策。此后直至清初,试律诗在科举考试中一度遭到冷落。乾隆二十二年(1757),朝廷突然恢复诗赋考试,规定在乡试及会试中增加五言八韵诗。试律诗随即引起人们的普遍关注,大量服务于科场的试律诗选本如雨后春笋般出现,著名者如纪昀《唐人试律说》、范文献《唐人试帖纂注》、赵曦明《唐人试帖雕云集》、谈苑《唐诗诗体分韵》、臧岳《应试唐诗类释》、朱琰《唐试律笺》、叶忱《唐诗应试备体》等,都产生于这一时代背景。王泽泩《试帖百篇最豁解》亦是在此背景下编选而成。

王氏终生未第,声名不彰,故该选本在后世鲜有人关注。孙琴安《唐诗选本六百种提要》称未见此书,并将其作者著录为王泽性,显然是因"泩""性"字形相近而致误。[1] 蒋寅《清诗话考》将此书列入待访书目之列。[2] 韩胜在《清代试帖诗选本的诗学意义》一文中罗列清代试律选本30余种,[3]搜罗广泛,但还是将王氏《最豁解》遗漏。笔者有幸访得此书,兹谨就该书的流传版本、选诗概况、学术价值、优点及不足等内容略作介绍,以企引起学界对该选本的垂注。

一、《试帖百篇最豁解》版本述略

《最豁解》的编者虽声名不彰,但这并不妨碍该选本在清代的流传。自清代中后期始,《最豁解》一直被广大考生奉为应对科举考试的枕中秘宝。在历经乾隆、嘉庆、道光、同治、光绪五朝一个世纪多的时间内,《最豁解》被不断地刊刻翻印,至今还能见到诸多版本,兹以表格形式将所能见到的版本信息罗列如下(表1):

表 1

年号	刊刻时间	刊刻单位	收藏单位
乾隆	二十四年	敦化堂	
	三十一年	文德堂	
	三十四年	大道堂	
	三十五年	扫叶山房	
	三十八年	东天成楼	
	四十一年	敦化堂	
	四十七年	尚友堂	
	五十三年	凌云斋	

---

[1] 孙琴安《唐诗选本六百种提要》,西安:陕西人民教育出版社,1987年,第443页。
[2] 蒋寅《清诗话考》,北京:中华书局,2005年,第165页。
[3] 韩胜《清代唐试帖诗选本的诗学意义》,《合肥师范学院学报》2008年第1期,第16—19页。

续表

年号	刊刻时间	刊刻单位	收藏单位
	五十三年	西山堂	洛阳市图书馆
	五十三年	有益堂	洛阳市图书馆
	五十九年	式文斋	洛阳市图书馆
嘉庆	元年	聚业堂	
	二年	集锦堂	
	九年	集锦堂	
	九年	成锦堂	
	十年	鸣凤楼	
	十三年	世德堂	洛阳师范学院图书馆
	十三年	文友堂	
	十五年	文义堂	唐河县图书馆
	十五年	长春堂	
	十六年	崇文堂	
	十八年	经纬堂	焦作市图书馆
	十九年	上洋江左书林	哈尔滨市图书馆、日本国会图书馆
	二十二年	绿荫堂	
	二十三年	文兴堂	
道光	二年	萃经堂	
	十年	敬文堂	
	十年	锦华堂	
	十八年	万元堂	
	二十一年	魁文堂	
	二十三年	崇德堂	河南辉县博物馆
	二十三年	同德堂	
	二十六年	崇茂堂	
同治	元年	三和堂	
	四年		新乡市图书馆
	十二年	成文堂	
	十三年	鲍乾元	焦作市图书馆

续表

年号	刊刻时间	刊刻单位	收藏单位
光绪	二年	裕兴堂	
	八年		天津师范大学图书馆
	十二年	聚盛堂	
	十七年	四和堂	

经调查发现,《最豁解》流传至今的版本多达40余种,其中还不包括一些钞本以及少数无法判断刊刻时间的版本。从时间看,在上表罗列的41种版本中,最早的是乾隆二十四年敦化堂刻本,最晚的是光绪十七年四和堂刻本。从地域讲,此书的刊刻单位几乎遍布大半个中国,如厦门文德堂、苏州扫叶山房、北京西山堂、金陵世德堂、成都大道堂、上海上洋江左书林、广州经纬堂等,一大批遍布大江南北的书坊争相刊刻此书,其最主要原因是该选本深受广大士子喜爱,市场需求大,有利可图。这也从侧面有力地证明了《最豁解》在清代影响大,流播广。

然而,需要注意的是,在上述诸版本中,绝大部分都是坊贾为了谋利而刻。当书商看到有利可图,为追求利益而一窝蜂地争相刊刻时,其结果必然导致刊刻质量的泥沙俱下、良莠不齐。上述诸版本大都印刷简陋,质量粗劣,文字模糊、缺漏、颠倒、讹误等情况时有出现。如扫叶山房本将《赋得江海出明珠》的作者宋光熊之"熊"字刻为"能",《人淡如菊》题下漏刻作者姓名;又如乾隆三十四年大道堂刻本今诗第一首"沈德潜"刻成"沈得潜","入觐缅和衷"之"和衷"刻成"利衷",第五十七首作者"张绍渠"漏刻"渠"字,唐诗第十七首"夭桃花正发,秾李蕊方繁"之"夭桃"刻成"天桃"等。这些看似细节性的问题不仅会对初学者造成阅读障碍,还会导致学术研究的失误。因此,面对如此众多的粗劣版本,研究者需要擦亮眼睛,认真辨别。进行相关研究时,要尽可能多地去搜罗不同版本,通过比勘发现各版本间的递承关系,并从中找到相对精良的本子进行研究。

二、《试帖百篇最豁解》选诗概况

在清代诸多试律选本中,大多选家只是将目光囿于唐代,只在唐代流传下来的近500首试律诗中进行挑选。王氏编《最豁解》并没有因袭旧规,而是根据清代科举考试的实际情况,采用了古今兼选的全新模式:既选唐人试律(古),又选清人试律(今)。正如其好友李数峰为该书所作序文称:"聚古今试律数千篇,依上下平三十韵,约之又约,精选百首。"①王氏在上千首古今试律诗中精挑细选,从中选取101首,其中唐人试律40首,清人试律61首,分为二册,上册选唐诗,下册选清诗,按韵次排列。兹以表格形式将所选诗人、作品名称等罗列如下(表2):

表 2-1 唐人试律选录表

序号	诗人	选诗
1	张　乔	《月中桂》
2	李体仁	《飞鸿响远音》
3	焦　郁	《白云向空尽》
4	李　华	《尚书都堂瓦松》
5	陆龟蒙	《〈奉和皮袭美忆洞庭观步〉次韵》
6	贾　岛	《黄鹄下太液池》
7	蒋　防	《秋月悬清辉》
8	白行简	《李陵重阳日得苏武书》
9	耿　湋	《骊珠》
10	温庭筠	《原隰荑绿柳》
11	喻　凫	《夜雨滴空阶》
12	丁仙芝	《越裳献白雉》
13	张　濯	《迎春东郊》
14	杜荀鹤	《御沟新柳》
15	郑　谷	《春草碧色》
16	令狐楚	《青云干吕》
17	李商隐	《桃李无言》
18	姚　康	《早春残雪》
19	郑　谷	《残月如新月》
20	张仲素	《缑山鹤》
21	刘公兴	《望凌烟阁》
22	郭　求	《日暖万年枝》
23	刘得仁	《目极千里》

---

① 〔清〕王泽洼编《试帖百篇最豁解》,乾隆三十四年大道堂刻本。

续表

序号	诗人	选诗
24	舒元舆	《风不鸣条》
25	杜 甫	《陪诸公上白帝城头宴越公堂之作》
26	高 适	《送柴司户充刘卿判官之岭外》
27	王 丘	《奉和圣制答张说扈从南出雀鼠谷》
28	赵存幼	《鸟散余花落》
29	王若岩	《越裳献白雉》
30	张良器	《河出荣光》
31	卢 纶	《清如玉壶冰》
32	童汉卿	《〈昆明池织女石〉得明字》
33	钱 起	《湘灵鼓瑟》
34	元 稹	《河鲤登龙门》
35	王损之	《浊水求珠》
36	王 表	《花发上林》
37	张九龄	《和许给事夜直简诸公》
38	岑 参	《〈六月三十日水亭送华阴王少府还县〉得潭字》
39	康翊仁	《鲛人潜织》
40	韦 庄	《李氏小池亭》

分析表格可知,选录的 40 首唐人作品不全是试律诗,其中还夹杂着几首五言排律,如第 5、25、26、27 等。王氏将这几首非试律诗选录在内,其中原因他在凡例中亦有所交代:"集中所载亦有非试律者,然皆可为试律准绳,故并登以资后学,非敢滥入也。"① 由此可知,王氏之所以将这几首非试律诗选入集中,一方面是因为它们在体制上都满足试律诗的要求,同样可作为试律范文供后学研习;另一方面是因为这几首诗在质量上皆属上乘,如王氏评价陆龟蒙诗:"古雅苍秀,次枯韵,更极自然,所谓因难见巧也。"② 评价杜甫诗:"词则精工老健,情则感慨淋漓。"③ 评价王丘诗:"高华典赡,应制当家。"④ 从这些评语不难看出,王氏对它们评价颇高。从上千首诗中选取百首,这样的标准近乎严苛,每首诗

---

① 〔清〕王泽泩编《试帖百篇最豁解》,乾隆二十四年敦化堂刻本。
② 〔清〕王泽泩编《试帖百篇最豁解》,乾隆三十四年大道堂刻本。
③ 〔清〕王泽泩编《试帖百篇最豁解》,乾隆三十四年大道堂刻本。
④ 〔清〕王泽泩编《试帖百篇最豁解》,乾隆三十四年大道堂刻本。

的取舍都是王氏深思熟虑后的抉择。王氏宁可打破体例,也要将这几首排律选录在内,就是因为不敢滥入也。

选录的40首唐人试律,以五言六韵为主,而杂以五言八韵,此外还选录了一首韦庄的十二韵排律《李氏小池亭》。这也是编者的匠心所在,王氏在此诗之后解释道:

> 凡长排,与六韵、八韵可就八股篇法论者不同,其法总于起承之后,转合之前。就八句中间,一解一解排进去,只要次第安放得好,一气相生,与起、结贯穿,由十韵、二十韵以至百韵,其法皆同。是集原为应试而设,止于六韵、八韵,长篇均未及选,偶录一首,以存规则,学者类推,无佳不宜矣。①

王氏认为,长篇排律与六韵、八韵的试律诗作法有所不同。创作试律诗只需考虑起承转合,而创作长篇排律除了起承转合,还要考虑中间每一解的次第排列问题。解与解之间既要安放妥帖,又要气脉贯通,最后与起、结相连,一气贯注,使全诗仿佛成为一件无缝天衣。王氏选录《李氏小池亭》,就是想以此诗为例来阐明长篇排律的创作方法与规则。初学者以此类推,一旦开悟,不管是创作试律还是长律,皆可得心应手,左右逢源。

表 2—2 清人试律选录表

序号	诗人	选诗
1	沈德潜	《〈赋得因风想玉珂〉得风字》
2	余 栋	《赋得更辟四门聪》
3	吴玉镕	《窗中列远岫》
4	钱大昕	《〈赋得指佞草〉限忠字》
5	蒋 溥	《〈赋得王道荡荡〉得同字》
6	陈 朗	《〈楼观沧海日〉限东字》
7	庄培因	《〈夏云多奇峰〉得峰字》
8	徐维纶	《赋得制钟无声》
9	沈志祖	《〈秋日悬清光〉得江字》
10	王 昶	《赋得鸿渐于陆》
11	高士奇	《雪中直南书房恭纪》
12	赵 翼	《赋得红药当阶翻》

---

① 〔清〕王泽泩编《试帖百篇最豁解》,乾隆三十四年大道堂刻本。

续表

序号	诗人	选诗
13	吴 濋	《人淡如菊》
14	汪由敦	《赋得疏雨滴梧桐》
15	裘日修	《雨馀看柳重》
16	朱若东	《马惜锦障泥》
17	金 甡	《被褐怀玉》
18	孙 勷	《〈红药当阶翻〉得阶字》
19	邹一桂	《赋得熏风自南来》
20	谢 墉	《〈赋得披沙拣金〉限真字》
21	戈 涛	《〈赋得新莺隐叶啭〉得新字》
22	李 材	《〈日暖万年枝〉限春字》
23	王士禛	《圣驾幸东鲁恭纪》
24	邵嗣宗	《苔石疑文字》
25	金 甡	《醴泉无源》
26	李因培	《〈赋得平秩南讹〉限官字》
27	宋 弼	《悠然见南山》
28	时钧辙	《赋得千潭一月印》
29	葛 枚	《〈风泉韵绕幽林竹〉得泉字》
30	蔡以台	《〈赋得循名责实〉得由字》
31	李 林	《赋得循名责实》
32	钱大主考程	《〈赋得月印万川〉限川字》
33	周肃文	《〈赋得秋水长天一色〉得天字》
34	宋光熊	《〈赋得江海出明珠〉得圆字》
35	王 擅	《江海出明珠》
36	金 甡	《焦桐人听》
37	达麟图	《赋得灯缘起草挑》
38	戈 涛	《〈绕屋树扶疏〉限交字》
39	宋 弼	《握金镜》
40	朱佩莲	《赋得山川出云》
41	程梦元	《日高花影重》

续表

序号	诗人	选诗
42	高 珩	《上御经筵应制》
43	任锐锡	《〈赋得白露为霜〉得霜字》
44	李家麟	《〈赋得海上生明月〉得光字》
45	庄 柱	《赋得春秋多佳日》
46	王安国	《新晴锦绣文》
47	庄培因	《赋得粳香等炊玉》
48	宋 至	《恭赋御制遥亭先得月》
49	程景伊	《秋澄万景清》
50	边方晋	《〈赋得秋日悬清光〉得清字》
51	路一清	《风定一池星》
52	周人麒	《农乃登麦》
53	赵元魁	《云霞出海曙》
54	陈本敬	《〈秋风生桂枝〉得秋字》
55	曹 坦	《〈赋得明月照高楼〉限秋字》
56	孟超然	《〈赋得山水含清晖〉限秋字》
57	张绍渠	《赋得至人心镜》
58	傅永绋	《野含时雨润》
59	金 甡	《〈蚁穿九曲珠〉限蚕字》
60	陈桂洲	《入帘残月影》
61	沈德潜	《赋得春蚕作茧》

据此表可知，下册共收录54名清代诗人的61首试律作品，其中金甡4首，沈德潜、戈涛、庄培因、宋弼各2首，其余每人1首。金甡是乾隆七年(1742)壬戌科状元，选他最多，主要用意是反映其试律创作的整体特征与风貌。考察这54名诗人的出身背景，除宋光熊、王擅、路一清等少数不能确定外，其余皆为进士出身，其中金甡、庄培因、蔡一台三人还分别以状元身份及第。这些人能在竞争激烈的科举考试中脱颖而出，与他们长于试律诗创作密切相关。王泽浤将这些中第者的科场佳篇搜集汇编，以此作为青年士子学习临摹的范本，这比只学习唐人试帖具有更为有效的现实指导意义。在入选的61首作品中，除第60首《入帘残月影》为五言六韵外，其余60首皆为五言八韵。此外，从入选作品题目看，编者收录了一些不同作者的同题之作，如赵翼与孙勷的《赋得红药当

阶翻》,沈志祖与边方晋的《赋得秋日悬清光》等,通过对比能更好地反映不同作者处理同题的个性差异及试律诗在创作方面的共性。

三、《试帖百篇最豁解》的学术价值

《最豁解》虽然只是一部以资场屋的考试用书,但它具有不可低估的学术价值。其学术价值主要体现在文献价值和诗学批评价值两方面。

(一)珍贵的文献价值

第一,保存文献的价值。在入选的54名清代诗人中,大多数诗人的诗集均已亡佚,如路一清、傅永绰、张绍渠等,他们的试律诗大都赖此集得以保存。即使有诗集传世,也大都是本人去世后,由后人整理汇编,其试律诗大都不见于本集,如李因培的《鹤峰诗钞》、庄培因的《虚一斋集》等。这些清代名流的及第之作大都赖此集得以保存。

此外,笔者还意外地从《最豁解》中打捞起两首李因培写给王氏的《留别诗》,此二诗迄今尚无人发现。李因培(1717—1767),字其材,号鹤峰,云南晋宁人。乾隆十年(1745)进士,晋翰林学士,选庶吉士,授编修,《清史稿》为其单独列传。李因培曾两度出任山东学政,在督学山东期间,李氏对王泽泩礼遇有加,故王氏在刊刻《最豁解》时为了报答李因培的知遇之恩,特意将李因培二诗附诸简端。二诗确为李氏诗歌的沧海遗珠,但因不曾收录于《鹤峰诗钞》及《国朝滇南诗略》二集,故至今不为人所知。兹将二诗移录如下:

> 其一
> 国小愍黄旧,风寒渤澥深。明珠无匿影,白雪有遗音。
> 短念诸生褐,清原使者心。太平需黼黻,岂合老青衿。
> 其二
> 仙阁题襟共,元亨问字勤。依依怀玉汝,漠漠看空群。
> 学仿朝宗水,身同出岫云。师资良不远,千古有奇文。①

此二首留别之作皆为五律,情感深沉而不流于悲伤,表现了李氏对青年学子的殷切希望与深情厚谊。在艺术上,二诗对仗工稳,用典精当,格律谨严,具有较高的艺术价值。这虽算不上李氏的代表作,但对考察其生平行实、思想情感、仕宦交游,确有一定的参考价值,值得珍视。

第二,文字校勘价值。《最豁解》中选录的沈德潜、钱大昕、赵翼等人的试

---

① 〔清〕王泽泩编《试帖百篇最豁解》,乾隆三十四年大道堂刻本。

律诗与他们文集中所收的同题之作在文字上存在较大差异,通过对比可发现不同版本间的优劣。如沈德潜《赋得因风想玉珂》"遥遥漏箭中"句,"漏箭"二字在《归愚诗钞》作"银箭"。"漏箭"与"银箭"何者更优?需要把二者放进诗句中进行评判。"隐隐梧垣外,遥遥漏箭中。"①如果单从对仗上考虑,二者皆可;但从声律上考虑,则"漏箭"更佳。因为"隐隐梧垣外"的平仄是"仄仄平平仄",根据律诗的粘对规则,对句的平仄应该是"平平仄仄平"。"梧"与"漏"平仄相对,而"梧"与"银"皆为平声,不满足平仄要求。试律诗对声律的要求极其严苛,沈德潜作为乾嘉诗坛上的射雕手,应该不会在创作中犯此大忌。通过对比发现,《最豁解》中所收沈诗在文字上更优,可为《归愚诗钞》提供校勘价值。同样,这种校勘价值也适用于赵翼、钱大昕等人的别集。

第三,《最豁解》中收录的试帖诗更接近文献的原始状态。除了个别字词的差异,《最豁解》所录诗歌版本与别的版本在句子乃至整体上都存在着巨大差异。诗句的差异如金甡的《被褐怀玉》第六联,纪昀《庚辰集》本作"珠宁凭椟卖?金且任沙埋",②《最豁解》作"潜渊珠采隐,封匣镜光埋"。③整首诗的差异如钱大昕的《赋得指佞草》、赵翼的《赋得红药当阶翻》等。兹以赵翼《赋得红药当阶翻》的两种版本为例,试对比如下:

> 省垣膏露渥,红药灿前除。色应朱明节,名参《素问》书。
> 翩翩依砌近,旖旎殿春馀。送影移雕槛,流光漾绮疏。
> 将离仍乍返,非谑亦相于。墀讶丹府染,泥嫌紫不如。
> 醉痕风力后,艳彩日华初。恰比阶实瑞,霏香旁帝居。《最豁解》

> 薇省韶华丽,名葩灿玉除。地当承露处,花是殿春馀。
> 映日敷红艳,因风动绮疏。影摇青琐闼,光映紫泥书。
> 非谑偏如赠,将离若故徐。过砖阴不定,傅粉画难如。
> 清切仙墀内,舒长昼漏初。纶扉方视草,恰对五花舒。④《赵翼诗集》

对比发现,二诗虽是一人的同题之作,但除个别字词相同外,其余大部分都不相同,完全可将其看作两首不同的诗。为何同一首诗的不同版本会出现如此大的差异呢?很显然,这种差异不是由刊刻或传抄过程中的失误而致,而是跟诗人后期的改写或补写有关。试律诗是诗人在科场的紧张状态下所作,考试结束后就会立即上交。心理测试表明:人在紧张状态下,对自己说过的话,写

---

① 〔清〕王泽泩编《试帖百篇最豁解》,乾隆三十四年大道堂刻本。
② 〔清〕纪昀著,刘金柱、杨钧主编《纪晓岚全集》,郑州:大象出版社,2019年,第131页。
③ 〔清〕王泽泩编《试帖百篇最豁解》,乾隆三十四年大道堂刻本。
④ 〔清〕赵翼著,华夫主编《赵翼诗集编年全集》,天津:天津古籍出版社,1996年,第314页。

过的东西是不易记住的。同样的心理,诗人在科场高度的紧张状态下所作的试律诗,等下考场后记得也不会很清晰。如果不及时记录,随着时间的推移,在记忆中剩下的可能只有一些模糊的字词碎片。待诗人整理诗集时,会根据这些记忆碎片进行补写或改写,这自然会导致一首诗在两种状态下的巨大差异。王泽汯在编纂《最豁解》前,进行了大规模的文献搜集工作,所谓"聚古今试律诗数千篇"是也。就文献的时间先后言,《最豁解》所能见到的最早版本是乾隆二十四年刻本,赵翼诗集最早的版本是嘉庆时期的湛贻堂、寿考堂刻本,时间远在《最豁解》之后。由此可知,《最豁解》中保存的试帖诗更为原始,更接近作者科场创作的原貌。

(二)诗学批评价值

《最豁解》作为选本,其本身就是一种重要的诗学批评形式,它对所选试律诗的传播与经典化起了十分重要的推动作用。此外,《最豁解》中王泽汯的自序、凡例以及诗歌后所附的评论性文字同样具有重要的诗学批评价值。这些文字都是研究清代诗学批评不可或缺的珍贵史料,值得珍视。

其一,《试帖百篇最豁集序》的诗学批评价值。在《最豁解》的众多版本中,大都省略了王氏序文,只有乾隆二十四年敦化堂刻本堪称善本,完整地保留了王氏序文。因该序文不易见得,兹将全文移录如下。

> 昔人云:"善读文者如练兵,贵精而不贵多。"愚以为文诚应而,诗亦宜然。每见选诗者多则累万,少亦数千,卷帙浩烦,既苦难购,妍媸杂列,亦虞易淆。况注之不详,批之不细,窍妙弗明,虽多读,奚益也?愚惩是弊,爰聚唐贤、今人试律数千首,悉心抉择,博中求约,精选百篇,以为试鹄。所收虽不一格,总以拔俗为归。务叶清庙名堂,无取郊寒岛瘦。共计国朝六十章,所以尊乎时尚;唐律四十首,所以溯乎渊源。内分六韵廿篇,所以备小试之用;八韵四倍,所以为乡试之资。注之加详,无不释之典故;批之务细,无不剖之精微。即宿儒明师,终身莫能越;虽初吟晚学,一览亦能了然,故名之曰"最豁"也。今古期于咸宜,高下要在共赏,篇虽止百,用可当千。学者但将百篇讲究透彻,省出功夫博览典籍,法明而材裕,则所作自能过人。盖读诗不过学其法律,领其神味耳!至诗之所以为诗,才情本诸灵府,学问贯乎群书,固不专赖乎诗,亦何取乎多诵?故曰诗犹酒也,典故犹貐米也,无貐米作不出醇酿之酒,无典故作不出典雅之诗,其理一也。苟不知省出功夫用以博古,而徒向冗长部头,将庸俗诗篇贪多广读,其不遗恨于空消时日,枉费精神者,几稀矣!是为序。乾隆己卯蒲月归一居士

王泽泩巨川题。①

序文是王氏对选本所作的整体性说明，主要交代自己的诗学主张、编纂动机、选诗内容、书名由来等问题。这些提纲挈领性的文字，不仅是了解此书的关键，更是研究清代诗学理论、诗学批评的重要材料。比如王氏以"麫米"作喻，讨论典故和诗歌的关系，此说就颇为新奇。再如，王氏提出的学诗之法，至今仍不过时，对今人学习古体诗创作仍有现实指导意义。因此，这些材料应该被充分挖掘，从而更好地丰富和完善有清一代的诗学理论。

其二，凡例的诗学批评价值。《最豁解》之所以被广大士子奉为"枕中密宝"，除选本自身优点外，还与王氏总结的创作经验和方法密切相关。王氏在凡例中对试律诗的创作方法进行了较为全面的总结，如其所述："凡有关试律，虽人所秘惜之诀，无不备载解中。"②王氏所言并非夸张之语，兹举数条如下。

一二句名起联，即八股之破题也。或明破题字，或暗破题意，或顺破，或倒破，或对破，或散破，或首句题前引起，次句破题本位。要如开门见山，突兀峥嵘；或如闲云出面，轻逸自在。《篇法》

或上二下三，或上三下二，或上四下一。前用何样句法，后文必须变换。又前联腰字用死，则后联腰字宜活。上联脚字用虚，则下联脚字宜实。总之两联最忌一律。《句法》

腐字要新用，生字要熟用，虚字要实用，死字要活用，俗字要雅用。诗贵炼字，如传神点睛。一身灵动，在于两瞳；通章精采，生于一字。《字法》

有限字者，即将所限之字押入韵脚。如无限字，就题中择一平字为韵，所以示不敢专也。诗中亦必明出其字。《用韵》

又曰：荣遇之诗，其气象须富贵尊严，其风规须典雅温厚，其思致须殷勤忠谨，其词采须藻丽清新，试律亦然。《要语》

立意要高古浑厚，有气概，贵沉着，忌卑弱浅陋。炼句贵雄伟清健，有金石声。琢对要宁粗勿弱……写景要景中含意……写意要意中寓景……书事要大而国事，小而家事……用事要陈古讽今，因彼证此……下字或在喉，或在腰，或在足……押韵要稳健，则一句有精神……音节要下实字响……《作诗准绳》

歌曰：气骨要雄壮，血脉要动荡。语句要条畅，韵脚要稳当。字字要活相，篇篇要响亮。古今称绝唱，不脱此模样。《诗法口诀》③

---

① 〔清〕王泽泩编《试帖百篇最豁解》，乾隆二十四年敦化堂刻本。
② 〔清〕王泽泩编《试帖百篇最豁解》，乾隆二十四年敦化堂刻本。
③ 〔清〕王泽泩编《试帖百篇最豁解》，乾隆二十四年敦化堂刻本。

在凡例中，王氏分别从篇法、句法、字法、用韵、要语、作诗准绳、诗法口诀等方面对试律诗创作经验进行了系统总结。每一点都可谓事无巨细，面面俱到。王氏总结的方法和经验几乎囊括了试律诗创作的方方面面，具有很强的指导性和操作性。只要掌握此法，人人都可创作出优秀的试律诗，正如王氏所言："学者能信受此法，不但易作，抑且易佳。"上述所举只是凡例中的一小部分，限于篇幅，不能一一列举。这些文字作为研究试律诗乃至清代诗学的重要材料，具有重要的诗学批评价值，亟待深入研究。

其三，诗歌所附评语的诗学批评价值。王氏于选诗之后，大都附有一段评论文字。这些评语渊雅得体、简洁灵动，深得试律诗的创作精髓，同样具有重要的诗学批评价值。古诗部分如评白行简《李陵重阳日得苏武书》："笔笔步虚，故旋转如飞，绝不见留行之迹。及细寻其脉络，则又丝丝入扣，洵是国手奇能。"[①] 评郑谷《春草碧色》："刻画'碧'字，句句新颖。笔力可穿七札，心思能上九天。常诵此诗，下笔再不肤庸。"[②] 评刘得仁《目极千里》："逞刻画之奇思，吐峥嵘之高论。小心细切，神貌具传。鸿朗激昂，光芒四射，无一意一词不与题情妙会也。"[③] 今诗部分如评陈本敬《秋风生桂枝》："不呆写秋风，亦不呆写桂枝，处处风桂，双关作法既合，而措辞蕴藉风流，亦有雅人深致。"[④] 评周人麒《农乃登麦》："端庄杂流利，足为雅制，而布置有序，首位贯通，尤合试律篇法。"[⑤] 评蒋溥《赋得王道荡荡》曰："铺叙有条，揄扬尽致，而词更典雅风华，以程多士，复何间然？"[⑥]

在大多研究者看来，试律诗形式死板，内容空虚，严重束缚诗人思想情感的抒发。正如汪小洋在《科举文体研究》一书中对清代试律诗弊端的概括："寻题太密，用意太细，如作八股文那样，缺乏诗歌的跳跃性，缺乏生动形象之致。"[⑦] 程千帆在《唐代进士行卷与文学》一书论及唐代科举对文学的影响时，甚至提出："就省试诗、赋这方面说，它带来的影响是坏的，是起着促退作用的。"[⑧] 和其他诗歌类型相比，试律诗的确存在诸种弊端，但程先生为了突出行卷在科举中的作用而武断地将省试诗、赋的作用一笔抹杀，这绝非持平之论。

从上述评语不难看出，王氏从不同角度对所选试律作品给予颇高评价。他认为优秀的试律作品在艺术上同样具备手法虚实相间、刻画新颖奇特、用词

---

① 〔清〕王泽泩编《试帖百篇最豁解》，乾隆三十四年大道堂刻本。
② 〔清〕王泽泩编《试帖百篇最豁解》，乾隆三十四年大道堂刻本。
③ 〔清〕王泽泩编《试帖百篇最豁解》，乾隆三十四年大道堂刻本。
④ 〔清〕王泽泩编《试帖百篇最豁解》，乾隆三十四年大道堂刻本。
⑤ 〔清〕王泽泩编《试帖百篇最豁解》，乾隆三十四年大道堂刻本。
⑥ 〔清〕王泽泩编《试帖百篇最豁解》，乾隆三十四年大道堂刻本。
⑦ 汪小洋、孔庆茂《科举文体研究》，天津：天津古籍出版社，2005年，第137页。
⑧ 程千帆《唐代进士行卷与文学》，上海：上海古籍出版社，1980年，第55—56页。

蕴藉典雅、布局有条不紊、议论峥嵘透彻等优点。《最豁解》选录的试律诗,不论是唐代还是清代,都因占有上述数条优点才脱颖而出。王氏的评语对后世全面客观认识试律诗提供了依据,其对试律诗的评价不应被忽略。

四、《试帖百篇最豁解》的优点与不足

在清中叶之后的百余年时间里,《最豁解》一直被广大举子奉为科举考试的"枕中秘宝",它能被广泛接受认可,最根本原因是其自身同时具备其他选本所不具备的优点。

第一,编选精审,体量适中。唐代试律诗主要保存在《文苑英华》中。据清人商衍鎏统计,《文苑英华》收录的试律诗有458首。后彭国忠编《唐代试律诗》,据他统计,流传至今的唐人试律诗有500首左右。彭氏在商氏的基础上进一步搜罗,结果虽不精确,但大体上能反映唐代试律诗的存世状况。王氏从近500首唐人试律诗中选取40首,又从上千首清人试律诗中选取61首,这样的选取比例可谓是精益求精。而101首的体量又大小适中,非常适合初学者研读。古人云:"善读文者如练兵,贵精而不贵多。"[①]对于初学者而言,读诗不必贪多求广,只须将此集反复涵咏,用心揣摩,试律诗的奥妙自可得其环中。正如李数峰在小序中称"熟读《百篇最豁解》,不会吟诗便会吟"是也。

第二,按韵编排。清编唐人试律选本的编排体例不一,主要有:按内容分类编排者,如臧岳《应试唐诗类释》,苏宁亭《应试唐诗说详》;按作家时代顺序编排者,如范文献《唐人试帖纂注》;有按试律韵数多寡编排者,如赵曦明《唐人试帖雕云集》;有按皇帝庙号次序编排,如朱琰的《唐试律笺》按照玄宗、肃宗、代宗等庙号次序编排。这几种编排体例虽各有特色,但不具针对性。王氏编《最豁解》时,为了方便广大学子记韵的需要,将韵书的编排体例移入选本,特意按清代官方指定韵书《佩文韵府》中上平部顺序,依次排列。按韵编排,读起来朗朗上口,不仅方便记诵声韵,也有助于熟悉试律诗的押韵。显然,按韵编排更能满足广大学子的应试需要。

第三,注解详细。王氏对101首试帖诗进行了全面细致的注解,包括诗题、字、词、句、结构,可谓面面俱到,细致入微。李数峰在序言中称:"逐字注解,逐句诠解,逐首批解,即钝根人读之,亦心空眼豁。"[②]此洵非夸张语。例如其对郑谷《春草碧色》的注释,释题目曰:"江淹《别赋》,此咏春草之色,其碧绿异常也。"释首句"苌弘血染新"曰:"先破碧色,周杀苌弘,血化为碧。"释"含露

---

① 〔清〕王泽泩编《试帖百篇最豁解》,乾隆二十四年敦化堂刻本。
② 〔清〕王泽泩编《试帖百篇最豁解》,乾隆三十四年大道堂刻本。

满江滨"曰："后破春草，江边多草是倒破法，亦暗破法。"释"想得寻花径"曰："暗承春草，径旁有草。"释"应迷拾翠人"曰："暗承碧色，料想寻花之径草色皆碧，与翠相混，应当迷拾翠之人。杜甫'佳人拾翠春相问'。"释"窗纱横映砌"曰："窗纱色碧，横映乎砌畔之草，正见草色之碧。李白诗'碧纱如烟隔窗语'。"释"袍袖半遮茵"曰："袍袖碧色半遮乎？如茵之草，正见草色之碧，提比贴碧字，引入刻隽。唐举子着青袍，碧即深青色也。杜牧诗'暖云如粉草如茵'。"释"天借新晴色"曰："天曰碧落，于天则假借其新晴之色，新晴之天。碧草色之碧，亦如之。"释"云饶落日春"曰："古诗'日暮碧云合'，于云则饶多乎！落日之春，落日之云，碧草色之碧亦如之。中比正写碧字，思入无际。"释"岚光垂处合"曰："岚由气，诗回环列碧岚，岚光色碧，垂处有草与之相合，则草色之碧可知。"释"眉黛看诗颦"曰："古妇人以青黛画眉，眉黛色碧，看时见草色而颦蹙，则草色之碧可知。后比推广'碧'字，愈刻愈妍。"释"愿与仙桃比，无令惹陆尘"曰："尹喜传，老子西游省王母，共食碧桃。言此草愿与结，尾比已欲登廊庙，无令沉沦，而桃从草来，仙根碧来，路亦切草，正喻双关，字字有情。"王氏借用"八股之法"解析作品，所谓"八股之法"，简言之曰"起承转合"，细言之可分为破题、承题、起讲、提比、中比、后比、尾比。每联对应一个部分，而每一部分都有不同的写作要求。王氏结合具体作品，按照这样的方法对每首诗进行解析。如此详细的注解，即使慧根愚钝之人，读了之后也会心明眼豁。

第四，古今兼选。清代的试律选本很多，大部分都是唐人试律选本，也有一部分专选清人试律，如纪昀《庚辰集》。像《最豁解》这样古今兼选的选本可谓屈指可数。王氏这种打破时代壁垒，古今兼选的做法实则别具匠心。唐、清两代虽然都考试律，然在具体的考试规则上却有所不同。在韵数上，清代试律必须为五言八韵，而唐代大多为六韵，也可增至八韵，有时候也用四韵或两韵；在内容上，清代试律诗规定严苛，结尾部分必须有颂圣之辞，而唐人试律可用写景、咏物、抒情作结，甚至还可以发议论，对最后的颂圣之辞没有必然要求，如钱起的试律《湘灵鼓瑟》，以"曲终人不见，江上数峰青"结尾，历来为人称道；在韵脚上，清代试律限制严格，而唐人试律有时限韵脚，有时不限；在韵律上，清人律严，唐人律疏。总之，清代的试律规则比唐代严格，创作难度也更大。因此，如果只是一味地学习唐人试律，在科考中很难达到理想效果。这就好比以英语四级的水平参加六级考试，其结果肯定是不能尽如人意。为了弥补这种弊端，王氏在选唐人试律的同时也兼顾清代科举中第者的优秀之作。这样的体例安排是科学的、合理的，既可以学习唐人试律的辞采与技法，又可学习清人试律的规则与要求，对广大举子更具针对性的指导意义。

《最豁解》具备的优点使它在有清一代得以广泛传播，但这并不能掩盖其自身存在的不足。《最豁解》的不足主要表现在以下几个方面：

第一，选本实收作品数量与目录后编者统计之数不合。王氏称："共计唐诗四十首，今诗六十首。"但今诗部分实则选录作品61首。这可能是由于编者疏忽而致误。

第二，清代科举考试规定以五言八韵考试标准，王氏为了凑五言八韵诗，除了拿八韵的应制、应和诗凑数外，有的甚至直接将十韵的排律截去两韵，凑成八韵，如第五首陆龟蒙《和皮袭美忆洞庭观步》本是一首十韵排律，王氏将"已甘三秀味，谁念百牢腔。远棹投何处，残阳到几窗"①一解拦腰截去，凑成一首五言八韵诗。这种削足适履的选诗行径有违律诗的起承转合之法，不仅无益反而有害。

第三，王氏评论诗歌，有时会使用一些套语，例如评高士奇《雪中直南书房恭纪》曰："不呆赋雪，处处映南书房着笔。"②评宋弼《悠然见南山》曰："不呆写南山，并不呆写见南山，处处得悠然之神。"③评宋弼《握金镜》曰："不呆写金镜，并不呆写握字，笔笔正喻。"④评陈本敬《秋风生桂枝》曰："不呆写秋风，亦不呆写桂枝，处处风桂。"⑤多次使用这种套话不仅会影响整体的评论质量，还会使读者产生审美疲劳。总之，《最豁解》中的这些小弊病是瑕不掩瑜的，并不会降低该书的学术价值。

结　语

《试帖百篇最豁解》作为清代学子应对科举考试的枕中秘宝，在清代中后期一个多世纪的应试教育中风行一时。从这个意义上讲，《最豁解》的价值和功用已经不仅仅局限在作为一部"举业之正宗，功名之捷径"的考试指导用书，更体现在它作为一种公共教育文化资源，在广大学子的记忆深处发挥了构建共同文化意识与认同感的巨大作用。《试帖百篇最豁解》是一部值得深入研究的清代试帖选本。对其展开研究，不仅有助于丰富完善清人的诗学批评理论，对今人学习古体诗创作也具有一定的指导和启示意义。

---

① 〔唐〕陆龟蒙、皮日休撰，王锡九校注《松陵集校注》，北京：中华书局，2018年，第1061页。
② 〔清〕王泽泩编《试帖百篇最豁解》，乾隆三十四年大道堂刻本。
③ 〔清〕王泽泩编《试帖百篇最豁解》，乾隆三十四年大道堂刻本。
④ 〔清〕王泽泩编《试帖百篇最豁解》，乾隆三十四年大道堂刻本。
⑤ 〔清〕王泽泩编《试帖百篇最豁解》，乾隆三十四年大道堂刻本。

《元史艺文志辑本》"释家类"著录及引书辨正

赵 暾*

【内容提要】 元人著述颇多,然几已散佚无闻。《元史》本无艺文志,清代钱大昕所撰《元史艺文志》、卢文弨所编《补辽金元艺文志》、金门诏所纂《补三史艺文志》、吴骞所辑《四朝经籍志补》四书旁蒐补辑,辑补元代典籍用力尤深,著录元人著述颇巨,向为治元代文史者所重。钱、卢、金三《志》又被称为清三家补《元史艺文志》,其中,尤以钱《志》为优,然亦不乏阙谬。近人雒竹筠、李新乾所编《元史艺文志辑本》一书匡正了钱《志》误载僧人别号、佛经卷目等问题,价值尤为突出。然由于元代无官方典籍目录,加之年代久远,学者在撰集补志过程中难免有所疏漏。《辑本》著录的元代释家类著述及引书信息有个别疏误,具体包括误载人名、误著地名、误记经名、误录僧官名、误收明代释家类书目等。

【关键词】 元史 艺文志 辑本 释家类 引书

元代著述,因不著录于官修正史,故而长时间不为研究者所知。直到清代,考据之学大兴,学者纷纷致力于辑补前代典籍。其中,尤以补元代典籍用力最深。《元史艺文志》的通行本有三种,首即清人钱大昕所撰《元史艺文志》(下称钱《志》);次即题清人倪灿、卢文弨所编《补辽金元艺文志》。王重民先生已考证《补辽金元艺文志》非倪灿所编,倪氏仅撰《明史艺文志序》,而未撰《明艺文志》,云为倪灿编者,乃卢氏误传所致;[①]再次为金门诏所撰《补三史艺文志》,该志异于钱、卢二《志》,有意补钱《志》之不足。另外,清代还有吴骞所辑《四朝经籍志补》,对元人著述亦有所著录。

上述四种清人所补撰的元代艺文、经籍志,均著录了大量元人著述,多数久已散失的元代典籍赖此四《志》重见于世。而综合四《志》的长短优劣,补元代著述最优者,首推钱《志》。钱、卢、金三《志》因此也被学者称为"清代三家补《元史艺文志》(下称三家《志》)"。三家《志》作者皆为清人,无缘得见元人著作

---

* 本文作者为延安大学文学与新闻传播学院讲师。
① 详见王重民《中国目录学丛考》,北京:中华书局,1984年,第209页。

之貌,著录不免有所疏误。当代学者或辨正三家《志》四部著录之失当,[①]或揭示三家《志》目录版本之价值,[②]或探析三家《志》分类方法之创新。[③] 凡所应涉,几无不及。20世纪末,雒竹筠遗稿、李新乾编补的《元史艺文志辑本》(下称《辑本》)一书问世,元代典籍的规模才基本定型。《辑本》立足钱《志》,匡正了后者误载僧人别号、佛经卷目等问题。然而,千虑一失,《辑本》也未能完全避免著录条目之时出现的疏误。本文拟将《辑本》所录条目有阙误者,依次列举,并分类辨正,以求就教于方家。

一

《辑本》释家类条目有误载人名之例。《辑本》子部十一"释家类"载《毗卢大藏经》,有延祐二年建阳后山报恩万寿堂陈党林编校刊本。[④]《辑本》所言"陈党林",当为陈觉林,盖"党"与"觉"字形相近致误。元刻《毗卢藏》卷首有题记云:

> 福建道建宁路建阳县后山报恩万寿堂嗣教陈觉琳,恭为今上皇帝祝延圣寿万安,文武官僚同资禄位,募众雕刊毗卢大藏经板,流通读诵者。
> 延祐二年(1315)月日谨题[⑤]

元刻《毗卢藏》的主要劝募人是白莲教众。其中主要的负责人是在福建劝募的陈觉琳,另有在河南劝募的陈觉圆,何梅认为二人是同族人。[⑥] 这一论断也出现在她与李富华合著的《汉文佛教大藏经研究》一书中。因为陈觉圆和陈觉琳二人名字的前两个字相同,很容易让人认为二人有亲属关系,或者说即使不是亲兄弟,也是本家或同族。

田海在《中国历史上的白莲教》一书中提出了不同意见,他认为元代白莲运动的信徒的名字,其实是有规律的。比如,信徒多以"道""智""圆""普""妙""觉"等明显的字号为名。据田海研究,元刻《毗卢藏》刊记中提及的45名居士,有半数以上姓名中带有这种字号,其中,有19个是"觉",有6个是"妙"。

---

① 参见王丹《清代五家补〈元史艺文志〉"尚书"类著录举误》,《元史及民族与边疆研究集刊》2020年第2期;王媛《钱大昕〈元史艺文志〉刊误》,《版本目录学研究第十辑》,北京:国家图书馆出版社,2019年。
② 邵永忠《清儒补〈元史艺文志〉目录学成就探析》,《图书馆杂志》2003年第10期。
③ 张艳丽、范红霞《清代三家补元史艺文志探析》,《图书馆理论与实践》2005年第4期。
④ 雒竹筠遗稿,李新乾编补《元史艺文志辑本》,北京:北京燕山出版社,1999年,第272页。
⑤ 详见何梅《〈毗卢大藏经〉若干问题考》,《世界宗教研究》1999年第3期。
⑥ 同上。

按照佛教取法名的传统,陈觉琳和陈觉圆同属白莲教众,都是"觉"字辈的。①

《水浒传》中的鲁智深与智真长老虽为师徒关系,但二人都属"智"字辈。这与鲁达的身份有关。其一,鲁达是小种经略相公帐前提辖官,身份尊贵;其二,鲁达是赵员外介绍而来,后者是五台山文殊院的重要供养人。因此,鲁达之法名得与智真长老同辈。尽管信众的世俗辈分有长幼之分(例如父子、叔侄),但若同时皈依,二人便是同辈。陈觉琳、陈觉圆之名,前面既加了本家姓氏,则类似于鲁智深,属于僧众外号。

明代危素(1303—1372),字太朴,江西金溪人,有《说学斋稿》传世。《说学斋稿》卷二引用的有关白莲教堂庵的记述中,出现了屠文正这个人,而屠文正的法名正是"觉缘",屠文正儿子的法名为"觉兴"。②又如庐山东林寺白莲宗善法堂主僧普度,俗姓蒋,丹阳(今属江苏)人,"家世事佛,弱冠出家",《庐山莲宗宝鉴》载:

> 去圣时遥,人多谬解,虽期正道,悉陷邪宗,庸昏之徒,含识而已,致使群邪诡惑,诸党并炽,是非蜂起,空有云云,夹截虚空,互相排毁。……有执我宗"普"字"觉"字者,有言彼宗"妙"字"道"字者,是皆私偷此镜入彼邪域,致为尘垢蔽蒙,不明宗体,虽得此镜之名而不得其用也。③

由此可知,当年以"普、觉、妙、道"四字命名的白莲教徒,现在反以此四字作为不同支派的标志,可见白莲教当时已经出现了不同的宗派,相互颉颃。

元代卢琦有《寓平南善应庵述怀》一诗,记述了善应庵修建的始末。④ 而该庵修建时,白莲教众陈觉坚捐出自家私宅以供奉养。陈觉坚先前创建过安福庵,其徒陈觉庆与后湾的陈觉正也是道人,陈觉庆弟子陈觉荣仍是道人(优婆塞),陈觉坚之孙觉真已削发为僧。另外,关于教中的"觉"字辈信徒,元代杜本的《江源复一堂记》也提供了重要线索。

> 延祐丁巳(1317)五月九日,觉静命集徒侣,付其法于弟子王觉真,萧然逝化。予当道过其处,觉真延引清坐,且言兴替之由,欲为记其始末,以俟夫后来,使知成之不易。且仰观夫高闳之宇,俯思夫香馥之盂,无寒暑饥渴之忧,有清净解脱之乐者,其有由来也矣。予悦觉真之言,知所本始,

---

① [荷]田海(Barend terHaar)著,刘平、王蕊译《中国历史上的白莲教》,北京:商务印书馆,2017年,第40页。
② 详见〔明〕危素《说学斋稿》卷二,载《景印文渊阁四库全书》第1225册,台北:台湾商务印书馆,2008年,第7页a。
③ 〔元〕中德《优昙和尚辑〈莲宗宝鉴〉事实》,载《庐山莲宗宝鉴》卷首。见杨讷《元代白莲教资料汇编》,北京:中华书局,1989年,第3页。〔元〕普度《庐山莲宗宝鉴》卷四《念佛正派说》,见杨讷《元代白莲教资料汇编》,第66页。
④ 详见〔明〕卢琦《圭峰集》卷上,载《景印文渊阁四库全书》第1246册,第51页b、第52页a。

且能劬躬践行,谨愿端悫。而于物无竞,勤俭累积,以安养其众。觉真既西逝,则为今郑觉琼,尤能持戒坚确,增广前规。而友蒋君汝晦居与相邻,知之为悉,乃录其事如此,故得以次第记之。①

据此,亦可得知陈姓"觉"字辈的信徒非常多。他们之间的关系复杂,可能是父子,也可能只是师徒。另外,其他姓氏以"觉"字为法名的信徒也为数不少,例如上述引文中提到的"王觉真""郑觉琼",也是白莲教中的"觉"字辈信徒。因此,我们有理由认为,陈觉琳与陈觉圆二人只是同姓而已,在教中又同属"觉"字辈,因而得名"觉琳""觉圆",并不一定是同族人。

《辑本》著录元代群经之下,首列卷数,次举撰者,兼及僧人所在寺庙,并指明该佛经的存佚状况。《辑本》所载释家类条目中,有误著寺庙之例。《辑本》著录《佛祖历代通载》,言"二十二卷,释念常撰,存。念常号梅屋,江苏华亭人,嘉兴祥福寺僧。至元十九年生,至治三年赴北京缮写佛经,曾礼帝师",②该条目所言"嘉兴祥福寺"一地有所疏漏。钱《志》记载,念常为"华亭人,嘉兴祥符寺僧",③《佛祖历代通载》卷首有题识曰"嘉兴路大中祥符禅寺住持华亭念常集",④卷一载"时则有若嘉兴祥符禅寺住持华亭念常,得临济之旨于晦机之室,禅悦之外博及群书,乃取佛祖住世之本末",⑤又"朝廷差官理治教门,承遴选瑞世嘉兴祥符,至治癸亥夏五乘驿赴"。⑥

根据《佛祖历代通载》卷一记载,可知元僧念常所在寺庙是祥符寺而非祥福寺。祥符寺位于元江浙行省嘉兴路,又称大中祥符禅寺。笔者查阅历代寺院志,元代嘉兴路只有祥符寺而无祥福寺。直至明洪武年间,祥福寺方于鄱阳湖上游建寺。因此,《辑本》将元僧念常所在之嘉兴祥符寺误作始建于洪武年间的祥福寺,盖二寺音近致误。

二

《辑本》"释家类"目录之下,著录了大量元僧著述,然经名亦有存疑待考者。如《辑本》载《禅林类要(聚)》二十卷,不著撰者(又著道泰、智境辑)。⑦《辑

---

① 〔清〕纪昀总纂《四库全书总目提要》卷一百八十八,集部四十一,石家庄:河北人民出版社,2000年,第235页。
② 雒竹筠遗稿,李新乾编补《元史艺文志辑本》,第267页。
③ 〔清〕钱大昕补纂,张绪峰整理《元史艺文志》。载王承略主编《二十五史艺文经籍志考萃补编》第二十二卷,北京:清华大学出版社,2014年,第196页。
④ 《大正藏》第四十九册,第483页中。
⑤ 《大正藏》第四十九册,第477页中。
⑥ 《大正藏》第四十九册,第477页下。
⑦ 雒竹筠遗稿,李新乾编补《元史艺文志辑本》,第271页。

本》所载《禅林类要》,不见于后人所补元代各经目录。例如钱《志》释道类下著录"《禅林类聚》二十卷,不详撰人";①另如《补元史艺文志》"子类佛家"类目下,著录"《禅林类聚》二十卷";②又如《补辽金元艺文志》"子部"类目下,著录"《禅林类聚》二十卷,以下失名";③再如《四朝经籍志补》"子部释家类"目录下,著录"《禅林类聚》二十卷"。④可见,《禅林类聚》当为定名无疑,该书并无《禅林类要》之别称,则乃在误名后以括号附注定名,当为误著。

《辑本》"释家类"条目亦有误录僧官之例。《辑本》载:"《佛顶大白伞盖陀罗尼经》一卷,沙罗巴撰。沙罗巴,西域人,燕都庆寿寺沙门,赐有大广智之号。后授江浙等处译教总统,所译经典都雕板流行。"⑤《辑本》所言沙罗巴"江浙等处译教总统"一职,不见于《元史》。元代管理诸路佛教寺院僧尼之僧官,向称为"诸路释教都总统"。至元元年(1264),元廷置总制院,又称释教总制院,后改名宣政院,命八思巴领院事,以管理全国佛教及吐蕃全境事务。⑥元取南宋各地,曾先后设置诸路之释教总摄、总统等僧官。至元二十八年(1291),命吐蕃高僧辇真术纳思为诸路释教都总统掌其事。此僧职为总制院、宣政院所属之僧官。⑦

《普宁藏》的官方主持者杨琏真迦为"江淮诸路释教总摄永福大师",《元史·世祖本纪》载,此永福大师或为西夏人。⑧《普宁藏》的刊刻,有江淮诸路释教总摄永福大师的支持,才得以顺利完成。除了《元史·世祖本纪》所载,《普宁藏》中的一幅扉页画有髡发状的人物,旁边雕有"总统永福大师"数字,这说明"永福大师"的确是西夏人。郑振铎先生所藏的一卷《碛砂藏》本《大方广佛华严经》卷首的扉画,内容全同,但旁边所雕文字为"都功德主江淮诸路释教总摄永福大师杨琏真伽"。⑨大德三年(1299)三月,成宗铁穆耳禀世祖忽必烈遗愿,遣江浙释教总统、普陀山高僧一山一宁禅师赴日通好。又《普宁藏》臣字函《普贤行愿品》卷尾有道安题记:

---

① 〔清〕钱大昕补纂,张绪峰整理《元史艺文志》。载王承略主编《二十五史艺文经籍志考萃补编》第二十二卷,第 198 页。
② 〔清〕张继才撰,张祖伟整理《补元史艺文志》。载王承略主编《二十五史艺文经籍志考萃补编》第二十二卷,第 422 页。
③ 〔清〕黄虞稷,倪灿撰,〔清〕卢文弨录、陈锦春整理《补辽金元艺文志》。载王承略主编《二十五史艺文经籍志考萃补编》第二十二卷,第 50 页。
④ 〔清〕吴骞撰,张绪峰整理《四朝经籍志补》。载王承略主编《二十五史艺文经籍志考萃补编》第二十二卷,第 315 页。
⑤ 雒竹筠遗稿,李新乾编补《元史艺文志辑本》,第 277 页。
⑥ 张云《元代吐蕃地方行政体制研究》,北京:商务印书馆,2017 年,第 51 页。
⑦ 张政烺《中国古代职官大辞典》,郑州:河南人民出版社,1990 年,第 787 页。
⑧ 点校本二十四史《元史》卷十三,北京:中华书局,1976 年,269 页。
⑨ 原载日本《增上寺三大藏经目录·元版(刊记)》第 193 号,第 331—332 页。参见李富华、何梅《汉文佛教大藏经研究》,北京:宗教文化出版社,2003 年,第 318 页。

又蒙江淮诸路释教都总摄所护念,准给文凭,及转呈檐八上师引觐。皇帝颁降圣旨,护持宗门,作成胜事。①

综合以上正史记载与藏经题跋,足可证明释教总统(摄)是元代行省特设的掌管佛教事宜的僧官,杨琏真迦曾任江淮诸路释教总摄。因此,沙罗巴被元廷授予的官职,也应当是江浙等处释教总统,而非江浙等处译教总统,盖"释""译"形近致误耳。

《辑本》著录了大量元代的释家类典籍,因此该书"释道类"中的前一部分书目,基本可以反映有元一代流传的佛籍概况。然而,《辑本》子部释家类之下,偶见明代释家类典籍窜入。《辑本》著录《藏乘法数》(《教乘法数》)一卷、《永明寿禅师心赋》一卷,释遂可辑。② 据明智旭撰《阅藏知津》所载,《教乘法数》是一部解释佛教专有名词术语的辞书,共四十卷,而非《辑本》所著录的一卷;《教乘法数》编撰者为明僧圆瀞,而非《辑本》著录的宋僧遂可。③ 又,《教乘法数》的成书于明宣德六年(1431),与《藏乘法数》实非一书,不应著录于元代释家类书录之中。因此,《辑本》此处用括号将《教乘法数》附于《藏乘法数》之后,当为误收明代佛籍之例,盖为辑录者将二书相混所致。

《辑本》附录有误引清人书名之例。如《元史氏族表》三卷,清钱大昕撰,清光绪刻《潜研究全书》本。④《辑本》所言《潜研究全书》,不见于众本。《中国丛书综录》著录钱大昕撰《潜研堂全书》,清道光二十年(1840)刻本。⑤ 钱氏以史学和音韵学成就最为卓著,对后世沾惠尤巨。《潜研堂集》凡五十卷,乃钱氏生前所手定,与《廿二史考异》《十驾斋养新录》等共同构成其学术著述,是钱氏一生治学之结晶。潜研堂为钱氏于清乾隆三十二年(1767)告病归乡后所购住宅之名,原址在嘉定镇孩儿桥南塊西侧,"潜研堂"三字,由曹秀光题额。因此,易知《辑本》之《潜研究全书》乃《潜研堂全书》之误,盖"究""堂"二字形近,以致书名误载。

尽管《辑本》存在个别误收的释家类条目,但该书对钱《志》同类条目的一些疏漏也进行了必要的勘误。比如钱《志》释道类著录《石室语录》一卷、《石室和尚山居诗》二卷,⑥《辑本》则指出"清珙号石屋",并征引《石屋珙禅师语录》天

---

① 原载日本《增上寺三大藏经目录·元版(刊记)》第 193 号,第 331—332 页。参见李富华、何梅《汉文佛教大藏经研究》,北京:宗教文化出版社,2003 年,第 318 页。
② 雒竹筠遗稿,李新乾编补《元史艺文志辑本》,第 274 页。
③ 〔明〕智旭撰,杨之峰校点《阅藏知津》,北京:中华书局,2015 年,第 860 页。
④ 雒竹筠遗稿,李新乾编补《元史艺文志辑本》,第 541 页。
⑤ 上海图书馆编《中国丛书综录》第一册,上海:上海古籍出版社,1982 年,第 506 页。
⑥ 〔清〕钱大昕补纂,张绪峰整理《元史艺文志》。载王承略主编《二十五史艺文经籍志考萃补编》第二十二卷,第 196 页。

启七年刻本二卷、《石屋和尚住嘉兴当湖福源禅寺语录》复刻本一卷、《石屋和尚偈颂》一卷作为佐证。① 由此可知《石室和尚山居诗》即《石屋和尚山居诗》，钱《志》误"石屋"为"石室"，可谓失考。又如钱《志》著录《宗门统要续集》十二卷。② 《辑本》则以时代较钱《志》更早的《直斋书录解题》为据，③ 著录《宗门统要集》十卷，宋释宗永撰；《续集》二卷，清筏撰。④ 由此可知，钱《志》不分《宗门统要》正集、续集，统录为《宗门统要续集》为十二卷，未能客观反映《宗门统要集》和《续集》各自的卷数，可谓失考矣。这些皆为《辑本》的勘误补阙之功。

综上所述，雒竹筠遗稿、李新乾编补的《辑本》在钱《志》的基础上多所辨正，可谓在搜罗元人著述方面大有裨益。元僧著述颇丰，因无官方艺文志，以致难以得知全貌。而其中所涉人名、地名、书名、卷数等关键信息，更是繁复，难辨是非。此为正史官方书目编纂工作的一大遗憾。所幸，《辑本》突破了正史艺文志的窠臼，举凡元人著述，细大不捐，应录尽录，因此成为清代三家补《元史艺文志》及《四朝经籍志补》等同类元人书目之后的集大成者。《辑本》所录释家类条目虽有疏漏，然瑕不掩瑜，该书仍不失为一部研究元代四部典籍必须参考的要籍。其中诸多值得商榷之处，就有待来者后出转精了。

---

① 雒竹筠遗稿，李新乾编补《元史艺文志辑本》，第271页。
② 〔清〕钱大昕补纂，张绪峰整理《元史艺文志》。载王承略主编《二十五史艺文经籍志考萃补编》第二十二卷，第198页。
③ 〔宋〕陈振孙撰《直斋书录解题》，上海：上海古籍出版社，1987年，第356页。
④ 雒竹筠遗稿，李新乾编补《元史艺文志辑本》，第270页。

征稿启事

一、《北京大学中国古文献研究中心集刊》由教育部人文社会科学重点研究基地北京大学中国古文献研究中心主办,创刊于1999年。举凡古典文献学理论研究、传世文献整理与研究、古文字与出土文献研究、海外汉籍与汉学研究等中国古文献研究相关领域的学术论文,均所欢迎。

二、本刊2008年入选"中文社会科学引文索引"(CSSCI)来源集刊,2022年入选"中国人文社会科学学术集刊AMI综合评价"核心集刊。

三、本刊现为半年刊,分别在5月、11月底截稿。

四、来稿内容必须原创,不存在版权问题,并按本刊"来稿格式"要求撰写。请勿一稿多投。本刊有权对来稿进行删改加工,如不愿删改,请事先声明。

五、本刊实行编辑部三审及专家双向匿名审稿制度,编委会根据评审意见,决定是否采用。本刊审稿周期约为四个月,来稿无论是否被采用,编辑部都将在审稿后通知作者。

六、来稿刊出后,即向作者寄赠样刊两册,并致薄酬。

七、本刊享有已刊文稿的著作财产权和数据加工、电子发行、网络传播权,本刊一次性给付的稿酬中已包含上述授权的使用费。所有署名作者向本刊提交文章发表之行为视为同意上述声明,如有异议,请在来稿中特别注明。

八、本刊目前仅接受电子邮箱投稿,投稿邮箱:gcca@pku.edu.cn。
《北京大学中国古文献研究中心集刊》编辑部地址:
北京市海淀区颐和园路5号　北京大学哲学楼三层,邮编:100871

来稿格式要求如下:

一、文章请用Microsoft Word文档格式。

二、文章一律横排、用通行规范简化字书写和打印。

三、作者姓名置于论文题目下,居中书写。作者工作单位、职称等用"＊"号注释在文章首页下端。

四、每篇文章皆需500字以内"内容提要"以及关键词3—5个。

五、文章各章节或内容层次的序号,一般依一、(一)、1、(1)等顺序表示。

六、文章一律使用新式标点符号。凡书籍、报刊、文章篇名等,均用书名号《》;书名与篇名连用时,中间加间隔号,如《论语·学而》;书名或篇名中又含书名或篇名的,后者加单角括号〈〉,如《〈论语〉新考》。西文书刊名均用斜体,文章名加引号。日文、韩文参考中文样式。

七、正文每段首行缩进2字符;文中独立段落的引文,整段左侧缩进2字符,引文首尾不加引号,字体变为仿宋体。

八、注释一律采用当页脚注,每页单独编号,注释号码用阿拉伯数字①、②、③……等表示。

九、注释格式与顺序为著者(含整理者、点校者)、书名(章节数)、卷数(章节名)、版本(出版社与出版年月)及页码等。如:〔清〕钱大昕撰,吕友仁校点《潜研堂文集》卷三八《惠先生士奇传》,上海:上海古籍出版社,1989年,第687页。

十、为避免重复,再次征引同一文献时可略去出版社与出版年月,只列著者、书名、卷数、页码即可,但不使用"同上"表述。

十一、每篇稿件字数原则上不超过3万字。